Craig R. Whitney

Advocatus Diaboli

Inhaltsverzeichnis

FAUST: *Nun gut, wer bist du denn?*
MEPHISTOPHELES: *Ein Teil von jener Kraft,*
Die stets das Böse will und stets das Gute schafft.

Goethe, Faust I, Vers 1335 f.

Einleitung

Die Berliner Mauer wurde am 13. August 1961 aus demselben Grund errichtet, aus dem sie am 9. November 1989 fiel: um die Ostdeutschen daran zu hindern, dem Kommunismus davonzulaufen.[1] Bereits ein Jahr später waren nahezu alle Spuren des »antifaschistischen Schutzwalls« verschwunden. Hier und dort standen noch ein paar Reststücke, die an die achtundzwanzig Jahre der Teilung erinnern sollten: Mahnmale für jene ungefähr zweihundert Menschen, die während des vierzigjährigen und weithin klaglos hingenommenen Bestehens der Deutschen Demokratischen Republik versucht hatten, von der einen Seite Deutschlands auf die andere zu gelangen und dabei ihr Leben lassen mußten.

An der Stelle, wo man im Südwesten Berlins von Potsdam in die Stadt hineinfuhr, umspannte die Mauer die kommunistische Seite der Glienicker Brücke – eine elegante Konstruktion aus grünen Stahlträgern, welche die Havel an jenem Punkt überwölbt, wo sie in Richtung Wannsee breiter zu werden beginnt. Ihr westliches Ende stößt an einen von Birken, Kiefern und Laubbäumen bestandenen Park, der das Schloß Klein-Glienicke umgibt, eine Architektur preußischer Antiken- und Italiensehnsucht, die gegen Ende des 17. Jahrhunderts von der Königsfamilie erbaut und zu Beginn des 18. Jahrhunderts von Schinkel erweitert wurde. Die Brücke hingegen ist in ihrer jetzigen Form erst Anfang des 20. Jahrhunderts entstanden. Gleichwohl ist sie bereits Zeugin zahlreicher historischer Ereignisse gewesen: In einer wenige Kilometer weiter nordöstlich gelegenen Villa schmiedete die Nazielite 1942 ihre Pläne zur »Endlösung«; im Schloß Cecilienhof in Potsdam, nur ein kurzes Stück entfernt, teilten die Alliierten im Sommer 1945 die erbeuteten Gebiete Osteuropas untereinander auf.

Vor dem Krieg hatte die Glienicker Brücke von Potsdam aus den Hauptzugang zur Stadt gebildet. An der wichtigsten Ost-West-Verbindung Vorkriegsdeutschlands gelegen, der alten Reichsstraße 1, die von Aachen über Berlin nach Königsberg führte, war der Brückenbogen Ende April 1945 von den deutschen Verteidigern gesprengt worden. Doch schon vier Jahre später wurde sie wieder aufgebaut und in »Brücke der Einheit« umbenannt. Es war die Zeit, als auch die kommunistischen Machthaber noch Lippenbekenntnisse zur Vereinigung Deutschlands ablegten.

Solange jedoch an die deutsche Einheit nicht zu denken war, provozierte das an einem Stützpfeiler aufgehängte Namensschild nur Spott und Hohn. Nach 1961, als sich die Mauer auf der Potsdamer Seite durch die Steinkolonnade entlang dem Ufer zog, fühlten sich zornige Westberliner Bürger so sehr herausgefordert, daß sie auf ihrer Seite des Havelufers folgendes Schild aufstellten: »Glienicker Brücke – Die ihr den Namen ›Brücke der Einheit‹ gaben, bauten auch die Mauer, zogen Stacheldraht, schufen Todesstreifen und verhinderten die Einheit.« Daneben befand sich ein weiteres Schild in englischer, russischer, französischer und deutscher Sprache: »Sie verlassen den amerikanischen Sektor«.

Von West-Berlin aus konnte man zwar nach Potsdam herüberschauen, durfte die Brücke aber nicht betreten. Die DDR-Bürger hingegen konnten sie überhaupt nicht erreichen, da zwischen Potsdam und Havel nun einmal die Mauer stand, jenes etwa vier Meter hohe Gebilde aus Stahlbeton, über dessen Kuppe ein unüberwindbares, rundes Betonrohr lief – zu breit, als daß ein einzelner es mit den Armen hätte umfassen können. Davor lag der Todesstreifen, hundert Meter breit; Wachen patrouillierten dort mit ihren Hunden. Dazwischen folgten noch eine zweite, etwas kleinere Betonmauer und eine Stacheldrahtbarrikade. Und wenn doch einmal jemand wie durch ein Wunder die Mauer zu übersteigen und das Flußufer zu erreichen vermochte, erwarteten ihn an den seichten Stellen noch mehr Stacheldraht und Minen. Das Ufer wurde von Scheinwerfern abgesucht. Auf dem Wasser fuhren Motorboote.

Sowjetische Militärwachposten kontrollierten die wenigen Passanten, die die Grenze überhaupt überqueren durften. Der Grenzverkehr beschränkte sich vornehmlich auf Agenten, von denen die meisten freilich nur ungern zu erkennen gaben, worin ihre Geschäfte bestanden: Sie galten als »Militärattachés« – offiziell gebilligte Spione in Uniform –, denen es vertraglich erlaubt war, im Auftrag einer der vier alliierten Siegermächte zwischen West-Berlin und Potsdam hin- und herzupendeln. Dort war die Militärhauptverwaltung der sowjetischen Armee stationiert, dort waren die militärischen Verbindungsstellen des Westens akkreditiert, und so fuhren LKWs und Jeeps mit französischen, amerikanischen, britischen und sowjetischen Kennzeichen fast täglich über die Glienicker Brücke, um von Ost nach West zu gelangen und umgekehrt.

Aber auch echte, mit allen Wassern gewaschene Spione benutzten die Brücke, um in seltenen und überaus dramatischen Aktionen gegen westliche oder kommunistische Agenten ausgetauscht zu werden. Der abgelegene Ort schien ideal für Aktionen dieser Art.

10

Der gesamte Verkehr wurde lahmgelegt; Stille senkte sich über den Schauplatz. Kurz darauf fuhr ein DDR-Rechtsanwalt namens Wolfgang Heinrich Vogel, der die geheimen Geschäfte inszenierte, mit seiner Frau in einer goldfarbenen Mercedeslimousine vor. Vogel, der gern korrekte, aus westlichem Tuch geschneiderte Zweireiher trug, besaß das Aussehen eines Diplomaten und trat äußerst selbstsicher auf. Die amerikanischen und westdeutschen Beamten begrüßte er freundlich mit Namen und pflegte auch mit den in Zivil gekleideten Polizisten des DDR-Geheimdienstes, die die Szene bevölkerten, einen nahezu lockeren Umgangston. Auch seine Frau Helga, eine ehemalige Klientin aus der Bundesrepublik – sie hatte sich 1968 in ihn verliebt, als er einen Freund von ihr wegen angeblicher illegaler Abwerbung von DDR-Sportlern verteidigte –, stand mit den meisten Beamten auf vertrautem Fuß.

An Klienten fehlte es Wolfgang Vogel nie, und die bedeutendsten unter ihnen machten die Brücke in aller Welt bekannt. Im Februar 1962 ließen die sowjetischen Wachposten den Amerikaner Francis Gary Powers auf der Potsdamer Seite frei, der zwei Jahre zuvor mit dem Spionageflugzeug U-2 über Swerdlowsk abgeschossen worden war. Aus der entgegengesetzten Richtung kam ihm Oberst Rudolf Iwanowitsch Abel entgegen, der fünf Jahre zuvor in einem spektakulären Spionageprozeß vor dem New Yorker Gericht verurteilt worden war. Als die beiden Männer aneinander vorbeigegangen waren, war der erste Agentenaustausch besiegelt. An diesem Punkt begann Vogels Karriere.

Fünfundzwanzig westliche und vier kommunistische Spione wurden 1985 unter der Ägide Vogels aus der Haft entlassen. In Bussen brachte man sie an die Grenze, von wo aus sie wieder in die geheime Welt der Nachrichtendienste verschwanden, nachdem die Fernsehkameras ihre Gesichter noch einmal für einen kurzen Moment eingefangen hatten. Und im Februar 1986 wachte Vogel voller Stolz über den Ablauf des größten Triumphes seiner Karriere: die Freilassung des von den Sowjets inhaftierten Dissidenten Anatoli Schtscharanski, an der er über sechs Jahre gearbeitet hatte.

Für Vogel barg der Eiserne Vorhang keine Schrecken – oder doch nur wenige. Sowohl mit dem Checkpoint Charlie als auch mit der Glienicker Brücke war er vertraut. Am Grenzübergang Herleshausen kannten ihn ost- und westdeutsche Wachposten so gut, daß sie ihn ohne Kontrolle passieren ließen. 25 Jahre lang fuhr Vogel alle vierzehn Tage dorthin, um die Freilassung von über 30.000 politischen Gefangenen aus der DDR zu überwachen, die in gewissem Sinn auch seine Klienten waren. Mit der Regierung der Bundesrepublik, die den Kommunisten Milliarden von D-Mark für die Freilassung der Gefangenen und ihrer Familien zahlte, pflegte er über die

Übergabe zu verhandeln, und die Zahl derjenigen, die ihre Freiheit Vogels einzigartigem Verhandlungsgeschick verdanken, beläuft sich auf fast 250.000.

Wie mögen die Beweggründe eines solchen Mannes ausgesehen haben? Plagte ihn ein typisch deutscher Schuldkomplex, trieb ihn lediglich Ehrgeiz? Stand hinter seinen Taten, wie er selber behauptete, nichts als eine humane Gesinnung, oder war alles Schwindel, Lug und Trug? Es ist kein Geheimnis, daß sich der menschliche Charakter im Kommunismus genauso vielseitig, komplex und widerspruchsvoll präsentiert wie in der Freiheit der westlichen Welt. Helden entpuppen sich nicht selten als Feiglinge, Sünder erweisen sich als unbescholten. Von welcher Art war Wolfgang Vogel? Vermutlich geht man kaum zu weit, wenn man behauptet, daß die Antwort auf diese Fragen einiges über das Wesen des Kalten Krieges aussagen wird.

Es war 1975, als ich Vogel zum ersten Mal traf. Ein Herbsttag in Ost-Berlin. Der Nachmittag ging seinem Ende zu. Die Luft war von dem für die DDR typischen beißenden Braunkohlesmog so neblig-verhangen, daß ich mich verlief und meine Verabredung beinah verpaßt hätte. Vogels Büro befand sich in der Reiler Straße, einer später asphaltierten Schotterstraße im Bezirk Friedrichsfelde, weit entfernt vom Stadtzentrum, inmitten von kleinen Gartenparzellen und Obstbäumen. Dort irrte ich umher, und während es dunkler wurde, stellte ich mir vor, daß mir Stasispitzel von der einige hundert Meter entfernten S-Bahnstation auf den Fersen seien. Ich begann schneller zu laufen, bis ich schließlich die kleine Straße erreichte und – allem Anschein nach unbeobachtet – auf das dreistöckige, grau verputzte Haus zuging. Vogel hätte ja selber ein Kontaktmann des MfS sein können.

Ich hatte gerade ein wenig verschnauft, als ich von einer Sekretärin in das Wartezimmer geführt wurde, einen großen, ziemlich dürftig eingerichteten Raum mit abgewetzten schwarzen Ledersesseln, die entlang der Wand aufgestellt waren. Kunstdrucke von Honoré Daumier erinnerten mich an den Wandschmuck in der Kanzlei eines Westberliner Rechtsanwaltes, der jahrelang Vogels wichtigste legale Kontaktperson im Westen gewesen war, Jürgen Stange, ein jovialer Mann, den ich an diesem Tag ebenfalls gesehen hatte. »Mes amis, mes bons amis, vous me recompensez trop dignement de mes travaux«*, protestierte der von Daumier auf einem der Drucke karikierte Anwalt – treffend genug, denn Vogel war einer der wenigen Millionäre der kommunistischen Welt.

---

* »Ach, liebe Freunde, Ihr belohnt meine Arbeit allzu würdig.« Anm. d. Ü.

Der ruhige, gutgekleidete und in der Manier eines Beichtvaters auftretende Herr, den ich einige Augenblicke später zu Gesicht bekam, sah weder wie ein Agent aus, noch sprach er so. Durch seine mittelgroße Statur, seine gepflegte, athletische Erscheinung und das lichte graue Haar wirkte er eher wie der Anwalt eines reichen westdeutschen Unternehmens als wie das Sprachrohr verhafteter Spione. Sein Verhalten war reserviert. Schon die Art, wie er mich mit aufmerksamen Augen durch eine elegante westdeutsche Brille musterte, ließ vermuten, daß er Geheimnisse verborgen hielt. Man spürte, daß er sich dessen bewußt war. Während er mit mir über seine Arbeit im Spionagegeschäft plauderte, gab er mir mit einem Augenzwinkern zu verstehen, daß er bei einigen seiner Klienten nicht allzu beharrlich nachgeforscht habe, wer seine Anwaltshonorare eigentlich bezahlte. Mitten im Kalten Krieg, in der Hauptstadt des am stärksten exponierten und paranoidesten Ostblockstaates, waren seine Antworten so direkt, wie ich sie nur erwarten konnte.

Seine Kanzlei, von der aus man durch ein Panoramafenster auf einen mit Tannen bestandenen Garten blickte, war weder kühl noch abstoßend, eher beruhigend gutbürgerlich. Ich stellte mir vor, daß das Büro mit seinen schweren, würdevoll dunklen Holzmöbeln, die mit Kitsch und Nippsachen überladen waren, auch George Smiley gehört haben könnte. Vogel jedenfalls wirkte auf mich weder wie ein kommunistischer Funktionär noch wie ein enthaltsamer Intellektueller, sondern wie ein typischer Deutscher – sorgfältig gekleidet, weil man ihn dazu erzogen hatte, und mit einem etwas schwerfälligen, doch gewinnenden Sinn für Humor, was ein gestickter Spruch an der Tür seines Arbeitszimmers zu beweisen schien: »Regeln. (1) Der Chef hat immer recht. (2) Hat der Chef einmal nicht recht, tritt automatisch Regel (1) in Kraft.« Auf dem Kaminsims ließ eine Uhr in peinlich genauer Übereinstimmung den Glockenschlag des Big Ben ertönen. An der Wand hinter Vogels Schreibtisch und in einer Wandnische neben einem Seitenfenster in der Nähe der Tür hingen alte Uhren, eine Sammelleidenschaft von Vogel. »Eine Uhr ist Zeugin des Lebens«, pflegte er zu sagen, wenn er einem Klienten, den er besonders mochte, eine solche Uhr zum Geschenk machte.

Bei meinem nächsten Besuch in seinem Büro, kurz nach dem November 1989, sah die Welt anders aus. Vogel war bei weitem nicht mehr der mächtige und einflußreiche Mann des kommunistischen Imperiums. Bereits einen Monat nach dem Sturz Erich Honeckers, seines Protektors, hatte er seine privilegierte Stellung zum größten Teil eingebüßt. Sechzehn Millionen Ostdeutsche reagierten unwillig auf jeden, der mit dem alten System in Verbindung gestanden hatte; sie forderten ihre Freiheit als Recht ein, nicht mehr als Privileg, das von einem reichen Rechtsanwalt ausgehandelt werden mußte, und viele von ihnen wandten sich verärgert von Vogel ab. Der Vorwurf gegen Vogel, der gerade 64 Jahre alt geworden war und sich eigentlich aus dem Geschäft zurückziehen wollte, lautete insbesondere, daß er ein Teil des Systems gewesen sei und nebenbei ganz hübsch daran verdient habe. Mit einem Wort: Manche Bürger der ehemaligen DDR sahen in ihm nicht mehr den zu ihrer Hilfe gesandten Engel, sondern einen Beauftragten des Repressionsapparates.

So wie John le Carré es erzählt, war der Kalte Krieg nur selten jenes Wechselspiel zwischen Schwarz und Weiß, Gut und Böse, als das er manchen im nachhinein erscheinen mag. Vielmehr war er grau. Vogel hatte mit Geheimdiensten auf beiden Seiten des Eisernen Vorhangs zusammengearbeitet, und keiner seiner ostdeutschen oder westlichen Verhandlungspartner hatte, solange man ihn brauchte, seine Aufrichtigkeit bezweifelt. Nicht nur das MfS, auch den KGB vermochte er zu Freilassungen zu bewegen, wofür der Westen bereitwillig einen hohen Preis zahlte. Offensichtlich war er also nicht nur das Sprachrohr Ost-Berlins und Moskaus, sondern auch das Prags, Warschaus und Budapests; er trat sogar für Angola, Moçambique, Kuba und viele andere Staaten der sowjetischen Einflußsphäre auf. Seine kommunistischen Klienten wiederum konnten sich auf ihn verlassen, wenn sie mit Washington, Bonn oder anderen westlichen Bündnispartnern Vereinbarungen erzielen wollten, und zwar unter Bedingungen, unter denen Diplomaten oder offizielle Regierungsabgesandte ratsamerweise kaum hätten verhandeln dürfen.

Vogel war beiden Seiten dienlich. Weder amerikanische Diplomaten noch Regierungsbeamte der Bundesrepublik wollten mit Erich Mielke, dem verbissenen, schlitzäugigen Chef des MfS zu tun haben, der seine Organisation zu dem skrupellosesten und effizientesten Geheimdienst der Welt ausgebaut hatte. Vogel hingegen besaß die Befugnis, im Namen der Staatssicherheit und – ab Mitte der siebziger Jahre – auch im Namen Erich Honeckers aufzutreten. Durch eine Art von charmantem Pragmatismus, durch seine unideologische Methode, sich mit Schwierigkeiten auseinanderzusetzen, und letztlich auch durch sein rührendes Interesse für die Ehefrauen und Kinder seiner Gesprächspartner, konnte er viele von diesen für sich gewinnen. Einer von ihnen war der US-Diplomat Francis J. Meehan, ein anderer Bundeskanzler Helmut Schmidt sowie zahlreiche Beamte der Bundesrepublik, die über Jahre hinweg in ständigem Kontakt mit Vogel standen und deren Urteil noch heute lautet, man habe auf Vogels Versprechen immer vertrauen können.

Vogel war lange Zeit nicht einmal Mitglied der SED. Erst 1982 zwang ihn eine beiläufige Äußerung Helmut Schmidts bei jenem deutsch-deutschen Gipfeltreffen, das im Dezember des Vorjahres in der DDR stattgefunden hatte, doch der Partei beizutreten. Während des vorausgegangenen Sommers hatte Vogel mehrmals Ausflüge zu Schmidts Wochenendhaus am Brahmsee in Schleswig-Holstein unternommen, um eine Tagesordnung auszuarbeiten. Irgendwann – man kannte sich inzwischen besser – hatte Schmidt den Anwalt gefragt, ob er eigentlich der Partei angehöre. Dieser verneinte. »Wie ist das möglich?« fragte Schmidt. Schließlich war jeder sechste im Land Mitglied der Partei. Vogel zuckte die Achseln.

Im Dezember darauf, als Honecker und Schmidt Gespräche unter vier Augen aufnahmen, machte sich Vogel als DDR-Protokollführer nützlich. Nach einigen Stunden stellte der Bundeskanzler fest, daß die Vorbereitungen zu den Treffen mit außerordentlicher Sachkenntnis und diplomatischem Feingefühl durchgeführt worden seien. Honecker stimmte zu. »Ja, wir sollten dem Genossen Vogel danken.« Schmidt hob die Augenbrauen und sah fragend zu dem Anwalt herüber. »Genosse Vogel? Ich dachte, Sie wären überhaupt nicht in der Partei.«

In Anwesenheit des Bundeskanzlers wertete Honecker das als amüsante Bemerkung. Als die Männer jedoch zum Verhandlungsraum hinübergingen, um ihre Delegationen wiederzutreffen, nahm er Vogel beiseite und zischte: »Das bringen wir aber ganz schnell in Ordnung!«[2] Von Vogel kam kein Protest. Ungerührt nahm er hin, was ihm damals als Ehre erschien. Auch Helmut Schmidt bereitete seine Parteimitgliedschaft kein Kopfzerbrechen. Jahre später schrieb er, daß er Vogel bei der Überbringung von Nachrichten in beide Richtungen »ohne Einschränkungen« vertraut habe.[3]

Vogels Geschichte sowie das ethische Dilemma, das ihr zugrunde liegt, besitzen etwas klassisch Deutsches. Dazu gehört eine bestimmte Passivität in Konfliktsituationen, auch eine gewisse Bereitwilligkeit, sich um eines höheren Gutes willen korrupten Herrschern zu fügen. Ja, es war mehr als nur ein bißchen von Faust in Dr. Vogel. Er hatte seine Seele dem Kommunismus verkauft in der Annahme, den Teufel irgendwie überlisten zu können. War es Eitelkeit, die ihn zu denken bewog, daß er seine Ehre bewahre, war es Selbstbetrug? Oder war es bloßer Zynismus?

Vor jenem Anteil von Niederträchtigkeit, der all seinen Geschäften beigemischt war, hat Vogel immer die Augen verschlossen. Die Mauer war nicht auf einen Schlag gefallen. Jedes Jahr hatte Vogel – zuerst für Hunderte, dann für Tausende – Risse in ihr geöffnet. Was er getan hatte, war nicht weniger gefährlich, als Löcher in einen Deich zu bohren. Und doch war er ebenso wie die kommunistischen Machthaber, für die er arbeitete, stets überzeugt gewesen, lediglich eine Art Sicherheitsventil zu öffnen, um die ideologische Trennung des Landes für eine lang andauernde Zukunft zu bewahren.

Im Grunde war das ein fataler Fehler. Selbst 1945, im Zustand größter Erschöpfung und Zerstörung, hatte Deutschland sich nicht wie eine lebende Zelle säuberlich in zwei neue, unabhängige Organismen gespalten. Zwar existierten zwischen der Sowjetzone und den drei westlichen Sektoren historische, sprachliche und kulturelle Unterschiede, aber die im Laufe der Jahrhunderte gewachsenen wirtschaftlichen und familiären Bande waren stärker. Familien aus dem Osten schickten ihre Kinder zu Onkeln und Cousinen in den Westen, und Nichten, Neffen und Enkel kamen in den Osten, um dort, trotz zahlreicher Erschwernisse, ihre Onkel, Tanten und Großeltern zu besuchen. Die religiöse Unterteilung des Landes entsprach dabei ungefähr der des 17. Jahrhunderts: Das »kapitalistische« Rheinland und weite Teile des »roten Sachsen« waren in den sechziger Jahren noch ebenso katholisch wie 200 Jahre zuvor, und die politische Entzweiung machte Hamburg im Westen und das etwa 150 Kilometer weiter östlich gelegene Rostock nicht weniger protestantisch.

Das eigentlich Paradoxe an all dem war, daß beide deutschen Staaten beteuerten, nichts miteinander zu tun haben zu wollen, trotzdem aber aufeinander angewiesen waren. Über zwanzig Jahre lang existierten offiziell keine zwischenstaatlichen Beziehungen, während es sich in der Praxis längst als unumgänglich erwiesen hatte, Wege zu finden, die Grenze in beiden Richtungen zu überqueren, Handel zu treiben und zu verhindern, daß politische Spannungen sich zu explosivem Druck aufstauten. Eben das gelang mit der Hilfe inoffizieller Vermittler, wie Vogel es war.

Der Handel begann 1963, als Bonn eine Handvoll Gefangener für einige hunderttausend D-Mark freikaufte. Bis Weihnachten 1989, als die letzten drei politischen Häftlinge das Bautzener Gefängnis verließen, hatte Wolfgang Vogel die Freilassung von 33.755 Menschen ausgehandelt und für weitere 215.019 Menschen die Zusammenführung mit ihren Familien bewirkt. Die Gesamtsumme, die er dafür im Lauf der Jahre von der Bundesregierung kassiert hatte, belief sich auf 3.464.900.000 D-Mark, die vollständig über die Evangelische Kirche Deutschlands bezahlt wurden.[4]

Die Kirche war der Schlüssel zu dieser Vereinbarung. Sowohl die römisch-katholische als auch die evangelische Kirche in der DDR hatten sich unter der kommunistischen Regierung halten können[5]. Diese benutzte sie, um sich soziale Stabilität und eine moralische Autorität im Lande zu sichern, ähnlich wie Stalin es mit der russisch-orthodoxen Kirche getan hatte. Zugleich hatte die Stasi die Kirchenführung durch Heimlichkeiten, Erpressung und Bestechung infiltriert, und zwar mit beachtlichem Erfolg. Mehr als einmal hatte sie angesichts der fragwürdigen und sogar illegalen Finanzmethoden

16

der Kirchenführer, Geld durch den Eisernen Vorhang zu schleusen, ein Auge zugedrückt. Am Ende übte sie deutlich mehr Einfluß auf die Geldkanäle der Kirche aus, als die Bonner Politiker, die diese Kanäle nutzten, oder die Bischöfe, die sie bereitgestellt hatten, überhaupt wußten. Ohne den moralischen Segen jedoch, den die Kirche den Vorgängen durch ihre Beteiligung erteilt hatte, wäre es der Bonner Regierung sehr viel schwerer gefallen, dem Menschenhandel zuzustimmen; nur die Unterstützung der Kirche machte ihn unangreifbar. Solange der Handel weiterging, geriet die Bundesregierung daher wegen ihrer Zustimmung niemals ernsthaft ins Kreuzfeuer. Was war denn schon so schlimm daran, mit Geld ein höheres Gut, nämlich die menschliche Freiheit, zu erkaufen? Von Anfang an fand der Handel den ungeteilten Beifall aller politischen Parteien der Bundesrepublik. Er wurde von der CDU aufgenommen und von den Sozialdemokraten 1969 fortgesetzt.

Doch es gab noch einen anderen Aspekt von Vogels Geschäften: den Handel mit Spionen. Jede Seite brauchte Spione oder glaubte es zumindest. Aber Spione wurden häufig gefangen, und meistens ließen sich die Regierungen nur äußerst ungern zu einer Entscheidung darüber bewegen, ob sie sich öffentlich zu einem Agenten bekennen oder ob sie ihn leugnen sollten. Andererseits jedoch wußte man nur zu gut, daß es für die Moral der Spionagedienste wie für die Anwerbung neuer Agenten wenig zuträglich sein würde, wenn man einen Spion im Gefängnis zugrunde gehen ließ.

In dieser Situation war die »Verbindung Vogel« für beide Seiten ein idealer Ausweg. Durch die Affäre Abel-Powers erstmals zum inoffiziellen Mittelsmann der östlichen Machthaber geworden, fand Vogel ohne große Mühen den Einstieg in eine ungewöhnliche Karriere, die ihn schon bald vollkommen in Anspruch nahm. Im Lauf der Jahre entwickelte er sich zu einer Art Jäger, der sich auf der Suche nach »Notfällen« in den düsteren Seitengassen des Kalten Krieges bewegte, um nach potentiellen Klienten Ausschau zu halten. Das SED-Parteiorgan ›Neues Deutschland‹ brachte nur selten neue Geschichten über Spione, die Zeitungen in der Bundesrepublik hingegen häufiger, und da es Vogel erlaubt war, diese zu abonnieren, schnitt er Artikel über Festnahmen und Prozesse von Agenten aus, um später bei seinen Kontaktpersonen in westlichen Diplomatenkreisen herauszufinden, ob deren Regierungen an Tauschgeschäften interessiert seien. Vogel begann, Listen zu erstellen.

Wie er beschäftigten sich auch amerikanische, deutsche und israelische Rechtsanwälte gern mit solchen Fällen. Schnell entwickelte Vogel ein Gespür dafür, welche »Kollegen« Einfluß und Beziehungen besaßen, und pflegte telefonischen Kontakt zu ihnen. Er nannte sie seine »geheimen Kanäle«. Unterstellte man ihm Sensationslust, so reagierte er entsetzt. Wurden ihm übertriebene Berichte über seine Aktivitäten vorgehalten, so pflegte er mit einem Naserümpfen zu kommentieren: »Ich bin doch kein James Bond«, wobei er eine aufrechte Haltung annahm und die Wangen aufblähte. Inzwischen aber hatte er eine beträchtliche Zahl an Erfolgen verbucht, die seiner Regierung zur Anerkennung verhalfen. Im Westen wie im Osten Deutschlands nämlich war die Politspionage während des Kalten Krieges ein boomendes Geschäft – schon deshalb, weil sie einen der wenigen Bereiche darstellte, in denen die Deutschen ihre unstillbare Leidenschaft füreinander befriedigen konnten.

Faust machte seine Geschäfte mit dem Teufel, Vogel machte sie mit dem MfS. Hätte er zur Staatssicherheit keine so engen Kontakte unterhalten, wäre die Freilassung so vieler Spione und politischer Gefangener der DDR wohl kaum möglich gewesen; allerdings stritt er rigoros Behauptungen ab, die aus ihm ebenfalls einen Agenten machten. Vogel war der prominente Diener eines Regimes, dessen Methoden und »sozialistischen Ideale« ihm oft verabscheuungswürdig erschienen. Ohne Umschweife gab er zu, daß jede seiner zu Tausenden zählenden Akten eine menschliche Tragödie enthalte.

Trotzdem diente er dem System, das solches Leid verursachte. In mutigen Augenblicken beklagte er sich bei seinen Gönnern in der Partei und der Staatssicherheit darüber, daß man zu weit gegangen sei, worauf man ihm für gewöhnlich warnend nahelegte, Ruhe zu bewahren, damit er nicht wie seine Klienten im Gefängnis lande. Bei jemandem, der stärker von moralischen Zweifeln gequält worden wäre, hätten solche Momente vermutlich zum Bruch mit dem Regime geführt. Vogel dagegen war, wie er selber sagte, ein Mann, dessen größtes Talent immer in der Kunst gelegen hatte, Kompromisse zu schließen.[5]

Nur langsam merkte er, wie sehr die inneren Widersprüche des Regimes und seine eigene Arbeit das System unterminierten. Das Spionagegeschäft stand moralisch auf tönernen Füßen. Die geheimen, von Vogel ausgehandelten Kanäle untergruben die Mauer, legten Risse in ihr bloß, die schließlich den gesamten Unterdrückungsapparat zu Fall bringen sollten.

In den achtziger Jahren war der voranschreitende Zusammenbruch des Systems nicht mehr zu übersehen. »Glasnost« in der Sowjetunion und die revolutionären Veränderungen in Polen und Ungarn hatten die alternden SED-Führer vor ein Rätsel gestellt, hatten sie in die Defensive getrieben. Als Ungarn sich im Mai 1989 entschloß, den Stacheldraht an der Grenze zu Österreich zu beseitigen und jeden, der wollte, gehenzulassen, drängten Tausende von DDR-

Bürgern auf die andere Seite: In Scharen strömten zuerst einige, dann etliche Tausend nach Ungarn oder in die Tschechoslowakei. Vogel, der herbeigerufen wurde, um sie nach Hause zurückzubringen, mußte unverrichteter Dinge wieder abreisen.

Schon im Spätsommer 1989, nach drei Jahrzehnten harter Arbeit, hatte er erkannt, daß DDR-Bürger nicht mehr lange einen Rechtsanwalt benötigen würden, um in den Westen zu gelangen. Durch den Zusammenbruch des Kommunismus hatte der Gebieter über den Spionen-Handel an der Glienicker Brücke seine mysteriöse Aura ebenso verloren wie diese Brücke selber. Sie war nun kein geheimnisvoller Weg in die Freiheit mehr, sondern führte lediglich von der einen Seite der Havel auf die andere.

Die ideologischen Schranken waren gefallen. Was blieb, waren jene kulturellen und geistigen Schranken, die in den vergangenen vierzig Jahren auf beiden Seiten der Grenze in den Köpfen der Menschen gewachsen waren, und diese erwiesen sich bald als sehr viel fester verankert, als man es sich vorgestellt hatte. Ostdeutsche, wütend darüber, daß sie um die Milde von Fürsprechern wie Vogel hatten bitten müssen, wandten sich gegen ihn. Westdeutsche, die in das Büro des Berliner Staatsanwalts strömten, waren fest entschlossen, Vogel als korruptes Überbleibsel des SED-Regimes zu entlarven. Die umfangreichen Archive der Staatssicherheit wurden gleichsam zur Heiligen Schrift dieser Vergeltungsriten. Auf beiden Seiten bewies man große Entschiedenheit, wenn es darum ging, jene Geheimagenten und Spitzel zu demaskieren, mit denen die DDR-Gesellschaft durchsetzt war, und die Wahrheit über ihre Herrscher zu enthüllen. Mit einem Eifer, der immer wieder auch fanatische Züge trug, wurden Akten durchforstet. Wo steckten die Verräter, wer waren sie?

Bei alldem gab es genug Selbstbetrug. Schließlich kann kein Regime, mag es auch noch so totalitär sein, auf die Dauer an der Macht bleiben, wenn die Mehrheit des von ihm regierten Volkes sich dagegenstellt. Die meisten Ostdeutschen jedoch hatten sich der Akzeptanz des SED-Regimes, wenn nicht gar der Kollaboration schuldig gemacht und nach ihrem eigenen Bekunden nur dadurch überlebt. Nachdem sie vierzig Jahre lang in einem riesigen Gefängnis gelebt hatten, wehrten sie sich deshalb vehement gegen die Einsicht, daß sie sich jede Nacht selber eingeschlossen hatten. Noch weniger aber wollten sich die Westdeutschen eingestehen, daß auch sie dazu beigetragen hatten, die Strukturen dauerhafter zu machen, indem sie den »Gefängniswärtern« all die Jahre über Geld gezahlt hatten.

Zuerst dachte Vogel, daß die Freude über die Wiedervereinigung den Drang nach Abrechnung unterdrücken werde. Aber er irrte sich. Die Menschen waren und blieben darauf fixiert, die Kommunisten zu bestrafen, obwohl sich diese Aufgabe als schwieriger denn erwartet erwies. Honecker, noch 1987 bei seinem Besuch in Bonn als Staatsoberhaupt begrüßt, floh 1990 aus Deutschland, um sich der strafrechtlichen Verfolgung zu entziehen, und suchte zuerst in einem sowjetischen Militärhospital, dann im scheinbar sicheren Moskau Zuflucht. Erich Mielke saß in Haft und zog sich – ob tatsächlich oder nur scheinbar, war schwer zu sagen – in die Senilität zurück. Markus Wolf, der legendäre Meisterspion der DDR, der Vogel jahrelang seine Kunden beschafft hatte, stahl sich einige Tage vor dem 3. Oktober 1990 unbeobachtet in die Tschechoslowakei, um von dort nach Österreich und später nach Moskau zu fliehen.

Wolfgang Vogel hingegen blieb. Schon bald fand er sich als die Hauptzielscheibe einer Staatsanwaltschaft wieder, die mit aller Macht beweisen zu wollen schien, daß es sich bei seinem Lebenswerk um einen gigantischen Schwindel handelte, den seine Herren beim MfS an naiven ostdeutschen Gefangenen und an unschuldigen westdeutschen Politikern verübt hatten. Einige seiner Klienten, die ihren Besitz vor dem Verlassen an den Staat hatten abtreten müssen, beschuldigten ihn jetzt, sie betrogen zu haben. Das Wort »Erpressung« fiel. Durch die Wiedervereinigung hatten ihre ehemaligen Häuser und Grundstücke plötzlich einen Wert erlangt, der zur Zeit der SED-Herrschaft undenkbar gewesen wäre. Nun warfen sie Vogel vor, er habe sie um den Gewinn gebracht.

Vergeblich beteuerte Vogel den Ermittlern, daß er lediglich seine Pflicht als Anwalt getan habe. Schließlich sei er durch die Regeln und Vorschriften der SED-Diktatur gebunden gewesen, und es sei absurd, ihn zu verfolgen, nur weil er nicht so gehandelt habe, als ob die DDR eine Demokratie gewesen sei.

Was man Vogel dabei besonders übelnahm, war sein Wohlstand. Es zeigte sich freilich, daß der größte Teil seines Vermögens aus den jährlich von der Bonner Regierung gezahlten »Honoraren« – 360.000 DM bis 1989 – stammte. Daß er für diese Gelder und ihren Zinsertrag weder an die Bundesrepublik noch an die DDR Steuern gezahlt hat, war Mitte 1993 Gegenstand staatsanwaltlicher Ermittlungen. Hinzu kamen etliche hunderttausend D-Mark, die ihm die Bundesregierung jedes Jahr als Anwaltshonorar für einzelne Klienten bezahlt hatte. All das wurde ihm nun auf eine Weise vorgehalten, als hätte er in unlauterer Absicht die Gutgläubigkeit ehrbarer westdeutscher Politiker ausgenutzt, wovon keineswegs die Rede sein konnte. Überhaupt kann kaum bestritten werden, daß Vogels Schuld zugleich und in keinem geringeren Ausmaß die Schuld der Bundesrepublik gewesen ist.

Während Vogel in Teupitz ausharrte, jenem Dorf im Süden Berlins, in dem er sich mit seiner Frau einen komfortablen Schlupfwinkel eingerichtet hatte, konnte die Staatsanwaltschaft einen Richter davon überzeugen, daß er möglicherweise in die Schweiz zu seinen Bankkonten fliehen wolle. Mitte März 1992 verbrachte Vogel daraufhin zwei Wochen im Westberliner Gefängnis Moabit, in dem er häufig kommunistische Spione in der Haft besucht hatte. Gegen eine Kaution freigelassen, versuchte er, von seinem Ruf zu retten, was noch geblieben war, bis er im Juli 1993 erneut in Untersuchungshaft genommen wurde.

In der nun folgenden Geschichte kommen nur wenige reine Bösewichte vor, doch auch nur wenige Helden. Wer die Opfer waren, möge der Leser selber beurteilen. Nicht auszuschließen bleibt, daß die ganze Wahrheit über Vogel in jenen tieferen Schichten seines Inneren verborgen liegt, zu denen meine Nachforschungen nicht vorzudringen vermochten, zumal ich nur begrenzten Zugang zu seinem riesigen Archiv besaß. Auch seine Stasiakte ist unvollständig – und wie alle Dokumente dieser Art in gleichem Maße auf Dichtung und Wahrheit, Betrug und Selbstbetrug angelegt.

Mit der Arbeitsgruppe »Regierungskriminalität der ehemaligen DDR«, die die Berliner Staatsanwaltschaft eingerichtet hat, habe ich bis zur Anklageerhebung gegen Vogel am 15. Juli 1993 keinen Kontakt gehabt. Den Wunsch dazu hatte ich allerdings schon Ende 1992 geäußert. Daß er abschlägig beschieden wurde, mag juristisch bedingt sein. Vielleicht hatte die Staatsanwaltschaft ihre Ermittlungen noch nicht abgeschlossen und war daher rechtlich nicht in der Lage, Auskunft zu geben.

Anklage und Haftbefehl enthalten schwerwiegende Vorwürfe. Noch einmal kommt darin Vogels Verhältnis zur Staatssicherheit zur Sprache. Davon handelt auch dieses Buch. Die Absicht des Autors aber war es, Vogels schillernde Persönlichkeit als Ganzes darzustellen, in all ihrer Komplexität. Er wollte nicht nur den Rechtsanwalt schildern, auch nicht nur den »geheimen Mitarbeiter« des MfS, sondern den ganzen Menschen. In dem Prozeß, der kaum vor 1994 zu erwarten ist, wird über die Wahrheit der gegen Vogel erhobenen Vorwürfe entschieden werden.

Ich selber hoffe, daß mir bei meinem Unternehmen vor allem eines gelungen ist: zu zeigen, daß es während der Teilung des Landes ein äußerst vielschichtiges, verwickeltes, rational fast undurchdringliches Schicksal war, ein Deutscher zu sein, und daß die Kompliziertheit dieser Lage nach der Vereinigung noch gewachsen ist. Auch das nämlich beweist Vogels Geschichte.

21

Teil I
Die frühen Jahre

Erstes Kapitel

Ostdeutschland
schafft sich seinen Agenten-Anwalt

»Sie hätten also gern eine Anwaltspraxis.«

Wolfgang Heinrich Vogel wurde am 30. Oktober 1925 in Niederschlesien geboren. Er wuchs in einer streng katholischen Familie in dem Dorf Wilhelmsthal auf, das sich am Fuß eines über 1400 Meter hohen Berges befand, der im Winter gewöhnlich mit einer so dicken Schneeschicht bedeckt war, daß man von Ende Oktober bis Mitte Mai Ski fahren konnte. Etwa dreißig Kilometer südöstlich von Wilhelmsthal lag Glatz, eine mittelgroße Marktstadt mit ungefähr 70.000 Einwohnern.

Vogel war fast zwanzig Jahre alt, als er seine Geburtsstadt zum letzten Mal sah. Nach dem Einmarsch der Roten Armee im Frühjahr 1945 wurden Glatz und die umliegenden Gebiete dem polnischen Staatsgebiet einverleibt. Als Vergeltung für die von den Nationalsozialisten während der brutalen Besetzung verübten Verbrechen vertrieben die Polen, deren Land durch den Krieg verwüstet und auseinandergerissen war, alle Deutschstämmigen in den verbliebenen Rest Deutschlands. So endeten nicht nur in Nieder- und Oberschlesien, sondern auch in Pommern, im Sudetenland und in Ostpreußen Jahrhunderte friedvollen Zusammenlebens zwischen Deutschen und Slawen. Nur wenige Polen, Tschechen und Russen vergossen allerdings Tränen über das abrupte Ende deutscher Geschichte und Tradition in diesen Gebieten.

Auch der junge Wolfgang Vogel fühlte keine Bitterkeit, als er zusammen mit seiner siebzehnjährigen Schwester Gisela in der Nähe der Graf-Götzen-Schule, die er vor dem Krieg besucht hatte, auf den Abtransport wartete. Er war sich bewußt, daß mit Glatz, das die Polen in Kłodzko umbenannt hatten, alles verschwinden würde, was sein bisheriges Leben ausgemacht hatte. Die Polen trieben seine Familie und andere Deutsche in Viehwagen aus dem Ort, genauso, wie es zuvor die Deutschen mit Millionen von Polen und Juden gemacht hatten. Doch während es für die Juden eine Reise ohne Rückkehr gewesen war, endete die Fahrt für die Schlesier in weiter westlich gelegenen deutschen Städten, wo sie versuchen konnten, sich ein neues Leben aufzubauen. In Vogels Fall sollte es sich dabei um die 300 Kilometer entfernte Universitätsstadt Jena in der sowjetischen Besatzungszone handeln. Als er vor dem Abmarsch in Richtung Bahnhof noch ein letztes Mal den Blick über den Marktplatz schweifen ließ, spürte er, daß er den mit Kopfsteinen gepflasterten Platz wohl nie mehr überqueren würde. Doch er empfand kein Bedauern.

Noch allzu frisch war ihm der Schock in Erinnerung, den er bei seiner Rückkehr nach Wilhelmsthal erlebt hatte, als er entdeckte, wie es einer seiner Schulfreundinnen aus dem Gymnasium, der blonden Arzttochter Lilo Nebler, zuletzt ergangen war. Als Junge hatte Vogel ihr oft die Schultasche in das Lyzeum getragen, wodurch er häufig so spät zum Unterricht in der ehemaligen Jesuitenkloster-schule gekommen war, daß die Lehrer ihn ermahnt hatten, er solle sich lieber auf seine Schularbeiten konzentrieren. Als er nun über die Hügel zurückkehrte, sah er schon aus der Ferne, daß dort, wo ehemals das Haus gestanden hatte, nur noch ein schwarzes, ausge-branntes Gemäuer übriggeblieben war. Dr. Nebler hatte seine Fami-lie – Lilo, ihre beiden Schwestern und seine Frau – einige Wochen zuvor vergiftet. Dann hatte auch er selber Gift geschluckt, hatte die Möbel im Wohnzimmer mit Benzin übergossen und alles mit einem Streichholz in Brand gesetzt. In der Nachbarschaft kursierten bald mehrere Gerüchte, die den tragischen Vorfall zu erklären versuch-ten: Dr. Nebler habe, so hieß es beispielsweise, für die SS gearbeitet, oder seine Frau sei von russischen Soldaten vergewaltigt worden. Den wahren Grund hat Vogel nie erfahren.[1]

In der behüteten, katholischen Welt Niederschlesiens waren solche Ereignisse unbegreiflich. Der Krieg schien die Welt auf den Kopf gestellt zu haben. Walther Vogel hatte seinen Sohn Wolfgang, den älteren Bruder und die beiden Schwestern dazu erzogen, jeden Sonntag zur Kirche zu gehen, und ähnlich wie in anderen ländlichen Gemeinden wurde auch in Wilhelmsthal eine Familie, die nicht regelmäßig den Gottesdienst besuchte, von den Nachbarn schief angesehen. Da ihr Vater Lehrer an der Dorfschule war, wuchsen die Vogel-Kinder unter besonders strenger elterlicher Aufsicht auf. Wal-ther Vogel stand in der akademischen Rangordnung zwar unter einem Gymnasiallehrer, war aber wie der Anwalt, der Notar und der Pastor im Dorf eine Respektsperson. Deshalb kamen jeden Sonntag nach der Messe Leute in das bescheidene Heim der Familie, um sich Rat zu holen. Manchmal wurde Walther Vogel von einem Bauern, der es sich selber nicht zutraute, gebeten, ein Schreiben an die örtli-chen Behörden aufzusetzen. Der kleine Wolfgang, als Bote losge-schickt, wurde dann für seine Dienste mit ein paar Münzen, Äpfeln oder Süßigkeiten belohnt. Aber eigentlich war es mehr die Aufgabe selber, die er als Herausforderung empfand. Die Verantwortung für das Überbringen wichtiger Mitteilungen, die sein Vater für Leute aus dem Dorf geschrieben hatte, war nicht nur hoch, sondern – so schien es ihm – sogar von lebenswichtiger Bedeutung. Durch die Erledigung einer solch verantwortungsvollen Aufgabe fühlte er sich, wie er später sagte, »wirklich sehr wichtig«.[2]

Bei der Machtergreifung der Nationalsozialisten 1933 war Wolfgang Vogel acht Jahre alt. Die Familie begrüßte das Ereignis nicht. Noch weniger war sie erfreut, als in den darauffolgenden Jahren die nationalsozialistische Präsenz in der Stadt immer stärker spürbar wurde. Zuerst waren es nur die treuen Nazianhänger, welche die Hand zum Hitlergruß erhoben, sooft sie Walther Vogel auf der Straße begegneten; später wurde dieser allgemein zur Pflicht. Nur der Lehrer lüftete weiterhin unbeirrt den Hut, um traditionell mit »Grüß Gott« zu antworten. So kam es, daß Wolfgangs Geschwister zu den letzten gehörten, die der Hitler-Jugend beitraten, da ihre Eltern sie lieber möglichst lange in dem katholischen Jugendbund »Neudeutschland« lassen wollten. Allein Wolfgang Vogel selber gehörte nie der nationalsozialistischen Jugendorganisation an: Er blieb Mitglied der katholischen Gruppe, bis diese 1942 offiziell verboten wurde. Als er später den SED-Funktionären seinen politischen Hintergrund darzulegen hatte, schrieb er: »Wenn ich weder der HJ noch der NSDAP oder einer ihrer sonstigen Gliederungen angehört habe, so mag dies aufgrund der Nazi-Überführungsgesetze verwunderlich erscheinen, ist jedoch darauf zurückzuführen, daß ich bis 1942 – zuletzt illegal – aktives Mitglied des naziverfolgten katholischen Jugendbundes (ND = Neudeutschland) war. Insoweit bin ich ehrlich genug, zuzugeben, daß meine politische Nichtbelastung nicht auf aktiver Opposition beruht. Hierzu wäre ich zur damaligen Zeit politisch keinesfalls ausgereift gewesen, während ich mit frühester Kindheit strengste katholische Erziehung genossen habe.«[3]

Kurz vor seinem elften Geburtstag war Vogel von seinen Eltern tatsächlich in die ehemalige Katholische Höhere Schule in Glatz geschickt worden, die von den Nationalsozialisten später in Graf-Götzen-Schule umbenannt wurde. Dort erhielt er als Interner seine höhere Schulbildung. Er lernte fleißig die alten Sprachen und konnte dank der Privatstunden seines Vaters in Griechisch und Latein bald einen Jahrgang überspringen, ohne im geringsten ein langweiliger Streber zu sein. Er war ein gutaussehender Junge mit vollem, dunkelblondem Haar, blauen Augen, klaren Gesichtszügen und aufrechter Haltung, der bei den Tanzabenden – jener einzigen Vergnügung, die nach Kriegsbeginn noch gestattet war –, die Augen vieler Mädchen aus dem Lyzeum auf sich zog.

Der Kriegsausbruch 1939 brachte für die Familie neue Belastungen. Bald wurde Vogels älterer Bruder Hans eingezogen. Wolfgang

kam 1943 zum Arbeitsdienst, bis er im März 1944 eingezogen wurde –
zur Luftwaffe. Bei seiner Musterung wurde jedoch ein Magenleiden
festgestellt, so daß er lange wehrdienstuntauglich blieb und Ende
Mai in Glatz noch mit Auszeichnung seine Abiturprüfung ablegen
konnte.

Bei der Luftwaffe sollte er zum Navigationslehrer ausgebildet
werden. Er diente im lothringischen Toul, in Breslau und schließlich
– Ende 1944 – in Danzig. Als die Rote Armee näher rückte, wurde das
Flugtraining abgesetzt, weil es zu diesem Zeitpunkt schon keinen
Treibstoff mehr gab, und Ende Januar schließlich wurde Vogel als
Flieger ehrenvoll entlassen und dem Volkssturm überstellt. Da er
jedoch wegen seiner gesundheitlichen Probleme im Krankenhaus
bleiben mußte, blieben ihm weitere Kampfeinsätze erspart, bis
Deutschland sich Anfang Mai ergab.[4] Der Krieg war vorbei.

Selbst über solche banalen Fakten, die aus jedem durchschnittlichen
Lebenslauf dieser Jahre stammen könnten, legte sich später jener
geheimnisvolle Schleier, der auch den Rest von Vogels Leben
umgibt. Als er im September 1945 mit seiner Schwester auf dem
Glatzer Marktplatz stand, trug er noch seine Erkennungsmarke, eine
namenlose, ovale Metallplatte, auf der die Personalnummer 283 und
seine Einheit, die zehnte Kompanie des 92. Fliegerregiments, eingraviert waren. 600 Kilometer weiter südlich, in Norditalien, war im
Jahr zuvor, in einer der letzten Schlachten zwischen deutschen und
amerikanischen Streitkräften, ein deutscher Soldat getötet worden,
der genau die Erkennungsmarke trug, die eigentlich Vogel hätte
bekommen sollen. Der Mann, in der Nähe des Futapasses auf einem
riesigen Friedhof zusammen mit 30.000 anderen deutschen Soldaten begraben, erhielt Jahre später einen Grabstein, in den Vogels
Name und Geburtsdatum eingemeißelt waren. Wer war er? Genau
ist der Fall nie aufgeklärt worden. Allerdings gibt es Vermutungen,
daß es sich dabei um die letzte Ruhestätte eines vermißten Soldaten
namens Heinz Ulm gehandelt habe, der aus Versehen Vogels Marke
mit der Nummer 281 anstatt seiner eigenen mit der Kennziffer 283
bekommen hatte.[5] Doch in jener Zeit kümmerte sich die Welt nur
wenig um das Schicksal deutscher Soldaten. Das Augenmerk richtete sich vielmehr auf das Leid und die Zerstörung, die sie verursacht
hatten.

Auch um das Schicksal von Millionen Deutscher, die nach dem
Krieg aus ihrer Heimat, aus Schlesien, Ostpreußen, Pommern oder
dem Sudetenland, vertrieben worden waren, scherte man sich nicht
sonderlich, obschon es sich dabei um einen der größten Flüchtlings-
ströme in der jüngeren Geschichte Europas handelte. Gleichviel,
was ihnen zugestoßen war – so dachten die meisten ihrer Nachbarn

und ehemaligen Opfer –, diese Deutschen hatten es nicht besser verdient. Wenn Tausende auch am Wegesrand sterben mußten, so würden doch wenigstens die Überlebenden ein wenig besser verstehen, was das Dritte Reich Millionen von Vertriebenen sowie all denen, die in den Konzentrationslagern getötet worden waren, angetan hatte.

Jena, die alte Universitätsstadt, wurde die neue Heimat der Familie Vogel. Die Schiller-Universität, als erste Hochschule der Sowjetzone eröffnet, nahm schon im Oktober 1945 inmitten von Ruinen den Lehrbetrieb wieder auf. Vogel wollte eigentlich Zahnmedizin studieren. Da die Studienplätze für dieses Fach aber bereits vergeben waren, riet ihm ein Professor, sich für irgend etwas anderes einzuschreiben, gleichgültig was, und die zahnmedizinischen Vorlesungen zu besuchen, sooft er wolle. So schrieb sich Vogel für Rechtswissenschaften ein. Damals gründete das Jurastudium noch direkt auf den Gesetzen der Weimarer Republik, und hier wie auch an den westdeutschen Universitäten auf der anderen Seite der Grenze wurden zu weiten Teilen dieselben alten Lehrbücher benutzt. Der Kommunismus beeinflußte das studentische Leben nur insofern, als jede Woche eine gewisse Stundenzahl mit Wiederaufbauarbeiten zugebracht werden mußte, Maurerarbeiten etwa, die nachher in das Studienbuch eingetragen wurden.

Vogel war sofort vom Strafrecht fasziniert. Nur seine katholische Erziehung brachte ihn bisweilen noch ins Grübeln, ob er nicht doch lieber Priester werden sollte, ein Amt, das in der sowjetischen Besatzungszone allerdings den Verzicht auf alle weltlichen Ambitionen bedeutet hätte, und das lag nicht in Vogels Absicht. Er war damals einer der sogenannten Blockparteien beigetreten, den Liberal-Demokraten:»Ich wollte offen gegen das Stellung nehmen, was hinter uns lag«, schrieb er.[6] Außerdem hatte er sich in Eva Anlauf verliebt, eine junge Kindergärtnerin aus Leipzig, die er wenig später – im April 1946 – heiratete. So zog er nach Leipzig, wo er sein Studium fortsetzte. Im August des folgenden Jahres wurde ihr erstes Kind, ein Junge, geboren.

Im Mai 1949 trat Vogel in den Dienst des Landes Sachsen. Als Referendar wurde er von Rudolf Reinartz vereidigt, einem älteren Richter beim Landgericht der sächsischen Kleinstadt Waldheim, die in den fünfziger Jahren Standort eines sowjetischen Internierungslagers werden sollte: Über 3300 Menschen wurden dort wegen ihrer Beteiligung am Nationalsozialismus verurteilt, 24 von ihnen hingerichtet. Dagegen waren die Fälle, die Vogel bearbeitete, vor allem Routineangelegenheiten. Und doch hat die Ausbildung bei Reinartz, die Vogel Ende November abschloß, den späteren Chef-

Unterhändler für sein ganzes Leben geprägt und nicht nur seine Sichtweise der Gesetze, sondern seine gesamte zukünftige Karriere beeinflußt. Reinartz, Mitglied der SED und zwölf Jahre älter als Vogel, hatte in der Schlacht um Stalingrad durch Erfrierungen beide Beine verloren. Er war ein milder, großzügiger Mann und gegenüber Menschen, die mit den kleineren Tragödien des Lebens fertig werden mußten, besonders nachsichtig – eine Haltung, die Vogel in seinen eigenen seelsorgerischen Neigungen bestärkte.

Vogels Aufgabe bestand darin, für den Richter juristische Akten zu bearbeiten, Recherchen zu betreiben, Stellungnahmen abzufassen. Mitunter ließ Reinartz sich von ihm sogar am Richtertisch vertreten. Bei einer dieser Gelegenheiten hatte Vogel einen Mann zu vernehmen, der angeklagt war, eine Ziege gestohlen zu haben, und es stellte sich heraus, daß der Beschuldigte, ein Arbeitsloser, die Ziege geschlachtet hatte, um seine sieben Kinder ernähren zu können. Als Vogel später, nachdem er über den Fall entschieden hatte, Reinartz davon berichtete, fragte dieser: »Und? Wird Einspruch erhoben?« »Wenn überhaupt, dann von der Staatsanwaltschaft«, erwiderte Vogel. »Ich habe ihn freigesprochen.« »Haben Sie den Verstand verloren?«, explodierte Reinartz, woraufhin Vogel erklärte, daß sich der Angeklagte in einer verzweifelten Situation befunden habe. Reinartz entfernte sich kopfschüttelnd, kam aber nach ein paar Stunden zurück, legte den Arm um seinen jungen Referendar und sagte: »Ich glaube, ich hätte genauso gehandelt.« In den folgenden vier Jahrzehnten erzählte Vogel diese Geschichte immer wieder seinen Freunden im Westen[7] – vermutlich, weil sie widerspiegelt, wie Vogel sich selber sah oder doch gern gesehen werden wollte: als Menschenfreund, der die starren, von der kommunistischen Justiz auferlegten Regeln zum Wohl der Menschen zu beugen entschlossen war, auch wenn er damit seine Karriere aufs Spiel setzte.

Reinartz war von den Talenten seines Zöglings beeindruckt. »Vogel ist ein begabter Jurist. Er hat eine sehr gute Auffassungsgabe und denkt klar und logisch«, schrieb er in seiner Abschlußbewertung. »Vogel hat gute theoretische und praktische Rechtskenntnisse, besonders auf dem Gebiete des Wirtschaftsplanungsrechtes und des Wirtschaftsstrafrechtes.« Außerdem habe Vogel jeden Tag fleißig bis in die »späten Abendstunden« gearbeitet.[8]

Vogel setzte sein Referendariat in Leipzig fort, bis sein Mentor ihn Mitte 1952 wieder zu sich rief, diesmal nach Berlin. Dorthin nämlich war Reinartz mittlerweile befördert worden – auf einen wichtigen Posten in der Strafrechtsabteilung des DDR-Justizministeriums in Berlin, wo er Leiter der Hauptabteilung Gesetzgebung war.

Die Aussicht auf ein höheres Gehalt und das Leben in der Hauptstadt beflügelte den Ehrgeiz des jungen Anwalts, der mittlerweile zwei Kinder zu ernähren hatte. Seine Tochter Lilo, ein Jahr zuvor geboren, hatte Vogel nach dem Mädchen benannt, das 1945 in Glatz vergiftet worden war. Eva Vogel, die dieselbe sentimentale Ader wie ihr Mann besaß, hatte diesen dazu überredet, den gemeinsamen Sohn Manfred zu nennen – nach einem ihrer Kindheitsgefährten, der während des Krieges an der Ostfront gefallen war.

So kam es, daß Vogel Reinartz' Angebot annahm und am 1. August 1952 seine Stelle im Justizministerium antrat. Am 18. September bestand er sein zweites Staatsexamen, das ihm das Recht gab, auf Lebenszeit als Rechtsanwalt, Richter oder Staatsanwalt tätig zu sein, und fand im folgenden Jahr am östlichen Stadtrand Berlins eine Wohnung.[9]

Die deutschen Städte wiesen damals noch sichtbare Spuren der Zerstörung auf, und das Leben in der DDR war denkbar schwierig. Während West-Berlin und weite Teile der Bundesrepublik allmählich wieder zu Wohlstand gelangten, sah der Osten Deutschlands noch immer wie ein Kriegsgebiet aus. Bei den Menschen wuchs die Ungeduld. Als im März 1953 Stalin starb, begann im gesamten Ostblock eine Zeit der Unsicherheit und der Unruhen, deren Auswirkungen kaum irgendwo so direkt zu spüren waren wie in der DDR. Über das ganze Land wurde eine nationale Trauer verhängt, die von den Bürgern unter Androhung von Strafe eingehalten werden mußte. Um ein Exempel zu statuieren, wurden im April zwei Arbeiter aus Leipzig, die sich über den toten sowjetischen Führer lustig gemacht hatten, zu vier und sechs Jahren Gefängnis verurteilt. Doch die politische Unsicherheit, die aus solchen Entscheidungen sprach, drohte ein noch größeres wirtschaftliches Chaos heraufzuführen, zumal der Schwarzmarkt in voller Blüte stand: Die strengen Preisbegrenzungen der Regierung konnten noch nicht durch entsprechende Produktionssteigerungen aufgefangen werden, und die Löhne wurden künstlich niedrig gehalten – zu niedrig, als daß sich die Mehrheit der Bevölkerung die Schwarzmarktwaren hätte leisten können. Die Folge war, daß wachsende Diskrepanz zwischen beiden Teilen Deutschlands die Stimmung gegen die Kommunisten derart schürte, daß jede Woche Zehntausende ihre Koffer packten und in den Westen aufbrachen.

Das Durcheinander, das dadurch entstand, entfachte eine Welle von Streiks und gewalttätigen Protesten. Der Tod Stalins und Lawrenti Berijas, des verhaßten Chefs der sowjetischen Geheimpolizei, weckten Wagemut und eine Kampfstimmung, die all diejenigen überraschte, die davon überzeugt waren, daß die Deutschen jedem Befehl folgen würden, gleichviel, woher er kommen mochte. Um die Wirtschaft vor dem Zusammenbruch zu bewahren, leitete die SED-Regierung »Reformen« ein, die jedoch beim Volk kaum auf Beifall stießen. Sie verschärften vielmehr die inneren Widersprüche so sehr, daß schließlich die politische Grundfeste des Regimes selbst in Gefahr geriet. Im April kam es bei einigen staatlich kontrollierten Waren zu drastischen Preiserhöhungen, darunter Fleisch und Zukker. Mitte Mai empfahl das SED-Zentralkomitee, bis Ende Juni alle Produktionsquoten um mindestens zehn Prozent anzuheben, wodurch dem Land zu größerem Wohlstand verholfen werden sollte. Statt dessen spitzte sich die Krise zu. Als die Empfehlungen am 28. Mai in die Tat umgesetzt wurden, legten die Arbeiter in den Bergwerken, Stahlunternehmen und in anderen Fabriken in Berlin, Leipzig, Dresden, Magdeburg und Rostock ihre Arbeit nieder. Und zweieinhalb Wochen später, am 16. Juni, traten die Bauarbeiter an der Stalinallee im Zentrum Ost-Berlins in den Ausstand und marschierten, von Tausenden Gleichgesinnter begleitet, auf die Regierungsgebäude zu, um die Minister zum Rücktritt und zur Aufhebung der neuen Produktionsquoten aufzufordern.

Der Generalstreik, der schließlich am 17. Juni ausbrach, wurde von den Sowjets mit äußerster Brutalität niedergeschlagen. Auf dem weitläufigen, übersichtlichen Gelände des Alexanderplatzes, der vor dem Krieg Mittelpunkt der Berliner Arbeiterviertel gewesen war, fuhren russische Panzerspähwagen auf. Kurz darauf schlugen die anfänglichen Proteste in eine Massenrevolte um. Als die Demonstranten morgens um kurz nach elf die rote Fahne vom Brandenburger Tor herunterholten und sie zerfetzten, zerrissen die ersten Maschinengewehrsalven die Luft. Sowjetische T-34-Panzer rollten langsam auf die mit Steinen und Stöcken bewaffnete Menge zu.

Wie viele Menschenleben den Gewehrschüssen, Steinen und Knüppeln zum Opfer fielen, ist noch immer nicht bekannt. Die offiziellen Zahlen beliefen sich auf nicht mehr als neunzehn Demonstranten und vier Polizisten, während andere Schätzungen auf mehrere hundert Opfer gingen, denn der Aufstand hatte binnen kürzester Zeit 272 Orte im Land erfaßt. Auch in der Bundesrepublik hatten jene von Ausweglosigkeit gekennzeichneten Szenen, bei denen Ostberliner Männer und Jugendliche sowjetische Panzer mit Steinen attackierten, tiefe Bestürzung hervorgerufen.

Die Ereignisse ließen das Räderwerk der ostdeutschen Justiz mit Volldampf arbeiten. Vogel, der seine Stelle erst vor wenigen Monaten angetreten hatte, fand sich im Mittelpunkt des Geschehens, da Rudolf Reinartz inzwischen zur rechten Hand des damaligen DDR-Justizministers Max Fechner aufgestiegen war. Fechner zählte zu den wenigen ehemaligen Sozialdemokraten, denen die Russen 1946 nach der Zwangsvereinigung von KPD und SPD zur SED erlaubt hatten, ein Regierungsamt zu bekleiden. Er war stellvertretender

Vorsitzender der neuen Partei geworden, eine Position, die ihm scheinbar denselben Rang wie Walter Ulbricht verlieh. Als die sowjetischen Militärtribunale und die DDR-Gerichte nun mit großer Brutalität gegen die schätzungsweise 9.000 verhafteten Aufständischen vorgingen, wurde Fechners Linientreue auf die Probe gestellt: Eine Woche nach den Ausschreitungen war das ZK der SED zusammengetreten, um die Aufstände zur »faschistischen Provokation« durch »Agenten des Klassenfeinds« zu erklären und alle Organe der Justiz dazu aufzurufen, entsprechend mit den Tätern zu verfahren.

Die Vergeltungsmaßnahmen des Staates folgten auf dem Fuße, noch bevor die Partei eine ideologische Rechtfertigung abgegeben hatte. Am 18. Juni verkündeten die sowjetischen Oberbefehlshaber von Ost-Berlin und Jena die Verurteilung und Hinrichtung von zwei Arbeitern. Am 19. wurden neun weitere Menschen in Leipzig, Magdeburg, Stralsund, Görlitz und Apolda zum Tode verurteilt; insgesamt wurden acht Urteilssprüche vollstreckt. Am 20. Juni wurde ein »Rädelsführer« von einem Rostocker Gericht zu 25 Jahren Zuchthaus verurteilt. Zwei Tage später verhängte ein Potsdamer Gericht die Todesstrafe über einen Arbeiter.[10]

Der Volksaufstand bewog den Staat dazu, das MfS zu einem riesigen, mehrere hunderttausend Mann starken Apparat auszubauen, zu dem überdies noch etliche tausend »inoffizielle Mitarbeiter«, verdeckte Agenten und Informantennetze gehörten. Von nun an entwickelte sich die Stasi zu einem alles beherrschenden politischen Machtinstrument, ja zur entscheidenden Stütze der SED-Herrschaft. Erpressung, Zwang und Mißtrauen – die Grundlagen der Kontrolle, die sie im Land ausübte – begannen mehr und mehr zur bleibenden Eigenart des ganzen Staatswesens zu werden, so daß schließlich Nachbarn über Nachbarn, Freunde über Freunde, Kinder über Eltern und Männer über ihre Frauen Informationen weitergaben.

Der gesamte Apparat war, wie man vermuten muß, viel größer als alles, was das Dritte Reich je zur Sicherung seiner politischen Macht eingesetzt hatte. Was seinem Aufbau und seiner ständigen Erweiterung psychologisch zugrunde lag, war ohne Zweifel ein Gefühl grundlegender Unsicherheit innerhalb der SED – ihre tiefe Unfähigkeit, das Volk zur Loyalität zu überreden, es sei denn durch Waffengewalt. Nach dem 17. Juni stand die Partei deshalb am Rand des politischen Scheiterns. Im Zentralkomitee tobte hinter den Kulissen ein verbissener Kampf zwischen denjenigen, die in der Unterdrückung der letzten Jahre und in den allzu ehrgeizigen Wirtschaftplänen die eigentliche Ursache für die Aufstände sahen, und denen, die meinten, daß alle Errungenschaften der SED seit 1945 zunichte gemacht würden, wenn man Fehler zugäbe und somit Schwäche zeigte.

Doch nicht allein die Widersprüche spitzten sich zu. Auch die Signale, die das Regime aussandte, wurden verworrener. Am 25. Juni machte die Regierung die Steigerung der Produktionsquoten rückgängig, durch die die Welle der Gewalt ausgelöst worden war. Fünf Tage später gab Fechner in einem Interview im SED-Parteiorgan ›Neues Deutschland‹ zu verstehen, daß sich der überwiegende Teil der staatsverdrossenen Bürger sicher sein könne, jetzt von der Justiz wieder anders behandelt zu werden. »Es dürfen«, so sagte er, »nur solche Personen bestraft werden, die sich eines schweren Verbrechens schuldig gemacht haben. Andere Personen werden nicht bestraft.«

Anfang der fünfziger Jahre, auf dem Höhepunkt des Kalten Krieges, als über der gesamten kommunistischen Welt ein Schleier von Geheimhaltung lag, war es für die Bundesrepublik und für die amerikanischen, britischen und französischen Verbündeten schwierig, die politische Bedeutung solcher Kursänderungen einzuschätzen. Trotzdem hatten die Westdeutschen bereits vor den Ereignissen des Juni 1953 den Verdacht gehegt, daß Fechners politische Stellung in der SED-Regierung aufgrund seiner sozialdemokratischen Vergangenheit auf die Dauer wahrscheinlich unhaltbar sein würde. Doch es kam noch anders: Fechner setzte sich, so schien es, selber die Pistole auf die Brust. Am 2. Juli »korrigierte« er sein Interview mit den Worten: »Das Streikrecht ist verfassungsmäßig garantiert. Die Angehörigen der Streikleitung werden für ihre Tätigkeit als Mitglieder der Streikleitung nicht bestraft.«

Das war nicht nur für die linientreuen SED-Funktionäre, sondern offensichtlich auch für deren sowjetische Schutzherren des Guten zuviel. Angesichts einer Streikwelle, die in ihren Augen von West-Berlin aus in Gang gebracht worden war, wagte es ein Mitglied der eigenen Regierung in aller Öffentlichkeit, die Rädelsführer der Aufstände mit Hilfe einer juristischen Spitzfindigkeit davonkommen zu lassen? Walter Ulbricht nutzte die Krise zur Konsolidierung seiner Macht. Unverzüglich fanden Säuberungsaktionen statt. Am 15. Juli, einige Tage bevor der Minister für Staatssicherheit, Wilhelm Zaisser, seines Amtes enthoben wurde, wurde Fechner als Justizminister entlassen. Ulbricht ersetzte ihn durch die Vizepräsidentin des Obersten Gerichtshofes, Hilde Benjamin, im Westen die »Rote Hilde« oder »Rote Guillotine« genannt, die sich durch ihr furchteinflößendes Auftreten auszeichnete.

Frau Benjamin war eine ausgebildete Rechtsanwältin. Sie entstammte einer Familie der gehobenen Mittelschicht und hatte 1926 den kommunistischen Arzt und Juden Georg Benjamin geheiratet, der schon früh von den Nationalsozialisten festgenommen worden war; 1942 starb er im Konzentrationslager Mauthausen, ohne seine

Frau noch einmal gesehen zu haben. Nach dem Krieg hatte Hilde Benjamin, die seit 1927 Mitglied der KPD war, dann jene Säuberungsaktionen geleitet, mit denen die alten Parteigenossen aus dem Justizsystem der Sowjetzone entfernt werden sollten. 1949 war sie Richterin geworden, wobei sie sich durch ihre harten Urteilssprüche gegen »Staatsfeinde« und »Saboteure« bald einen Namen gemacht hatte. Karikaturen zeigten sie mit ihrem strengen, eng anliegenden Haarknoten als Verkörperung eines herzlosen, von den Sowjets gesteuerten Unterdrückungssystems.

Am 21. Juli, noch nicht einmal eine Woche nach ihrem Amtsantritt, erklärte die neue Justizministerin in bester stalinistischer Manier im ›Neuen Deutschland‹, daß auch innerhalb des DDR-Justizwesens Sabotage betrieben worden sei, ja daß die Provokateure bei ihren destruktiven Aktivitäten sogar gedeckt worden seien. »In dem bekannten Interview Fechners fand dies eklatanten Ausdruck«, sagte Hilde Benjamin. »Dieses Interview hat mit Recht unter unserer Bevölkerung Unruhe und Proteste hervorgerufen, weil es den grundsätzlichen Fehler beging, einen versuchten Staatsstreich und faschistischen Putsch als einen Streik zu rechtfertigen.«[11]

Doch Hilde Benjamins Amtsantritt bedeutete nicht nur für Fechner das Ende seiner politischen Karriere, sondern auch für Rudolf Reinartz. Von den Säuberungsaktionen erfaßt, denunzierte er Fechner, um die eigene Haut zu retten. Der Druck, der in dieser Zeit auf ihn ausgeübt wurde, trieb ihn bis an die Grenzen seiner Kraft. Doch anstatt aufzugeben, kehrte er dem System den Rücken: Am 24. Oktober floh er mit seiner Familie nach West-Berlin[12] – ein Fall, der damals kaum Aufmerksamkeit erregte, da in den Jahren vor dem Mauerbau täglich Zehntausende zwischen dem sowjetischen und den westlichen Sektoren der Stadt hin und her pendelten, um zur Arbeit zu fahren oder Verwandte zu besuchen. Nur seine ehemalige Abteilung im Justizministerium ließ Reinartz in äußerster Panik zurück.

Zwei Wochen später unternahm Reinartz zwei Dinge, die Vogels Lebensweg entscheidend verändern sollten. Zuerst beschuldigte er am 9. November in West-Berlin bei einer öffentlichen Anhörung durch den »Untersuchungsausschuß freiheitlicher Juristen« die neue Justizministerin, sich von den Russen und den Funktionären, die den Juni-Aufstand niedergeworfen hatten, bereitwillig als Werkzeug der Unterdrückung benutzen zu lassen. Seine Aussagen so wie die anderer Zeugen machten auch die letzte Hoffnung darauf zunichte, daß Hilde Benjamins Ministerium im Sinne der Gerechtigkeit handelte: Die SED, so zeigte sich unmißverständlich, befahl den Staatsanwälten und Gerichten, was zu tun war. Im Dienste der

»Klassengerechtigkeit« hatte man die Strafgesetze revidiert und die Richter ersetzbar gemacht; anstatt aber an die Prinzipien der bürgerlichen Gesetzgebung aus der Zeit vor Hitler anzuknüpfen, hatte man die Beweisführung den ideologischen Zielsetzungen des Kommunismus angepaßt. Reinartz bezeugte, daß Hilde Benjamin, damals noch Vizepräsidentin des Obersten Gerichtshofes, während des Juni-Aufstandes mit den Staatsanwälten unter einer Decke steckte, um die Unruhestifter hinter Gitter zu bringen. »Im Gebäude des Obersten Gerichts«, erklärte er, »war ein ständiger Nachtdienst eingerichtet. (...) Die Instrukteure riefen nun nachts aus der Zone an und unterbreiteten dem Nachtdienst Fälle zur Entscheidung. Sah der Nachtdienst den Sachverhalt als klar und unkompliziert an, gab er seine Entscheidung über das zu fällende Strafmaß an den anrufenden Instrukteur bekannt, andernfalls stellte er die Entscheidung bis zum nächsten Morgen nach Vortrag bei Frau Benjamin zurück. Diese traf dann die Entscheidung, und der Instrukteur in der Zone erhielt entsprechenden fernmündlichen Bescheid.«[13]

Reinartz' Zeugenaussage vor dem »Untersuchungsausschuß freiheitlicher Juristen«, dessen Beziehungen zur CIA und zum Bundesnachrichtendienst der Stasi wohlbekannt waren, war für die Westdeutschen ein wichtiger Propagandaschlag. Außerdem war seine Flucht auch für den Geheimdienst ein bedeutender Trumpf, denn als Leiter der Strafrechtsabteilung des Justizministeriums konnte Reinartz geheime Informationen über die politischen Absichten der SED und der Sowjetregierung liefern. In den Augen der DDR-Regierung hatte Reinartz sich damit an eben jene westlichen Geheimdienste verraten, die von den Kommunisten beschuldigt wurden, den Volksaufstand geschürt zu haben.

Der zweite Schritt, den Reinartz unternahm, traf Vogel persönlicher. Fünf Tage vor seiner Aussage hatte Reinartz ihm einen Brief geschickt. Der frankierte Umschlag war allerdings nicht von einem Postboten, sondern von einer anderen Person in den Briefkasten geworfen worden, wie Eva Vogel ihrem Mann erzählte, als er an jenem Abend in ihre Wohnung in Neuenhagen zurückkehrte, weit draußen, am östlichen Stadtrand Berlins. In dem Umschlag fand Vogel eine Mitteilung von Reinartz. Dieser drängte ihn, am kommenden Sonntag zu einer beliebten Kneipe in einer Seitenstraße des Kurfürstendamms zu kommen. Er werde in einem Hinterzimmer auf ihn warten, schrieb Reinartz, um sich mit Vogel ganz vertraulich zu unterhalten. Der eigentliche Hintergrund bestand natürlich darin, daß Vogel auf die richtige Seite überwechseln sollte, solange es noch möglich war.[14]

Vogel war gerade 28 Jahre alt geworden und Vater eines sechsjährigen Sohnes und einer Tochter im Kindergartenalter. Er wußte, daß

36

das MfS – sollte der Brief ihm in die Hände fallen – ein Beweismittel gegen ihn besäße und ihn wegen Mitgliedschaft in einem westlichen Spionagering belasten könnte. Eva war zu Tode erschrocken. Beharrlich wiederholte sie, daß ihr Mann nur eine einzige Möglichkeit habe: den Brief gleich am nächsten Morgen im Ministerium abzugeben.

Vogel wußte, daß seine Frau recht hatte. Sicherlich würde die Stasi den Brief finden, und wenn er ihn nicht sofort aushändigte, geriet möglicherweise auch er in den Verdacht, für den amerikanischen Geheimdienst zu arbeiten. Vogel konnte jetzt nur noch eines tun, um sich zu retten, selbst wenn das bedeutete, daß er Reinartz verraten mußte. Als er am nächsten Tag am Eingang des Ministeriums erschien, befahl man ihm, sich unverzüglich in Zimmer 120 zur Berichterstattung zu melden. Deshalb handelte er, wie in seinen Augen jeder treue DDR-Bürger gehandelt hätte, und übergab den Brief.[15]

Was die Staatssicherheit mit den Informationen aus dem Brief anfing, ist nicht bekannt. Man kann es sich jedoch unschwer vorstellen. Zwei Beamte verhörten Vogel stundenlang, löcherten ihn mit Fragen darüber, wohin Reinartz gegangen sei, wer seine Freunde gewesen seien, welche Kontakte er nach West-Berlin gehabt habe. Vogel wußte, daß er mit fast allem, was er sagte, seinen Freund in Gefahr brachte, denn 1953 verschwanden auf beiden Seiten der Mauer noch regelmäßig Menschen. Wenn es der Staatssicherheit also gelingen sollte, Reinartz' Aufenthaltsort zu finden, dann konnte sie ihn entführen und in den Osten zurückbringen.

Für die Stasi wäre es ein leichtes gewesen, Vogel zur Beantwortung des Briefes zu zwingen und zu dem vorgeschlagenen Treffen gehen zu lassen, um herauszufinden, wo Reinartz lebte. Später versicherte Vogel jedoch, daß er angesichts dieser drohenden Möglichkeit einen Ausweg gefunden habe. »Sie wollten, daß ich den Brief beantworte, und daß ich mich mit Reinartz in Berlin treffe«, betonte er. »Sie waren hartnäckig. Sie wollten mich benutzen, um an ihn heranzukommen. Ich kann nicht garantieren, daß ich nicht versprochen habe, mit Reinartz zu reden oder ihn zu treffen. Wichtig aber ist doch nur, daß ich es nie getan habe.«[16]

Die von Hauptmann Werner Johde unterschriebene Stasiakte vom 11. November, in der Vogels Verhör festgehalten ist, scheint ihm recht zu geben. »Während der Unterhaltung mit Vogel kamen wir auf den Brief zu sprechen. (...) Vogel brachte zum Ausdruck, daß er es nicht verstehen kann, daß Reinartz gerade an ihn schreibt, denn er stand nicht gut mit Reinartz. Ich sagte ihm, daß er damit rechnen könne, noch einmal von Reinartz angeschrieben zu werden. Daraufhin brachte Vogel zum Ausdruck: ›Und wenn er mich noch zehnmal anschreibt, würde ich nicht nach West-Berlin gehen.‹«[17]

Johde befahl Vogel, umgehend Bericht zu erstatten, sobald Reinartz ihm schriebe oder ihn anriefe. Sollte Vogel erfahren, daß Reinartz sich auch an andere Kollegen im Ministerium wende, müßte er das ebenfalls mitteilen. Weiter fährt der Hauptmann der Staatssicherheit in der Akte fort: »Ich fragte ihn, ob er bereit wäre, den Sicherheitsorganen dabei zu helfen. Dies willigte Vogel ohne Bedenken ein und sagte, daß auch er ein Interesse daran hat, daß alle Elemente, die sich den feindlichen Agenturen zur Verfügung stellen und damit unsere Regierung und das werktätige Volk schädigen, der gerechten Strafe überführt werden.«

Vogel konnte sich nun zwischen zwei Möglichkeiten entscheiden: Entweder arbeitete er mit dem MfS zusammen, oder er folgte Reinartz in den Westen. Da er aber eine nervlich wenig belastbare Ehefrau und zwei kleine Kinder hatte und da draußen vor seinem Haus, unübersehbar und ohne Unterbrechung, Männer in Ledermänteln herumstanden, besaß er im Grunde keine Wahl. Als Hauptmann Johde Vogel deshalb fragte, ob er dem Staat nicht seine Loyalität beweisen wolle, indem er als GI, als »Geheimer Informant«, für das Ministerium für Staatssicherheit arbeitete, wußte er, daß die Stunde der Wahrheit geschlagen hatte. Ein GI stand in der Rangskala nur kurz hinter dem GM, dem »Geheimen Mitarbeiter«, obwohl GM und GI letztlich die gleichen Aufgaben hatten. Diese Begriffe waren Vogel damals nicht bekannt. Dennoch war er sich bewußt, daß er seine Seele verkaufen würde, wenn er unterzeichnete.

Lange Zeit hatte die Stasi Vogel im Visier behalten. Mehr als ein Jahr lang hatte sie sein Leben durchforscht. Doch als sei man sich seines Einverständnisses bereits sicher gewesen, hatte man schon vor dem Treffen mit Johde eine vierseitige Personalakte angelegt, in die Vogels Lichtbild eingeklebt und seine Personalien eingesetzt worden waren. Um so sonderbarer wirkt daher die Tatsache, daß die Geheimpolizei augenscheinlich nachlässig arbeitete: Manche Angaben in den Dossiers waren einfach falsch. Das Stasibüro in Frankfurt/Oder bestätigte beispielsweise, daß Vogel in Neuenhagen wohnte und politisch vertrauenswürdig sei, berichtete jedoch auch, daß er seit 1952 Mitglied der Partei sei, was ja keineswegs der Wahrheit entsprach. Unter den Angaben zur Familie wurde außerdem eine Schwester namens Elli aufgeführt, die angeblich ein Jahr später als Vogel geboren worden war, tatsächlich aber überhaupt nicht existierte. Über der Unterschriftslinie stand maschinenschriftlich: »unterzeichnet, Wolfgang Vogel«, sowie das Datum des 19. September 1952. Zu guter Letzt war der Akte auch noch ein Bericht über Vogels Arbeit im Justizministerium beigefügt, aus dem hervorging, daß dieser sich mit Kriegsentschädigungsleistungen, Devisengesetzen, Ausländereigentum und Zahlungssystemen zwischen der DDR und der Bundesrepublik beschäftigt habe.

Am 31. August 1953 erhielt Hauptmann Johde von seinem stellvertretenden Abteilungsleiter die Erlaubnis, den nächsten Schritt zu
unternehmen und Vogel offiziell anzuwerben. Als Begründung für
diesen Schritt gab Johde an, daß Vogel Berichte über Leute aus dem
Justizministerium liefern könne, ein Vorschlag, der offensichtlich
von verdeckt arbeitenden Stasi-Leuten aus dem Ministerium
stammte, bei denen Vogel sich einmal unbedachterweise darüber
beschwert hatte, daß jemand seinen Schreibtisch durchsucht habe.[18]
Den Akten zufolge wurde Vogel zum ersten Mal entweder am 10.
oder am 19. Oktober 1953 angeworben, also wenige Tage bevor Reinartz sich nach West-Berlin abgesetzt hatte. Entscheidend war
jedoch erst das Treffen am 10. November: Als Johde und Vogel an
jenem Tag in Zimmer Nummer 120 des Ministeriums zusammenka-
men, nötigte der Hauptmann der Staatssicherheit seinen Mann auf
jenen Vertrag einzugehen, der ihn zum GI machen würde.[19]

Vogel holte tief Luft. Er erkläre sich zwar, so sagte er ausweichend,
einverstanden mit allem, was man von ihm verlange, wolle aber
nicht unterschreiben. »Vogel wurde die Verpflichtung diktiert, die er
ruhig und überzeugend schrieb«, notierte Johde in seinem maschi-
nenschriftlichen Bericht, den er am nächsten Tag abheftete. Dieser
Satz wurde später mit Tinte wieder gestrichen. Der nächste hingegen
blieb stehen: »Er wählte den Decknamen ›Eva‹ und verpflichtete
sich, alle seine Berichte mit diesem Namen zu unterschreiben.«
Eines war also unmißverständlich klar: Ob der Vertrag unterschrieben worden war oder nicht, in den Augen der Staatssicherheit hatte
Vogel sich bereit erklärt, für sie zu arbeiten.[20]

Zuerst fühlte Vogel sich eher als Gefangener denn als Informant des
MfS. Fast rund um die Uhr standen vor seiner Haustür zwei in Zivil
gekleidete Männer, die ihm und seiner Frau überallhin folgten. Mit
Vogels Laufbahn im Justizministerium war es nun vorbei, auch
wenn man ihm gestattete, seinen Posten erst Ende Januar 1954 »aus
gesundheitlichen Gründen« niederzulegen, um das Gesicht zu wahren[21]. Die neue Justizministerin Hilde Benjamin wollte all diejenigen, die mit Reinartz und Fechner zusammengearbeitet hatten, aus
dem Weg haben und bestand darauf, daß Vogel nach Thüringen in
die Provinz abgeschoben werde, wo er als Richter tätig sein sollte.
Ein wichtiger neuer Gönner bewahrte Vogel vor dieser Schmach:
Josef Streit, der Leiter des Sektors Justiz in der Abteilung Staats-
und Rechtsfragen beim ZK der SED.

Wie Vogel war auch Streit aus seiner Heimat vertrieben worden.
Aufgewachsen im deutschsprachigen Teil der Tschechoslowakei,
engagierte er sich als junger Mann in der Buchdruckergewerkschaft
und trat neunzehnjährig in die KPČ ein, die Kommunistische Partei

der Tschechoslowakei. Als Hitler 1938 das Sudetenland besetzte, wurde Streit verhaftet. Sieben Jahre verbrachte er in den Konzentrationslagern von Dachau und Mauthausen, um nach dem Krieg in die sowjetische Besatzungszone zurückzukehren. Doch die Jahre als Häftling und Zwangsarbeiter hatten in ihm den Entschluß reifen lassen, das Rechtssystem der DDR in den Dienst der »Volksgerechtigkeit« zu stellen. Nun war durch Hilde Benjamin und die Staatssicherheit Vogels Schicksal in seine Hände gelegt worden.

Es ist undenkbar, daß Streit nicht zumindest in groben Zügen ahnte, was man mit Vogel vorhatte. Da die Stasi für den Parteiapparat arbeitete, hätte man dem Justizministerium solche Dinge unter anderen Umständen vielleicht verschwiegen, aber gerade Streit, den für Vogels Bereich Hauptverantwortlichen beim ZK der SED, hätte man nicht im dunkeln tappen lassen. So zitierte Streit Vogel im November 1953 zu einem Gespräch über die Zukunft in sein Büro. Vogel beklagte sich darüber, daß der Umzug auf das Land für ihn sehr kostspielig werde, und wehrte sich dagegen, in der abgelegenen Stadt Suhl wieder mit einem Richtergehalt auskommen zu müssen, nachdem er sich in Berlin bereits an ein fürstliches Salär von 1200 Mark im Monat gewöhnt hatte. Nachdrücklich betonte er: »Ich sehe überhaupt nicht ein, warum ich für die Zusammenarbeit mit Reinartz und für die Übergabe seines Briefes bestraft werden soll.«[22]

In dieser Hinsicht konnte Streit Vogel beruhigen. Mit Hilde Benjamin habe ihn noch nie besondere Freundschaft verbunden, und schon deshalb besaß er in keiner Weise die Absicht, aus Vogel einen Richter zu machen. Er ließ sich Vogels Akte aus dem Justizministerium geben, wobei er zunächst entdeckte, daß dieser im März aus der Liberal-Demokratischen Partei ausgetreten war. Vogel hatte dazu erklärt: »Seit ich mich mit dem Marxismus-Leninismus auseinandergesetzt habe, kann ich mich nicht länger mit den Zielen der LDPD identifizieren. Zum gegebenen Zeitpunkt werde ich mich um den Beitritt in die SED bemühen.«[23] Aber Streit wollte auf etwas ganz anderes hinaus. »Ich habe Ihre Unterlagen gelesen«, sagte er zu Vogel, »und ich sehe, daß Sie damals, als Sie Ihr Studium in Leipzig beendeten, sagten, daß Sie gern eine Anwaltspraxis hätten.«[24] Diese Art von Tätigkeit, die auch unter der Herrschaft der SED die meisten Anwälte dazu zwang, in sogenannten Rechtsanwaltskollegien zu arbeiten, war für einen DDR-Juristen die lukrativste Arbeit, die er sich überhaupt erhoffen konnte. Die vom Staat festgesetzten Honorare waren zwar niedrig, doch da es nur wenige Anwälte gab – noch 1990 kamen auf 16. 500.000 Bürger nur 900 Anwälte – konnte man es ziemlich weit bringen. Der Zusammenhang zwischen Streits Unterstützung und Vogels Ambitionen, für das MfS zu arbeiten, ist daher nicht von der Hand zu weisen: Anstatt für die mangelnde Wachsamkeit gegenüber einem Vorgesetzten, der sich in den Westen abgesetzt hatte, bestraft zu werden, bot man Vogel eine großzügige Belohnung an. Kein Wunder, daß er geradezu darauf brannte, diese Gelegenheit zu ergreifen.

So wurde Vogel mit Streits Unterstützung Anfang März 1954 in das Großberliner Rechtsanwaltskollegium aufgenommen und der weit vom Ostberliner Stadtzentrum entfernten Nebenstelle in Lichtenberg zugeteilt. Das Büro befand sich in der Alt-Friedrichsfelder Straße 113, einem quadratischen, grau verputzten Gebäude, das wie eine Garage aussah und etwas von der Straße zurückversetzt lag. Vogels Arbeitszimmer im ersten Stock war über eine enge, schäbige Treppe zu erreichen. Aber auch wenn der Weg von Neuenhagen weit war, ein Anfang war gemacht. In einem Brief des Kollegiums wurde Vogel als neues Mitglied begrüßt und aufgefordert, seine Einkünfte aus der Kanzlei alle zehn Tage auf ein bestimmtes Konto einzuzahlen. Das Kollegium würde ihm dann sein Gehalt zukommen lassen.[25]

Vogel machte sich Sorgen darüber, daß er nun wohl oder übel ein Doppelleben führen mußte. »Ich bin nicht stolz auf das, was ich damals getan habe, aber ich war in einer unmöglichen Lage«, bekannte er später.[26] Wie jeder andere getreue Bürger seines Staates glaubte auch er, dem Staat Gehorsam zu schulden, und hinzu kamen noch die Verpflichtungen, die er als Rechtsanwalt gegenüber seinen Klienten besaß. Um sie korrekt zu behandeln und gleichzeitig die Staatssicherheit zufriedenzustellen, mußte er einen regelrechten Balanceakt vollführen – eine Kunst, in der er auch später besonderes Geschick beweisen sollte.

Was er in diesen ersten Jahren als GI im einzelnen tat, wird wohl nie ganz herauszufinden sein. Später waren Vogels Erinnerungen unvollständig und lückenhaft, und die ihn betreffenden Akten des MfS sind zum Teil irreführend, wahrscheinlich auch nicht komplett, auf jeden Fall jedoch in vielerlei Hinsicht rätselhaft. »Der GI ist in seiner Arbeit sehr gewissenhaft und bringt Aussagen von inhaftierten Gefangenen, mit denen er als Rechtsanwalt zu tun hat«, steht in einem Bewertungsbericht von Anfang 1955. Daneben war hinzugefügt worden, daß die Staatssicherheit mit seiner Hilfe einen Geheimen Mitarbeiter anwerben konnte. »Finanzielle Zuwendungen erhält der GI nicht«[27], heißt es außerdem. Gleichzeitig wird darauf angespielt, daß man auf »Evas« zukünftige Mitarbeit Hoffnungen setze: »Der GI wird in der Perspektive in West-Berlin Klienten vertreten und uns dann über westliche Gerichte Informationen bringen.«[28]

Den Akten zufolge traf Vogel seine Kontaktleute mindestens einmal pro Monat – gelegentlich in »sicheren« Stasihäusern und -wohnungen, häufiger jedoch in Restaurants und Wirtschaften oder in seinem eigenen Anwaltsbüro.[29] Die Stasi übte unentwegt Druck auf ihn aus, um ihn dazu zu bringen, alles zu verraten, was er über Reinartz und dessen Verbindungen zum »Untersuchungsausschuß freiheitlicher Juristen« wußte, doch Vogel beteuerte, daß er zu diesem Thema noch immer nicht mehr wisse als an jenem Tag, an dem er Reinartz' Brief bekommen habe. Er nannte der Stasi indessen die Namen von Reinartz' engsten Freunden und Kollegen im Justizministerium und in den Ostberliner Juristenkreisen.[30]

Vogel war nicht der einzige ehemalige Bekannte, dem Reinartz aus dem Westen geschrieben hatte. Es zeigte sich, daß Reinartz nicht besonders auf Sicherheit bedacht war: Nach seiner Flucht überquerte er 1954 und Anfang 1955 noch mehrmals heimlich die Grenze zum sowjetischen Sektor[31], vielleicht weil er, der seit seiner Rückkehr aus dem Krieg ohnehin zu depressiven Zuständen und Labilität neigte und sich gesundheitlich immer angegriffen und geschwächt fühlte, nach seiner Ankunft in West-Berlin von schweren nervlichen Krisen bedrängt wurde. Die Flucht belastete sein Gewissen. Anfang 1955 schließlich war er seiner Frau gegenüber so reizbar und streitsüchtig geworden, daß die beiden sich trennten. Dabei wußte seine Frau nicht, daß ihr Mann mittlerweile mit den ostdeutschen Behörden über seine Rückkehr verhandelt und angeboten hatte, alles zu berichten, was mit seiner Arbeit für die Westdeutschen und die amerikanische Gegenspionage zusammenhing. So brach er am 4. Februar mit einer Aktentasche voller Dokumente nach Ost-Berlin auf, doch anstelle eines freundlichen Willkommensgrußes wurde er inhaftiert. Weit außerhalb des Blickwinkels der westdeutschen Presse wurde ihm noch im selben Sommer in Rostock der Prozeß gemacht. Man beschuldigte ihn eines Kapitalverbrechens: der Spionage.[32]

Zu der geheimen Verhandlung wurde Vogel kein einziges Mal als Zeuge geladen. Er betonte nachdrücklich, daß er, selbst wenn er hätte aussagen müssen, die angeblichen Spionageaktivitäten seines ehemaligen Kollegen nicht hätte bezeugen können.[33] Glücklicherweise kam Reinartz, den man zudem noch beschuldigte, er habe seine NSDAP-Mitgliedschaft verschwiegen, mit dem Leben davon. Nachdem man ihn erwartungsgemäß für schuldig befunden hatte, wurde er am 22. August zu lebenslänglicher Haft verurteilt.[34]

Inzwischen versuchte die Staatssicherheit, ihren GI noch enger an sich zu binden und ihn zum GM, zum »Geheimen Mitarbeiter«, zu machen. Ihm wurde der neue Name »Georg« zugeteilt. Im Kleinen wie im Großen hatte Vogel seine Treue auf verschiedene Art bewiesen, und doch gelang es ihm – ohne dabei seine Verpflichtungen zu vernachlässigen –, seine Kontakte zugunsten seiner Klienten zu nutzen. Seine Akte gibt Aufschluß darüber, daß er sich beispielsweise dafür einsetzte, entlassenen Strafgefangenen zu helfen, indem er berichtete, daß viele von ihnen nur deshalb in den Westen gegangen seien, weil sie im kommunistischen Sektor keine Arbeit mehr finden könnten.[35] So gab Vogel Informationen weiter, von denen er glaubte, daß sie seinen Klienten helfen würden, und leitete Informationsgesuche von westdeutschen Bürgern, die deren Verwandte und Freunde in DDR-Gefängnissen betrafen, an die entsprechenden Stellen weiter; andererseits aber teilte er auch die Namen von Anwälten aus dem Westen mit, die er für Agenten der »Organisation Gehlen« hielt, sowie von DDR-Kollegen, die ihm aufgrund ihrer engen Beziehungen zu westlichen Kollegen verdächtig erschienen.[36] Es besteht kein Zweifel, daß solche und ähnliche Hinweise für die Betroffenen verheerende Konsequenzen haben konnten. Allerdings werden in den Berichten, die aus Vogels Akte noch erhalten sind, nur wenige Personen mit Namen aufgeführt. Als Vogel Mitte der fünfziger Jahre aufgefordert wurde, einen Bericht über die Einstellung des Volkes gegenüber der sowjetischen Politik zu verfassen, führte er überhaupt keinen Namen an. Statt dessen schrieb er: »Jetzt wisse man überhaupt nicht mehr, was man glauben und denken solle. In den Schlagzeilen unserer Zeitungen werde Adenauer eingeladen. Wenige Zeilen später werde er als Kriegstreiber beschimpft. Diese Meinung vertreten politisch indifferente Menschen, hauptsächlich Hausfrauen.«[37]

Natürlich verstrickte die Stasi Vogel nicht wegen derart harmloser Aufgaben in ihr Netz. Was sie vor allem faszinierte, waren Vogels Kontakte nach West-Berlin, die mittlerweile wesentlich vielversprechender aussahen, als es sich die Geheimpolizei jemals vorgestellt hatte.

Vogel hatte seinen Erfolg nicht allein seinen Förderern im Geheimdienst der DDR zu verdanken. Auch den Behörden der Bundesrepublik war daran gelegen, ihn in West-Berlin mit bestimmten Fällen zu beschäftigen. So kam es, daß Vogel Anfang 1955 berichten konnte, er sei am 12. Januar von einem Freund angerufen worden, der ihm erzählt habe, daß ein Westberliner Anwalt tausend D-Mark biete, wenn Vogel den Fall eines Potsdamer Gefangenen übernehme. Jenem Freund hatte man außerdem gesagt, daß das Bundesministerium für gesamtdeutsche Fragen in Bonn das Honorar zahlen würde, was Vogel allerdings nicht wissen durfte.

In den folgenden Monaten bemühte sich daraufhin Werner Commichau, ein Anwalt aus der Bundesrepublik, der weitreichende Beziehungen besaß, intensiv darum, Vogel zu gewinnen. Zunächst horchte Commichau Vogel vorsichtig aus, versuchte herauszubekommen, ob er in der Lage sei, die Verteidigung von Häftlingen zu übernehmen, an denen der Bundesregierung besonders gelegen war. Er versicherte ihm, daß seine Arbeit legal sein werde und daß er auch nicht für »politische Aktivitäten« mißbraucht werden könne. Vogel berichtete: »Ich sagte ihm, daß unsere Organe sicherlich nichts gegen eine ausschließlich berufliche Verbindung zwischen zwei Rechtsanwälten einzuwenden hätten. Außerdem würde niemand von uns etwas Falsches tun.«[38] Bis April schob Commichau Vogel offenkundig Klienten zu, darunter auch einen Dänen. »Wie soll ich mich verhalten?«[39], fragte Vogel seine Kontaktleute.

Die Staatssicherheit wollte zunächst herausfinden, welcher Art Commichaus Beziehungen waren; also machte Vogel weiter. In einem handschriftlichen Bericht vom 16. April notierte er, daß er drei Tage zuvor von einem Mann und einer Frau aufgesucht worden sei, die ihm die Verteidigung eines angeklagten Spions aus der Bundesrepublik angetragen hätten, wozu er bemerkte: »Zunächst wollten die beiden Klienten mir nicht mitteilen, wer sie zu mir geschickt habe. Ich flirtete also mit Frau Newitzki, einer hübschen jungen Frau. Sie ging darauf ein.« Und sie erzählte Vogel, daß Commichau sie geschickt hatte. Mit dieser Information war die Stasi nahe daran, Werner Commichau als westdeutschen Geheimagenten zu entlarven. Mittlerweile hatten Commichau und seine Partner Vogel hart bearbeitet und ihm nahegelegt, seine Zulassung bei der Westberliner Rechtsanwaltskammer zu beantragen – nicht, weil er ohne die Mitgliedschaft nicht hätte arbeiten können, sondern weil die Gerichte und Richter ihm dann eher trauen würden.[40] Im Juni machte der Westberliner Anwalt Druck. »Außerdem soll ich beim Vorstand des Kollegiums und beim Ministerium offiziell anfragen, ob gegen meine Westzulassung Bedenken bestünden. Ich soll bemerken, daß ich bereit sei, vor allem die in West-Berlin inhaftierten Friedenskämpfer zu vertreten. (...) Ich habe den Eindruck, daß die Anwälte in West-Berlin von der Tätigkeit des Commichau nichts erfahren dürfen. (...) Ich soll unbedingt meine Westzulassung betreiben und beschleunigen, weil er befürchtet, meine Verbindungen nach West-Berlin und zu ihm würden früher oder später Verdacht und Anstoß erregen. (...) Daraufhin machte mir Commichau verlegen und umständlich klar, er nehme eine Zweitstellung ein, einerseits arbeite er als Anwalt, andererseits aber sei er in allen Sachen, die den Osten betreffen, gegenüber dem Auswärtigen Amt und gegenüber dem Ministerium Kaiser berichtspflichtig. Das aber dürfe niemand erfahren, vor allem auch kein Anwalt im Westen.«[41]

Kurz darauf bekam Vogel für die Zulassung bei der Westberliner Rechtsanwaltskammer grünes Licht, worauf er am 28. Juli 1955 seine Bewerbung einreichte.[42] Am 27. September registrierte man Vogel offiziell als Geheimen Mitarbeiter oder GM. Mehrere Monate lang legte »Georg« nun seine Berichte vor. Die meisten behandelten Treffen mit Commichau.

Es war Anfang Januar, als der Westberliner Anwalt zu Vogel sagte, daß es um dessen Chancen auf eine baldige Zulassung besser bestellt sei, wenn er aus dem Ostberliner Anwaltskollegium austräte: Ein paar »alte Säcke« vom »Untersuchungsausschuß freiheitlicher Juristen« blockierten aus diesem Grunde seine Bewerbung. Doch Vogel und seine Frau empfanden das Doppelleben inzwischen als Belastung. »Es ist mir mitunter sehr schwer gefallen, die Maske zu wahren«, brachte Vogel bei seinem Führungsoffizier zu seiner Entschuldigung vor. Der auffällige Wohlstand, den seine westdeutschen Kontaktleute zur Schau stellten, schien Marx' Theorie vom Mehrwert der Arbeit zu bestätigen. »Wenn schließlich mit Begeisterung von Gesellschaftsabenden ›beim Führer in der Reichskanzlei‹ erzählt wird, dann kann einem der Kragen platzen«, schrieb Vogel. Noch einmal fragte er: »Wie soll ich mich weiter verhalten?«[43]

Da seine Mitgliedschaft im Rechtsanwaltskollegium die Westdeutschen beunruhigte, dauerte es bis November 1957, ehe seine Zulassung zur Westberliner Anwaltskammer durchkam. Der Brief, der ihm die Nachricht brachte, enthielt daneben noch die Information, daß er zwar die Genehmigung erhalte, Klienten in allen Straf- und Zivilsachen zu vertreten, daß er jedoch keinen Anspruch auf eine Wohnung in West-Berlin erheben könne. Der dortige Wohnungsmarkt sei durch den Zustrom von Zehntausenden von DDR-Flüchtlingen bis an die Grenzen seiner Kapazität ausgelastet.[44]

Von nun an war Vogel mehr oder weniger ein Doppelbeauftragter. Er arbeitete zwar eindeutig für die DDR, konnte aber auch der Bundesrepublik nützlich sein – je nachdem, ob es ihm gelang, jede Seite in dem Glauben zu lassen, er arbeitete nur für sie. Commichau hatte bereits angedeutet, daß Vogel nach seinem Wunsch westdeutsche, in der DDR inhaftierte Spione vertreten sollte. Der Staatssicherheit war natürlich daran gelegen, daß er für sie dasselbe in West-Berlin übernahm. Vermutlich hätte kein DDR-Anwalt solche Aufgaben ohne Beziehungen zum MfS bewältigen können; soviel war auch den Westdeutschen klar. Und doch: Um wirklich effektiv arbeiten zu können, durften diese Beziehungen nicht offen zutage treten.

Vogel nahm die Verantwortung gegenüber seinen Klienten ernst. Er ärgerte sich über die ständige Kontrolle durch den Geheimdienst seines Landes und darüber, daß ihm gelegentlich kleinkarierte Bürokraten Hindernisse in den Weg legten, indem sie ihm die Ausreiseerlaubnis nach West-Berlin verweigerten.[45] Ohne seinen Stasi-Kontrolleuren davon zu berichten, wandte er sich mehr als einmal an Streit um Hilfe. Vogel klagte ihm sein Leid: Die Präsenz der Staatssicherheit sei allzu deutlich; seine Klienten würden sicherlich miß-trauisch werden, wenn sie das Kommen und Gehen der Beamten in seinem Büro mitbekämen. Fasziniert von den beruflichen Möglichkeiten, die sich ihm in West-Berlin eröffneten, wußte er jedoch, daß diese sich ohne größeren Spielraum kaum realisieren lassen würden. Nachdrücklich bat er Streit: »Können Sie nicht irgend etwas tun, damit mich diese Leute in Ruhe lassen?«[46]

Streit sah für Vogel Verwendungsmöglichkeiten, die weit über die ursprünglichen Pläne des MfS hinausgingen. Er wollte ihn in den »Untersuchungsausschuß freiheitlicher Juristen« einschleusen, um Informationen darüber zu erhalten, was hinter den Kulissen der Westberliner Gerichte vor sich ging. Vogel hatte die gleiche juristische Ausbildung erhalten wie seine westdeutschen Kollegen und gezeigt, daß er ihr Vertrauen gewinnen konnte. Er war jung, kein Kommunist und – anders als Friedrich Karl Kaul, der damals bei weitem berühmteste Anwalt der DDR – nicht provokant. Streit hoffte, daß Vogel einmal in Kauls Fußstapfen treten könne. Erich Honecker hatte in den Reihen der SED bereits eine schnelle Karriere hinter sich und drängte darauf, mehr zur Verteidigung der FDJ-Mitglieder zu tun, die in West-Berlin Schwierigkeiten mit der Justiz hatten. Und auch die Bundesrepublik hatte Vogel zugesagt, daß man ihm bei der Vertretung seiner Klienten freie Hand lassen würde.

Eines Tages – so erzählt Vogel heute – bat Streit ihn zu einem Gespräch. Er stellte ihm einen gutgekleideten, hochgewachsenen Mann vor, der etwa in seinem Alter war und Selbstbewußtsein ausstrahlte: ein »Herr Krügler«. Dieser sagte, daß er sich um das Problem der Stasi-Observierung kümmern werde. Tatsächlich hörte die Überwachung binnen kurzem auf.

Ein paar Wochen später enthüllte »Krügler« seine wahre Identität: Heinz Volpert, Hauptmann des MfS.[47] In dieser Funktion kontrollierte er die Beziehungen zwischen den Kirchen der Bundesrepublik und der DDR. Ohne Frage besaß er Einfluß. In Vogels Stasi-Akte erscheint sein Name zum ersten Mal am 22. November 1956; an diesem Tag hatte der Führungsoffizier des Anwalts Volpert zu einer »Einsatzbesprechung« mitgenommen, bei der Vogels geglückte Aufnahme in den »Untersuchungsausschuß freiheitlicher Juristen« Gesprächsthema war. Auch bei einer weiteren solchen Sitzung am 22. Dezember scheint Volpert anwesend gewesen zu sein. Ob er zu diesem Zeitpunkt noch »Herr Krügler« war oder schon mit seinem richtigen Namen auftrat, ist den Akten nicht zu entnehmen. Doch wie dem auch sei – Volpert muß schon bald erkannt haben, daß Vogel eine vielversprechende Persönlichkeit war, ein Mann, der eine besondere Behandlung verdiente. Dann würde man sehen, was für Talente in ihm steckten – und wie sie zu nutzen seien.

Unter dem Datum des 14. März 1957 erscheinen deshalb in Vogels Akte nur noch drei abschließende Schriftstücke. Bei dem ersten handelte es sich um einen Vordruck, der normalerweise dazu benutzt wurde, die Beziehungen zu Geheimen Mitarbeitern abzubrechen. Er bezog sich unter der Nummer PE/H/1264157 auf »Georg«, der als Wolfgang Vogel identifiziert wurde, und führte folgende Gründe an: »Seit einiger Zeit wurde festgestellt, daß der GM unehrlich ist. Wird in Zukunft operativ bearbeitet.« Das Schriftstück war von zwei Personen unterzeichnet worden, von denen eine der Leiter der Abteilung V/5/I war: »Volpert«. Volpert hatte auch den beiliegenden Abschlußbericht vom selben Tag unterschrieben:

Im Laufe dieser Tätigkeit bekam er dann Verbindungen zu feindlichen Dienststellen und Personen und wurde aufgrund dessen am 27.9.1955 zum GM umregistriert.

In der Zusammenarbeit konnte festgestellt werden, daß der GM anfangs ehrlich und zuverlässig mit uns zusammengearbeitet hat. Seit einiger Zeit war jedoch festzustellen, daß er uns bestimmte Dinge verschweigt. Auf der anderen Seite nimmt er Verbindungen auf und führt Dinge durch, wozu er von uns keinen Auftrag hat.

Die angestellten Überprüfungen haben ergeben, daß der GM unehrlich ist. Aus diesem Grund wird die Verbindung zu dem GM abgebrochen und die Akten im Archiv abgelegt. Der GM wird im Objekt-Vorgang 11/55 weiterhin operativ bearbeitet.[48]

Am Ende befand sich ein »Sperrvermerk«, der nur von Volpert unterzeichnet war:

Die Personal- sowie Arbeitsakten des GM »Georg«, Reg.Nr. 4148/53, dürfen nur mit Genehmigung des Leiters der Abteilung HA V/5, Genosse Hauptmann Volpert, eingesehen werden.

Von nun an wußten nur noch Volpert und Vogel von dessen wirklichen Beziehungen zur Staatssicherheit. Vogel war seinem Mephisto begegnet, der ihn bald auf eine Reise in die Sphären internationaler Intrigen und offizieller Politik entführen sollte, die sich der Faust aus Niederschlesien nicht einmal in seinen kühnsten Träumen ausgemalt hatte.[49]

Zweites Kapitel

Der Abel-Powers-Austausch auf der Glienicker Brücke

»Frau Helen Abel hat mich beauftragt, sie als Anwalt zu vertreten.«

Volpert und Streit, die Vogels Karriere in Gang gebracht hatten, sollten sein Talent schon bald in einem Fall auf die Probe stellen, der für die Sowjetunion und Vogels gesamte spätere Tätigkeit von ausschlaggebender Bedeutung war.

Worum ging es? Vogel sollte seine Westkontakte nutzen, um die Freilassung des berühmt-berüchtigten sowjetischen Spions Oberst Rudolf Iwanowitsch Abel auszuhandeln, der in einem Bundesgefängnis der USA inhaftiert war. Die Aufgabe war anspruchsvoll, der Weg dahin verschlungen. Der Unterhändler mußte auf den verschiedensten Ebenen zugleich agieren. Und das war nicht ohne die Unterstützung der Sowjets möglich.

Abel wurde 1957 in einem aufsehenerregenden Prozeß von dem New Yorker Anwalt James B. Donovan vertreten. Donovan, den das Gericht als Verteidiger bestellt hatte, paßte nahtlos in das Klischee all jener hinein, die glaubten, daß zwischen der CIA und der amerikanischen Anwaltschaft enge Verbindungen bestanden. Von blendendem Aussehen und mit einem Hang zu dramatischer Selbstinszenierung, hatte er während des Krieges unter William »Wild Bill« Donovan (mit dem er nicht verwandt war) beim »Office of Strategic Services«, dem Vorläufer der CIA, gedient. Bei den Nürnberger Prozessen war er Mitglied des amerikanischen Militärgerichts gewesen. Seitdem hatte er sich mit Hilfe einer lukrativen Anwaltskanzlei, die vorwiegend Versicherungsfälle behandelte, ein angenehmes Leben gemacht. Dennoch folgte er der Bitte der Anwaltskammer von New York City, die Verteidigung von Oberst Abel zu übernehmen. Schließlich kam die Publicity, die der Fall erregen würde, seinen politischen Ambitionen zugute – ganz abgesehen davon, daß sie ihn von der Eintönigkeit der Versicherungsfälle erlöste.

Weder die amerikanische Staatsanwaltschaft noch das FBI waren an einem Scheinprozeß interessiert. Ähnlich wie bei Stalins Schauprozessen hätte dergleichen aus Abel nur ein Opfer der Strafverfolgungsbehörden gemacht. So oblag es Donovan, den Vorgängen Legitimität zu verleihen und zu beweisen, daß in den USA auch ein sowjetischer Spion die bestmögliche Verteidigung erhielt. Gleichwohl hatte in der angespannten, nicht selten hysterischen Atmosphäre der McCarthy-Ära kaum jemand Zweifel an Abels Verurteilung, was immer Donovan den Geschworenen auch erzählen mochte.

Mitten in New York City, in einem Apartment an der Fulton Street in Brooklyn, auf der anderen Seite der Brooklyn-Bridge, hatte der russische Spion lange Zeit gelebt. Getarnt als Photograph und Maler und unter der Verwendung verschiedenster Decknamen, hatte er eine Reihe von Agenten für sich arbeiten lassen, hatte geheime Nachrichten nach Moskau durchgegeben oder von dort empfangen. Asketisch, kurzsichtig und mürrisch, den kahlen Schädel gewöhnlich unter einem Hut verbergend, erwies er sich für die Staatsanwaltschaft als ein leichtes Opfer. Man stellte ihn als bösartigen kommunistischen Eindringling dar, der ein gut funktionierendes Netz russischer Geheimdienstler kontrollierte, eine konspirative Bruderschaft, die an die amerikanischen Verteidigungs- und Atomgeheimnisse heranzukommen suchte.

Ein Finne namens Reinho Hayhanen hatte dem FBI den Tip gegeben. Hayhanen, ein ebenso hilfloser wie wichtigtuerischer Mann, außerdem ein Alkoholiker, war vom KGB als Abels engster Mitarbeiter und Kurier angeheuert worden, hatte dann jedoch die Seiten gewechselt. So dauerte es nicht lange, bis das FBI Abel in einem heruntergekommenen Hotel in Lower Manhattan verhaften konnte. Doch der Agent war zu keinem wirklichen Geständnis zu bringen; zwar gab er zu, sowjetischer Staatsbürger zu sein, doch das war bereits alles. Kein Wort davon, daß er der heimliche KGB-»Resident« in New York City war.

Der Prozeß, den man Abel kurz darauf machte, wurde von Bundesrichter Mortimer W. Byers geleitet. Es schien ein ironischer Zufall zu sein, daß der Gerichtssaal nur einen Steinwurf von Abels früherem Versteck entfernt war. In den damals noch zahlreichen New Yorker Tageszeitungen erschienen unzählige Berichte über Fall und Verhandlung: Eine hohle Fünfcentmünze, die das FBI einige Jahre zuvor auf der Straße gefunden hatte, wurde als Beweismittel für Hayhanens Authentizität eingebracht, denn das Geldstück enthielt eine verschlüsselte Nachricht an den Kurier, auf der stand: »Wir wünschen Ihnen Erfolg. Grüße von den Genossen.« Es ähnelte zahlreichen anderen Beweisstücken, die in Abels Wohnung beschlagnahmt worden waren, darunter ein Sender, mit dem sich Botschaften aus Moskau empfangen ließen, sogenannte »microdots«, auf Punktgröße verkleinerte Nachrichten, und andere Utensilien des Spionagegeschäfts.

Am Ende wurde Abel in allen drei Anklagepunkten für schuldig befunden: Beihilfe zur Weitergabe von Verteidigungs- und Atomgeheimnissen, Beihilfe bei der Beschaffung solcher Geheimnisse und Versäumnis der Meldepflicht für ausländische Agenten bei der US-Regierung. Trotzdem gelang es Donovan, Abel vor der Todesstrafe zu bewahren. Er brachte dabei ein Argument vor, das Moskau hellhörig machen mußte und auch in den USA verstanden wurde. »Es ist möglich«, sagte er in seinem Plädoyer, »daß in Zukunft auch einmal ein gleichrangiger amerikanischer Spion von den Russen oder einem ihrer Verbündeten gefangen wird, und in einem solchen Fall wäre ein Austausch von Häftlingen auf diplomatischem Wege eventuell im Interesse der Vereinigten Staaten.«[1]

Erst nach zwei Jahren griffen die Russen den Hinweis auf. Im Frühjahr 1959 machten sie sich auf die Suche nach einem Anwalt, der ebenso lose, indirekte Beziehungen zum KGB unterhielt wie Donovan zur CIA, jemand, der hinter den Kulissen blieb, ihren Anweisungen folgte und keinerlei Ehrgeiz verspürte, sich in den Vordergrund zu spielen. Hätte es dafür einen besseren Ort als Berlin gegeben? Die Sowjets wußten die Arbeit der Staatssicherheit zu schätzen. Sie zählten darauf, daß man dort mit Hilfe der sowjetischen »Berater« und einer strammen Befehlsstruktur einen Kandidaten finden würde, der ihre Anforderungen erfüllen konnte. So kam es, daß das sowjetische Verbindungsbüro eines Tages Volpert aufforderte, einen Kandidaten zu benennen.

Volpert schlug Wolfgang Vogel vor. Darufhin sandte Moskau Iwan Alexandrowitsch Schischkin vom KGB-Hauptquartier nach Berlin. Angeblich Zweiter Botschaftsrat der sowjetischen Vertretung, sollte er Abels Freilassung koordinieren.[2]

Für Vogel war es von entscheidender Bedeutung, einen großzügigen Handlungsspielraum zu haben. Keinesfalls wollte er als Marionette des MfS oder des KGB erscheinen. Auf regulärem Rechtsweg und unter möglichst geringer unmittelbarer Beteiligung der Sowjets sollte er Josef Streits Anweisungen entgegennehmen, der ihn kurz zuvor in das Hauptquartier des ZK zitiert und gefragt hatte: »Wärst Du bereit, einen Fall in Amerika zu übernehmen? Es ist ein Spionagefall, eine sehr ernstzunehmende Sache.«[3]

Vogel war damals 34 Jahre alt. Über den Fall wußte er nicht mehr, als er in den Zeitungen der DDR gelesen hatte, die Abel zum Opfer eines antikommunistischen Komplotts machten. Er hatte noch nie Kontakt zu sowjetischen Beamten gehabt, sprach Russisch sowenig wie Englisch und war weder in der UdSSR noch in den Vereinigten Staaten gewesen. Wie, so wollte er wissen, sollte die Sache funktionieren? »Das wirst Du noch erfahren«, sagte Streit.

Die Staatssicherheit hatte Vogel mittlerweile vier Jahre lang überwacht und keinen Beweis für seine Untreue gefunden. Einfach nichts, wenn man davon absah, daß Vogel gelegentlich mangelnde ideologische Überzeugung vorgehalten wurde. Streit hielt den Augenblick für gekommen, dem Anwalt größere Aufgaben anzuvertrauen. So tauchte einige Tage später Heinz Volpert in Vogels Büro auf, um ihm die Einzelheiten seines Mandats zu erklären.

Die Russen, berichtete Volpert, hätten sich öffentlich noch nie zur Auslandsspionage bekannt. Offiziell würden sie es auch in diesem Fall nicht tun. Vogel würde »Verwandte« von Abel vertreten, die in Leipzig aufgetaucht seien und sich demnächst mit einem kurzen Brief an ihn wenden würden. Auch zu Donovan hätten sie bereits Kontakt aufgenommen. Das Ziel sei klar: Er solle herausbekommen, ob es einen Weg gebe, Abel gegen einen anderen Spion auszutauschen. Außerdem versicherte Volpert, daß die Verbindung zu den Russen ausschließlich über ihn hergestellt werden würde. Vogel müsse weder eine Kompromittierung noch irgendwelche Anweisungen von den Sowjets befürchten, denn der KGB werde seinen Wünschen in jedem Fall über sein Stasi-Verbindungsbüro Ausdruck geben.[4]

Tatsächlich erhielt Vogel Anfang Juli einen Brief von einer Frau Abel. Er trug den Absender Eisenacherstraße 24, Leipzig – mit ziemlicher Sicherheit eine KGB-Anschrift. Sie sei bei Verwandten zu Gast, schrieb »Frau Abel«, und bitte ihn, sie als Anwalt zu vertreten.[5] Es dauerte nicht lange, bis Vogel einen Besuch seiner neuen Klientin erhielt, zumal sein Büro in der Alt-Friedrichsfelder-Straße 113 nicht weit vom Berliner Stützpunkt des KGB in Karlshorst entfernt lag.

In gewisser Weise erinnerte »Frau Abel« Vogel an Nina Chruschtschowa: eine einfache, mollige Frau, die im Grunde wie ein russisches Großmütterchen aussah und bei all ihren Treffen kein einziges Wort sagte. Sie erschien stets in Begleitung einer jüngeren, attraktiven Frau, die sowohl Deutsch als auch Englisch sprach und sich als Abels Tochter Lydia ausgab. Normalerweise war überdies noch ein »Dolmetscher« anwesend, angeblich Abels Cousin Drews, der ebenfalls fließend Deutsch sprach, allerdings mit einem Akzent, der in Vogels Ohren russisch klang. Kurz schoß ihm die Frage durch den Kopf, warum denn »Frau Abels« deutschsprechende Tochter einen Dolmetscher brauchte. Doch seine Aufgabe bestand nicht darin herauszubekommen, was die Sowjets vorhatten. »Frau Abel« hatte seine Dienste in Anspruch genommen und war von jetzt an – nicht anders als der Geheimdienst, den sie vertrat – seine Mandantin, und Vogel hatte sich fest vorgenommen, alles nur Mögliche für die Ziele seiner Klienten zu tun – eine Devise, an der er im weiteren Verlauf des Falls auch festhielt.[6]

Bei ihrem ersten Treffen bestätigte Lydia, daß sie mit Donovan

Kontakt aufgenommen hatte, und gab Vogel dessen Adresse. Nur wenige Monate zuvor hatte »Frau Abel« erstmals an den Amerikaner geschrieben, mit der Bitte, ihr mitzuteilen, ob ihr Mann im Gefängnis Hilfe brauche. Donovan antwortete, daß sie sich lediglich um die 10.000 Dollar Anwaltskosten kümmern müsse, die ihr Mann ihm für die Verteidigung schulde. Er wolle sie einem wohltätigen Zweck stiften. Als sie ihm erneut schrieb, deutete Frau Abel freilich an, daß es voraussichtlich nicht einfach sein werde, das Geld zu beschaffen.

Nun folgte Vogels Auftritt. Am 27. Juli griff er zum ersten Mal in das Geschehen ein und schrieb Donovan im besten Stasi-Englisch:

»*Mrs. Helen Abel from the Democratic Republic of Germany has retained me to protect her interest. I am mainly to conduct the correspondence between Mrs. Abel and yourself. Kindly respond with me exclusively in the future.*«[7]

Nur ein Rechtsanwalt konnte nachempfinden, wie ungeduldig Donovan auf sein Honorar wartete. Deshalb teilte Vogel ihm sofort mit, daß ein erster Teilbetrag von 3500 Dollar umgehend auf sein Konto bei der First National City Bank in New York überwiesen werde. Volpert hatte das Geld von den Devisenkonten der Staatssicherheit beschafft, und Donovan bestätigte, daß die Zahlung in der Tat eingegangen sei. Im September war der Betrag auf seinem Konto gutgeschrieben.

Da Donovan Briefe der echten Frau Abel gesehen hatte, die bei der Verhaftung seines Klienten beschlagnahmt worden waren, machte er sich keine Illusionen darüber, daß eigentlich nur der KGB die Genehmigung für die Überweisung des Geldes gegeben haben konnte, obwohl er nicht wußte, wie das Ganze vonstatten gegangen war. In jedem Fall aber, so wußte er jetzt, würden die Sowjets alles bezahlen, auf Heller und Pfennig. Donovan spendete die Summe unverzüglich drei Universitäten. 5000 Dollar erhielt Fordham, seine Alma mater, während je 2500 Dollar an die juristischen Fakultäten in Columbia und Harvard gingen, an denen seine Assistenten studiert hatten. »Es ist meine persönliche Auffassung«, erklärte er dem Gericht, »daß in einem reichen Land wie den Vereinigten Staaten das wirksamste Mittel zum Kampf gegen den Totalitarismus darin besteht, eine gesunde moralische Ausbildung und ein echtes Rechtsbewußtsein zu fördern.«[8]

Indessen war das Geld lediglich der erste Schritt. Für die Sowjets gab es nur einen Weg, Abels Freilassung sicherzustellen: Sie mußten eine gleichwertige Geisel finden. Und diese fand sich tatsächlich – doch erst am 1. Mai 1960.

An diesem Tag – es war nicht einmal ein Monat vergangen, seit der Oberste Gerichtshof die Berufungsklage Donovans abgelehnt hatte – fiel der amerikanische Spion, nach dem die Sowjets gesucht hatten, buchstäblich vom strahlend blauen Himmel herunter. Die CIA, die bis dahin überzeugt gewesen war, daß ihr neues Aufklärungsflugzeug U-2, dessen Flughöhe weit über zweiundzwanzigtausend Metern lag, für die sowjetischen Flugabwehrraketen unerreichbar sei, mußte sich eines Besseren belehren lassen: Francis Gary Powers wurde nahe Swerdlowsk vom Himmel geholt und »gesund und munter« festgenommen, wie Chruschtschow sechs Tage später feststellte. Zu diesem Zeitpunkt hatte sich die amerikanische Regierung bereits in ein Netz von Lügen über den wirklichen Auftrag der U-2 verstricken lassen. Die Wahrheit war, daß sich die Maschine auf einem Aufklärungsflug auf der Suche nach sowjetischen Militär- und Raketenstützpunkten befand, von denen ein atomarer Überraschungsangriff gestartet werden konnte.

Es war nicht der erste U-2-Flug. Vier Jahre waren solche Flüge schon praktiziert worden, und Chruschtschow hatte vom sowjetischen Militärgeheimdienst längst davon erfahren. Da der sowjetische Machthaber aber die Peinlichkeit der Tatsache spürte, daß seine eigenen Militärs die Spionageflüge nicht zu stoppen vermochten, hatte er nicht mehr Interesse daran, sie publik zu machen, als US-Präsident Eisenhower. Dies änderte sich schlagartig, als ihm durch Powers' Abschuß ein unstrittiger Beweis in die Hände fiel, daß es sich bei den Amerikanern um zynische, heuchlerische Aggressoren handelte. Denn als Powers mit dem Fallschirm aus der abstürzenden Maschine sprang, hatte er vergessen, den Selbstzerstörungsknopf zu drücken, und so fanden die Sowjets kurze Zeit später im Cockpit des Wracks seinen Ausweis, der ihn als zivilen Angestellten der amerikanischen Luftwaffe ausgab.

Die russischen Offiziere brachten Powers nach Moskau, wo sie ihm – vielleicht aus Dankbarkeit über den Propagandawert dieses unerwarteten Glücksfalls – auf einer Stadtrundfahrt alle touristischen Sehenswürdigkeiten zeigten, bevor sie ihn in die Lubjanka brachten, die klotzige KGB-Festung in der Nähe des Roten Platzes. Dort sah sich Powers Roman Rudenko gegenüber, dem Generalstaatsanwalt der UdSSR. Ob sein Flug vielleicht, so fragte Rudenko, ein bewußter Sabotageversuch im Hinblick auf das Ost-West-Gipfeltreffen gewesen sei, das für den kommenden Monat in Paris geplant war?

Chruschtschow nutzte den Zwischenfall, um Eisenhower und seine Regierung in äußerste Verlegenheit zu bringen. In der Annahme, daß Powers bei dem Absturz ums Leben gekommen sei, hatte man vorgegeben, die Maschine sei während eines meteorologischen Erkundungsfluges vom Kurs abgekommen – ein Vertuschungsmanöver, das sich nun nicht länger halten ließ. Die Sowjetführer kamen nach Paris, weigerten sich jedoch, an den Gesprächen teilzunehmen, solange sich Eisenhower nicht für die U-2-Mission entschuldigt hatte. Der Gipfel scheiterte.[9]

Wie für alle Berliner war das Jahr 1960 auch für den jungen Wolfgang Vogel eine Zeit, in der die sowjetische Präsenz in Deutschland als so bedrohlich und allgegenwärtig empfunden wurden wie nie zuvor. Unübersehbar, daß das kapitalistische West-Berlin inmitten der sozialistischen Welt einen ungelösten Widerspruch darstellte: Der Strom von DDR-Bürgern, welche die damals noch offene Grenze zwischen beiden Hälften der Stadt überquerten, riß nicht ab. Doch obwohl Ulbricht unfähig schien, den Exodus aufzuhalten, ließ er sich in anderer Hinsicht keineswegs die Oberhand nehmen. Der neue Staat im Osten Deutschlands sollte für viele Jahre Bestand haben.

Nach allem, was die Russen seiner Familie und seiner Heimat angetan hatten, sah Vogel keinen besonderen Grund, sich ihnen gegenüber zur Dankbarkeit verpflichtet zu fühlen. Allerdings auch nicht zum Gegenteil. Offenkundig war er sich gewiß, mit seiner neuen Tätigkeit den Nerv der Zeit zu treffen, zumal jenes Drama auf internationaler Bühne, mit dem er verbunden war, in wachsendem Maße Gestalt annahm. Fasziniert, ja aufgeregt sah er dabei kaum mehr als die reine Aufgabe, seine Arbeit – nicht aber deren politischen Hintergrund, nicht deren zahllose Implikationen.

Der Gedanke, Abel gegen Powers auszutauschen, bestand noch nicht lange, als man den Fall an Vogel herantrug. Der Vater des Piloten, Oliver Powers, hatte Abel den Vorschlag Anfang Juni unterbreitet. Doch zeichneten sich bereits Schwierigkeiten ab: Noch nie hatte Moskau ausdrücklich bestätigt, daß Abel ein sowjetischer Staatsbürger, geschweige denn ein sowjetischer Agent war. Außerdem waren die beiden Fälle keineswegs gleich weit vorangeschritten, so daß man Powers, solange er noch auf seine Verhandlung warten mußte, nicht als Gegenpfand einsetzen konnte.

Im August wurde Powers in einem Versammlungsraum des Moskauer Gewerkschaftshauses einem dreiköpfigen Militärgericht vorgeführt. Es war derselbe mit Kristallüstern geschmückte Ballsaal, in dem in den dreißiger Jahren auch Stalins Säuberungsprozesse stattgefunden hatten. Vogel hatte den Wunsch geäußert, der Verhandlung beizuwohnen, um sich – zusammen mit den etwa zweitausend Zuschauern – ein Bild von der Falschheit und Heuchelei der Amerikaner zu machen; aber die Russen waren dagegen. Sie hatten Vogel nur aus einem Grund hinzugezogen: damit die UdSSR im Hintergrund bleiben könne. Wäre Vogel bei dem Prozeß gesehen worden, wäre dieses Ziel ernsthaft in Gefahr geraten. Also teilte Streit ihm mit, er solle einfach geduldig sein und abwarten.[10]

Powers wurde zu zehn Jahren Haft verurteilt, ein Strafmaß, das Vogel überraschend gering erschien. Aber obwohl der Weg für einen Austausch nunmehr auf höchster Ebene bereitet war, mußte Abel noch eine Weile auf seine Freilassung warten, da die Sowjets glaubten, daß sich ihnen womöglich noch bessere Chancen eröffneten, wenn John F. Kennedy 1960 zum Präsidenten gewählt würde. Außerdem wollten sie nicht, daß Richard Nixon die Lorbeeren für den Autausch erntete. Powers' Freilassung sollte nicht auf das Konto der Republikaner gehen.[11]

So verging einige Zeit, in der Vogel sich um die juristischen Einzelheiten kümmern konnte. Anweisungen erhielt er von Streit. Den KGB-Funktionär Schischkin, der sein eigentlicher Klient war, hatte er dagegen noch nicht einmal zu Gesicht bekommen[12]; woher »Frau Abel« ihre Instruktionen erhielt, wer ihre Briefe schrieb und woher Volpert das Geld zur Bezahlung von Donovan hatte, war nicht seine Angelegenheit, und folglich fragte er auch nie danach. Im September beschaffte Volpert Vogel aus einer Stasi-Geldquelle 3000 Dollar, damit Donovan die von Richter Byers festgesetzte Geldstrafe begleichen konnte. MfS und KGB taten ihr Bestes, um sich an die Spielregeln der Amerikaner zu halten.[13]

Den ersten expliziten Vorschlag der Sowjets, die beiden Spione auszutauschen, enthielt ein Brief, den »Frau Abel« im Mai 1961 – also annähernd fünf Monate nach Kennedys Amtsantritt – an Donovan richtete. In einem Englisch, dessen Syntax eher an Russisch als Deutsch erinnerte, schrieb sie:

»I remembered of [sic] *the letter sent to my husband last year by the father of the pilot Powers. I have not read it but if I am not mistaken, he suggested to my husband that some mutual action be taken to help his son and my husband released. Rudolf wrote to me then that Powers's case had nothing to do with him and I did not consider myself that any benefit could come of it for us or the Powerses... Not knowing how to act, I have decided to ask your advice,... what should be done to accelerate our case?«*[14]

Donovan, treu seine Rolle weiterspielend, verständigte sofort die CIA. »In meinen Augen ist klar, daß uns hiermit erstmals ein Angebot vorliegt, Powers gegen Abel auszutauschen«, schrieb er noch am selben Tag.

Nun kam Schwung in die Angelegenheit. Vogel mußte sich zeitweise aus dem Geschehen zurückziehen. Donovan berichtete »Frau

Abel«, die USA hätten erst kürzlich einen angeklagten russischen Spion ohne Verhandlung nach Hause zurückkehren lassen. Er bat sie, ihre Regierung zu einem weiteren Beweis ihrer Glaubwürdigkeit und ihres Interesses an einem Austausch zu bewegen. Im Juni bekam er Antwort: »Frau Abel« berichtete, sie habe sich an die Ostberliner Botschaft der UdSSR gewandt und die Versicherung erhalten, »daß Mr. Powers begnadigt werden wird, wenn auch mein Mann straffrei ausgeht«.[15] Am 17. August schickte »Frau Abel« erneut zwei Schreiben: eines an ihren Mann und eines an Donovan selber. Es enthielt die Nachricht, auf die er gewartet hatte. Auch den Ablauf des Geschäftes fand er darin bereits skizziert: »Die gleichzeitige Freilassung von Powers und meinem Mann kann arrangiert werden.«[16]

Donovan lächelte angesichts der Vertuschungsmanöver, denen so viel schlecht verborgene Unbeholfenheit anhaftete. Alles hätte weitaus professioneller ausgesehen, wenn der Brief von Vogel gekommen wäre; die Sowjets kannten sich in dem Spiel eben noch nicht aus. Doch was zählte, waren allein die Ergebnisse.

Zur gleichen Zeit trat der Kalte Krieg in eine besonders heikle Phase. In West-Berlin spitzte sich die Frage der offenen Grenze zu, bis sie im August ihren Höhepunkt erreichte – in einem Moment, in dem sich »Frau Abel« gerade auf ihre Gespräche mit dem amerikanischen Anwalt vorbereitete. Am Sonntag, dem 13. August, begannen die Kommunisten mit dem Mauerbau. Die Grenze nach Westen war geschlossen.

Die Mauer stand kaum zwei Wochen, als sich der SED und den Sowjets eine neue Möglichkeit eröffnete, ihre Verhandlungsposition zu stärken. In der DDR war ein zweiter amerikanischer »Spion« verhaftet worden. Gelegenheit für Vogel, zurück in seine Hauptrolle als Unterhändler zu schlüpfen.

Der Gefangene war ein junger Doktorand namens Frederic L. Pryor von der Universität Yale. Pryor, der an die Freie Universität Berlin gekommen war, um die Funktion der DDR im kommunistischen Außenhandel zu untersuchen, hatte seine Doktorarbeit im Spätsommer fertiggestellt. Anschließend hatte er sich um eine Stelle bei einer US-Hilfsorganisation in Pakistan beworben. Bevor er Deutschland wieder verlassen würde, wollte er jedoch einer Reihe Ostberliner Studenten und Dozenten, die ihm bei der Arbeit geholfen hatten, persönlich seinen Dank abstatten und ihnen ein Exemplar seines Buches überreichen. Nebenbei – so dachte er, als er am 25. August in seinen Karmann Ghia stieg, um in Richtung Checkpoint Charlie zu fahren – könnte er auch noch jenes Fräulein Bergmann besuchen, das er schon mehrmals zum Essen ausgeführt hatte.

Zu ihrer Wohnung fuhr Pryor, nachdem er die Dissertationen abgegeben hatte. Sie war nicht da. Ihre Vermieterin schien nervös, kurz angebunden; ja, sie untersagte ihm den Zutritt zur Wohnung, wo er eine Nachricht hinterlassen wollte. Als er zu seinem Wagen zurückging, sah er sich plötzlich von Stasi-Beamten in Zivil umstellt. Pryor war sprachlos, als man ihm sagte, daß er verhaftet sei.

Das Verhör fand im Stasi-Gefängnis Magdalenenstraße statt. Zutiefst eingeschüchtert und von dem Gefühl gequält, an diesem Ort gänzlich allein gelassen zu sein, vermutete Pryor, daß man ihn dazu bewegen wollte, den Aufenthaltsort von Fräulein Bergmann zu enthüllen, und verweigerte jede Auskunft darüber, was er in ihrer Wohnung gewollt habe. Er konnte nicht wissen, daß seine Freundin nur wenige Tage zuvor über die Mauer geflüchtet war. Seitdem war ihre Wohnung von der Staatssicherheit observiert worden, denn man hatte auf jemanden gewartet, der ihre Habe abholen würde. Angesichts dieser Umstände hätte vermutlich kaum etwas den Verdacht der Stasi nachhaltiger bestärken können als ausgerechnet Pryors Schweigen.

Fast sechs Monate wurde er jeden Tag verhört. Die Fragen galten vornehmlich Pryors Doktorarbeit, die die Stasi in schönstes Beamtendeutsch übersetzen ließ, aber auch seinen Bibliotheksausweisen und gewissen Zetteln aus seiner Brieftasche, auf denen Telefonnummern und persönliche Notizen vermerkt waren. Die Verdächtigungen, die Kette der Befragungen, die quälenden Umstände der Haft schienen kein Ende zu nehmen. Obwohl sein Verhältnis zu Fräulein Bergmann nicht mehr als harmlos gewesen war, gab Pryor schließlich nach. Er »gestand«, er habe dem Mädchen zur Flucht nach West-Berlin verhelfen wollen.

Welchen Vergehens wurde er eigentlich beschuldigt? Wann sollte es zu einer Gerichtsverhandlung kommen? Nie erhielt er eine Antwort auf seine Fragen. Doch die DDR-Staatsanwaltschaft hatte längst einen Spionagefall konstruiert, der sich vor allem auf Pryors Doktorarbeit bezog. Laut Artikel 14 des Strafgesetzbuches der DDR war es bereits ein Verbrechen, sich Zugang zu Unterlagen zu verschaffen, die »aus politischem oder wirtschaftlichem Interesse oder zum Schutz der DDR geheimgehalten werden mußten« – ein Gummiparagraph, der sich mühelos auf Pryors Arbeit anwenden ließ. Man mag sich fragen, ob das MfS dabei nur seinen Vorteil im Agentengeschäft im Auge hatte. Zu jener Zeit, unmittelbar nach dem Mauerbau, witterten die DDR-Behörden überall Feinde. Stalin hatte die Parole »Wachsamkeit« ausgegeben, für die Staatssicherheit nahezu ein Freifahrtschein. Ob schuldig oder unschuldig, war dabei nicht selten Nebensache.

Der Vater des Studenten hieß Millard H. Pryor und stammte aus

Ann Arbor in Michigan. Um seinen Sohn zu retten, setzte er sich unverzüglich mit der amerikanischen Vertretung in West-Berlin in Verbindung. Einer seiner Nachbarn, der Wirtschaftsprofessor William Haber von der Universität Michigan, hatte vor Jahren eng mit dem amerikanischen General a.D. Lucius D. Clay zusammengearbeitet, dem in Berlin äußerster Respekt entgegengebracht wurde. Clay war sofort persönlich interessiert. Er befahl seinen Mitarbeitern, alles zu tun, um den jungen Mann so schnell wie möglich freizubekommen.

Man kann sich vorstellen, in welcher Verfassung Millard und Mary Pryor kurz darauf in Berlin eintrafen. Ihr Sohn war in Ost-Berlin inhaftiert, und das auf dem Höhepunkt des Kalten Krieges und in einem Land, das die USA diplomatisch nicht einmal anerkannten. Nach dem Mauerbau war die Stadt von einer Krise in die nächste geraten. Täglich wurden im Fernsehen Bilder der Verzweiflung gezeigt; man sah DDR-Familien aus Wohnungen springen, deren zweiter oder dritter Stock über die Mauer hinausragte. Da die Vereinigten Staaten offiziell keine Beziehungen zur DDR unterhielten, konnten sie Pryor – solange er in den Händen der Stasi war – keinerlei konsularischen Schutz bieten. Immerhin gab die US-Vertretung den Eltern eine Liste von Ostberliner Advokaten, an die sich die Amerikaner gelegentlich wandten, um ihren Bürgern aus der Patsche zu helfen. Der erste Anwalt, den das Ehepaar auswählte, übernahm den Fall zwar, richtete aber durch unbedachte Äußerungen in der Öffentlichkeit mehr Schaden als Nutzen an. Der nächste Name auf der Liste war der Wolfgang Vogels.

Man hatte die Pryors gewarnt, daß in einem kommunistischen Land jeder Anwalt den Staat als seinen Hauptmandanten betrachten müsse. Zuerst die Regierung, dann alles andere. Wen immer man also engagiere, man könne nur wenig erwarten. Doch Vogel erwies sich als anders. Er besaß Charme. Seine lächelnde, einnehmende Art gefiel ihnen. Überdies erweckte er den Eindruck, an ihnen und ihrem Sohn in erster Linie als Menschen, nicht als Klienten interessiert zu sein. Nichts von der offiziellen »Klassenfeindschaft« also, im Gegenteil: Vogel schien ernsthaft bemüht, ihren Sohn freizubekommen, und ging offenbar nicht davon aus, daß er schuldig sei. Nach ein paar Besprechungen wurde er offener, berichtete Persönliches. Mary Pryor, die ihm von ihrer jüdischen Herkunft erzählte, verriet er, daß er katholisch sei, und wann immer das Gespräch religiöse Fragen streifte, bekannte Vogel sich zu seinem Glauben. Auf die Pryors wirkte er aufrichtig, ein Mann, der einen schwierigen Weg zwischen seinen ethisch-moralischen Ansichten und seinen Verpflichtungen gegenüber der Klassenjustiz seines Staates beschritt, und so entstand zwischen ihnen und Vogel schon bald eine gewisse

Vertrautheit. Als Vogel ihren Sohn zum ersten Mal besuchte, gab Millard Pryor dem Anwalt deshalb eine Notiz mit, auf der stand: »Du kannst diesem Mann trauen.«

Die Pryors blieben mehrere Wochen in Berlin. Vogel begann, sich in den Fall zu vertiefen. Als er jedoch Pryors Akte einsah, traute er seinen Augen nicht. Wenn das Spionage sein sollte, dann müßten in der Tat alle in seinem Land inhaftierten Spione freigelassen werden, und zwar je eher, desto besser. Wenn die Staatssicherheit hingegen lediglich nach einem Austauschpartner für Abel suchte, dann hätte sie auch einen plausibleren »Spitzel« finden können als ausgerechnet einen harmlosen Hochschulabsolventen, dessen einziges Verbrechen darin bestand, sich öffentlich Zugang zu Wirtschaftsdaten verschafft zu haben, von denen er nicht einmal wußte, daß sie für geheim erklärt worden waren. Andererseits war sich Vogel der öffentlichen Spannungen nur zu deutlich bewußt. In einer Zeit, in der man vor Gericht gestellt werden konnte, weil man westliche Zeitungen gelesen hatte, war Pryors Fall ein abscheuliches Verbrechen; mithin gab es nur wenig Aussicht auf einen Freispruch. Dann erfuhr Vogel von Streit, woran die Stasi wirklich interessiert war: Auf irgendeine Weise war die Geheimpolizei zu der Überzeugung gelangt, daß Millard Pryor während des Krieges ein Kamerad von Kennedys Verteidigungsminister McNamara gewesen sei. Schließlich hatte McNamara, Generaldirektor der Ford-Werke, ebenfalls in Ann Arbor gewohnt, bevor er sein Regierungsamt übernahm.[17]

Gegen Ende desselben Jahres lernte Vogel den amerikanischen Diplomaten Frank Meehan kennen. Meehan, soeben in die Abteilung für Ostpolitische Angelegenheiten der Westberliner Vertretung versetzt und im gleichen Alter wie Vogel, hatte von General Clays Interesse an Pryor erfahren. Über Millard und Mary Pryor wurde er mit Vogel bekanntgemacht. Dieser war von dem amerikanischen Diplomaten sofort beeindruckt: Er sprach fließend Deutsch und hatte zu Deutschland offenbar eine andere Einstellung als die meisten Amerikaner. So begann eine lange Freundschaft, die von den Spannungen zwischen den Supermächten zu keiner Zeit erschüttert wurde und zahllose diplomatische und humanitäre Schritte ermöglichte, kleine und große, die die Unmenschlichkeit des Kalten Krieges ohne Zweifel ein wenig zu mildern vermochten.

Meehan kannte Deutschland und den Ostblock besser als die meisten anderen amerikanischen Diplomaten. 1924 in East Orange, New Jersey, geboren, war er in Schottland aufgewachsen und zur Schule gegangen, weshalb er beim Sprechen jenen schottisch-irischen, leicht singenden Tonfall besaß. Er war ein ironischer, mitunter fast schelmischer Mann, immer für einen Scherz zu haben und mit klarem Blick für die versteckte Ironie oder die Absurdität einer Situation. Vogel glich er in der Umsicht, mit der er seine Worte wählte. Außerdem kannte er den Osten, denn vor seiner Versetzung nach Berlin war er zwei Jahre in Moskau gewesen, so daß er auch das Russische mühelos beherrschte.

Meehan und Vogel entdeckten schnell, daß sie einander vertrauen konnten. Als sie sich besser kennenlernten, stellte sich zudem heraus, daß beide gläubige Katholiken waren. Ein Amerikaner konnte damals in Berlin auf vielerlei Weise in Schwierigkeiten geraten, wobei sich die meisten von einer Mischung aus Zynismus und Idealismus leiten ließen. Nach Vogels Eindruck hatte Meehan erkannt, daß die Auflehnung gegen den Kommunismus indes nicht in allen Fällen moralische Gründe hatte. Natürlich setzen einige Amerikaner ihr Leben aufs Spiel, um Deutschen zu helfen, um einen Tunnel unter der Mauer zu graben und Freunde oder Verwandte in die Freiheit hinauszuschmuggeln. Doch es gab auch andere, die allein am Geld interessiert waren. Und wiederum andere wie Pryor waren schlichtweg durch Naivität in eine mißliche Lage geraten.

Kurz darauf lernte Vogel auch Donovan kennen. Doch das Verhältnis zwischen den beiden Anwälten entwickelte sich keineswegs so gut wie das zu Meehan, da Donovan in Vogel nicht mehr als einen Befehlsvollstrecker des KGB sah. Er hatte die Anweisungen »Frau Abels« befolgt, aus Washington grünes Licht erhalten und sich Anfang Januar 1962 nach Berlin begeben. Dort wollte er das Geschäft abschließen: Abel sollte für Powers, Pryor und den Studenten Marvin Makinen von der Universität Pennsylvania freikommen, der in Kiew im Gefängnis saß, weil er von sowjetischen Militäreinrichtungen Photos gemacht hatte.

Bei seiner Ankunft erfuhr Donovan, daß Vogel eine Nachricht an die US-Vertretung in West-Berlin geschickt hatte: »Frau Abel« sei zuversichtlich, daß die drei Amerikaner gegen ihren Mann ausgetauscht werden könnten. Doch die CIA war sich keineswegs sicher, inwieweit sie dieser Zusicherung Glauben schenken konnte.[18]

Samstag, den 3. Februar, reiste Donovan zum ersten Mal nach Ost-Berlin. Als William Graver, der CIA-Missionschef, den Amerikaner zum Bahnhof Zoo fuhr, hatte es zu schneien begonnen. Donovan bestieg einen Zug Richtung Bahnhof Friedrichstraße, denn er hatte vor, in der sowjetischen Botschaft einen Termin mit Schischkin auszumachen. Nachdem er sich durch die tief verschneiten Straßen gekämpft hatte, die ihm, wie er später schrieb, verlassen und ungeheuer bedrückend vorkamen, erreichte er die Botschaft.[19] Man geleitete ihn in die Konsularabteilung neben dem Haupteingang des riesigen, neoklassizistischen Gebäudes. Dort machte er die Bekanntschaft von »Frau Abel«, deren »Tochter« und dem »Dolmetscher«, Herrn Drews.

Vermutlich war Drews der Verfasser jener Nachricht »Drei gegen Einen« gewesen, die über Vogel an die US-Vertretung gelangt war. Doch die Situation war, wie sich bald zeigte, keineswegs geklärt: Schischkin behauptete, nichts von der Abmachung zu wissen. Natürlich war sich Donovan darüber im klaren, daß dies zur üblichen Verhandlungstaktik der Sowjets gehörte. Wer aber, so fragte er sich, war Vogel? Vielleicht hatte der Fall noch eine andere Dimension, vielleicht hatten die Sowjets sich entschlossen, die Ostdeutschen aus dem Geschäft doch noch herauszuhalten. Überhaupt schien das Verhältnis zwischen Moskau und Ost-Berlin nicht frei von Spannungen. Warum die Sowjets nichts dagegen unternähmen, daß ihre Botschaft fast zwanzig Jahre nach Kriegsende noch immer von verfallenen Gebäuden und zerschossenen Mauern umgeben war, wollte der Anwalt wissen. »Wir halten es nicht für ratsam, in Berlin alle Trümmer des Krieges zu beseitigen«, gab Schischkin zur Antwort.[20]

Kurz darauf, am 5. Februar 1961, traf Donovan erstmals mit Vogel zusammen, und von nun an begannen sich die Spielregeln allmählich zu ändern. Die Zusammenkunft war durch einen taktischen Schachzug Schischkins zustande gekommen; plötzlich erklärte der Russe, daß Pryors Fall nicht die Sowjetunion, sondern die DDR betreffe. Als Donovan in der Botschaft eintraf, warteten Abels »Tochter« und Drews bereits auf ihn, um ihn in Vogels Büro zu begleiten. Doch je länger die Taxifahrt zur Alt-Friedrichsfelder Straße 113 dauerte, desto mehr wuchsen die Sorgen des amerikanischen Anwalts. Das niedrige, viereckige Gebäude sah kaum wie eine Anwaltskanzlei aus, eher wie eine KGB-Folterkammer in irgendeiner düsteren Gasse. Der Eingang war nur schwach beleuchtet. Ein paar wackelige Stufen führten zu einem schmalen Korridor mit nackten Wänden. Als Drews ihm die Treppe hinauf folgte, stellte Donovan sich vor, daß man ihn leicht bewußtlos schlagen und als Geisel nehmen konnte, aber er tröstete sich mit dem Gedanken, daß eine Flucht hier ohnehin unmöglich sei. Sinnlos, sich darüber den Kopf zu zerbrechen.

Augenblicke später trat ihm Vogel entgegen. Er sah vollkommen anders aus, als Donovan ihn sich vorgestellt hatte. »Nach ein paar Minuten erschien Herr Vogel und bat uns in sein kleines, aber gut eingerichtetes Büro«, schrieb er. »Er mochte ungefähr siebenunddreißig Jahre alt sein, hatte dunkles Haar und sah gut aus. Ständig umspielte ein Lächeln seinen Mund. Er trug einen maßgeschneiderten grauen Flanellanzug, ein blütenweißes Hemd, eine gemusterte Seidenkrawatte mit passendem Einstecktuch und aufwendig gearbeitete Manschettenknöpfe. Er sah genauso aus wie ein erfolgreicher amerikanischer Verkaufsmanager.«[21]

Als erstes wollte Donovan wissen, ob der Austausch von Abel und Powers an der Glienicker Brücke zeitgleich mit Pryors Freilassung abgewickelt werden würde. »Natürlich«, erwiderte Vogel. Er zeigte ihm eine von Streits Abteilungsleiter unterzeichnete Bestätigung, in der Pryors Freilassung genehmigt wurde, »falls die Ihnen bekannten Bedingungen von den Amerikanern akzeptiert werden.«[22]

Man hatte Vogel befohlen, Pryor nichts von diesem Plan zu erzählen. Augenscheinlich hoffte die Stasi noch immer, daß der Gefangene sich als Spion entpuppen würde. Als Vogel jedoch am selben Abend Streit von seinem Gespräch mit Donovan berichtete, erfuhr er, daß die Sache unversehens einen Haken bekommen hatte: Die Sowjets wollten ausloten, ob es möglich sei, Abel nur gegen Pryor auszutauschen und Powers aus dem Geschäft herauszuhalten. Vogel war empört. Gleichwohl spielte er seinen Part so weiter, wie man es von ihm erwartete.[23]

Als Donovan am nächsten Tage in Vogels Büro kam, war er in Rage. Seine Wut steigerte sich noch, als er hörte, daß Streit, der erst zwei Wochen zuvor Generalstaatsanwalt der DDR geworden war, Pryor vor Gericht bringen wollte, falls Donovan den neuen Vorschlag ablehnen würde. Vogel, sichtlich nervös und befangen, gab zu bedenken, daß zwischen der Sowjetunion und dem Generalstaatsanwalt anscheinend eine Art Tauziehen um das Vorrecht im Gange war, Abel zu retten. »Unsinn!«, stieß Donovan hervor. »Wenn Schischkin dem DDR-Generalstaatsanwalt sagen würde, er solle hier auf den Händen über den Flur laufen, dann würde der das ohne Zweifel tun.«[24]

Vogel versprach, Streit umzustimmen, worauf Donovan ihm seinerseits zusicherte, seine Abfahrt bis nach dem Mittagessen aufzuschieben. Und da er Vogel sozusagen als die Marionette einer Marionette betrachtete, war er über die Maßen verblüfft, als er sah, wie Vogel – einen Blick über die Schulter werfend, um sich zu vergewissern, ob Drews zuschaute – ihm mit erhobenem Daumen ein Zeichen gab und flüsterte: »Nicht zurückgehen.«[25]

Offenbar suchte Vogel beiden gerecht zu werden, dachte Donovan, und in gewisser Weise gelang ihm das auch. Ein Anwalt aus der DDR, dessen Klienten wegen Staatsverbrechen belangt wurden, konnte kaum anders handeln. Außerdem irritierte Vogel das Vorgehen der Russen ebenso wie Donovan. Er hatte Schischkin immer noch nicht zu Gesicht bekommen, wußte, daß er benutzt wurde, und konnte doch wenig dagegen unternehmen. Die sowjetische »Salamitaktik« machte einen Narren aus ihm.

Während Donovan und Drews sich zum Mittagessen in das exklusive DDR-Diplomatenrestaurant »Johannishof« begaben, stellte Vogel sich auf ein Wortgefecht in Streits Büro ein. Auch Volpert wartete dort. »Daß Ihr Abel nur für Pryor allein bekommt, daraus wird nichts«, sagte er den beiden. Er machte kein Hehl aus seinem Unmut darüber, daß er in dem Manöver zwischen der DDR und den Sowjets augenblicklich weder vor noch zurück konnte. Streit, der Vogels Sichtweise nachvollziehen konnte, bat daraufhin Volpert, daß Vogel und der amerikanische Anwalt noch am selben Nachmittag in die Sowjetbotschaft kommen dürften. Es galt, Schischkin klarzumachen, daß die Russen zu jenem Dreier-Handel zurückkehren müßten, der für Donovan schon seit längerem als sicher gegolten hatte.

Tatsächlich traf Vogel Schischkin an jenem Tag zum ersten Mal, auch wenn Donovan glaubte, die beiden würden ihm eine Farce vorspielen. Vogel erklärte Schischkin auf deutsch, daß von seiten der DDR alle bestehenden Schwierigkeiten beseitigt seien, doch die Mitteilung schien für den Russen nicht von Bedeutung zu sein. Er entließ Vogel und Drews in das Vorzimmer und winkte Donovan in sein privates Büro. Dort versuchte er, seinen letzten Trumpf auszuspielen. Donovan hatte ihm bei ihrem ersten Treffen angedeutet, daß Powers in den Vereinigten Staaten keineswegs als Nationalheld gelte. Wenn es sich bei dem Agenten also nur um einen kleinen Fisch handelte, so behauptete Schischkin nun kurzerhand, dann verringere dieser Umstand natürlich auch seinen Verhandlungswert. Die Sowjets könnten Donovan für Abel also lediglich Makinen, den Studenten in Kiew, anbieten.

Bei diesen Worten verschlug es Donovan die Sprache. Mit einem Seufzen bemerkte er, daß es unter diesen Umständen nicht nötig sei, die Verhandlungen fortzusetzen. Lieber werde er unverrichteter Dinge nach Washington zurückkehren, ohne Pryors und ohne Powers.

Noch am selben Abend erstattete Vogel Bericht. Er könne nicht absehen, so sagte er Streit und Volpert, wie die Dinge sich jetzt entwickeln würden. Er habe getan, was er konnte; nun müßten die Ostdeutschen abwarten und sehen, wie die Amerikaner und Russen ihre Differenzen zu lösen gedächten.

Das Treffen am nächsten Tag führte aus der verfahrenen Situation wieder heraus. So schnell, wie sie sich zu dem Manöver entschlossen hatten, so schnell ließen die Sowjets auch wieder davon ab. Erneut zeigten sie sich bereit, Powers und Pryor freizulassen, wenn auch getrennt. Schon am kommenden Morgen, so hieß es jetzt, sollten Abel und Powers an der Glienicker Brücke ausgetauscht werden – in aller Frühe, um sie vor den Augen Neugieriger und der Presse zu schützen. Pryor hingegen würde am Checkpoint Charlie in den Westen zurückkehren, damit wenigstens der Anschein gewahrt bleibe, daß die DDR in diesem Fall die Oberhand behalten habe. Und auch Makinen, so versicherte man, könne auf baldige Begnadigung hoffen. Schischkin und Donovan besiegelten die Sache mit einem Handschlag und vereinbarten die Übergabe für Samstag, den 10. Februar, um halb neun Uhr morgens.[26]

Vogel war an jenem Tag nicht auf der Brücke. Dafür hatte er kurz zuvor endlich Frederic Pryor treffen können. Im Besucherraum des Gefängnisses in der Magdalenenstraße wartete er auf den jungen Mann, um ihm jene handschriftliche Notiz seines Vaters zu übergeben, die besagte, daß er dem Anwalt trauen könne. Als sie aufeinander zutraten, deutete Vogel zur Zimmerdecke und formte mit den Lippen das Wort »Mikrophon«. Dann kam er ohne viele Umschweife zur Sache. Er deutete an, daß er sich wohl nicht weiter mit der Vorbereitung der Verteidigung befassen müsse, eine Bemerkung, die Pryor vermuten ließ, daß es kaum noch bis zur Verhandlung kommen werde. Würde er also schon bald freigelassen werden? Doch Vogel erläuterte nichts näher, erwähnte auch Abel und Powers mit keinem Wort.

Bis dahin hatte Pryor von der ostdeutschen Justiz so gut wie nichts erwartet. Und da er verwirrt und wie betäubt war, hatte er sich bereits damit abgefunden, fünf oder zehn Jahre hinter Gittern verbringen zu müssen. Auch jetzt wollte er sich nicht erst große Hoffnungen machen. Dennoch hatte sich seit Vogels Eingreifen Wesentliches verändert, und dies, obwohl dem Kontakt mit dem Anwalt eine kuriose Episode vorausgegangen war: Als der Vernehmungsbeamte Pryor erzählte, sein Vater habe »Rechtsanwalt Vogel« für ihn engagiert, hielt der junge Mann dies im ersten Augenblick für einen schlechten Scherz. Er sah in dem Namen die Verballhornung eines Vulgärausdrucks.[27]

Der Vernehmungsbeamte wußte, daß Pryor bald entlassen werden würde. Die Anweisung, die er erhalten hatte, war unmißverständlich: Vogel erledigt das. Es ist alles geklärt. Tun Sie, was man Ihnen sagt.[28] Der Beamte verbrachte die Nacht zum Samstag in Pryors Zelle, angeblich, weil die Aufseher den Häftling für depressiv hielten und Angst hatten, er könne Selbstmord begehen.[29]

Am Samstag, dem 10. Februar, war die Luft bei Tagesanbruch schneidend klar und kalt. Es wurde gerade hell, als Vogel in der Magdalenenstraße eintraf und Pryor mitteilte, daß er entlassen werde; er solle also seine Siebensachen zusammenpacken. Der junge Mann, vollkommen kopflos, hatte Mühe, die Nachricht aufzunehmen. Noch immer war kein Wort von Abel oder Powers gefallen, doch Pryor hätte den Zusammenhang in diesem Moment vermutlich ohnehin nicht begriffen. »An diesem und am nächsten Tag fühlte ich mich verrückt und irgendwie unzurechnungsfähig, wie in einem Rauschzustand«, erinnerte er sich später. Seit seiner Verhaftung im

August von der Außenwelt abgeschnitten, vermochte er die Neuigkeit erst allmählich zu fassen, während Vogel mit ihm – wie bisher unter Aufsicht eines Gefängniswärters – die kurze Strecke zum Checkpoint Charlie fuhr. Am Kontrollpunkt stieg der Aufseher aus und stellte sich neben den Wagen. Vogel sagte ruhig, daß es wahrscheinlich eine Verzögerung gebe, erklärte jedoch nicht, was passieren werde.

Kurz darauf setzte Vogel seinen Klienten ein letztes Mal in Erstaunen. Gelassen forderte er ihn auf, ihm alle Stasioffiziere zu zeigen, die er wiedererkenne. Pryor sagte sich, daß man, wenn man schon mit dem Teufel speise, auch die ganze Suppe auszulöffeln habe. Außerdem müsse man schließlich wissen, mit wem man am Tisch saß.[30] Worin bestand Vogels Absicht? Nicht ausgeschlossen, daß ihn die Szene an jene vier Jahre erinnerte, in denen er selber observiert worden war. So standen die beiden weiter neben dem goldenen Mercedes und warteten auf Frank Meehan, der wie geplant eintraf, um seinen Landsmann in Empfang zu nehmen.

Auf der anderen Seite der Mauer war am selben Tag James B. Donovan mit ähnlichen Vorbereitungen beschäftigt. Noch vor Morgengrauen holte er den ziemlich verhärmt und mitgenommen wirkenden Abel aus einer Gewahrsamszelle im Keller der US-Vertretung. Als er seinen Klienten fragte, ob er sich Sorgen darüber mache, was bei seiner Rückkehr nach Moskau mit ihm geschehen werde, erwiderte dieser nur: »Natürlich nicht. Ich habe ja nichts Unehrenhaftes getan.«[31]

Getrennt fuhren sie zur Glienicker Brücke. Donovan wurde von Graver begleitet, dem Westberliner CIA-Chef, während Abel mit seinen Bewachern in einem anderen Wagen Platz genommen hatte. Flankiert vom Leiter der amerikanischen Vertretung und von Joseph Murphy, einem U-2-Piloten, schritt der amerikanische Anwalt um zwanzig nach acht zur Mitte der Brücke. Genau im selben Augenblick marschierte auch Schischkin in Begleitung zweier in Zivil gekleideter Beamter von der Potsdamer Seite der Brücke los. Der eine davon war Nikolai Korznikow, Abels direkter Vorgesetzter beim KGB.[32] Die Geheimdienstler schüttelten sich feierlich die Hände, dann gaben sie das Zeichen zum abschließenden »Pas de deux«.

Abel, vom stellvertretenden Leiter der US-Gefängnisbehörde und einem hünenhaften Wächter begleitet, betrat von der Westberliner Seite aus die Brücke. Powers, auf dem Kopf eine Pelzmütze, näherte sich von der ostdeutschen Seite. Neben ihm gingen zwei Männer, die Donovan wie Ringkämpfer im Ruhestand vorkamen. Murphy, der die Aufgabe hatte, Powers' Identität zu überprüfen, fragte diesen nach dem Namen seines Highschool-Trainers. Powers konnte sich nicht erinnern, war aber glücklicherweise bei den Namen seiner Frau, seiner Mutter und seines Hundes besser, und so stellte Murphy mit pathetischer Korrektheit fest, daß es sich in der Tat um Francis Gary Powers handeln müsse. Darauf verkündete Schischkin in präzisem, schneidigem Ton, daß Pryor am Checkpoint Charlie freigelassen worden sei; nun könne auch Abel gegen Powers ausgetauscht werden. »Ich sagte ihm, daß ich das genau wissen müßte, und forderte von unserem Ende der Brücke eine Bestätigung an«, schrieb Donovan. »Schließlich schrie jemand zurück: ›Noch keine Nachricht von Pryor‹.«[33]

Meehan, der etwa zweiundzwanzig Kilometer entfernt am Checkpoint Charlie wartete, sollte das Stichwort geben. Aber in eben diesem Moment befand er sich selber in einer Verlegenheit. Auf die ostdeutsche Seite herübergegangen, hatte er Vogel und Pryor genau an der Stelle getroffen, die vorher ausgemacht worden war. »In Ordnung«, sagte er, »jetzt können wir nach West-Berlin fahren.« Vogel forderte ihn auf einzusteigen, machte jedoch keine Anstalten, den Wagen anzulassen. Auf die Stasigestalten zeigend, die in Mänteln aus Lederimitat um den Wagen herumstanden, meinte er: »Wir warten hier, bis die uns ein Zeichen geben.«[34]

Währenddessen äußerte Schischkin auf der Glienicker Brücke Besorgnis darüber, daß bald der Diplomatenverkehr einsetzen werde. Er drängte zur Eile. »Wir warten hier so lange, bis meine Leute bestätigen, daß Pryor freigelassen worden ist«, insistierte Donovan. »Vielleicht verhandelt Vogel noch mit Pryor über sein Anwaltshonorar«, entfuhr es ihm. »Und das könnte Monate dauern.«[35]

Je länger sich das Warten hinzog, desto unruhiger wurde Meehan. »Mein Gott, was soll ich nur tun?« dachte er bei sich. Schließlich kam einer der Sicherheitsbeamten auf das Auto zu. Vogel kurbelte das Fenster herunter und unterhielt sich einen Augenblick mit ihm; anschließend drehte er sich zu Meehan um und sagte: »Es kann losgehen.« Noch einmal gab Pryor dem Anwalt die Hand. Dann legte er mit Meehan die letzten Meter bis zum amerikanischen Sektor zurück, wo Millard Pryor seinen Sohn in Empfang nahm.

Im selben Augenblick gingen Powers und Abel auf der Glienicker Brücke aufeinander zu und – ohne sich auch nur anzusehen – aneinander vorbei. Jeder von ihnen trug eine prallgefüllte Tasche bei sich. Abel bat um die Akte mit seiner offiziellen Begnadigung und schüttelte Donovan ein letztes Mal die Hand.

Innerhalb kürzester Zeit befanden sich Powers und die anderen Amerikaner an Bord einer Super Constellation der amerikanischen Air Force, die durch den Berliner Korridor Kurs nach Westen nahm.

Dabei bemerkte Donovan, daß die Air-Force-Besatzung Powers in keiner Weise wie einen Helden behandelte, eher wie einen Aussätzigen.[36]

Noch während die Maschine auf dem Flug war, schlug die gelungene Aktion in Washington, wo es zu dieser Zeit drei Uhr nachts war, wie eine Bombe ein. Pierre Salinger, der Pressechef des Weißen Hauses, hatte erfahren, daß in den frühen Morgenstunden in Berlin vermutlich irgendein Austausch zustande kommen werde, und einer Handvoll Korrespondenten angedeutet, sie möchten sich vor dem Schlafengehen noch einmal ins Weiße Haus begeben. So prangte die Nachricht am nächsten Morgen in aller Welt auf den Titelseiten der Zeitungen.

Obgleich Vogels Handlungsspielraum zeitweise ziemlich begrenzt gewesen war, hatte er es verstanden, allen seinen Klienten gerecht zu werden. Drei Monate nach seiner Freilassung schrieb ihm Pryor aus Ann Arbor, daß sein Karmann Ghia wie versprochen mit dem Schiff in den Staaten angekommen sei. Die Uhr sei stehengeblieben, und der Wagen habe ein paar Beulen – das sei alles. Und indem er dem Anwalt für alles dankte, was er für ihn getan hatte, äußerte er die Hoffnung, eines Tages selber einmal jemandem so helfen zu können, wie Vogel ihm geholfen habe.[37]

Nie hatte jemand Vogels Talent bezweifelt, das Vertrauen von Klienten mit anderweitigen Interessen zu verbinden. Nun aber hatte er überdies bewiesen, daß er auch deren Wünsche in die Tat umsetzen konnte, ohne das Vertrauensverhältnis zwischen Anwalt und Mandant zu gefährden. Pryor war es recht merkwürdig vorgekommen, daß ein Anwalt, der ohne jeden Zweifel der Staatssicherheit diente, ihn im Besucherraum des Gefängnisses vor Wanzen gewarnt hatte, und in ähnlicher Weise war auch Donovan von Vogel überrascht gewesen, als dieser ihn aufgefordert hatte, auf seiner Position zu beharren, obgleich sie Vogels Anweisungen zuwiderlief. Bei einem weniger komplexen Charakter hätte dergleichen vermutlich nach Heuchelei ausgesehen, was Donovan übrigens auch annahm. Vogel betrachtete seine Fälle jedoch nicht als abstrakte Angelegenheiten. Für ihn betrafen sie das Leben von Menschen, die alle ihre eigene tragische Geschichte hatten, und durch diese Haltung, durch dieses außergewöhnliche Pflichtgefühl gelang es ihm, auch gegenüber der Stasi Integrität zu bewahren. Streit verstand diese Einstellung und tolerierte daher Vogels Verlangen nach Unabhängigkeit. Alles in allem hatte die DDR bei diesem Geschäft ja fraglos recht erfolgreich abgeschnitten.

Auch die Sowjets waren zufrieden und demonstrierten ihre Wertschätzung Vogels sogleich durch die Übertragung ähnlicher Fälle aus England und Frankreich. Sie hatten aus dem Fall Abel gelernt, daß es gar nicht nötig war, sich direkt zu beteiligen; im Grunde hätte Schischkin nicht aus seinem Schatten herauszutreten brauchen, um mit den Amerikanern Kontakt aufzunehmen. Der CIA war es mit Hilfe Donovans weitaus besser gelungen, Abstand und vielleicht auch ein paar Geheimnisse zu bewahren, und so wollte auch der KGB Vogel künftig auf diese Art einsetzen. Der Anwalt hatte Loyalität, Urteilsvermögen, Diskretion und einen verbindlichen Verhandlungsstil bewiesen. Da die Russen in Moskau über keinen ebenso geschickten Anwalt verfügten, kam es ihnen also überaus gelegen, daß sie über das MfS Vogels Dienste in Anspruch nehmen konnten.[38]

Ein paar Wochen zuvor hatte Vogel bei seinen Stasi-Verbindungsleuten und den Sowjets einige wichtige Informationen aufgeschnappt. Von »Drews«, jenem deutschsprechenden russischen »Cousin«, der »Frau Abel« und ihre Tochter begleitet hatte, war ihm ein erster Hinweis gegeben worden, wie tief der Kreml über den nicht abreißenden Flüchtlingsstrom von Ost- nach Westdeutschland besorgt war. Anfang 1961 war die Zahl der Flüchtlinge mit dreizehn- bis zwanzigtausend Menschen pro Monat fast durchweg konstant geblieben. Im Juli aber hatten über dreißigtausend DDR-Bürger das Land verlassen und im August waren es noch mehr gewesen. Die Hälfte der Flüchtlinge war unter fünfundzwanzig Jahre alt. Die Zukunft des Landes lief buchstäblich davon, und daß dagegen etwas getan werden mußte, war ein offenes Geheimnis – nur was und wann, das wußte niemand. Doch Vogel, der den Eindruck gewonnen hatte, der Flüchtlingsstrom könne allein durch drastische Maßnahmen gestoppt werden, ahnte, daß noch vor Mitte August eine Entscheidung getroffen werden würde.
    Die Entwicklung betraf auch ihn persönlich: Einer seiner engsten Freunde, der Arzt Hans-Christoph Crosta, wollte die DDR verlassen. Die beiden hatten sich Mitte der fünfziger Jahre im thüringischen Oberhof kennengelernt, dem einzigen größeren Wintersportort der DDR, und verbrachten seitdem regelmäßig ihre Ferien zusammen. Als Arzt der DDR-Olympiamannschaft war Crosta zwar wie Vogel eine privilegierte Persönlichkeit, litt aber dennoch unter den Lebensverhältnissen in seinem Staat und wollte um jeden Preis in den Westen.
    Gleichviel, wie Vogels Verhältnis zur Staatssicherheit 1961 ausgesehen haben mag: Das Vertrauen seines Freundes hat er nicht enttäuscht. Nachdem »Drews« die Bemerkung hatte fallenlassen, daß an der Grenze bald etwas passieren werde, stieg Vogel am Donnerstag, dem 10. August, in seinen Wagen und fuhr nach Merseburg zu

Crosta, wo er kurz vor Mitternacht eintraf. Wenn er herauswolle, sagte er zu Crosta, solle er besser so schnell wie möglich gehen. Und obwohl Vogel sich keineswegs sicher war, ob »Drews'« Hinweis sich auf einen Mauerbau oder eine andere Form der Grenzüberwachung bezog, hinterließ er den Eindruck, daß etwas Dramatisches bevorstehe, und zwar vielleicht schon Samstagnacht. Deshalb nahm Crosta seinen Freund beim Wort. Am Samstagmorgen verließ er mit seiner Mutter die DDR. Vogel half sogar dabei, Frau Crostas Pelze und das Familiensilber in seine Ostberliner Wohnung zu bringen[39], von wo er es in Begleitung seiner Frau noch am selben Tag über die Grenze zu Crosta brachte. Das Ehepaar blieb bis spät nach Mitternacht in West-Berlin.

Man saß noch immer zusammen, als Crosta gegen drei Uhr morgens die Nachrichten von RIAS-Berlin hörte. »Die Grenze ist zugemacht worden. Am Brandenburger Tor stehen Panzer«, rief er seinem Freund zu. Soldaten höben mit Preßlufthämmern Gräben aus; überall seien DDR-Truppen und Arbeiter dabei, eine Mauer zu errichten, und hinter ihnen hätten sich sowjetische Panzer und Truppen aufgebaut, die jeden Versuch der Amerikaner, die Bauarbeiten zu stoppen, niederschlagen würden.

Im ersten Moment dachten die beiden Vogels, Crosta mache einen Witz. Ihre Kinder Manfred und Lilo waren auf der anderen Seite in ihrer Wohnung in der Ostseestraße, ganz in der Nähe des Zentrums, wohin die Familie kurz zuvor umgezogen war. Sie mußten also zurück. Zwischen ratternden Preßlufthämmern und rasselnden Panzerketten überquerten sie die Sektorengrenze, wo amerikanische Soldaten sie beim Anblick ihres DDR-Kennzeichens entgeistert anstarrten. Fast fühlte sich Vogel ein wenig enttäuscht, daß es den Amerikanern nicht gelungen war, die Teilung der Stadt zu verhindern. Doch eben diese Mauer, deren Fundamant hier vor seinen Augen gelegt wurde, sollte sein Leben und seine Karriere prägen, sollte ihm in den kommenden Jahren zu Berühmtheit verhelfen und ihn im Geschäft des Kalten Krieges unentbehrlich werden lassen.[40]

Teil II
Die Mauer

Drittes Kapitel

Der Handel
mit politischen Gefangenen

*»Denn es gibt Nachrichten, die töten, während sie
zu informieren vorgeben.«*

Anfang der sechziger Jahre war der Mißstand der Planwirtschaft nicht mehr zu übersehen. In den drei westlichen Zonen hatten der Marshallplan und die Einführung der D-Mark den Bewohnern längst zu neuem Aufschwung verholfen, in der DDR hingegen ließ jede Form von Wohlstand, auch die bescheidenste, noch immer auf sich warten. Und während die Westdeutschen den Überfluß genossen, besaßen ihre Landsleute im Osten kaum das Nötigste zum Leben.

Durch die Wiedergutmachungsleistungen, die die Russen in den ersten Nachkriegsjahren gefordert hatten, war die Lage noch schlimmer geworden. Fast überall herrschte Mangel. Kohle, Stahl, Baumaterialien, Dünger und Lebensmittel – alles war knapp. Erneut leitete die Unbeweglichkeit der Wirtschaft eine Phase der Not, der Entbehrungen ein, und wie schon zu Beginn der fünfziger Jahre versuchten auch jetzt wieder Zehntausende, in den Westen zu fliehen.

Im übrigen hatte sich seit den fünfziger Jahren viel geändert: Solange die sowjetische Politik die Aussicht auf ein vereinigtes, neutrales Deutschland zugelassen hatte, war die Grenze relativ offen geblieben. Eine Freiheit, von der die Ostdeutschen ausgiebig Gebrauch gemacht hatten: Noch 1960 gingen ungefähr 197.000 von ihnen in den Westen. Mittlerweile aber stieg der Auswanderungsstrom derart an, daß er bereits in der ersten Hälfte des Jahres 1961 bei 153.000 lag, und dieser Zustand alarmierte die Führung in Ost-Berlin kaum weniger als das Regime in Moskau, bis man ihn am 13. August abrupt beendete.

Aus der Bundesrepublik kam wütender Protest. Gleichwohl erwies man sich als unfähig, etwas gegen die Ereignisse zu unternehmen. So dauerte es nicht lange, bis Ost-Berlin zufrieden feststellte, daß das erste Ziel erreicht war. Hinzu kam die Erkenntnis, daß man aus der Niedergeschlagenheit, die sich in den Familien, aber auch in den Kirchen, den Parteien und der Bonner Regierung breitgemacht hatte, à la longue Profit schlagen konnte, indem man die Bundesrepublik zwang, die DDR de facto als Staat anzuerkennen. Dabei konnte man insbesondere auf zwei Gesichtspunkte bauen: Zum einen hatte das Geschäft mit Abel und Powers bewiesen, daß die individuelle Freiheit für den Westen ein Gut war, um dessentwillen man in jedem Fall verhandeln würde, und zwar zu den Bedingungen der SED. Kein Zweifel: Der Wunsch der Westdeutschen, ihren Angehörigen im Osten das Leben zu erleichtern, würde Bonn bald dazu bringen, sich wieder an den Verhandlungstisch zu setzen. Und da die Mauer, so meinte man, die nächsten hundert Jahre stehenbleiben würde, saß die DDR am längeren Hebel.

Zum anderen war erkennbar, daß das MfS das Land zunehmend fester im Griff hatte. Westlichen Geheimdiensten und politischen Organisationen, die die Macht der Kommunisten zu unterminieren versuchten, wurde mit beachtlichem Erfolg ein Strich durch die Rechnung gemacht. Der Bundesnachrichtendienst, der riesige CIA-Stützpunkt in West-Berlin und auch die SPD, deren geheimes »Ostbüro« den Widerstand gegen den erzwungenen SED-Eintritt ihrer Mitglieder förderte[1], ließen in der DDR etliche Agenten für sich arbeiten, und natürlich gab es auch noch die Spione der Franzosen und Briten sowie anderer westlicher Interessengruppen – alles in allem einige tausend Mann. Doch die Definition der Stasi von dem, was als Staatsgefährdung galt, war weit gefaßt – so weit, daß bis 1961 über zehntausend politische Gefangene und westdeutsche Spione in ihr engmaschiges Netz liefen, um im Handumdrehen inhaftiert und verurteilt zu werden. Bonns Antwort auf diese Vorgänge bestand in der Einrichtung einer Westberliner Rechtsvertretung, die Rechtsschutzstelle, deren Gründung zwar auf das Ministerium für gesamtdeutsche Fragen zurückging, die zu diesem jedoch keine direkte offizielle Beziehung besaß.

Ende der fünfziger Jahre hatten die Anwälte dieses Büros erstmals mit Vogel Kontakt aufgenommen. Der Schritt war von beiden Seiten begrüßt worden: Nicht nur Josef Streit hatte ihm seinen Segen gegeben, auch die Juristen und Beamten des Bundesnachrichtendienstes, denen so viel daran gelegen gewesen war, Vogel zum Beitritt in die Westberliner Anwaltskammer zu bewegen, billigten die Verbindung voll und ganz. Nach dem Mauerbau hatten sie sogar noch einen weiteren Grund, Vogels Dienste in Anspruch zu nehmen: Da die meisten bei der Rechtsvertretung beschäftigten Anwälte aus dem westlichen Teil der Stadt stammten, konnten sie nach dem 13. August nicht mehr in den Osten fahren[2]; von nun an benötigte man Vogel also zur Verteidigung von Klienten auf der anderen Seite. Zumindest alle formalen Rechtsverfahren wie Zahlungen von Sicherheitsleistungen oder das Einreichen von Anträgen sollte er erledigen. Und Vogel hatte keinerlei Bedenken, diese Aufgaben zu übernehmen, war doch dies genau jene legale Schlüsselfunktion, die Volpert für ihn vorgesehen hatte, als er ihn 1957 auf die Westberliner Justiz ansetzte.

Aufgrund seines Verhältnisses zu Volpert war Vogel in der Tat bestens geeignet, als eine Art Mittler zwischen den Welten aufzutreten. Doch das war keineswegs alles, was ihn für seine Aufgabe prädestinierte. Von jener Uhrensammlung, die die Zimmer seiner Kanzlei mit einem vielstimmigen Tick-tack erfüllte, bis hin zu der Gewohnheit, am Nachmittag aus einem zierlichen Täßchen einen Mokka zu sich zu nehmen, war er durch und durch ein typischer Vertreter des deutschen Mittelstandes. So war es kein Wunder, daß er auf seine westlichen Kollegen überaus vertrauenerweckend wirkte: Schon sein korrektes, würdevolles Auftreten und seine geschmackvollen, dezent modischen Maßanzüge, die allerdings nicht im Westen, sondern konsequenterweise in Ost-Berlin, im Atelier des Biesdorfer Schneiders Bodo Jahn, gefertigt wurden, machten einen beruhigenden Eindruck. Das war durchaus keine Selbstverständlichkeit. In einer Zeit, in der man sich im Westen – orientiert an Männern wie Andrej Wyschinski oder Friedrich Karl Kaul – bereits ein festes Bild von »kommunistischen« Anwälten gemacht hatte, schien Vogel eine ungewöhnlich zivilisierte, maßvolle, sympathische Figur, die zwar mitunter aus Lenins Werken zitieren konnte, im ganzen jedoch alles andere als ein unbeirrbarer Ideologe war.

Das beste Beispiel für den Eindruck, den Vogel bei seinen westlichen Partnern hinterließ, war vermutlich Frank Meehan. Mit aufrichtiger Verwunderung mußte Meehan angesichts von Vogels Diskussionsbereitschaft und menschlicher Wärme an die unbewegten Gesichter und den eiskalten Tonfall der Funktionäre denken, die er bis dahin im Ostblock kennengelernt hatte. Er war beeindruckt. Wenn er Vogel im Gespräch mit Leuten aus dem Westen traf, dann redete dieser genauso, wie es jemand aus der Bundesrepublik getan hätte, und immer hatte er ein paar Anekdoten auf Lager, die seine tolerante Sicht der Dinge zu bestätigen schienen. Diese Eigenschaft gefiel Meehan, der in einer streng katholischen Glasgower Gegend aufgewachsen war, besonders gut.

Aber Vogel war durchaus in der Lage, auch bissig zu sein. Unverblümt kritisierte er Maßnahmen der SED, die er nicht akzeptieren wollte, wie Meehan einige Jahre nach dem Mauerbau feststellte, als er einmal mit Vogel und einem amerikanischen Freund beim Abendessen saß. Es war John Mapother aus Kentucky, der in Berlin für die CIA arbeitete. Schon bald kam das Gespräch auf einen schrecklichen Vorfall an der Mauer, der sich kürzlich ereignet hatte. Ein Mann hatte sich betrunken ans Steuer seines Wagens gesetzt, um über die Grenze zu fahren, wobei er natürlich von der Volkspolizei gestoppt wurde. Doch anstatt aus dem Auto auszusteigen und sich zu ergeben, wich er aus und raste weiter zum Grenzübergang Spandau, wo er von den Wachposten erschossen wurde. Vogel, der über den Fall informiert war, bemerkte, daß das Opfer total betrunken gewesen sei. Mapother war entsetzt: »Meiner Meinung nach macht das die Tatsache, daß die Wachen ihn getötet haben, nur noch brutaler.« Doch Vogels Reaktion verblüffte ihn. »Ganz genau«, antwortete dieser. »Was sie getan haben, war einfach schrecklich.«[3]

Ähnlich wie Mapother ging es Arnold Heidemann, einem Westberliner Anwalt, der mit Vogel im Fall eines achtjährigen Mädchens zu tun bekam, dessen Mutter nach dem Mauerbau in den Osten gezogen war, während der Vater weiter in West-Berlin wohnte. Zu Heidemanns Überraschung nahm Vogel die Sache unverzüglich in die Hand. Die Mutter beanspruchte das Kind für sich; der Vater, den Heidemann vertrat, wollte es ihr unter keinen Umständen überlassen. Die DDR-Behörden stilisierten den Fall zu einer regelrechten politischen Affäre hoch. Und obwohl die deutsche Gesetzgebung bei derartigen Familienstreitigkeiten gewöhnlich zugunsten der Mutter entschied, hatte sich der Richter diesmal geweigert, der Mutter das Sorgerecht zuzusprechen. Das hätte schließlich bedeutet, das Kind den Kommunisten auszuliefern.

Vogel hatte die Mutter des Mädchens und mit ihr auch die DDR-Regierung zu vertreten. Dabei verfiel er auf eine höchst raffinierte Idee, durch welche die DDR ihr Gesicht wahren und dem Kind gleichzeitig die Möglichkeit anbieten konnte, bei seinem Vater in West-Berlin zu bleiben. Das Sorgerecht, so argumentierte Vogel, solle man getrost der Mutter geben. Dafür solle das Kind später selber erklären können, daß es nicht in Ost-Berlin leben wolle. »Natürlich!«, stimmte Heidemann zu. »Aber woher wollen Sie wissen, daß es das auch wirklich tun wird?« Vogel lächelte. Er wußte, daß es der DDR lediglich darum ging, mit Anstand aus der Geschichte herauszukommen. »Weil seine Mutter sagen wird, daß die Kleine nicht dort bleiben will«, erwiderte er. »Und das wird sie sagen, weil der Staat sie dazu bringen wird. Darin liegt einer der wenigen Vorteile einer Diktatur.«[4]

Nur kurze Zeit später machte Jürgen Stange, einer der Anwälte, der mit jener Westberliner Rechtsschutzstelle arbeitete, Vogels Bekanntschaft. Er mochte ihn auf Anhieb. Jovial, rundgesichtig und nicht ohne Ehrgeiz, genoß der aus Braunschweig stammende Stange die Macht, die er durch seine Zusammenarbeit mit der Regierung und den Nachrichtendiensten gewonnen hatte. Da er nicht Westberliner, sondern Bundesbürger war, konnte er mit seinem Paß ohne weiteres die Grenze überqueren, was seine Arbeit nicht wenig erleichterte. So hatte er sich gern bereit erklärt, im Auftrag der katholischen wie der evangelischen Kirche »verlorene Schafe aus dem Stacheldraht der anderen Seite zu befreien«.

Stange verfügte über inoffizielle, aber ohne Zweifel gutausgebaute Beziehungen zum Bundesnachrichtendienst, denen seine Bekanntschaft mit Vogel sofort eine ganz neue Dimension verlieh. Stange ergänzte den DDR-Anwalt vorzüglich: Wirkte dieser bisweilen kühl und zurückhaltend, so blieb der Bundesdeutsche stets von onkelhafter, schulterklopfender Herzlichkeit. Besser als im Gerichtssaal war er hinter den Kulissen, wo er seine Geschäfte vorbereitete, und wie Vogel waren ihm harmonische Lösungen allemal lieber als Auseinandersetzungen, Streitereien, Kämpfe. So entwikkelte sich ihr Verhältnis im Lauf der Jahre zu einer Art Partnerschaft über die Mauer hinweg. Wer die beiden allerdings beim gemeinsamen Arbeiten beobachtete, der zweifelte kaum daran, daß der Mann aus dem Osten der stärkere war.

All das kam nicht nur Vogels persönlichen Absichten entgegen, sondern auch denen der Staatssicherheit. In der Normannenstraße war man erheblich daran interessiert, von den Ost-West-Geschäften auch weiterhin finanziell zu profitieren, zumal die Sowjets der Sache im Abel-Powers-Fall ja unbestreitbar ihren Segen gegeben hatten: eine Aufgabe, für die Heinz Volpert Vogel auserkoren hatte. Vogels Kontakte zu Stange, der wiederum zur Kirche Beziehungen besaß, waren der Schlüssel dazu.

Die evangelische wie die katholische Kirche in der DDR befanden sich von jeher in einer zwiespältigen Situation. Einerseits machte die offizielle Politik ihnen das Leben schwer, andererseits suchte Ulbricht nach einem Modus vivendi mit ihnen – ganz so, wie bereits Stalin die moralische Autorität der Kirche für seinen Staat benötigt hatte. Trotzdem widersetzte sich das SED-Regime allen kirchlichen Bemühungen, die Reste der deutschen Einheit zu bewahren. Auf Diözesen, deren Gebiet über die neue Grenze hinweglief, lastete ein beträchtlicher politischer Druck, und zumindest im Fall der evangelischen Kirche, die im Osten weit mehr Mitglieder als die katholische besaß, gelang es dem Regime, eine Neuordnung der Gemeinden zu erzwingen. Zugleich aber versuchte man, die politischen und finanziellen Beziehungen auszunutzen, die die Kirchen in Ost und West noch immer verbanden. Und es war Vogel, der die Wege dazu fand.

Eine Woche vor dem Austausch von Abel gegen Powers war der achtundzwanzigjährige Student Engelbert Nelle am Bahnhof Friedrichstraße verhaftet worden. Nelle, aus Köln gebürtig und Vorsitzender der Katholischen Studentenjugend, hatte zwei DDR-Studenten angeblich Fluchthilfe in den Westen geleistet. Doch bald zeigte sich, daß die Festnahme Folge eines Mißverständnisses war. Nelle hatte in Ost-Berlin das Büro des Prälaten Johannes Zinke aufgesucht, der die karitativen Einrichtungen der Kirche in beiden Teilen der Stadt leitete. Dort sollte er, so hatte er gehört, mit zwei Studenten bekanntgemacht werden. Überzeugt, daß dies als Teil seiner Arbeit zu verstehen sei, zu der auch der Kontakt mit Katholiken auf beiden Seiten der Mauer gehörte, erschrak er gewaltig, als er erfuhr, daß die beiden Studenten für den französischen Geheimdienst arbeiteten und glaubten, er sei gekommen, um ihnen bei der Flucht zu helfen. Sofort kehrte er um. Als er jedoch nach West-Berlin zurückgehen wollte, wurde er von der Stasi abgefangen.

Nelles Verhaftung löste in der gesamten Bundesrepublik wütende Proteste aus. Als Anfang Juni die Verhandlung nahte, engagierten kirchliche Gruppen Vogel und einen anderen ostdeutschen Anwalt zu seiner Verteidigung; aber obwohl sich Vogel vehement für die Unschuld seines Klienten einsetzte, verlor er den Prozeß. So wandte er sich kurz darauf noch einmal an Prälat Zinke, um ihm eine andere, von der Staatssicherheit vorgeschlagene Lösung zu unterbreiten.

Zunächst berichtete er Zinke, wie er im Februar Frederic Pryor im Zusammenhang des russisch-amerikanischen Spionageschäftes freibekommen hatte. Dann kam er auf einen ostdeutschen Arzt zu sprechen, der in Düsseldorf wegen Spionage inhaftiert worden war. Vielleicht, so Vogels Vorschlag, könnte ja die Kirche ihre Beziehungen zur Regierung Adenauer spielen lassen. Es müßte doch herauszubekommen sein, ob der unschuldige junge Kölner und der Arzt nicht schon bald zu ihren Familien zurückkehren durften.

Bereits einen Monat später war das Geschäft besiegelt. Am 10. Juli um drei Uhr nachmittags wurde Nelle von Volpert und Vogel zu einem Hintereingang des Bahnhofs Friedrichstraße gebracht. Dann folgte eine Zeit langen, angespannten Wartens; schließlich aber lieferten die Westdeutschen den DDR-Spion wie vereinbart aus. Das war die Antwort, die Volpert sich erhofft hatte: Die Bundesrepublik war bereit, mit der DDR über Spione zu verhandeln, und die Kanäle der Kirche hatten sich dabei als äußerst verläßlich erwiesen.[5]

Johannes Zinke war keineswegs der einzige Kirchenvertreter, von dem Vogel profitieren konnte, um über die Mauer hinweg Kontakte zu knüpfen. Kurt Scharf, der evangelische Bischof von Berlin, war sogar noch aktiver. Obwohl von den Nationalsozialisten nicht weniger als siebenmal verhaftet, war Scharf der SED lange ein Dorn im Auge gewesen. Immer wieder hatte er nach dem Krieg versucht, auf die Stasi moralischen Druck auszuüben. Nicht ohne Erfolg: In vielen Fällen gelang es ihm, die Freilassung von Kirchenmitgliedern zu erzwingen, die aufgrund ihrer religiösen Überzeugung inhaftiert worden waren. Eine der Methoden, die er zu diesem Zweck anwandte, bestand darin, die Namen der Häftlinge sonntags von den Kanzeln der westdeutschen Kirchen verlesen zu lassen, ähnlich wie es auch der evangelische Widerstand im Dritten Reich mit den Namen der Opfer getan hatte. So war es nicht unbedingt überraschend, daß sich die SED im Frühjahr 1961 weigerte, seine Wahl zum Vorsitzenden der Bischofskonferenz beider Teile Deutschlands anzuerkennen, und ihn des Landes verwies. Aber auch vom Westen aus setzte sich der Bischof weiter für seine ehemaligen Gemeinden ein und agierte bei allen Verhandlungen mit herausragendem Scharfsinn und Geschick – nicht zuletzt aufgrund seiner Erfahrungen mit zwei Diktaturen. Er wußte, mit wem er es zu tun hatte, und er hielt Vogel für geeignet, ihm bei seiner Tätigkeit zu helfen.

Sosehr sich die SED auch gegen die Arbeit der Kirche sträubte, benötigte sie doch etliche Waren und Rohstoffe, die nur für westliche Währung zu bekommen waren. Darüber jedoch verfügten vor allem die beiden Kirchen, da ihre Schwesterkirchen in der Bundesrepublik es als entscheidenden Bestandteil ihres religiösen Auftrages betrachteten, den Brüdern und Schwestern im Osten zu helfen. Beide betrieben in der DDR Krankenhäuser, Altenheime und andere Einrichtungen, die auf Medikamente, Geräte und andere Hilfsmittel angewiesen waren. Mit der Zeit freilich wurde es zunehmend schwerer, die SED-Behörden zu den notwendigen Lieferungen zu bewegen; nicht umsonst war es strafbar, D-Mark-Beträge über die Grenze zu schicken, es sei denn, man tauschte sie zu horrenden Wechselkursen um. Vertreter der Kirchen hatten zwar mehrfach Versuche unternommen, heimlich Geld in die DDR zu schaffen, waren aber dabei ertappt worden und wurden 1957 in einem aufsehenerregenden Prozeß der Sabotage angeklagt. Hinfort mußten sie sich auf einen Kompromiß einlassen: Zwar war es der Kirche von jetzt an nicht mehr möglich, Geld aus dem Westen in den Osten zu transferieren, doch solange sie sich für die Lieferung dringend benötigter Waren in die DDR einsetzte, stellte der Staat den ostdeutschen Kirchen Gelder in Ost-Mark zur Verfügung. Auf diesem Umweg erhielt die evangelische Kirche der DDR immerhin bis zu vierzig Millionen Mark pro Jahr.[6]

Der evangelische Bischof Hermann Kunst, ein welterfahrener Kirchenmann, der die Interessen seiner Kirche in Bonn vertrat, hatte die bundesdeutschen Behörden überreden können, sich auf dieses Arrangement einzulassen, weil man dergestalt wenigstens ein Ziel der Bonner Deutschlandpolitik zu erreichen vermochte, nämlich die Aufrechterhaltung menschlicher Kontakte über die Grenze hinweg. So kam es, daß das Diakonische Hilfswerk der evangelischen Kirche damals begann, Ruhrkohle in die an Kohleknappheit leidende DDR zu exportieren. Bald darauf folgten Stahl, andere Metalle, Erdnüsse, Kakao und Getreide. Die Firmen, die diese Waren lieferten, ließen sich sogar überzeugen, daß es besser sei, unmäßig hohe Rechnungen auszustellen, damit die Kirchen in der DDR möglichst große Summen erhielten. Selbst der Mauerbau im August 1961 beeinträchtigte dieses Transfergeschäft erstaunlicherweise nicht im geringsten. Im Gegenteil: Noch im gleichen Jahr stieg es auf 34,7 Millionen DM und lag 1962 mit 33,9 Millionen DM ungefähr genauso hoch.[7]

Es war die Kirche, so erinnert sich Vogel, die zuerst auf solche direkt oder indirekt gezahlten Geldbeträge verwies. Lag darin nicht eine vielversprechende Möglichkeit, Freilassungen großen Stils zu garantieren, und zwar auch auf politischem Feld? Der Gesandte, der diesen Vorschlag zuerst unterbreitete, war der einflußreiche Rechtsanwalt Reymar von Wedel, Scharfs persönlicher Assistent. Er wußte, daß der Bischof bereit sein würde, mit der DDR auch hinsichtlich der politischen Gefangenen ins Gespräch zu kommen. Am 21. Juni 1962 beauftragte Scharf seinen Assistenten, mit Vogel diesen Punkt zu erörtern – ein Auftrag, der weitreichende Konsequenzen haben sollte.

Von Wedel, dessen aristokratische Herkunft nicht recht zu seinem jungenhaften Gesichtsausdruck und seinem wenig förmlichen, freundschaftlichen Naturell passen wollte, gehörte in jener Zeit zu den wenigen Westberlinern, die die Grenze überqueren durften: Er besaß einen bundesdeutschen Paß. Um wen, fragte er sich, mochte es sich bei dem Ostberliner Anwalt wohl handeln? Es war dieselbe Frage, die fünf Monate zuvor auch James Donovan durch den Kopf gegangen war. Um Fehler auszuschließen, erzählte von Wedel den Grenzposten am Bahnhof Friedrichstraße, wohin er fahren wollte. Schon eine Stunde später stieg er die Treppen zu Vogels Büro hinauf. Doch sein Gesprächspartner ließ auf sich warten. Als Vogel schließlich eintraf, geleitete er ihn freundlich in sein Arbeitszimmer, und von Wedel, der sich vorgenommen hatte, erst einmal auf Tuchfühlung zu gehen, bemerkte, daß er direkt aus Stuttgart komme, wo eine Gruppe von Industriellen mit dem Ziel getagt habe, etwas für die politischen Gefangenen in der DDR zu tun. Er habe eine Liste mit Namen mitgebracht. Ob Vogel ihm helfen könne?

»Das Justizministerium hat mich bereits über Ihren Besuch unterrichtet. Ihre Ankunft ist an der Friedrichsstraße registriert worden«, sagte Vogel. Seine Offenheit verschlug von Wedel die Sprache. Er kam sich ziemlich dumm vor, wie jemand, der bei einer Lügengeschichte ertappt worden ist. Als er jedoch Vogels gedankenverlorenen Blick sah, beschloß er, von jetzt an mit offenen Karten zu spielen.

»Also gut«, meinte er, »ich komme nicht aus Stuttgart, sondern aus West-Berlin. Ich habe auch nichts mit der Industrie zu tun, sondern mich schickt der Präses Scharf.« Vogel lächelte: Die Geschichte sei ihm auch ein bißchen sonderbar vorgekommen. Er erklärte, daß ihre Erfolgschancen sicherlich sehr viel höher seien, wenn sie offen zueinander wären; auf jeden Fall aber würde er lieber mit der Kirche verhandeln als mit einem Haufen unbekannter Unternehmer. Er wolle überprüfen, was er auf seiner Seite erreichen könne und ihm durch Stange Bericht erstatten lassen.

»Ich glaube, wir sind auf eine Goldader gestoßen«, berichtete von Wedel am nächsten Tag dem Bischof, der ihm jedoch gleich den Wind aus den Segeln nahm. Wahrscheinlicher sei, sagte er, daß es sich genau umgekehrt verhalte.[8]

Später äußerte Wedel, daß er anfänglich nicht über Geld gesprochen habe. »Ich sagte lediglich, daß ich nach Möglichkeiten suchte, um Gefangenen zu helfen, und Vogel vermutete, daß ich damit wahrscheinlich Geld meinte.« Tatsächlich erinnert sich auch Vogel, daß das Treffen bei ihm den klaren Eindruck hinterlassen habe, es sei von Geldzahlungen gesprochen worden. So präsentierte er die Idee denn auch Streit. Doch Vogel sah, daß dieser skeptisch war. »Geld für Gefangene?«, fragte er mit hochgezogenen Augenbrauen. »Ich weiß nicht, ob wir dem zustimmen können.« Widersprach die Lösung nicht auf krasse Weise der marxistischen Lehre vom Unterschied zwischen kapitalistischer Ausbeutung und kommunistischer Brüderlichkeit?[9]

Schon vor seiner Ernennung zum Generalstaatsanwalt hatte Streit sich im Westen den Ruf eines rücksichtslosen Kommunisten erworben, der die Justiz den Zielen der SED gefügig machte und gegenüber »Staatsfeinden« keine Gnade kannte. Vogel hingegen glaubte zu erkennen, daß Streit im Innersten menschlich war, ja er verehrte ihn wie eine Vaterfigur. Natürlich betrachtete der Generalstaatsanwalt alles in streng ideologischen Kategorien; nicht ohne Grund trug er ja ein Parteiabzeichen am Revers seines unförmigen, biederen Anzugs. Aber Vogel wußte, daß er die berufliche Kompetenz, die er in seiner Arbeit bewies, schätzte und respektierte.

Streit seinerseits verstand es, Vogels Qualitäten im Sinne der Partei zu nutzen. Nachdem sein Schützling ihm nun von der Unterredung mit Wedel berichtet hatte, leitete er deren Ergebnis an Hermann Matern weiter, den Vorsitzenden der allmächtigen Zentralen Parteikontrollkommission der SED, der während des Krieges als Kommunist im Untergrund gekämpft hatte. In Materns Ohren klang der Vorschlag wie Musik. Ganz gleich, welche ideologischen Schwierigkeiten man sich damit einhandeln mochte, die DDR brauchte hartes Geld, sie brauchte es dringend. Die Wirtschaft des Landes war in einem verheerenden Zustand: Nicht nur die Kohle war knapp, selbst Gas und Strom mußten häufig rationiert werden. Im vergangenen Winter hatten auf Grund des Brennstoffmangels ganze Fabriken und sogar Schulen zeitweise schließen müssen. Aus der Sowjetunion ließ sich allenfalls ein Teil des Energiebedarfs decken; der

Rest mußte auf dem Weltmarkt beschafft werden. So verwarf Matern alle Skrupel. Unverzüglich gab Streit Vogel den Auftrag, der Idee weiter nachzugehen.[10]

Eine Woche darauf trafen sich die Bischöfe Scharf und Kunst in Hannover zu einem Gespräch. Es ging um eine siebzehnköpfige Gruppe von Gefangenen beider Konfessionen, die damals in Bautzen inhaftiert waren. Der Entschluß der beiden Prälaten war eindeutig: Sollten die Häftlinge nur durch Devisen freikommen können, dann würde die Kirche dem Rechnung tragen. »Menschen sind wichtiger als Geld«, bemerkte Kunst und versprach, das Vorhaben mit der Bonner Regierung zu besprechen.[11]

Erst kurz zuvor hatte Vogel von Wedel mitgeteilt, daß die DDR bereit sei, über die Gefangenen zu verhandeln – allerdings keinesfalls über alle, sondern über einige wenige. Dafür wollte sie drei Waggonladungen Kalisalze haben. Daß von Wedel diese Menge besorgen konnte, stand außer Frage. Aber zunächst mußte die Kirche von der Regierung eine Ausfuhrgenehmigung einholen.[12]

Das ließ sich schnell arrangieren. Schon seit geraumer Zeit hatten die Kirchen »für solche Transaktionen zur Finanzierung ihrer Tätigkeiten jenseits der Mauer« grünes Licht erhalten, und das galt auch für den Gefangenenfreikauf. So schickte Bischof Scharf von Wedel nach Stuttgart, wo er mit Ludwig Geissel zusammentreffen sollte. Dieser, Direktor des Diakonischen Werkes der evangelischen Kirche, hatte sich bei den »Transfergeschäften« als geschickter Unterhändler erwiesen. Seitdem leitete er das Unternehmen.

Als von Wedel ihm von den Absichten des Bischofs erzählte, gab Geissel sich zunächst skeptisch – jedenfalls stellte er die Dinge so in seinen Memoiren dar. »Aber Herr von Wedel – für Menschen Geld bezahlen, ist das nicht unmenschlich?«[13] Nicht im geringsten, versicherte ihm von Wedel. Die Kirche liefere ja bereits Stahl, Kohle, Öl und andere Güter, um das Leben auf der anderen Seite der Mauer erträglicher zu gestalten. Wenn man jetzt auch auf finanzielle Weise dazu beitragen könne, einige Menschen freizubekommen, so sei das nicht mehr als ein weiterer, logischer Schritt.

Es war kein Problem für Geissel, von den Bonner Behörden die Ausfuhrgenehmigung für die drei Waggons Kali zu erhalten. Innerhalb weniger Wochen wurden die ersten Gefangenen entlassen, während die Kali-Ladungen auf den Weg in die DDR gebracht wurden. Der Anfang war gemacht.

Von jetzt an beschleunigten sich die Tauschgeschäfte. Schon bald wurde über zwei neue Gefangenenlisten verhandelt, und man einigte sich auf die Freilassung von zwanzig Kindern, die in der Nacht des Mauerbaus von ihren Eltern getrennt worden waren. Für einen weiteren Häftling verlangte die DDR allerdings einen höheren

Preis: Es handelte sich um den Pastor der Marienkirche, einer der großen Kirchen Ost-Berlins, den die Staatssicherheit verhaftet hatte, weil er an der Vorbereitung von Fluchtversuchen beteiligt gewesen war. Für diesen Gefangenen forderten die Ostdeutschen ungefähr hunderttausend Mark – damals ein Vermögen – zur Behebung des Schadens, den er den staatlichen Interessen zugefügt habe. Und die Kirche ging auf die Forderung ein. Bischof Kunst gelang es, das Geld in Bonn zu beschaffen, woraufhin von Wedel äußerte, daß »die zu Anfang erfundenen Industriellen jetzt doch Wirklichkeit geworden« seien.[14]

Alle Gespräche, wie und von wem auch immer sie geführt wurden, waren mit einer gewissen deutschen Sentimentalität behaftet. Auch Vogel spürte das. Er dachte an die Verzweiflung, die er in den Gesichtern der Gefangenen gesehen hatte, und erwähnte, wie sehr ihm das Schicksal von Kindern zu Herzen gehe. Er habe das Gefühl, daß ihr Los ihm keine Ruhe lassen werde, bis er ihnen zu helfen versucht habe. Und das *müsse* man tun – unter allen Umständen. Nicht in jedem Fall also machte Weichherzigkeit an der Grenze halt. Die Gewissensbisse, die der Anblick leidender Kinder erregt, wirkten auch auf den erfahrenen Rechtsanwalt, der Vogel mittlerweile geworden war. Doch auch das Umgekehrte galt: Da Vogel den Effekt solcher Szenen kannte, war es für ihn ein leichtes, bei Verhandlungen mit Kirchenvertretern auf derartige Gefühle abzuzielen.

Schon bald merkten westdeutsche Politiker, daß die Regierung das, was die Kirchen im kleinen Rahmen taten, in entschieden größerem Stil aufziehen könnte. Die Affäre Abel-Powers war ein Modell, auf das sich zurückgreifen ließ. Zudem begriff man diese Geschäfte als eine Konsequenz jenes nationalen Ohnmachtsgefühls, das die Mauer symbolisierte. Die Westdeutschen hatten einsehen müssen, daß die USA ihren Bau weder verhindern noch rückgängig machen konnten; die DDR hatte sich damit abzufinden, daß die Sowjets nicht in der Lage waren, die Amerikaner aus Berlin zu vertreiben. Nun nahm sie die Angelegenheiten selber in die Hand – freilich nur mit Zustimmung Moskaus –, und die Bundesrepublik zeigte sich bereit, mit ihr zu verhandeln – wenn auch nur indirekt.

Willy Brandt, damals Regierender Bürgermeister von Berlin, schickte seinen Berater Dietrich Spangenberg zu Stange und Vogel. Er sollte prüfen, ob die Stadt nicht Ähnliches erreichen könne wie die Kirchen, wobei die Westberliner Behörden vor allem an Härtefällen interessiert waren – an Häftlingen also, die zum Teil bereits seit 1953 hinter Gittern saßen. Diesmal ergriff Vogel die Initiative. Ohne Umschweife sagte er Spangenberg, daß die Wirtschaft seines Landes in keiner guten Verfassung sei. Gut möglich also, daß Geld bei den höheren Stellen ein äußerst willkommenes Mittel sei. Doch der erste Anlauf scheiterte: Spangenberg und Brandt zeigten zwar Interesse, vermochten aber die CDU-Regierung in Bonn nicht dafür zu gewinnen, das Vorhaben durch Gelder aus dem Bundesetat abzusichern. Gleichwohl traf sich Spangenberg auch weiterhin mit Vogel. Um Überwachungsversuchen zu entgehen, machten sie lange Spaziergänge durch den Wilmersdorfer Volkspark. Am Ende einigte man sich darauf, daß sechs Gefangene für 50.000 D-Mark freigekauft werden sollten.[15]

Das war in etwa die Summe, die sich die Westberliner Regierung zu jener Zeit leisten konnte. Um mehr zu erreichen, hätte sich Bonn einschalten müssen, doch solange die CDU an der Regierung war, deren führende Politiker immer wieder größte Bedenken gegen die Abwicklung eines Menschenhandels äußerten, konnten Brandt und die SPD nur wenig Einfluß gewinnen. Besonders Franz Thedieck, Staatssekretär im Ministerium für gesamtdeutsche Fragen, kommentierte das Geschäft mit heftiger Kritik[16].

Im Dezember 1962 übernahm der ehrgeizige Christdemokrat Rainer Barzel das Ministerium. Er hatte ein Auge auf das Kanzleramt geworfen und war im Gegensatz zu anderen Mitgliedern seiner Partei zu politischen Experimenten bereit. So sah Stange, der die Dinge in West-Berlin weiter voranzutreiben suchte, endlich eine Möglichkeit, das Problem zu lösen. Wenn Barzel einen Austausch politischer Gefangener in Betracht ziehen würde, dann könnte das Geschäft schon bald losgehen.

Er wußte, daß Vogel Barzels Vertrauen nur durch eine Person mit einwandfreiem antikommunistischem Leumund gewinnen würde, jemanden, der erkannt hatte, daß politische Praxis und moralische Einstellung nicht selten weit auseinanderklafften. Überzeugt, daß dafür kaum jemand besser geeignet sei als Axel Springer, bemühte er sich, den Mediengiganten für sein Vorhaben zu gewinnen. In Hamburg kannte er eine Person, die ihm den Weg ebnen konnte: Dora Fritzen, eine äußerst wohlhabende Hamburger Reederin, die sich für notleidende Menschen einsetzte, Flüchtlingen aus kommunistischen Ländern karitative Leistungen zukommen ließ und auch Hilfsbedürftige im Ostteil Deutschland unterstützte.

Anfang 1963 überredete Stange Frau Fritzen, Vogel in ihrer Hamburger Villa zu empfangen. Der Anwalt habe Vorschläge, wie Bonn jenen Tausenden von Menschen helfen könnte, deren Schicksal in den kommunistischen Gefängnissen bislang fest besiegelt war. Frau Fritzen hatte von Vogel sofort einen guten Eindruck. Während ihr Gast ihr erklärte, wie die SED die Freilassung von Francis Gary Powers arrangiert hatte, glaubte sie zu erkennen, daß er ein gutherziger und verläßlicher Mann sei. Dann fügte Vogel noch einige Worte hinzu, die ihr unvergeßlich blieben. Er sagte: »Frau Fritzen, was wir für die Amerikaner getan haben, können wir Deutschen auch füreinander tun.«[17]

Auch Frau Fritzen war der Meinung, daß Springer der beste Mann sei, um bei den Politikern Aufmerksamkeit für die Unternehmung zu wecken. Der Verleger genoß im CDU-regierten Bonn einen untadeligen Ruf. Er hatte es darauf angelegt, der SED ein Dorn im Auge zu sein, und sein Westberliner Bürohaus so provozierend nah an die Mauer gebaut, daß die Neonreklame direkt in die Büros der Funktionäre auf der anderen Seite hineinleuchtete. Doch als sie Springer von dem Plan erzählte, Gefangene aus kommunistischen Gefängnissen freizukaufen, stieß sie zunächst auf Widerspruch. »Aber das ist doch purer Menschenhandel«, wandte Springer ein. Immerhin, entgegnete Frau Fritzen, würde durch die Geschäfte auch Gutes bewirkt. »Wenn Ihr Sohn drüben ihm Gefängnis säße und Sie ihn mit Geld freibekommen könnten...« Springer unterbrach sie: »Sie brauchen nichts weiter zu sagen.« Dann ließ er sich telefonisch mit Rainer Barzel verbinden.[18]

Einige Wochen darauf setzte Springer im dreizehnten Stock seines Hamburger Verlagshauses Barzel den Vorschlag auseinander. Der Minister war sofort fasziniert. Schon wenig später traf er sich in München mit Stange, wobei er noch einen dritten Mann hinzuzog: Ludwig Rehlinger, einen jungen Juristen und Ministerialbeamten in der Berliner Außenstelle des gesamtdeutschen Ministeriums. Rehlinger arbeitete dort seit 1957, was zum Teil mit seiner antikommunistischen Einstellung, zum Teil einfach mit seiner Herkunft zusammenhing. Sein Jura- und Wirtschaftsstudium hatte er an der Humboldt-Universität begonnen, dann jedoch an der Freien Universität fortgesetzt und abgeschlossen. Politisch in hohem Maße ehrgeizig, außerdem von brillanten Umgangsformen und einem untadeligen Äußeren, wirkte er ungefähr so, wie man sich gemeinhin einen englischen Gentleman vorstellt. Seine Aufgabe in Barzels Ministerium lag in der Überwachung der bundesdeutschen Rechtshilfemaßnahmen für politische Gefangene in der Sowjetzone, von denen ja nicht wenige für den Westen gearbeitet hatten; jetzt sollte er unter Einbeziehung Stanges und Vogels den Vorschlag der DDR untersuchen. Einige Wochen später brachte Stange aus Ost-Berlin ein erstes Verhandlungsangebot mit: Man erklärte sich bereit, über etwa tausend Gefangene zu sprechen, sobald ein akzeptabler Preis vereinbart worden sei.[19]

Die Rechtsschutzstelle der Bundesrepublik hatte Kenntnis von zwölftausend politischen Gefangenen, an denen die Kirchen, die politischen Parteien und andere offizielle Institutionen in Bonn

Interesse hatten. Tausende ehemaliger Kriegsgefangener waren in Massenprozessen wegen Kriegsverbrechen verurteilt worden, Tausende von Zivilisten mußten Haftstrafen wegen »antisowjetischer Agitation«, »subversiven Aktivitäten« oder Spionage verbüßen. Davon tausend auszuwählen, war für Rehlinger eine außerordentlich unangenehme Aufgabe. Während er die Akten durchblätterte und die Dauer der Strafen, die Verurteilungsgründe, den Gesundheitszustand und die familiäre Situation von unzähligen Gefangenen abwog, fühlte er die Verantwortung schwer auf sich lasten. Es war ihm klar bewußt: Wen immer er nicht berücksichtigte, war dazu verdammt, noch länger hinter Gittern zu sitzen.

Zu guter Letzt meldete sich Stange mit einer Neuigkeit, durch die er sich noch elender fühlte: Vogel hatte gesagt, daß Ost-Berlin die Liste auf fünfhundert Häftlinge zusammenstreichen wolle. Zu einer Zeit, da jeden Tag Fluchtversuche gemeldet wurden, da unzählige Menschen sich entschlossen, über die Mauer zu springen, sich unter ihr hindurchzugraben oder Grenzübergänge mit Lastwagen voller Ziegelsteine zu rammen, schien Ost-Berlin offenkundig kalte Füße bekommen zu haben. Das Ende war, daß Bonn sich darauf einstellte, statt der anfänglichen tausend nur noch über acht Namen zu verhandeln.[20]

Was den Preis betraf, so hatte Vogel sich als harter Verhandlungspartner erwiesen, zumal die Stasi ihn an der kurzen Leine hielt. Heinz Volpert kontrollierte nicht nur die Gefangenenliste, sondern auch die Summe, die Bonn bezahlen sollte.[21] Er beauftragte Vogel, für jeden Gefangenen einen gesonderten Preis auszurechnen, wobei die SED ihre eigene Logik walten ließ – immer nach dem alten Marxistenspruch: »Jedem nach seiner Fähigkeit, jeden nach Bedarf.« Jeder Gefangene, so hieß es, der in den Westen geschickt würde, bedeute für den kommunistischen Staat einen finanziellen Verlust. »Die Ausbildung eines Arztes kostet den Staat 150.000 Mark«, erklärte Vogel. »Versetzen Sie sich doch einmal in die Lage des Staates: Jedes Verbrechen hat ja irgendeinen Schaden verursacht.«[22] Lediglich ein ganz normaler Arbeiter war auch im »ersten Arbeiter- und Bauernstaat auf deutschem Boden« nur wenig wert.

Doch es gab noch andere Faktoren bei der Berechnung der Summe: Neben der beruflichen Ausbildung wurde auch das Strafmaß zur Sprache gebracht. Ein Gefangener, der zu einer hohen Freiheitsstrafe verurteilt worden war, kostete mehr als jemand, der nur wenige Jahre abzusitzen hatte. An den genauen Preis für jeden Gefangenen kann sich Vogel heute zwar nicht mehr erinnern, wohl aber daran, daß er sich mit Rehlinger schließlich auf einen Gesamtbetrag von 340.000 D-Mark für die ersten acht Häftlinge einigte.[23] Am 23. September flog Rehlinger nach Bonn, um die Zustimmung seines Ministers einzuholen.

Es ist bemerkenswert, wie klar die Gruppe der acht Gefangenen, die schließlich ausgewählt worden waren, die damaligen politischen Verhältnisse der Bundesrepublik widerspiegelt. Rehlinger wußte, daß er die Ansprüche aller Parteien und Interessengruppen zu berücksichtigen hatte, wenn er Rückendeckung für ein so sensibles, geheimes Vorhaben erhalten wollte. Für die CDU standen zwei Gefangene auf der Liste, von denen einer, ein Kunsttischler, 1945 von einem sowjetischen Militärtribunal wegen Spionage zu lebenslanger Haft verurteilt worden war. Drei weitere Häftlinge mit unterschiedlichen Urteilssprüchen waren auf irgendeine Weise mit SPD und FDP verbunden; zwei Jugendliche, die aufgrund ihrer kirchlichen Aktivitäten inhaftiert worden waren, vertraten die beiden Konfessionen. Und ein militanter Regimekritiker, der keiner Partei nahestand, verlieh dem ganzen schließlich einen Hauch von gesunder Parteilosigkeit, ganz im Sinne der allgemeinen nationalen und humanitären Interessen.[24]

Wie vereinbart, wurden die ersten drei Männer Anfang Oktober freigelassen. Das Procedere war genau festgelegt: Die Häftlinge wurden von ihren Aufsehern aus den Zellen in der Magdalenenstraße herausgeführt, zum Gefängnisdirektor gebracht und anschließend zu Vogel und Volpert geführt, der ihnen als »Staatsanwalt« vorgestellt wurde. Der Anwalt und die Beamten fuhren daraufhin jeden einzeln in Vogels Mercedes zum Bahnhof Friedrichstraße, wo Jürgen Stange schon auf sie wartete. Nachdem er die Gefangenen in Empfang genommen hatte, beförderte er sie zunächst zum Bahnhof Zoo und dann zu Rehlingers Büro, das ganz in der Nähe lag. Dort erhielt jeder eine Tasse Kaffee, wurde in der Freiheit begrüßt und ermahnt, nicht über das Geschehene zu sprechen, um die nächste Freilassung nicht zu gefährden. Zu jenen ersten drei gehörte auch der Kunsttischler. Schweigend nahm er die Tatsache zur Kenntnis, daß er von heute auf morgen nicht mehr zu einem Leben in Einzelhaft verdammt, sondern frei war. Er brach in Tränen aus. »Daß einer an mich gedacht hat!«, waren die einzigen Worte, die die Anwälte verstehen konnten.[25]

Mit der Freilassung des dritten Gefangenen war der Zeitpunkt gekommen, an dem die erste Rate für das Geschäft zu bezahlen war: 170.000 DM in bar, denn weder in politischer noch technischer Hinsicht besaß die Bundesrepublik damals die Möglichkeit, einen Scheck auf ein Bankkonto der DDR-Regierung auszustellen. Seriös und ordnungsliebend, wie er war, sah Rehlinger in der Barzahlung ein ganz spezielles Problem. Im Grunde, so empfand er, war es für einen Regierungsbeamten undenkbar, das Geld westdeutscher Steuerzahler über die Mauer zu bringen und den Kommunisten auszuhändigen. Was war, wenn er an der Grenze von Westberliner Zollbeamten angehalten würde? Was würde er ihnen über jenen Umschlag sagen, in dem er, geordnet in 100-DM-Bündeln, die Summe bei sich trug? Was sollte er sagen, wenn er auf der anderen Seite von einem DDR-Zöllner kontrolliert würde? Genau dies nämlich war einige Jahre zuvor einem Abgesandten der evangelischen Kirche passiert, der Kollektenerlöse in die DDR bringen wollte; man hatte ihn kurzerhand ins Gefängnis geworfen. Sollte Rehlinger etwas Ähnliches passieren, würde er seine Regierung in eklatanter Weise bloßstellen.

Aus diesem Grund überbrachte Stange das Geld. Rehlinger fuhr ihn persönlich zur S-Bahn-Station Lehrter Stadtbahnhof, die nur eine Haltestelle von der Mauer, drei vom Westberliner Zoll, von der Polizei und von jenen verdeckten Stasioffizieren entfernt war, von denen es am Bahnhof Zoo nur so wimmelte. Die beiden Männer stiegen die Treppe zu dem fast menschenleeren Bahnsteig hinauf. Als ein Zug in Richtung Osten einlief, stieg Stange schnell ein, während Rehlinger auf dem Bahnsteig blieb und wartete, bis der Zugführer das Signal zur Abfahrt erhielt. Erst als die Durchsage »Zurückbleiben!« ertönte, gab Rehlinger den Umschlag an Stange. Die Türen schlossen sich, und der Zug fuhr ab in Richtung Ost-Berlin.[26]

Das Geld war auf den Weg gebracht worden. »Wer es drüben in Empfang nahm und in welche Kanäle es danach floß, das war nicht mehr unsere Sache«, schrieb Rehlinger später.[27] Tatsächlich kam das Geld in der Regel ohne Umwege direkt in die Hände des MfS, ein Faktum, das der Bundesrepublik damals möglicherweise nicht bekannt war, das sie aber vielleicht auch nicht wissen wollte. Als der Zug in den Bahnhof Friedrichstraße einlief, händigte Stange den Umschlag Vogel aus, der ihn unverzüglich an Volpert weiterleitete. Schon einige Minuten später fuhren beide zum Ministerium für Außenhandel, wo das Geld einem gewissen Horst Roigk, einem verdeckt arbeitenden Offizier der Staatssicherheit, übergeben wurde. Vogel selber hatte den Umschlag nur wenige Sekunden in der Hand gehalten.[28]

Ohne Zweifel besaß Volpert einen immensen Einfluß. Je mehr Geld er dem Staat durch seine Leistungen brachte, desto mehr wuchs seine Macht. Er brannte nur so darauf, die Freikäufe zu einer regelmäßigen Einrichtung zu machen, und nachdem die ersten Fälle fast mühelos abgewickelt worden waren, sah er sich seinem Ziel schon nahe: Ein kontinuierlicher Devisenfluß würde in die DDR strömen.

Indessen benötigte sowohl die DDR als auch die BRD zwei ganze Jahre, um an die ersten Erfahrungen anzuknüpfen. Der einleitende Schritt wurde erneut von westdeutscher Seite getan, nachdem Adenauer im Herbst 1963 zurückgetreten war und sich am 17. Oktober eine neue Regierungskoalition unter Ludwig Erhard gebildet hatte. Erhard übertrug Erich Mende, dem Vorsitzenden der Liberalen und neuen Vizekanzler, das Ministerium für gesamtdeutsche Fragen. Als Mende von Rehlinger erfuhr, wie sein Amtsvorgänger Regierungsgelder zum Freikauf politischer Häftlinge aus der DDR verwendet hatte, reagierte er mit Begeisterung.[29] Aber erst im April 1964 konnte Vogel Stange berichten, daß seine Regierung bereit sei, den Faden wieder aufzunehmen – diesmal freilich in größerem Rahmen als zuvor.

Im übrigen war man sich sofort darüber einig, daß das Feilschen um den Preis der Gefangenen eine häßliche Sache gewesen sei. Ein Einheitspreis sei weitaus praktikabler, insbesondere wenn es um die Übergabe von tausend Gefangenen ging, wie Vogel in seinem ersten, ein Jahr zurückliegenden Angebot ja vorgesehen hatte. Die Bundesregierung erklärte sich mit dieser Regelung einverstanden. Am Schluß der Verhandlungen, in deren Verlauf sich Vogel und Mende am 12. Mai 1964 in Berlin auch privat trafen, verständigten sich Bonn und Ost-Berlin auf einen Preis von 40.000 DM für jeden Gefangenen, eine Grundsumme, die – abhängig von der Dauer der Haftstrafe – durchaus erhöht werden konnte, und zwar bei den zu lebenslanger Haft Verurteilten bis auf das Vierfache.[30] Von jetzt an sollte Vogel bei allen diesbezüglichen Gesprächen die Vertretung der Deutschen Demokratischen Republik übernehmen. Daß ihm seine Verhandlungsgrundlagen von Volpert vorgeschrieben wurden, gab er gegenüber den Bundesdeutschen natürlich nicht zu.

Die Festlegungen hatten noch eine weitere Folge. In Bonn faßte man den Beschluß, daß man nicht weiterhin stapelweise Bargeld über die Grenze schicken könne; es mußte eine Methode gefunden werden, die unauffälliger und zugleich für alle Beteiligten annehmbar war. Politisch gesehen, war es für die Bundesregierung unmöglich, der SED Steuergelder auszuhändigen, ohne daß man auch nur andeutungsweise wußte, was mit ihnen geschehen würde. Hingegen schien es durchaus vertretbar, der DDR – wenn möglich auf indirektem Wege – Konsumgüter und Rohstoffe wie Kohle und Heizöl zu liefern, um die eiskalten Schulen und Wohnungen im Osten wieder zu beheizen.

Am 8. Juli fand in Mendes Bonner Büro eine Besprechung statt. Eigentlich wollte man lediglich vereinbaren, welche politischen Gefangenen Bonn freikaufen und wie es dafür bezahlen sollte.[31] Aber die Ergebnisse des Treffens erwiesen sich als dauerhaft. Sie wurden die Grundlage für jene geheime Finanzierung, die sich in Zukunft einbürgern sollte.

Bischof Kunst und die evangelische Kirche kamen der Bonner Regierung wie gerufen. Während die Bundesrepublik mit dem anderen deutschen Staat keine direkten Finanzgeschäfte betreiben durfte, stand der Kirche für solche Unternehmungen nichts im Wege, und sie handelte auch dementsprechend. So kam es, daß sich Mende und Kunst darauf verständigten, die Zahlungen aus Bonn über das Diakonische Werk der evangelischen Kirche laufen zu lassen. Dieses würde dem Ministerium für Außenhandel der DDR Kredite beschaffen, die für die Bestellung von Waren und Konsumgütern bei westdeutschen Firmen genutzt werden konnten, wobei das Diakonische Werk auch die Lieferanten auswählte.[32]

Bonn war nicht weniger als Ost-Berlin darauf bedacht, diese Geschäfte geheimzuhalten. Glücklicherweise konnte man unbefugte Buchhalter und neugierige Bundestagsangestellte im ungewissen lassen, indem man die üblichen Abrechnungswege umging. Geissel ließ die Finanzierung der Freikäufe über Bischof Kunst laufen und unterbreitete sie auf diesem Wege dem Bundesrechnungshof in Bonn. Die Landeskirche würde jederzeit bestätigen, daß das Geld für Gefangenenhilfe und humanitäre Zwecke in der DDR verwandt worden sei. Und wenn die Vereinbarungen fein säuberlich durchgeführt wurden, dann entsprach diese Erklärung sogar der Wahrheit, während in der Regierung nicht mehr als zehn Leute darüber im Bilde waren, wie die Geschäfte wirklich abgewickelt wurden.[33]

Was die Bundesregierung 1964 zwar noch nicht wußte, vielleicht jedoch schon ahnte, war die Tatsache, daß alle Devisengeschäfte des Ministeriums für Außenhandel direkt von der Staatssicherheit kontrolliert wurden, sogar die Konten für indirekte Zahlungen durch Bonner Handelsgutscheine. Diese Gutscheine waren einfache weiße Blätter ohne Briefkopf, auf denen nur die bestellten Waren und ihre Mengen aufgelistet wurden, gewöhnlich bestätigt von zwei Personen: dem Direktor des Diakonischen Werks und dem stellvertretenden Leiter des Außenhandelsministeriums. Es blieb den Kirchenvertretern und ihren ostdeutschen Verhandlungspartnern überlassen, wie sie sich mit den auf der Liste aufgeführten westdeutschen Firmen über die Lieferverträge einigten. Diese mußten am Ende zwar vom Bundeswirtschaftsminister abgesegnet werden, aber im Regelfall lag darin kein Problem.[34] Weder die Kirche noch die Bundesregierung konnten indessen in irgendeiner Weise Einfluß darauf nehmen, wozu die Gelder oder Waren verwendet wurden; sie konnten auch nicht verhindern, daß die DDR die Waren einfach auf dem Weltmarkt gegen kostbare Devisen weiterverkaufte, die Mielke und die Parteifunktionäre dann für alle möglichen Zwecke ausgeben konnten, nur nicht zum Wohl der Bevölkerung. Und wie sich später herausstellte, taten sie genau das.[35]

Vogels Aufgabe bestand wohl kaum darin, seine Verhandlungspartner aus der Bundesrepublik auf diese Fälle hinzuweisen. Er hatte lediglich den Auftrag, die Anweisungen der Staatssicherheit auszuführen und mit Bonn über die Gefangenen zu verhandeln. Als sich Vogel und Rehlinger Anfang 1964 in Stanges Büro zum ersten Mal trafen, um die genaue Vorgehensweise auszuarbeiten, fanden sie sich auf Anhieb sympathisch. Beide zeigten großen Respekt vor den Gesetzen, beide waren der Meinung, daß sie keine politische Mission ausführten, sondern eine menschlich »edle« Tat vollbrachten, die man keineswegs als Seelenverkauf betrachten konnte. So war es nicht erstaunlich, daß Rehlinger den Eindruck gewann, er werde mit dem Anwalt aus der DDR gut zusammenarbeiten.[36]

An den Geschäften allerdings wurde Vogel weder prozentual beteiligt, noch erhielt er sonst ein Honorar dafür. Aber Geld war zu diesem Zeitpunkt ohnehin nicht mehr seine größte Sorge: Im Gegensatz zu den meisten anderen Menschen im Ostblock wußte er seine Zeit sehr wohl zu barer Münze zu machen. Die Taschenuhr seines Vaters neben sich auf dem Schreibtisch, plante er seine Termine und Besprechungen sorgfältig. Dank des Mauerbaus hatte er die Bonner Regierung zu seiner Klientel hinzugewonnen, und die Westberliner Rechtsschutzstelle ließ ihm ebenso wie Stange für die Tausende von Fällen stattliche Anwaltshonorare zukommen. Die Teilung Deutschlands hatte ihm Familienzusammenführungen, Ehescheidungen, Unterhaltszahlungen, Eigentumsübertragungen und ähnliche Aufgaben verschafft, und je nachdem, wie viele Gerichtstermine und Gefangenenbesuche er hatte und wie viele Schriftsätze er anfertigen mußte, konnte sein Honorar aus Bonn zwischen ein- und zweitausend Mark pro Fall liegen, war aber gewöhnlich geringer. Da er jedoch schon bald über mehrere tausend Fälle verfügte, war sein DM-Einkommen angesichts der Mißwirtschaft in seinem Lande etwa zehnmal mehr wert, als wenn er - wie beispielsweise Stange - auf der anderen Seite der Mauer gelebt hätte.

Aus dem Blickwinkel des Regimes, das ihn hervorgebracht hatte, war Vogel ein nützlicher Bestandteil eines in sich geschlossenen Systems. Die Staatssicherheit und Streit würden auch weiterhin politische Gefangene machen und vor Gericht stellen, und die DDR-Gerichte würden diese - verläßlich, wie sie waren - gemäß den Prinzipien der »Klassenjustiz« ins Gefängnis bringen, was immer Anwälte wie Vogel auch zu ihrer Verteidigung vorbrachten. Und schließlich schlug Vogel aus solchen Prozessen ja Devisen heraus, indem er die Verurteilten an die Bundesregierung verkaufte.

Durch materielle Nöte gleichsam geblendet, erkannte das Regime nicht, daß es sich durch seine Geschäfte auf die Dauer politisch schaden mußte. Es konnte ja kein Zweifel bestehen: Sollte etwas über die

Freikäufe publik werden, würde die Glaubwürdigkeit der Regierung auf gravierende Weise unterminiert, und zwar nicht nur bei Regimekritikern und allen anderen, die wenig Achtung vor der Partei hatten, sondern auch bei jenen SED-Mitgliedern, die treu in ihren Diensten standen. Stasi-Ermittler, die hart daran arbeiteten, daß politische Gefangene verurteilt wurden, oder Gefängniswärter, die mit kalter Pedanterie dafür sorgten, daß die Strafen auch bis zum Ende abgesessen wurden, zeigten nur wenig Verständnis, wenn eines Tages ein nach Art des Klassenfeindes gekleideter Anwalt kam und verkündete, daß er die Häftlinge mit in den Westen nehme. In den folgenden Jahren sah Vogel in den Gefängnissen in Bautzen oder Karl-Marx-Stadt häufig Funktionäre, die bei seinem Anblick den Kopf schüttelten. Er fragte sich, was sie wohl von ihm dachten.

Doch das MfS sah die Dinge anders. Man konzentrierte sich auf den Gewinn, auf die Vorteile, die die Transaktionen brachten, und ermutigte Vogel zum Weitermachen. Hart und nutzbringend sollte er über die Gefangenenlisten verhandeln, zumal in schwierigen Fällen. Denn natürlich war Bonn am meisten an den politischen Gefangenen mit den längsten Strafen interessiert, während Ost-Berlin sich gerade auf diese Fälle nur ungern einließ, da es sich hier um die in seinen Augen schwersten Verbrechen handelte.

Die Verhandlungen über die 1964 zum ersten Mal in großem Stil freigelassenen Gefangenen wurden indirekt geführt und dauerten fast den ganzen Sommer. Rehlinger war Chefunterhändler für Bonn, Vogel für Ost-Berlin. Stange fungierte als Nachrichtenüberbringer und pendelte mit den Namenslisten zwischen den Hauptstädten hin und her. »Auf der Liste standen Nachname, Vorname und Geburtsdatum, sonst nichts«, erinnert sich Rehlinger. »Stange kam dann nach einer Weile zurück und teilte mit, daß die DDR bereit sei, Nummer eins, zwei, drei und so weiter freizulassen, allerdings nicht Nummer soundso – und zwar ohne jegliche Erklärung. Ich mußte den Grund herausfinden, aus dem man sich in diesem bestimmten Fall weigerte. Dann reichte ich das Ganze zurück und und sagte: ›Sie müssen uns den und den geben. Den können Sie nicht einfach streichen.‹ So funktionierte das Geschäft.«[37]

Vogel selber hatte keine Befugnis, über die Freilassungen zu befinden; das war Aufgabe der Staatssicherheit. Volpert gab die Wunschliste der Bundesregierung an die Hauptabteilung Ermittlung im MfS weiter, wo die Akten der Häftlinge eingesehen und geprüft wurden. Dabei entschied sich, ob die Stasi ihr Ziel bei den Gefangenen bereits erreicht hatte oder nicht; war es so, dann stimmte man der Entlassung zu. Komplizierte Fälle wurden Erich Mielke direkt unterbreitet. Wenn die Liste über den letzten Schreibtisch gegangen war, erläuterte Volpert Vogel ausführlich, warum bestimmte Namen wieder gestrichen worden waren, damit dieser seinen Verhandlungs-partnern überzeugende Gründe nennen konnte. Dann folgten nur noch Formalien, die Beamte aus dem Innenministerium und der Generalstaatsanwaltschaft erledigen mußten.[38]

Auch Stange mußte vergleichbare Beratungen mit den Sicher-heitsbehörden der Bundesrepublik durchführen. Alles zog sich hin; man verhandelte bis Anfang August. Dann endlich hatte man eine Liste von vierhundert Gefangenen zusammengestellt, und es war an der Zeit, an die Freilassung der ersten siebzig zu denken, die in drei Etappen erfolgen sollte. Der erste Bus, zwölf Gefangene an Bord, verließ die DDR am 14. August 1964.

Anders als bei der ersten Freilassung im Jahr zuvor konnte Stange diesmal schwerlich jeden einzelnen selber in Ost-Berlin abholen. Deshalb einigten sich Vogel, Stange und Rehlinger auf eine Methode, die während der nächsten 25 Jahre beibehalten werden sollte. Da die »Lieferungen« so unauffällig wie möglich vonstatten gehen mußten, wurden die Gefangenen von Bussen mit DDR-Kenn-zeichen aus den Gefängnissen abgeholt und dann an einer Auto-bahnraststätte nahe der Grenze zur BRD abgesetzt. Dort stiegen sie in einen westdeutschen Bus um, der sie über den Grenzübergang Herleshausen in das Notaufnahmelager Gießen brachte. Vogel und Stange übernahmen die persönliche Begleitung auf dieser Strecke, um sicherzustellen, daß die Vereinbarungen in jedem Punkt einge-halten wurden.[39]

Die erste große Aktion fand am 14. August statt. Sie verlief erfolg-reich und nahezu reibungslos; nur an ein einziges Problem hatten Vogel und seine Partner aus der Bundesrepublik nicht gedacht. Stange, der sich am 13. August zu Vogel begab, um die für den näch-sten Tag vorgesehene Fahrt zur Grenze vorzubereiten, erfuhr erst in Ost-Berlin, worum es sich handelte. Doch allein Rehlinger in Bonn konnte die Sache einer Lösung zuführen, und so forderte Vogel Stange auf, ihn unverzüglich anzurufen. Was war geschehen?

»Wir brauchen einen zweiten Bus«, betonte Stange, als Rehlinger an den Apparat kam. Als dieser fragte, ob etwa mehr Gefangene als erwartet freigelassen werden sollten, erwiderte Stange, daß dies nicht so sei. Er könne aber keine weiteren Fragen beantworten, weil er aus Vogels Büro anrufe. Die Lage jedenfalls sei, daß die DDR nur dann noch rechtzeitig eine Genehmigung für die Aktion am näch-sten Morgen erteilen werde, wenn Rehlinger den zweiten Bus orga-nisiert habe.[40]

Weshalb der zusätzliche Bus benötigt wurde, blieb ein Rätsel, bis Vogel und Stange die Freilassungsaktion durchgeführt hatten. Wie vereinbart, wurden die Inhaftierten zum Gefängnis Magdalenenstraße gebracht, in einen Bus geladen und nach einer fünfstündigen Fahrt im Südwesten des Landes abgesetzt. Als der in Ungarn hergestellte Bus an einer Autobahnraststätte nahe der Ausfahrt nach Jena und Lobeda anhielt, wo Vogel und Stange warteten, war es bereits dunkel geworden.

Nachdem Vogel sich kurz vorgestellt hatte, eröffnete er den Insassen, daß sie sich auf dem Weg in den Westen, also in die Freiheit befänden, woraufhin die Gefangenen trotz der bewaffneten DDR-Wachen, die ebenfalls im Bus saßen, in Beifall und Jubelrufe ausbrachen. Auch Vogel machte aus seiner Freude kein Hehl, erinnerte sie aber daran, daß noch eine kurze Strecke vor ihnen liege, und forderte dazu auf, über das Ereignis auch nach der Freilassung Stillschweigen zu bewahren. Erst kurz darauf, als die Gefangenen in die nahebei geparkten Busse der Bundesregierung umstiegen, waren sie sich wirklich sicher, daß sie freigelassen würden. Während der Wagen sich in Richtung Herleshausen in Bewegung setzte und durch die hügelige Landschaft fuhr, gingen Stange und Vogel lächelnd zwischen den Sitzreihen hindurch, um die versammelten Männer und Frauen zu beruhigen. Eine Stunde später – man war schon unmittelbar vor der Grenze – machte die Straße einen kleinen Umweg durch eine ländliche Hügellandschaft mit gepflegten, wohlhabenden Dörfern. Jetzt war auch der letzte Zweifel an der bevorstehenden Rückkehr in die Freiheit verflogen. Die Gefangenen zündeten sich Zigaretten an und plauderten miteinander. Die anfängliche Anspannung legte sich. Dann näherte sich der Konvoi dem letzten DDR-Kontrollpunkt, schob sich zwischen den Betonbarrieren hindurch und erreichte schließlich bundesdeutsches Territorium.[41]

Erst als Stange am nächsten Tag nach West-Berlin zurückfuhr, konnte er Rehlinger berichten, weshalb ein zweiter Bus so dringend benötigt worden war. Der Grund war, daß die zuerst freigelassenen Gefangenen auch die mit den längsten Strafen gewesen waren. Viele von ihnen hatten jahrzehntelang im Zuchthaus gesessen, wo sie, wie die Vorschriften es verlangten, für Mindestlöhne arbeiten mußten. Doch im Lauf der Jahre hatten sich die Beträge, so winzig sie waren, zu beträchtlichen Guthaben summiert, die ihnen jetzt – entsprechend den Bestimmungen – in Ostmark ausgezahlt werden mußten. Indessen gab es noch eine weitere Bestimmung: Kein Gefangener, der an die Bundesrepublik ausgeliefert wurde, durfte Geld bei sich führen. Auf Anweisung der DDR-Staatssicherheit hatte man die Gefangenen deshalb vor ihrer Entlassung nach Ost-Berlin transportiert, sie über die ihnen zustehende Summe in Kenntnis gesetzt und ein kleines Sortiment an Konsumgütern zusammengestellt – Koffer, Kleidung, Lebensmittel und ähnliches, die sie mit ihrem Verdienst erwerben konnten. Und eben dafür wurde der zweite Bus benötigt.[42] Rehlinger schrieb später, daß so etwas wohl nur in einem so überkorrekten Land wie Deutschland möglich gewesen sei, wo alle Vorschriften, unabhängig von den jeweiligen Umständen, bis zuletzt und wortwörtlich eingehalten wurden.

Am 18. und 21. August wurden die übrigen der ersten siebzig Gefangenen in zwei weiteren Bussen in die Freiheit gebracht. Es war vorauszusehen gewesen, daß diese Nachricht schon bald an die westdeutsche Presse durchsickern würde. »Zonenbehörden lassen zahlreiche politische Gefangene frei«, prangte am 27. August 1964 auf den Titelseiten der Zeitungen, wenngleich in den Artikeln keine Erklärung für die Freilassungen gegeben wurde. In einem Leitartikel der vom Springer-Verlag herausgegebenen ›Berliner Morgenpost‹ wurde unter der Überschrift »Zu viele Worte« angedeutet, daß die Suche nach Gründen in diesem Fall durchaus Menschenleben kosten könne. »Wir wissen so gut wie andere, daß seit einiger Zeit aus der Sowjetzone politische Gefangene – unter bestimmten Voraussetzungen, versteht sich – entlassen werden. Wir wissen aber auch, daß der Entlassung weiterer Häftlinge nichts mehr schadet als zu viele, zu laute Worte. (...) Denn es gibt Nachrichten, die töten, während sie zu informieren vorgeben.«[43]

Am nächsten Tag hielt Mende in Bonn eine Pressekonferenz ab, in der er die Freilassungen zugab und erklärte, daß Kontakte zwischen Anwälten aus beiden Teilen Deutschlands vorausgegangen seien. Zu den Zahlungen äußerte er sich allerdings nur vage. Dennoch deckte ein Leitartikel auf der Titelseite des Berliner ›Tagesspiegels‹ vom 7. Oktober die Affäre auf. Der Redakteur Joachim Bölke, politisch unabhängig, hatte die Wahrheit entdeckt und sah keinen Grund, sie seinen Lesern zu verheimlichen. Er schrieb, daß Bonn ein »hohes Kopfgeld« für jeden freigelassenen DDR-Gefangenen gezahlt habe. Natürlich versuchte die Regierung sofort, seine Behauptungen abzuschmettern, doch zwei Tage später reagierte Bölke erneut und konterte, daß dieses Geschäft ein »schrecklicher Sklavenhandel« sei.[44] Auch der ›Spiegel‹ schrieb in seiner Ausgabe vom 14. Oktober, daß die Bonner Regierung als Gegenleistung für die Freilassung der Gefangenen »Kaffee, Südfrüchte und Butter« in die DDR geliefert habe.

Das entsprach der Wahrheit. Aber die Bundesregierung hatte sich verpflichtet, die SED nicht in Mißkredit zu bringen. Aus diesem Grund gab man den führenden Zeitungsverlegern des Landes eine genaue Darstellung der Hintergründe und warnte zugleich, daß die DDR das Vorhaben wieder abblasen und Tausende von Gefangenen weiter zu langen Gefängnisstrafen verdammen könne, wenn um die Sache noch weiter Aufsehen gemacht würde. Die Verleger wurden gebeten, ihre Redakteure anzuweisen, die Geschichte ruhen zu lassen, und die meisten folgten ihrer Bitte.

In der Tat gab die DDR einen Großteil ihrer Erlöse für knappe Konsumgüter aus. Diese gelangten dann zum Verkauf auf die Weihnachtsmärkte, eine traditionell-christliche Einrichtung, die der SED zur Stärkung ihrer moralischen Position jedoch erlaubt erschien. Bis dahin waren 884 Gefangene freigekauft worden. Der Handel mit Häftlingen – in der Buchführung der evangelischen Kirche als »B-Geschäfte« getarnt, wobei B für Bund stand – hatte 37.918.901 DM in die Kassen des Regimes in Ost-Berlin fließen lassen.[45]

Auf seiten der DDR herrschte verständlicherweise Zufriedenheit. Streit hatte an seinem Schützling Gefallen gefunden, und was Volperts Rolle betraf, so schwieg Vogel sich aus. Stange wußte, wer Volpert war; er wußte aber auch, daß Vogel nicht wollte, daß er sein Wissen weitergab, und respektierte die Wünsche seines Partners. Frank Meehan von der Westberliner US-Vertretung vermutete, daß Vogel dieses Wunder nur durch Beziehungen zur Geheimpolizei hatte vollbringen können, war sich indes über die Einzelheiten nicht im klaren und sträubte sich dagegen, seine eigene Gutgläubigkeit in Frage stellen zu müssen.

Weder Stange noch Meehan waren überrascht, als Vogel sie im Frühjahr desselben Jahres zur Firmung seiner Tochter Lilo einlud, die in der Josephskirche stattfinden sollte, einem mächtigen, neogotischen Bauwerk im Ostberliner Stadtteil Weißensee. Als Vogel Meehan auch noch fragte, ob er Lilos Firmpate werden wollte, fühlte sich dieser ausgesprochen geehrt. Die Tatsache, daß Vogel einen Diplomaten der USA einem Verwandten vorzog – und dies, obgleich die Firmung von der SED-Regierung ja ohnehin mißbilligt wurde –, ließ den einflußreichen Anwalt noch selbstbewußter und unabhängiger erscheinen. Jeder andere, der um die Gunst des Regimes geworben hätte, hätte seine Kinder gedrängt, der Kirche fernzubleiben und statt dessen an der Jugendweihe der SED teilzunehmen, denn regelmäßige Kirchgänger wurden von der Staatssicherheit überprüft und wären bei Familientreffen wie diesem zweifellos observiert worden. Nur bei Vogel war alles anders, und so stand Meehan nicht ohne Stolz neben Lilo am Altar. Als er Minuten später Bischof Bengsch seine Visitenkarte überreichte, zog dieser die Augenbrauen in die Höhe.

Mit wachsendem Interesse verfolgte Jürgen Stange die Predigt von Bengsch über den Konflikt zwischen Glauben und Unglauben – Worte voll Unnachgiebigkeit und Pathos. Der Bischof beglückwünschte die Jugendlichen und ihre Familien dazu, daß sie mutig zu ihrer Überzeugung ständen, fügte allerdings hinzu, daß die größten Proben noch vor ihnen lägen. »Wolfgang wird es jetzt schwer haben«, flüsterte Meehan ihm halb im Ernst, halb im Scherz zu.[46]

Denn eine Firmung, eine Kommunion oder andere religiöse Feste, all dies gehörte in Meehans Augen zu jenen Dingen, die sich ein DDR-Bürger nur dann leisten konnte, wenn er sich seiner selbst und seiner Beziehungen absolut gewiß war. Tatsächlich: Vogel hatte Grund, sich sicher zu fühlen, selbst wenn er sich mit der Firmung seiner Tochter zweifellos den Grenzen des Zulässigen näherte. Dennoch fuhr er zusammen, als Bengsch vernehmlich Meehans Namen nannte, und für Sekunden rechnete er schon halb damit, nach der Feier von der Stasi Besuch zu bekommen. Aber er brauchte sich keine Sorgen zu machen. Das Geschäft, das er während der letzten Monate initiiert hatte, war für seinen Staat zu wichtig, als daß er wegen so geringfügiger Vergehen Schwierigkeiten bekommen würde.

Über den Gefangenenhandel waren in Ost-Berlin außer Vogel nur wenige Leute informiert. Natürlich wußte Erich Honecker von der Sache, damals Verantwortlicher der SED für Sicherheit, natürlich waren Streit, Mielke und Stasi-Offiziere wie Volpert im Bilde. Neu in der Riege der Eingeweihten war hingegen ab 1967 Alexander Schalck-Golodkowski, der für die DDR die finanzielle Abwicklung der einzelnen Fälle übernahm.

Schalck, der im Osten wie im Westen auf alle, die mit ihm zu tun hatten, einen zugleich undurchdringlichen und tatkräftigen Eindruck machte, besaß eine besondere Vorliebe für konspirative Geschäfte mit westlichen Unterhändlern. Er war ein gewiefter Händler, der genau wußte, was in der Finanzwelt tunlich war, eine Art kommunistischer Mogul, der seine Partner aus dem Westen durch seine exakte Kenntnis westlicher Finanzierungsarten und Währungsmärkte beeindruckte. In der Kunst des finanztechnischen Fachsimpelns hatte er es zu einer wahren Meisterschaft gebracht, wobei er sich gern juristisch keineswegs eindeutiger Formulierungen bediente. Durch sein stattliches Äußeres und seine westliche Garderobe hätte er ohne weiteres als ein wortgewandter Geschäftsmann aus der Bundesrepublik gelten können. »Sein Auftreten war dynamisch, sein Urteil sicher«, schrieb Ludwig Geissel, der Direktor des evangelischen Hilfswerks über sein erstes Treffen mit Schalck. »Er hatte ein feines Gefühl für das Machbare, sein Sinn für pragmatische Lösungen war ausgeprägt. Und das Wichtigste: Er verfügte offensichtlich über beste Kontakte zu den Führungsspitzen der DDR.«[47]

Schalcks Aufgabe ist leicht umschrieben: Im Auftrag seines Chefs, Erich Mielke, sollte er der Bundesregierung soviel Geld wie möglich aus der Tasche ziehen. Ab 1967 stand er zu diesem Zweck im Dienst einer neuen, verdeckt arbeitenden Organisation, der »Kommerziellen Koordinierung« – genannt KoKo –, die mit allen Mitteln die DDR-Währungsreserven aufstocken sollte. Zwei Jahre zuvor hatte Schalck Hermann Matern in einem Brief mitgeteilt, daß die Unterstützung der Staatssicherheit dabei unerläßlich sei. »Diese Hilfe und Unterstützung ist deshalb notwendig, weil eine Reihe von Operationen wie illegale Warentransporte, Versicherungsbetrug u.a. streng geheimzuhaltende Maßnahmen, nur einem außerordentlich kleinen Kreis – nicht mehr als zwei bis drei Mitarbeitern – bekannt sein dürfen...«[48] Die KoKo gehörte zwar dem Namen nach zum Ministerium für Außenhandel, wurde in Wahrheit aber von SED und MfS kontrolliert. Von nun an sollte sie auch die Finanzunternehmungen mit der Kirche und die B-Geschäfte mit den Gefangenen abwickeln. Schalcks Führungsoffizier, verantwortlich für die Koordinierung der verdeckten Aktivitäten mit Vorgängen auf offizieller Ebene, war niemand anderes als Heinz Volpert.[49]

Vogel behauptet, daß sich seine Kontakte mit Koko hauptsächlich auf Notizen oder schriftliche Vermerke an Schalck oder seinen Stellvertreter, den Stasioffizier Manfred Seidel, beschränkt haben. Nach einem erfolgreich abgeschlossenen Gefangenenfreikauf teilte Vogel auf diese Weise mit, welcher Gegenwert an Handelsgutscheinen zu erwarten war. Doch Schalcks Aufgabe bestand nicht etwa darin, die Bevölkerung zu verhätscheln, sondern darin, die Devisenreserven der SED aufzustocken. Um diese Transaktionen einschließlich der Erlöse aus dem Gefangenenhandel zu kontrollieren, eröffnete die KoKo daher bei der Deutschen Handelsbank ein geheimes Devisenkonto, das keiner Prüfung unterlag. Schalck und Seidel waren die einzigen Unterschriftsberechtigten. Ihre Tätigkeitsberichte gingen zuerst nur an Mielke, später auch an Erich Honecker.[50] Wie Schalck mit den Millionen, die in den folgenden Jahren von West- nach Ostdeutschland fließen sollten, umging und ob die SED-Führung die Konten rechtmäßig verwaltete, waren Fragen, die den führenden Politikern der Bundesregierung im Jahre 1967 noch überaus fern lagen. Alles blieb Unterhändlern wie Vogel überlassen. Die Kirchenvertreter und westdeutschen Politiker konnten sich ihre Verhandlungspartner schließlich nicht aussuchen, sie mußten die Dinge nehmen, wie sie kamen. So glaubte man jedenfalls.

Aber was immer auch die Bundesregierung und die Kirchen sich einreden mochten, am Ende waren sie unleugbar in das Räderwerk politischer Unterdrückung hineingezogen worden. Die DDR besaß von jetzt an einen guten Grund – oder war zumindest der Versuchung ausgesetzt –, noch mehr Leute ins Gefängnis zu bringen, um sie später für Kali, Stahl und andere Industriegüter zum Verkauf anzubieten. Als der Westen sich mit diesen Lieferungen einverstanden erklärte, hatte er auch seine Bestechlichkeit zu erkennen gegeben, ja, er hatte der Erpressung Tür und Tor geöffnet. Von nun an verhielten sich die Dinge ganz nach wirtschaftlichen Gesetzen: Wie jedes andere Kartell konnte die Stasi den Preis für ihre Ware in die Höhe treiben, indem sie diese zurückhielt, bis der gewünschte Betrag gezahlt wurde.

Indessen lag der Schaden nicht nur auf westlicher Seite. Auch die DDR setzte sich, ohne es zu ahnen, großen Gefahren aus. Geld und materielle Güter verführten zur Korruption, und die Summen, die mit dem Gefangenenhandel erzielt wurden, waren gigantisch: 67,7 Millionen DM allein 1965, 56,2 Millionen zwischen 1966 und 1967.[51] Je mehr das Geschäft gedieh, desto weiter warf die KoKo ihre Fangnetze aus, um noch höhere Beträge in die geheimen Kassen fließen zu lassen. Einen Teil davon verwendete Manfred Seidel dazu, für die SED-Elite Fernsehgeräte, Whisky, Luxuskarossen und Baumaterial aus dem Westen zu beschaffen.[52] Gleichwohl stockte die KoKo nicht nur die Devisenbestände auf, sondern erwirtschaftete auch ein politisches Defizit, das beim Fall der Mauer fällig wurde.

Mitte der sechziger Jahre war diese Möglichkeit freilich noch in weiter Ferne. Daher verschwendeten auch die SED-Funktionäre nicht mehr Gedanken an diese und ähnliche Fragen als Vogel selber. Es schien, daß er mittlerweile davon überzeugt war, für seine Klienten eine Art Heilsbringer zu sein; jedenfalls sonnte er sich gern im Glanz jener ungezählten Artikel der westdeutschen Presse, die ihn in dieser Weise darstellten. Wenn er, so sagte er sich, einen Prozeß vor Gericht verlor – was unter den gegebenen Bedingungen schwerlich anders sein konnte –, dann ließ sich ja später immer noch versuchen, das Los der Häftlinge zu lindern, indem man sie der Bundesrepublik zum Kauf anbot. Mit klarem Blick dafür, wie die »Klassenjustiz« funktionierte, doch außerstande, sie zu ändern, ordnete er sich dem Unterdrückungssystem unter, um von einer Position der Vermittlung aus die Ungerechtigkeit zu mildern.

Einer von den etlichen tausend Fällen politischer Gefangener belastete Vogels Gewissen besonders schwer. Im Sommer 1965 hatte er Rehlinger persönlich gebeten, Rudolf Reinartz auf die Liste zu setzen, der inzwischen bereits zehn Jahre im Gefängnis saß. »Er war mein früherer Chef, und es wäre wunderbar, wenn er herauskäme«, vertraute er Rehlinger an. Dessen Reaktion auf diesen Vorschlag, so kalkulierte Vogel, würde ihm aller Wahrscheinlichkeit nach einen Hinweis darauf liefern, wie tief Reinartz damals tatsächlich in Spionagedinge verwickelt gewesen war.

Nach einiger Zeit erfuhr Vogel, daß Bonn seinem Vorschlag zugestimmt hatte. In Vogels Augen war dies der beste Beweis dafür, daß die Bundesregierung Reinartz' Dienste für die Amerikaner tatsächlich verifiziert hatte.[53]

Bei seinen Partnern in der DDR stieß Vogel auf größere Schwierigkeiten. Nicht nur Mielke und Streit, auch Hilde Benjamin hatte ein Recht, die Liste der Gefangenen durchzugehen, und als sie dabei im September 1965 auf Reinartz' Namen stieß, vermerkte sie am Rand ein »Z« für »zurück«. Wie Vogel später erzählte, strich Streit den Buchstaben in seiner Anwesenheit betont auffällig durch und sagte: »Er bleibt auf der Liste. Ich bin der Generalstaatsanwalt.«[54] Hätte Streit nicht schon längst die Vorbildfunktion des von Vogel verehrten Reinartz übernommen, spätestens mit diesem Federstrich wäre es geschehen.

Es war gerade Abend geworden, als Vogel am 17. September in die Magdalenenstraße fuhr, um den Mann abzuholen, mit dem er Jahrzehnte zuvor über einen Angeklagten gestritten hatte, dessen Vergehen der Raub einer Ziege für seine Kinder gewesen war. Als sie sich auf den Rückweg machten, mußte Vogel Reinartz in den Wagen helfen. Nach zwölf Jahren im Hochsicherheitsgefängnis Bautzen hatte sein Mentor Mühe, sich auf Krücken zu bewegen. Alt geworden und zutiefst verbittert, richtete er seinen Haß ganz auf Hilde Benjamin, die er für sein Schicksal verantwortlich machte. Vogel beschloß, zu seinem Büro nach Friedrichsfelde zu fahren und nicht weiter über die Vergangenheit zu sprechen.

Damals mußte Vogel noch jedesmal, wenn er die Grenze überquerte, um Stange oder von Wedel zu besuchen, eine Sondererlaubnis beantragen. Deshalb hatte er von Wedel gebeten, Reinartz auf die andere Seite zu bringen. Vogel war sich nicht sicher, was diesen dort erwarten würde; seine Frau hatte die Scheidungsunterlagen schon vor Jahren unterzeichnet – eine reine Formalität, wie der Gefangene immer angenommen hatte.

Es war längst dunkel geworden, als Wedel seinen Mitfahrer zum Haus seiner Frau brachte. Er half ihm, den Koffer bis zur Haustür zu tragen. Dann sah er – er ging bereits zum Auto zurück –, wie Reinartz klingelte. Aber niemand öffnete. Oben im Haus gingen nacheinander die Lichter aus. Nach einigen Augenblicken seufzte Reinartz tief auf, ging zum Wagen zurück und flüsterte: »Sie will mich nicht mehr.«

Zum Glück war von Wedel ein im Grunewald gelegenes evangelisches Erholungsheim bekannt, das von Carl Gustaf Svingel, einem ehemaligen Opernsänger schwedischer Herkunft, geleitet wurde. Aus Liebe zu einer Deutschen und durch die politische Situation Berlins zutiefst fasziniert, hatte Svingel seine musikalische Karriere aufgegeben, um als humanitärer Mittler zwischen den Fronten zu

100

wirken, wobei er jahrelang als verschwiegener Partner der evangelischen Kirche und des Berliner Senats unter Willy Brandt tätig gewesen war. Sein Deutsch, das nur noch einen leichten schwedischen Akzent aufwies, war genauso gut wie seine politischen Kontakte auf beiden Seiten der Mauer.

So wurde Reinartz von Svingel ohne weitere Umstände aufgenommen. Aber das Befinden des alten Mannes blieb schlecht. Unausgesetzt in Tränen aufgelöst, war er unfähig zu sprechen, und auch mit seinen Krücken kam er nicht zurecht. Svingel machte sich ernsthafte Sorgen um seine Gesundheit. Noch am selben Abend wurde ein Arzt in das Erholungsheim gerufen, der nach eingehender Untersuchung erklärte, daß der Patient an einem so gravierenden Proteinmangel leide, daß er möglicherweise daran sterben werde, wenn er nicht ab sofort Bettruhe halte und eine mit Vitaminen und anderen Zusätzen angereicherte Diätkost bekomme. Tatsächlich schien die Kur mit der Zeit anzuschlagen. Dennoch blieb Reinartz depressiv; sogar die Besuche seiner Tochter vermochten nicht, ihn aufzuheitern. Als Svingel eines Abend schließlich ein Nylonseil in Reinartz' Tasche entdeckte, war er entsetzt. Nach einer langen Unterhaltung bei einem Glas Scotch nahm er seinen Mut zusammen und fragte: »Wofür ist das Seil?« Doch Reinartz hüllte sich nur in tiefes, melancholisches Schweigen.[55]

Gelegentlich schaute Vogel vorbei, um sich nach dem Befinden seines Mentors zu erkundigen, obwohl er besorgt darauf achtete, nicht zu viel Interesse zu zeigen. Wegen Reinartz' Flucht war Vogel ja lange Zeit überwacht worden, und es war keineswegs sicher, daß man ihn nicht noch immer bei jeder Fahrt in den Westen observierte. Ein oder zwei Mal rief er Svingel an, wobei er erfuhr, daß sich »die Amerikaner« um Reinartz gekümmert hätten, genauer: zwei Männer in Zivil, die sich als Stronk und Calabrese vorgestellt hätten. Von da an wußte Vogel, daß Reinartz nicht sich selbst überlassen war, und hielt sich fern. Was wäre, wenn die Amerikaner vorbeikämen, während er Reinartz besuchte? Er konnte es sich nicht leisten, seine Karriere noch einmal aufs Spiel zu setzen.[56]

Doch Reinartz erhielt auch noch anderen Besuch: Der Chef des Westberliner Verfassungsschutzes besorgte ihm beim Senat eine Arbeitsstelle. Auch ihn beunruhigten Anzeichen psychischer Labilität bei seinem Gesprächspartner, zumal Reinartz darüber klagte, daß nicht nur die Amerikaner, sondern auch Agenten aus der Bundesrepublik hinter ihm her seien.[57]

1966 verließ Reinartz das Erholungsheim und zog in eine kleine Wohnung in West-Berlin. Svingel, um das geistige und körperliche Wohlergehen des alten Juristen weiterhin besorgt, blieb auch nach dem Umzug mit diesem in Kontakt. Anfangs schien Reinartz sich tatsächlich zu erholen und seine Arbeit zu genießen. Doch die Entwicklung erwies sich schon bald als illusionär. In Wirklichkeit wuchs sein Verfolgungswahn, weshalb er schließlich in die neurologische Abteilung der Spandauer Nervenklinik überwiesen wurde. Wie Svingel später erfuhr, fixierte Reinartz seine Feindseligkeit zunehmend auf eine der dortigen Krankenschwestern. Er wanderte die Korridore auf und ab, um nach ihr zu suchen, drohte ihr, schrie ihren Namen. Aus welchem Grund hegte er nur einen solchen Haß gegen sie? Die Ärzte wandten sich an Svingel, der jedoch auch keinen Rat wußte. Eher zufällig erzählte er dem behandelnden Professor eines Tages, daß Reinartz überzeugt sei, daß Hilde Benjamin für sein Unglück verantwortlich gewesen sei. »Aber das ist der springende Punkt!«, entfuhr es dem Arzt. »Die Schwester heißt nämlich auch Hilde.«[58]

Danach besuchte Reinartz Svingel nur noch ein einziges Mal im November 1972, wobei er ihn bat, Weihnachten für ein paar Stunden in die Klinik zu kommen. Als Svingel die Klinik einen Monat darauf anrief, um einen Termin auszumachen, wurde ihm mitgeteilt, daß Reinartz Selbstmord begangen habe.

Wolfgang Vogel erfuhr erst einige Tage später von Reinartz' Tod. Die Beerdigung hatte schon stattgefunden.

Viertes Kapitel

Vogels Ansehen wächst

*»Die meisten Anwälte verdienen sich ihren Lebensunterhalt eben
mit dem Mißgeschick anderer.«*

Mit der Mauer war ein neuer Strang in das dichte Gespinst von Subversion, Überwachung und Spionage gewoben worden, das der
Osten wie der Westen um Berlin gelegt hatten – und damit ergab sich
zugleich ein neues Betätigungsfeld für Vogel. Denn »Republikflucht«, wie die SED den Versuch nannte, das Land ohne offizielle
Erlaubnis zu verlassen, forderte nicht nur den Einfallsreichtum
potentieller Flüchtlinge heraus, sondern eröffnete auch Spionen,
Spitzeln und Geschäftemachern völlig neue Perspektiven. Vogels
persönliche Integrität und seine feste Entschlossenheit, im Rahmen
seiner rechtlichen Möglichkeiten das Beste für seine Klienten herauszuholen, machten ihn indessen nicht nur für diese, sondern auch
für die Staatssicherheit unentbehrlich.

Augenscheinlich beabsichtigte Streit, Vogel zu einem zweiten
Friedrich Karl Kaul aufzubauen, jenem »Staranwalt«, der ein Jahrzehnt zuvor in den Gerichtssälen der DDR den Ton angegeben
hatte. Doch während Kaul spektakuläre Auftritte liebte und die Konfrontation förmlich suchte, war Vogel eher solide und versöhnlich.
Immer darauf bedacht, einen Kompromiß zu finden, erwies er sich
für seine Partner aus der Bundesrepublik als vertrauenerweckend
und verläßlich – Eigenschaften, die ihn für die Rolle des Vermittlers
noch geeigneter machten als für die eigentliche Anwaltstätigkeit.

Die Schilderungen junger Deutscher und Amerikaner, die Vogel
zu Beginn der sechziger Jahre vertrat, gewähren einen Einblick in
seine komplizierte Persönlichkeit. Immer war er gezwungen, nach
mehreren Seiten hin zu taktieren: Bemüht, das Vertrauen seiner Klienten zu gewinnen, durfte er doch auch den guten Glauben der Stasi
auf keinen Fall erschüttern. Zugleich versuchte er ausländischen
Anwälten durch seine Beziehungen zu westlichen Nachrichtendiensten zu imponieren.

Damals war die Blütezeit der »Fluchthelfer«, die nach dem Mauerbau lukrative Geschäfte witterten. Vogel nutzte diese Fälle, um
seine Position gegenüber der DDR-Regierung zu stärken. Da er
ständig kontrolliert wurde – selbst dann, wenn er die Anforderungen
der Machthaber erfüllte –, vermochte er gelegentlich nur wenig zu
tun, um den »Fluchthelfern« aus der Patsche zu helfen; andererseits

jedoch besaß er mit den Häftlingsfreikäufen eine geheime Verbindung zur Bundesregierung, durch die er später immer noch einen Austausch der Gefangenen arrangieren konnte. Wie freie Hand er dabei hatte, hing vom jeweiligen Fall ab. Die größte Gefahr bestand darin, daß er seine Bedeutung überschätzte oder sogar glaubte, seine Macht beruhe nicht auf Streit und Volpert, sondern auf seiner Persönlichkeit.

Vogel spielte ein riskantes Spiel – besonders in der explosiven Atmosphäre Ende 1961 und 1962, als die Entrüstung über die Mauer hohe Wellen schlug und sich in der Friedrichstraße häufig amerikanische und sowjetische Panzer gegenüberstanden. In dieser Zeit war die Staatssicherheit noch wachsamer als sonst, und die »Fluchthelfer« waren ihre bevorzugte Zielscheibe. Wer gefaßt wurde, mußte damit rechnen, als Staatsverbrecher vor Gericht gestellt zu werden. Umgekehrt wurde die Mauer von den Westberlinern als Ursprung allen Übels empfunden: Es galt als noble Tat, wenn man Menschen bei der Flucht half, und solange die Helfer sich innerhalb der gesetzlichen Grenzen bewegten, sah der Westberliner Senat in ihnen nicht mehr als Idealisten, war doch Widerstand gegen die kommunistische Unterdrückung eine heroische Tat. An jedem 17. Juni, dem Jahrestag des Volksaufstandes von 1953, gedachte man der Opfer.

Die DDR maß den Prozessen gegen Menschen, die bei solchen Unternehmungen verhaftet worden waren, einen hohen symbolischen und propagandistischen Wert bei. Die Fluchthelfer konnten zu ihrer Verteidigung zwar keine bundesdeutschen Anwälte hinzuziehen, wohl aber jemanden wie Vogel, der sich sodann im Mittelpunkt eines Tauziehens um seine Klienten wiederfand. Dabei stand einiges auf dem Spiel. Und bisweilen waren sogar die Interessen der Supermächte direkt vom Ausgang der Verhandlung betroffen.

In den ersten Jahren nach dem Mauerbau entwickelte sich das Tunnelgraben für manche Fluchthelfer zu einer regelrechten Obsession. Sie wurden von den unterschiedlichsten Beweggründen getrieben: Altruismus, Selbstsucht, Idealismus, Habgier und Naivität – oder eine Mischung aus allem zusammen. Die Staatssicherheit kam ihnen jedoch immer häufiger auf die Schliche und verhaftete sie, worauf Vogel von der Westberliner Rechtsschutzstelle gebeten wurde, die Verteidigung zu übernehmen. Allein darin lag schon eine gewisse Ironie, denn dieses Rechtshilfebüro arbeitete unter der Ägide des Ministeriums für gesamtdeutsche Fragen, desselben Amtes, das von der DDR ohne Unterlaß beschuldigt wurde, viele solcher Fluchthilfeorganisationen zu fördern und zu finanzieren. Aber das war keineswegs die einzige Paradoxie: Wenn Vogel als Verteidiger auftrat, sah er sich Staatsanwälten gegenüber, die seinen Gönner Josef Streit vertraten; ja, manchmal fochten er und Streit sogar im selben Gerichtssaal. Verlor Vogel – und das traf auf 99 Prozent der Fälle zu –, war seine Mission gleichwohl noch nicht abgeschlossen. Auf geheimem Weg verhandelte er mit dem Ministerium für gesamtdeutsche Fragen weiter, um die Beklagten für Geld freizubekommen, was für gewöhnlich allerdings erst dann möglich war, wenn sie die Hälfte ihrer Haftstrafe hinter sich hatten.[1] Heute, da der Kommunismus zusammengebrochen ist und allgemein verurteilt wird, sieht diese Vorgehensweise nach einem geschlossenen Kreislauf juristischer und moralischer Korruption aus. Damals hingegen erschien sie der Bundesregierung als eine wirksame Methode, den Menschen im anderen Deutschland zu helfen.

Im Frühsommer 1962 vertrat Vogel ein Mitglied einer solchen Fluchthelfergruppe, die unter dem Namen Girrmann-Organisation bekannt war. Einige Monate nach Entstehen der Mauer hatten die Männer einen Tunnel unter der Jerusalemer Straße hindurchgegraben, dessen Entdeckung ein Volkpolizist mit dem Leben bezahlt hatte.

Vogels Klient war ein ehemaliger DDR-Bürger, der aus Bautzen stammende Gottfried Steglich. Zwei Monate zuvor an der Grenze verhaftet, wurde er beschuldigt, 210 Menschen, darunter seinen Bruder, mit gefälschten Pässen aus dem Land geschleust zu haben. Die Anklageschrift vermerkte zudem, Steglichs Gruppe werde vom Ministerium für gesamtdeutsche Fragen unterstützt und stehe »in engster Verbindung mit dem Westberliner Senat, der Westberliner Polizei und verschiedenen Geheimdiensten«.[2]

Vogel besaß für seine Verteidigung nur begrenzten Spielraum. Das Gesetz ließ nicht zu, daß er Tatsachen abstritt. Im günstigsten Fall erlaubte es, daß er für ein mildes Urteil plädierte, und dies auch nur dann, wenn ein umfassendes Geständnis abgelegt worden war. Weder die Rechtmäßigkeit der Maßnahmen, die der Staat zu seiner Selbsterhaltung ergriff, noch sein Recht auf strafrechtliche Verfolgung von »Verbrechen« gegen eben diese Maßnahmen durfte der Anwalt in Frage stellen.

Steglich war nach 1953 aus der DDR geflohen, um sich an der Technischen Universität West-Berlin einzuschreiben. Vor Gericht beschrieb Vogel die Vergehen seines Mandanten, wie man es von einem DDR-Anwalt erwartete: »Er sagt (...), er sei langwierig durch Presse und Rundfunk beeinflußt worden und habe dadurch eine Einstellung gegen die Deutsche Demokratische Republik gewonnen. (...) Er habe die Grenzsicherungsmaßnahmen gehaßt.« Aber wie war ihm dieser Haß eingeimpft worden? »Um die Antwort auf diese Frage vollständig zu geben, muß man auf das Jahr 1953 zurückgehen. (...) Mit dem Versprechen einer kostenlosen Universitätsausbildung lockte man ihn nach West-Berlin. In den nachfolgenden neun Jahren ist er in der Blüte seiner Entwicklung. Den Krieg hat er mit eigenem Verstand nicht miterlebt; er war bei Kriegsende zwölf Jahre alt. Der Vater fehlte. Mit dem Lauf der Zeit und in immer neuen Formen des Kalten Krieges ist er – für sich selbst vielleicht gar nicht spürbar – auf den heißen Krieg präpariert worden. Und die heißen Krieger sahen ihre Stunde im vergangenen Jahr gekommen. Die Schutzmaßnahmen vom 13. August [der Mauerbau] haben ihnen einen Strich durch die Rechnung gemacht.«

Auch Streit war anwesend, als Vogel sein Plädoyer mit den Worten fortsetzte:»Es sollte ein gewichtiger Unterschied sein, ob jemand im organisierten Menschenhandel³ engagiert ist, dazu gebracht durch politische Demagogie, durch unaufhörliche Propaganda beeinflußt und ihr mehr und mehr erlegen, oder wider besseres Wissen aus geschworener Feindschaft daran teilnimmt und mitschuldig ist an den politischen Hintergründen und Zusammenhängen.«⁴ Vogel beschrieb dem Gericht den angeblichen Inhalt der westdeutschen Propaganda: Die Greueltaten an der Mauer rechtfertigten nahezu jeden Widerstand, die Zehn Gebote träfen nicht auf die Mörder von DDR-Grenzbeamten zu. Sein Klient hingegen – das müsse ihm zugute gehalten werden – habe sich an den Tunnelgrabungen der Gruppe, zu der er gehöre, nicht wirklich beteiligt; auch habe er keine Decknamen angenommen und sei mehrfach unter seinem eigenen Namen in das »demokratische Berlin« gekommen. Steglich habe lediglich die Ersuchen derjenigen geprüft, die herauswollten, und nur in einem Fall, in dem seines Bruders, habe er einen Bürger der DDR persönlich beeinflußt, das Land zu verlasssen.

Die Staatsanwaltschaft hatte für Steglich eine fünfzehnjährige Haftzeit gefordert. Vogel bat um eine mildere Strafe mit der Begründung, daß auch die politischen Institutionen der Bundesrepublik einen Teil der Verantwortung für die Taten seines Klienten trügen, da sie ihn dazu ermutigt hätten. Deshalb, so schloß er seine Rede, wende er sich nun mit zwei Fragen, die ihm am Herzen lägen, an den Westen:»Was sagen die Christen in Westdeutschland und West-Berlin dazu, daß man sich anmaßt, vor aller Öffentlichkeit die Zehn Gebote außer Kraft zu setzen? Wie lange noch will man es fortsetzen, junge Menschen und ihre Familien unglücklich zu machen?«

Trotz Vogels Plädoyer erhielt Steglich das volle Strafmaß. Vogel konnte sich nichts vorwerfen: Er hatte im Sinne seines Mandanten gehandelt und zugleich Vaterlandstreue bewiesen; in seinen Augen war der junge Mann Opfer höherer politischer Kräfte. Das hatte er auch deutlich gesagt, obgleich er sich dabei natürlich auf die Bundesrepublik bezog. Und wenn die westdeutsche Regierung Steglich später mit Geld freikaufen sollte, dann war das ebenfalls Teil einer höheren Gerechtigkeit, die Vogel mit den »kalten Kriegern« in Bonn aushandelte. Der Staat hingegen, dem der Anwalt diente, sollte für die systemfeindlichen Aktivitäten der Freigelassenen die entsprechende Entschädigung erhalten.[5]

Manchmal sorgte Vogel auch dafür, daß der Staat mehr als Geld zurückbekam, zum Beispiel im Fall von Volker Heinz. Als Student an der Freien Universität hatte sich der gutaussehende, blonde junge Mann, der hervorragend Englisch sprach, schon bald für die Arbeit der Fluchthelfer begeistert. Besonders beeindruckt war er dabei von Wolfgang Fuchs, der sich als »Tunnelfuchs« einen Namen gemacht hatte.

Fuchs, eigentlich ein Ostdeutscher, war schon in den fünfziger Jahren nach West-Berlin geflohen und hatte seine Frau und seine drei Kinder kurz nach dem Mauerbau nachgeholt. Fest entschlossen, so vielen Menschen wie möglich dabei zu helfen, in die Freiheit zu gelangen, hatte Fuchs – der seinem Namen in der Tat alle Ehre machte – entdeckt, daß man mit Leichtigkeit Tunnel unter der Mauer hindurch graben und in den Kellern geräumter, abbruchreifer Häuser auf der Ostseite Ausgänge anlegen konnte. Sieben solcher Tunnel schachtete Fuchs aus, immer auf die Hilfe von Freiwilligen angewiesen, die er an der Freien Universität und anderswo zusammentrommelte. Das Geld, das er für seine Unternehmungen benötigte, bekam er in der Regel von deutschen Zeitschriftenverlagen, die darauf brannten, über seine Erfolge exklusiv berichten zu dürfen. Viele Studenten, einschließlich Heinz, feuerten ihn bei dieser fast sportlichen Betätigung an. Tatsächlich jedoch konnte es für die Spieler im wahrsten Sinne des Wortes Leben oder Tod bedeuten.

All das hielt nicht länger als bis zum Herbst 1964 an. Dann ergriff die Staatssicherheit Maßnahmen gegen die Tunnelaktionen. Die Geheimpolizei evakuierte fast alle Gebäude, die man von der Mauer aus erreichen konnte, verbarrikadierte die Abwasserkanäle, die unterirdischen Kabelschächte und die U-Bahnlinien mit zentnerschweren Gittern oder legte sie einfach vollständig still. Als Fuchs im Oktober desselben Jahres zum letzten Mal 57 Menschen durch einen Tunnel unter der Bernauer Straße führen wollte, wurde die Gruppe von einem plötzlich auftauchenden Soldaten überrascht. Aber die Tunnelbauer waren ebenfalls bewaffnet, und der Soldat wurde getötet. Der anschließende Aufruhr zwang Fuchs, das Tunnelprojekt aufzugeben und sich auf andere Fluchtmöglichkeiten zu besinnen.

Seine neuen Methoden waren indes nicht weniger spektakulär. Zu ihnen gehörte eine technische Meisterleistung, die große Aufmerksamkeit erregte: eine auf einem LKW montierte, drehbare Leiter,

auf der die Flüchtlinge in der makabren, doch nicht völlig unange-
messenen Umgebung eines verlassenen Friedhofs bei Nacht über
die Mauer stiegen.[6] Volker Heinz war augenblicklich fasziniert, als er
im Spätsommer 1965 bei einem Kommilitonen einen Artikel des
›Stern‹ über diese Aktion las. Beim genaueren Hinschauen entdeckte er auf einem Photo erstaunt das Gesicht seines Freundes.
»Das bist ja du!«, rief er aus.

Sein Freund erzählte ihm mehr über die Fluchthilfe, und Heinz,
damals 22 Jahre alt, spürte, wie die Sache ihn gefangennahm – ein
Gefühl, das noch stärker wurde, als er kurz darauf Fuchs selber kennenlernte. Und da dieser erkannte, daß man Heinz vertrauen
konnte, machte er ihm den Vorschlag, sich bei einem neuen Unternehmen zu beteiligen. Es war ihm gelungen, den syrischen Konsul
in West-Berlin für seine Zwecke zu gewinnen. Gegen eine Belohnung war der Diplomat bereit, DDR-Bürger im Kofferraum seines
weißen Mercedes 220 aus dem Land zu schmuggeln.

Für einen Fluchthelfer war dies eine unvergleichliche Chance.
Das Diplomatenkennzeichen garantierte, daß der Wagen am Grenzübergang nicht inspiziert werden würde. Trotzdem traf Fuchs Vor-
kehrungen und verstärkte die Hinterradaufhängung des Wagens,
damit das Gefährt, tief durchhängend unter der Last der im Kofferraum versteckten Menschen, nicht die Aufmerksamkeit der Grenzposten auf sich lenken würde. Heinz, der als Bundesbürger ohne
jedes Problem nach Ost-Berlin reisen konnte, sollte sicherstellen,
daß Fuchs' Schützlinge auch nicht observiert wurden, und sie dann
im Auto unterbringen. Während der Syrer seine Passagiere nach
West-Berlin transportierte, würde er mit der U- oder S-Bahn in den
Westteil der Stadt zurückfahren.

Mittlerweile waren viele Westdeutsche den Fluchthelfern gegenüber mißtrauisch geworden. Wiederholt waren Fälle bekannt geworden, wo Fluchthelfer für ihre Arbeit Tausende von Mark verlangt
und das Geld dann auf Schweizer Bankkonten angelegt hatten.
Heinz wußte nicht, ob Fuchs dergleichen tat, und kümmerte sich
auch nicht darum. Er übernahm diese Aufgabe aus seinen eigenen
Beweggründen, halb Idealismus, halb Abenteuerlust, und hatte ein
reines Gewissen. Fuchs sagte, daß man ihm eine Kontaktadresse
und den Zeitpunkt der Aktion mitteilen werde. Die Namen der
Flüchtlinge sollte er allerdings nicht erfahren, um nicht in Gefahr zu
geraten, sie – wenn vielleicht auch unabsichtlich – zu verraten. Einzig und allein ihm blieb es überlassen, ob er die Aktion fortsetzte
oder abbrach, sobald der Mercedes vorfuhr; denn wenn er dem syrischen Konsul nicht durch ein Handzeichen zu verstehen gab, daß er
anhalten und die Flüchtlinge in den Wagen verfrachten sollte, würde
dieser einfach weiterfahren.

In gewisser Hinsicht war das Vorhaben wie für einen Film geschaffen: Heinz würde für einige kurze Momente alle Macht in Händen halten. Hinzu kam die Aura strenger Geheimhaltung und die romantische Vorstellung, für eine gute Sache zu kämpfen. All dem konnte der junge Jurastudent nicht widerstehen. Im Herbst 1965 nahm Heinz, der mittlerweile an der Bonner Universität studierte, eine British-Airways-Maschine nach West-Berlin, wo er am späten Nachmittag – es war schon dunkel geworden – die Grenze überquerte. Alles verlief ohne Komplikationen: Das Flüchtlingspaar, mit dem er sich verabredet hatte, wurde von ihm sicher in der Diplomatenlimousine untergebracht. Dann verschwanden die Rücklichter in der Dunkelheit, und Heinz machte sich auf den Heimweg. In den frühen Morgenstunden landete er schon wieder in Köln und erreichte noch rechtzeitig seine erste Vorlesung in Bonn. Nicht einmal seine Freundin wußte, wo er über Nacht gewesen war und was er getan hatte.

Trotz der unglaublichen Anspannung, die ihn jedesmal überkam, wiederholte er diese Aktion ungezählte Male. In einer Nacht hatte er den Mercedes zu einem abgelegenen, unbebauten Grundstück am Ostberliner Stadtrand bestellt, sah die Scheinwerfer aufblinken und scheuchte die beiden Flüchtlinge in höchster Eile in den Kofferraum. Als er sich ein anderes Mal auf dem Rückweg zu einem entlegenen S-Bahnhof befand, sagte ihm sein sechster Sinn, daß er von zwei Männern verfolgt wurde; rasch verschwand er in einem am Bahnsteig wartenden Zug. Als die Türen sich schlossen und seine Verfolger nicht mehr hereinspringen konnten, hatte er den Eindruck, noch einmal um Haaresbreite davongekommen zu sein. Die Grenzbeamten an der Friedrichstraße überprüften seine Ausreisepapiere nur routinemäßig, und schließlich konnte er im Bahnhof Zoo erleichtert aus dem Zug steigen.

Sogleich rief Heinz bei Fuchs an, der sich seinen Bericht aufmerksam anhörte. Auch er glaubte, daß Heinz seine Verfolger abgeschüttelt hatte, sonst wäre er an der Friedrichstraße sicherlich festgehalten worden. Und wie Heinz war er der Meinung, daß er in ein paar Wochen getrost wieder in den Osten gehen könne.

Tatsächlich verlief auch beim nächsten Mal anfangs alles normal. In der Nacht vom 13. August 1966, dem fünften Jahrestag des Mauerbaus, konnten Fuchs und seine Helfer sogar noch einmal fünf Menschen auf »spektakuläre« Weise aus der DDR herausschmuggeln. Der syrische Konsul fuhr die Strecke gleich zweimal und steckte dafür mit Freuden eine Extrasumme ein – wieviel, das erfuhr Heinz nie.

Bis zum 9. September hatte Fuchs mit Heinz, dem Syrer und einem weiteren Helfer, den Heinz seinen »Vertreter« nannte, insgesamt dreiundsechzig Menschen aus der DDR geschleust. Kurz vor zehn Uhr abends, als Heinz sich gerade zu den beiden letzten Fluchtwilligen, einem Mann und einer Frau, beglückwünschte und das Ostberliner Ende der Heinrich-Heine-Straße erreichte, den Fußgänger-Grenzübergang in der Nähe des Checkpoint Charlie, spürte er plötzlich, wie jemand von hinten sein Handgelenk umklammerte. Innerhalb von Sekunden hatte man ihm Handschellen angelegt und unsanft in einen Wagen gestoßen – fast so, wie er die Flüchtlinge in den Mercedes zu verfrachten pflegte.

Das Verhör in der Magdalenenstraße war schonungslos. »Wir wissen, wer Sie sind und was Sie hier machen«, sagte der Vernehmungsbeamte gelassen. Dennoch blieb Heinz die ganze Nacht über felsenfest dabei, daß er lediglich ein normaler Student sei, der sich das Nachtleben in der kommunistischen Hauptstadt habe anschauen wollen. Dann, gegen fünf Uhr morgens, flog plötzlich die Tür des Vernehmungsraumes auf. Draußen stand der syrische Konsul, und in einer Zelle nebenan saß das Paar, das Heinz in der Nacht zuvor in dem Mercedes untergebracht hatte.[7]

Die Vernehmungsbeamten benötigten für ihre Untersuchungen fast vier Monate und überprüften zahllose Details, bis Heinz aller seiner Fluchthilfeunternehmen überführt war. Man zeigte ihm Hunderte von Photographien, darunter auch eine seines »Vertreters«. Ob er jemanden wiedererkenne? Beharrlich schüttelte er den Kopf.

Nun wurde Vogel aktiv. Heinz' Vater besaß in Bonn einflußreiche politische Freunde, die ihm geraten hatten, sich an Stange und über diesen an Vogel zu wenden. Und der Anwalt erkannte schnell, daß Heinz sich ausgezeichnet als Pfand in einem Tauschgeschäft eignen würde.

Vogel traf Heinz zum ersten Mal im Stasigefängnis Hohenschönhausen, etwa einen Monat vor seiner Verhandlung, die Ende Juni 1967 stattfinden sollte. Für ihn war der Besuch eine reine Formsache. Als er in den Besucherraum trat, legte er den Zeigefinger auf die Lippen und deutete mit den Augen an die Decke. Heinz entging der Hinweis nicht. Obwohl er liebend gern alle möglichen Fragen gestellt hätte, begriff er, daß es besser sei, zu schweigen.

Vogel schien den Staat in diesem Fall für unangreifbar zu halten. Das wenigstens meinte Heinz aus der Tatsache schließen zu können, daß Vogel alle Einzelheiten einem ältlichen Anwalt überließ, den er als Rechtsassistenten engagiert hatte. Die Treffen mit diesem Mann wirkten auf Heinz entmutigend und im Hinblick auf seine Chancen vor Gericht ziemlich deprimierend, ein Eindruck, der sich durch die ziellosen Fragen des alten Anwalts noch verstärkte. Allmählich dämmerte es ihm, daß eine zehnjährige Gefängnisstrafe auf ihn wartete.

Eine Woche vor dem Prozeß stattete Vogel Heinz noch einmal einen kurzen Besuch ab. Er überbrachte ihm eine verschlüsselte Nachricht mit dem Hinweis, daß der Urteilsspruch zwar zweifellos gegen ihn ausfallen werde, er aber dennoch damit rechnen könne, schon bald freigelassen zu werden. Heinz begriff nicht, verspürte jedoch erstmals seit langem wieder Hoffnung. Auch bei der Verhandlung, die am 29. Juni vor dem Berliner Stadtgericht eröffnet wurde, geschahen zwei überraschende Dinge: Zunächst wurde Heinz' »Vertreter« in den Gerichtssaal geführt und von dem Vorsitzenden gefragt: »Kennen Sie Herrn Heinz?« »Natürlich«, antwortete der. »Herr Heinz, was haben Sie dazu zu sagen?«, fragte der Richter. »Wollen Sie dabei bleiben, daß Sie ihn nicht kennen?« »Ich sehe keinen Grund, dies weiterhin abzustreiten«, sagte Heinz resigniert. Die zweite Überraschung war das Urteil: Die Haft umfaßte nicht zehn, sondern zwölf Jahre. Niedergeschmettert wurde Heinz nach Hohenschönhausen zurückgebracht. Er fragte sich, ob Vogel Wort halten werde.

Schon eine Woche später kamen Offiziere der Staatssicherheit in seine Zelle und teilten ihm mit, daß er freigelassen werden könne, wenn er als Agent der DDR im Westen arbeiten würde. Heinz reagierte unverbindlich. Nach eineinhalb Tagen kam der Offizier mit einem Bündel von Codes und Adressen zurück, befahl ihm äußerste Geheimhaltung und überließ ihn sich selbst.

Am frühen Morgen des 11. Juli händigte man Heinz seine Kleider und 7,50 DM aus und setzte ihn in einen großen, hellblauen BMW mit DDR-Kennzeichen. Ein Staatssicherheitsmann fuhr ihn wortlos in den Südwesten des Landes, in Richtung Grenze. Es war ein herrlicher Sommertag mit strahlend blauem Himmel. Heinz' Laune stieg zusehends. Als der Wagen nach vierstündiger Fahrt auf einem Parkplatz an der Autobahn hielt, wo Vogel zusammen mit einem anderen Mann, der sich später als Jürgen Stange vorstellte, wartete, machte sein Herz einen Sprung. Vogel fuhr ihn in seinem Opel Kapitän zum Grenzübergang Herleshausen und erzählte ihm unterwegs, daß er für zwei verhaftete DDR-Spione freigelassen werde, deren Namen und Geschichten Heinz jedoch nie erfuhr.[8]

Da Vogel nicht auf den Annäherungsversuch der Stasi anspielte, erwähnte auch Heinz die Sache mit keinem Wort. Tage später allerdings berichtete er Stange davon, der ihn drängte, sich sofort an die westdeutschen Behörden zu wenden. Heinz folgte dem Ratschlag. Der Westberliner Verfassungsschutz erhielt einen umfassenden Bericht.

Vogel vermochte sich außergewöhnlich gut in die Lage des Studenten hineinzuversetzen. Wer hätte sich besser vorstellen können, wie einem jungen Jurastudenten zumute war, der Opfer einer Intrige von Subversion und »höheren Interessen« geworden war? Durch seine politischen Verbindungen war Heinz für die DDR zu einer interessanten Geisel geworden. Sein Vater war mit dem einflußreichen Industriellen Hanns-Martin Schleyer befreundet, der bei einem ehemaligen Klassenkameraden im Bundeskanzleramt ein gutes Wort für ihn eingelegt hatte. Auf Antrag des Kanzleramts war sein Name daraufhin vom Ministerium für gesamtdeutsche Fragen auf die Gefangenenliste gesetzt worden, ein Vorgang, der es wiederum Vogel ermöglichte, seine Freilassung als »Spezialfall« auszuhandeln.[9]

Einige Wochen später traf Vogels Rechnung ein. Sie belief sich auf 1.500 DM. Heinz fand, daß dies angesichts der Umstände ein angemessener Betrag sei, obwohl es ihn doch etwas überraschte, daß er ihn in D-Mark und auf ein Westberliner Konto überweisen sollte. Augenscheinlich besaß Vogel bessere Beziehungen und war klüger, als er geglaubt hatte. Auch dies ließ sich nachvollziehen. »Die meisten Anwälte verdienen sich ihren Lebensunterhalt eben mit dem Mißgeschick anderer«, meinte Heinz achselzuckend.[10]

Es war wahr: Langsam begann das Geschäft mit den Gefangenenfreilassungen zu florieren. 1964 kaufte Bonn 884 Gefangene frei, 1965 sogar 1.555, und in den Jahren 1966 und 1967 waren es noch immer 961. Bis dahin hatte die Bonner Regierung über 160 Millionen DM gezahlt. Die DDR entlohnte Vogel für seine Tätigkeit nicht, ersetzte damals auch noch nicht seine Auslagen bei den Verhandlungen. Dafür erhielt er von der Bundesregierung und von Kunden wie Heinz stattliche Honorare in Devisen, die er in der DDR nur zu einem Mindestsatz versteuern mußte und anschließend in der Bundesrepublik anlegen konnte.[11]

Umsichtig und systematisch arbeiteten Streit und Volpert daran, daß ihr Schützling sich auch auf anderen Gebieten einen guten Ruf erwarb. 1966 übernahm er mit Streits Billigung die Verteidigung von zwei Männern, die wegen Kriegsverbrechen auf der Anklagebank saßen – zwei aufsehenerregende Prozesse. Das Regime wollte auf diese Weise das antifaschistische Image unterstreichen, das man zu Propagandazwecken stets sorgfältig kultiviert hatte. Im ersten und wichtigeren Fall ging es um Dr. Horst Fischer, der als Arzt in Auschwitz gearbeitet hatte und sich nach dem Krieg bis Mitte 1965 erfolgreich verbergen konnte. Streit, der im März selbst die Anklage übernahm, verlangte die Todesstrafe; sein Protégé Vogel plädierte für ein milderes Urteil und forderte lebenslänglich, da sein Klient geständig gewesen sei. Er habe, betonte der Anwalt, zweifellos Reue gezeigt. »Das Recht, sich mit Hilfe eines Anwalts zu verteidigen, ist jedem Angeklagten – auch diesem – gesetzlich garantiert«, trug Vogel dem

Gericht vor. Es könne jedoch nicht darum gehen, das Andenken an die Naziopfer zu beschmutzen, indem man für Verbrechen, wie der Beklagte sie gestanden habe, Straffreiheit fordere: »Angesichts (...) der Rechtsprechung des Obersten Gerichts in ähnlich gelagerten Fällen sagen wir unumwunden, daß der Raum der Verteidigung nur im Gebiet der Strafzumessung und dort nur zwischen lebenslanger Bestrafung und Todesstrafe liegen kann.« Indessen habe die Todesstrafe nicht »die Aufgabe der Sühne oder gar Rache. Sie dient dem Schutz des Staates durch Unschädlichmachung des Täters einerseits und durch Generalprävention andererseits«, argumentierte Vogel. »Durch ein Todesurteil gegen diesen Angeklagten innerstaatlich auf andere einzuwirken, ist entbehrlich, denn der Faschismus ist in der DDR absolut liquidiert.« Und gegen den Einfluß des Faschismus von außen sei die DDR ja durch die »Regierungsmaßnahmen vom 13. August 1961« mehr als hinreichend geschützt.

Dessenungeachtet verurteilte das Gericht Fischer zum Tode. Streit freilich war von Vogels Rolle bei dem Prozeß äußerst angetan.[12]

Abseits solcher Schauprozesse ermutigte Volpert seinen Schützling, die Kontakte, die er während der Abel-Powers-Affäre mit den Amerikanern geknüpft hatte, auszubauen. Auch hier verschaffte die Mauer Vogel viele Klienten: Nicht nur junge deutsche Studenten wie Heinz hatten sich ja als Fluchthelfer engagiert, sondern auch Amerikaner, die nun in ostdeutschen Gefängnissen saßen.

Einer von ihnen war Benjamin Franklin Whitehill III., ein einundzwanzigjähriger Student von der Stanford University, der im August 1965 zusammen mit einem neunzehnjährigen Briten nur wenige Stunden nach seiner Ankunft in Ost-Berlin verhaftet worden war. Whitehall, Sohn des Besitzers einer Erdölfirma in Tulsa, Oklahoma, befand sich gerade auf der für reiche Amerikaner üblichen Europarundreise, ein Geschenk seines Vater. Doch Berlin war weit von Tulsa, und weder Whitehall, der sich nur im Ölgeschäft auskannte, noch sein britischer Kamerad waren auf einen klassischen Paßschwindel vorbereitet.

Die beiden jungen Männer hatten einen Tagesausflug nach Ost-Berlin gemacht. Als sie aber an der Friedrichstraße nach West-Berlin zurückkehren wollten, erklärten ihnen die Grenzposten, daß ihre Pässe und Devisenumtauschbelege bereits von zwei anderen Personen zur Rückkehr in den Westteil der Stadt benutzt worden seien. Das war zu jener Zeit eine gängige Methode. Großbritannien und die Vereinigten Staaten übten Besatzungsrechte über ganz Berlin aus, und so stellte man den meisten britischen und amerikanischen Staatsbürgern ohne besondere Anfrage eine Aufenthaltsgenehmigung für 24 Stunden aus, die zusammen mit den Reisepässen numeriert und registriert wurde. Kurz nach dem Mauerbau versuchten Fluchthelfer daher oft, ausländische Touristen dazu zu überreden, ihre Aufenthaltsgenehmigungen und Pässe DDR-Bürgern zu leihen, die auf diese Weise die Grenze überqueren konnten. Der tatsächliche Inhaber brauchte dann nur zu behaupten, daß er die Dokumente verloren habe oder daß sie ihm gestohlen worden seien, und viele junge Leute, die knapp bei Kasse waren, gingen das Risiko und die damit verbundene Verzögerung gegen eine Bezahlung ein. In diesem Fall allerdings kaufte das MfS Whitehill seine Geschichte nicht ab. So saß Benjamin nun also im Gefängnis, und dies in einem Land, in dem es nicht einmal ein amerikanisches Konsulat gab, dessen Hilfe er in Anspruch nehmen konnte.

Die Familie Whitehill, sofort in ziemliche Aufregung versetzt, befürchtete daraufhin, daß ihr Sohn von der DDR benutzt würde, um wohlhabenden Amerikanern das große Geld aus der Tasche zu ziehen. Deshalb baten sie ihren Rechtsanwalt in Washington, einen charmanten Südstaatler aus Georgia und ehemaligen Beamten der US-Einwanderungsbehörde, der den ungewöhnlichen Namen Ricey S. New trug, nach Berlin zu fliegen. Vielleicht, daß New irgend etwas bewirken könne.

Die Westberliner US-Vertretung hatte den Amerikaner – wie üblich – an Stange und seinen DDR-Partner verwiesen. So war New zum angegebenen Zeitpunkt nach drüben gefahren, um Vogel in seinem Ostberliner Büro aufzusuchen. Die beiden Männer mochten sich vom ersten Augenblick an. New, eine große, stattliche Erscheinung mit dem lakonisch-breiten Südstaatenakzent, hatte ein offenes, sympathisches Gesicht; etwas Gewinnendes ging von ihm aus. Er war von ganz anderem Schlage als der zurückhaltende Meehan oder der theatralische, auffahrende Donovan. Trotz der Sprachschwierigkeiten entdeckte man schnell Gemeinsamkeiten. Auch der ostdeutsche Anwalt, dachte New, besaß etwas von ihm: Er war nachsichtig und ernst und kümmerte sich in erster Linie um die Interessen seiner Klienten. Und da News politische Beziehungen von früher gute Kontakte zur Regierung Johnson versprachen, hatte die Stasi nichts dagegen einzuwenden, daß Vogel seinen Austausch mit New intensivierte. Auch Vogel war daran gelegen. Seiner Meinung nach war es keinesfalls unwahrscheinlich, daß der junge Whitehill seinen Paß »ausgeliehen« hatte, und in diesem Fall war er ein Opfer übler Kerle geworden. Eine ebenso zügige wie menschliche Lösung des Problems würde für die SED-Regierung deshalb größere Gewinne abwerfen als ein Schauprozeß gegen einen naiven, jungen Amerikaner, den man allem Anschein nach übers Ohr gehauen hatte.

Am 28. August erreichte Vogel Whitehills Freilassung. Auch den britischen Studenten, so teilte er Stange mit, lasse man aufgrund seiner »Unkenntnis der Situation in Ost-Berlin« ziehen.[13] In New York angekommen, berichtete Whitehill den Reportern, daß er vermutlich einige Stunden geschlafen habe, als er die Aufenthaltserlaubnis in Ost-Berlin »verlor«.

Vogel erhielt für den Fall zwar kein Honorar, doch von jetzt an stand Ricey New in seiner Schuld, und das war für ihn wie für die Staatssicherheit weitaus wertvoller als Geld. Zudem fühlte sich New von der Atmosphäre in Ost-Berlin ohnehin fasziniert und durch Vogels Aufmerksamkeit zusätzlich geschmeichelt. So kam es, daß er schon einige Wochen später in Washington einen Brief von Vogel erhielt, in dem dieser schrieb, sie könnten zusammen versuchen, auch die anderen Amerikaner aus den DDR-Gefängnissen freizubekommen.

Zu diesen zählte auch John Van Altena jr., Sohn eines Milchbauern aus Wisconsin, der sich auf sein Jurastudium an der Freien Universität vorbereitete und fließend Deutsch sprach. Da die Vorlesungen erst im November anfingen, hatte er im Sommer 1964 bei der Lufthansa in Hamburg gearbeitet, wo er mit Werner Kloss bekannt gemacht wurde. Kloss, ein prahlerischer, blonder Hüne, hatte einen Cousin in Ost-Berlin, der schon mehrfach erfolglos versucht hatte, die DDR mit seiner Frau zu verlassen. Mittlerweile waren die beiden bereit, alles auf eine Karte zu setzen. Van Altena erklärte sich bereit, Jürgen und Bärbel Rabe sowie ihre vierjährige Tochter Sabrina in dem speziell dafür umgebauten Kofferraum seines Fords herauszuschmuggeln.

Sorgfältig wurden die Vorbereitungen getroffen. Mit Hammer, Meißel, Bügelsäge und einer Blechschere trennten Van Altena und Kloss den Benzintank ab, entfernten einen Teil der Karosserie über dem Differential und schufen so zwischen Rücksitz und Kofferraum ein Versteck, der für einen Erwachsenen und ein Kleinkind gerade genug Platz bot. Die Männer waren stolz auf ihre handwerkliche Leistung. Sie glaubten, daß die DDR-Grenzposten keine äußeren Hinweise auf den Umbau entdecken würden, selbst wenn sie die Unterseite des Autos mit einem Spiegel absuchen sollten. Außerdem würde man mit dem speziellen Zollkennzeichen, das Altena für den Wagen besorgt hatte, nur flüchtig kontrolliert werden. Die Chancen für eine erfolgreiche Durchführung des Fluchtunternehmens schienen mithin ungewöhnlich gut zu stehen.

Altenas Aufgabe bestand darin, Mutter und Kind am 7. Oktober, dem Nationalfeiertag und fünfzehnten Jahrestag der DDR-Gründung, über die Grenze zu schmuggeln. Den Vater wollte er am darauffolgenden Tag nachholen. Doch zunächst mußte gesichert sein, daß das Mädchen sich ruhig verhielt; schließlich war das Versteck, in das Mutter und Kind sich zu quetschen hatten, so eng, daß es über dem Differential noch mit Schaumgummi abgepolstert werden mußte. Als Van Altena am Abend des 7. Oktober zu den beiden kam, war er erleichtert, daß die Kleine nach einer Dosis Beruhigungstabletten bereits eingeschlafen war. Nun schien alles glattzugehen: Gegen halb neun fuhr der Amerikaner, der eine Automatikpistole bei sich versteckt hatte, auf den Checkpoint Charlie zu. Er flüsterte den Versteckten im Sitz hinter sich zu, daß sie jetzt keinen Laut von sich geben dürften, bis sie gemeinsam West-Berlin erreicht hätten. Doch es kam anders: Die DDR-Wachposten erwarteten sie bereits. Lange und gründlich durchsuchten sie den Wagen, fanden die verborgene Ladung allerdings nicht. So begannen sie das Auto Stück für Stück auseinanderzubauen, während Van Altena in einen engen Korridor hinter das Kommandantenbüro geführt und genötigt wurde, sich mit gespreizten Armen und Beinen an die Wand zu stellen.

Das Verhör, das Van Altena im Lauf der Nacht durchzustehen hatte, war grauenhaft, zumal die Wachen seine automatische Waffe entdeckten. Als dann auch noch ein Grenzer hereinplatzte und sagte, daß das Kind tot im Wagen aufgefunden worden sei, vermutlich aufgrund einer Überdosis Drogen, erschrak der »Fluchthelfer« zutiefst. Glücklicherweise war das, wie sich herausstellen sollte, nur ein fauler Trick. Bittere Realität hingegen war die Verhandlung im darauffolgenden Januar. Van Altena hatte den Eindruck, daß er von Friedrich Karl Kaul nur halbherzig verteidigt worden war, als er wegen unerlaubten Waffenbesitzes zu einem Jahr und wegen »Schmuggels von DDR-Bürgern« zu sieben Jahren Gefängnis verurteilt wurde.

Erst ein Jahr später, Mitte September 1965, zeigte sich für den Verurteilten ein Hoffnungsschimmer. Mit der Gefängnispost traf eine Nachricht von Wolfgang Vogel ein. Dieser erklärte sich bereit, seinen Fall zu übernehmen, und wollte einen Besuch arrangieren, falls Van Altena die dafür notwendige Vollmacht unterzeichnen würde. Der junge Amerikaner wußte mit Vogels Namen nichts anzufangen. Als ihm jedoch ein anderer Häftling erklärte, daß dies der Anwalt sei, der den Austausch von Abel gegen Powers in die Wege geleitet hatte, hellte sich seine Laune beträchtlich auf.

Kurz nach Neujahr fand im Gefängnis in der Magdalenenstraße das erste Treffen statt. Gleich zu Beginn stellte Vogel klar, daß es sich um einen schwierigen Fall handelte, fügte jedoch hinzu, daß er New um Hilfe gebeten habe. Er vermutete, daß sich bis zum 1. April herausfinden lasse, wie lange Van Altena noch in Haft bleiben werde.

Vogel rief New in Washington an und bat ihn, spätestens am 4. Februar nach Berlin zu kommen; in der Zwischenzeit wolle er für ihn eine Besuchserlaubnis in der Magdalenenstraße erwirken. New würde bei dem Fall zwar keinen einzigen Dollar verdienen, war aber von Vogel nun einmal fasziniert, und als Meehan ihm nach seiner Ankunft auch noch erzählte, daß allein die Tatsache, daß Vogel einen Besuchstermin habe ausmachen können, schon ein gutes Zeichen sei, war seine Neugier kaum noch zu zügeln. »Der Fall muß ihm viel bedeuten.« Das war Meehans Kommentar.[14]

Als Van Altena am besagten Tag zum ersten Mal mit New zusammentraf, trug dieser – wie die Spione in einem Film – einen Trenchcoat mit hochgeschlagenem Kragen. Vogel begleitete ihn. Erneut folgte die Prozedur der Warnung: New wollte gerade zu sprechen beginnen, da wölbte Vogel die Hände hinter den Ohren, zur Decke hinaufdeutend. So überbrachte New dem Häftling lediglich einige unverfängliche Informationen. Doch als Van Altena bereits dachte, daß die beiden Anwälte die Verhandlungen über seine Freilassung überhaupt nicht erwähnen würden, sagte New: »Mit ein bißchen Glück werden Sie wahrscheinlich Mitte März entlassen werden.«

Einen Tag später reiste New wieder ab. Schon am 16. März übergaben die Stasiinspektoren in Hohenschönhausen Van Altena ein von Walter Ulbricht unterzeichnetes Dokument, durch das sein Urteil von acht auf zweieinhalb Jahre verkürzt wurde. Kurz darauf wurde seine Strafe vorzeitig ausgesetzt, denn er hatte die Hälfte des neu festgesetzten Strafmaßes bereits verbüßt.

Ein letztes Mal brachte man Van Altena zur Magdalenenstraße, wo Vogel ihn am Nachmittag desselben Tages abholte. Das Fahrtziel war freilich nicht West-Berlin, sondern Vogels Büro in Friedrichsfelde. Der Anwalt erzählte ihm, daß er dort noch mit Maxwell Rabb, dem Vorsitzenden des Flüchtlingsausschusses der Vereinigten Staaten, zusammentreffen werde. Rabb lege Wert darauf, Van Altena zu erklären, wie er an seiner Freilassung mitgewirkt habe.

Dann war es Zeit, die Grenze zu überqueren. Vogel führte beide nach draußen, wo der neue, hellblaue Mercedes auf sie wartete. »So sollten sie die Leute herausschmuggeln!«, meinte Vogel mit einem verschmitzten Lächeln, als er den Wagen anließ. Der junge Amerikaner schaute Rabb an, um herauszufinden, ob dieser wußte, was damit gemeint war. »Paß gut auf, John«, sagte Rabb. »Jetzt wirst du sehen, wer Vogel wirklich ist.«

Van Altenas letzter Grenzübertritt an der Invalidenstraße war, wie er später in einem Buch beschrieb, eine denkwürdige Angelegenheit. Normalerweise näherten sich die wenigen DDR-Bürger, die eine Ausreiseerlaubnis besaßen, vorsichtig dem Wachhäuschen, und bevor sie weiterfuhren, warteten sie auf die Anweisungen der diensthabenden Volkspolizisten oder Stasiwachen. Vogel jedoch beachtete weder die Geschwindigkeitsbegrenzungen noch die Wachen, die – wie Van Altena mit sich erneuerndem Schrecken einfiel – erst einleinhalb Jahre zuvor seinen Wagen an die Seite gewinkt hatten. Anstatt das Tempo vor den Betonblöcken und schweren Stahltoren zu drosseln oder gar anzuhalten und die Pässe vorzuzeigen, drückte Vogel auf das Gaspedal und fuhr mit quietschenden Reifen zwischen den Grenzpfosten hindurch. Auch die Wachposten ihrerseits schienen in kaum faßbarer Weise verändert: Sie machten keinerlei Anstalten, ihre Pistolen zu ziehen, zu pfeifen oder die Tore zuzuschlagen. Statt dessen grüßten sie, als Vogels Mercedes vorbeibrauste.[15]

Von nun an war Ricey New vollends in Vogels Bann geschlagen. Für ihn war der DDR-Anwalt die faszinierendste Figur, die er je kennengelernt hatte[16], und Vogel bestärkte ihn in diesem Glauben. Er erzählte ihm, daß der Besuch bei Van Altena im Ostberliner Gefängnis der erste gewesen sei, den man einem amerikanischen Rechtsanwalt erlaubt habe. Meehan, auf der anderen Seite der Mauer, war gleichfalls beeindruckt. Vogel indes verfolgte bei seinen Kontakten zu New, die er von jetzt an mit Volperts uneingeschränkter Billigung ausbaute, lediglich einen Gedanken: nämlich die Interessen des MfS zu fördern. So kam es, daß Vogel zu Amerika und amerikanischen Beamten in wachsendem Maße Verbindungen unterhielt, von denen ein Stasibeamter nicht einmal zu träumen wagte. Jeder halbwegs clevere amerikanische Diplomat wußte genau, daß der Anwalt in Beziehung zur Staatssicherheit stehen mußte – auf welche Weise auch immer. Es war sonnenklar, gleichsam ein offenes Geheimnis. Und es waren eben diese Beziehungen, die ihn so reizvoll, ja unbezahlbar machten, da niemand außer ihm in der Lage war, Leuten zur Seite zu stehen, denen sonst nichts mehr helfen konnte.

Wenn das MfS derartige »Spionagefälle« in Vogels Richtung lenkte, so tat es dies nie ohne gute Gründe – in erster Linie vermutlich, um ihn für die Gegenseite noch attraktiver zu machen. Im September 1967 wurde er mit der Pro-Forma-Verteidigung des siebenundzwanzigjährigen amerikanischen LKW-Fahrers Peter T. Feinauer aus Rhode Island betraut, der von der DDR als CIA-Agent beschuldigt wurde. Man legte ihm verschiedene Straftaten zur Last; unter anderem sollte er zwischen 1961 und seiner Verhaftung im Oktober 1966 DDR-Bürger außer Landes gebracht haben. Aber das war bei weitem nicht alles: Die von Streits Mitarbeitern erstellte Liste der Feinauer zugeschriebenen staatsfeindlichen Aktivitäten umfaßte mehrere Seiten. Angeblich hatte er für das Ministerium für gesamtdeutsche Fragen und den CIA-Stützpunkt in Dahlem als bezahlter Spitzel gearbeitet, angeblich war er beauftragt worden, antikommunistische Propaganda vorzubereiten und andere Agenten für den »westdeutschen und amerikanischen Imperialismus« anzuwerben. Nach sieben Monaten Untersuchungshaft hatte Feinauer ein Geständnis abgelegt. Streit forderte fünfzehn Jahre Zuchthaus.[17]

Vogel plädierte vor der Strafkammer des Groß-Berliner Stadtgerichts für eine mildere Strafe. Die Begründung lautete, daß Feinauer – ähnlich wie ein Jahrzehnt zuvor Oberst Abel – zwar zweifellos die Absicht besessen habe, Spionage zu betreiben, in Wirklichkeit jedoch nur wenig erreicht habe. Vogel trug dem Gericht vor: »Es ist aber doch wohl sehr wesentlich, ob der Geheimdienst kulturpolitische Nachrichten erhält, die möglicherweise auch in der Zeitung stehen, oder ob vertrauliches Material eines wichtigen Betriebes verschwindet oder gar militärische Informationen weitergegeben werden. Für die Strafzumessung war, ist und wird das von Bedeutung bleiben, und das ist in den einschlägigen Entscheidungen des Obersten Gerichts nachzulesen. Nicht alles, was für wichtig gehalten wird und was nicht für die Öffentlichkeit bestimmt ist, ist ein Staatsgeheimnis, so etwa hat es das Oberste Gericht in einer veröffentlichten Entscheidung einmal formuliert.«[18]

Wie immer versuchte Vogel, sich in die Lage seines Mandanten hineinzuversetzen. »Als der Beklagte angeworben wurde, im Oktober 1961, war er noch sehr jung. Er war 22 Jahre alt und noch nicht lange in Westdeutschland oder West-Berlin. Lange genug allerdings, um bereits verhetzt zu sein … Warum das geschehen ist, das gehört in den Zusammenhang seiner persönlichen Entwicklung, aber auch in den Zusammenhang der Situation, in der er sich damals als zweiundzwanzigjähriger junger Mann befand. Er war in finanziellen Schwierigkeiten, und die Einberufung zum Militär stand vor der Tür. Um den Preis der Zurückstellung vermochte man ihn zu ködern. So ist es doch gewesen. Und er hatte im Elternhaus keinen Ratgeber; das Verhältnis zu seiner Mutter war und ist nicht das beste; er war auf sich selbst gestellt. Mit dieser Konfliktsituation ist er nicht fertig geworden, und ich möchte sogar meinen: Gerade weil er in dieser Konfliktsituation war, hat man sich auf ihn konzentriert. Denn es ist eine bekannte Praxis des amerikanischen Geheimdienstes, sich auf Personen zu konzentrieren, die sich in Schwierigkeiten befinden oder künstlich in Schwierigkeiten gebracht worden sind.«[19]

Er fuhr fort: »Die einen kommen zu uns, die anderen bleiben jenseits des Brandenburger Tores oder erscheinen allenfalls in der Maske des sogenannten Diplomaten, wie wir es kürzlich im ›Neuen Deutschland‹ nachlesen konnten. Diejenigen, die auf die Art, wie es beim Angeklagten geschehen ist, angeworben, angesetzt und hinausgeschickt werden, sind im Verhältnis zu den anderen Werkzeuge. Was er auch getan haben mag - sieht man sich die anderen an, so bleibt er als Werkzeug übrig. Sein Leben ist für eine wesentliche Phase, für die jungen Jahre, verpfuscht worden. Das ist eigentlich die größte Strafe für ihn.«[20]

Mit diesen Worten spielte Vogel - natürlich in einer Art und Weise, die dem Gericht akzeptabel erschien - auf die Staatssicherheit an, die sich fünfzehn Jahre zuvor seine eigene Verwundbarkeit zunutze gemacht hatte. Noch häufiger sollte er in den folgenden Jahren zur Sprache bringen, wie zynisch die Arbeit der Geheimdienste war, die die Schwächen ihrer Opfer erst ausnutzten, um diese dann - nach der Festnahme - ihrem Schicksal zu überlassen. Aber vor einem Gericht der DDR stießen solche Worte unvermeidlich auf taube Ohren. Der Staat hatte sich bereits ein Urteil gebildet, wie die Gerechtigkeit im jeweiligen Fall auszusehen hatte, und auch bei Feinauer wurde Vogels Plädoyer für eine kürzere Strafe abgewiesen. Der Angeklagte wurde zu der vollen, von Streit geforderten Strafe verurteilt: fünfzehn Jahren Haft. Erst nach einiger Zeit konnte Feinauer im Rahmen eines Agentenaustausches freigelassen werden.[21]

All das paßte hervorragend zu den weiterreichenden Zielsetzungen, die Volpert, aber auch Vogel im Sinn hatte. Und doch besaßen beide zugleich ihre eigene Sicht der Dinge, wobei Vogel zu jener Zeit in erster Linie das Vertrauen von Ricey New gefestigt wissen wollte.

Nach seinem letztem Treffen mit New war Vogel von Volpert gefragt worden, ob man es dem Amerikaner zutrauen könne, eine Nachricht weiterzuleiten. Vogel, dessen Verhältnis zu New im Februar 1966 auf gegenseitigem Wohlwollen basierte, bejahte. Er erzählte New zwar nicht, von wem die Nachricht stammte, doch das war auch kaum nötig. So erfuhr New, daß im US-Bundesgefängnis von Lewisburg, Pennsylvania, der Amerikaner Robert Glenn Thompson eine dreißigjährige Haftstrafe wegen Spionage verbüße. Ob New ihm ein paar Worte überbringen könne? Die Botschaft sei einfach und würde New nicht im geringsten kompromittieren. »Sagen Sie ihm«, meinte Vogel, »daß wir ihn nicht vergessen haben.«[22]

Fünftes Kapitel

Täter oder Opfer?

»Wenn ich Sie nicht so gut kennen würde, dann würde ich sagen:
Das ist eine Erpressung.«

Auf beiden Seiten der Mauer übte der Menschenhandel, jener neue Zug im Spiel des Kalten Krieges, eine fast magische Anziehungskraft aus. Nicht selten fühlten sich die Mitspieler bei ihren Manövern am Rand der offiziellen Politik der Supermächte wie in einen Rausch versetzt, in einen Zustand, der süchtig machen konnte. Aber auch für den SED-Staat, der Devisen bitter nötig hatte, waren Bonns Zahlungen nahezu unabdingbar geworden: Mit ihnen konnte »Opium für das Volk« beschafft werden, etwa zur Weihnachtszeit, wenn ein plötzlicher Segen von Orangen und Mandarinen die Härten des Kommunismus erträglicher zu machen schien.

Für Wolfgang Vogel waren damit gleich mehrere erfreuliche Veränderungen verbunden: Er wurde nicht nur als privilegierter Insider behandelt, der von seiner Regierung mit äußerst heiklen Verhandlungen beauftragt wurde, sondern gelangte überdies an eine Nebenverdienstquelle, die ihm ein stattliches Einkommen in Devisen, eine westliche Luxuslimousine und einen Diplomatenpaß einbrachte. Dieser und ein einziges Wort von Volpert genügten, damit er ungehindert die Grenzkontrollen passieren und seine kostbare menschliche Ladung – ob amerikanische Spione oder politische Gefangene aus Deutschland – in die Freiheit befördern konnte. Noch nie waren seine Geschäfte besser gegangen.

Sein Verhältnis zu Volpert entsprach schon lange nicht mehr der eingebürgerten Vorstellung vom Führungsoffizier und Geheimagenten. Obwohl der Hauptmann des MfS sich in internen Unterlagen noch immer mit dem Decknamen »Georg« auf Vogel bezog, war dieser für die Stasi mittlerweile weit wertvoller geworden als jeder andere »Inoffizielle Mitarbeiter« oder verdeckte Offizier. In der Beziehung der beiden Männer spiegelte sich dieser Status denn auch wider. Vogel empfand Volpert, der ihm bereitwillig den notwendigen Spielraum zugestand, als äußerst zugänglich und flexibel. Volpert seinerseits war der Ansicht, daß nun einmal Vogel der Anwalt sei, nicht er, und ließ ihm bei seinem Tun weitgehend freie Hand. Anfangs war er stets in Streits Büro gekommen, um seinem Schützling die Liste der freizulassenden Gefangenen und der für sie geforderten Summen zu übergeben. Da er und Vogel aber gut miteinander auskamen, arbeiteten sie schon bald direkt zusammen. Volpert kam in die Reiler Straße, oder Vogel ging zu Volpert. Schließlich hatten sie es nicht nötig, sich in geheimen, abhörsicheren Stasi-Häusern oder konspirativen Wohnungen zu treffen.[1] So entwickelte sich zwischen ihnen allmählich ein freundschaftliches Verhältnis. Sie pflegten gesellschaftlichen Kontakt, und gelegentlich wurden Vogel und seine Frau sogar zu Volperts zum Abendessen eingeladen.

Doch Volpert verdankte seinen Aufstieg an Mielkes Seite gewiß nicht seinem sympathischen Naturell. Für die Staatssicherheit waren die Gefangenenfreilassungen nichts weiter als ein raffiniert ausgeklügelter Handel, und Volpert setzte Vogel ohne Zaudern unter Druck, wenn es darum ging, die Wünsche des MfS zu erfüllen. Mit dem neuen Geschäft, das nun Jahr für Jahr über tausend Gefangenen und ihren Familien den Weg in die Freiheit ebnete, hatte die DDR sich ein politisches Druckmittel verschafft, mit dem sie dem Westen Zugeständnisse oder ganz einfach mehr Geld zu entlocken vermochte. Bonn hatte sich erpreßbar gemacht, und Vogel sollte diesen Zustand auf diplomatischem Wege ausnutzen.

Von Anfang an war klar gewesen, daß die Kommunisten vor Erpressung nicht zurückschreckten. Dies bekam auch Benedikt Graf von und zu Hoensbroech zu spüren, Sproß einer alten und ungemein wohlhabenden Adelsfamilie, der als Student aus idealistischen Motiven DDR-Bürgern bei der Flucht half. Mit einigem Erfolg schleuste er die Flüchtlinge in unauffällig abgetrennte Kabinen von Umzugslastwagen, bis er im September 1963 von der Stasi verhaftet wurde.

Seine Festnahme, erst nach einigen Tagen öffentlich bekanntgegeben, erregte großes Aufsehen. Die Familie Hoensbroech war prominent, besaß ausgedehnte Ländereien im Rheinland und einflußreiche Beziehungen zur Bonner Regierung. Da Heinrich von Brentano, der damalige Bundesaußenminister, Hoensbroechs Cousin war, drängten die DDR-Beamten den Grafen, seinem Verwandten schriftlich zu unterbreiten, daß ein Brief des Außenministeriums an die SED-Regierung zu seiner Begnadigung führen könne. In Bonn wurde die Idee jedoch als primitiver Trick zurückgewiesen, die Bundesrepublik zur staatlichen Anerkennung der Deutschen Demokratischen Republik zu bewegen.

Der junge Graf dachte sich wohl, daß man den Teufel mit dem Beelzebub austreiben müsse, und verpflichtete den berüchtigten Kaul als seinen Verteidiger. Doch Kaul kümmerte sich nicht persönlich um die Verteidigung von Hoensbroech und seinen zwei Mitangeklagten, als der Fall im Juli 1964 vor der Kammer 1B des Berliner Stadtgerichts verhandelt wurde. In der hysterischen Stimmung des

Kalten Krieges erschallten während der Anklage und der unvermeidbaren Verurteilung Schlagworte wie »Hyänen der Menschheit« oder »Menschenhandel«. Das Gericht kam zu dem Schluß, daß Hoensbroechs Unternehmungen von der »verbrecherischen« Bundesregierung gebilligt, ja heimlich unterstützt worden sein. Hoensbroech wurde zu zehn Jahren Gefängnis verurteilt.[2]

Das offizielle Programm der Bonner Gefangenenfreikäufe steckte zu jener Zeit noch in den Kinderschuhen. Mit Zustimmung der Staatssicherheit nahm Kaul deshalb private Verhandlungen mit der Familie Hoensbroech auf. Er schlug eine Ablösesumme von zwei Millionen D-Mark vor, die er für angemessen hielt, um den Schaden, den der Adelige der Arbeiterklasse zugefügt hatte, wiedergutzumachen und seine unversehrte Rückkehr in den Westen sicherzustellen.

Die Hoensbroechs informierten umgehend die Bonner Regierung. Dort befürchtete man, daß ein solcher Präzedenzfall das bisherige System, das 40.000 DM pro Kopf vorsah, zum Kippen bringen könnte; daher bestand Erich Mende darauf, Hoensbroechs Namen auf eine der regulären Listen mit den üblichen Preisen setzen zu lassen. Wie er später schrieb, rief er Stange in Berlin an und erkundigte sich bei ihm mit sarkastischem Unterton: »Bitte fragen Sie ihren Kollegen Vogel in Ost-Berlin, ob ein Graf im Arbeiter- und Bauernstaat der DDR fünfzigmal wertvoller ist als ein Arbeiter.«[3]

Vogel leitete die Nachricht an Volpert weiter, und laut Mende waren die Ostdeutschen so beschämt, daß sie Kauls Ablöseforderung unter den Tisch fallen ließen. Von da an zog sich Kaul aus dem Fall zurück. Im Herbst 1964 wurde Hoensbroech, der mittlerweile schon ein Jahr inhaftiert war, in Zivilkleidung in den Besucherraum seines Gefängnisses geführt und mit Vogel bekannt gemacht, der einem Polizeibeamten durch ein Kopfnicken zu verstehen gab, er möge Walter Ulbrichts Begnadigungsschreiben verlesen. Als der Graf einwandte, daß er nie einen Antrag dieses Inhalts gestellt habe, entgegnete Vogel, er möge doch einfach den Lauf der Dinge akzeptieren. Weiter führte der Brief aus, daß Hoensbroechs Strafmaß aufgrund guter Führung um die Hälfte gekürzt und die restliche Strafe zur Bewährung ausgesetzt werde.

Vogel forderte Hoensbroech auf, ihm zu seinem Wagen zu folgen. Dann fuhr er ihn über den Grenzübergang Heinrich-Heine-Straße. Als sie sich dem Schlagbaum näherten, hatte er seinem Mandanten eine West-Zigarette angeboten und kurz den Grenzposten zugenickt, die nicht einmal seinen Paß kontrollieren wollten, sondern das Auto ohne Zögern passieren ließen.

Allerdings hatte Mende den Erpressungsversuch nicht ganz so erfolgreich abgewehrt, wie er vorgab. Die DDR – ob beschämt oder

123

nicht – hatte keineswegs kapituliert: Der Preis war lediglich auf 450.000 DM reduziert worden. Da die Bonner Regierung davon nur 40.000 DM übernahm, mußte der Vater des Grafen die restlichen 410.000 DM aus eigener Tasche zuschießen, die er – Kauls ursprünglicher Anordnung gemäß – auf ein Schweizer Bankkonto überwies.[4]

Wie der Fall Harry Seidel bewies, beschränkten sich die Erpressungsversuche der DDR indessen keineswegs auf jenes eine Ziel: Geld. Seidel, ein berühmter Radrennfahrer, war am ersten Jahrestag des Mauerbaus nach West-Berlin geflohen. Dort hatte er anfangs mit den Tunnelbauern zusammengearbeitet, wurde aber am 14. November 1962 von bewaffneten Stasibeamten überrascht, als er gerade eine Flüchtlingsgruppe an einem abgelegenen Mauerabschnitt durch einen Tunnel bugsierte. Da er eine Waffe bei sich trug, eröffnete er das Feuer, um den letzten Fliehenden zu decken. Doch bei dem Schußwechsel wurden nicht nur zwei DDR-Soldaten verwundet, sondern auch er selber. An ein Entkommen war nicht zu denken. Am 29. Dezember 1962 wurde er vor Gericht gestellt und wegen »staatsgefährdender Gewaltakte« und »friedensgefährdender Aggression« zu lebenslanger Haft verurteilt.[5]

Seidel gehörte zu den wichtigsten Häftlingen auf Rehlingers Listen für die Jahre 1964 und 1965. Gleichwohl wurde er schon als einer der ersten abgelehnt. Die Bundesregierung ließ nicht locker, und schließlich konnte Rehlinger nach zähen Verhandlungen erreichen, daß Seidel auf eine Liste von Gefangenen gesetzt wurde, die am 13. September 1966 freigelassen werden sollten. Aber es kam anders. Zu Rehlingers Überraschung teilte Vogel ihm Anfang September mit, daß es der DDR aufgrund des zu erwartenden öffentlichen Interesses nun doch unmöglich sei, Seidels Entlassung zuzustimmen. Rehlinger war aufs höchste beunruhigt. Ost-Berlin hatte die Freilassung schriftlich bestätigt; wenn man jetzt einen solchen Wortbruch zuließe, würde das Regime es immer wieder darauf anlegen, Zusagen nicht einzuhalten.

»Wenn Seidel zu dem festgelegten Termin nicht erscheint, lasse ich das Schiff anhalten«, unterrichtete er Vogel, der wußte, daß die Vereinbarung ebenfalls einen Liefervertrag für eine Ladung Tierfutter beinhaltete, die in nächster Zeit zum Rostocker Hafen auslaufen sollte.[6] Vogel wandte sich mit der Nachricht an Streit: Das gesamte Unternehmen werde scheitern, falls man seine Glaubwürdigkeit untergrabe. Am 13. September saß Seidel wie versprochen im Bus.

Die DDR wußte jedoch, daß sie auf einen wunden Punkt gestoßen war. Als die SPD im Dezember 1966 im Rahmen der Großen Koalition in die Regierung eintrat und Herbert Wehner neuer Minister für gesamtdeutsche Fragen wurde, schnellten die Forderungen wieder in die Höhe. Wehner hatte kaum sein Amt angetreten, als Vogel auch schon vor seiner Tür stand: Der Gefangenenpreis sollte auf 60.000 D-Mark pro Kopf erhöht werden.[7]

Rehlinger, Wehners Hauptbeauftragter bei den Verhandlungen, machte aus seinem Zorn kein Hehl. Trotzdem sah er ein, daß die Forderung nicht einfach von der Hand zu weisen war. Zu gut wußte er, daß sich Bonn, indem es einen Grundbetrag von 40.000 DM gebilligt hatte, bereits auf das Spiel eingelassen hatte. Wenn man aber die DDR nicht in ihre Schranken wies, würde sie die Summen weiter in die Höhe treiben. Deshalb drängte er Wehner, die neue Forderung abzuschmettern.

Zu Rehlingers Überraschung wies Wehner ihn jedoch schroff zurecht, ja er warf ihm wütend vor, daß er das ganze Programm für die Freikäufe und Familienzusammenführungen ins Wanken bringe, und deutete an, daß Rehlinger als Christdemokrat möglicherweise aus politischen Gründen bewußt Sabotage betreibe.

Wehners Begeisterung für humanitäre Belange, sein Wunsch, Landsleuten zu helfen, die jenseits der Grenze Opfer der Teilung geworden waren, war durchaus verständlich. Schon in seiner Jugend hatte der Schusterssohn aus Dresden sich in der KPD engagiert, war während des Dritten Reiches dann nach Moskau geflüchtet und wurde später in Schweden interniert, wo sich seine ideologische Wandlung im Sinne der Sozialdemokratie vollzog. Durch und durch ein Verfechter der Interessen seines Volkes, sah er seinen Auftrag darin, mit allen Mitteln das Elend zu bekämpfen, in das die Deutschen sich durch den Zweiten Weltkrieg und die daraus resultierende Besatzung der Supermächte hineinmanövriert hatten.

Wolfgang Vogel sollte Wehner im Lauf der Jahre gut kennenlernen, und wie Streit verehrte auch er schon bald diesen Politiker, ohne dessen Segen vieles von dem, was er in den nächsten zwanzig Jahren hinter den Kulissen arrangieren sollte, schlechtweg unmöglich gewesen wäre. Ja, sogar Ludwg Rehlinger vermochte trotz zahlreicher Meinungsverschiedenheiten die Beweggründe des Ministers nachzuvollziehen und zu respektieren. So war ihr Zerwürfnis schnell wieder beigelegt; Wehner zog seine Pfeife heraus und beruhigte sich. Er entschied, daß die DDR ihr Gesicht wahren sollte. Nominell lag der Pro-Kopf-Preis je Häftling deshalb weiterhin bei 40.000 DM, während die gezahlte Gesamtsumme sich auf Bonns Geheiß erhöhte, um den angeblichen Kosten für die Familienzusammenführungen Rechnung zu tragen. Die Zahlungen für den Freikauf stiegen so von 24,8 Millionen DM im Jahre 1966 auf 31,5 Millionen DM im nächsten Jahr an und sollten von nun an konstant zunehmen.[8]

Mielke hatte erkannt, daß Bonn manipulierbar war. Auch er hatte während des Dritten Reichs zeitweise im Moskauer Exil gelebt, war indessen von ganz anderem Schlag als Herbert Wehner. Ende 1907 geboren, hatte der Chef des MfS als Sohn einer Berliner Arbeiterfamilie eine entbehrungsreiche Kindheit hinter sich. Nachdem er 1930 arbeitslos geworden war, trat er der KPD bei. Ein Jahr darauf wurde er erstmals vor Gericht gestellt, und zwar wegen Mittäterschaft bei der Ermordung zweier Berliner Polizisten, die von einer kommunistischen Kampfgruppe getötet worden waren.

Er floh nach Moskau, kehrte jedoch in den Westen zurück, um im spanischen Bürgerkrieg zu kämpfen und für die Komintern in Belgien und Frankreich zu arbeiten, wo er während der deutschen Besatzung einem Arbeitsbataillon zugeteilt wurde. Mielke war brutal, skrupellos und gerissen und in politisch-taktischer Hinsicht von äußerst scharfsinnigem Instinkt. So war es ihm gelungen, sich bis in die Stasispitze hochzuarbeiten, wobei er jeden, der ihm im Weg stand, mit erpresserischen Methoden beseitigte. Ironischerweise sollte er allerdings nach dem Zusammenbruch der DDR nicht für seine skrupellosen Machenschaften bei der Staatssicherheit zur Rechenschaft gezogen werden, sondern nach über 60 Jahren für einen noch immer ungeklärten Polizistenmord.

Mielke war ein treu ergebener Diener Moskaus und ein persönlicher Anhänger des »Genossen Stalin«. Um so ernster nahm er daher die drängenden Forderungen des KGB, die Bundesrepublik zur Freilassung eines Agenten zu bewegen, der den Sowjets bis zu seiner Verhaftung 1961 spektakuläre Dienste geleistet hatte. Es handelte sich um Heinz Felfe, den vielleicht erfolgreichsten russischen Spion zur Zeit des Kalten Krieges. Mielke war fest entschlossen, sich Vogels Einfluß zunutze zu machen, um Felfe freizubekommen. Über Volpert ließ er den Anwalt anweisen, den Namen des Agenten bei den Verhandlungen ins Spiel zu bringen. Doch Bonn weigerte sich kategorisch, über Felfes Freilassung auch nur ein Wort zu verlieren – nicht zuletzt deshalb, weil der legendäre Chef des Bundesnachrichtendienstes, General Reinhard Gehlen, diesem seinen ungeheuerlichen Verrat nicht verzeihen konnte.

Felfe – groß, agil, athletisch – glich mit seiner dicken Kunststoffbrille und seinem spärlichen Haar in mancher Hinsicht eher einem Professor. Seinem außergewöhnlich scharfen Verstand hatte er nach dem Krieg durch ein Jurastudium an der Bonner Universität den letzten Schliff gegeben. Vor allem aber waren es seine Fähigkeiten als ehemaliger Gestapo-Offizier und Polizeikommissar, an denen Amerikaner und Russen gleichermaßen interessiert waren.

Der brutale britische Bombenangriff auf Dresden Mitte Februar 1945, der mit Hilfe der US-Air-Force durchgeführt worden war, hatte ihn schließlich auf die Seite der Sowjets gebracht. Mit diesem schrecklichen Feuersturm, in dem Zehntausende von Zivilisten sinnlos getötet wurden, die durch die nicht mehr abzuwendende Niederlage ohnehin schon demoralisiert waren, verlosch auch der letzte Funke jener Sympathie, die Felfe während des Krieges für die westlichen Siegermächte empfunden haben mochte. Später sagte er: »Ich habe Dresden geliebt, wie man nur seine Heimat lieben kann. Wenn ich von Berlin nach Dresden fuhr, da habe ich immer im Zug im Gang gestanden und habe mir die herrliche Stadtsilhouette angesehen. (...) Ich hatte dort ja alle meine Freunde, Jugendfreunde. Und dann kam noch etwas dazu: Mein Elternhaus wurde getroffen, verbrannte, und als meine Eltern am nächsten Morgen hinaus gingen (...), wurden sie beschossen. Alte Menschen - mein Vater war schon hoch in den Siebzigern -, die mit dem letzten Köfferchen, das die Papiere enthielt, zu fliehen versuchten, wurden mit Kanonen beschossen. Und das war, möchte ich sagen, die letzte Hemmschwelle, mich den Sowjets zu öffnen.«[9]

Bei Kriegsende wurde Felfe von kanadischen Truppen gefangengenommen und aufgrund seiner Tätigkeit für die Gestapo in ein holländisches Gefangenenlager abtransportiert, aus dem er 1946 wieder entlassen wurde. Kurz arbeitete er mit dem britischen Geheimdienst zusammen; dann verdingte er sich in einem Flüchtlingslager als Vernehmungsbeamter, beauftragt, die politische Vergangenheit der Neuankömmlinge zu überprüfen. 1951 folgte der entscheidende Schritt: Von zwei Dresdener Freunden, Hans Clemens und Erwin Tiebel, die ebenfalls bei der SS gedient hatten, wurde er für die Sowjets angeworben. Im August desselben Jahres reiste Felfe deshalb zum KGB-Stützpunkt nach Karlshorst, wo er seinen russischen V-Mann kennenlernte, den er auch Jahre später noch - aus echter Zuneigung und Achtung - nur mit »Alfred« anredete. Alfred kannte und liebte die deutsche Kultur und war ihm gegenüber stets loyal.

Die Russen hatten Felfe hauptsächlich aus Furcht vor der bevorstehenden Wiederaufrüstung der Bundesrepublik angeworben. Er sollte sich in den Nachrichtendienst einschleusen, den Gehlen gerade aufbaute, und den Sowjets bis ins Detail über dessen Aktivitäten berichten. Der Plan ging auf: Schon bald erkannte Gehlen Felfes Fähigkeiten und übertrug ihm die Leitung der sowjetischen Abteilung des Spionageabwehrdienstes im Hauptquartier seiner Organisation in Pullach bei München.

Anfangs unterlagen die Aktionen der »Organisation Gehlen« noch der Kontrolle durch die CIA, die aus dem Rest des Wehrmachtsgeheimdienstes, sofern er sich während des Krieges auf die Sowjetunion konzentriert hatte, eine neue Organisation aufbauen wollte. Später entstand daraus der Bundesnachrichtendienst, der unmittelbar dem Bundeskanzleramt unterstellt ist. Felfe war einer seiner brillantesten Offiziere, ein Meister der Spionageabwehr, der mit Effizienz und bewundernswertem Geschick Doppelagenten für sich arbeiten ließ und über die Vorgänge innerhalb der Berliner KGB-Niederlassung in Karlshorst genauestens informiert zu sein schien. In der Pullacher BND-Zentrale hatte er ein maßstabgerechtes Modell der Karlshorster Anlage aufstellen lassen, das bis ins Detail jede für die Westdeutschen wichtige Information enthielt – selbst darüber, welcher Sowjetoffizier welches Bad benutzte.

Da Bescheidenheit nicht seine größte Tugend war, hatte Felfe jedoch Anfang 1960 die Aufmerksamkeit von Clare Petty auf sich gelenkt, eines Spezialisten des CIA-Spionageabwehrdienstes.[10] Die Amerikaner hatten von einem Agenten des polnischen Geheimdienstes mit dem Decknamen»Sniper« den Tip bekommen, daß es in den Reihen der»Organisation Gehlen« auf höchster Ebene einen Verräter gab. Auch Felfes ausschweifender Lebensstil hatte den Verdacht der CIA erregt: Er besaß in den Bergen ein Chalet mit zehn Zimmern und schickte seinen Sohn auf eine Privatschule, deren Kosten in keiner Relation zu seinem monatlichen Gehalt von 1.700 DM standen.[11]

1961 war Felfe dann einen Schritt zu weit gegangen. Hans Clemens hatte ihn telephonisch um Hilfe gebeten, nachdem er einen Brief von»Alfred« erhalten hatte, den er nicht entziffern konnte, und Felfe hatte Clemens daraufhin geraten, ihm den Brief per Einschreiben zu schicken. Als das Päckchen eintraf, wurde es vom BND abgefangen, der darin eine Seite mit kodierten Anweisungen von Felfes KGB-Offizier fand. Die CIA kopierte die Nachricht, versiegelte sie wieder, schickte sie weiter und wartete darauf, daß die Falle zuschnappte.[12]

Am Montag, dem 6. November, schlug Felfes Stunde. Die Verhöre zogen sich über mehrere Wochen hin. Bei seiner Verhandlung im Juli 1963, bei der sich auch Clemens und Tiebel zu verantworten hatten, sagte Felfe über seine Arbeit während der vergangenen zehn Jahre, er habe sich gefühlt, als wenn»er auf zwei Hochzeiten tanze, und zwar mit den Sowjets und mit Gehlen«. Seinen Aussagen zufolge hatte er fünfzehntausend Fotos und nahezu alle geheimen Unterlagen weitergeleitet, an die er herankommen konnte. Er hatte Dutzende von Spitzeln in der DDR und im Ausland verraten, außerdem Decknamen, konspirative Adressen von Informanten und Mitteilungscodes, wortwörtliche Berichte des Spionageabwehrdienstes, Protokolle von Ausschußsitzungen, Listen von verdächtigen Personen und Ostspionen, gegen die in der Bundesrepublik ermittelt wurde, Kurzbiographien seiner Kollegen und vieles andere mehr.[13] Da der größte Teil der Arbeit des BND bis 1961 dadurch im großen wie im kleinen mit einem Schlag bedeutungslos geworden war, erhielt Felfe vierzehn Jahre Gefängnis – nur ein Jahr weniger als die Höchststrafe. Er konnte sich aber auf die stillschweigende Unterstützung seiner sowjetischen Freunde verlassen. Sie würden ihm helfen, würden ihn aus dem Gefängnis herausholen.

Und wer hätte dies besser zu tun vermocht als Wolfgang Vogel? Anfang der sechziger Jahre hatte General Alexander Korotkow, der Leiter des »KGB Deutschland«, Mielke gebeten, den »Anwalt« zu bewegen, Verhandlungen über Felfes Freilassung in Angriff zu nehmen. Es war nicht das erste Mal, daß Vogel auf Verlangen des KGB zum Einsatz kam: Kurz zuvor hatte er bereits versucht, die Freilassung des Bundestagsmitglieds Alfred Frenzel auszuhandeln, der 1960 wegen Tätigkeit für den tschechoslowakischen Nachrichtendienst festgenommen worden war. Allerdings konnte er zunächst nichts erreichen, und zwar weder in Frenzels noch in Felfes Fall. So wartete man, bis sich 1966 eine erste Hoffnung auf Felfes Freilassung einstellte: Eine junge Frau aus der Bundesrepublik war in Kasachstan in die Falle des KGB getappt. Auf Volperts Drängen hin verbrachte Vogel den gesamten Herbst 1966 damit, über einen Austausch von Frenzel und Felfe gegen diese junge Frau zu verhandeln, deren Fall in der Bundesrepublik sensationelles Aufsehen erregt hatte.

Das Opfer war die einunddreißigjährige Journalistin Martina Kischke, die für die ›Frankfurter Rundschau‹ schrieb. Sie war von einer romantischen Leidenschaft für Osteuropa, die Sowjetunion, die russische Sprache und den Ingenieur Boris Petrenko ergriffen, der in Alma-Ata, der Hauptstadt Kasachstans, lebte. Aber das fatale Ende kam schnell. Im August 1966 flog Frau Kischke mit einem weißen Brautkleid im Gepäck in die Sowjetunion, bereit, ihr Leben im Westen aufzugeben und an der Seite ihres Mannes sowjetische Staatsbürgerin zu werden. Doch Petrenko enttäuschte sie; anstatt sie zu heiraten, lieferte er sie dem KGB aus, indem er in ihrer Handtasche eine Zigarettenschachtel mit Mikrofilmbildern von streng geheimen Militärunterlagen versteckte, die der KGB bei ihrer Festnahme am 8. August in Petrenkos Dienstwagen entdeckte. Erst zwei Wochen später teilten die Sowjets der Moskauer Botschaft der Bundesrepublik mit, daß Martina Kischke in Alma-Ata festgehalten werde. Dort wurde ihr zuerst »staatsgefährdende Tätigkeit«, später Spionage für den BND angelastet.[14]

Falls die Russen mit diesem Fall bewußt versucht haben sollten, in Deutschland eine Propagandawelle gegen sich auszulösen, so hätte ihnen dies kaum besser gelingen können. Martina Kischke sah genauso aus, wie sie war: verletzlich, zartbesaitet, eine junge Idealistin, die Frieden und Verständigung wünschte. Und jetzt schoben ihr die Vernehmungsbeamten, als sie nach einem Monat Haft in die

Moskauer Lubjanka verlegt worden war, sogar noch ein Liebesverhältnis mit General Gehlen unter![15] In Deutschland ging ein Aufschrei der Entrüstung durch die Bevölkerung. Der Herausgeber der ›Frankfurter Rundschau‹, Karl Gerold, schwor, daß kein einziger sowjetischer Vertreter oder Journalist auch nur einen Fuß über die Schwelle seines Verlages setzen werde, solange Frau Kischke noch im Gefängnis sei. »Wir sind bereit, unser Bestes zu tun, um, auch gemeinsam mit der Sowjetunion, für den Frieden dieser Welt zu arbeiten«, schrieb er. »Wir sind aber nicht bereit (...), uns wie Hunde behandeln zu lassen.«[16] Links- wie rechtsgerichtete Zeitungen, Radio- und Fernsehsender, das gesamte rot-schwarze Spektrum der bundesdeutschen Presse schloß sich zu Martina Kischkes Verteidigung zusammen, und zwar mit solcher Entschiedenheit, daß Botschafter Semjon Zarapkin, ein zynischer Veteran des Kalten Krieges, sich beim Außenministerium offiziell darüber beschwerte, daß die Medien mit Unterstützung der Bundesregierung die guten deutsch-sowjetischen Beziehungen zerstörten. Brüsk wurde ihm die Tür gewiesen.

Die ›Frankfurter Rundschau‹ hatte unverzüglich Kontakt zu Vogel aufgenommen, der sich einverstanden erklärte, die Freilassung zu arrangieren. Aber nicht einmal jetzt ließ sich die Bundesregierung erweichen, der Freilassung von Heinz Felfe zuzustimmen. Bonn war lediglich bereit, für Martina Kischke und drei weniger bedeutende westliche Spione den ehemaligen Kommunisten Frenzel freizulassen, einen Sudetendeutschen, der auf Vogels Vorschlag die deutsche Staatsbürgerschaft inzwischen abgelegt und die tschechische angenommen hatte.

Vogels Verhandlungen mit dem KGB liefen über Volpert, der ihm Ende Dezember mitteilte, daß das Geschäft vorangehe. Schon kurz darauf – es war ein Tag vor Weihnachten – konnte Vogel zum ersten Mal nach Moskau reisen, wo er auch einen Eindruck von der Lubjanka gewann. Und seine Reise hatte Stil! Als er am frühen Morgen des 23. Dezember zum Flughafen Schönefeld gebracht wurde, begleitete ihn eine Eskorte der Staatssicherheit zu Walter Ulbrichts Privatmaschine. Minuten später befand er sich bereits auf dem Flug in die sowjetische Hauptstadt.[17]

Kaum war er gelandet, da näherte sich erneut eine Eskorte, diesmal jedoch von KGB-Fahrzeugen. Unverzüglich brachte man Vogel zum Dserschinski-Platz. Von dort aus fuhr er durch jenes eiserne Nebentor in die Lubjanka hinein, durch das schon die unzähligen Opfer von Stalins Säuberungsaktionen transportiert worden waren. Sekundenlang fragte sich Vogel, ob er hier wohl jemals wieder herauskommen würde.

Die Wagen hielten in einer Tiefgarage. Vogel fuhr mit dem Aufzug

130

in den zweiten Stock und wurde über eine Treppe ein Stockwerk höher in ein komfortabel möbliertes Büro geleitet. Dort begrüßte ihn ein Mann, der sich in gebrochenem Deutsch als Offizier vorstellte. Er war gut gekleidet, hatte einen dunklen Teint und dunkle Augen sowie distinguierte, korrekte Umgangsformen – zweifellos ein Frauentyp, dachte Vogel, der ihn aufmerksam musterte. Martina Kischke hatte ihn nie anders als unter dem Namen »Oberstleutnant Fokin« kennengelernt, und nicht anders erging es Vogel. »Für uns sind Sie ein Anwalt für internationale Fälle«, meinte der Russe ohne Umschweife, dankte ihm für seine Hilfe im Fall Abel und äußerte sich zuversichtlich, daß man auch in Zukunft miteinander im Geschäft bleiben werde. Dann betätigte er einen Knopf auf seinem Schreibtisch, die Tür öffnete sich und Martina Kischke kam herein.[18]

Von Vogel hatte Frau Kischke bislang noch nie gehört. Als er ihr von Fokin als »Anwalt Vogel aus Ost-Berlin« vorgestellt wurde, dachte sie, der KGB habe jemanden einfliegen lassen, der sie bei einem Schauprozeß zum Schein vertreten solle. Allerdings war der Mann, dem sie nun gegenübertrat, für einen Ostdeutschen erstaunlich gut gekleidet. Sollte er wirklich nur ein Rechtsvertreter für einen Schauprozeß sein? So traute sie ihren Ohren nicht, als Fokin ihr erklärte, daß sie von Vogel in einer Sondermaschine nach Ost-Berlin begleitet und anschließend bei Wartha-Herleshausen über die Grenze gebracht werde: Noch am selben Abend werde sie frei sein. »Ich gratuliere Ihnen«, sagte Vogel lächelnd und hielt ihr die Hand hin. Das war seit vier Monaten das erste Mal, daß jemand ihr gegenüber eine menschliche Geste zeigte.

Danach verlief alles in höchster Eile. »Wir fliegen direkt nach Berlin«, sagte ihr Vogel in dem schwarzen KGB-Wagen, der sie zum Flughafen brachte. Später erinnerte sich Martina Kischke: »Als ich die Gangway hinaufstieg, waren hinter mir Vogel, noch zwei andere, mein Dolmetscher und zwei KGB-Offiziere. In der Kabine standen weißgedeckte Tische und Sessel. Ein Steward servierte armenischen Cognac. Die Russen erhoben ihre Gläser. ›Sie sind jederzeit als Gast in unserem Land willkommen‹, meinte einer der Offiziere zu mir.« Sie wußte nicht, ob ihr zum Lachen oder zum Weinen zumute sein sollte.[19]

Auf dem dreistündigen Rückflug nach Ost-Berlin kam Martina Kischke dem Anwalt zunächst sehr zurückhaltend vor. Doch der Cognac und Vogels beruhigende Art ließen sie bald auftauen. Er erzählte ihr, daß die Sowjets ursprünglich Felfe für sie gefordert hätten, sie dann aber gegen Frenzel ausgetauscht worden sei. »Ich habe kein Geld, um Sie zu bezahlen«, wandte sie ein. »Das ist schon alles geregelt«, sagte Vogel und berichtete, daß die ›Frankfurter Rundschau‹ ihn engagiert habe.[20]

Nach der Ankunft in Schönefeld folgte die Fahrt zum Grenzübergang Herleshausen. Kurz bevor Vogels Wagen die letzte DDR-Transitstelle passierte, stiegen wie verabredet die drei kleineren Spitzel zu – Martina Kischke hielt sie für Stasioffiziere – und fuhren wortlos mit ihnen auf die westdeutsche Seite. [21]

Bei Heinz Felfe sah die Sache anders aus. Nachdem Vogel sich 1966 vergeblich um seine Freilassung bemüht hatte, machten die Sowjets nun noch mehr Druck. Auf Drängen Volperts setzte Vogel Felfes Namen weiterhin an die erste Stelle der Gefangenen; gleichwohl kam er keinen Schritt weiter. Ende 1968 saß Felfe schon sieben Jahre im Gefängnis. Vogel erhielt Anweisung, sich noch einmal ins Zeug zu legen.

Also wandte er sich direkt an Herbert Wehner, und zwar mit einem Vorschlag, den Mielke vermutlich als großes Geschenk betrachtete: Felfe sollte gegen achtzehn westdeutsche Spione ausgetauscht werden, fünfzehn Männer und drei Frauen, die in der DDR festgehalten wurden. Einer gegen achtzehn: Das war in der Tat ein Angebot, das sich schwerlich zurückweisen ließ. Wehner versuchte, die Genehmigung dafür zu bekommen. Doch angesichts der fast schon mythischen Symbolkraft des Falles Felfe legte Kanzler Kurt-Georg Kiesinger sein Veto ein.

Vogel stellte Wehner daraufhin ein Ultimatum – ein Vorgang, der dem Fall eine völlig neue Dimension verlieh –, indem er deutlich machte, daß die Sowjets inzwischen bereit seien, die DDR notfalls zum Einsatz sämtlicher Druckmittel zu zwingen. Wehner wußte, daß Vogel die Genehmigung für die Freilassung mehrerer hundert politischer Gefangener und ihrer Verwandten ausgehandelt hatte, die bereits damit rechneten, 1969 in den Westen ausreisen zu können. Nun erinnerte ihn der Anwalt daran, daß »diese Leute schon auf ihren Koffern säßen«. Wenn Bonn sich hingegen weiterhin dem Angebot der DDR verweigere, würde man ihnen befehlen, ihre Sachen wieder auszupacken. Im Falle einer Ablehnung, betonte Vogel, sei er von seiner Seite aus zu der Warnung verpflichtet, daß sich daraus negative Konsequenzen für die humanitären Bemühungen ergeben müßten.

Dies war für Wehner undenkbar. Pfeifepaffend schaute er Vogel an, zog die Augen zu Schlitzen zusammen und sagte: »Wenn ich Sie nicht so gut kennen würde, dann würde ich sagen: Das ist eine Erpressung.« »Wenn Sie Ihren Part nicht übernehmen können, dann müssen wir auch passen«, konterte Vogel. »Nennen Sie's, wie Sie wollen; ich sehe es fast auch so, aber ich habe keine andere Wahl.«[22]

Mitte 1968 hatte Felfe über die Hälfte seiner Strafe verbüßt, so daß nach bundesdeutschem Recht die Möglichkeit bestand, den Rest zur

Bewährung auszusetzen. Und sowenig Wehner Erpressung tolerierte, sowenig wollte er auch den Kampf um politische Prinzipien auf dem Rücken von Gefangenen und Pensionären ausfechten. »Das sind Menschen, das sind keine Tomaten«, unterstrich Vogel und hielt ihm eine Liste von Familien hin, die auf die Zusammenführung warteten und durch den Fall Felfe zurückgehalten wurden. »Was machen wir also?« Nach einer langen Pause folgte Wehners Antwort. »Wir werden weiter verhandeln«.[23]

Vogel besuchte Felfe kurz vor Weihnachten im Straubinger Gefängnis. Er war zurückhaltend. Er wußte, daß die Gefängnisräume abgehört wurden – genau wie auf der anderen Seite der Mauer. Dennoch gab er Felfe zu verstehen, daß er wahrscheinlich binnen einigen Wochen freikommen werde. Immerhin hatten die Westdeutschen ihn bereits sieben Jahre hinter Gittern gehalten, länger als irgendeinen anderen DDR-Spion.[24]

Vogels Verhandlungsmethode hatte funktioniert. Die Bundesregierung gab nach, ließ sich durch das Druckmittel der Häftlingsfreilassungen zuletzt doch erpressen. Mit immer größerer Entschiedenheit wollte man sicherstellen, genügend Agenten zurückzubekommen. Rehlingers Amt stellte eine Liste von sechsundzwanzig Häftlingen zusammen, die anstatt der ursprünglich von Vogel angebotenen achtzehn gegen Felfe ausgetauscht werden sollten.

Am Ende kamen zu jenen ursprünglichen achtzehn allerdings nur noch drei weitere Personen hinzu: Die Russen hatten sich einverstanden erklärt, drei deutsche Studenten auszuliefern, die wegen Spionage und antisowjetischer Aktivitäten in Moskau verurteilt worden waren. Anfang Februar hatte Vogel die gesamte Liste abgehandelt. Nicht lange danach trat er seinen zweiten und letzten Flug nach Moskau an, um die drei Studenten abzuholen.

Am Feitag, dem 14. Februar 1969, wurden alle, auch Heinz Felfe, bei Dunkelheit an dem abgelegenen, schneebedeckten Grenzübergang Herleshausen in die Freiheit entlassen. Zwei westdeutsche Polizeibeamte hatten Felfe von Straubing zur Grenze gefahren. »Wissen Sie«, sagte einer von ihnen zu ihm, »zwischen unseren beiden deutschen Staaten funktioniert ja überhaupt nichts mehr. Aber wenn der Rechtsanwalt Vogel sagt, das und das passiert und wird gemacht, dann ist dies das einzige, was klappt und stimmt. Er ist der einzige, der noch ein Bindeglied zwischen unseren Staaten ist und auf den man sich verlassen kann.«[25]

Gegen 18.00 Uhr trafen sie ein, eine Stunde vor dem festgesetzten Termin. Um sich die Zeit zu vertreiben, spielten sie Karten und schlürften zusammen eine Tasse Kaffee, bis man sich für ein letztes Treffen in eine ehemalige Fischerhütte in der Nähe des Grenzübergangs begab.

Da es mittlerweile stockfinster war, konnte Felfe dort kaum etwas sehen. Aber nach ein paar Augenblicken öffnete sich die Tür, und Rehlinger trat ein. Für den westdeutschen Beamten war es ziemlich schwierig gewesen, die »Organisation Gehlen« zur Einwilligung zu bewegen: Wenn Abwehrleuten jemand wie Felfe ins Netz lief, dann war das wie ein kleiner Triumph, und es galt fast als Verrat, den Gefangenen wieder freizulassen. Rehlinger spürte, daß die BND-Leute ihn mit einer gewissen Feindseligkeit anschauten, und einen Moment lang überlegte er, ob Vogel im Osten wohl mit ähnlichen Problemen zu kämpfen hatte.

Auch aus diesem Grund behandelte er Felfe förmlich und kurz angebunden: »Ich habe Ihnen folgendes zu eröffnen. Der Herr Bundespräsident hat sie begnadigt. Als Jurist wissen Sie, daß Sie nur bedingt entlassen werden, das heißt, Sie dürfen innerhalb von fünf Jahren nicht straffällig werden, sonst wird die Reststrafe verhängt. Sie sind jetzt ein freier Mann, Sie sind für uns ein Bürger der Bundesrepublik, Sie können tun und lassen, was Sie wollen, Sie können rübergehen und wieder zurückkommen, das ist Ihre Entscheidung. Guten Tag.«[26]

Als Rehlinger die kleine Hütte verließ, trat Vogel gerade in Begleitung Stanges ein. »So, nun ist es endlich soweit«, sagte er mit einem Lächeln. Noch kurz zuvor hatte der Anwalt in dem Bus gesessen, der die drei westdeutschen Studenten und die achtzehn Gefangenen, von denen einige zu lebenslänglichen Strafen verurteilt worden waren, über die Grenze in Richtung Herleshausen gefahren hatte. Jetzt war es an der Zeit, die Hauptperson des Geschäftes auszuliefern.

Vogel und Stange forderten Felfe auf, in Vogels Wagen einzusteigen. Obwohl die Freilassung eigentlich heimlich ablaufen sollte, grellten plötzlich Blitzlichtgewitter auf. Vogel fuhr in das Niemandsland, hielt neben einem anderen Wagen und bat Felfe, in diesen umzusteigen. Dann legten sie die restliche, etwa einen Kilometer lange Strecke bis zum DDR-Staatsgebiet zurück. Am Grenzübergang strahlten die Scheinwerfer auf einen Mann, der einen Strauß roter Nelken in der Hand hielt, an dem zwei rote Bänder herunterhingen. »Ich begrüße Sie im Namen der Deutschen Demokratischen Republik«, empfing der hohe Stasibeamte den ehemaligen Agenten. »Ich beglückwünsche Sie, und da drüben wartet jemand auf Sie.«

Einige Meter entfernt stand »Alfred«. Während er Felfe nach russischer Sitte umarmte und auf beide Wangen küßte, sagte er zu ihm: »Es wird Zeit, daß du kommst. Ich bin bereits seit zwei Jahren nach Berlin versetzt, nur mit der Aufgabe, dich hier abzuholen. Es hat sich viel länger hingezogen, als wir gedacht haben.«

Sie fuhren zum Grenzübergang, wo ein Major der Grenztruppen

salutierte und fragte: »Ist die Aktion beendet? Kann ich die Grenze jetzt wieder öffnen?« Als sich die Schranke Sekunden später hob und die beiden passieren ließ, sah Felfe eine lange Schlange von einundzwanzig Reisebussen, die stundenlang vor der Grenze gestanden hatten, bis der Austausch abgeschlossen war. Von den mehr als tausend Häftlingen, die wartend »auf ihren Koffern gesessen« hatten, jenen Menschen, deren Schicksal Herbert Wehner veranlaßt hatte, in Bonn die Auslieferung des Verräters durchzusetzen, wurden die ersten nun endlich in den Westen entlassen.[27]

Im Herbst 1969 hatte Vogel den Status eines Mannes, auf den man zählen konnte. Als ein Kind des Mittelstandes in der schlesischen Provinz aufgewachsen, hatte er in der Tat einiges aus seinem Leben gemacht. Er war mit sich zufrieden. Und was noch wichtiger war: Auch sein Gönner Josef Streit war mit ihm zufrieden und belohnte ihn mit einer Auszeichnung, die von Deutschen diesseits und jenseits der Mauer gleichermaßen geschätzt wird: Von nun an war er »Dr. Vogel«. Auf Streits Drängen und trotz der Einwände Hilde Benjamins, Vogels alter Feindin aus den Zeiten im Justizministerium, wurde ihm am 17. Oktober 1969 von der Deutschen Akademie für Staats- und Rechtswissenschaften »Walter Ulbricht« in Potsdam die Ehrendoktorwürde verliehen. Zwei Jahre zuvor, als Hilde Benjamin noch im Amt war, hatte sie Vogels Nominierung durch einen entsprechenden Vermerk in seiner Personalakte blockiert. Mittlerweile jedoch konnte sie ihm keine Hindernisse mehr in den Weg legen.[28]

Seit einiger Zeit war Vogel aus jenem schäbigen Haus an der Alt-Friedrichsfelder Straße, in dem das Büro der Rechtsanwaltskammer untergebracht war, herausgewachsen. 1968 erhielt er die Erlaubnis, sich mit einer eigenen Anwaltspraxis niederzulassen, ein seltenes Privileg, das er seinen Beziehungen zu verdanken hatte. Für 68.000 Mark kaufte er ein stuckverziertes Haus in der Reiler Straße Nummer 4, dreistöckig und mit einem steilen, ziegelgedeckten Dach. Der Preis wäre für normale DDR-Bürger unerschwinglich gewesen. Zu denen freilich gehörte Vogel ja nicht mehr.

Das neue Büro befand sich am Ostberliner Stadtrand in Friedrichsfelde, in der Nähe der dortigen S-Bahn-Station, und war nur wenige Autominuten von Volperts Büro in der Normannenstraße entfernt. Ostdeutsche Klienten, die den normalen Broterwerb sicherten, konnten die Kanzlei gut erreichen. Inmitten ruhiger Obst- und Schrebergärten gelegen, in denen DDR-Bürger Erdbeeren züchteten, Blumen pflanzten und sich im Sommer an warmen Sonntagen erholten, eignete sich das Büro zudem als diskreter Treffpunkt. Hierher konnten sich jederzeit Mandanten aus dem Westen begeben, ohne um die Wahrung ihrer Privatsphäre fürchten zu müssen, und auch Jürgen Stange kam und ging unbeobachtet, um die monatlichen Gefangenenlisten durchzugehen.

Vogels Geschäft basierte auf absoluter Geheimhaltung. Häufig warnte er seine Verhandlungspartner, daß allzu bedenkenlose Worte das ganze Unternehmen zu Fall bringen könnten, und auch den Gefangenen legte er beim Einsteigen in die Busse stets nachdrücklich ans Herz, Verschwiegenheit zu bewahren. Er selbst dagegen fürchtete die Auswirkungen der Publicity nicht – weit gefehlt! Seine Sekretärinnen waren angewiesen, alle Zeitungsausschnitte, in denen ihr »Chef« erwähnt wurde, aufzubewahren, und sie nahmen diese Aufgabe durchaus ernst. So wurde James Donovans Buch über den Fall Abel-Powers in Vogels Archiv ebenso liebevoll verwahrt wie die dazu erschienene ›Spiegel‹-Serie oder jene ungezählten Schnellhefter, die in chronologischer Reihenfolge Zeitschriftenartikel und -ausschnitte enthielten – ganze Regale voll. Daneben wurden Hunderte von Briefen dankbarer Klienten gehortet, die ihre Freilassung Vogels rätselhaftem Einfluß auf das Regime zu verdanken hatten, und die gelegentlichen Aussagen westlicher Verhandlungspartner, die den Umgang mit Vogel äußerst angenehm fanden.

Vogel betrachtete sich selbst als diskreten Boten und Vermittler. Für ihn war es wichtig, daß ihn Streit, Mielke und – soweit er informiert war – auch Walter Ulbricht für ebenso verläßlich hielten wie die Beamten aus der Bundesrepublik. Er war stolz darauf, unentbehrlich geworden zu sein. Der Junge, der in Wilhelmsthal im Auftrag seines Vaters Vermittlungs- und Versöhnungsbriefe überbracht hatte und dafür mit einer Silbermünze belohnt worden war, führte nun für Regierungen aus Ost und West Missionen von staatstragender Bedeutung durch, und diese Arbeit versah ihn nicht nur mit barer Münze, sondern – was ihm selber weit wichtiger war – mit Hochachtung. In der Tat trug Vogel sein Ansehen zur Schau, und zwar mit einer Deutlichkeit, die manchem der puritanischen SED-Beamten fraglos zu weit ging. Seine Schwäche war die Eitelkeit.

Das spiegelte sich unter anderem in seiner Kleidung wider. Wie viele Menschen, die in der Provinz geboren werden, besaß auch Vogel das Bedürfnis, städtisch zu erscheinen, und ohne Zweifel verfügte er über nicht wenig Geschmack. In seinen bunten Hemden, seinen farbkräftigen Krawatten und modischen Anzügen mit den für die späten Sechziger typischen breiten Revers und dem weiten Hosenschlag hätte Vogel in den farblosen Straßen Ost-Berlins eine exzellente Figur gemacht – wenn er denn hätte zu Fuß gehen müssen. Aber Ende der sechziger Jahre hatte er sich einen Mercedes angeschafft, den er – wie er Streit und anderen, die fragend die Augenbrauen hochzogen, erzählte – dringend benötigte, da nur dieses Auto leistungsstark und haltbar genug sei, um jene vierstündigen

Fahrten nach Herleshausen erträglich zu machen, die er fast wöchentlich auf holperigen Autobahnen aus Hitlers Zeiten zu unternehmen hatte.

Und doch: die Limousine, die Anzüge und das Geld, all diese Dinge hätte er auch im Westen haben können, als Anwalt bei irgendeiner großen Firma, die sich mehr als glücklich geschätzt hätte, jemanden mit seinen Talenten einstellen zu können. Keine Frage, daß er Angebote bekommen hatte. Doch es war das Gefühl, unentbehrlich zu sein, das ihn in Ost-Berlin festhielt, das Gefühl, von den Machthabern des Landes zu geheimen Aufgaben ausgewählt worden zu sein, die politisch so brisant waren, daß er sich fast als einer der ihren fühlte konnte. Vogel hatte eine Aufgabe sui generis, die ihn faszinierte und ihm ein außergewöhnliches Leben ermöglichte – das war die Wahrheit. Es ließ sich nicht darüber streiten, daß er eine unvergleichliche Stellung besaß. Schon früh war er von Josef Streit und Heinz Volpert aus der normalen MfS-Laufbahn herausgenommen und in eine ganz besondere Kategorie eingestuft worden, und wenn Vogel auch gelegentlich Widerwillen gegen die Methoden der Staatssicherheit empfand, mit denen er bei der Verteidigung seiner Mandanten konfrontiert wurde, so machte die materielle Belohnung das doch mehr als wett. Er redete sich ein, daß er Hunderte, ja Tausende von Menschen davor bewahrte, jahrelange Gefängnisstrafen verbüßen zu müssen, politische Häftlinge ebenso wie Spione. Gleichviel ob sie sich der Straftaten, die ihnen angelastet wurden, wirklich schuldig gemacht hatten oder nicht, in Vogels Augen waren alle bemitleidenswert. Zudem war dieses Mitleid für ihn ja auch durchaus profitabel.

Man mußte schon immer am Zug bleiben, um diese Arbeit gut zu machen. Vogel legte sich ein eigenes Archiv an, durchforstete die Zeitungen nach Berichten über Festnahmen kommunistischer Spione im Westen und westlicher Agenten im Osten, hob diese sorgsam auf und holte sie wieder hervor, wenn die Zeit für Verhandlungen reif war. Nicht immer wartete er, bis man ihm Namen gab. Manchmal machte er seinen Gesprächspartnern auch auf eigene Faust Vorschläge. Sobald er dann Anzeichen von Interesse feststellte, setzte er die Stasi unverzüglich in Kenntnis: Keine Gelegenheit war zu versäumen. Die Fahrten nach Bautzen und Herleshausen genoß er genauso wie das entspannte Zusammensein mit Stange und Reymar von Wedel, wenn sie nach abgeschlossener Unternehmung ein Glas Bier oder Wein zusammen tranken. Das Erfolgserlebnis, das sich bei jeder Freilassung einstellte und nach Vogels Ansicht nur mit dem Gefühl eines Arztes verglichen werden konnte, der seinem Patienten das Leben gerettet hat, war wohltuend für ihn. Seine Klienten wußten daher, daß er bemüht war, sein Bestes zu geben, und hielten ihm dies zugute, wenn er ab und zu einen Mißerfolg einstecken mußte.

Doch sosehr seine Mandanten diese bedingungslose Hingabe an den Beruf zu schätzen wußten, seine Familie teilte ihre Empfindungen nicht. Wie viele andere Jugendliche ärgerte sich auch Vogels Sohn Manfred, damals Anfang Zwanzig, über den Widerspruch zwischen dem trostlosen, von oben diktierten Leben in Ost-Berlin und jener Überflußgesellschaft, die in westlichen Fernsehsendern zu betrachten war. Und da proklamierte die SED-Propaganda auch noch Tag für Tag die Überlegenheit des Sozialismus! Mit der Kompromißlosigkeit, die für dieses Alter typisch ist, wollte Manfred wissen, wie sein Vater so eng mit dem verlogenen Regime zusammenarbeiten konnte. Daß er die Lügen zwar sah, aber das Übel zu mildern suchte, wollte ihm einfach nicht in den Kopf. Laut genug, um von der Staatssicherheit gehört zu werden, verkündete er, daß Franz Josef Strauß sein Idol sei. Und Strauß war damals bei der Stasi durchaus nicht – noch nicht – besonders beliebt.

Mehr und mehr hatte Vogels Ehe unter den Belastungen seiner anspruchsvollen Karriere zu leiden. Vogel arbeitete vom frühen Morgen bis spät in die Nacht und war aufgrund des Gefangenenaustausches permanent unterwegs, so daß für seine Frau und seine Kinder nur wenig Zeit übrig blieb. Freunden aus dem Westen erzählte er, daß Eva, Lilo und Manfred westlich der Mauer zwar sicherlich glücklicher sein würden als auf der Ostseite, seine Aufgabe sei jedoch so wichtig, daß er unter allen Umständen dableiben und weiterarbeiten müsse. Schließlich vertraute er sich Streit in einem Gespräch unter vier Augen an. Der Generalstaatsanwalt zeigte Verständnis. So wurde 1966 in aller Stille zunächst die Ehe geschieden, dann die Ausreise der Familie arrangiert. Manfred, in die Fußstapfen seines Vaters tretend, schrieb sich an der Universität Innsbruck für Jura ein. Später ließ auch er sich als Anwalt nieder, und zwar in West-Berlin, wo ihn zwar nur wenige Kilometer – und doch ganze Welten – von der Praxis seines Vaters trennten.

Vogel bezog ein Junggesellenappartment in der Moldaustraße, nicht weit von seinem Büro entfernt. Er war nun in der Lage, sich voll und ganz der Arbeit zu widmen. Aber seine Stimmung war angegriffen, erstmals seit langem wieder ungefestigt, und bisweilen kam es vor, daß er ein Glas zuviel trank, was einige seiner Freunde wie Feinde aufmerksam werden ließ. In allen Mehrfamilienhäusern hatte die DDR ihre Spitzel sitzen. Zehn Jahre zuvor war schon das Einschalten eines westdeutschen Fernsehsenders Grund genug gewesen, um jemanden in ernsthafte Schwierigkeiten zu bringen, und auch Ende der sechziger Jahre war es noch höchst gefährlich, sich auch nur in verhaltener Weise kritisch über Ulbricht zu äußern.

Bei den Wahlen nicht zur Urne zu gehen war genauso prekär, wie wenn man am 7. Oktober, dem Nationalfeiertag, nicht die Flagge hißte. Aber die Stasi hatte nicht nur die ideologische Einstellung im Auge, sie propagierte auch ihre eigene Kleinbürgermoral. So geschah es einmal, daß Vogel zu Streit zitiert wurde, um zu einem Bericht Stellung zu nehmen, dem zufolge er in der vorhergehenden Nacht eine Minderjährige in seine Wohnung gebracht und beim Abschied geküßt haben sollte. »Ja«, sagte er wutschäumend. »Meine Tochter hat mich besucht und ist über Nacht geblieben.«

Streit ließ die Beschwerde fallen, schaute seinen Schützling allerdings doch mit einem ernsten Blick an. Er seufzte in väterlicher Sorge: »Wolfgang, warum suchst du dir nicht eine nette Frau, verliebst dich und führst wieder ein geregeltes Leben?« 1969 kam Vogel schließlich mit der guten Nachricht in Streits Büro: »Josef, mich hat's erwischt.« »Gott sei Dank!«, rief der Generalstaatsanwalt aus. »Die Sache hat nur einen Haken«, fuhr Vogel fort. Streit stöhnte, als er hörte, worum es sich handelte. In Gedanken malte er sich bereits aus, wie die kleinkarierten Stasibürokraten darauf reagieren würden: Nicht genug, daß Vogel einen Mercedes fuhr; jetzt mußte er auch noch ein Verhältnis mit einem Flittchen aus der BRD haben.[29]

Ein Klient hatte Wolfgang Vogel und Helga Fritsch zusammengebracht. Werner Ufer war Schwimmtrainer in der Bundesrepublik und ein guter Freund von Helga, die aus Essen kam. Zwischen der Stadt im Ruhrgebiet und dem geschäftigen, weltstädtischen Berlin lag ein weiter Weg, und Helga, die schon immer einmal die beiden Hälften der geteilten Metropole hatte kennenlernen wollen, konnte Ufer schließlich überreden, die Reise mit ihr anzutreten. Der Schwimmtrainer hatte indessen auch seine eigenen Gründe, nach Ost-Berlin zu fahren. Er wollte mehr über die Leistungssportler in der DDR erfahren, die bei den Olympischen Spielen regelmäßig fast sämtliche Medaillen des Schwimmwettbewerbs gewannen. Als die beiden sich 1968 auf den Weg machten, nahm Ufer daher ein paar Briefe für einen der DDR-Spitzenschwimmer mit.

Die Zollbeamten am Grenzübergang Heinrich-Heine-Straße entdeckten die Briefe. Zum Argwohn gedrillt, warfen sie Ufer vor, mehr als einen schlichten Briefwechsel im Sinn gehabt zu haben, und stellten ihn unter Arrest. Helga hingegen ließen sie gehen, worauf diese die westdeutschen Behörden um Hilfe bat. So kam sie mit Vogel in Kontakt. Der unkompliziertere Teil des Falles war gelöst, als Vogel die DDR-Behörden davon überzeugt hatte, daß es sich hier lediglich um ein Mißverständnis handelte; der weitaus schwierigere folgte und bestand in der Frage, welchen Weg er und Helga in Zukunft einschlagen sollten. Sie hatten Gefallen aneinander gefunden.

Der dreiundvierzigjährige Vogel hatte zu jener Zeit den Höhepunkt seiner Karriere erreicht. Seine altmodisch geschliffenen Manieren, sein distinguiertes Auftreten und seine charmante Art, zu reden und zu flirten, beeindruckten die achtundzwanzigjährige Helga trotz des Altersunterschiedes tief. Beiden war klar, daß sie den Rest ihres Lebens zusammen verbringen wollten, sobald Vogel Ufer aus dem Gefängnis freibekommen haben würde. Allerdings war im Hinblick auf die gemeinsame Zukunft eine grundlegende Entscheidung zu fällen. Entweder mußte sich Vogel in der Bundesrepublik ein neues Leben aufbauen, oder Helga mußte zu ihm nach Ost-Berlin ziehen.

Vogel wollte, so zeigte sich schnell, die DDR keinesfalls verlassen. Seine Aufgabe machte ihm Spaß, und mittlerweile hatte sich in der gesamten Deutschen Demokratischen Republik, in den Gefängnissen von Bautzen, Hohenschönhausen oder in der Magdalenenstraße herumgesprochen, daß der Anwalt wahre Wunder bewirken konnte. Das hatte er in Tausenden von Fällen bewiesen. Allein durch den Gefangenenaustausch hatten 7.379 Häftlinge und ihre Familien in den Westen ausreisen dürfen, und die Geschäfte florierten immer mehr: Jedes Jahr flossen etwa fünfzig Millionen DM aus Bonn in den Osten. Ein jährliches Honorar, ebenfalls von Bonn bezahlt, erlaubte es Vogel, verschiedene kleinere Ausgaben im Zusammenhang der Freilassung zu bestreiten: die Begleichung der Schulden etwa, die die Gefangenen gemacht hatten, sowie andere Zahlungsforderungen, denen sie nach der Haftentlassung nachzukommen hatten. Außerdem mußte er davon die Löhne zweier Assistenten und mehrerer Sekretäre sowie Telefon- oder Telexrechnungen und die Auslagen für die fast wöchentlichen Fahrten zu den Grenzübergängen bezahlen.

Vogel hatte das Gefühl, daß man ohne ihn nicht mehr auskam – und er brauchte es auch. Würde er einfach seine Sachen packen und in den Westen gehen, so erklärte er Helga, dann wäre das ein Verrat an all seinen Mandanten, ja an der humanitären Sache selber. Die Folgen seien ebenso sicher wie verheerend: Falls er, der Chefunterhändler, in den Westen überlaufen sollte, würde die DDR diese Menschen unweigerlich bestrafen. Er sah es fast jede Woche, wenn er eines der Gefängnisse betrat: In den finster dreinblickenden Gesichtern mancher Stasiwachen war zu lesen, daß diese mehr als froh sein würden, den lästigen Anwalt endlich loszuwerden.

Vogel war der Überzeugung, daß niemand seinen Platz einnehmen konnte. Er hatte ein Vertrauen auf beiden Seiten der Mauer geschaffen, wie es vorher nicht einmal in Ansätzen bestanden hatte, und diese Leistung verführte ihn zu einer Selbsteinschätzung von höchstem, mitunter gewiß zu hohem Rang. Es gab Stunden, in denen er sich einredete, daß ein guter Strafverteidiger – nicht anders als ein Priester – eine Berufung habe.

Vogel, auch nach dem Scheitern seiner ersten Ehe praktizierender Katholik, glaubte an das Beichtgeheimnis. Das Vertrauensverhältnis zwischen Anwalt und Klient erschien ihm in einem ähnlichen Licht; ein Versprechen gegenüber einem Klienten war auch ein Versprechen vor Gott. Folglich durfte er nicht Hunderte, wenn nicht gar Tausende seiner Mandanten in den Gefängnissen im Stich lassen, zumal er sich lebhaft vorstellen konnte, mit welchem Vergnügen ein Stasivernehmungsbeamter den Häftlingen mitteilen würde, ihr Anwalt habe sich gerade aus dem Staub gemacht. Außerdem hätte er niemals den Vorwurf ertragen, er sei – wie es die SED-Propaganda dann sicherlich verbreiten würde – die ganze Zeit lediglich am Geld interessiert gewesen und habe nun endlich einen Vorwand gefunden, um sich mit einem dicken Bankkonto in den Westen abzusetzen.[30]

Vogel fuhr sogar nach Essen, um den Fall mit Helgas Eltern zu besprechen. Diese meinten, daß nur ihre Tochter selber entscheiden könne, was sie mit ihrem Leben anfangen wolle. 1969 traf sie die Entscheidung: Sie zog nach Ost-Berlin, um in der Reiler Straße als Sekretärin zu arbeiten.

Doch obwohl Streit persönlich die Umzugserlaubnis erteilt hatte, war in einflußreichen Kreisen Widerstand zu spüren. Vogel hörte über Umwege, daß Kaul sich über seine neue Lebensgefährtin abfällig als »liebe Dame aus Frankfurt« äußerte. Wieder wurde er vom MfS überwacht, und diesmal war Volpert nicht in der Lage, etwas dagegen zu unternehmen. Da seine beiden Hauptverantwortungsbereiche, die Aktivitäten von Vogel und Schalck-Golodkowski, immer umfangreicher geworden waren, hatte man ihn von seinen Pflichten in der für Kirchenangelegenheiten zuständigen Abteilung entbunden und als Mielkes persönlichen Assistenten in allen Fragen mit einem Sonderstatus und entsprechenden Vergünstungen versehen. Wie die Dinge lagen, spionierte die Staatssicherheit weiterhin ungehindert in Helgas Leben herum, um auch den letzten Verdacht auszuräumen, daß sie für den Bundesnachrichtendienst arbeite. Noch überraschender freilich war die Reaktion, die aus Westdeutschland kam: Offenbar hatte auch der BND den Anwalt im Visier, weshalb Helga für die nächsten Jahre ein striktes Einreiseverbot in den Westen erteilt wurde.[31]

Indessen lenkte Vogels zweite Frau das Leben ihres Mannes wieder in geregelte Bahnen. Bei der Arbeit und zu Hause: In jeder Hinsicht stand sie ihm mit Rat und Tat zur Seite. Von nun an auf mehr Ruhe und Entspannung bedacht, entschloß sich Vogel, der Stadt zumindest an den Wochenenden zu entfliehen, um sich von der erheblichen psychischen Belastung der Arbeit zu erholen. Bei einer Routineangelegenheit hatte er den Schweriner See kennengelernt, ein kleines Gewässer im Südosten Berlins, das mit dem Auto etwa eine Stunde von seinem Büro entfernt war. Die stille Schönheit der Gegend schlug ihn sofort in ihren Bann. Er beauftragte einen Ortsansässigen, ihm ein am Wasser gelegenes Grundstück zu suchen, das zum Verkauf stünde. Auf einer Insel, die über einen kleinen Damm mit der Hauptstraße und der Autobahn nach Berlin verbunden war, machte der Mann schließlich ein Stück Land ausfindig, das Vogels Vorstellungen entsprach. Der Anwalt erfuhr, daß es einer Frau gehörte, die in West-Berlin lebte; denn damals konnte man Eigentum in der DDR auch nach dem Umzug in den Westen noch behalten. Es kam zu Verhandlungen. Am Ende zahlte Vogel der Besitzerin gemäß einem Vertrag, den man bei einem Westberliner Notar geschlossen hatte, außer den regulären 4.000 noch weitere 20.000 D-Mark von seinem Westkonto, um sich danach – für etliche tausend Mark übrigens – ein geräumiges, winterfestes, zweistöckiges Ferienhaus aus Holz bauen und einen weitläufigen Garten anlegen zu lassen.

Für DDR-Verhältnisse war das Haus recht komfortabel ausgestattet. Über eine lange Anfahrt erreichte man den überdachten Stellplatz, unter dem der Mercedes geparkt wurde. Der Hausflur führte am Gästebad vorbei direkt in eine Küche, die mit den modernsten Geräten aus dem Westen eingerichtet war. Dahinter richteten sich die Vogels eine Glasveranda ein, von der aus der Blick über einen Rosengarten, in dem sich eine Miniaturwindmühle in der leichten Brise drehte, bis zum See schweifen konnte.

Im Wohnzimmer standen ein großes, dunkel gebeiztes Büfett aus dem 18. Jahrhundert, gutgepolsterte Sessel und ein Sofa, ein Tisch und eine Glasvitrine, die mit Porzellanvögeln in allen Formen und Größen dekoriert war, die meisten davon aus Meißen. In einer Ecknische in der Nähe des Fensters prangten zwei große hölzerne Barockfiguren und einige russische Ikonen aus dem 19. Jahrhundert. Im Obergeschoß hatte sich Vogel ein Arbeitszimmer eingerichtet und am Panoramafenster einen hübschen alten Schreibtisch aufgestellt, von dem er direkt auf das Wasser blicken konnte.

Wie sehr die Stasi seine zweite Frau auch observiert haben mochte: Streits Vertrauen in seinen Schützling war unerschütterlich. Er hatte für Vogel große Pläne geschmiedet. Am 1. August erhob er ihn durch eine schriftliche Vollmacht offiziell in den Rang eines hohen Repräsentanten der DDR:

»Die Regierung der Deutschen Demokratischen Republik bestellt Sie mit sofortiger Wirkung bis auf schriftlichen Widerruf als ständigen Rechtsberater und in besonderen Fällen als Rechtsvertreter.

Diese Ernennung erstreckt sich insbesondere auf die Wahrnehmung der Interessen der Deutschen Demokratischen Republik gegenüber der Bundesrepublik Deutschland, der besonderen politischen Einheit West-Berlin und gegenüber anderen Staaten.

Berlin, den 1. August 1969

Dr. Streit«[32]

Vogel rahmte die Urkunde ein und hängte sie in seinem Büro neben ein Photoporträt von Streit, gleich in Sichtweite seines Schreibtisches. »Manchmal«, so pflegte er in einem Anflug von gespielter Geheimnistuerei zu sagen, »steht hinter einem Anwalt eine Regierung oder eine Behörde – wer weiß?« Von 1969 an wußten Vogels Partner auf beiden Seiten des Eisernen Vorhangs, daß der Anwalt nicht nur für sich selber sprach, sondern auch im Namen der Deutschen Demokratischen Republik und ihrer »zuständigen Organe«, einschließlich des MfS. Bei Verhandlungen über die Freilassung von politischen Gefangenen und Agenten trat Vogel nun in der Tat als ein von der Staatssicherheit offiziell ernannter Berater auf.

Jürgen Stange allerdings sah in all dem vornehmlich eine Gefahr. Für ihn schien es von grundlegender Bedeutung zu sein, daß Vogel über die Gefangenen nicht frei verhandeln konnte; letzten Endes wurden die Namenslisten mit den zur Entlassung freigegebenen Häftlingen ja nicht von ihm, sondern vom MfS abgesegnet. Daß der Anwalt nachdrücklich betonte, er habe dabei nicht selten enorme Widerstände zu überwinden, machte die Situation in Stanges Augen nur noch deutlicher: Trotz all seiner Beziehungen, trotz Volperts Fürsprache war Vogel im Grunde genommen eben doch nur ein besserer Bote, ein ausführendes »Organ« – nichts weiter.

Für Vogel lagen die Dinge anders. Seine Selbstachtung verbot es ihm, sich derartig leidenschaftslos zu sehen. Sein Anliegen war, möglichst viele Gefangene freizubekommen und seinen Ruf als Retter in der Not zu festigen, zumal ja bisweilen tatsächlich das Leben eines Klienten von seinem Verhandlungstalent abhing. Wenn er in solchen Fällen helfen wollte, so war das nur durch enge Zusammenarbeit mit dem MfS möglich. »Zwei Seelen wohnen, ach, in meiner Brust«, hatte Goethes Faust geklagt, ein Ausruf, der auch von Vogel hätte stammen können. Und solange die Mauer stand, blieb der Widerspruch bestehen, obgleich zunächst noch unentdeckt. Seine Brisanz sollte erst später ans Licht kommen.

Teil III
Der Seelenverkäufer

Sechstes Kapitel

Der Vertraute Honeckers

»Warum fahren Sie nicht nach Berlin?«

Als im Oktober 1969 eine Koalition aus SPD und FDP unter Willy Brandt an die Regierung kam, geriet zum ersten Mal seit dem Ende des Zweiten Weltkrieges echte Bewegung in die Beziehungen der Bundesrepublik zur Sowjetunion und zum gesamten Ostblock. Vogels Karriere war jetzt noch stärker als zuvor politisch geprägt. Näher denn je stand er dem Zentrum der Macht in Ost-Berlin. In den Augen der neuen Bonner Regierung erreichte er fast den Status eines Botschafters.

Im Gegensatz zu der eher skeptischen Einstellung seiner Vorgänger war Brandt zutiefst davon überzeugt, daß eine Konfrontationspolitik zwischen Ost und West nicht allein für die Deutschen, sondern auch für alle anderen Europäer eine Gefahr darstellte. Aus diesem Grund waren seine Mitarbeiter überaus interessiert daran, die inoffiziellen Gesprächskanäle nach Ost-Berlin weiter auszubauen. Und es war Vogel, der ihnen diese zugänglich machen konnte, zumal er inzwischen durch einen Führungswechsel innerhalb des Regimes in eine Schlüsselposition befördert worden war.

Als Regierender Bürgermeister West-Berlins hatte Brandt den Mauerbau aus unmittelbarer Nähe miterlebt. So wußte er aus persönlicher Erfahrung, wohin Konfrontation führen konnte und – für den Kanzler noch wichtiger – daß sich auf diesem Wege so gut wie nichts erreichen ließ. Seiner Meinung nach wurde das Leben für die Deutschen auf beiden Seiten der Grenze keineswegs besser, wenn man sich weigerte, der Wirklichkeit ins Auge zu schauen, und die Wirklichkeit bestand Ende der sechziger Jahre nun einmal in einem starken kommunistischen Nachbarn, dessen Herrschaftsbereich an der deutsch-deutschen Grenze anfing und nicht die geringsten Anzeichen für einen Zusammenbruch zeigte. Angesichts dieser Lage entstand die Konzeption einer Politik der »kleinen Schritte«: Brandt und seine Ratgeber planten, zunächst nur die lästigsten, spürbarsten Hindernisse im Verkehr beider Seiten zu verringern, freilich mit dem Ziel, sie auf lange Sicht ganz zu beseitigen. Schrittweise sollte so der Weg von der Konfrontation zur Kooperation, womöglich sogar zur Demokratisierung der kommunistischen Gesellschaften Osteuropas zurückgelegt werden.

»Wandel durch Annäherung« lautete die Formel, die dieses große Ziel zusammenfaßte[1], geprägt von dem ehemaligen Berliner Journalisten Egon Bahr, der seit den fünfziger Jahren an Brandts Seite arbeitete. Ein unbedingter Gegner der Adenauerschen Politik, hatte Bahr sich schon 1956 zum Eintritt in die SPD entschlossen: War es doch die CDU gewesen, welche die Mitgliedschaft der westlichen Landeshälfte in der Europäischen Gemeinschaft und im Nordatlantischen Verteidigungsbündnis für wichtiger gehalten hatte als eine eventuelle Wiedervereinigung des geteilten Landes. Und eben diese Integration war für Adenauer zugleich der Grund gewesen, auf einer strengen Isolation der DDR zu beharren. Jetzt wollten Brandt und sein Außenminister, Walter Scheel, diese Isolation mit »kleinen Schritten« beenden, wobei sie freilich keineswegs ein anderes Ziel als Adenauer vor Augen hatten: Auch sie hofften, die DDR schließlich unterminieren und eine Wiedervereinigung ermöglichen zu können.

Es war klar, daß man bei all dem direkt in der Sowjetunion ansetzen mußte, das heißt bei der neuen Moskauer Führung, die sich unter Leonid Breschnew gerade konsolidierte. Da die Sowjets allzu gut wußten, welche Gefahren eine Unabhängigkeit der DDR für sie bedeuten würde, reagierten sie anfangs mißtrauisch. Zugleich jedoch witterte Breschnew die Chance, durch die Bundesrepublik Einfluß auf deren westliche Bündnispartner zu gewinnen, eine Möglichkeit, die man sich auf keinen Fall entgehen lassen wollte. Ulbricht – dogmatisch, verknöchert, unbeweglich – stand dem Machthaber im Kreml bei diesem Vorhaben zweifellos im Weg. Und nicht nur ihm: Auch für die ehrgeizigen Pläne Erich Honeckers, den Ulbricht lange Zeit protegiert hatte, war der greise SED-Parteimann nur noch ein Hindernis. Honecker, seit 1958 Sekretär für Sicherheitsfragen im Zentralkomitee der SED und somit letzten Endes auch Herr über den Apparat der Staatssicherheit, kam den Absichten Breschnews mehr entgegen, und so war es kein Zufall, daß Moskau gerade auf ihn verfiel, als man es angesichts des Bonner Regierungswechsels für nötig hielt, Ulbricht durch einen gefügigeren Mann zu ersetzen – jemanden, der die Chancen von Brandts neuer Politik zu nutzen wußte, ohne Bonn die Gelegenheit zu geben, einen Keil zwischen die östlichen Verbündeten zu treiben.

Damit war Honecker Anfang der siebziger Jahre für die sowjetische Führungsspitze der einzig akzeptable Kandidat. Gleichwohl ermahnte Breschnew ihn am 18. Juli 1970 während eines Gesprächs auf der Krim: »Wir haben Truppen bei euch. (...) Ohne uns gibt es keine DDR.« Ein unzweideutiger Wink: Ulbricht hatte, so war aus seiner Politik klar hervorgegangen, am Ende besser als die Sowjets zu wissen geglaubt, wie man einen sozialistischen Staat auf deutschem Boden aufbauen müsse. »Also: man muß die Überheblichkeit in der DDR beseitigen«, meinte Breschnew zu Honecker. »Dies ist für uns alle von Schaden.«[2]

Im Frühjahr 1971 war Honecker bereit, Moskau zu Diensten zu sein. 1912 im Saarland geboren, war der gelernte Dachdecker während des Dritten Reichs als Mitglied der KPD im Untergrund tätig gewesen. Als Kurier für Parteizellen hatte er in der Tschechoslowakei und im Reich gearbeitet, bis die Gestapo ihn am 5. Dezember 1935 in Berlin mit einem Koffer mit doppeltem Boden verhaftete, der »staatsgefährdendes Material« enthielt. Honecker legte ein Geständnis ab, in dem er auch den Namen einer jüdischen Medizinstudentin aus der Tschechoslowakei, mit der er sich getroffen hatte, und des Anführers der kommunistischen Jugendorganisation in Berlin preisgab. Durch einen Kassiber, der von der Gestapo abgefangen wurde, verriet er später noch weitere Informationen, und vermutlich erhielt er aufgrund dieser »Redseligkeit« die eher milde Strafe von nur zehn Jahren Gefängnis. Der Jugendführer Bruno Baum hingegen, den er verraten hatte, bekam dreizehn Jahre.[3] In Honeckers offizieller Biographie und in all den Huldigungen, die ihm später zuteil werden sollten, werden diese Dinge ebensowenig erwähnt wie der Parteiverweis, den ihm sein Verhalten 1945 nach seiner Befreiung eingebracht hat.

Nach dem Krieg machte sich Honecker daran, die FDJ zu einer Massenorganisation aufzubauen: Sie sollte unter den Jugendlichen Agitation und Propaganda betreiben. Anfangs, als die Kommunisten sich noch vortasteten, gab sich die FDJ als eine unparteiische, weitgestreute Organisation. Im Laufe der Zeit allerdings wurde sie Stalins Komsomol immer ähnlicher, so daß im Januar 1948 schließlich drei prominente Gründungsmitglieder – Vertreter der CDU und LDP – aus Protest aus dem Zentralrat austraten. All das kam Walter Ulbricht damals sehr gelegen. Schritt für Schritt bereitete er seinen Kronprinzen auf immer einflußreichere Posten in Partei und Staatssicherheit vor, während Honecker selber sich unauffällig die Unterstützung des Politbüros zu sichern wußte. Eine der wichtigsten Entscheidungen erfolgte dabei 1957, als er Mielke half, die Übernahme des MfS einzufädeln: Mielke ließ die Telefone Ernst Wollwebers, des Ministers für Staatssicherheit, anzapfen und legte Ulbricht die Mitschriften vor, um Wollwebers Untreue zu beweisen.

Doch mit der Zeit wurde Ulbricht, der nunmehr sowohl das Amt des DDR-Staatschefs als auch des Parteivorsitzenden innehatte, zunehmend selbstherrlicher, diktatorischer. Verlor er den Bezug zur Realität? Er hatte den Traum eines vereinigten, kommunistischen Deutschlands nie aufgegeben und glaubte ihn verwirklichen zu können, indem er die Wirtschaftsentwicklung der DDR so stark forcierte, daß sie die westliche Landeshälfte überrundete, obschon dort viermal so viele Menschen wie im Osten lebten. Der ZK-Sekretär für Wirtschaft, Günter Mittag, warnte den Staatschef: Ein solcher Kurs werde schon bald zu massiven Überlastungen, zu Volksunruhen führen. Dennoch drängte Ulbricht auf einen jährlichen Zuwachs der Arbeitsproduktivität von zehn Prozent, bis Honecker Ende 1970 das Zentralkomitee alarmierte, daß das Land am Abgrund einer Wirtschaftskatastrophe stehe. Ulbricht habe, so führte er aus, in der Sowjetunion und in kapitalistischen Ländern horrende Auslandsschulden angehäuft und ersticke innerhalb des Politbüros jede Diskussion über seine Politik sofort im Keim.

Bestärkt durch den Beschluß des ZK, Ulbrichts Gegendarstellung zu diesen Vorwürfen nicht zu veröffentlichen, schickten Honecker und dreizehn weitere Mitglieder des Politbüros am 21. Januar 1971 einen geheimen Brief nach Moskau, in dem sie ihr Anliegen vortrugen: »Genosse Walter Ulbricht läßt sich mehr und mehr vom Gefühl der Unfehlbarkeit leiten«. Sie baten Breschnew, dem Staatsratsvorsitzenden nahezulegen, seinen Posten als Erster Sekretär der SED aufzugeben und sich als Staatschef mit repräsentativen Aufgaben zu begnügen. Am 12. April teilte Breschnew dem »lieben Genossen« Ulbricht« mit, daß seine Zeit abgelaufen sei. Dieser rief daraufhin Honecker in Berlin an: »Erich, ich habe es mir überlegt, wir werden es so machen, wie du und Kurt Hager es mir vorgeschlagen haben.«[4] Am 3. Mai verkündete Ulbricht vor dem Zentralkomitee der SED seinen Rücktritt als Erster Sekretär und schlug vor, Erich Honecker zu seinem Nachfolger zu wählen.[5] Der Kronprinz war zum regierenden Monarchen geworden, verurteilt, dem fatalen Kurs seines Gönners zu folgen.

Ein Jahr zuvor auf der Krim hatte Breschnew Honecker erläutert, daß Brandt unter einem »doppelten Druck« stehe. »Er muß zu Vereinbarungen mit uns kommen«, heißt es in einer Mitschrift der Unterhaltung. »Er hofft, so seine Ziele in bezug auf [die] DDR zu erreichen. Sozialdemokratisierung DDR. (...) Wir werden eine Entwicklung nicht zulassen, die unsere Position in der DDR schwächt, gefährdet, werden den Anschluß der DDR an Westdeutschland nicht zulassen. Im Gegenteil: die Abgrenzung, der Graben zwischen DDR und BRD wird noch tiefer werden.«[6]

»Abgrenzung« wurde daher Anfang der siebziger Jahre zum wichtigsten Schlagwort für Honeckers Politik, wobei man sich nur schwer des Eindrucks erwehren konnte, daß sich in dieser Konzeption persönliche und überpersönliche Antriebe mischten: Der Gedanke ging ebenso auf die Minderwertigkeitskomplexe des neuen Parteivorsitzenden wie die seines Landes zurück. Der schmächtige, immer nervös lächelnde Mann, dessen Fistelstimme sich bei dem Versuch, seine saarländische Mundart zu überspielen, fast überschlug, wirkte in Gesellschaft Breschnews und anderer Staatsoberhäupter des Warschauer Pakts unsicher und von gleichsam wohlerzogener Unbeholfenheit – fast wie ein Schuljunge, der sich in seinem knappen, artig zugeknöpften, unförmigen Anzug angestrengt bemüht, des Lehrers Liebling zu werden. Ob er das Format hatte, seine eigene Position und die der Kommunisten gegenüber dem Druck aus dem Westen zu behaupten, war Breschnew 1971 offensichtlich keineswegs deutlich.

Doch auch auf der westlichen Seite gab es ein beträchtliches Maß an Ungewißheit. Bei einigen der Verbündeten Bonns riefen die Ziele Brandts und Bahrs große Sorge hervor. Besonders mißtrauisch war Henry Kissinger, Richard Nixons Sonderberater für Fragen der nationalen Sicherheit und späterer Außenminister. Die Vereinigten Staaten waren zu jener Zeit vollauf damit beschäftigt, sich aus ihrer verhängnisvollen Beteiligung am Vietnamkrieg herauszuwinden. Sie verfolgten mit Unbehagen, wie Brandt die Beziehungen zu Rumänien, der Sowjetunion, Polen, der Tschechoslowakei und anderen Ostblockstaaten Ende der sechziger, Anfang der siebziger Jahre normalisierte und 1972 den Grundlagenvertrag zwischen den beiden deutschen Staaten, den Grundstein zur neuen Ostpolitik, aushandelte. Den Vereinigten Staaten, Großbritannien und Frankreich war es 1971 mit der Unterzeichnung des Viermächteabkommens gelungen, ihre Interessen in Berlin zu wahren. West-Berlin erhielt den Status einer politisch gesonderten, doch mit der Bundesrepublik eng verbundenen Einheit. Nun aber befiel einige amerikanische Diplomaten ein ungutes Gefühl: Die Deutschen begannen, eigene Wege einzuschlagen.

Der Grundlagenvertrag verlieh der schon lange andauernden Debatte über die Wiedervereinigung Deutschlands eine grundlegend neue Dimension. Es blieb dabei, daß der westdeutsche Staat die verfassungsmäßig verankerte Hoffnung auf Wiedervereinigung aufrechterhielt und weiterhin allen Ostdeutschen, denen die Flucht über die Mauer gelang, die Staatsbürgerschaft der Bundesrepublik anbot. Zum ersten Mal aber wurde nun de facto auch die rechtmäßige Existenz der Deutschen Demokratischen Republik anerkannt. Die Bundesrepublik richtete in Ost-Berlin eine »Ständige Vertretung« ein und gestattete der DDR ein gleiches in Bad Godesberg. Da Bonn sich nicht mehr weigerte, Länder mit diplomatischen Beziehungen zur DDR anzuerkennen, konnten die USA, Großbritannien und Frankreich ungehindert Botschaften in Ost-Berlin einrichten und ihren Bürgern dort erstmals seit 1945 effektiven Konsulats- und

Rechtsschutz bieten. Aufgrund der Transitabkommen konnten Bundesbürger und Westberliner müheloser und schneller über die DDR-Autobahnen in die besetzte Stadt ein- und ausreisen, und auch die Ostdeutschen erhielten vermehrt Gelegenheit, ihre Verwandten im Westen zu besuchen – was zunächst nur für eine kleine Anzahl von Rentnern, später jedoch auch für jüngere Familienmitglieder galt. Und umgekehrt konnten Westdeutsche und Westberliner ihren Freunden und Familien in der DDR Besuche abstatten, mußten dabei allerdings eine Mindestsumme umtauschen. Devisen blieben gefragt im »Arbeiter- und Bauernstaat«.

Auch für Wolfgang Vogel brachten Honeckers Machtübernahme und der Grundlagenvertrag einschneidende Veränderungen. Schon kurz nach seinem Amtsantritt stellte der neue Erste Sekretär der SED klar, daß er Vogels Tätigkeitsbereich, die sogenannten »humanitären Bemühungen«, die bis Anfang der siebziger Jahre nahezu das gesamte Spektrum politischer und diplomatischer Beziehungen zwischen den beiden deutschen Staaten ausmachten, persönlich kontrollieren wollte. Im Mai 1973 ernannte er den Anwalt zu seinem persönlichen Abgesandten für solche Angelegenheiten. Von da an traf er auch selber mit ihm zusammen – allerdings immer in seinem Büro, nie in seinem Haus in Wandlitz.[7] Doch wenngleich die beiden sich stets förmlich mit »Herr Vogel« und »Herr Honecker« anredeten, bestand nun kaum noch ein Zweifel, daß Vogel am Ziel seiner Wünsche angekommen war.

Als sich im Herbst 1972 ein erfolgreicher Abschluß der Verhandlungen zum Grundlagenvertrag abzeichnete, gab Honecker einer spektakulären Generalamnestie statt. An die 25.000 Gefangene – unabhängig davon, ob sie aufgrund politischer oder nichtpolitischer Vergehen verurteilt worden waren – kamen frei. Außerdem ließ man noch einmal 2087 Menschen in den Westen ausreisen, ohne daß die Bundesregierung dafür zahlen mußte. Doch seine Verfügungsgewalt setzte Honecker auch in anderer Hinsicht ein, zum Beispiel indem er die Zahlungen aus Bonn von jetzt an persönlich überprüfte. Interne Parteiunterlagen enthüllten später, daß nur Honecker und Schalck-Golodkowski über eine Vollmacht für die Bankkonten verfügten, auf denen Bonns regelmäßige Überweisungen für den Freikauf eingingen, Beträge, die in den frühen siebziger Jahren bei annähernd 100 Millionen Mark pro Jahr lagen.

Indessen führte die Stabilisierung der offiziellen Beziehungen zugleich zu gravierenden Komplikationen, mit denen Vogel sich auseinanderzusetzen hatte. In der Bundesrepublik begannen Beamte der mittleren Entscheidungsebene sich zu überlegen, ob es nicht an der Zeit sei, den versierten Mittelsmann einfach auszuschalten. Günter Gaus zum Beispiel, ein bekannter Journalist mit

unverkennbarer Neigung zu intellektuellem Snobismus und geist-
reicher Eitelkeit, der kurz vor seiner Ernennung zum ersten bundesdeutschen »Ständigen Vertreter« in Ost-Berlin stand, fragte sich, ob
es tatsächlich noch nötig sei, sich auf Dr. Wolfgang Vogel zu stützen,
um die Auslösung der politischen Gefangenen zu garantieren.

Währenddessen lief das Geschäft wie geschmiert. Alle zwei
Wochen starteten aus Bautzen, Rummelsburg oder Hohenschönhausen Busse in Richtung Herleshausen. Zweimal pro Monat trafen
sich Vogel und Stange in Wartha, auf der DDR-Seite der Grenze, um
die Gefangenen zu verabschieden und ihnen zu erklären, wie und
warum sie für die Freilassung auserwählt worden seien. Anschließend wurden sie auf einem kurzen Umweg über eine sich durch die
Hügel schlängelnde Straße in Richtung Westdeutschland gebracht:
Die Autobahn war im Grenzbereich nicht passierbar, und zwar
wegen einer Brücke, die im Krieg stark beschädigt und nie wieder
instand gesetzt worden war. Inzwischen allerdings beabsichtigte die
Bundesregierung, die Geschäfte auf offizieller Ebene abzuwickeln.
Bürger der DDR, die einen Antrag auf Ausreise stellten, sollten
nicht das Gefühl bekommen, daß ihr Gesuch nur über den Umweg
einer Inhaftierung, also eines politischen Verbrechens, genehmigt
würde. Sie sollten die Möglichkeit haben, sich an die westdeutsche
Vertretung in Ost-Berlin zu wenden, um dort – ganz einfach – die
Ausstellung eines Visums zu beantragen.

Das war in zweierlei Hinsicht naiv: Erstens wurde die in einem
modernen Bürogebäude in der Nähe der Friedrichstraße unterge-
brachte Vertretung ständig von der Staatssicherheit überwacht.
Noch Jahre nach ihrer Einrichtung wurde jeder DDR-Bürger, der es
gewagt hatte, ohne besondere Befugnis an den vor dem Gebäude
postierten Stasiwachen vorbeizugehen, um drinnen mit den westdeutschen Beamten zu sprechen, schonungslos verfolgt. Und zwei-
tens war das Regime noch immer brennend an dem Geld interessiert, das es für die Freilassung politischer Gefangener erhielt.

In der Zeit zwischen der Unterzeichnung des Vertrages im
Dezember 1972 und seiner Ratifizierung durch den Bundestag im
darauffolgenden Frühjahr kam es in Bonn zu einer erbitterten, mit
äußerster Schärfe geführten Debatte. Ost-Berlin tat sein Bestes, um
deren Ausgang zu beeinflussen. Vogel benachrichtigte Gerhard
Kreysa – einen seiner Klienten, der wegen eines Fluchtversuchs
inhaftiert worden war, nun jedoch hoffte, seiner Frau in den Westen
folgen zu dürfen –, daß die Regierung alle Familienzusammenführungen bis zur Ratifizierung des Vertrages auf Eis gelegt habe. Das
resümierte die politische Situation.

Nichts war für das Selbstverständnis der Deutschen wesentlicher
als ihre Einstellung zur Teilung des Landes. Der Brandts Politik zu-

grundeliegende Gedanke, daß zwei getrennte deutsche Staaten innerhalb einer Nation zumindest vorübergehend bestehen könnten, war in der CDU/CSU-Opposition heftig umstritten. Selbst nach der Abstimmung über die Annahme des Vertrages im Bundestag drohte sie, das Inkrafttreten der Vereinbarungen durch eine Klage vor dem Bundesverfassungsgericht zu verhindern. Honecker reagierte auf diese Drohungen mit aller Entschlossenheit. Er demonstrierte Bonn, daß die DDR trotz der Aufnahme offizieller Beziehungen zwischen beiden Staaten noch immer die Spielregeln diktierte, daß Ost-Berlin bestimmte, wer das Land verlassen durfte, und daß Bonn für die Gefangenenfreilassungen nach wie vor zu zahlen habe. Im Mai 1973 beendete er auf einen Schlag und ohne jegliche öffentliche Stellungnahme die gesamten Freilassungen.

Herbert Wehner, den Brandt 1969 gebeten hatte, den Fraktionsvorsitz im Bundestag zu übernehmen, hatte mit Vogel im Frühjahr 1973 ein Abkommen über die Freilassung von 3000 Gefangenen ausgehandelt. Kaum einen Tag später setzte die DDR mehr als 2000 davon in Kenntnis, daß die Genehmigung zurückgezogen worden sei, obwohl die Ausreisepapiere bereits ausgestellt, die Koffer gepackt und die Menschen zur Abreise bereit waren. Vogel wurde beauftragt, den Westdeutschen zu erklären, worauf man aus war. Er wußte genau, wer ihm zuhören würde: Herbert Wehner, der ihm mehr als einmal seine Überzeugung dargelegt hatte, daß die Interessen einfacher deutscher Bürger für ihn in vielerlei Hinsicht wichtiger seien als die des Staates.

Vogel flog zum Flughafen Köln/Bonn und ließ sich unverzüglich zu Wehners Wohnung in Bad Godesberg fahren, wo dieser mit seiner Stieftochter und späteren Frau Greta lebte. Der Anwalt hatte einen Trumpf im Gepäck: die Bereitschaft, gewisse politische Risiken einzugehen, wozu ihn nicht nur seine zunehmende Vertrautheit mit Erich Honecker, sondern auch die Bekanntschaft mit Wehner selber ermutigt hatte.

Wehner war eine der schillerndsten Figuren des westlichen Nachkriegsdeutschland. Als ehemaliges Mitglied der KPD hatte er Ulbricht, Honecker und andere Kommunisten schon vor dem Krieg kennengelernt und während des Moskauer Exils eine Zeitlang mit der restlichen deutschen KPD-Führung im Hotel Lux gelebt. Als der KGB seine Loyalität in Frage stellte und ihn in der Lubjanka scharfen Verhören unterzog, begann er den Kommunismus nüchterner zu betrachten. Nach dem Einmarsch der deutschen Truppen in die Sowjetunion schickte man ihn in den kommunistischen Untergrund nach Deutschland und Schweden, wo er 1942 verhaftet und wegen »Gefährdung der schwedischen Freiheit und Neutralität« zu einem

Jahr Zuchthaus verurteilt wurde. Nach einer Verhaftungswelle warfen ihm seine Gegner in der KPD Verrat vor und erklärten ihn zum »Überläufer«, zum Parteiverräter.

Die Haft führte Wehner zu einer inneren Umkehr. Als er schließlich wieder in der Öffentlichkeit erschien, war er Sozialist geworden, ein »Bekehrter«, wie er später zu sagen pflegte, ein »gebranntes Kind«. Nach dem Krieg nach Westdeutschland zurückgekehrt, entwickelte er sich deshalb zu einem Anhänger des SPD-Vorsitzenden Kurt Schumacher, ein Wechsel, der in den Augen von Ulbricht und anderen deutschen Genossen, die mit ihm in der Komintern zusammengearbeitet hatten, wie ein persönlicher und klassenpolitischer Verrat aussah, den sie Wehner nicht zu verzeihen bereit waren.

In der Folgezeit war es Wehner, der die SPD zu einer Partei der Mitte umgestaltete, wenn er auch aufgrund seiner Vergangenheit, seines ungezügelten Temperaments und seines Mißtrauens immer nur stellvertretender Parteivorsitzender der Sozialdemokraten blieb. Im Innern schmerzte ihn dies natürlich, und so sah er nicht ohne Neid und unterdrückte Vorwürfe auf diejenigen seiner Parteifreunde, die an die Spitze aufgestiegen waren, einschließlich Willy Brandts. Zweifellos wäre Brandt niemals Kanzler geworden, wenn Wehner die Partei nicht dazu gedrängt hätte, mit dem Godesberger Programm von 1959 die marxistischen Prinzipien des Klassenkampfes und der Produktionsmittel als Eigentum der Arbeiter aufzugeben.

Brandts Ostpolitik hatte Wehners volle Rückendeckung. Als jedoch 1972 der erste Eckpfeiler der Ost-West-Beziehungen errichtet werden sollte, drohte das gesamte Gebäude bereits aufgrund technischer Probleme einzustürzen. In der Sowjetunion wurde Verärgerung laut, als Bonn nachdrücklich auf der Einrichtung eines Bundesumweltamtes in West-Berlin bestand, ein Schritt, den Moskau als Unterminierung des Westberliner Sonderstatus interpretierte, wie er seit 1971 durch das Viermächteabkommen und seit 1972 durch den Grundlagenvertrag festgeschrieben worden war. Doch das war keineswegs alles: Bonns Beharren auf diesem bürokratischen Formalismus brachte auch das gesamte geheime Programm für den Gefangenenfreikauf ins Wanken. Brandt vermochte nicht, sich durchzusetzen; mithin würden die Verträge so lange bloßes Papier bleiben, bis sie mit Leben erfüllt würden. Und wenn Brandt dies nicht konnte oder wollte, würde Wehner es tun. Dieser nämlich verfügte über verborgene Kanäle zu den Deutschen auf der anderen Seite der Mauer, und einer der wichtigsten davon führte über Wolfgang Vogel.

Doch es gab noch andere enge Verbindungen. Während der Jahre in Schweden hatte Wehner einige Freunde fürs Leben gewonnen, zu denen auch Sven Backlund zählte, der Sohn eines prominenten schwedischen Sozialdemokraten, den Wehner in Stockholm kennengelernt hatte. Backlund, eng mit Willy Brandt befreundet und zu Beginn der sechziger Jahre schwedischer Generalkonsul in West-Berlin, vertrat seit 1973 sein Land als Botschafter in Bonn. Als Wehner 1966 Minister für gesamtdeutsche Fragen geworden war und verschwiegene Kommunikationsmöglichkeiten mit der anderen Seite benötigte, hatte Backlund ihm daher Carl Gustaf Svingel vorgestellt. Die Bekanntschaft bewährte sich: Backlund und Svingel, die beide fließend deutsch sprachen, waren politische Idealisten, die ihr Lebenswerk vor allem darin sahen, die ideologischen wie die tatsächlichen Schranken des Kalten Krieges zu überwinden. Wichtiger war vielleicht noch, daß beide überdies von der Vorstellung fasziniert waren, mit Geheimnissen betraut zu werden. Svingel besaß Verbindungen zur Kirche, durch die er in deren Beteiligung am Gefangenenfreikauf eingeweiht war, und nicht anders als Backlund fand er diesen Kontakt äußerst nützlich, wenn es darum ging, schwedischen Bauarbeitern in Ost-Berlin aus der Patsche zu helfen, die den Verlockungen des Schwarzmarkts oder der Liebe erlegen und als Fluchthelfer erwischt worden waren. Svingels Erholungsheim eignete sich hervorragend für Treffen, die nicht publik werden sollten, zumal sein Besitzer – ein gutaussehender, im Typ ausgesprochen skandinavischer Mann, der mit Vorliebe eine Fliege trug – im höchsten Grade verschwiegen war.

Auch Wehner und Vogel hatten sich mittlerweile gut kennengelernt. Häufig trafen sie sich in Svingels Heim, wo sie formlos und ohne das Wissen westdeutscher Regierungsbeamter miteinander reden konnten. Schon bald sahen sie sich mindestens einmal pro Monat. Sie besprachen nicht nur das Fortschreiten der Verhandlungen, sondern auch weiterreichende politische Fragen, wobei Wehner, der gern im Schatten arbeitete, offenbar vermutete, daß Vogel eventuell in der Lage sein werde, Kontakte mit einigen seiner früheren Genossen in der Führungsspitze der DDR herzustellen. 1968 fragte er bei Vogel in einem Brief offiziell an, ob dieser bereit sei, auch außerhalb seines Mandats für humanitäre Angelegenheiten zu arbeiten und Verbindungen zu ostdeutschen Politikern zu knüpfen. Er erklärte, er wolle auf diesem Weg eine umfassendere Verständigung erreichen in der Absicht, »über den Kalten Krieg hinweg- und herumzukommen«. Vogel ließ den Brief im stillen an Streit weiterleiten, der ihn seinerseits an die Führungsetagen gab. Doch 1968 war noch Ulbricht an der Macht, und da dieser Wehners Bemühungen als ideologische Unterwanderungsversuche betrachtete, warnte er seine Parteigenossen vor Kontakten jeglicher Art. Die Nachricht blieb unbeantwortet.[8]

Mitte 1973 war Ulbrichts Zeit abgelaufen und er selber dem Tode nahe. Vogel wußte, daß Honecker und Wehner 1934 zusammen in der saarländischen KPD-Jugendorganisation gearbeitet hatten, wo sie versucht hatten, die Annexion des Saargebietes abzuwenden. Da die Partei, nachdem der Anschluß 1935 gekommen war, im Untergrund arbeiten mußte, trennten sich die Wege der beiden Männer; Honecker ging nach Paris, Wehner nach Moskau. Aber im Gegensatz zu Ulbricht hatte Honecker dem ehemaligen Genossen nicht übelgenommen, daß er sich der Sozialdemokratie zugewandt hatte. »Herbert Wehner hatte die Schnauze voll von den Zuständen in Moskau«, erinnerte sich Honecker später, als er über die von Terror und gegenseitigen Beschuldigungen vergiftete Atmosphäre unter stalinistischer Herrschaft während des Krieges sprach. Ja, der Staatsratsvorsitzende gab sogar zu, daß auch er sich nach dem Krieg vielleicht für einen anderen Weg entschieden hätte, wäre er wie Wehner vom KGB festgenommen und verhört worden.[9]

Langsam begannen Wehner und Honecker Vogel als Nachrichtenübermittler zu benutzen. Fünfmal flog Vogel 1970 nach Hamburg, um mit Wehner in dessen Haus Gespräche zu führen[10] – Wochenendbesuche, die sich zu einer Dauereinrichtung entwickeln sollten. 1972 kannten sich die beiden Männer bereits so gut, daß Vogel Wehners Bild in seinem Büro neben dem von Streit aufhängte.

Das also war die Situation, als Vogel Wehner erklärte, 2000 unschuldige Menschen müßten weiterhin auf ihre Entlassung warten, weil die Bundesregierung die humanitären Zahlungen so hartnäckig blockiere. »Was sollen wir tun? Machen Sie einen Vorschlag«, war Wehners Reaktion. »Ich finde, Sie sollten darüber mit der Nummer Eins sprechen«, erwiderte Vogel. »Vielleicht weiß er gar nicht genau, was da vor sich geht. Sie kennen ihn aus alten Tagen, und vielleicht kann Ihnen das ja von Nutzen sein. Warum fahren Sie nicht nach Berlin? Ich glaube, er wird Sie empfangen.« Wehner brauchte nur einen Augenblick, um sich zu entscheiden. »Ich muß das mit Willy Brandt besprechen«, sagte er, konnte den Kanzler jedoch nicht an den Apparat bekommen. »Greta«, rief er darauf kurzerhand seiner Stieftochter zu, »morgen früh fahren wir in den Osten!«

Am 30. Mai fuhr Wehner nachts über die Grenze – sehr zum Erstaunen der westdeutschen Grenzposten, die meinten, daß Politiker seines Ranges solche Fahrten normalerweise anzukündigen hätten. »Ich muß das mit der vorgesetzten Behörde abklären«, meinte der zuständige Beamte. »Eine Ausnahme wird nur bei Rentnern gemacht.« »Ich bin Pensionär«, schnauzte Wehner zurück, gab Gas und verschwand zusammen mit Greta in der Dunkelheit. Sie nahmen Richtung auf den nördlichen Stadtrand von Berlin, auf den Werbellinsee, wo Honeckers Sommerhaus Hubertusstock lag.[11]

Doch Wehner war nicht ohne jede Rückendeckung aufgebrochen. Er wußte, daß Wolfgang Mischnick zur gleichen Zeit in Dresden war, und konnte es einrichten, daß auch dieser am Nachmittag bei Honecker zu Kaffee und Kuchen vorbeischaute. Am 1. Juni prangte auf den Titelseiten der Zeitungen im Osten wie im Westen Deutschlands ein Photo, das den Pfeife rauchenden Wehner und den Kaffee einschenkenden Honecker zeigte.[12] Der Besuch wurde zwar in einem offiziellen Kommuniqué als nichts Ungewöhnliches bewertet, letzten Endes aber sowohl in Bonn als auch in Ost-Berlin als ein fast sensationelles Ereignis aufgenommen. Die Bundesregierung war vollkommen überrascht, und man kann sich gut vorstellen, welche Anschuldigungen damals die Runde machten: Wehner konspiriere mit seinen alten KPD-Genossen, er betreibe den Ausverkauf der Bundesrepublik. Und so weiter.

Tatsächlich gelang es Wehner und Honecker, einen Ausweg aus der Sackgasse zu finden, in der die »humanitären Bemühungen« steckengeblieben waren. Die Erpressungsmethoden der Kommunisten funktionierten – wie zu erwarten – auch in diesem Fall. Man einigte sich, die Abmachungen in jener Form beizubehalten, wie sie getroffen worden waren. Honecker erklärte, daß er von nun an Vogel als persönlichen Unterhändler der SED-Führung betrachte. Zu diesen Zusicherungen fügte er hinzu: »Ich werde mich darum kümmern.« Wehner war kaum wieder abgefahren, als die Nummer Eins den DDR-Funktionären auch schon den Befehl erteilte, den Abtransport der politischen Gefangenen über die Grenze unverzüglich wiederaufzunehmen.[13]

Indem Honecker den »humanitären Bereich« seiner direkten Kontrolle unterstellte, steigerte er Vogels Einfluß innerhalb der Staatssicherheit – für die Wehner ein wichtiges Ziel darstellte – ganz erheblich. Vogel hatte, so schien es fast, Wehner zu einer Art Fürsprecher für die Interessen der DDR gemacht. Auch in den folgenden Jahren kam es zu regelmäßigen Treffen zwischen Wehner und Vogel, der nach seiner Rückkehr nach Ost-Berlin jedesmal detaillierte Berichte über die Gespräche anfertigte. Da die beiden sich mittlerweile angefreundet hatten, sprach Wehner mit dem Anwalt unverblümt über seine persönlichen Ansichten, ja er äußerte sich in langen, vernichtenden Tiraden offen gegen Brandt und seinen erklärten Rivalen, den damaligen Finanzminister Helmut Schmidt. Volpert sorgte dafür, daß all dies auf Mielkes Schreibtisch landete, wo die Enthüllungen genau auf die tatsächlichen Absichten und Einstellungen der Bonner Entscheidungsträger hin untersucht wurden.[14]

Natürlich stellt sich die Frage, ob Vogels westdeutsche Verhandlungspartner schockiert gewesen wären, wenn sie erfahren hätten, daß ihre Aussagen nicht nur an Honecker, sondern auch an den Chef des MfS weitergeleitet wurden. Tatsächlich aber scheint dergleichen damals kaum eine Rolle gespielt zu haben. Dafür bemerkte Vogel, daß man ihm in Bonn von nun an mit ständig wachsendem Respekt entgegentrat.

Siebentes Kapitel

Ein Spion stürzt Willy Brandt

»Eigentlich hatte ich schon viel eher mit Ihnen gerechnet.«

Als Herbert Wehner Ende Mai 1973 von seinem Überraschungsbesuch bei Honecker zurückkehrte, wartete Günther Nollau, der Chef des Bundesamtes für Verfassungsschutz, bereits auf eine Unterredung mit ihm. Allerdings nicht, um Wehners Ausflug in die DDR detailliert zu besprechen. Vielmehr wollte der Verfassungsschützer Wehner eine Warnung übermitteln. Sie besagte, daß Bonns Spionageabwehr einem bedeutenden, an höchster Stelle operierenden DDR-Agenten auf die Spur gekommen sei. Der Name sei zwar noch nicht bekannt, doch augenscheinlich betreffe die Sache niemand anderen als den SPD-Vorsitzenden und Bundeskanzler selber. Nollau berichtete, es stehe lediglich fest, daß die Initialen des Agenten »GG« seien.[1]

Kurze Zeit später war Günter Guillaume bereits der bekannteste kommunistische Agent seit Rudolf Abel. Durch seine Enttarnung wurde die Annäherung zwischen den beiden Teilen Deutschlands auf eine harte Probe gestellt, ja der Vorfall bedeutete für die gesamte Entspannungspolitik eine schwere Belastung. Es war die Stasi, die Guillaume auf seinen Posten manövriert und Willy Brandt zu Fall gebracht hatte, und die Stasi trieb zwischen 1974 und 1981 Wolfgang Vogel dazu an, Guillaume freizubekommen. Doch in diesem Fall war mehr verlangt als sonst: außerordentliches diplomatisches Geschick, ein untrüglicher politischer Instinkt und die Fähigkeit, mit den gegeneinander arbeitenden Geheimdiensten Verhandlungen zu führen. Unerwarteterweise mußten dabei sowohl die Ostdeutschen als auch die Sowjetunion erkennen, daß Vogels Einfluß als Unterhändler Grenzen gesetzt waren.

Der Verfassungsschutz war den ersten Hinweisen nur sehr langsam, fast lustlos nachgegangen. Erst am 29. Mai wandte sich Hans-Dietrich Genscher – damals Brandts Innenminister – mit einer alarmierenden Frage an den Kanzler, die auf derselben Information beruhte, die Nollau bereits Wehner unterbreitet hatte. Er wollte wissen, ob Brandt einen Mitarbeiter mit französisch klingendem Namen habe. In der Tat: Zu seinem Stab im Kanzleramt gehörte ein relativ junger Mann, der seit dem Januar 1970 als persönlicher Kontakt zur SPD-Parteibasis fungierte. Warum Genscher dies wissen wolle? Weil ihn Nollau, so berichtete der Innenminister, um die Erlaubnis gebeten habe, den Mann observieren zu lassen. Da es aber noch keinen sicheren Beweis dafür gebe, daß irgend etwas faul sei, könne man Guillaume ruhig weiterarbeiten lassen wie bisher. Die Sicherheitsbeamten wollten lediglich einen Hinweis überprüfen. Der Kanzler äußerte, daß Guillaume ihn während seiner Sommerferien im Juli nach Norwegen begleiten solle; er werde sogar seine Frau Christel und seinen Sohn mitbringen. Ob er nicht lieber einen anderen Referenten mitnehmen solle? Genscher hielt Rücksprache mit Nollau. Danach verneinte er: Noch bestehe kein Grund, die Dinge zu ändern. Und auch Brandt selber sagte sich, daß der Verdacht sich ja trotz gewisser Indizien ebensogut als völlig unbegründet erweisen könne. Die Sicherheitsbeamten sollten sich nur darum kümmern.[2]

In den Augen Markus Wolfs, des legendären Kopfes der DDR-Spionagemaschinerie, der Hauptverwaltung Aufklärung HVA, der die Angelegenheit vielleicht am besten beurteilen konnte, scheiterte der westdeutsche Sicherheitsapparat im Fall Guillaume kläglich. »Der hätte eigentlich nie soweit kommen können, weil der westdeutschen Abwehr seine Herkunft bekannt war«, schrieb er im Juni 1990 nicht ohne Schadenfreude im FDJ-Blatt ›Junge Welt‹.[3] Wolf hatte recht. Bereits im April 1954 hatte die »Organisation Gehlen« berichtet, daß ein gewisser Günter Guillaume westdeutsche Verlagshäuser »infiltriert« habe, und zwar zu einer Zeit, da man wußte, daß er ebenfalls für den Ostberliner Verlag ›Volk und Wissen‹, das Sprachrohr der Staatssicherheit, tätig war.[4]

Günter und Christel Guillaume waren 1956, in dem Jahr des Volksaufstandes in Ungarn, zusammen mit weiteren 279.189 DDR-Bürgern in die Bundesrepublik »geflüchtet«. Wolf hatte sich überlegt, daß man unter die davonlaufenden Massen leicht den einen oder anderen »Schläfer« schmuggeln könnte, Agenten also, die man erst später aktivierte, wenn sie entsprechende Positionen erreicht hatten. Und so geschah es: Das Ehepaar Guillaume ließ sich in Frankfurt nieder, trat der SPD bei, wurde in den Stadtrat gewählt und von dort aus – vor allem mit Unterstützung des späteren Verteidigungsministers Georg Leber – nach Bonn geholt.

Die nachrichtendienstlichen Dossiers, in denen vor Guillaume gewarnt wurde, waren keineswegs in den Archiven untergegangen. 1969, als er sich für eine Stelle im Kanzleramt bewarb, wurden sie mit bürokratischer Akkuratesse wieder zum Vorschein geholt, doch nach eingehender Prüfung für unerheblich befunden. 1970 hatten die Mitarbeiter des Verfassungsschutzes Guillaume sogar die Genehmigung für einen uneingeschränkten Zugriff auf geheime

Staatsunterlagen erteilt, und auch im Herbst 1972, als man ihn für die im Kanzleramt frei gewordene Stelle des persönlichen Referenten für Gewerkschaftsbeziehungen vorschlug, war ihm Unbedenklichkeit bescheinigt worden. So kam es, daß Brandt dem Drängen Lebers und anderer nachgab, obwohl ihm Guillaume nicht gerade sympathisch war. Er fand ihn zu unterwürfig, zu schmeichlerisch – und doch stellte er ihn ein.[5]

Wolf schrieb später: »Die Plazierung Günter Guillaumes im Bundeskanzleramt und schon gar in unmittelbarer Nähe des Bundeskanzlers war nicht das Ergebnis einer planmäßig gesteuerten Aktion unseres Dienstes, aber Bonn war doch eine Versuchung für uns.«[6] Daß Guillaume schließlich so weit aufsteigen konnte, überzeugte das MfS, daß alles glücklich verlaufen war. Man war sich bewußt, daß man auch in einer der am wenigsten sicherheitsbewußten Hauptstädte der westlichen Welt Spione zur Beschaffung von Informationen benötigte. Wenn die Bundesregierung Vorbereitungen traf, um den Bonner Regierungsapparat in die unterirdische Kommandozentrale nach Ahrweiler zu verlegen, dann wollte die DDR darüber frühzeitig in Kenntnis gesetzt werden, wie Markus Wolf später berichtete; schließlich konnte ein solcher Schritt einen Hinweis auf einen bevorstehenden Dritten Weltkrieg enthalten. Heute klingt es kaum noch glaubhaft, doch damals vermochten es die ansonsten ungeheuer effizient arbeitenden Sicherheitsdienste im Osten wie Westen tatsächlich, ihren Regierungen mit solchen Phantastereien Haushaltsposten in Milliardenhöhe abzuringen.

Die Staatssicherheit machte sich kaum Sorgen, daß die Unterwanderung des Kanzleramtes sich möglicherweise als taktischer Fehlschlag entpuppen könnte, falls Guillaume entlarvt würde. Wolf neigte dazu, dem Agenten selber die Entscheidung zu überlassen, ob er sich zurückziehen wolle, da er ja gewöhnlich als erster Hinweise erhielt, ob er unter Verdacht stand oder nicht. Daher lag auch in diesem Fall die Entscheidung in erster Linie bei Guillaume.[7]

Hätte man im Sommer 1973 auf die ersten Anzeichen einer Überwachung des Agenten entschlossener reagiert, wäre die ganze Geschichte womöglich völlig anders verlaufen. Der Führungsoffizierin von Christel Guillaume, die regelmäßig nach Bonn kam, um neue »Geheimnisse« entgegenzunehmen, fielen beim Essen auf der Terrasse eines Restaurants beunruhigende Vorgänge auf: An einem Nebentisch bemerkte sie einen Mann mit einer Aktentasche, aus der, kaum erkennbar, eine Kameralinse auf sie gerichtet war. »Schauen Sie weiter geradeaus, drehen Sie sich nicht um«, ermahnte sie Christel. »Wir sind gerade fotografiert worden.«[8] Wolf gestand später, daß man den Vorfall nicht ernsthaft genug bewertet habe. Man nahm an, daß lediglich die Frau des Spions, vielleicht sogar nur ihre Verbindungsperson beobachtet worden sei, der Hauptagent selber hingegen nicht.

Indessen dauerte es auch jetzt noch eine Weile, bis Guillaume verhaftet wurde. Als die Sicherheitsbeamten ihn schließlich am 24. April 1974 abholten, ersparte er ihnen umständliche Verhöre und verkündete unumwunden, daß er Offizier und Bürger der Deutschen Demokratischen Republik sei und dementsprechend behandelt zu werden wünsche. Die Nachricht über die Verhaftung löste einen gewaltigen Skandal aus. Sogar die internationale Politik blieb davon nicht unbeeinflußt. Denn als Brandt im Juli 1973 nach Hamar in den norwegischen Bergen gefahren war, waren die Guillaumes in der Tat mit von der Partie gewesen, und Günter Guillaume hatte in dieser Zeit die gesamte offizielle Korrespondenz des Kanzlers abgewickelt, darunter vier vertrauliche und zwölf geheime Telegramme, von denen einige aus Washington kamen.

In seinen Memoiren spielte Brandt die Bedeutung dieser Schreiben freilich herunter. Zum einen, so meint er, habe es sich um ein Telegramm über die Verärgerung der USA – vermutlich von Außenminister Henry Kissinger – über den französischen Außenminister Michel Jobert gehandelt, zum zweiten um eine Beurteilung des Kräfteverhältnisses zwischen der NATO und dem Warschauer Pakt, die man nach sorgfältiger Lektüre der Presse genausogut hätte selber treffen können.[9] Ein Untersuchungsausschuß des Bundestages stellte wiederum fest, daß die Sicherheitsbehörden bei den Ermittlungen im Fall Guillaume stümperhaft und mit unfaßbarer Inkompetenz vorgegangen waren. Als Guillaume in Norwegen den geheimen Nachrichtenfluß in die Hand genommen hatte, war er von Nollau bereits nicht mehr überwacht worden, und als er vier Monate später Brandt für ein Wochenende mit Freunden nach Südfrankreich begleiten durfte, hatte er sich – so behauptete er jedenfalls später – mit seinem Führungsoffizier unbeobachtet in einem nahe gelegenen Museum treffen können. Ja, Guillaume logierte sogar in demselben Hotel, in dem auch Brandts Sicherheitsbeamte untergebracht waren. Einmal, als er mit ihnen ein Paar Gläser getrunken hatte, war er mitten in der Runde eingeschlafen. Als ihn kurz darauf jemand weckte, um ihm ein Notizbuch, das ihm aus der Tasche gefallen war, zurückzugeben, lallte er im Halbschlaf: »Ihr Schweine, ihr kriegt mich doch nicht.«[10]

So skandalös das klägliche Versagen der Sicherheitsbehörden jedoch auch war, es wurde durch die Rufmordkampagne in den Schatten gestellt, der sich der Kanzler in den nächsten Monaten ausgesetzt sah. Da sich Guillaume während des Wahlkampfs 1972 in Brandts Sonderzug befunden hatte, berichteten manche Zeitungen nun, daß der Spion während dieser Fahrten Aufzeichnungen über

Brandts Liebesleben gemacht habe, die von den Kommunisten dazu benutzt werden könnten, Zugeständnisse von ihm zu erpressen. Als Justizminister Gerhard Jahn dem Kanzler am 30. April mitteilte, daß der Generalbundesanwalt gegen Guillaume ermittle, weil er ihm angeblich auch Frauen besorgt haben sollte, war Brandt zwar empört, schwieg aber. Doch am nächsten Tag erschien Genscher mit einer noch schlechteren Neuigkeit: Offenbar gab es eine Liste, auf der alle Affären Brandts vermerkt worden waren, von denen Guillaume gewußt haben könnte. Noch in Brandts Memoiren, die erst fünfzehn Jahre später entstanden, ist deutlich zu spüren, wie bitter ihn diese Ereignisse berührt haben. Jahrelang hatte er die subtilen Anspielungen auf seine Treulosigkeit in Verbindung mit seinem norwegischen Exil ertragen müssen; jetzt aber wandelte sich all dies in öffentliche Diffamierung. Brandt fiel in eine tiefe Depression, überzeugt, daß sich jetzt sogar seine Freunde, Befürworter, Helfer auf die gegnerische Seite schlagen würden.

Brandt war 1974 einundsechzig Jahre alt und der ständigen Kämpfe mit der CDU wegen seiner Ostpolitik in wachsendem Maße überdrüssig. Dazu kamen gewisse Invektiven vom rechten Rand, er habe sein Land schon während des Dritten Reiches in Skandinavien verraten und tue es heute wieder, die verborgenen Auseinandersetzungen mit Herbert Wehner und Streitereien mit den Gewerkschaften, die Lohnforderungen erhoben, welche die Arbeitslosigkeit und die Inflationsrate auf das bis dahin höchste Niveau der Nachkriegszeit trieben. All seine Triumphe – die Verleihung des Friedensnobelpreises, der Wiederaufstieg Deutschlands zu einer der angesehensten Nationen Westeuropas, sogar sein Wahlerfolg eineinhalb Jahre zuvor – schienen in weite Ferne gerückt. Auch in seiner Ehe mit Rut Brandt, die bereits seit der Zeit des norwegischen Exils mit ihm zusammen war, begann es zu kriseln. Am Montag, dem 6. Mai, legte Brandt daher Bundespräsident Gustav Heineman sein Rücktrittsgesuch vor, wobei er »Fahrlässigkeiten im Zusammenhang mit der Agentenaffäre Guillaume« als Begründung anführte.[11]

Brandts Schreiben, das am Abend abgegeben worden war, wurde erst um Mitternacht, lange nachdem die deutschen Morgenzeitungen durch die Druckerpressen gelaufen waren, für die Öffentlichkeit freigegeben. Auch die Fernsehanstalten hatten bereits Sendeschluß und würden ihr Programm erst am folgenden Nachmittag wiederaufnehmen. So kam es, daß die meisten Deutschen fast den ganzen Dienstag über nichts vom Rücktritt ihres Kanzlers wußten, während dieser vor der SPD-Fraktion bereits erklärte, seine Demission sei »aus der Erfahrung des Amtes, aus meinem Verständnis für die ungeschriebenen Regeln der Demokratie und um meine persönliche und politische Integrität nicht zerstören zu lassen« geschehen.[12]

Niemand äußerte darüber mehr Erstaunen als Erich Honecker. Er hatte sogar noch versucht, Schaden abzuwenden und Vogel mit einer Nachricht nach Bonn geschickt. Am 3. Mai traf der Anwalt heimlich in Bad Godesberg ein, wo er Wehner mitteilte, sein Staatsoberhaupt habe nichts von einem aktiven Spion im Kanzleramt gewußt, da Mielke ihm versichert habe, daß Guillaume kurz nach seiner Beförderung ins Kanzleramt »abgeschaltet« worden sei. Wehner leitete die Nachricht an Nollau weiter. Der allerdings reagierte skeptisch.[13]

Brandt dachte nicht anders. Auch Jahre später, nachdem Honecker ihm persönlich versichert hatte, daß er Guillaume zurückbeordert haben würde, wenn er gewußte hätte, an welcher Stelle dieser sich befand, ließ er nicht von seinen Bedenken ab, zumal er ähnliche Entschuldigungen bereits von Walentin Falin, damals sowjetischer Botschafter in Bonn, zu hören bekommen hatte. Anfang Mai hatte Falin auf Breschnews Befehl Brandt die Nachricht übermittelt, die Sowjetunion habe von Guillaumes Tätigkeit keine Kenntnis gehabt. Später behauptete er sogar, Breschnew sei über die Vorgänge zutiefst empört gewesen. Er habe die Vermutung geäußert, daß Honecker den Skandal wissentlich inszeniert und Guillaume geopfert habe, um Brandt zu Fall zu bringen.[14]

Für diese Theorie spricht einiges, unter anderem die Gleichgültigkeit, mit der die Ostdeutschen seinerzeit auf die Überwachung von Guillaumes Ehefrau reagiert haben. Außerdem fühlte Honecker sich mit gutem Grund durch Brandts große Popularität bedroht. Als der Kanzler 1970 bei seinem spektakulären Besuch in Erfurt – es war die erste Reise eines westdeutschen Regierungschefs in die DDR – von der Bevölkerung trotz massiven Stasi-Aufgebots wie ein Held empfangen wurde, war Honecker fast ebenso überrascht wie Brandt selber. Bis in den späten Nachmittag hinein skandierten die Massen vor dem Hotel ausdrücklich »Willy Brandt! Willy Brandt«, um deutlich zu machen, daß sie nicht etwa Willi Stoph, den DDR-Ministerpräsidenten, sondern den Bundeskanzler bejubelten. Seitdem empfand Honecker die Beliebtheit Brandts als eine Gefahr. Durch seine Politik der Abgrenzung suchte er sie zu bannen, was ihm allerdings nur äußerst begrenzt gelang. Um so mehr muß ihn Brandts unerwarteter Rücktritt insgeheim entzückt haben, mochten die Sowjets auch noch so bestürzt sein.

Vogel stellte das Bedauern, das Honecker in seiner Nachricht an Wehner zum Ausdruck brachte, keineswegs in Frage. Dazu war er nicht nur nicht in der Lage, er spürte auch kein Bedürfnis für irgendwelche Zweifel. Aus Sicht der Sowjets hingegen war allein schon die Tatsache, daß Vogel auf inoffiziellem Wege Botschaften weiterleitete, eine Bestätigung dafür, daß Honecker hinter ihrem Rücken etwas vorhatte.[15]

Am 14. Mai erfolgte die Übernahme des Bundeskanzleramtes durch Helmut Schmidt, von dem Honecker wußte, daß er aus innenpolitischen Gründen ebenso wie Brandt daran interessiert war, die DDR als vollwertigen Verhandlungspartner zu behandeln. Folgt man Brandt, dann machte Honecker dem neuen Kanzler gegenüber bereits die ersten Avancen, als er selber seinen Schreibtisch im Palais Schaumburg noch nicht einmal geräumt hatte.[16]

In Ost-Berlin war man überzeugt, daß die Guillaumes Brandt nicht eigentlich zu Fall gebracht, sondern lediglich den Anlaß, vielleicht auch nur den Vorwand für seinen Rücktritt geliefert hatten, eine Ansicht, die damals von einem Großteil westdeutscher Politiker geteilt wurde.[17] Dennoch fühlte sich die politische Welt, auch die internationale, durch den Fall außerordentlich peinlich berührt. Brandt, der den Respekt und die Sympathie von Millionen Menschen in allen Ländern der Erde genoß und mit dem Friedensnobelpreis ausgezeichnet worden war, weil er den Grundstein zur Versöhnung zwischen den Deutschen und ihren östlichen Nachbarn gelegt hatte, wurde nun ausgerechnet durch das niederträchtige Verhalten der DDR zu Fall gebracht. Dieser Stimmung entsprach das Urteil, das das Agenten-Ehepaar im Dezember 1975 von einem Düsseldorfer Gericht entgegennehmen mußte. Günter Guillaume erhielt eine dreizehnjährige, Christel eine achtjährige Gefängnisstrafe. Ihre Inhaftierung belastete die innerdeutschen Beziehungen schwer, und niemand wußte besser als Wolfgang Vogel, daß es lange dauern würde, bis die Affäre beseitigt sein würde. Auf Drängen von Markus Wolf ließ Honecker dem Anwalt denn auch unverzüglich mitteilen, daß die Freilassung von Günter und Christel Guillaume von nun an in den Verhandlungen mit der Bundesrepublik höchste Priorität genießen müsse.

In Washington wurde dem ehemaligen Verteidigungs- und Finanzminister Helmut Schmidt mehr Vertrauen entgegengebracht als Willy Brandt – zumindest von der Regierung Ford und ihrem Außenminister Henry Kissinger. Schmidt, eng mit dem französischen Staatspräsidenten Valéry Giscard d'Estaing befreundet, orientierte sich politisch mehr zum Atlantik als zum Ural, obschon auch unter seiner Kanzlerschaft die Bemühungen der Bundesrepublik um eine Verbesserung ihrer östlichen Beziehungen im wesentlichen dieselben blieben. Die Handlungsmaximen von Schmidts Außenpolitik basierten weiterhin, trotz mancher kleiner Kurskorrekturen, entscheidend auf der »Ostpolitik«, und so hätte der neue Kanzler, der natürlich wußte, daß die Stasi Brandt zu Fall gebracht hatte, sich niemals auf Gespräche mit Vogel eingelassen, wenn er in ihm einen Offizier des MfS gesehen hätte. Aber genau wie Wehner war

Schmidt von Vogel fasziniert, auch wenn dieser – strenggenommen – ja doch mit dem Segen der Staatssicherheit kam.[18]

Der Grund dafür war Vogels enges Verhältnis zu Honecker. Schmidt hatte das DDR-Staatsoberhaupt noch nie getroffen, und aufgrund der Umstände von Brandts Sturz stand ein offizielles Gespräch in absehbarer Zeit völlig außer Frage. Dennoch gab es schon ein Jahr darauf Gelegenheit zu einem Treffen: Im Juni 1975 sollten die beiden Staatschefs in Helsinki bei der Konferenz für Sicherheit und Zusammenarbeit in Europa nebeneinandersitzen. Schmidt brannte darauf, diese Möglichkeit zu nutzen, und wie vielen Politikern war es auch ihm lieb, zur Vorbereitung derartiger Angelegenheiten auf private Beziehungen zurückgreifen zu können.

Niemand eignete sich für diese Zwecke besser als Vogel. Bei der Weiterleitung von Botschaften an Honecker erwies er sich als viel effektiver und flexibler als die schwerfälligen offiziellen Kanäle und war, nebenbei gesagt, auch bedeutend diskreter. Schmidts Eindruck zufolge war Vogel ein außergewöhnlich gewissenhafter Berichterstatter – nicht nur absolut vertrauenswürdig, sondern auch auf die Nuance genau, und zwar in beiden Richtungen. Aus diesem Grund beschloß der neue Kanzler, daß Vogel als nützlicher »Briefträger« zu gelten habe, bei dem man sicher sein konnte, nicht das Gesicht zu verlieren, was bei Gesprächen auf Regierungsebene nur allzu schnell der Fall war. Wie schon Wehner vertraute auch Schmidt dem Anwalt schließlich ohne Vorbehalte.[19]

Zu Beginn des Sommers war Vogel in der Mittagsmaschine der British-Airways auf dem Flug zwischen West-Berlin und Köln ein häufig gesehener Gast geworden. Am Flughafen bestellte er sich ein Taxi für die dreißigminütige Fahrt nach Bonn, wo er zusammen mit Schmidt und Wehner die Tagesordnung der beiden deutschen Staatschefs für die Konferenz in Helsinki besprach. Bonn forderte von Ost-Berlin weitere Zugeständnisse im humanitären Bereich sowie die Streichung der zwei Jahre zuvor beschlossenen Verdoppelung des Zwangsumtausches, wobei Schmidt erläuterte, daß die Bundesrepublik als Gegenleistung dazu bereit sei, über Investitionen in Millionenhöhe für Instandsetzungsarbeiten und den Ausbau des DDR-Autobahnnetzes zu sprechen. Er teilte Vogel sogar seine Beurteilung der weltpolitischen Lage mit, wohl wissend, daß diese Honecker schon wenige Stunden später zugetragen werden würde.[20]

Da der DDR-Außenminister Oskar Fischer persönlich mit Vogel befreundet war, konnte man ohne weitschweifiges Geplänkel gleich zur Sache kommen. Bald fühlte sich Schmidt in Vogels Gesellschaft wohl genug, um ihn in sein Ferienhaus am Brahmsee einzuladen, das allerdings bedeutend bescheidener als dasjenige Vogels war.

Das Zusammentreffen von Schmidt und Honecker in Helsinki

verlief weitaus förmlicher als das ihrer Abgesandten. Gleichwohl gingen die Gespräche in den Konferenzsälen der Finlandia-Halle ohne Schwierigkeiten über die Bühne. Schmidt versicherte Honekker, daß er trotz der bedauerlichen und überflüssigen Unterbrechung durch die Guillaume-Affäre ebenso wie sein Vorgänger an einer Fortsetzung der Entspannungspolitik interessiert sei. Er bat ihn, nicht vorschnell falsche Schlußfolgerungen zu ziehen, wenn in Bonn die Atmosphäre aus innenpolitischen Erwägungen heraus belastet sei. »Wenn Ihnen etwas undeutlich erscheint, fragen Sie bitte mich selbst. Wir haben dazu heute eine gute Möglichkeit, und für die Zukunft haben wir uns brauchbare Kanäle geschaffen.«[21]

Honecker gefiel der Gedanke. Am 30. Oktober, Vogels fünfzigstem Geburtstag, steckte der Generalsekretär den »Vaterländischen Verdienstorden in Gold« an das gutgeschnittene Anzugsrevers des Anwalts – für »seine außergewöhnlichen Verdienste um die Gründung und Weiterentwicklung der sozialistischen Gesellschaftsordnung und die Stärkung der Deutschen Demokratischen Republik«.

Ein Thema allerdings konnte Vogel bei Schmidt nicht zur Sprache bringen, ohne daß dieser die Beherrschung verlor: Günter Guillaumes Freilassung. Der Kanzler wollte nichts davon hören. Als Vogel Wehner um Hilfe bat, grunzte der Alte nur, daß da überhaupt nichts zu machen sei. Doch Honecker und Mielke ließen nicht ab, Vogel zur Auflösung des Falles anzutreiben; sie wollten Guillaume so schnell wie möglich aus dem Gefängnis und damit aus dem staatspolitischen Geschehen herausbekommen. Sogar Oskar Fischer übte Druck auf den Anwalt aus. Jedesmal, wenn er ins Ausland fahre, so beklagte er sich, würde man ihm die Sache unter die Nase reiben.[22]

Vogel wußte, daß er wie bei den Affären Abel-Powers und Felfe auch hier nur vorankommen würde, wenn er ein geeignetes Druckmittel fände. Er brauchte für Guillaume ein Gegenstück, jemanden, der den Westdeutschen oder ihren amerikanischen Verbündeten ebenso am Herzen lag wie Guillaume der DDR. Wie jedoch sollte er einen solchen Mann finden? Immerhin war er inzwischen dank seines Rufes nicht mehr gezwungen, hinter den Akteuren herzujagen: Aufgrund seiner Beziehungen in der gesamten kommunistischen Welt kamen diese direkt in sein Büro in der Reiler Straße.

Anfang März 1976 setzte sich Richard D. Copaken, der als Anwalt bei Covington Burling in Washington tätig war, mit Vogel in Verbindung. Der Amerikaner erhoffte sich Hilfe: Seit geraumer Zeit schon suchte er den auf rätselhafte Weise verschwundenen sowjetischen Überläufer Nicholas Schadrin. Sofort schoß es Vogel durch den Kopf, daß Schadrin vielleicht die Lösung für Guillaumes Freilassung sei; war doch dieser Fall für die Amerikaner mit ebenso vielen moralischen Ambivalenzen und politischen Schwierigkeiten verbunden wie für die Ostdeutschen der Fall Guillaume. Hoffnungsvoll sicherte er sofort seine Unterstützung zu.

»Schadrin« hieß in Wirklichkeit Nikolai Fjodorowitsch Artamonow. Als Kapitänleutnant der sowjetischen Marine hatte er sich im polnischen Gdynia, dem ehemaligen Gdingen, wohin er zu Ausbildungszwecken entsandt worden war, in Ewa Gora verliebt und war 1959 mit ihr über die Ostsee nach Schweden geflohen. Von dort reisten die beiden weiter in die Vereinigten Staaten, wo sich Artamonow eine neue Identität aufbaute. Seitdem arbeitete er für den amerikanischen Geheimdienst.

Schadrin war in der Sowjetunion in Abwesenheit wegen Hochverrats zum Tode verurteilt worden. Außerdem hatte er eine Familie zurückgelassen – und was für eine! Seine Frau war die Tochter des legendären Admirals Sergej Gorschkow, des Mitbegründers der modernen sowjetischen Marine. All das trug dazu bei, daß das Interesse der Sowjets an Schadrin noch nicht erlahmt war, als ein Mann mit russischem Akzent 1966 die private Telefonnummer von Richard Helms, dem Leiter der CIA, wählte. Der Anrufer – für die Amerikaner »Igor« – stellte sich nach einigem Hin und Her als KGB-Offizier vor und bot den Amerikanern seine Mitarbeit an, falls sie ihm dabei behilflich wären, seine Vorgesetzten in Moskau an der Nase herumzuführen: Er wollte Nikolai Artamonow finden und anwerben, und zwar als vorgeblichen Doppelagenten für den KGB.

Zumindest ein Teil des amerikanischen Geheimdienstes fand das komplizierte Doppelspiel, das ihnen da in Aussicht gestellt wurde, verlockend. Auch Schadrin, dem der Alltag im Marinegeheimdienst langweilig geworden war, ließ sich nicht ungern dazu bewegen, den Auftrag zu übernehmen, der allem Anschein nach um vieles spannender und risikoreicher als seine sonstigen Arbeiten war. Offensichtlich hat er indes nie erfahren, wie es zu dem Angebot gekommen war; vielleicht zweifelte James Jesus Angleton, der legendäre Chef des CIA-Spionageabwehrdienstes, auch an seiner Echtheit als Überläufer und wollte ihn auf die Probe stellen. Doch wie auch immer: Die Sache fand ein böses Ende, als die CIA Schadrin die Ordre gab, sich im Dezember 1975 in Wien ein zweites Mal mit einem russischen Verbindungsmann zu treffen.

Am Dienstag, dem 18. Dezember, bezogen Ewa und Nicholas Schadrin ein Zimmer im Hotel Bristol. Wie geplant fand um sechs Uhr abends der erste Kontakt mit dem KGB statt, bei dem Schadrin erfuhr, daß er sich Samstagnacht an den Stufen der Votivkirche einzufinden habe, eines riesigen neogotischen Bauwerks, das zufällig dem amerikanischen Konsulat direkt gegenüberlag. Als er an jenem

Abend das Zimmer verließ, sagte er seiner Frau, daß er rechtzeitig wieder da sein würde, wenn sie aus der Oper zurückkomme. Sie sah ihn nie wieder.[23]

Schadrins »Gönner« von der CIA hatten nicht die geringste Ahnung, was ihrem Agenten zugestoßen sein könnte. Seine Frau folgerte daraus, daß man ihn unverzeihlicherweise schutzlos zu dem Treffen mit den Sowjets geschickt oder sogar absichtlich geopfert habe – aus Gründen, die sie nicht nachzuvollziehen vermochte. Überzeugt, daß sie bei der CIA gegen Mauern anrenne, beauftragte sie daraufhin Copaken, dem Rätsel nachzugehen. Dieser wiederum bat um die Unterstützung des Außenministeriums, das ihn an die US-Botschaft in Wien und insbesondere an Vogels alten Freund Frank Meehan verwies, den stellvertretenden Chef der Vertretung.

Meehan war zu lange im Geschäft, um nicht zu wissen, wann eine Operation des Geheimdienstes schiefgelaufen war. Schadrins Verschwinden in einer Stadt, die ebenso wie Berlin ein Zentrum von Geheimdienstintrigen war, stank buchstäblich zum Himmel; daher verblüffte ihn das Verhalten der CIA kaum weniger als Copaken. Aber auch bei den Sowjets stießen die Amerikaner mit all ihren offiziellen Informationsgesuchen auf Granit. Das Außenministerium hatte Meehan als Hauptkontaktperson zu Vogel eingesetzt, da die beiden sich ja seit den Verhandlungen im Fall Abel-Powers kannten. Als Copaken im März 1976 nach Wien reiste, hatte Meehan deshalb bereits eine Verabredung mit Vogel in Berlin arrangiert.[24]

Copaken war ein ebenso brillanter wie unnachgiebiger Mann. Nach dem Studium in Harvard hatte er sofort unter Beweis gestellt, daß man ihn weder innerhalb noch außerhalb des Gerichtssaales unterschätzen durfte. Seine Beziehungen – auch seine politischen – waren vielfältig. Am 7. März flog er nach Berlin, wo er sich am nächsten Tag mit Vogel in Carl Gustaf Svingels Erholungsheim im Westsektor treffen wollte. Als er sein Zimmer im Berliner Hilton betrat, klingelte bereits das Telefon. Svingel war am anderen Ende der Leitung und berichtete, daß Vogel krank sei. Copaken bot an, ihn an seinem Krankenbett in Ost-Berlin zu treffen. »Sie haben das nicht richtig verstanden«, entgegnete Svingel. »Unser Freund wird Montag morgen um zehn Uhr wieder auf den Beinen sein.« Obwohl Svingel lange Jahre nicht mehr auf einer Opernbühne gestanden hatte, besaß er noch immer eine gleichsam theatralische Vorliebe für komplizierte Arrangements, selbst wenn es viel einfachere Lösungen gab.

Es blieb nichts anderes übrig: Copaken mußte sich das Wochenende um die Ohren schlagen, was in einer deutschen Stadt, in der die Geschäfte Samstagmittag bereits schlossen und man sonntags lediglich an den Schaufenstern vorbeiflanieren oder Museen besuchen konnte, gar nicht so einfach war. Da seine Frau ihn gebeten hatte, ihr ein Rosenthal-Service zu besorgen, bummelte er stundenlang durch die Geschäftsstraßen West-Berlins, um Ausschau nach dem Geschirr zu halten.

Am Montag morgen begab er sich um halb zehn mit dem Taxi zu Svingel, der ihn freundlich und vergnügt empfing. Kurz darauf fuhr Vogel in seinem Mercedes vor, begrüßte den Amerikaner herzlich und übergab ihm ein in Geschenkpapier gewickeltes Päckchen. Als er es öffnete, fand er einen kleinen, kunstvoll gearbeiteten Porzellandackel vor. »Meißen«, präzisierte Vogel, für den Fall, daß seinem neuen amerikanischen Kontaktmann die Herkunft der Figur entgangen sein sollte.

Da Copaken kein Deutsch sprach und bei dem Wort Meißen unwillkürlich an »mice« – also an »Mäuse« – denken mußte, schaute er besorgt auf dem Fußboden umher. Vogel langte herüber und drehte den Porzellandackel um, so daß die gekreuzten Schwerter der Königlichen Porzellanmanufaktur sichtbar wurden. War das alles nur Zufall, dachte Copaken. Er hatte Vogel oder jemand anderen, der für ihn arbeitete, stark in Verdacht, ihn über das ganze Wochenende beobachtet zu haben, während er die Berliner Porzellangeschäfte abgesucht hatte.

Für Svingels Empfinden hörte sich der Anwalt Copakens Schilderung des Falles Schadrin verhältnismäßig unverbindlich an. »Welche Beweise oder welche Umstände deuten darauf hin, daß Schadrin von den Sowjets entführt worden ist?« fragte er. Copaken antwortete, daß es zwar keinen wirklichen Beweis dafür gebe, es jedoch andererseits auch ziemlich unwahrscheinlich sei, daß jemand fünfzehn Jahre nach seiner Flucht seine Meinung noch einmal geändert habe und freiwillig nach Hause zurückgekehrt sei. »Wahrscheinlich steckt Schadrin in der Klemme«, warnte Vogel skeptisch. »Ich bin für diesen Fall nicht als Anwalt bestellt worden«. Falls er beauftragt werde, fuhr er fort, würden seine Verhandlungen mit Copaken natürlich absolut vertraulich abgewickelt; vorerst aber sei das »oberste Gebot«, der US-Regierung deutlich zu machen, daß sie nicht auf offiziellem, diplomatischem Wege verlauten lassen dürfe, was privat zwischen ihnen besprochen worden sei. Falls das geschehe, würden die Konsequenzen Copakens Mandanten ohne Zweifel teuer zu stehen kommen.

Vogel hatte die Wahrheit gesagt: Der Fall war ihm nicht übertragen worden. Er befand sich – mit Streits Genehmigung – lediglich auf einem »Fischzug«. Aber er machte Copaken auch klar, daß der Preis für Schadrins Freilassung – vorausgesetzt, daß die Sowjets ihn inhaftiert hatten und zu einem Austausch bereit waren – Günter und Christel Guillaume sein würden.[25]

Als Copaken nach Washington zurückgekehrt war, erhielt er am 17. März eine ermutigende Nachricht. In einem gebrochenen Englisch, mit dem Helga Vogel, deren Schwester mit einem Amerikaner verheiratet war und in San Antonio lebte, bisweilen ihrem Mann zur Seite sprang, stand dort: »The case has been researched. One has informed me that the staying of this man is unknown.«[26] Es war also unklar, wo Schadrin geblieben war. Das hieß in Copakens Augen nichts anderes, als daß sein Mandant vermutlich noch am Leben war und man Himmel und Hölle in Bewegung setzen mußte, um ihn zu retten.[27]

Pflichtgemäß berichtete Copaken der CIA, Vogel habe klargestellt, daß er im Falle eines Austausches das Ehepaar Guillaume im Auge habe. Allerdings wolle er auch wissen, wen die Amerikaner sonst für ein Tauschgeschäft vorschlagen würden. Innerhalb weniger Tage erhielt Copaken daher eine Liste mit verhafteten Spionen, die er nach Ost-Berlin weiterleiten sollte. Kein Zweifel, daß die Amerikaner nicht Guillaume offerieren konnten, denn dieser Fall war Sache der Westdeutschen. Aber in der Zwischenzeit konnte man ja weiterverhandeln. Vogel hatte sein Netz ausgeworfen; nun versuchte er, es wieder einzuholen.

Bei seinem nächsten Treffen mit Copaken am 22. März in Svingels Heim, bei dem der Schwede als Dolmetscher fungierte, ging Vogel die CIA-Liste durch. »Dieser hier ist tot«, sagte der Anwalt und blätterte die Seiten um. »Der da ist schon zwei Jahre tot.«

Copaken hatte den Eindruck, daß Vogel ihn über den Rand seiner schmal eingefaßten Lesebrille hinweg mit einer Art Mitgefühl anschaute. Dieser ostdeutsche Rechtsanwalt hatte anscheinend bessere und aktuellere Verzeichnisse über die verhafteten Spione als die CIA, auch wenn er seine Einflußmöglichkeiten als begrenzt darstellte und ohne nähere Erläuterungen andeutete, daß er hinsichtlich Schadrins auf seiner Seite auf »Widerstand« stoße. »Es tut mir leid, daß die Sache momentan so negativ verläuft«, entschuldigte er sich. »Das Problem für die Russen ist, daß Schadrin ein Verräter ist.« Immerhin erhielt Copaken am Ende einen Ratschlag, mit dem sich weiterarbeiten ließ: Ein Brief von Präsident Ford an Breschnew, meinte Vogel, werde verdeutlichen, daß die Amerikaner auf höchster Ebene an dem Fall interessiert seien. Er selber werde dafür sorgen, daß Honecker den Brief persönlich nach Moskau weiterleite. »Honecker wird nicht mit leeren Händen zurückkehren«, versicherte er Copaken.[28]

Indessen war Vogel trotz allem, was er Copaken erzählte, noch immer nicht beauftragt worden, über Schadrin zu verhandeln. Tatsächlich hatte er nicht die geringste Ahnung, ob der Mann überhaupt noch am Leben war. Allerdings wurde er von seinen Vorgesetzten in der DDR unnachgiebig bearbeitet, für Guillaumes Freilassung alle Hebel in Bewegung zu setzen, wobei man ihm genügend Spielraum für sein eigenes Urteilsvermögen einräumte: Vogel erkannte, daß auch Copaken über gute Verbindungen verfügte und sich in Washington dafür einsetzen wollte, daß man dem Schicksal seines Klienten auf den Grund ging – koste es, was es wolle.[29]

Am 16. April traf sich Copaken im Westflügel des Weißen Hauses zu einer Besprechung mit William Hyland, der zum Mitarbeiterstab von Fords Sicherheitsberater Henry Kissinger gehörte. Hyland berichtete, daß die Regierung sich mittlerweile zu einem Kompromiß entschlossen habe: Zwar werde Ford Breschnew keinen Brief schicken, doch Kissingers Stellvertreter Brent Scowcroft habe ein an Frau Schadrin adressiertes Schreiben unterzeichnet, in dem das Interesse des Präsidenten an der Aufklärung des rätselhaften Falles bekräftigt werde. Hyland übergab Copaken den Brief und sagte, daß Vogel durch seine Kanäle eine beglaubigte Abschrift an Breschnew weiterleiten könne. Was stand darin? Im ersten Abschnitt wurde betont, daß der Präsident persönlich über Schadrins Verbleiben sehr besorgt sei, weshalb eine Lösung des Falles die amerikanisch-sowjetischen Beziehungen fraglos erheblich verbessern werde. Im zweiten Absatz hieß es, die Vereinigten Staaten seien sich bewußt, daß der Brief auf inoffiziellem Wege überbracht werde. Sie vertrauten darauf, daß er zu einem positiven Ergebnis führe.

Obwohl Copaken sich durch die reservierte Haltung des Weißen Hauses verwirrt fühlte, äußerte er sich leidlich zufrieden. Er berichtete Hyland, daß er noch am selben Abend nach West-Berlin fliegen und Vogel den Brief aushändigen werde. Kissingers Berater gab sich allerdings skeptisch, was Vogels Beziehungen zum Kreml betraf. »Ich war immer der Meinung und bin es auch jetzt noch, daß Vogels Verbindungen nur erschwindelt sind«, sagte er.[30] Sein Verdacht sei, daß Vogel einzig und allein Honecker zufriedenstellen wollte, indem er die Amerikaner dazu brachte, die Freilassung Guillaumes zu erwirken. Der Fall Schadrin sei dabei nicht mehr als einer seiner Taschenspielertricks.

Copaken packte schon seinen Koffer, als er am Nachmittag durch einen Anruf von Hyland überrascht wurde. Dieser erzählte, daß er auf höhere Anweisung hin den sowjetischen Botschaftsrat Juli Woronzow ins Weiße Haus gerufen und ihm von dem Brief berichtet habe, obwohl er sich bewußt gewesen sei, daß er damit gegen Vogels »oberstes Gebot« verstoßen hatte. Hyland schien etwas verunsichert. Copaken befürchtete das Schlimmste. Wenn er Vogels Warnung richtig verstanden hatte, würde ein solcher Akt in Moskau als Signal aufgefaßt werden, daß die USA Schadrin im Grunde gar nicht zurückhaben wollten – weder tot noch lebendig.

In dem Gespräch im Weißen Haus hatte Woronzow Anstoß an der Vermutung genommen, daß die Sowjets für Schadrins Verschwinden verantwortlich seien. »Wir wissen nicht, wo der Mann ist«, hatte er Hyland angefahren. »Und wenn, dann würden wir es Ihnen sagen.« Als sowjetischer Diplomat war er verärgert über die inoffiziellen Verhandlungen in Ost-Berlin, bei denen Moskau übergangen worden war. Mit Botschafter Anatoli Dobrynin, der im Außenministerium fast ebenso ungehindert ein- und ausgehen konnte wie die regulären Angestellten, hatte Kissingers Nachrichtenübermittlung doch schließlich jahrelang perfekt funktioniert! »Warum brauchen Sie einen Boten aus der DDR? Vogel spricht doch gar nicht für uns«, warnte er Hyland. »Aber vielleicht weiß Vogel ja selber, wo ›Schadrin‹ ist. Vielleicht ist er in West-Berlin.« Am Ende fügte er hinzu, daß Schadrin in den Augen der Sowjets noch immer sowjetischer Staatsbürger sei und für ein Kapitalverbrechen zur Rechenschaft gezogen werden könnte.

Auch Vogel war beunruhigt, als Copaken ihm erzählte, was passiert war. Sein »oberstes Gebot« war stets gewesen, daß es nicht mehr als einen Informationskanal geben dürfe, und wenn die Amerikaner nun im Fall Schadrin einen zweiten, offiziellen Kanal einrichteten, mußte er aussteigen.

Tatsächlich klopften die Sowjets Vogel wenig später auf die Finger. Als er Copaken am 18. April um vier Uhr nachmittags bei Svingel traf, verlas er eine schriftliche Verlautbarung: »Die sowjetische Seite wünscht keine weitere Diskussion und warnt vor möglichen Versuchen politischer Erpressung. Was Außenminister Kissinger erfahren hat, ist noch immer gültig, einschließlich der Erklärung, daß die sowjetische Seite sich das Recht vorbehält, auf das Problem zurückzukommen, das Artamonows [Schadrins] Rückkehr in die Sowjetunion betrifft.«[31] Noch einmal betonte Vogel, daß Diskretion unerläßlich sei, und fügte warnend hinzu, sein Anwaltsmandat sei nur gültig, wenn Copaken ihm hoch und heilig versichere, daß sich ein Vertrauensbruch wie der mit Woronzow nicht wiederhole. Später hob er diesen Punkt noch einmal schriftlich in einem Brief hervor, den Copaken am 3. Mai in Washington erhielt.

Am 13. Mai schaltete sich Kissinger selber ein und setzte Dobrynin in aller Ausführlichkeit über den Fall in Kenntnis, vermutlich um zu verdeutlichen, daß die Vereinigten Staaten sich zwar energisch für Schadrin einsetzen wollten, aber nicht gewillt waren, auf Helmut Schmidt Druck hinsichtlich der Freilassung der Guillaumes auszuüben – zumindest noch nicht Mitte 1976, weniger als ein halbes Jahr nach deren Verurteilung. Als Copaken daraufhin Ende Mai ein letztes Mal nach Berlin flog, erfuhr er von Svingel, daß Vogel nicht länger mit ihm verhandeln könne, da die Sowjets Anstoß daran

174

genommen hätten. So war es tatsächlich: Nach Washington zurückgekehrt, erhielt er am 6. Juni einen Brief des Anwalts, in dem dieser ihm mitteilte, daß sein »Mandat« bedauerlicherweise zurückgezogen worden sei.

Vielleicht war es jedoch in Wirklichkeit so, daß Vogel seinen »Fischzug« etwas zu weit vorgetrieben hatte. Es war Josef Streit, der ihn am Ende zurückrief, indem er ihm ohne nähere Begründung erklärte, daß Moskau hier an seiner Mitarbeit nicht interessiert sei. Vogels Ansicht nach war dies der erste Hinweis auf Unzufriedenheit bei den Sowjets. Copaken hingegen blieb skeptisch; er machte Kissinger den Vorwurf, die Bemühungen des Anwalts vereitelt zu haben, und zwar ganz offenkundig mit voller Absicht. »Nicht ausgeschlossen, daß Vogel sich wirklich auf einem ›Fischzug‹ befunden hat. Und wenn er damit bereits begonnen hatte, hat man ihm das Ruder möglicherweise nur deshalb überlassen, um es ihm wieder aus der Hand zu reißen, nachdem sich Kissinger in die Sache eingeschaltet hatte«, schrieb er.[32]

Wie auch immer – Vogel war in eine Sackgasse geraten. Von jetzt an konnte er Schadrin nicht mehr als Druckmittel verwenden, um das Ehepaar Guillaume aus dem Gefängnis zu holen. Er mußte alles daransetzen, andere Namen ausfindig zu machen.[33]

Als nächstes versuchte Vogel, Guillaume gegen den Chemiker Adolf-Henning Frucht auszutauschen, der Anfang 1968 wegen Spionage in einer Geheimverhandlung vor einem Militärgericht verurteilt worden war. Vogel hatte die Verteidigung übernommen. Frucht, der einer angesehenen deutschen Wissenschaftlerfamilie entstammte und den Chemiker Justus von Liebig und Adolf von Harnack, den Vorsitzenden der Kaiser-Wilhelm-Gesellschaft, zu seinen Vorfahren rechnete, hatte ursprünglich um einen anderen Anwalt gebeten. Doch sein Vernehmungsbeamter teilte ihm mit, daß sein Wunsch abgelehnt worden sei: »Den können Sie nicht nehmen. Nehmen sie Herrn Vogel, der ist auch gut.«[34] Frucht hatte noch nie von Vogel gehört. Er wußte nicht, daß seine Frau den Anwalt bereits um Hilfe gebeten hatte.

Frucht, vor seiner Verhaftung Leiter eines wissenschaftlichen Instituts in Leipzig, hatte dem amerikanischen Geheimdienst Informationen über DDR-Programme zur Entwicklung chemischer Waffen zugespielt. Während der Verhöre hatte er einen Großteil seiner Spionagetätigkeit zugegeben, jedoch nicht alles. Als Vogel, der die Anklageschrift gelesen hatte, ihm einige Minuten vor Beginn der Gerichtsverhandlung fragte, ob die Anklagepunkt der Wahrheit entsprächen, bejahte Frucht. »Was denken Sie, welche Strafe Sie bekommen werden?« fragte Vogel. »Zehn oder fünfzehn Jahre«, schätzte Frucht. »Wahrscheinlich bekommen Sie lebenslänglich. Mußten Sie das den Untersuchungsbeamten wirklich alles erzählen?« korrigierte ihn der Anwalt mit einem Blick auf die zehnseitige Anklageschrift. Dann fügte er die entscheidenden Worte hinzu: »Es ist am besten für Sie, die Aussage zu verweigern. Unsere beste Chance kommt nach der Verhandlung.«

Schon die Namen von Fruchts Richtern klangen unheilvoll: Hammer, Nagel und Sarge. Zu allem Überfluß hieß der Staatsanwalt auch noch Richter. Einen Moment lang dachte Vogel, daß der Gefangene im Grunde schon froh sein konnte, wenn er ohne Todesstrafe davonkam. Doch der Urteilspruch lautete – wie anfangs angenommen – auf lebenslänglich wegen »schwerer, im Auftrag imperialistischer Geheimdienste begangener Verbrechen«. Als Vogel seinen Mandanten später im Bautzener Gefängnis besuchte, fragte er ihn, auf den BND anspielend: »Hatten Sie irgendwann einmal Kontakte zu den Leuten in München?« Frucht verneinte. Er habe lediglich zu den Amerikanern Kontakte unterhalten, freilich immer nur über Mittelsmänner. »Zu dumm«, war Vogels Antwort. »Wenn Sie welche gehabt hätten, müßten Sie vielleicht nicht so lange hinter Gittern sitzen.« Was meinte der Anwalt mit diesen Worten? Frucht blieb mißtrauisch. Seine Frau hingegen, die Vogel häufig in der Reiler Straße aufsuchte, war überzeugt, daß er alles in seiner Macht Stehende tat, um ihrem Mann zu helfen.[35]

1976 trafen Vogel und Wehner dreimal in Hamburg zusammen. Jedesmal kam der Anwalt darauf zu sprechen, wie man Guillaumes Entlassung erreichen könnte. Als er eines Tages auch den Fall Frucht erwähnte und Wehner erfuhr, daß die Amerikaner seit acht Jahren keinen Finger gerührt hatten, um den Chemiker aus dem Gefängnis zu holen, geriet er regelrecht in Rage. »Waisenkinder« wie Frucht riefen immer seine Empörung hervor, da er den Standpunkt vertrat, daß treue Agenten, gleichviel auf welcher Seite sie gestanden und was sie getan hatten, von ihren Auftraggebern Loyalität verlangen konnten. Im Fall Guillaume bewies das MfS dies zweifelsohne. Denn obwohl Wehner alle Versuche, die Freilassung des Agenten zu erreichen, abschmettern mußte, stieß der Anwalt bei ihm doch stets auf Verständnis. Dagegen kam es Wehner verächtlich vor, jemanden wie Frucht einfach im Stich zu lassen. Er befürchtete, daß die Amerikaner den Agenten nur deshalb so behandelten, weil er ein Deutscher war.[36]

Dennoch war Frucht für Vogel noch nicht das richtige »Angebot«. Schmidt wollte kein Wort davon hören, den Chemiker gegen Guillaume auszutauschen. Somit kam Frucht auf andere Weise frei: Im Juni 1977 konnte Vogel seine Entlassung im Austausch gegen Jorge Montes erreichen, einen hochrangigen chilenischen Kommunisten, der von Augusto Pinochet nach seinem Putsch ins Gefängnis geworfen worden war.[37]

Vogel verlor sein Ziel trotzdem nicht aus den Augen. Immer wieder brachte er die beiden Guillaumes ins Spiel, immer wieder versuchte er, einen Austausch herbeizuführen. Doch es dauerte noch Jahre, bis er vor der Erfüllung seines Vorhabens stand: Erst nachdem Schmidt die Einsicht gewonnen hatte, daß er vor einem weiteren Gipfeltreffen mit Honecker eine bereinigte Atmosphäre schaffen mußte, ließ sich der Austausch endlich in die Wege leiten. Dazu kam es allerdings erst 1981. In der Zwischenzeit hatte sich die Welt grundlegend geändert.

Moskaus Stationierung von SS-20-Mittelstreckenraketen in Europa hatte zu einer rapiden Verschlechterung des Ost-West-Verhältnisses geführt. Hinzu kamen Präsident Carters unablässige Ermahnungen, die Sowjets möchten ihren Verpflichtungen im Bereich der Menschenrechte nachkommen. Dennoch konnten die Hoffnungen, die in beiden deutschen Staaten durch die Entspannung geweckt worden waren, kaum ignoriert werden, jedenfalls nicht von den deutschen Staatschefs selber. So kam es, daß Honekker und Schmidt seit 1977 ein deutsch-deutsches Gipfeltreffen planten, das jedoch aufgrund der wachsenden Spannungen auf beiden Seiten immer wieder aufgeschoben worden war.

Anfang der achtziger Jahre schien die Solidarność-Bewegung in Polen zu zeigen, wie weit die Geduld der Sowjets strapaziert werden konnte. Schmidt, der mit dem früheren Führer der »Polnischen Vereinigten Arbeiterpartei«, Edward Gierek, befreundet war, sah in Solidarność eine nicht ungefährliche Herausforderung: Die Sowjets könnten sich versucht fühlen, mit Panzern einzuschreiten und die Auflehnung gegen die kommunistische Herrschaft einfach niederzuwalzen. Da die polnische Grenze nur etwa 90 Kilometer von West-Berlin entfernt war, fürchtete der Bundeskanzler für den Fall einer sowjetischen Intervention überdies unabsehbare Konsequenzen für die Deutschen.

Zugleich untergruben die Spannungen zwischen Ost und West Schmidts politische Basis in der SPD. Der Kanzler, der sich immer als Freund Amerikas verstanden hatte, betrachtete das Atlantische Bündnis als Grundlage für die Unabhängigkeit der Bundesrepublik. Es war Schmidt, der zum ersten Mal auf die Gefahren hingewiesen hatte, die seit Mitte der siebziger Jahre durch die Stationierung der SS-20 entstanden waren, der Deutschland zur Zustimmung zum NATO-Doppelbeschluß geführt hatte, welcher neben der Stationierung amerikanischer Raketen auch Verhandlungen über den weiteren Abbau und die schließliche Beseitigung dieser Waffenart vorsah.

Als die Sowjets dann 1979 in Afghanistan einmarschierten und Ronald Reagan ein Jahr später zum Präsidenten der USA gewählt wurde, erreichten die Widersprüche in der Politik der Bundesrepublik ihren Höhepunkt. Schmidt wollte dem Volk signalisieren, daß es Zeichen der Hoffnung gab, daß die Beziehungen zwischen den beiden deutschen Staaten sich trotz mancher Schwierigkeiten insgesamt zum Besseren entwickelten. Zweimal hatte er Honeckers Einladung zu einem Staatsbesuch in der DDR bereits ausgeschlagen, zum letzten Mal im August 1980 aufgrund der polnischen Krise. Im Jahr darauf änderte er seine Haltung.

Schon kurz nach seinem Amtsantritt 1981 begann Ronald Reagan mit einer enormen Aufrüstung. Anstatt die Beziehungen zur Sowjetunion einem Ausgleich, einer Besserung zuzuführen, diffamierte er diese kurzerhand als »Reich des Bösen«. Die Situation, die dadurch heraufgeführt wurde, beunruhigte Millionen von Bundesbürgern, die noch nie einen Krieg erlebt hatten und leidenschaftlich an Entspannung glaubten, zutiefst. Da Schmidt auch innerhalb der SPD von verschiedensten Seiten vorgeworfen wurde, seine proamerikanische Politik liefere das Land der Gefahr einer atomaren Vernichtung aus, suchte er nun nach einem Mittel, die Lage wenigstens teilweise wieder zu entkrampfen. Außerdem galt es, den zunehmend nervöser werdenden Koalitonspartner zu beruhigen, der sich bereits eindeutig auf den Nato-Doppelbeschluß festgelegt hatte und durch das Schwanken der SPD zunehmend irritiert war.

In dieser angespannten Atmosphäre sprachen sich viele Deutsche für Kompromisse mit dem »Reich des Bösen« aus, und Schmidt, der ihre Ängste hinsichtlich der rücksichtslosen Regierung Reagans teilweise nachzuvollziehen vermochte, wollte ein Exempel statuieren und beweisen, daß der Ost-West-Dialog auch in Krisenzeiten fortgesetzt, daß Konfrontation vermieden und Entspannung erreicht werden konnte. Als die Gefahr eines unmittelbaren Einmarsches der Sowjets in Polen wieder abnahm, lud er deshalb Breschnew ein, im November 1981 Bonn zu besuchen. Zugleich drängte Honecker den Kanzler, die Einladung nach Ost-Berlin für den nächsten Monat nicht abzulehnen. Schmidt nahm an.[38]

Bei der Vorbereitung des Gipfels wurde Vogel noch einmal in seine Rolle als diplomatischer »Bergführer« gedrängt, der zwischen Bonn, Hamburg und Berlin hin- und herpendelte. Doch zunächst war noch etwas anderes zu tun: Der Fall Günter Guillaume mußte aus der Welt geschafft werden.

Mitte 1981 hatte Guillaume bereits sieben Jahre hinter Gittern gesessen. Mithin lag schon mehr als die Hälfte der Haftstrafe, die eineinhalb Jahre nach seiner Festnahme über ihn verhängt worden

178

war, hinter ihm; die Wunden, die er der SPD geschlagen hatte, waren verheilt. Sollte der BND also dazu bereit sein, den Spion freizulassen, so würde Schmidt keine Einwände erheben.

Aber es war nicht Schmidt, der Vogel diese Nachricht Ende August überbrachte, sondern Edgar Hirt, Vogels regulärer Verhandlungspartner aus dem Ministerium für gesamtdeutsche Fragen, das inzwischen Ministerium für innerdeutsche Beziehungen hieß – ein Name, der in den Ohren der DDR-Oberen weit weniger offensiv klang als die frühere, von der CDU eingeführte Bezeichnung. Anders als sein Vorgänger Rehlinger war Edgar Hirt kein konservativer Christdemokrat. Vielleicht war das der Grund, daß der Anwalt sich mit ihm noch vertrauter fühlte als mit Rehlinger. Am Ende kamen sich Hirt, Vogel und Stange, die inzwischen zu dem weniger förmlichen »Du« übergegangen waren, wie Mitglieder eines Geheimbundes vor.

Hirt hatte Guillaume gut gekannt. Ja, mehr noch: Vor der Verhaftung hatte er zu ihm ein fast vertrautes Verhältnis besessen, weshalb er ihn als Beauftragter des Kanzlers für humanitäre Angelegenheiten auch später noch im Gefängnis in Rheinbach von Zeit zu Zeit besucht hatte. Der ehemalige Top-Spion war krank; Hirt machte sich Sorgen um seinen Bluthochdruck und eine schwere Nierenerkrankung. »Wenn ihr für Guillaume noch ein paar eurer Agenten zurückhaben wollt«, erklärte er den Leuten beim Bundesnachrichtendienst, »dann solltet ihr schnell etwas unternehmen. Für eine Leiche bekommen wir nämlich nicht viel zurück.«[39] Und auch Vogel machte 1980 Druck. Besorgt wies er darauf hin, daß die Ostberliner Behörden den Austausch Gefangener und die Familienzusammenführungen drosseln würden, wenn Bonn sich nicht endlich erweichen lasse.

Bonn ließ sich tatsächlich erweichen, und so kam endlich Schwung in die Sache. Ende März 1981 wurde zwar noch einmal betont, daß die Zeit für Verhandlungen über den Agenten noch keineswegs reif sei; trotzdem aber wurde Frau Guillaume nicht viel später in aller Stille bei Herleshausen in die DDR entlassen und gegen sechs inhaftierte deutsche Agenten ausgetauscht. Einer von ihnen war der westdeutsche Journalist Peter Felten, der 1979 wegen Spionage zu zwölf Jahren Haft verurteilt worden war. Christel Guillaume hatte sieben von acht Jahren Haft verbüßt.

Am 1. Oktober hatten Vogel und Hirt endlich eine Vereinbarung ausgearbeitet. Die DDR erklärte sich einverstanden, mit der Freilassung acht verhafteter Agenten aus den Geheimdiensten der Bundesrepublik, Amerikas und Großbritanniens, von denen drei zu lebenslänglicher Haft verurteilt worden waren, für den Spion aus dem Kanzleramt einen hohen Preis zu zahlen.[40] Das gesamte Geschäft sollte heimlich durchgeführt werden. Die Namen der Gefangenen wurden nie veröffentlicht, und Hirt hatte sogar dafür sorgen können, daß die westdeutsche Presse keinen Wind von der Übergabe bekam. Wegen seines Gesundheitszustandes hatte man Guillaume in die Bonner Universitätsklinik am Venusberg verlegen müssen, einem abgelegenen Ort auf einer bewaldeten Höhe über der Stadt. Dennoch lauerten unablässig Reporter und Photographen vor den Kliniktoren.

Der BND schmuggelte Guillaume in einem Lieferwagen, den er sich bei einem Reparaturdienst »ausgeliehen« hatte, unbeobachtet aus dem Krankenhaus und setzte ihn in einen wartenden Hubschrauber, der den Spion in das etwa eine Flugstunde entfernte Herleshausen bringen sollte. Hirt, der in etwa Guillaumes Größe und untersetzte Figur besaß, ließ sich vom Bundesfinanzministerium einen Vorschuß auszahlen und kaufte dem Gefangenen in Bonn bei C&A einen Anzug aus blauem Serge, ein Oberhemd und eine rote Krawatte. Schließlich wollte man, daß der Gefangene bei seiner Rückkehr anständig aussah.[41]

Vogel, der mit seinem Mercedes gekommen war, wartete in einem Wohnwagen, den man zum Grenzübergang transportiert hatte, um dort, vor der Presse geschützt, die Übergabe durchzuführen. Als der Gefangene in Begleitung Hirts und zweier Sicherheitsbeamter eintraf, war es bereits dunkel. »Eigentlich hatte ich schon viel eher mit Ihnen gerechnet.« Guillaume lächelte matt, während er Vogels Hand schüttelte.

Erich Mielke hatte dem »Anwalt des Teufels« nahegelegt, sich an diesem Herbstabend im Hintergrund zu halten. Guillaume sollte nicht von Vogel über die Grenze geleitet werden, weil Mielke nicht wollte, daß der Anwalt mitbekam, wer sonst noch an dem geheimen Unternehmen beteiligt war. Deshalb war es Hirt, der den Spion im Scheinwerferlicht bis zu dem gestreiften, eisernen Schlagbaum und damit in das Land zurückführte, das ihn 25 Jahre zuvor heimlich in den Westen entsandt hatte. Mit dem Sturz des Bundeskanzlers hatte er den Interessen der DDR mehr Schaden zugefügt als alle Agenten aus der Bundesrepublik zusammen.

Als Streit und Mielke Vogel fragten, warum er Guillaumes Freilassung nicht eher hatte arrangieren können, nahm dieser kein Blatt vor den Mund. »Dieser Fall hat eine Regierung gestürzt und eine Wende herbeigeführt«, antwortete er. »Es ging nicht so schnell, es mußte Gras über die Sache wachsen.«[42] Tatsächlich war es jedoch so, daß BRD und DDR Ende der siebziger, Anfang der achtziger Jahre zu sehr aufeinander angewiesen waren, als daß sie ihre Beziehungen nur deshalb hätten abbrechen können, weil ein Spion einen Kanzler zu Fall gebracht hatte. Und es war Vogels Tätigkeit als Unterhändler, die es Schmidt erlaubte, eine Normalisierung der Lage anzustreben, obwohl sein Hauptverbündeter in Washington dergleichen ganz und gar nicht befürwortete. Erneut hatte Honecker den größten Teil der Vorbereitungen für Schmidts Besuch seinem inoffiziellen Unterhändler anvertraut. Inzwischen war alles geregelt, alle Verabredungen waren getroffen, so daß der Besuch schließlich im Dezember 1981 stattfinden konnte, nachdem auch Breschnew sein Einverständnis gegeben hatte. Schmidt hatte Honecker durch Vogel mitteilen lassen, daß er die Gespräche streng vertraulich zu führen wünsche: »fortiter in re, suaviter in modo, cordialiter in modo«. Nebenbei hoffte er, mit dieser lateinischen Devise den Eindruck wecken zu können, daß er ihre Beziehungen auch angesichts der weltpolitischen Unsicherheiten so positiv wie möglich gestalten wolle. Auch Honeckers Antwort kam über Vogel ins Kanzleramt: Die Gestaltung der internationalen Politik, so stellte der Staatsratsvorsitzende klar, sei nicht ihre Sache. Die beiden deutschen Staatsmänner sollten versuchen, die Spannungen zwischen ihren Ländern durch kleine Schritte weiter abzubauen.

Insbesondere hoffte Schmidt, Honecker überreden zu können, die Erhöhung des Mindestumtausches wieder aufzuheben: 1980 hatte die DDR die Sume von 6,50 DM auf 25 DM pro Tag angehoben, ein Betrag, der für viele Rentner entschieden zu hoch war und dazu geführt hatte, daß die Zahl der Besucher aus dem Westen um die Hälfte abgenommen hatte. Vogel hatte den Westdeutschen in dieser Hinsicht Hoffnungen gemacht. Zudem bestärkte er Klaus Bölling, damals »Ständiger Vertreter« der Bundesrepublik in Ost-Berlin, in der Erwartung, der Kanzler könne während einer Fahrt in die ländlichen Gebiete im Norden Berlins der einheimischen Bevölkerung begegnen.[43] In Wahrheit war Honeckers Handlungsspielraum jedoch begrenzter, als es die Bundesregierung nach Vogels Darstellungen annahm. Die DDR benötigte das Geld zu dringend, als daß sie die Entscheidung über den Mindestumtausch hätte rückgängig machen können. Außerdem überschattete die dramatische Wende der Ereignisse in Polen die Reisepläne, die Bölling und Vogel sich für den Kanzler ausgedacht hatten und zu denen auch ein Besuch in der alten mecklenburgischen Stadt Güstrow südlich von Rostock gehören sollte.

Der Morgen des 13. Dezember hatte die Nachricht gebracht, daß General Wojciech Jaruzelski das Kriegsrecht über Polen verhängt hatte. Schmidt gewann den Eindruck, daß Honecker nur nicht gewußt hatte, zu welchem Zeitpunkt die polnischen Kommunisten zu diesen Maßnahmen greifen würden; zugleich jedoch hatte er das Gefühl, der Staatsratsvorsitzende sei fast erleichtert, daß keine sowjetischen Truppen einmarschiert waren. In diesem Fall nämlich wäre das DDR-Staatsoberhaupt gezwungen gewesen, die Entscheidung Moskaus gutzuheißen, und das wäre in politischer Hinsicht äußerst peinlich gewesen, zumal zu einem Zeitpunkt, wo der Bundeskanzler nach Jahren des Zögerns endlich in die DDR gekommen war, in ein Gebiet, das nicht einmal 100 Kilometer von der polnischen Grenze entfernt lag. »Herr Honecker ist genauso bestürzt gewesen wie ich, daß dies nun notwendig war«, teilte Schmidt daher auf einer Pressekonferenz mit, hoffend, daß dies auch der Wahrheit entsprach.[44]

Derweil machte die Stasi Schmidts Besuch in Mecklenburg zur Farce. Die schneeverwehten Straßen waren zwar von Menschen gesäumt, doch merkwürdigerweise handelte es sich ausschließlich um Männer – fast alles Stasioffiziere. »Wir werden den Bundeskanzler nicht verstecken, wenn er auf's Land will«, hatte Vogel versprochen. Dafür versteckte das MfS die einheimische Bevölkerung, aus Unsicherheit und in der Sorge um eine mögliche politische und ideologische »Indoktrination«. Damit waren nicht nur den Westdeutschen, sondern auch Vogel die Grenzen seines Einflusses vor Augen geführt worden – nicht zum erstenmal, und auch nicht zum letztenmal.[45]

Achtes Kapitel

Korruption

»Da ist mir fast die Mokkatasse aus der Hand gefallen.«

Vogels Einfluß gründete auf seinen Verbindungen zur Staatssicherheit und zur Führung der SED, Verbindungen, die seinen Möglichkeiten als Anwalt außerordentlich förderlich waren und ihn für seine Kontaktleute im Westen unersetzlich machten, die ihn jedoch zugleich in die Nähe der dunklen, korrupten Seite des Regimes bringen mußten. Unbestreitbar war es ihm gelungen, Tausenden von Menschen dabei zu helfen, die Freiheit zu erlangen. Aber er konnte dies nur deshalb erreichen, weil seine Regierung die Menschen in ihrer Gewalt hatte. Er arbeitete hart für sein Geld; aber seine Einnahmen und seinen Lebensstandard verdankte er im Grunde seinen Verbindungen zu einem System, das mit jedem Jahr willkürlicher und korrupter wurde.

Mitte der siebziger Jahre war er in jeder Hinsicht zu einem Mitglied der herrschenden Elite geworden – wenn auch nicht im formalen Sinn. Noch stellte niemand die Frage, was Vogel von der Gesetzlosigkeit des Regimes und dem Ausmaß seiner eigenen Verstrickung darin wirklich wußte. Die Mittel und Wege, auf denen die Kommunisten ihre Angelegenheiten abwickelten, blieben hinter einem Nebel von Heimlichkeit verborgen, und diese Situation kam vielen der schattenhaften Gestalten gelegen, die in den dunkeln Winkeln des Kalten Krieges an den deutsch-deutschen Geschäften beteiligt waren.

Auch Vogel hatte man längst in das Gefangenen-Austauschprogramm eingebunden, das für die Führung der DDR nur ein weiteres unter den vielen fragwürdigen Tarn- und Scheingeschäften war, die Alexander Schalck-Golodkowski betrieb. Auf einer Ebene, auf der die schmutzigen Geschäfte der »friedlichen Koexistenz« abgewickelt wurden, hieß das Leitprinzip nicht mehr moralische Integrität, sondern Berechnung, und so war auch Vogel – genau wie einige seiner westlichen Verhandlungspartner – vor Schaden nicht gefeit. Vor allem war er nicht daran interessiert, daß das Ausmaß der Verflechtungen ans Tageslicht kam.

In diesen zehn Jahren wurde das ostdeutsche Regime zunehmend despotischer und autokratischer. Vogel beängstigte diese Entwicklung. Aus Gründen der Selbsterhaltung äußerte er seine Verachtung allerdings nur selten: Das MfS, er wußte es nur zu genau, war zu furchtbaren Dingen fähig, und Vogel war nicht in der Lage, etwas daran zu ändern.

Das mußten auch die Eheleute Otto und Bärbel Grübel erfahren. Im Sommer 1973 hatten sie zusammen mit ihren kleinen Kindern Ota und Jeannette erfolglos versucht, durch die Wälder der Tschechoslowakei in die Bundesrepublik zu fliehen. Sie wurden von Grenztruppen aufgegriffen und inhaftiert. Ein ostdeutsches Gericht befand, daß das Ehepaar das Leben der Kinder in Gefahr gebracht habe, weil es ihnen für die Flucht Beruhigungsmittel verabreicht hatte. Man nahm den Grübels die Kinder weg und gab sie zu Pflegeeltern. Das Ehepaar selber wurde schuldig gesprochen und zu zwei Jahren und zehn Monaten Haft verurteilt.

Von Mithäftlingen im Gefängnis Rummelsburg erfuhr Otto Grübel von Dr. Vogel. Vogels Ruf, in Fällen wie diesen wahre Wunder bewirken zu können, ermutigte ihn zu einer Kontaktaufnahme, und so schrieb er ihm in der Hoffnung, zusammen mit seiner Frau in die Gefangenenliste der westdeutschen Regierung aufgenommen zu werden. Später wollten sie das Verfahren der Familienzusammenführung in Anspruch nehmen, um auch die Kinder freizubekommen.

Zu Beginn des Frühjahrs 1975 schrieb Vogel an Grübel eine Antwort, die dessen Hoffnungen bestärkte. Außerdem teilte er ihm mit, daß er für die gesamte Familie um eine Genehmigung zur Ausreise nachgesucht habe. Tatsächlich wurde das Ehepaar daraufhin im März von Berlin in das Stasi-Gefängnis von Karl-Marx-Stadt verlegt, den Mitgefangenen zufolge ein Anzeichen dafür, daß die Freilassung kurz bevorstand.

Noch im selben Frühjahr trafen sie getrennt voneinander mit Anwalt Vogel und Jürgen Stange in einem der Besuchsräume des Gefängnisses zusammen. Die Stasi hatte den Raum mit einer Abhörvorrichtung ausgerüstet. Um dem Ehepaar trotzdem bestimmte Mitteilungen zukommen zu lassen, ließ Vogel Stange hinter sich Platz nehmen, während er nacheinander mit den Grübels sprach. Jedem der beiden erklärte er, daß sie sich jetzt entscheiden müßten: Entweder könnten sie in Ostdeutschland bleiben und so möglicherweise auch ihre Kinder wiederbekommen, oder sie könnten nach Westdeutschland ausreisen und damit riskieren, die Kinder vielleicht nie wiederzusehen. Im Hintergrund signalisierte Stange mit Grimassen und Handbewegungen unmißverständlich, daß sie in den Westen gehen sollten. Vogel werde sich um die Angelegenheit auch weiterhin kümmern.[1]

Die Grübels wählten das Risiko. Am 21. Mai 1975 bestiegen sie

184

einen Bus in die Freiheit. Stanges freundschaftliches Auftreten führte dazu, daß die Gefangenen schon im Wagen eine Flasche Sekt hervorholten und zu feiern begannen, wie es der westdeutsche Anwalt immer zu tun pflegte, wenn eine Mission zu einem guten Ende geführt worden war. Auch Stange profitierte schließlich reichlich von dem Handel mit politischen Gefangenen: Er genoß nicht nur die Reputation, die damit verbunden war, sondern auch die Dankbarkeit derjenigen, die ohne ihn niemals ihre Freiheit erlangt hätten. Allerdings schien ihn irgend etwas zu beunruhigen. Nicht selten kam es vor, daß Stange zu viel trank, obschon es unter den im Bus versammelten Gefangenen, die gerade den Gefängnissen der Kommunisten entronnen waren, natürlich kaum jemanden gab, der ihm seine etwas zu dick aufgetragene Fröhlichkeit vorgehalten hätte.

Auch Vogel brachte man Dankbarkeit entgegen. Gesetzt und lebenserfahren, wie er war, rührten ihn die Briefe, die er gelegentlich von ehemaligen Häftlingen erhielt, nachdem sie im Westen angekommen waren. Zugleich aber sahen nicht wenige in ihm zumindest teilweise einen Repräsentanten des Systems, das sie hinter Gitter gebracht hatte.

Die Grübels waren nun freie westdeutsche Bürger geworden. Doch sie erfuhren nichts über den Verbleib ihrer Kinder. Stange versprach ihnen deren baldige Freilassung, und auch Vogel hatte dies für die Zeit nach Neujahr so gut wie zugesagt. Sein Plan war, die Kinder zunächst in die Obhut von Bärbels Mutter zu geben, um dann die Erlaubnis für ihre Ausreise nach Westdeutschland zu erwirken. Die Grübels stimmten zu. Aber irgend etwas ging schief: Im Juli kam die Großmutter allein in den Westen.

Zu diesem Zeitpunkt baten die Grübels Reymar von Wedel, den Anwalt der lutherischen Kirche in West-Berlin, um Hilfe. Er sollte seine Verbindungen zur Kirche und zu Vogel für ihre Sache einsetzen. Ende August kam er mit merkwürdigen Neuigkeiten: »Herr Vogel stößt auf innere Widerstände«, berichtete er. Zwei Wochen später traf sich Vogel selber mit den Grübels und gab zu: »Es gibt Leute in der DDR, die nicht wollen, daß Ihre Kinder rüberkommen. Wenn wir es bis zum 20. Oktober nicht schaffen, sehe ich keine Hoffnung mehr.«[2]

Das Ende war, daß Vogel nichts mehr zu tun vermochte, um die Kinder herauszubekommen. Selbst Heinz Volpert, so behauptete Vogel, konnte ihm nicht sagen, wer ihre Freilassung verhindert hatte. Er fragte daraufhin Josef Streit, ob Margot Honecker, die Ministerin für Volksbildung und zweite Ehefrau des Parteivorsitzenden, möglicherweise persönlich interveniert habe; stammten doch aus ihrem Ministerium die Gesetze, die es dem Staat ermöglichten, Kinder von ihren Familien zu trennen, wenn die Eltern diese in

Gefahr gebracht oder ganz einfach ihrer »sozialistischen Pflicht«, treue Bürger der DDR heranzuziehen, nicht genügt haben. Denkbar also, daß Margot Honecker, eine unnachgiebige Ideologin, die Vogel noch erheblich strenger fand als ihren Mann, den Staatsratsvorsitzenden dazu gebracht hatte, die Kinder nicht gehen zu lassen. Doch Streit versicherte dem Anwalt, daß Margot Honecker mit dem Fall nichts zu tun hatte.

Bestimmte Anzeichen weisen vielmehr auf Erich Honecker selbst. Ende 1975 nämlich hatte sich der ›Spiegel‹ der Sache angenommen und eine Reihe kritischer Artikel veröffentlicht – Artikel, die so scharf waren, daß der Ostberliner Korrespondent des Magazins, Jörg Mettke, daraufhin ausgewiesen wurde. Honeckers Stolz, so scheint es, war zu direkt verletzt worden, als daß Vogel noch in der Lage gewesen wäre, einen Kompromiß auszuhandeln. Letztlich hätte dies unweigerlich wie eine Konzession von seiten der Ostdeutschen ausgesehen, ein Eingeständnis, daß man einen Fehler begangen hatte.[3]

Streit zufolge waren freilich andere Instanzen verantwortlich, obschon Vogel nie herausfand, um wen es sich handelte. Er vermutete, daß Funktionäre aus den mittleren Ebenen der MfS-Hierarchie, die ihm seine Machtposition neideten, hinter der Sache steckten. Es wäre nicht das erste Mal gewesen, daß sie ihre Fähigkeit beweisen wollten, den Anwalt auf seinen Platz zu verweisen.[4]

Im Bundestag richtete die christlich-demokratische Opposition damals ein regelrechtes Kreuzfeuer von Fragen gegen Egon Franke, den verschwiegenen Sozialdemokraten, der Herbert Wehner als Bundesminister für innerdeutsche Beziehungen abgelöst hatte. Wie war es möglich, daß Bonn noch immer mit einem unmenschlichen Regime verhandelte, das – fast wie die Nationalsozialisten – Kinder von ihren Eltern trennte? Wie lange würde Bonn fortfahren, unter diesen Bedingungen und von einem solchen Regime Gefangene freizukaufen? Die öffentliche Erörterung der umstrittenen Fragen entwickelte sich zunehmend schärfer, und auch Vogel geriet mit der Zeit unter Beschuß, weil er den Menschenhandel weiterführte.

Vogel war sich fraglos bewußt, daß nicht alles rechtmäßig zuging in jenem geheimen Finanzimperium, das Schalck-Golodkowski errichtet hatte und dessen ausschließlicher Zweck darin lag, die Deutsche Demokratische Republik durch die Beschaffung von Devisen zahlungsfähig zu halten. 1976 erlangte die »Kommerzielle Koordinierung« sogar ihre Unabhängigkeit vom Außenhandelsministerium, so daß Schalck sich von da an nur noch gegenüber seinen Vorgesetzten beim MfS und gegenüber Günter Mittag, Honeckers Wirtschaftsspezialisten, zu verantworten hatte. Die KoKo verwaltete das

Geld, das Bonn für die Freilassung politischer Häftlinge zahlte, und transferierte es in harter Währung auf geheime Konten, auf die Erich Mielke und Honecker persönlich Zugriff hatten. Schließlich floß das Geld in einen großen Topf, aus dem westliche Technologien, Waffen, Rohstoffe und viele andere Dinge gekauft wurden, die unter das Ost-Embargo fielen, vom Regime jedoch benötigt wurden.[5]

Schalck und Volpert hatten indessen noch andere Wege gefunden, wie man mittels politischer Gefangener Devisen in die Kassen bekommen konnte. Es waren Verfahren, in die auch Vogel verstrickt war. In den ersten Jahren des Gefangenenaustausches nämlich war es all denen, die Ostdeutschland verlassen wollten, noch erlaubt gewesen, ihren Besitz zu behalten; erst später mußten sie ihn verkaufen. Dies geschah unter ungemein strikten Bedingungen: Der Wert des Eigentums wurde im besten Falle nach Vorkriegsmaßstäben festgesetzt, nach Taxwerten also, die aus dem Jahre 1936 stammten! Der kommunistischen Ideologie zufolge waren »Spekulationen« ja verboten, weshalb es einen richtigen Grundstücksmarkt überhaupt nicht geben konnte. So kam es, daß Vogel oft mit westdeutschen Anwälten über Grundstücksverkäufe zu verhandeln hatte, und zwar im Auftrag von ostdeutschen Klienten, welche die Immobilien von ihren abwesenden Eigentümern gemietet hatten und diese nun kaufen wollten. In manchen Fällen gelang es ihm sogar, die Verkäufe still und leise in westdeutscher Währung abzuwickeln, ein Verfahren, das eigentlich illegal war.

Erst als sich die Beziehungen zwischen den beiden deutschen Staaten zu Beginn der siebziger Jahre zu normalisieren begannen, durften ostdeutsche Bürger von Verwandten im Westen D-Mark erhalten. Darauf wurden in Ost-Berlin und anderen Städten die sogenannten Intershops eingerichtet, mit deren Hilfe der Staat möglichst viel von der harten Währung abzuschöpfen vermochte. Zudem wurden die Bestimmungen für die wenigen Menschen, denen es offiziell gestattet wurde, die Staatsbürgerschaft der DDR aufzugeben und in den Westen zu gehen, verschärft. 1977 gaben Innenministerium und Finanzministerium geheime Anweisungen heraus, denen zufolge alle Menschen, die das Land verlassen wollten, ihr Eigentum und ihre Wertgegenstände zu einem vom Staat diktierten Preis zu verkaufen hatten.[6] Das war ohne Frage Erpressung. Der Staat machte die Anwälte, die den Ausreisewilligen zur Seite standen, zu seinen Komplizen. Aber damals akzeptierte man im Westen wie im Osten noch die Methoden, mit denen die Kommunisten ihre Angelegenheiten nun einmal regelten.

Vogel wußte einiges über diese unsauberen Praktiken. Im April 1975 hatte Schalck den Anwalt mit einem Fall beauftragt, bei dem es um einen Antiquitätenhändler namens Siegfried Kath ging. Für ostdeutsche Verhältnisse war Kath zu nicht unbeträchtlichem Reichtum gelangt, indem er Schlösser und Herrensitze nach wertvollen Kunstgegenständen durchsuchte und für D-Mark an westdeutsche Interessenten verkaufte. Er war damit so erfolgreich, daß Manfred Seidel, Schalcks Stellvertreter, Stasi-Leute in das Unternehmen einschleuste und Kath dazu verleitete, selbst die Außenstelle einer Koko-Tochtergesellschaft – einer Scheinfirma, die sich Kunst und Antiquitäten GmbH nannte – zu übernehmen. Die Niederlassung befand sich in einer verlassenen Wassermühle in der Nähe von Kaths Wohnort Pirna. Horst Schuster, der andere Geschäftsführer von Kunst und Antiquitäten, wurde sein Partner. Auf diese Weise strich Kath saftige Provisionen ein, die ihm Vergünstigungen wie einen Audi 100 ermöglichten. Zudem besaß er in seinem Haus eine umfangreiche, ungefähr hundert wertvolle Stücke umfassende Antiquitätensammlung aufgebaut.

Aber die Stasi wartete nur auf die Gelegenheit, Kath in eine Falle zu locken und ihn als Konkurrenten zu eliminieren. Am 18. April 1974 klopfte ein Trupp Stasi-Beamter sowie ein Bevollmächtigter der Staatsanwaltschaft an die Tür der Wassermühle, um Kath wegen des Verdachtes auf Veruntreuung von neunzehntausend D-Mark festzunehmen.[7] Bis Anfang 1975 schleppten sich die Untersuchungen dahin. Im März wurde Kath formell angeklagt. Gleich darauf, so berichtete Kath, besuchten ihn zwei Stasi-Offiziere im Gefängnis von Dresden und rieten ihm, er solle sich einen neuen Anwalt nehmen: Wolfgang Vogel.

Der Brief, den Kath daraufhin schrieb, datierte vom 23. April. Schon wenige Tage später kam Vogel nach Dresden. Er hatte gute Nachrichten. Die Staatsanwaltschaft hatte sich einverstanden erklärt, die Anklage fallenzulassen, wenn Kath im Gegenzug sein gesamtes Hab und Gut dem Staat überlassen würde – als Wiedergutmachung für den »Schaden« von insgesamt schätzungsweise einhundertfünfzigtausend D-Mark, den er dem Staat mit seinen Aktivitäten verursacht hatte. Und wenn er und seine Frau nach Westdeutschland ausreisen wollten, dann würde Vogel auch das arrangieren können.

In diesem Moment, so berichtete Kath später dem ›Spiegel‹, dämmerte es ihm, daß Seidel und Konsorten eine Bande von Dieben waren. Ein Eindruck, der sich durch einen Vorschlag Seidels am Vorabend der Ausweisung nur noch verstärkte: Man werde ihm, so hieß es, bei seinem Neuanfang im Westen helfen, wenn er über die DDR-Geschäftsmethoden innerhalb des Antiquitätenhandels Stillschweigen bewahre. Trotzdem befolgte Kath zunächst Vogels Ratschlag, ließ seine Antiquitätensammlung zurück, deren Wert später auf zwei bis zweieinhalb Millionen D-Mark geschätzt wurde, und übergab die

Verfügungsgewalt über sein Vermögen an Horst Schuster, seinen Geschäftspartner unter Seidels Regie.[8] Nachdem keine polizeilichen Untersuchungen mehr drohten, passierte er am 6. Juni 1975 als freier Mann die Grenze bei Wartha-Herleshausen.

Ende 1987 erschien im ›Spiegel‹ ein ausführlicher Bericht über die Kath-Geschichte, in dem angedeutet wurde, daß auch Vogel, der einiges von Antiquitäten verstand, zu den Nutznießern des Handels gehört haben könnte. Vogel verwahrte sich heftig gegen diese Verdächtigung. Er bestand darauf, alle seine Antiquitäten als Privatmann und auf ehrliche Weise erworben zu haben. Zugleich aber warnte er Reymar von Wedel vor der KoKo: »Halten Sie sich von diesen Leuten fern. Die sind in eine faule Geschichte nach der anderen verwickelt.«[9] Daß es sich tatsächlich so verhielt, bewies der Fall Kath wie kein anderer, und er verdeutlichte zugleich, daß Vogel um diese Dinge wußte. Aber wenn er wirklich ernsthafte Vorbehalte gegen das hegte, was Schalck und Seidel getan hatten, so behielt er sie für sich. Für seine Bemühungen um Kaths Freilassung bekam er ein Honorar und die Rückerstattung seiner Auslagen, eine Summe, die sich insgesamt auf 3.605 DDR-Mark belief.[10]

Weniger klar ist, ob Vogel etwas von der systematischen Irreführung wußte, die Schalck gegenüber der westdeutschen Regierung betrieb. Bonn leistete seine jährlichen Zahlungen für politische Häftlinge in der Annahme, daß die Handelsgutscheine, die man nach Ost-Berlin schickte, dazu verwendet würden, Nahrungsmittel und Konsumgüter für die unterdrückte Bevölkerung zu beschaffen. Mitte der siebziger Jahre hatte die KoKo die Angelegenheit unter ihre Kontrolle gebracht. Sie sorgte dafür, daß die Handelsgutscheine von den Kommunisten zu harter Währung gemacht wurden, indem man die Waren durch Scheinfirmen, die das MfS in Liechtenstein unterhielt, auf dem Weltmarkt veräußerte – bisweilen sogar, bevor die Gutscheine den Osten überhaupt erreicht hatten. Gut möglich, daß auch die westdeutsche Seite von diesen Vorgängen wußte, doch aus wohlerwogenen Gründen die Augen schloß, weil man die Freilassung der Gefangenen nicht aufs Spiel setzen wollte. Insgesamt waren die Summen, die bis 1974 aus diesen Quellen auf die von Honecker kontrollierten geheimen Konten flossen, auf jährlich einhundert Millionen Mark angewachsen. Dem kommunistischen Machthaber blieb es überlassen, von dem Geld Schuhe, Bananen und Äpfel für sein Volk oder aber Computer, Abhöranlagen und Waffen für die Staatssicherheit zu kaufen – oder es ganz einfach als Rücklage zu behalten.[11]

In den folgenden Jahren wurde der Bedarf des Staates an harten Währungen zunehmend größer, und 1977 schließlich ließ Schalck dem Anwalt durch Volpert den Auftrag erteilen, über eine kräftige

Erhöhung des Pro-Kopf-Preises für politische Gefangene zu verhandeln. Über mehrere Jahre hinweg war die Zahl der politischen Häftlinge, die von der Bundesrepublik freigekauft wurden, laufend gestiegen, bis sie bei etwa eintausend lag. Hinzu kamen zwei- bis dreimal so viele Familienzusammenführungen. Der lange Zeit übliche Preis von vierzigtausend D-Mark pro Häftling war dabei stets nur ein Basiswert. Denn wenn Bonn Vogel eine Liste mit Namen übergab, reichte dieser sie an Volpert weiter, der jeden Namen mit einer Bemerkung versah, um die Liste dann wieder an den Anwalt zurückzugeben. Häftlinge, die nur eine kurze Strafe von drei oder vier Jahren verbüßten, konnten für vierzigtausend D-Mark freigekauft werden. Handelte es sich hingegen um einen Gefangenen, der zu einer lebenslangen Freiheitsstrafe verurteilt worden war, so vermerkte Volpert hinter dem Namen ein »3x«, was bedeutete, daß das Dreifache der Basissumme verlangt wurde. Danach war es an den Westdeutschen, über Vogel zu antworten und zu verhandeln, bis man zu einer Einigung kam.[12]

1977 aber instruierte Volpert Vogel, einen einheitlichen Preis auszuhandeln, basierend auf dem Durchschnittswert dessen, was die Westdeutschen über die Jahre de facto pro Häftling gezahlt hatten. Nach einigen Beratungen erklärte sich die Bundesrepublik einverstanden, und der Preis wurde, wie Vogel später berichtete, auf 95.847 D-Mark festgesetzt. Für einen Außenstehenden war es keineswegs einfach herauszubekommen, was das tatsächlich hieß: ein einheitlicher Preis pro Kopf.[13]

Auch Vogel ließ sich nun von der Bundesregierung besser bezahlen. Das Jahreshonorar, das er für die Regelung bestimmter rechtlicher Einzelheiten erhielt, die nach der Freilassung der Häftlinge erledigt werden mußten, war mittlerweile auf etwa 300.000 D-Mark pro Jahr angestiegen – und die Bundesregierung zahlte.[14] Aber in Anbetracht der in die Tausende gehenden Fälle und angesichts der beträchtlichen Arbeit, die hinter jedem einzelnen von ihnen steckte, glaubte Vogel, das Geld verdient zu haben. Jeder Häftling, der entlassen wurde, war zunächst von den Gerichten und dem ostdeutschen Staatsrat rechtsgültig begnadigt worden. Jeder Fall machte eine Unmenge von Papieren notwendig, erforderte etliche Besuche in den Stasi-Gefängnissen von Bautzen, Karl-Marx-Stadt und Berlin, weil mit jedem einzelnen Gefangenen gesprochen werden mußte.

Zudem war Vogel vom MfS ermächtigt worden, Ausreisewillige auch auf privater Basis freizukaufen – durch Freunde oder Verwandte beispielsweise, die große Geldsummen boten. Gewöhnlich kamen solche Angebote von allein. Dr. Eberhard Hoene etwa, ein Westberliner Rechtsanwalt, trat 1980 im Auftrag der Familie zweier

Brüder aus Dessau an Vogel heran. Die Brüder hatten um eine Ausreisegenehmigung nachgesucht und einen abschlägigen Bescheid
erhalten, weil einer von ihnen bei einem geheimen Regierungspro-
jekt beschäftigt war und innerhalb der kommenden fünf Jahre nicht
ausreisen durfte. Der normale Weg über die Regierungskanäle war
mithin nicht gangbar. Doch Hoene und Vogel hatten mit Hilfe privater Geldmittel schon ähnliche Fälle gelöst. Also ließ er Vogel herausfinden, ob eine große Summe die Stasi dazu bewegen könnte, ihre
Haltung zu ändern. Die Nachforschungen, die Vogel kurz darauf
über Volpert anstellte, stießen auf eine positive Antwort: Zweihun-
dertfünfzigtausend D-Mark würden ihren Zweck erfüllen. Ein im
Rheinland lebender, wohlhabender Verwandter der Brüder stellte
das Bargeld zur Verfügung, und im Frühjahr 1981 übergab Hoene
den Betrag an Vogel. Unverzüglich gestattete man den Familien die
Ausreise. Als Hoene die für das Gefangenen-Austauschprogramm
verantwortlichen Westberliner Behörden von seiner Transaktion
unterrichtete, gab es von deren Seite keine Einwände. Auch hier
aber behielt Vogel nichts von dem Geld für sich. Es ging direkt an
Volpert, der es wiederum an die KoKo weiterleitete. Er kassierte
lediglich ein Honorar von 5.000 D-Mark, das ebenfalls bar bezahlt
wurde.[15]

Später räumte Vogel ein, daß er über die Jahre hinweg etwa zwanzig solcher »Privatverkäufe« arrangiert habe, hauptsächlich für Personen, die über politische oder kirchliche Verbindungen in Westdeutschland verfügten.[16] In den meisten Fällen dagegen, so erzählte
er, habe er seine Klienten dazu bewegen können, die Angelegenheit
über die eingefahrenen Regierungskanäle regeln zu lassen und ihr
Geld zu sparen.[17] Tatsächlich schien man kaum eine moralische Un-
terscheidung zwischen den privaten und den offiziellen Verkäufen
zu machen. Bonn riet von privaten Initiativen ab, doch nur deshalb,
weil man nicht den Eindruck erwecken wollte, ostdeutsche Gefangene zu bevorzugen, die in irgendeiner Form in Verbindung mit
westdeutschem Privatvermögen gebracht werden konnten. Wenn
schon jemand Bestechungsgelder an die Stasi zahlte, dann sollte es
wenigstens die westdeutsche Regierung sein – niemand anders.

Ende der siebziger Jahre waren die Aktivitäten, die mit der Freilassung von Häftlingen zusammenhingen, so bekannt geworden, daß
sich immer öfter die Frage stellte, ob die Ostdeutschen nicht einfach
beliebig Leute hinter Gitter brachten, um sich harte Währung zu
beschaffen. Vogel selber glaubte nicht, daß es sich so verhielt. Aber
wenn er mit seinen Klienten sprach, erkannte er wiederholt, daß
Leute, die verzweifelt versuchten, das Land zu verlassen, manchmal
vorsätzlich »politische Verbrechen« begingen – in der Hoffnung, daß

Bonn sie später freikaufen werde. Der Vorgang erinnerte ihn an einen Film mit Jean Gabin in der Rolle eines Pariser Clochards, der jeden Herbst seinen Anwalt aufsuchte und ihn um eine Rechtsauskunft bat. Er wollte wissen, was er tun müsse, um den Winter im Gefängnis verbringen zu können.

Mit der Zeit kamen häufiger Klienten zu Vogel, um ihm detaillierte Fragen zu stellen, gegen welchen Paragraphen des Gesetzbuches sie verstoßen müßten, um wegen eines politischen Verbrechens zu einer kurzen Haftstrafe verurteilt und in die westdeutschen Gefangenenlisten aufgenommen zu werden. Es lasse sich nie mit Sicherheit gewährleisten, daß jemand tatsächlich auf die Liste gesetzt werde, sagte Vogel zu ihnen. Er wußte, wie gefährlich es war, ein Spiel mit der Stasi zu treiben. Er selber war dazu in der Lage, aber er hielt es für unverantwortlich, seine Klienten zu dergleichen zu ermutigen.[18]

Vogels eigene Beziehungen zum MfS waren immer voller Widersprüche gewesen. Als er in den frühen fünfziger Jahren zu einer Zusammenarbeit gezwungen worden war, hatte er sich geärgert, doch mittlerweile war er ein enger Freund von Heinz Volpert, der dazu beigetragen hatte, aus ihm das zu machen, was er war. Volpert war Schalcks Führungsoffizier, aber eigentlich weit mehr als das. Die KoKo war in gleichem Maße seine Idee gewesen wie die Schalcks, und ihr Erfolg hatte ihm eine nahezu unabhängige Position verschafft, die viele Leute innerhalb des MfS irritierte. Obgleich er nur den Rang eines Obersten bekleidete, mußte er sich nicht an den regulären Dienstweg halten, sondern konnte Mielke direkt Bericht erstatten. Auch Vogel profitierte von Volperts Verbindungen. Um fragwürdige finanzielle Transaktionen kümmerte er sich schon aus diesem Grund besser nicht.

Gelegentlich ließ Vogel erkennen, in welchem Widerstreit der Interessen er sich befand. Einer der Klienten, die das nicht zu schätzen wußten, war Gerhard Strunk, ein Vertreter aus Osnabrück. Im August 1977 wurde er auf dem Weg zu einem Treffen in Ost-Berlin auf der Transitautobahn verhaftet. Die Verhöre durch die Staatssicherheit zogen sich fast ein Jahr hin, bis die Geheimpolizei schließlich einen Fall von Spionage und Wirtschaftssabotage konstruiert hatte. Immer wieder sagten ihm die Vernehmungsbeamten, er werde mit einem verhältnismäßig milden Urteil davonkommen, wenn er ein Geständnis ablege. Sollte er sich allerdings der Zusammenarbeit entziehen, drohe ihm eine lebenslange Freiheitsstrafe. Strunk, der keineswegs ein Spion war, wußte, daß ein ostdeutsches Gericht kaum geneigt sein würde, ihn freizusprechen. Schließlich hatte man zwölf Zeugen aufgeboten, die bestätigen sollten, daß er versucht hatte, sie als Agenten für den westdeutschen BND anzuwerben.

In dieser Situation beauftragten Strunks Verwandte in Osnabrück Vogel mit seiner Verteidigung. Nach einem ersten Zusammentreffen im Gefängnis war Strunk jedoch argwöhnisch. »Da Herr Vogel ein ›DDR-Anwalt‹ war, hatte ich absolut kein Vertrauen zu ihm und war nicht dazu fähig, mich Herrn Vogel anzuvertrauen«, schrieb er später. Ebensowenig traute er Vogels Rat, das verlangte Geständnis keinesfalls abzulegen. So machte er die Entscheidung mit sich allein ab und gab der Stasi, was sie wollte.

Im Juni 1978, etwa zwei Wochen vor der Gerichtsverhandlung, wurde Strunk von Vogel gefragt, welchen Rang er beim BND bekleidet habe. »Da ich weder bei der Bundeswehr und auch sonst bei keiner militärischen Organisation war, kannte ich mich mit den Dienstgraden nicht aus. Da mein ›Stasi-Vernehmer‹ (Oberleutnant) etwa in meinem Alter war, sagte ich Herrn Dr. Vogel, daß ich Oberleutnant beim BND sei. (...) Die Antwort von Herrn Dr. Vogel lautete daraufhin: ›Sie sind nicht Hauptmann beim BND, sondern Sie sind ›Hauptmann von Köpenick‹. (...)«

Als es vor dem Obersten Militärgericht in Berlin zur Verhandlung kam, wies Vogel ganz offen auf seine Unzufriedenheit mit dem Verhalten der Staatssicherheit hin. Der Fall, so sagte er, sei mit seiner Ehre als Rechtsanwalt nicht in Einklang zu bringen. Strunk, schuldig gesprochen, wurde zu fünfzehn Jahren Gefängnis verurteilt. Vogel war empört und legte umgehend Einspruch ein. Es gelang ihm schließlich, Strunk zur Freiheit zu verhelfen, indem er erwirkte, daß der Fall unter die Amnestie vom 24. September 1979 fiel. Dennoch hinterließen Vorkommnisse wie dieses bei Vogel stets einen bitteren Nachgeschmack, denn sie brachten nicht nur die ostdeutsche »Justiz« in Verruf, sondern alle, die – wie er auch selber – glaubten, daß man nach Grundsätzen handeln solle.[19]

Indessen wurde selbst die Amnestie, die Honecker aus Anlaß des dreißigjährigen Bestehens der DDR erlassen hatte, durch den dringenden Bedarf an harter Währung korrumpiert. Sieben Jahre zuvor waren bei einer umfassenden Amnestie mehr als zweitausend ehemalige Gefangene über die Grenze in den Westen entlassen worden. Dieses Mal dagegen waren unter den 21.928 Freigelassenen nur vier politische Gefangene, darunter zwei so bekannte Dissidenten wie Rudolf Bahro und Nico Hübner. In der Bundesrepublik hatte diese Einschränkung einen öffentlichen Aufschrei zur Folge. Wieder einmal war offenkundig geworden, daß Honecker nichts umsonst tat; es stellte sich die Frage, ob die Bundesrepublik hereingelegt worden war. Und wieder reagierten die Ostdeutschen, indem sie drohten, die Freilassungen ganz einzustellen. Der letzte Bustransport hatte Karl-Marx-Stadt am 9. Oktober verlassen. Es war höchst unsicher, ob weitere folgen würden.

Geschickt schob Vogel den Westdeutschen die Schuld für diese Verwicklungen zu, indem er der Westberliner Zeitung ›Der Abend‹ eines seiner seltenen Interviews gewährte. Er deutete an, daß die Gegner der Entspannungspolitik mehr an Propaganda interessiert seien als am Wohlergehen einzelner Klienten, wie er sie vertrat. Für die in den Gefängnissen inhaftierten »Namenlosen« sehe er »ganz schwarze Wolken aufziehen, nachdem es Mode geworden ist, echte Hilfe zu Material für den Skandal- und Klatschmarkt zu erniedrigen.«[20] Die Westdeutschen, die über die möglichen Konsequenzen ihrer Entrüstung nachgedacht hatten, hielten sich daraufhin wieder mehr zurück, der Presse legte man nahe, stillzubleiben, und tatsächlich wurden die Gefangenentransporte im März 1980 wieder aufgenommen. Denn in der Tat: Die Ostdeutschen brauchten das Geld.

Als im Oktober 1982 die Christdemokraten an die Macht kamen, räumten sie im Handel mit politischen Gefangenen kräftig auf. Gleichwohl setzten auch sie den Geschäften kein Ende. Unterlagen zufolge, die man später bei Schalcks Akten fand, war es der Koalitionspartner und alte Rivale von Bundeskanzler Helmut Kohl, der entschiedene Antikommunist Franz Josef Strauß, der Ende 1983 mit der Neuigkeit herausrückte, der Kanzler wünsche eine Veränderung. Hinter den Kulissen hatte Strauß in Schalck damals unverhofft einen Typ von Kommunisten gefunden, mit dem man Geschäfte machen konnte; nun teilte er diesem mit, daß Kohl darüber nachdachte, ob man die Freilassung von Gefangenen und den Austausch von Spionen zukünftig nicht anders handhaben sollte. Der Bundeskanzler vertrete die Auffassung, »daß in Zukunft schwerwiegende Haftfälle zwischen dem Bundeskanzleramt und der Ständigen Vertretung der DDR in Bonn direkt und unter Ausschaltung von Rechtsanwalt Dr. Vogel behandelt werden sollten«. Schalck antwortete, daß eine solche Regelung unter keinen Umständen in Frage komme. »Ich habe den festen Eindruck gewonnen«, berichtete er Mielke, »daß Strauß zur Stellung und Position von Rechtsanwalt Vogel keine andere Auffassung als wir vertritt.«[21]

Die Freilassung von Gefangenen ging also weiter. »Eines Tages wird einer von uns beiden dem ein Ende setzen müssen«, hatte Vogel zu Rehlinger gesagt, als sie sich in einer Sitzung mit den Listen beschäftigten. Dennoch war klar, daß Bonn das Programm nie stoppen würde. Später schrieb Rehlinger: »Solange die DDR Freiheit von Unschuldigen allein gegen wirtschaftliche Leistungen bot, war die Bundesrepublik Deutschland aufgrund der in der Demokratie geltenden Moralgesetze, aber wohl auch aus juristischen Gründen nicht in der Lage, nein zu sagen.«[22]

Allerdings gehörten die Gefangenen, die Mitte der achtziger Jahre freigekauft wurden, einer völlig anderen Kategorie an als diejenigen, die zwanzig Jahre zuvor ausgelöst worden waren. Damals hatte es sich bei den politischen Gefangenen im großen und ganzen um Personen gehandelt, die gegen das etablierte kommunistische Regime gekämpft hatten – beispielsweise Sozialdemokraten, die sich gegen den erzwungenen Zusammenschluß ihrer Partei mit den Kommunisten wehrten, Leute, die man der Sabotage gegen die staatliche Industrie bezichtigte, oder Gewerkschaftler, die ihre Berufung allzu ernst nahmen in einem Staat, in dem die Gewerkschaften genau wie die staatseigenen Fabriken nichts weiter als Produktionsinstrumente waren. Jetzt hingegen bestand die große Mehrheit der politischen Gefangenen vorwiegend aus Menschen, die man wegen Republikflucht oder anderer Vergehen angeklagt hatte, die mit Fluchtversuchen in Verbindung standen. Das Spiel, sich verhaften zu lassen und später über Dr. Vogel befreit zu werden, schien zu dem allgemeinen Klima moralischer Korruption nur beizutragen.

Vogel sah diese Entwicklung deutlich, und er sah noch mehr. Er entdeckte, daß seine »humanitären Bemühungen« dazu beitrugen, das System der Repression auf eine feine Weise und in kleinen Schritten zu unterminieren. Es war auffallend, daß die Leute immer weniger Respekt vor der Polizei hatten, von der sie verhaftet wurden, vor den Staatsanwälten und Richtern, die sie ins Gefängnis schickten, und schließlich sogar vor den Aufsehern in den Stasi-Gefängnissen, die irgendwann mit ansehen mußten, wie sie einen Bus in die Freiheit bestiegen, nur weil ihre Regierung sie für Geld nach Westdeutschland verkaufen wollte. Auch die Gefangenen selber erkannten dies. Der Liedermacher Karl-Ulrich Winkler, ein rebellischer Einundzwanzigjähriger, der am 25. November 1981 entlassen wurde, erinnerte sich, wie er und andere glückliche Mitgefangene aufgefordert wurden, sich für den Transport nach Karl-Marx-Stadt fertigzumachen, der ersten Station auf dem Weg in den Westen. »An der Stimmung der Bullen merkten wir oft, ob ein Transport bevorstand oder nicht. Vor den Transporten waren sie besonders schlecht gelaunt und schikanierten uns mehr als sonst. Sie wußten, die sind bald frei im Westen, und wir bewachen weiter diesen öden Knast«, schrieb er. Als sein Bus von Wartha bis zum Niemandsland vor dem Übergang Herleshausen hinter Vogels Wagen – mittlerweile ein blauer Mercedes – herfuhr, fragte sich Winkler, ob die anderen Passagiere nicht auch an das dachten, was ihm gerade durch den Kopf ging. Sie hatten das Land verlassen wollen, hatten einen Fluchtversuch unternommen und waren verhaftet worden. Nun aber hatten sie dennoch das erreicht, was sie wollten, und das mußte ihre Kerkermeister ungemein verdrießen. Als die zwei Stasi-Bewacher, die den Transport begleiteten, den Bus an der Grenze verlassen hatten, verkündete der westdeutsche Busfahrer über den Bordlautsprecher: »Die sind wir los!« Der ganze Bus hallte von den Jubelrufen der Häftlinge wider.[23]

Doch die Machthaber waren auf die Angst der Menschen angewiesen. Nur so konnten sie sich an der Macht halten. Diejenigen, die
ihre Angst verloren, wurden zu einer politischen Zeitbombe für das
Regime und jeden, der mit ihm in Verbindung stand – und dazu
zählte auch Vogel. »Die Leute haben von sich aus mehr gewagt«,
sagte er, »weil sie das Ventil Freikauf mit einkalkuliert haben: ›Wenn
es schiefgeht, komme ich ja sowieso frei‹. (...) Da hat einer ein
Transparent mit ›Es lebe Gorbatschow‹ herausgehängt, oder er ist
zum Bahnhof Friedrichstraße gegangen und hat seinen Personalausweis ohne Ausreisevisum gezeigt und gesagt: ›Ich will in den
Westen‹ – in der Hoffnung, daß er festgenommen und dann freigekauft wird. Aber es hat ihn niemand dahingeschickt.«[24] Nach und
nach taten sich in der Mauer Risse auf. Und jedesmal, wenn eine
Tante über die Grenze kommen durfte, um einen Onkel zu besuchen, wenn ein Häftling den Bus von Wartha nach Herleshausen
bestieg, wenn ein ostdeutscher Politiker zu Verhandlungen nach
Bonn, ein Westdeutscher nach Berlin, Erfurt oder Rostock reiste,
erweiterten sich diese Risse.

Je schwächer das System der Unterdrückung wurde, desto parano-
ider reagierten die alten Machthaber. Mielke etwa, der die Schnüffe-
leien der Staatssicherheit mit der Zeit auf alle Bereiche der Gesellschaft ausdehnte und seine Leute zu entsetzlichen Aktionen er-
mächtigte, um die Bürger zu zwingen, sich ihren Vorstellungen entsprechend zu verhalten. Sooft Vogel versuchte, die schlimmsten
Übergriffe zu verhindern, lief er aufgrund seiner engen Verbindungen
immer wieder Gefahr, zum Mittäter zu werden. Was beispielsweise
sollte man in Westdeutschland von einem Brief halten, wie Vogel ihn
an Rüdiger und Beate Hobusch schrieb, ein Ehepaar, das im Juli 1984
im Stasi-Gefängnis von Karl-Marx-Stadt inhaftiert worden war?

[...] Sie wissen, daß eine Entscheidung über das Erziehungsrecht
für Ihre gemeinsame Tochter Patricia noch aussteht. Wie ich bei
Gericht in Halle erfahren habe, steht zu erwarten, daß weder
Ihnen, Frau Hobusch, noch Ihnen, Herr Hobusch, das Erziehungsrecht übertragen wird. Die Folge wäre Heimerziehung.

Dies könnte dadurch verhindert werden, daß Frau Daniel aus
Wismar das Erziehungsrecht erhält. Sie hat mir bereits im Mai dieses Jahres mitgeteilt, daß sie damit einverstanden wäre. Wenn Sie
einer solchen Handhabung zustimmen, bitte ich Sie um eine entsprechende schriftliche Erklärung für das Gericht in Halle zu meinen Händen. Nur unter dieser Voraussetzung sehe ich eine Möglichkeit, daß Ihre Entlassung aus der Staatsbürgerschaft doch
noch erfolgen könnte.

Mit Hochachtung   Dr. Vogel, Rechtsanwalt

»Das ist in meinen Augen eine Nötigung«, sagte Hobusch, der später aus der Haft entlassen wurde, vor einer Expertenkommission der deutschen Sektion der Internationalen Gesellschaft für Menschenrechte in Bad Godesberg. Als er gefragt wurde, wer Frau Daniel war, räumte er allerdings ein, daß es sich um seine Schwiegermutter handele.

Trotzdem galt der Fall als empörend, wie die Gesellschaft in einer später veröffentlichten Dokumentationsschrift zu verstehen gab. Nur war es falsch, Vogel die Schuld dafür zuzuschieben: Der Brief war den Hobuschs nicht bei einem persönlichen Treffen mit Vogel selber übergeben worden, sondern von einem Stasi-Offizier im Gefängnis von Karl-Marx-Stadt. Die eigentliche Ungeheuerlichkeit lag deshalb unzweifelhaft in all dem, was der Staat Menschen wie den Hobuschs bereits angetan hatte – und noch antun würde, hätte Vogel sich nicht für sie eingesetzt.

Mit der Zeit gelang es der Stasi, die Eltern auseinanderzutreiben. Die vierundzwanzigjährige Beate Hobusch, eine Friseuse, und ihr Mann, einunddreißig Jahre alt, Maler und Lackierer, hatten 1979 in Halle einen Antrag auf Ausreise nach Westdeutschland gestellt. Das MfS mißbilligte nicht nur die Anträge, sondern setzte alles daran, das Leben der Familie durch eine Kampagne gegenseitiger Desinformation zu zerstören, eine Vorgehensweise, die durchaus üblich war und in ähnlichen Fällen immer wieder praktiziert wurde. Man erzählte Beate, daß ihr Mann gelogen habe, als er von seinen Überstunden sprach. In Wirklichkeit habe er eine Freundin besucht, und man fügte sogar noch hinzu, daß er inzwischen ein Informant der Staatssicherheit geworden sei. Rüdiger wiederum sagte man, seine Frau habe sich in den Kneipen von Halle mit anderen Männern amüsiert und sei zwei Tage lang überhaupt nicht zur Arbeit erschienen. Die Kampagne gelang. Die Hobuschs mißtrauten einander, trennten sich und wurden im Mai 1982 geschieden. Mit einer Beschwerde an die Menschenrechtsgesellschaft wegen der Verweigerung der Ausreisegenehmigung hatten sich beide Schwierigkeiten und eine Anklage wegen »landesverräterischer Nachrichtenübermittlung« eingehandelt. Nach ihrer Verhaftung im November desselben Jahres wurden das gemeinsame Kind sowie ein Sohn Rüdiger Hobuschs aus einer früheren Ehe in die Obhut des Staates gegeben. Beide Elternteile wurden zu über sechs Jahren Gefängnis verurteilt.[25]

Durch Vogels Intervention konnte ihre Tochter Patricia schließlich bei ihrer Familie bleiben, indem man sie in die Obhut von Frau Daniel gab. Außerdem gelang es dem Anwalt, für die Hobuschs eine Ausreisegenehmigung nach Westdeutschland zu erwirken, und er machte es möglich, daß später auch das Kind seinen Eltern folgen durfte.[26]

Vogel glaubte, daß es nicht seine Schuld war, wenn der ostdeutsche Staat derartig drakonische Gesetze oder unmoralische Methoden zur Anwendung brachte. Wenn er die Übel zu mildern vermochte, dann verdiente er dafür seiner Überzeugung nach Anerkennung und Lob, keinesfalls aber Vorwürfe, die ihn der Komplizenschaft bezichtigten. Er konnte nicht begreifen, warum Menschen, denen er geholfen hatte, sich mitunter gegen ihn wandten. In solchen Momenten war er zutiefst verletzt und tröstete sich mit den vielen Briefen ehemaliger Klienten, die ihren Dank in seinen Augen adäquater ausdrückten. Für ihn waren dies die Blumensträuße, die Patienten nach einer gelungenen Operation in Deutschland üblicherweise dem Arzt überreichen. Die Vorwürfe hingegen versetzten ihm schmerzhafte Stiche.

Dr. Wulf Rothenbächer, Mitarbeiter der Internationalen Gesellschaft für Menschenrechte und aufgrund bestimmter politischer Vorwürfe inhaftiert, hatte Dr. Vogel zum Anwalt genommen und sich später bitter über die 623,97 D-Mark beklagt, die Vogel ihm in Rechnung stellte, nachdem er die westdeutsche Regierung bewegen konnte, Rothenbächer freizukaufen. »Menschenhandel im Auftrag der Stasi«, warf Rothenbächer dem Anwalt vor, als ob Vogels Westberliner Bankkonto Beweis genug für eine solche Anklage sei.[27] Daß es für Vogel nach ostdeutschem Recht unmöglich gewesen wäre, einem Klienten eine Rechnung in Ost-Mark nach Westdeutschland zu schicken, schien angesichts derartiger Vorwürfe völlig nebensächlich zu sein.

Wenn man Summen dieser Art über die Jahre hinweg mit einem Vielfachen von Tausend multiplizierte, so war unübersehbar, daß sich das Geld gewaltig anhäufte. Schließlich bezahlte die westdeutsche Regierung Honorare für Tausende derartiger Fälle, insgesamt bis zu 1.5 Millionen D-Mark im Jahr, wovon einiges auch an Vogel ging. Daneben erhielt er seit 1984 von Bonn ein jährliches Pauschalhonorar von 360.000 D-Mark für Auslagen und laufende Vorgänge bei einem vereinbarten Minimum von 6.000 Fällen pro Jahr. Zu dieser Zeit beschäftigte Vogel Helfer, die er großzügig bezahlte, damit sie für ihn viele der juristischen Routineprozeduren bei Gerichten im ganzen Land erledigten – Zahlungen, die natürlich in Ost-Mark und nicht in westdeutscher Währung erfolgten. Vogel kam mit seinen Wohltaten sehr gut zurecht. Obwohl er in einem Land lebte, in dem der Staat den meisten seiner Bürger jene Armut verordnete, die er Sozialismus nannte, konnte er nichts Falsches an seinem hohen Lebensstandard erkennen. An keiner Stelle habe Marx geschrieben, daß ein Kommunist arm sein müsse. Darauf bestand er.

Die »Datscha«, die er sich am Schweriner See zugelegt hatte, war mit den Jahren immer weiter ausgebaut worden. Am Ende erschien sie den ostdeutschen Handwerkern und Zimmerleuten, die dort beschäftigt wurden, mehr als ein Landsitz denn als ein Wochenendhäuschen. Hinter dem auf eine ruhige Straße hinausgehenden Haupttor verbarg sich, von einer Mauer umgeben, ein reichbepflanzter Garten mit weiten, gepflegten Rasenflächen, Rosen und Büschen, die im Sommer von einer Bewässerungsanlage besprengt wurden. Der Mercedes stand in einer Garage, die an der Seite des Hauses errichtet und mit einem Pultdach gegen den winterlichen Schnee versehen worden war. Hinter dem Haus führte der Rasen zu einer in den See hineingebauten Aussichtsterrasse hinunter. Dort lag auch der Schuppen für das Segelboot. Im Haus selber gab es eine Küche mit den modernsten westlichen Haushaltsgeräten. Im Wohnzimmer stand ein antiker Potsdamer Schrank aus dunklem Holz und eine Glasvitrine, in der Meißener und Dresdner Porzellanvögelchen ausgestellt. waren. Russische Ikonen, Plastiken und orientalische Teppiche schmückten das Zimmer. All dies war nach westlichen Maßstäben nicht einmal Luxus, es war einfach eine besondere Art von Komfort – hochgepolsterte Sofas, Sessel, Kitsch –, mit dem Millionen von Bürgern in der Bundesrepublik lebten. Außerhalb der eingezäunten Grundstücke in Wandlitz, wo Honecker, Mielke und das übrige Politbüro lebten, gab es jedoch in Ostdeutschland kaum etwas Vergleichbares.

Vogels Nachbarn hielten ihm seinen Lebensstil nicht vor, zumal er immer bereit war, seine Verbindungen einzusetzen, wenn man seiner Hilfe bedurfte. So wurde er mit Ersuchen geradezu überschüttet, wenn es darum ging, irgendeine der Genehmigungen zu erhalten, die die kommunistische Bürokratie selbst bei den kleinsten Angelegenheiten forderte – für den Kauf eines Autos, den Anbau eines zusätzlichen Zimmers an ein Haus oder den Ankauf von Glas, um eine zerbrochene Scheibe zu ersetzen. Vogel war glücklich, sooft er seinen Nachbarn einen solchen Dienst erweisen konnte. Menschen zu helfen: In dieser Vorstellung gefiel er sich sehr, sie war ein zentraler Bestandteil seines Lebens. Um Menschen zu helfen, würde er sogar Wege gehen, die mitunter die Grenzen der Moral verletzten. Die Ergebnisse, so sagte er sich, rechtfertigten die Mittel. Es war die Zeit, in der sich in Ostdeutschland nur wenige Menschen um die Frage sorgten, ob die Mächtigen selber die Regeln des Schicklichen einhielten oder nicht.

Gern bot Vogel seine Unterstützung an, als Peter Pragal, damals Korrespondent der ›Süddeutschen Zeitung‹, ihn für einen ostdeutschen Freund, Waldemar Zapff, um Hilfe bat. Zapff, mit den Behörden aneinandergeraten, hatte 1980 auszureisen versucht. Als Vogel alle Details dessen kannte, was die Staatssicherheit Waldemar und Vera Zapff angetan hatte, war er entsetzt. Pragals Schwiegermutter und Waldemar Zapffs Mutter waren vor dem Krieg zusammen zur Schule gegangen, und als Pragal 1974 im Begriff gewesen war, seine journalistische Arbeit in Ostdeutschland aufzunehmen, hatte er an die Zapffs in der Hoffnung geschrieben, auf diese Weise einen persönlichen Kontakt zu knüpfen. Der Brief wurde abgefangen. Man versuchte, die Zapffs zur Zusammenarbeit zu zwingen. Sie sollten Pragal bespitzeln, aber Waldemar Zapff weigerte sich. Daraufhin erhob die Stasi Anklage wegen Wirtschaftsvergehen und inhaftierte ihn bis 1980. Als Zapff nach seiner Entlassung ausreisen wollte, wandte sich Pragal an Vogel.

Die Zapffs besaßen in der DDR zwei Grundstücke, ein Haus in Köpenick und ein weiteres, kleines Häuschen auf der Insel Rügen, zu dem auch ein Stückchen Land gehörte. Vogel informierte Waldemar Zapff – auf eine ziemlich unwirsche Art und Weise, wie Zapff seinem Freund später erzählte –, daß er ihm die Ausreisegenehmigung verschaffen könne. Zunächst jedoch sei Zapff aufgrund bestimmter Anweisungen des Innenministeriums verpflichtet, seinen Grundbesitz zu veräußern. Vogel könne diesen Vorgang wohl beschleunigen, wie er sagte, doch widerspreche es der üblichen Rechtspraxis, Zapff auch in dieser Angelegenheit zu vertreten.

Zapff verkaufte das Haus an einen Interessenten, dessen Name auf einer von Vogel zur Verfügung gestellten und vom Staat abgesegneten Liste stand. Im nachhinein stellte sich heraus, daß es sich bei dem Käufer um einen Obersten der Staatssicherheit handelte; Vogel erklärte später, nichts von diesem Zusammenhang gewußt zu haben. Zwei Wochen darauf kam Zapff zu ihm und berichtete, daß es ihm nicht gelungen sei, einen Interessenten für das Anwesen auf Rügen zu finden. Er wedelte mit dem Papier herum, auf dem der Taxwert des Grundstücks mit 14.100 Ost-Mark festgelegt worden war, und bot Vogel an, es selber zu kaufen. Schließlich warf er den Schlüssel auf den Schreibtisch von Helga Vogel und sagte: »Schauen Sie es sich doch wenigstens einmal an.«[28]

Als Vogel das Anwesen schließlich besichtigte, war er enttäuscht. Das Grundstück war kaum eintausend Quadratmeter groß und das Häuschen nicht mehr als eine Hütte. Immerhin glaubte er, daß man dort vielleicht ein Segelboot aufbewahren könne, und da die Zapffs das Land möglichst schnell verlassen wollten, willigte er zu guter Letzt ein, das Anwesen auf den Namen seiner Frau zu kaufen. Am 11. August unterzeichnete sie den Vertrag.

Die Vogels ließen das Häuschen niederreißen und bauten sich ein etwas luxuriöseres Wochenendhaus, um das sie von allen Nachbarn

beneidet wurden. Daß der Anwalt in der Lage war, Wasch- und Spül-
maschinen aus dem Westen heranzuschaffen, erschien ihnen wie ein
Wunder; dabei war alles auf Veranlassung Volperts geschehen. Für
die Bauarbeiten zahlte Vogel an Firmen mit Stasibeziehungen eine
Summe von 803.709,10 DDR-Mark.[29] Fast 170.000 Ost-Mark fielen
dabei allein für die Elektrizität an, weil Vogel die Stromversorgung
des ganzen Ortes aus eigener Tasche finanzierte.

Schließlich kamen die Zapffs frei. Vogel hatte sie von dem Häuschen befreit und den Verkauf des Berliner Hauses in die Wege geleitet, ganz im Sinne der beiden Zapffs. Auch Vogel selber meinte
nicht, daß er die Familie ausgenutzt habe. Er hatte ihnen einen
Gefallen erwiesen. Und was den Verkauf ihrer Häuser anlangte, so
war er überzeugt, daß es nicht seine Sache war, sich um die Identität
der Käufer zu kümmern. Für seine Klienten, die darauf erpicht
waren, das Land zu verlassen, stellten die vom Innenministerium
abgesegneten Listen eine Hilfe dar: Nur auf diese Weise konnte die
Zeit verkürzt werden, bis man die offizielle Genehmigung für den
Verkauf eines Grundstückes erhielt, und darauf kam es an, nicht auf
den Namen des Käufers. So sah Vogel die Sache.

In den siebziger Jahren war Edgar Hirt der Hauptverhandlungspartner des Anwalts in allen Angelegenheiten, die den Austausch von
Agenten und die Freilassung von Gefangenen betrafen. Eine unum-
stößliche Verhaltensregel, die Hirt von Egon Franke, dem sozialdemokratischen Bundesminister für innerdeutsche Beziehungen,
erhalten hatte, lautete: »Behandeln Sie die Dinge vertraulich!«
Wenn nur zwei Personen wissen, was alles unternommen worden
sei, pflegte Franke bei besonders heiklen Fällen zu sagen, dann sei
das bereits eine zu viel. »Reden Sie nicht darüber. Sehen sie einfach
zu, daß es erledigt wird.«[30]

Zwei unterschiedlichere Männer als Vogel und Hirt konnte man
sich kaum vorstellen. Hirt, kein Jurist, sondern politischer Funktionär, der sein Studium mit Stipendien finanziert hatte, stammte aus
bescheidenen Verhältnissen und war zwölf Jahre jünger als Vogel.
Seine politische Heimat hatte er bei den Sozialdemokraten gefunden, wo er zusammen mit Franke zu jenen Spezialisten der politischen Tätigkeit zählte, die im Hintergrund die eigentliche Arbeit
erledigten, während Brandt und seine intellektuellen Freunde wie
Egon Bahr von der Ostpolitik träumten. Franke, in politischer Hinsicht allenthalben als unangreifbar geltend, war in seiner Jugend von
den Nationalsozialisten inhaftiert und zur Zwangsarbeit verurteilt
worden. Im übrigen war er ein Mann, der wenig Worte machte. Auf
Hirt übte er große Faszination aus.

1969, als die Sozialdemokraten erstmals die Regierung übernahmen, hatten Männer wie Franke und Hirt bald vielerlei Anlaß zum Argwohn entdeckt. Es war kaum verwunderlich, daß die langen Jahre christdemokratischer Herrschaft zu starken Verflechtungen zwischen der Regierung und den Unternehmen geführt hatte, mit denen sie Geschäfte machte. Hirt glaubte, daß dies insbesondere die geheime Zusammenarbeit mit den karitativen Verbänden der Kirchen sowie jene Handelsfirmen und Speditionen betraf, die an den finanziellen Arrangements im Rahmen des Häftlingsfreikaufes beteiligt waren. Schließlich lag es in der Natur der Übereinkünfte, daß sie zur Korruption einluden: Alles geschah auf ein zustimmendes Blinzeln, auf ein Kopfnicken hin, und die finanziellen Transaktionen wurden in einer Form abgewickelt, die ein gewöhnlicher Buchhalter niemals gutgeheißen hätte. Hirt war kein Weltmann, kein gewandter Geschäftemacher, sondern ein einfacher Mann mit einem ausgeprägten Sinn für politische Loyalität gegenüber Führungspersönlichkeiten wie Franke, die ohne Umschweife vorgingen. Mit Stange, dessen Ungezwungenheit ihm sehr zusagte, ergab sich schnell eine natürliche Freundschaft. Auch Vogels häufige Besuche in Bonn waren eine willkommene Abwechslung von der Bonner Routine; Hirt war überzeugt, daß der ostdeutsche Anwalt und er dieselbe Sprache sprachen. Nach und nach begriffen sich Hirt, Stange und Vogel als Team, als Bruderschaft, die im verborgenen für eine gute Sache focht.

Unter den drei Männern war Vogel ganz eindeutig der klügste Kopf und die dominierende Persönlichkeit. In bestimmter Hinsicht war es offenkundig, daß seine Seite einen Verhandlungsvorteil besaß: Ostdeutschland verfügte über die politischen Gefangenen, die Geiseln der deutschen Teilung. Den Westdeutschen hingegen blieb nichts weiter, als diese herauszubekommen, und zwar zu Bedingungen, die ihnen die Ostdeutschen diktieren konnten. Aber obwohl Hirt wußte, daß sein Kanzler und seine Regierung etwas guthießen, das letztlich nichts anderes als geheime Machenschaften waren, mußte er doch einsehen, daß man auf diese Weise Menschen in die Freiheit bringen konnte. So war in seinen Augen im Grunde alles rechtens. Nicht umsonst waren ja auch evangelische und katholische Kirchenführer in die Geschäfte verwickelt. Franke bestärkte ihn in dieser Ansicht. Der Minister wollte nicht, daß Hirt sich herumzankte, er verlangte, daß die Angelegenheiten glatt über die Bühne gingen und daß er von Details verschont blieb. »Die Anweisungen meines Ministers und des damaligen Kabinetts lauteten dahingehend, keine schriftlichen Aufzeichnungen über diese Aktivitäten zu hinterlassen«, betonte Hirt.[31]

Hirt kam diesen Anordnungen nur allzu bereitwillig nach. Ostdeutschland war nicht das einzige Land, das finanzielle Forderungen für politische Zugeständnisse erhob. Auch Rumänien forderte Geld, bevor es die Hunderttausende deutschstämmiger Menschen entließ, die dort lebten. Also begann Hirt sich nach verschwiegenen Geldquellen umzusehen. Bald fand er, was er suchte: Heinz Thiel, Leiter des Deutschen Caritasverbandes in Berlin, arbeitete eng mit dem Ministerium für innerdeutsche Beziehungen zusammen. Thiel, der alles andere als ein asketischer Geistlicher war, sondern eher wie ein raffinierter Geschäftsmann wirkte, schien aus demselben Holz geschnitzt wie Egon Franke. Auch er scheute das Licht der Öffentlichkeit, war in erster Linie an Ergebnissen interessiert und sorgte sich nicht um die Buchführung, wenn es darum ging, Menschen zu helfen, die von einer kommunistischen Diktatur unterdrückt wurden.

Thiel war ganz Ohr, als Edgar Hirt mit seinem Ansinnen auf ihn zukam. »Es gibt da ein paar heikle Fälle, die sich nur durch Barzahlungen lösen lassen«, vertraute Hirt ihm an. Franke wolle herausfinden, ob man nicht einen Teil jenes Geldes, das die Kirche jährlich vom Ministerium erhielt, an ihn zurückfließen lassen könne, damit es weiterhin zu seiner – mithin zu Hirts – Verfügung stehe. Hirt solle damit bestimmte Zahlungen leisten, Zahlungen für den Austausch von Agenten, für bestimmte humanitäre Fälle und ähnliche Angelegenheiten.[32] Als Ausgleich werde sein Ministerium die Caritas mit überschüssigen Mitteln aus dem allgemeinen Budget entschädigen, die zum Ende eines jeden Haushaltsjahres zur Verfügung ständen.

Thiel war mit dem Vorschlag einverstanden. Er erklärte sich bereit, Barbeträge für die »Sonderfälle« in Ostdeutschland, aber auch in Rumänien, Polen, Ungarn und anderen Ländern zur Verfügung zu stellen, bei denen die Regierung auf Geld für humanitäre Operationen angewiesen war. Jürgen Stange würde von Hirt ermächtigt werden, die Summen anzufordern – und das war zugleich alles, was Thiel von dem Verfahren wissen sollte. Er hatte Stange Beträge in jeglicher Höhe auszuzahlen. Weitere Fragen waren unerwünscht. »Das war kein rechtsgültiger Vertrag«, sagte Hirt, »es war eine Absprache.«[33]

So war ein weiterer geheimer Kanal entstanden, bei dem strengste Geheimhaltung gewahrt werden mußte, ja noch strengere als beim Gefangenenaustausch. Hirt zufolge erwiesen sich die Rumänen tatsächlich als ziemlich geldgierig. Ganze Familien deutschstämmiger Rumänen, die die Ausreise beantragt hatten und Anspruch auf die deutsche Staatsbürgerschaft erhoben, waren von der Geheimpolizei Securitate verhaftet worden, dem brutalen Arm der unbarmherzigsten Diktatur, die die kommunistische Welt seit Stalins Tod gesehen hatte. Die offiziellen Proteste, die Hirt bei der rumänischen Botschaft einlegte, zeigten wenig Wirkung. Bonn sei bereit, Geld für die Freilassung politischer Häftlinge aus Ostdeutschland zu zahlen, hatten ihm die Rumänen gesagt. Ob er sich nicht vorstellen könne, daß ähnliche Mittel auch in ihrem Land zu einem Ergebnis führen könnten?

Hirt begann, den Botschafter oder den stellvertretenden Missionschef auf einen Plausch und eine Tasse Kaffee in sein Ministerium einzuladen. Manchmal, so behauptete er, habe er bei solchen Gelegenheiten wortlos einen Umschlag mit fünfzigtausend oder sechzigtausend D-Mark über den Tisch geschoben, während nach und nach die ersten inhaftierten Rumänen am Frankfurter Flughafen eingetroffen seien, befreit mit Geldsummen, die man von der Caritas abgezogen hatte.[34] Dem Residenten des polnischen Geheimdienstes an der Bonner Botschaft zahlte Hirt nach eigenen Angaben 400.000 D-Mark, damit ein Professor mit seiner Familie Warschau verlassen durfte.[35] Und in seinem letzten Dienstjahr veranlaßte man – so Hirt – die Zahlung von 468.000 D-Mark an den südafrikanischen Geheimdienst, wofür im Austausch Alexei M. Koslow freigelassen wurde, ein KGB-Spion, für den die Ostdeutschen wiederum bereit waren, acht westdeutsche Agenten gehen zu lassen.[36]

Möglicherweise wäre von all dem nie etwas ans Licht gekommen, wenn Hans-Dietrich Genscher und seine F.D.P. sich im Oktober 1982 nicht dazu entschlossen hätten, ihren Koalitionspartner zu wechseln und die Christdemokraten mit Helmut Kohl an der Spitze zum ersten Mal seit 1969 wieder ins Kanzleramt zu bringen. Egon Franke, der das Ministerium für innerdeutsche Beziehungen über dreizehn Jahre hinweg geführt hatte, wurde durch Rainer Barzel ersetzt, der wiederum seinen alten Freund Ludwig Rehlinger bat, als Staatssekretär in die Politik zurückzukehren. Unter die Verantwortung Rehlingers fiel dabei auch ein Aufgabengebiet, mit dem er wie kein anderer vertraut war, nämlich die »besonderen Anstrengungen der Bundesregierung auf dem Gebiet der humanitären Hilfe«. Während der Amtsübergabe freilich mußte Rehlinger erkennen, daß Franke keineswegs bereit war, seinen Nachfolger über die Tätigkeiten Hirts zu unterrichten.

Wirklich schockiert war Rehlinger jedoch erst, als er entdeckte, daß Hirt über Thiel Regierungsgelder erhalten hatte, und zwar in barer Zahlung. Selbstverständlich, so berichtete Thiel ihm, habe Franke diese Übereinkunft persönlich gebilligt, und auch Stange sei oft bei ihm aufgetaucht, um Tausende von D-Mark auf einen Schlag abzuholen. Für alle Beträge hatte Thiel sich Quittungen ausstellen lassen – insgesamt zwischen 1978 und 1982 5.56 Millionen D-Mark. Stange selber hatte keine Vorstellung davon, was mit dem meisten Geld geschehen war.[37]

Hirt bestand darauf, daß alle Gelder für »humanitäre Zwecke«

verwendet worden seien, für heikle Fälle, deren Enthüllung in niemandes Interesse lag. Aufzeichnungen gab es nicht, denn Hirt hatte alle Papiere durch den Reißwolf geschickt, ganz wie Franke es gewünscht hatte.

Barzel wurde kreidebleich, als ihm Rehlinger von den Ergebnissen seiner Nachforschungen berichtete. Im nächsten März stand eine Bundestagswahl an. Keine der großen Parteien konnte auch nur das geringste Interesse daran haben, das jahrzehntealte Programm inoffizieller Zahlungen zum Spielball der Politik zu machen. Also versuchte man, die Sache zu begraben. Zuerst wurde Stange seiner einträglichen Position als Westberliner Verhandlungspartner Vogels enthoben, dann tat man kurzerhand das, was auch Hirt und Franke getan hatten – man »verlor« das fehlende Geld. Der überparteiliche Untersuchungsausschuß, der die geheimen Kontakte mit den Ostdeutschen überprüfen sollte und im Interesse der Geheimhaltung wohlweislich auf drei Vertreter beschränkt worden war, traf sich mehrfach und befragte sowohl Hirt als auch Franke, ohne je auf den Grund der Affäre zu gelangen. Es ließe sich nicht ermitteln, was mit dem fehlenden Geld geschehen war, das man sich nur mittels »grober Verfahrensverstöße« verschafft hatte und das in ungesetzmäßiger Weise der parlamentarischen Kontrolle entzogen worden war. So lautete das Ergebnis des Untersuchungsausschusses am 11. Februar 1983. Man empfahl kriminalpolizeiliche Untersuchungen, um das Rätsel zu lösen.

Noch am selben Tag gab Franke eine Erklärung ab, in der er die volle Verantwortung für das Geschehene übernahm und der Öffentlichkeit versicherte, daß alles, was die Bundesregierung unternommen habe, um Menschen in der DDR oder anderswo im Ostblock zu helfen, mit rechten Dingen zugegangen war. »Jeder Zweifel daran, daß die zur Diskussion stehenden Mittel für andere als die aufgeführten humanitären Probleme verwandt worden sind, wird von mir mit Entschiedenheit zurückgewiesen«, sagte er. »Die Einhaltung der in anderen Bereichen üblichen Haushaltsregeln war auf diesem Gebiet angesichts der zu überwindenden Schwierigkeiten und der unverzichtbaren Geheimhaltungspflicht durchweg nicht möglich.«[38]

Vogel behauptete, von Stanges Rolle bei den finanziellen Vereinbarungen, die Hirt mit der Caritas getroffen hatte, nichts gewußt zu haben.[39] Als er zum erstenmal etwas von dieser Angelegenheit hörte, war er entsetzt. Er befürchtete, daß der Skandal das gesamte Gefangenen-Austauschprogramm gefährden könnte. Er sondierte sogar bei Schalck-Golodkowski, ob es nicht einen Weg über die KoKo gebe, Hirt mit den fehlenden Beträgen zu versorgen, um sich auf diese Weise vor beträchtlichen Komplikationen zu bewahren.

»Aber was geschieht, wenn das Geld dann doch wieder auftaucht?«
wandte Schalck ein.[40]

Auch Ludwig Rehlinger sorgte sich um die Konsequenzen. Der
neuen christdemokratischen Regierung war daran gelegen, daß der
Gefangenenaustausch in Bewegung blieb. Man befürchtete, daß die
Ostdeutschen auf der Stelle alles stoppen würden, sobald sie das
Gefühl hätten, der Verwicklung in westdeutsche Korruptionsaffären
verdächtigt zu werden. Rehlinger unterrichtete Vogel im Vertrauen
von seinen Erkenntnissen. Soweit Bonn unterrichtet sei, sagte er
ihm, sei nichts von dem Geld nach Ostdeutschland geflossen. Die
Regierung sei gern bereit, dies auch öffentlich zu bestätigen, sofern
es von ostdeutscher Seite gewünscht werde.

Die Bonner Staatsanwaltschaft überlegte, ob sie Anklage gegen
Stange erheben sollte, ließ den Gedanken jedoch wieder fallen. Im
Frühjahr 1984 klagte sie schließlich Franke und Hirt wegen Fahrläs-
sigkeit und der Unterdrückung von Beweismitteln an. Gleichwohl
stolperten die Ermittlungsbeamten weiterhin in einem Nebel von
unausgesprochenen Übereinkünften, widersprüchlichen Behauptungen und ausweichenden Angaben der verschiedenen Geheimdienste umher. Als das Gericht im Sommer 1986 endlich zusammen-
trat, wurden die meisten Aussagen, die im Verlauf der kommenden
sechs Monate abgegeben wurden, unter Ausschluß der Öffentlichkeit gemacht. Vogel, der am 21. Juli gehört wurde, teilte dem Richter
in einer öffentlichen Sitzung mit: »Hätte ich in dem Augenblick, als
Staatssekretär Rehlinger mir alles berichtete, eine Mokkatasse in der
Hand gehalten, ich hätte sie fallen lassen.« Der Richter fragte: »Gibt
es denn bei Ihnen Mokka?« Worauf Vogel antwortete: »Die Mokkatasse wäre mir zwar in West-Berlin aus der Hand gefallen. Aber Sie
können beruhigt sein: Es gibt auch bei uns Mokka.«

Von dem verschwundenen Geld war nichts an die DDR geflossen,
weder direkt noch indirekt. Franke machte nicht viele Worte, er
hatte Hirt offenbar freie Hand gelassen, als sein alter ego zu verhandeln. So jedenfalls sah Vogel die Sache. Hirt schien sich seiner Aufgaben ebenso hingebungsvoll, besorgt und rechtschaffen gewidmet
zu haben wie seine Vorgänger und Nachfolger. Thiel und Stange hatten Vogel gesagt, daß es ihr Problem sei, was mit dem Geld geschah,
nicht seins. »Ich stand und stehe bis zu dieser Stunde vor einem Phä-
nomen. Ich weigere mich zu denken, was damit [mit dem Geld] passiert sein könnte«, sagte Vogel. »Beide sind so anständig und korrekt
gewesen.«[41]

Stanges Zeugenaussage zog sich über drei Tage hin. Die Öffentlichkeit war ausgeschlossen, wie in vielen anderen Fällen. Die Anhörung erwies sich, nach den Worten Hirts, als eine »Katastrophe«.
Stange, unfähig, sich an irgendein konkretes Detail zu erinnern oder

seine eigene Aussage mit der Frankes in Einklang zu bringen, redete zusammenhangloses Zeug und war, soweit man es erkennen konnte, vollständig betrunken. Auf Anordnung des Richters mußte er sich einem Alkoholtest unterziehen, der jedoch negativ ausfiel. Offenbar stand er unter einem Schock, wohl auch auf Grund der Tatsache, daß selbst sein Freund und Kollege Wolfgang Vogel anzunehmen schien, er habe etwas von dem Geld für sich abgezweigt. Vogel distanzierte sich, verhielt sich bei seiner Aussage ausgesprochen reserviert, was Stange beklagte.

Immer mehr verfiel er dem Alkoholismus, blieb über lange Zeiträume, die er mit einer »Krankheit« entschuldigte, seinem Büro fern und wurde, was Vogel betraf, immer verbitterter. »Als ich Geburtstag hatte, kam er auf einen Besuch vorbei, aber zur Begrüßung sagte er nur: ›Viel Zeit habe ich nicht.‹«[42] Auch Hirt bemerkte, daß Vogel ihn im Stich ließ, zumal seine Aussage dem Gericht kaum akzeptabel erschien. »Herr Hirt«, hielt ihm der Richter vor, »Sie würden sich selbst einen Gefallen erweisen, wenn sie dem Gericht Beweise liefern könnten, die ihre Aussage unterstützen.« Vergeblich wandte Hirt ein, daß Franke ihm befohlen habe, alles geheimzuhalten und daß aus diesem Grund alle Spuren der unregelmäßigen Geschäfte verwischt worden seien. Die Unterlagen habe er vernichtet. »Wollen Sie uns auf den Arm nehmen?« hatte der Richter daraufhin gefragt.[43]

Franke bestätigte lediglich, daß er Hirt alle Details in der Annahme überlassen habe, daß dieser zu jedem Zeitpunkt im Einklang mit den bestehenden Gesetzen und dem Etatplan handele. »Plötzlich konnte er sich kaum noch daran erinnern, daß ich überhaupt einmal für ihn gearbeitet hatte«, sagte Hirt verbittert.[44]

Die Wahrheit verlor sich in der Grauzone des Kalten Krieges. Franke wurde 1987 freigesprochen, Hirt zu einer Haftstrafe von dreieinhalb Jahren verurteilt. Man unterstellte ihm, daß er in die eigene Tasche gewirtschaftet habe, obgleich man niemals etwas von den fehlenden Geldern bei ihm hatte finden können.[45]

Dagegen erreichte Vogels Ruf damals seinen Höhepunkt. Einzelheiten wie die Frage, auf welche Weise er seinen Lebensunterhalt verdiente, schienen – ganz unabhängig davon, ob sein Tun schmutzig war oder nicht – für immer dazu bestimmt zu sein, hinter der Mauer verborgen zu bleiben. Im Februar desselben Jahres nämlich war Vogel auf der Glienicker Brücke einer seiner größten Triumphe gelungen: die Freilassung des sowjetischen Dissidenten Anatoli Schtscharanski im Rahmen eines Agentenaustausches zwischen Ost und West. Fast neun Jahre lang hatte Vogel stetig und zielstrebig auf diesen Tag hingearbeitet.

Neuntes Kapitel

Wer im trüben fischt...

»Ich kann Ihnen Schtscharanski beschaffen.«

Vogels Ruf als Agentenhändler erreichte seinen Höhepunkt mit dem Fall eines Mannes, bei dem es sich im Grunde nie um einen Spion gehandelt hatte: Anatoli Borisowitsch Schtscharanski war nichts als ein entschiedener Verfechter der Menschenrechte, und das machte ihn im Westen zu einem Märtyrer, zu einer *cause célèbre.*

Von 1977 bis zu dem Augenblick von Schtscharanskis Freilassung im Februar 1986 hatte Vogel stetig daran gearbeitet, die Freiheit für diesen Mann zu erlangen, von dem Stasi und KGB behaupteten, er sei ein Agent des amerikanischen Geheimdienstes. Da die Ost-West-Beziehungen zu jener Zeit von starken Spannungen geprägt waren, galt es für Vogel, all seine Erfahrungen, seine Verbindungen, seine Kenntnisse als Vermittler aufzubieten. Lange Zeit beschäftigte sich der Anwalt ganz aus eigenem Antrieb mit der Angelegenheit, obwohl er von sowjetischer Seite nie ein Mandat für Verhandlungen erhalten hatte. Gleichzeitig wuchs im ostdeutschen Führungspersonal jedoch die Übereinstimmung, daß man angesichts der zunehmenden Vergreisung und des sich abzeichnenden Kurswechsels in der Moskauer Führung mehr und mehr auf sich selber angewiesen sei. Also ließ man Vogel den Spielraum, den er benötigte. Er konnte seinen westlichen Kontaktleuten die Freilassung Schtscharanskis in Aussicht zu stellen, ohne dafür getadelt, ohne zurückbeordert zu werden. Man hoffte, aus der Affäre eines Tages einen diplomatischen Nutzen ziehen zu können – vorausgesetzt natürlich, daß Vogel erfolgreich war.

Daß Vogel sein Ziel schließlich tatsächlich erreichte, und dies trotz zahlloser großer und kleiner Hindernisse, bewies freilich nicht nur seine persönlichen Fertigkeiten. Darüber hinaus machte der glückliche Ausgang seiner Arbeit das Maß von Undurchschaubarkeit und Spannung in dieser kritischen Periode des Kalten Krieges deutlich. Der Erfolg trat erst ein, als bei mehreren Gelegenheiten auf drei verschiedenen Kontinenten ganze Gruppen von Agenten ausgetauscht wurden, und dies wiederum war nur durch die Aktivierung informeller Kanäle zwischen Vogel und Frank Meehan möglich geworden. Meehan hatte annähernd neun Jahre lang – so lange eben, wie Schtscharanski im Gefängnis saß – die Entwicklung des Falles verfolgt, zunächst als Missionschef der Botschaften von Wien und Bonn, danach als Botschafter der Vereinigten Staaten in der DDR. Am Ende lag das Geheimnis des Erfolges vor allem darin, daß die Angelegenheit sich diplomatisch kaum noch überschauen ließ. Während der gesamten Zeit, in der Vogel verhandelte, bestanden die Amerikaner darauf, daß Schtscharanski kein Spion sei. Andererseits boten sie für seine Freilassung aufgeflogene kommunistische Agenten an, was den Anschein erweckte, als handele es sich auch bei dem Russen um einen Agenten. Schon dies bedingte, daß Vogel die meiste Zeit im trüben fischen mußte. Doch besaß er die Eigenschaften, über die ein guter Angler verfügen muß: Geduld, Ausdauer und eine Form der Faszination, die mehr mit dem Sport an sich als mit den Preisen zu tun hat, die man damit gewinnen kann. So gelang es ihm zuletzt, sich durchzusetzen.

Am 15. März 1977 war Anatoli Schtscharanski in Moskau verhaftet worden. Er hatte gerade die Wohnung seines Freundes Wladimir Slepak verlassen.[1] Schtscharanski, ein damals neunundzwanzigjähriger Computerspezialist, hatte zwei befreundeten amerikanischen Journalisten zu erklären versucht, was es bedeutete, auf Schritt und Tritt vom KGB beobachtet zu werden. Da er bei aller Verbitterung immer genügend Sinn für Humor besessen hatte, um über die unzähligen Absurditäten seines Lebens in der Sowjetunion zu lachen, war er auf einen Plan von merkwürdig resignierter Ironie verfallen, um den Amerikanern klarzumachen, in welcher Klemme er steckte. »Kommt einfach mit«, sagte er ihnen, »ich zeige euch etwas.« Als ihn die KGB-Leute kurz darauf in einen Wolga verfrachteten, dachten die Journalisten zunächst, Schtscharanski habe Schabernack mit ihnen getrieben.

Schtscharanskis Eltern waren ihr Leben lang treue Kommunisten gewesen. Er selber dagegen, dem die intellektuelle Ohnmacht im Moskau der frühen siebziger Jahre bald zuwider geworden war, hatte sich 1973 aufgrund seiner jüdischen Herkunft entschlossen, nach Israel auszuwandern. Doch die Behörden verweigerten ihm die Ausreise: Da er als Computerfachmann an einem Moskauer Forschungsinstitut für Erdöl und Erdgas arbeitete, galt er als Geheimnisträger. Der KGB-Logik zufolge wurde er zudem noch als Sicherheitsrisiko eingestuft und aus dem Institut verwiesen.

Schtscharanski schloß sich daraufhin anderen Querdenkern an, sowjetischen Juden, die man nach der Verweigerung der Ausreise in die politische Isolation abgeschoben hatte. Er wurde aktives Mitglied der sowjetischen Menschenrechtsbewegung, die sich gebildet hatte, um die Einhaltung der Schlußakte von Helsinki durch die Sowjetunion zu überwachen, jenen Vertrag, der 1975 im Rahmen der

Konferenz für Sicherheit und Zusammenarbeit in Europa von 35 Staaten unterzeichnet worden war.

Die Moskauer »Helsinki-Gruppe« war eine der ersten ihrer Art. Zu ihren Mitgliedern zählten so überragende Persönlichkeiten wie Andrei Sacharow und seine Frau Jelena Bonner, die versuchte, durch häufige Pressekonferenzen die Aufmerksamkeit der ausländischen Korrespondenten auf die Menschenrechtsverletzungen zu lenken. Schtscharanski, der fließend Englisch sprach, wurde dabei eine Art Dolmetscher. Er übernahm die Öffentlichkeitsarbeit für die Dissidenten und Auswanderungswilligen. Schon bald folgten ihm daher die »Schatten« des KGB, bedrohliche Erscheinungen, die schwarze Ledermäntel trugen und in Wolga-Limousinen ohne Kennzeichen fuhren.

1977 war es so weit gekommen, daß der KGB die kleine Gruppe als Gefahr ansah. Nachdem Schtscharanski eine Computerliste mit den Namen ehemaliger Lagerhäftlinge zusammengestellt hatte, leitete der sowjetische Geheimdienst konkrete Schritte ein. Man wußte, daß Schtscharanski entschlossen war, das gesamte Ausmaß der über das Land verstreuten Gulags an die Öffentlichkeit zu bringen, und da es ihm gelungen war, Robert C. Toth, einen Wissenschaftsjournalisten der ›Los Angeles Times‹, für die Geschichte zu interessieren, schien Gefahr im Verzug.

Damals hatte die Carter-Regierung die Menschenrechte zum Kernpunkt der amerikanischen Ostpolitik erhoben. Aus diesem Grund griff sich der KGB Toth mitsamt seiner Arbeit über Schtscharanskis Computerliste, um vor den Augen des amerikanischen Pressecorps ein Exempel zu statuieren. Toth wurde verhaftet, der Spionage angeklagt und gezwungen, ein Geständnis in russischer Sprache zu unterschreiben, das er nicht zu lesen vermochte. Dann wurde er des Landes verwiesen. Von da an war es nur noch eine Frage der Zeit, bis der KGB auch Schtscharanski kassieren würde. Als die Anklage gegen ihn im Sommer 1977 schließlich erhoben wurde, lautete sie auf ein Kapitalverbrechen: Landesverrat nach Artikel 64 des sowjetischen Strafgesetzbuches, und zwar wegen erwiesener Tätigkeiten als Agent des CIA. Washington wies dies als unerhörte Lüge zurück, worauf die Beziehungen zwischen den USA und der UdSSR über lange Zeit hinweg abkühlten, eine Entwicklung, die sich allein Moskau zuzuschreiben hatte.

Der erste Versuch, Vogel für die Sache zu gewinnen, wurde im Frühjahr 1977 schon kurz nach Schtscharanskis Verhaftung unternommen. Dies geschah auf Initiative von Samuel Flatto-Sharon, einem umtriebigen israelischen Politiker und Geschäftsmann. Dafür gab es mehrere Gründe: Zum einen war Vogels Ruf als geheimnisvoller

Makler der kommunistischen Welt mittlerweile auch in Israel fest etabliert, zum anderen scheute sich Sharon keineswegs, verborgene Wege zu gehen. 1971 war er aus Frankreich, wo ihm eine Anklage wegen Betrugs und Unterschlagung drohte, nach Israel gekommen, wo er 1977 für einen Sitz in der Knesset kandidierte. Natürlich vermehrte die Ankündigung, er habe Vogel gebeten, sich für die Freiheit Schtscharanskis einzusetzen, seine politische Popularität. Trotzdem besaß er ohne Frage auch seriöse Absichten. Sharons parlamentarischer Sekretär, ein undurchschaubarer Mann namens Shabtai Kalmanowitsch, war sechs Jahre zuvor aus der Sowjetunion gekommen, wo er merkwürdigerweise noch immer über Einfluß und Verbindungen verfügte. Sharon selber lief Gefahr, verhaftet zu werden, wenn er nach Ostdeutschland reiste; also sollte Kalmanowitsch als Mittelsmann zu Vogel fungieren. Bald nach der ersten Kontaktaufnahme machte er sich daher auf den Weg in die Reiler Straße.

Vogel hatte das Außenministerium sogleich über seine Verabredung in Kenntnis gesetzt. Um die nötigen Fragen zu klären, traf er sich mit Streit in dessen Datscha bei Rauchfangwerder. »Gibt es irgendwelche Einwände, wenn ich versuche, im Fall Schtscharanski etwas zu unternehmen?« erkundigte sich Vogel. Er machte geltend, daß ein Erfolg in dieser Sache mit Sicherheit zum Ansehen der Regierung Honeckers beitragen würde. »Das muß durch den ›Sektor‹«, antwortete Streit und meinte damit die Abteilung Staats-und Rechtsfragen beim ZK der SED, die die Parteiführung informieren und Vogels Schritte mit der Stasi und deren Verbindungen zum KGB koordinieren würde.

Honecker hatte Vogel schon seit längerem versichert, daß er seine Verhandlungen nach eigenem Ermessen vorantreiben könne, solange es dem förderlich sei, was beide Männer stets Vogels »humanitären« Auftrag nannten. Mittlerweile kannte Vogel Honecker gut genug, um zu wissen, was als förderlich galt und was nicht. Er wußte auch, daß Honecker seinen Fähigkeiten, auf eigene Faust zu handeln, zunehmend vertraute, ohne erst für jeden einzelnen Schritt die Zustimmung Moskaus einzuholen. Nachdem Streit seinen Bericht weitergegeben hatte, konnte Vogel deshalb seine Leine in den trüben Strudeln des Kalten Krieges auswerfen. Er mußte nur warten, wer nach dem Köder schnappte.[2]

Soweit Vogel von Streit und anderen erfahren konnte, hatte Moskau keine Einwände erhoben. Es gab nichts als eine vieldeutige Stille, was kaum jemanden in Erstaunen versetzte. Offiziell bestanden die Sowjets darauf, daß Schtscharanski ein amerikanischer Spion sei, wogegen sich die Carter-Regierung ebenso vehement verwahrte, indem sie die Russen mit Vorwürfen wegen dieser und anderer Menschenrechtsverletzungen attackierte. Man schrieb sogar einen Brief an Sacharow und leitete ein Zusammentreffen mit ausgewiesenen sowjetischen Dissidenten im Weißen Haus in die Wege, Aktionen, die Breschnew persönlich beleidigten, da er sie als unerträgliche Einmischung in die inneren Angelegenheiten der Sowjetunion empfand. Nach Henry Kissingers eher pragmatischer Diplomatie der »Realpolitik« während der Nixon- und Ford-Administration hatten sich die Ost-West-Beziehungen nun merklich abgekühlt.

Vogel wußte mithin, daß sich die Spielregeln nicht verändert hatten. Sicherlich war es schwierig, Schtscharanski als Agenten ins Spiel zu bringen, solange die Amerikaner noch keinen Sowjetspion in den Händen hielten, der einen solchen Handel lohnend machen würde. Aber für ihn selbst war es unwichtig, ob Schtscharanski nun ein Spion war oder nicht. Er glaubte nur, eine Nase für solche Fälle zu haben – und für die Wahrheit. Und diesmal sagte ihm sein Gefühl, daß der Russe nichts anderes war als ein Opfer der Politik. »Ich glaube nicht, daß er ein Spion ist«, sagte er daher einmal zu Streit. Der jedoch brauste sofort auf: »Auf welcher Seite stehen Sie eigentlich? Wo bleibt Ihr ideologischer Standpunkt?«

Zum Teil beruhte Vogels Einstellung damals auf seinem Selbstbewußtsein. Er glaubte nicht an den Friedensnobelpreis, sah aber seine internationale Reputation erheblich verbessert, wenn er die Freilassung eines Mannes durchsetzte, der allenthalben als Held angesehen wurde.[3] Um das zu erreichen, war Vogel bereit, jede Hilfe anzunehmen, die sich ihm bot – vielleicht aus Naivität, vielleicht auch aus bewußter Mißachtung dessen, was die übrige Welt für richtig hielt. Kalmanowitsch und Sharon waren vielversprechende Gefährten auf diesem Weg, und Vogel war begierig, ihnen zu folgen.

Zunächst jedoch beanspruchte Flatto-Sharon Vogels Hilfe bei einem Fall, der sich in Moçambique zugetragen und im vergangenen Jahr die israelischen Zeitungen beherrscht hatte. Er wußte, daß die Staatssicherheit in Moçambique eine große geheimdienstliche Mission unterhielt, was den Ostdeutschen einen beträchtlichen Einfluß im Land verschaffte. Darauf setzte er, als er den Entschluß faßte, sich des jungen israelischen Piloten Miron Marcus anzunehmen. Was war geschehen?

Marcus war im Auftrag seines südafrikanischen Schwiegervaters geschäftlich unterwegs gewesen. Am 4. September 1976 befand sich seine kleine Maschine auf dem Weg von Rhodesien nach Kapstadt, als sie in schlechtes Wetter geriet. Der Treibstoff wurde knapp. Irrtümlicherweise landete Marcus daraufhin in Moçambique, und zwar auf einem Flughafen, der von den Guerillakämpfern des ANC benutzt wurde. Moçambiquanische Soldaten nahmen das Flugzeug unter Beschuß und töteten Marcus' Schwager. Marcus selber wurde leicht verwundet gefangengenommen.

Die ostdeutschen Berater in Moçambique erkannten schnell, daß Marcus nicht mehr war als das, was er zu sein schien – ein kleiner Fisch in der Welt der Spionage. Und doch ein Fisch, der ihnen von Nutzen sein konnte. Als der Fall Schtscharanski in der Folgezeit mehr und mehr an Bedeutung gewann, hoffte die Stasi daher auf eine Möglichkeit, mit Hilfe von Schtscharanski und Marcus die Freilassung eines sowjetischen Agenten zu erreichen, der seit fast dreizehn Jahren in den USA inhaftiert war. Der Auftrag, den Heinz Volpert an Vogel weitergab, war also klar: Er sollte sich das Interesse der Amerikaner und der Israelis an Schtscharanski zunutze machen und herausfinden, ob man Robert Glenn Thompson freibekommen könne.

Es war Thompson gewesen, den Vogels amerikanischer Freund Ricey New zehn Jahre zuvor im Bundesgefängnis von Lewisburg, Pennsylvania, besuchen sollte, um ihm eine einfache Botschaft zu überbringen: »Wir haben Sie nicht vergessen.« Auch Vogel selber hatte gute Gründe, sich an den merkwürdigen, hochaufgeschossenen Amerikaner – der gar keiner war – zu erinnern. Am 2. August 1965 hatte Thompson aus Lewisburg einen Brief an ihn geschrieben, dessen Adresse lautete: Normannenstraße 78, Berlin, Deutsche Demokratische Republik – dem Hauptquartier des MfS. Drei Monate zuvor war Thompson wegen »erwiesener Spionage gegen die Vereinigten Staaten im Auftrag der Union der sozialistischen Sowjetrepubliken« zu einer Haftstrafe von dreißig Jahren verurteilt worden, wie er in seinem Brief darlegte. »Es ist mein Wunsch«, fuhr er fort, »daß Sie mich im Hinblick auf einen möglichen Austausch vertreten. Sie werden sicherlich herausfinden, daß ich seit 1957 Bürger der Sozialistischen Sowjetrepubliken bin. Im Falle, daß ein Austausch vereinbart werden kann, ist es mein Wunsch, in die UdSSR oder in die Deutsche Demokratische Republik zu kommen und dort in Frieden zu leben.« Auch seine Frau und seine Kinder, so versicherte Thompson, wollten »die feindselige Umgebung der Vereinigten Staaten verlassen, sobald eine Transportmöglichkeit zur Verfügung steht«. Und sollte Vogel irgendwelche Zweifel an seiner Identität haben, so seien Erich Mielke oder die sowjetische Botschaft mit Sicherheit in der Lage, diese auszuräumen.[4]

Für das FBI war Thompson ein amerikanischer Staatsbürger. Am 30. Januar 1935 in Detroit geboren, war er Ende 1952, nachdem er die High School abgebrochen hatte, in die Luftwaffe eingetreten. Die Bundesbehörden warfen ihm vor, 1957 mit seiner Spionagetätigkeit für die Sowjets begonnen und die kommenden acht Jahre in West-Berlin, Montana, Detroit und New York herumgeschnüffelt zu haben. Den Sowjets hatte er Fotografien, militärische Dienstvorschriften, Codebücher, Angaben über Raketenstandorte und eine Reihe weiterer Informationen verschafft, bevor ihn die Bundespolizei unter seiner Deckadresse, einer Heizölfirma auf Long Island, erwischen konnte. In seinem Brief an Vogel schrieb Thompson, daß er sich vor dem Bundesgericht von Brooklyn schuldig bekannt habe, weil er hoffte, auf diese Weise mit einer fünfjährigen Haftstrafe und anschließendem Landesverweis davonzukommen. Die 30 Jahre, die er tatsächlich erhalten hatte, waren deshalb ein Schock, der ihn veranlaßte, sich an Vogel zu wenden.[5]

Anfang 1978 kümmerte es Vogel nicht sonderlich, wer Thompson wirklich war. Streit teilte ihm mit, daß es sich in der Tat um einen wertvollen Mitarbeiter des KGB handele, instruierte ihn jedoch zugleich, bei seinen Verhandlungen hinsichtlich der Freilassung so zu tun, als gehöre er der Stasi an.[6]

Vogel brachte Schwung in die Angelegenheit, indem er dem Verhandlungspaket neue Namen hinzufügte und doch stets behauptete, daß sein wirkliches Ziel die Freilassung Schtscharanskis sei. Diesmal ging es um einen weiteren jungen Amerikaner, »einen Fall wie Pryor«, wie Vogel zu Meehan sagte, der mittlerweile stellvertretender Missionschef an der US-Botschaft in Bonn geworden war. In der Tat war Alan Stuart Van Norman, damals noch nicht 22 Jahre alt, genau das, was Frederic Pryor 1961 gewesen war: ein Universitätsabsolvent in Berlin, der seinen guten Absichten nicht gewachsen war. Am 2. August 1977 war Van Norman, Biologiestudent am Concordia College von Windham, Minnesota, mit dem Auto von West-Berlin nach München unterwegs gewesen, als er von den ostdeutschen Grenztruppen verhaftet wurde. Im Kofferraum seines Wagens fanden die Beamten die zusammengedrängten Körper eines ostdeutschen Ehepaares und ihres kleinen Sohnes. Van Norman wurde daraufhin wegen versuchter Fluchthilfe zu einer zweieinhalbjährigen Gefängnisstrafe verurteilt, wobei er darauf bestand, kein Geld für seine Dienste verlangt zu haben – eine Behauptung, die Vogel gegenüber der Stasi als Argument für eine gewisse Nachsicht einsetzte.

Am 22. Februar traf Vogel am Köln-Bonner Flughafen mit Meehan zusammen. Unmißverständlich vermittelte er dem Diplomaten, daß Thompson die höchste Priorität auf seiner Liste besitze, daß es ihm indessen auch darauf ankomme, über Schtscharanski zu sprechen. Meehan schien Vogels Interesse, auch den Fall des sowjetischen Dissidenten zu erörtern, ein ermutigendes Zeichen, obschon natürlich keineswegs sicher war, daß dies schon in absehbarer Zeit zu etwas führen würde.[7]

Zu diesem Zeitpunkt zog Vogel bereits unerwarteten Gewinn aus seinen neuen israelischen Verbindungen. Vermittelt durch Flatto-

Sharon, hatte sich in New York ein vielversprechender Kontakt mit einem Mann ergeben, der sich vollständig von allen Personen unterschied, die Vogel bei seiner Arbeit bisher kennengelernt hatte: Ronald Greenwald wurde zu Vogels amerikanischem Rabbi. Greenwald, 1934 an der Lower East Side von Manhattan geboren, war ein orthodoxer Jude, der sich seinen Lebensunterhalt freilich nicht mit Talmudstudien verdiente, sondern in der Welt der amerikanischen und jüdischen Politik zu Hause war und zudem Handelsgeschäfte mit Südafrika betrieb. Mit einem Meter zweiundachtzig um einiges größer als Vogel, unterschied er sich von diesem auch durch seine zerknitterten Anzüge und heraushängenden Hemdzipfel. Er war freundlich und mitteilsam, von Kopf bis Fuß ganz jener Menschenschlag des straßenerfahrenen New Yorkers, der sich überall auskennt und sich vor niemandem fürchtet. Seinem jüdischen Glauben blieb er treu, indem er eine Jarmulke trug, ein Gebetskäppchen, und streng die Gebote für koschere Nahrung beachtete. In einer entscheidenden Hinsicht empfand er ganz wie Vogel: Er verstand es, gute Geschäfte mit guten Taten zu verbinden. Er hielt Seminare ab, betrieb in den Catskills in der Nähe seines Hauses in Monsey, New York, ein Ferienlager und setzte sich für die Republikaner schon zu einer Zeit ein, da es bei den New Yorker Juden nahezu als Sünde galt, nicht demokratisch zu wählen.

Es war also gerade nicht die Religion, mit der Greenwald seinen Lebensunterhalt verdiente, sondern der Handel mit dem »Salz der Erde«, mit Aluminium und anderen Rohstoffen, den er von seinem bescheidenen Büro an der Lower Fifth Avenue von Manhattan aus betrieb. So war auch er zu seinen sowjetischen Kontakten gekommen: Phosphate, Kupferkathoden, Kunstharze – was immer die Sowjets kaufen oder verkaufen wollten, Greenwald fand die Interessenten. Zudem verfügte er über Geschäftsverbindungen in Bophuthatswana, einem der schwarzen Homelands Südafrikas, wo er in so großem Umfang mit Aluminiumerzen und -barren handelte, daß das US-Außenministerium ihn eines Tages bat, sein offizieller Repräsentant für das Ausland zu werden. Und schließlich war er auch noch eng mit dem Kongreßabgeordneten Benjamin Gilman befreundet, der ihm zu einem guten Teil seinen Wahlsieg in Rockland County verdankte, weil Greenwald ihm ein Entree bei der dortigen jüdisch-orthodoxen Gemeinde verschafft hatte.

Greenwalds politische Verbindungen hatten Flatto-Sharon veranlaßt, während einer Sitzung der Internationalen Synagogalkonferenz, die im Februar 1978 in Israel stattfand, bei ihm vorzusprechen. Er fragte, ob Greenwald ihm bei der Freilassung Schtscharanskis helfen wolle, erklärte, daß er bereits Kontakt mit Vogel aufgenommen hatte, und skizzierte ein Geschäft, das gleich für drei Parteien von Interesse sein würde – für Moçambique, für Israel und für die Vereinigten Staaten. Vor allem aber berichtete er von Vogels Andeutung, man könne auch Schtscharanski in den Handel einbeziehen. Greenwald, von Sharons Aufregung schon nach einigen Minuten angesteckt, rief sofort Gilman in seiner New Yorker Wohnung an, wo es gerade fünf Uhr morgens war. »Herr Abgeordneter, es tut mir leid, daß ich Sie geweckt habe, aber ich bin sicher, daß Sie dabei helfen wollen, Schtscharanski rauszubekommen.« Gilman war noch verschlafen. »Ronnie, sind Sie betrunken?« fragte er.[8]

Anfang April indessen war Gilman ebenso enthusiasmiert wie Greenwald, auch wenn Vogel noch weit davon entfernt war, den geplanten Handel – Marcus und Van Norman sollten gegen Thompson ausgetauscht werden – perfekt zu machen. Nicht anders stand es mit Schtscharanskis Freilassung: All das lag noch nicht in Reichweite. Doch beide New Yorker waren von Vogel fasziniert, wenn man davon absieht, daß Greenwald bei dem Gedanken, mit einem Agentenanwalt aus dem kommunistischen Teil Deutschlands zu verhandeln, einem Mann, der während des Zweiten Weltkrieges weiß Gott was getan haben mochte, zunächst tief irritiert gewesen war. Das aber hatte sich geändert, und wenn Vogel auch kein Englisch, Greenwald kein Deutsch sprach, hatte das Jiddisch des Rabbis doch eine Unterhaltung ermöglicht, die nichts zu wünschen übrig ließ. Am Ende fand Greenwald nicht nur Vogels höfliches Wesen einnehmend, sondern auch seine Aussagen vertrauenswert, ja aufrichtig.

Für Vogel wiederum, der stets sehr auf die formale Korrektheit seiner Verbindungen bedacht war, war Ronnie Greenwald zunächst nur »Rabbi Greenwald« gewesen. Nach und nach jedoch hatte sich eine echte Freundschaft entwickelt. Im Garten hinter dem Teupitzer Haus am See sollte aus Vogel, all seiner Zurückhaltung und strengen Contenance zum Trotz, der »exotische Freund« des amerikanischen Rabbiners werden. Helga Vogel pflückte Tomaten und Kürbisse, während ihr Mann in einem speziellen eisernen Topf, in dem nie etwas anderes zubereitet wurde, Eier für seinen Gast kochte. Dann stellte er das Essen auf den Terrassentisch, versichernd: »Das ist koscher«. Und der Rabbi aß.

Es dauerte nicht lange, da zog die Zusammenarbeit von Greenwald, Flatto-Sharon und Vogel Kreise. Man unterrichtete die amerikanischen Behörden über den geplanten Handel, und diese zeigten sich durchaus interessiert, auch wenn Schtscharanski zunächst nicht mit einbezogen werden sollte. Mittlerweile nämlich hatte Thompson bereits dreizehn Jahre im Gefängnis verbracht; ganz offensichtlich verlor er als Verhandlungseinsatz an Wert. Um so begrüßenswerter erschien die Chance, die sich nun eröffnete: Zwei junge Männer, ein Amerikaner und ein Israeli, sollten aus kommunistischen

Gefängnissen befreit werden. Die Regierung Carter zögerte nicht, der Begnadigung Thompsons zuzustimmen. Der Handel konnte in Gang kommen.

Der Beamte des Außenministeriums, der für die technischen Details des Unterfangens verantwortlich war, hieß Jeffrey H. Smith. Ehemals Armeekommandeur, hatte er eine juristische Ausbildung hinter sich gebracht, die ihn auf Fragen des Strafrechts und geheimdienstliche Angelegenheiten spezialisierte. Das half ihm bei den Verhandlungen, mit denen die Souveränität Panamas über die Kanalzone wiederhergestellt wurde: Durch seine Kenntnisse erregte er die wohlwollende Aufmerksamkeit von Botschafter Ellsworth und anderer Beamter des Außenministeriums. Von athletischer Statur, war er ein aufgeschlossener und freundlicher Charakter, der mit einer Art unerschütterlicher Sicherheit, ja fast Vergnügtheit nach jener militärischen Devise handelte, die da lautet: »Das regeln wir schon!« Er verfügte über gute Verbindungen zum Geheimdienst und zum Verteidigungsministerium, und so schätzten ihn seine Kollegen im Außenministerium als eine praktische Begabung, die sowohl mit den »merkwürdigen Käuzen« bei der CIA als auch mit den »störrischen Eseln« von der Army zu reden wußte, und dies ohne jeden Zweifel besser als all die hohen Beamten in ihren Nadelstreifenanzügen. Ja, Smith würde die Sache regeln. So war es auch im Fall Thompson. Anfang April erhielt Smith einen Anruf von einem Kollegen aus der Rechtsabteilung: »Wenn wir in diesem Land jemanden aus dem Gefängnis holen wollen, wie stellen wir das an?« lautete die Frage.

Etwa zur gleichen Zeit, am 10. April, bereitete sich Vogel in Ost-Berlin auf ein Treffen mit Kalmanowitsch vor. Er hatte Sondierungen in Moskau vorgenommen; vielleicht gab es Neuigkeiten hinsichtlich der Frage, ob man auch über Schtscharanski verhandeln könne. Die Antwort war Grabesstille. So sah sich Vogel gezwungen, auf ein offizielles Mandat auch weiterhin zu verzichten, weshalb er Kalmanowitsch wissen ließ, daß Geheimhaltung bis auf weiteres von entscheidender Wichtigkeit sei. Es hatte bereits Zeitungsberichte über eine mutmaßliche Freilassung gegeben. Sollten indes die Sowjets den Eindruck gewinnen, daß Vogel hinter der Geschichte steckte, dann würde kaum noch eine Aussicht auf Erfolg bestehen.

Kalmanowitsch ließ sich nicht beeindrucken. Er telegrafierte an Greenwald: »Das ›Schalosch‹ für den Zaren sieht gut aus«*. Als

---

*Schalosch: das letzte der drei Speiseopfer, die Bestandteil des Minschah, des täglichen Gottesdienstes am Nachmittag sind. Danach versammelt man sich in der Synagoge zum Dankgebet. (Anm. d. Ü.)

immer mehr Gerüchte auftauchten, kabelte Vogel nach Israel an Flatto-Sharon: »Da ich Herrn Kalmanowitsch z. Zt. nicht erreiche, darf ich aus gegebenem Anlaß nochmals um absolute Diskretion bitten. Jede Publikation würde jetzt und auch später schaden.«[9]

Das amerikanische Außenministerium fürchtete Publizität ebensosehr wie Vogel. Der Anwalt des CIA-Agenten Lawrence K. Lunt, der seit 1965 in einem kubanischen Gefängnis saß, hatte Wind von der Sache bekommen und drohte rechtliche Schritte an, um die Freilassung Thompsons zu verhindern, falls man nicht auch Lunt in Freiheit setze. Auch Vogel hatte versucht, Lunts Entlassung in die Wege zu leiten. Doch die Vereinbarung war fehlgeschlagen, nachdem bekannt geworden war, daß die CIA in den frühen sechziger Jahren mit Hilfe der Mafia einen Anschlag auf Fidel Castro geplant hatte. Nun glaubte Lunts Anwalt, daß Thompson die letzte Chance seines Mandanten sei.

Indessen wurde die Zeit knapp. Volpert drängte Vogel, sich an das zu halten, was er in der Hand hatte. In Moçambique, so sagte er ihm, seien alle Vorbereitungen bereits getroffen worden. Als Vogel daraufhin am 10. April Kalmanowitsch in seinem Büro empfing, überreichte er dem Israeli einen Brief, den er dem Abgeordneten Gilman in Washington überbringen sollte. Das Abkommen, das darin formuliert war, schloß Lunt definitiv aus:

Sehr geehrter Herr Gilman!
Auf die Bitte von Herrn Sharon aus Tel-Aviv darf ich mir erlauben, Ihnen zu bestätigen, daß ich die Freilassung von
Herrn Miron
und
Herrn Norman
garantieren kann. Dies ist allerdings davon abhängig, daß Zug um Zug Herr Thompson freikommt.
Wenn Sie zustimmen, würde ich Ihnen einen verbindlichen Brief zugehen lassen, wann und wo die Herren Miron und Norman eintreffen. Andererseits würde ich einen ebenso verbindlichen Brief erwarten dürfen, wann und wo Herr Thompson eintrifft.
In dem sehr komplizierten und schwierigen Fall Schtscharanski ist im Augenblick eine Entscheidung nicht möglich. Ich werde aber weiterhin sehr bemüht sein und bin der Meinung, daß sich eine Einigung in der ersterwähnten Angelegenheit auf ähnliche Engagements gut auswirken könnte.
Mit vorzüglicher Hochachtung

Dr. Wolfgang Vogel, Rechtsanwalt[10]

Diesen Vorschlag überbrachte Kalmanowitsch am darauffolgenden Tag Frank Meehan in Bonn. Vogel, so berichtete er, habe ihm versichert, er könne Schtscharanski »innerhalb der nächsten Monate« freibekommen.[11]

Was Vogel betraf, so wirkten Volperts Stasi-Verbindungen in Berlin und Moçambique wahre Wunder. In Amerika zählte er auf die Hilfe Kalmanowitschs, Greenwalds und seines alten Freundes Ricey New. Er erwog, ob er – zum ersten Mal in seinem Leben – in die Vereinigten Staaten fliegen sollte, um Thompson in Lewisburg abzuholen, und setzte sogar einen förmlichen Vertrag auf, den er mit der Maschine in deutscher Sprache auf einen Briefbogen seiner Kanzlei schrieb:

Es wird vereinbart:

1) Herr Kalmanowitsch übergibt Rechtsanwalt Dr. Vogel bis zum 17. IV. 1978 einen amtlichen Nachweis, daß Herr Thompson am 30. IV. 1978 frei sein wird und an diesem Tage gemeinsam mit Rechtsanwalt Dr. Vogel von New York nach Berlin (West) reisen kann.

2) Zug um Zug mit der Ausreise von Herrn Thompson aus Berlin (West) nach der DDR kommt Herr Norman nach Berlin (West) frei (S-Bahnhof Friedrichstraße).

3) Herr Miron kommt am 23. IV. 1978, 16.00 MEZ nach Südafrika und wird von seiner Ehefrau in Begleitung von Herrn Kalmanowitsch an der Grenze abgeholt. Der genaue Ort wird rechtzeitig bekanntgegeben.

Auf dem Brief findet sich die handschriftliche Korrektur des kleinen Fehlers bei Marcus' Namen: »Herr Miron – das ist Miron Marcus«. Am Fuß der Seite war Platz für die Unterschriften von Vogel und Flatto-Sharons Beauftragtem Kalmanowitsch frei gelassen.[12]

Am 14. April erhielt Meehan einen Anruf des Außenministeriums. Man teilte ihm mit, daß die Regierung sich entschieden habe, Thompson im Austausch gegen Marcus und Van Norman freizulassen. Außerdem wurde er ermächtigt, die Information an Kalmanowitsch weiterzugeben, der am folgenden Tag nach Bonn kommen sollte und sich außerordentlich zufrieden zeigte, als er die Nachricht empfing – um so mehr, als er unmittelbar darauf mit Vogel zusammentraf. Drei Tage später, am 18. April, telefonierte Meehan schließlich selber noch einmal mit Vogel, um sicherzustellen, daß von ostdeutscher Seite keine Komplikationen mehr zu erwarten waren.[13]

Als Ben Gilman in einer kleinen Maschine auf dem Flugfeld von Siteki in Swasiland nahe der Grenze zu Moçambique landete, wunderte er sich noch immer, daß es einem Ostberliner Rechtsanwalt gelungen war, hier unten im Busch etwas in Bewegung zu bringen. Auf ein Wort von Vogel waren Gilman, Greenwald, Kalmanowitsch und Marcus' junge Frau um die halbe Welt gereist – aber schließlich konnte sich ja alles auch jetzt noch als vergebliche Mühe erweisen. Das Mißtrauen des Abgeordneten wuchs, als die Gesellschaft nach der Landung mit dem Auto weiterfuhr. Endlos holperte man über staubige Pisten, bis man einen Grenzposten namens Goba – ein winziger Punkt auf der Landkarte – erreicht hatte. Es war, als ob man sich nicht weit vom Ende der Welt befände.

Doch Geschäft war Geschäft. Bald kam ihnen Miron Marcus mit verbundenen Augen auf einer Piste entgegen, begleitet von acht moçambiquanischen Wachen. Greenwald überschritt einen zementierten Streifen, der die Grenze markierte, fragte auf Hebräisch: »Wissen Sie, welcher Tag heute ist?« und beantwortete dann, zu Tränen gerührt, seine Frage selber: »Passah, der Tag unserer Freiheit.«[14]

Am darauffolgenden Tag flog Meehan nach West-Berlin, um Vogel in Stanges Büro zu treffen und die abschließenden Vereinbarungen für die nächste Phase des Geschäftes zu besprechen: den Austausch Thompsons gegen Van Norman, der in der kommenden Woche stattfinden sollte. Die Stimmung war angespannt. Auf irgendeine Weise hatte ›Newsweek‹ von der Sache erfahren, und auch die westdeutsche Presse war voll von Spekulationen über eine bevorstehende Freilassung Schtscharanskis.

Am 26. April unternahm Vogel seine erste Reise in die USA. Zusammen mit Kalmanowitsch flog er nach Washington, um die Vorbereitungen für Thompsons Haftentlassung abzuschließen. Er war voller Vorfreude, Ricey New in Washington wiederzusehen, und als er am 27. April dort eintraf, wurde er von New in Gilmans Büro bereits erwartet. Gilmann, von seinem afrikanischen Abenteuer noch völlig begeistert, gratulierte Vogel zu der erfolgreichen Befreiung von Marcus. Dann stellte er ihn Jeff Smith vor, dem es in der Zwischenzeit gelungen war, Thompsons Freilassung zu arrangieren.

Meehan hatte Vogel angekündigt, daß Gilman eine »Überraschung« für ihn bereithalte. Allerdings keine sehr willkommene: ein Treffen mit Richard Copaken, dem Anwalt von Ewa Schadrin, der Frau eines sowjetischen Überläufers, der 1976 in Wien auf mysteriöse Weise verschwunden war. Aber Vogel konnte Copaken und seiner Klientin nur mitteilen, daß man im Moment nichts unternehmen könne. Sollte sich die Situation ändern, werde er natürlich sein Bestes tun.[15]

Nach dieser Unterredung machten sich die Männer daran, das Szenario für den Austausch von Thompson und Van Norman auszuarbeiten. Dieser sollte, zeitlich streng koordiniert, am 1. Mai stattfinden. Vor die Frage gestellt, wie man Thompson nach seiner Freilassung am 30. April nach Berlin bringen könne, beschlossen sie, daß Vogel und New nach Lewisburgh fahren würden, um sicherzustellen, daß Thompson zu einer Rückkehr in die DDR tatsächlich bereit war. Danach sollte er zum John F. Kennedy-Flughafen begleitet und von Smith nach West-Berlin gebracht werden. Erst dort würde er offiziell aus der Haft entlassen werden.

Vogel flog Erster Klasse, und so ließ PAN AM auch Smith großzügigerweise vorne sitzen. Dann erhielt er zwei beunruhigende Informationen: Zum einen warnte ihn die amerikanische Gefängnisbehörde vor Thompsons psychischer Instabilität, zum anderen war das FBI für Flüge nach Übersee nicht mehr zuständig. Smith würde also auf sich allein gestellt sein – neuntausend Meter über dem Atlantik und mit einem Wahnsinnigen an seiner Seite.

»Da habe ich also einen Burschen am Hals, der all die Jahre über im Gefängnis war und psychisch nicht ganz auf der Höhe ist. Was passiert, wenn eine Stewardess kommt und ihm einen Drink anbietet? Was mache ich dann?« fragte sich Smith. Aber nicht umsonst war er West-Point-Absolvent und Armeekommandeur. Er entschied, sich eine Rolle Nylonseil in die Tasche zu stecken, damit er Thompson an den Sitz fesseln könne, falls es zum Schlimmsten kommen sollte.[16]

Als Thompson jedoch am Morgen des 30. April aus dem Gefängnis von Lewisburgh entlassen wurde, war er das Lächeln selber. Und kurz darauf, in der »Clipper Lounge« der Pan Am, schlug er sich höchst redegewandt vor den Reportern, die sich trotz der allseitigen Beteuerung strikter Diskretion in großer Zahl eingefunden hatten. »Ich habe meine Pflicht für die Menschheit erfüllt«, versicherte er. Auch in der Maschine erwies er sich als zahm wie ein Kätzchen. Smith entspannte sich. Er konnte das Seil in der Tasche lassen.

Am nächsten Morgen in West-Berlin ging alles nach Plan. Helga Vogel wartete bereits, mit Alan Van Norman im Schlepptau. Thompson hatte für seinen ostdeutschen Anwalt sogar ein Geschenk mitgebracht: zwei seiner abstrakten Gemälde, die so gar nicht zu den Antiquitäten und dem Meißener Porzellan in Vogels Büro zu passen schienen. Trotzdem erhielten sie ihren Ehrenplatz an einer Wand des Flures, der zum Wartezimmer führte.[17]

Mit dem Fall Thompson hatten sowohl Moskau als auch Washington wichtige Erfahrungen sammeln können. Das amerikanische Außenministerium hatte einen der bedeutendsten Erfolge seit dem Abel-Powers-Austausch von 1962 erzielt; die »Verbindung Vogel« schien daher wichtig genug, um von der amerikanischen Botschaft in Bonn auch dann noch gepflegt zu werden, als Meehan 1979 Bonn verließ, um Botschafter in der Tschechoslowakei zu werden.[18]

Auch Vogel selber war es durch Greenwalds Verbindung zu Gilman gelungen, einen neuen und wichtigen Anknüpfungspunkt zu finden. Außerdem hatte er einen Punkt klarmachen können, der in Moskau nicht unbemerkt geblieben war: Er hatte bewiesen, daß die Regierung der Vereinigten Staaten trotz ihrer wiederholten Dementis, daß Schtscharanski je für die CIA gearbeitet habe, durchaus zu inoffiziellen Gesprächen über einen Agentenaustausch bereit war – völlig unabhängig von den offiziellen Reaktionen auf die sowjetischen Vorwürfe.

Es gab indes noch andere Konsequenzen der Affäre Thompson. Dazu gehörte, daß der Wirbel, den sie gemacht hatte, Ronnie Greenwald ein wenig aus der Fassung brachte. Wer war eigentlich dieser ostdeutsche Anwalt, mit dem er Geschäfte machte? Oft hörte er diese Frage von seinen Freunden. Wie konnte er sicher sein, daß Vogel kein Nazi gewesen sei? Unüberlegterweise bat er Kalmanowitsch herauszufinden, ob der israelische Geheimdienst etwas über die Vergangenheit des Anwalts wisse. Der aber lief sofort zu Vogel: »Der Rabbi ist sich nicht sicher, ob Sie koscher sind«. In Washington hatte Ben Gilman Vogel bereits überprüfen lassen, doch den spärlichen Informationen zufolge, die die Akten enthielten, gab Vogels Vergangenheit keinen Grund zum Argwohn.[19]

Greenwald, der wußte, wie empfindlich Vogel auf Beleidigungen oder Kränkungen reagierte, mußte befürchten, daß Kalmanowitschs Indiskretion zu einer Abkühlung führen würde, zumal er – genau wie Gilman – großen Wert darauf legte, daß Vogel an Schtscharanski dranblieb. »Sie haben uns das eingebrockt«, sagte er zu Kalmanowitsch, »nun helfen Sie mir auch, daß wir da wieder rauskommen.« Greenwald kam der Gedanke, Gilman solle Vogel für den Friedensnobelpreis vorschlagen, wenn es dem Anwalt gelinge, Schtscharanski freizubekommen. Kalmanowitsch hielt das für eine brillante Idee. Er aktivierte Flatto-Sharon, und am 5. Juli teilte der israelische Politiker den Nachrichtenagenturen in aller Welt mit, er habe diese »große Persönlichkeit und seine weitreichenden humanitären Bestrebungen« in einem Brief an das norwegische Nobelpreiskomitee in Oslo für die angesehene Auszeichnung vorgeschlagen.[20] Man hätte kaum etwas Besseres unternehmen können, um Vogels Selbstachtung zu schmeicheln und sicherzustellen, daß er auch weiterhin an der Freilassung Schtscharanskis arbeitete.

Vogel und Greenwald waren aus dem gleichen einfachen Grund aufeinander angewiesen: Beide wollten die Verhandlungen in Gang halten. Mit der Zeit, so glaubte Vogel, würden sich die Sowjets bezüglich Schtscharanski fraglos aufgeschlossener zeigen, insbesondere dann, wenn den Amerikanern jemand in die Hand fallen sollte, der sich in einer vergleichbaren Situation befand, jemand, dem eine

Anklage wegen Spionage drohte, der freilich noch nicht verurteilt war. Sollte sich die Chance bieten, ein solches Geschäft abzuschließen, würde er schnell handeln müssen.

Natürlich war ihm bewußt, daß in der geheimnisvollen Welt der Spionage nicht selten reiner Zynismus am Werk war. Manche Agenten spionierten nur deshalb, weil sie dem feindlichen Nachrichtendienst durch irgendeinen Trick in die Falle gegangen waren. Vogel, durch die Erfolge der letzten Jahre selbstbewußt geworden, vertraute darauf, daß sein internationales Ansehen ihn vor dergleichen Finten schützen würde. Mit Geringschätzung sprach er von den »Schnüfflern«, mit denen er oft zu verhandeln hatte, und in privaten Unterhaltungen urteilte er über den KGB und die Stasi ebenso streng wie über die CIA oder den BND. Gleichwohl verdankte Vogel diesen Organisationen einen guten Teil seines Ansehens und seiner Karriere. Wo wäre er ohne den KGB, die Stasi oder die CIA gewesen? In der Tat war er auf sie angewiesen, nicht anders als die Organisationen selber, die sich wechselseitig brauchten, um sich in ihrer Existenz gerechtfertigt zu sehen. Daß sie alle ohne Ausnahme aus demselben Holz geschnitzt waren, daß sie im Grunde sogar nach denselben Grundsätzen handelten, daran bestand für den Anwalt kaum ein Zweifel. Auch im Falle Schtscharanskis legte diese Einsicht die Voraussetzungen der Verhandlungen fest: Da der KGB in Schtscharanski eine überaus wertvolle Geisel besaß, konnte man erst in Verbindung treten, wenn es auch auf der anderen Seite ein menschliches Unterpfand gab, das Vogel für die Freilassung des Russen einsetzen konnte.

Angetrieben von persönlichen Ambitionen und dem Sog des Erfolges, versuchte der Anwalt, die Sache voranzutreiben. Er ließ sich nicht leicht beirren. Doch immer wieder kam es zu Rückschlägen, für die freilich nicht in jedem Fall die Sowjets, sondern bisweilen auch die Amerikaner verantwortlich waren.[21]

So war es auch im Jahre 1978. In mehreren offenen und privaten Briefen an Breschnew hatte Carter darauf bestanden, daß Schtscharanski keine Beziehungen zur CIA unterhalten habe. Nun wollte er sich nicht widersprechen, indem er Schtscharanski gegen irgendwelche sowjetischen Spione austauschte, die die Amerikaner gefangen genommen hatten. »Ihr Präsident muß verrückt sein«, sagte Vogel zu Greenwald und tippte dabei mit dem Finger an die Stirn. Die Folge, so glaubte Vogel, könne nur sein, daß die Sowjets sich herausgefordert fühlten. Nicht unwahrscheinlich, daß sie mit Schtscharanski einen Schauprozeß veranstalten würden. Alle Hoffnungen, einen Austausch zu arrangieren, bevor die juristischen Verfahren ihren Lauf nahmen, hatten sich seiner Ansicht nach zerschlagen.[22]

Genau dieser Fall trat ein. Die alten Männer, die über die Sowjetunion herrschten, waren entschlossen, den amerikanischen Präsidenten in die Schranken zu weisen. Wie kam er dazu, sich in ihre inneren Angelegenheiten einzumischen, indem er auf Schtscharanskis Unschuld pochte? Die Beurteilung derartiger Fragen behielten sie sich selbst vor. Sie hatten ihre eigenen Gründe, Schtscharanski hinter Gittern sehen zu wollen: Er war ein Symbol für den Widerstand gegen das System von Unterdrückung und Kontrolle, das sie an der Macht hielt, und dieser Widerstand mußte gebrochen werden. Als es im Juli endlich zur Gerichtsverhandlung kam, von der Schtscharanskis zahlreiche Verwandte, aber auch befreundete Dissidenten und westliche Korrespondenten ausgeschlossen waren, stand das Urteil mithin bereits fest; es lautete auf dreizehn Jahre Gefängnis und Verbannung. Damit fielen die amerikanisch-sowjetischen Beziehungen auf ihren tiefsten Stand seit der Kubakrise und dem Mauerbau in den frühen sechziger Jahren zurück.[23]

Noch immer aber blieb Vogel hartnäckig. Gegenüber Smith und Greenwald lockte er weiterhin mit neuen Namen, wobei Schtscharanski stets als der größte Fang gehandelt wurde. Aufgrund ihrer Lage im Zentrum des Kalten Krieges verfügte die DDR über einen nicht unbeträchtlichen Einfluß; überdies besaß sie eine ganze Reihe Gefangene, die Verbindungen zu den Amerikanern unterhalten hatten. Gut möglich, daß einer von ihnen den Schlüssel zur Lösung des Problems beschaffen konnte.

Vogel nahm Verbindung mit Lothar Loewe auf, einem Fernsehkorrespondenten, der aus Ost-Berlin ausgewiesen worden war, weil er in einer Sendung gesagt hatte, Honeckers Grenztruppen erschössen die Flüchtlinge an der Mauer »wie Hasen«. Er brachte ihn dazu, eine Liste mit den Namen von dreißig verurteilten und in der DDR einsitzenden CIA-Agenten nach Washington zu übermitteln. Die CIA, so ließ Vogel an Loewes amerikanische Kontakte weitergeben, unternehme nicht genug, um diese Leute freizubekommen.[24]

Noch immer kam keine Bewegung in den Fall Schtscharanski. Im Gegenteil: 1981, als Ronald Reagan die Regierung der USA übernahm, schien ein Handel in wachsendem Maße unwahrscheinlich zu werden. Die Amerikaner verfolgten im Politischen eine harte Linie, was die Beziehungen zum Kreml tief unter Null fallen ließ. Die wiederholte moralische Verdammung der Sowjetunion als des »Reichs des Bösen« und eine Intensivierung der Rüstungsaktivitäten, die alles übertraf, was es jemals zu Friedenszeiten in den USA gegeben hatte, durchzogen Mittel- und Osteuropa wie ein eiskalter Luftzug. Die Sowjetunion und ihre Verbündeten im Warschauer Pakt schlossen sich ab, tarnten sich mit einem Zustand der Unberechenbarkeit. Zugleich galten neue Voraussetzungen für die deutsch-deutschen

Beziehungen, die Vogels Anstrengungen im Falle Schtscharanskis paradoxerweise neuen Antrieb verliehen.

Die Deutschen wußten nur allzu genau, daß sie sich im Falle eines Dritten Weltkrieges exakt im Zentrum der Auseinandersetzung befinden würden. Für sie waren die frühen achtziger Jahre deshalb eine Zeit äußerster psychischer Anspannung. In Westdeutschland, das ansonsten zu den treuesten Verbündeten Amerikas in Europa zählte, nahmen Hunderttausende an Demonstrationen für eine nukleare Abrüstung teil. Der Druck, der von dieser stärker werdenden Bewegung ausging, bewog mit der Zeit auch Helmut Schmidts Sozialdemokratische Partei, sich von den Positionen der Mitte zu entfernen – die Pro-NATO Haltung des eigenen Kanzlers eingeschlossen. Allmählich führte dies – neben anderen, vor allem wirtschaftspolitischen Differenzen – zu wachsenden Spannungen mit den Freien Demokraten und Hans-Dietrich Genscher. Die Folgen sind bekannt: Genscher kündigte 1982 die Koalition schließlich auf und ging eine neue mit den Christdemokraten unter Helmut Kohl ein.

Auch in Ostdeutschland gab es mittlerweile eine Friedensbewegung, mit der Erich Honecker zu kämpfen hatte. Zunächst versuchten die Kommunisten, die Bewegung in Anti-NATO-Kanäle zu lenken, aber die Unbeweglichkeit der greisen Machthaber in Moskau und Ost-Berlin ließ den Riß zwischen jenem besseren Leben, nach dem die Menschen verlangten, und den altbekannten Platitüden nur immer breiter werden. Die Führung in Ost-Berlin glaubte, von der allgemeinen Unzufriedenheit dadurch ablenken zu können, daß sie die Spannungen zwischen den deutschen Staaten abbaute und eine Art illusionärer Normalität aufrechterhielt. Infolgedessen lag Honecker daran, eine Einladung in die Bundesrepublik wahrzunehmen, die Schmidt Ende 1981 ausgesprochen hatte. Er wäre der erste ostdeutsche Staatsmann gewesen, der westdeutsches Territorium betreten hätte; außerdem hätte er noch einmal seinen Geburtsort Wiebelskirchen im Saarland sehen können. Da auch Helmut Kohl darauf bedacht schien, die Spannungen unter Kontrolle zu halten, hätte dem Vorhaben im Grunde genommen nicht viel im Weg stehen dürfen. Doch es war Moskau, das Honecker an seiner Reise hinderte – ganz im Sinne der eisigen Stimmung, die damals im Kreml herrschte. Und auch im Fall Schtscharanski hüllte sich der KGB in undurchdringliches Schweigen, als von Mielke die Anfrage kam, ob Vogel endlich weitermachen und einen Austausch arrangieren könne.

Um so hartnäckiger zeigten sich die Amerikaner. Sie ließen nicht davon ab, Druck auszuüben, und so kamen Smith und Vogel in den frühen achtziger Jahren des öfteren zusammen. Sie hatten eine lebhafte Korrespondenz über jene Liste offensichtlich vergessener amerikanischer Agenten geführt, die Vogel Lothar Loewe zugesteckt hatte. Es ist niederschmetternd, diese Liste zu lesen: Die DDR-Justiz verhängte bei Spionagefällen fast ausnahmslos harte Strafen, manchmal lebenslänglich, manchmal zehn oder fünfzehn Jahre – Urteile, die es den Amerikanern schwermachten, mit gleichrangigen Fällen aufzuwarten. Smith legte eigene Listen vor, Aufstellungen auf einem Papier ohne Briefkopf, die von einer überbehördlichen Arbeitsgruppe in Washington zusammengestellt worden waren. Immer stand Schtscharanskis Name an der Spitze, denn Vogel hatte nie erkennen lassen, daß eine Entlassung nicht mehr in Frage komme. Und doch wußte kaum jemand so gut wie er, daß keine Bewegung in den Fall kommen würde, solange die Amerikaner nicht über ein angemessenes Äquivalent verfügten.

Die nächste Chance für einen Durchbruch bot sich am 4. November 1983, als das FBI Alfred Zehe festnahm, einen ostdeutschen Physiker, der damals zu einer Konferenz der American Vacuum Society in Boston angereist war. Die Anklage lautete auf Spionage: Überall im Stasi-Hauptquartier in der Ostberliner Normannenstraße schrillten die Alarmglocken. Denn obgleich es sich bei Zehe nie um einen Berufsspion gehandelt hatte, waren seine Gutachten stets von großer Wichtigkeit gewesen, wenn es darum ging, hochentwickelte westliche Technologie zu bewerten und anzuvisieren.

Zehe war Professor an der Universität Dresden, verbrachte allerdings für gewöhnlich die Hälfte des Jahres an der Universität von Puebla in Mexiko. Als Gegenleistung für die Reisegenehmigung, die er für seine Auslandsaufenthalte benötigte, hatte ihn die Stasi daraufhin als Berater auf Abruf verpflichtet. Zehe war über die Regeln konspirativer Zusammenarbeit genau unterrichtet worden. Eine davon besagte, er solle unter keinen Umständen in die Vereinigten Staaten reisen.[25]

Warum Zehe dem nicht gefolgt war, interessierte Vogel nicht. Er wußte nur, daß es Volpert darauf ankam, Zehe aus dem Gefängnis zu holen, und zwar schnell. Geld spielte dabei, so deutete Volpert an, keine Rolle. Vogel sollte seine Verbindungen in Amerika einsetzen und für Zehe in aller Eile einen amerikanischen Rechtsbeistand beschaffen.

Vogel belebte alle amerikanischen Verbindungen, die er besaß. Er rief Richard C. Barkley an, politischer Berater an der Bonner US-Botschaft, und fragte, ob die Regierung der Vereinigten Staaten ihm behilflich sein könne, einen deutschsprechenden Anwalt in Boston zu finden. Barkley gab die Anfrage an das Außenministerium in Washington weiter, wo der Vorgang auf dem Schreibtisch von Jeff Smith landete, und Smith wiederum machte sich gleich auf die Suche. Er fragte in Cambridge nach, ob man von einem Anwalt wisse, der genügend Sensibilität besitze, um zu erkennen, ob und wann sich für Zehe die Möglichkeit eines Austausches bot.[26]

Vogel, der nie auf nur ein Pferd setzte, hatte seine Erkundigungen freilich nicht auf das Außenministerium beschränkt. Er zog auch eine andere Verbindung heran, indem er Ronnie Greenwald in New York anrief und ihm dieselbe Frage stellte. Vielleicht könnte ja Greenwald einen Anwalt für jenen ostdeutschen Professor finden, einen Anwalt, dem daran lag, den Fall Schtscharanski voranzubringen. Er versprach Greenwald, umgehend in die Vereinigten Staaten zu kommen, um die Angelegenheit zu besprechen.

Greenwald griff sofort zum Telephon. Er wandte sich an einen Mann, mit dem er als junger Mann einmal Basketball im Borough Park von Brooklyn gespielt hatte: Alan M. Dershowitz, Professor an der Harvard Law School und Schtscharanskis offizieller Anwalt in den USA. Doch bald zeigte sich, daß Dershowitz zögerte, den Fall zu übernehmen, weil er als Anwalt Schtscharanskis einen Interessenkonflikt befürchtete. Statt dessen empfahl er Greenwald nachdrücklich einen Freund, einen Bostoner Juristen namens Harvey A. Silverglate. Er könne sich auf ihn verlassen: Silverglate werde alles nur menschenmögliche für Zehe tun.[27]

Also übernahm Silverglate Zehes Verteidigung. Er war ein fähiger Anwalt, der sich als ebenso kampfeslustig wie Schtscharanski erwies und alle seine Kräfte darauf verwandte, den Beeinträchtigungen durch die Regierung Widerstand entgegenzusetzen. Hinsichtlich der Aktivitäten, die das FBI in Zehes Fall unternommen hatte, äußerte er sich in unverhüllter Mißbilligung; denn genau wie der Rabbi wußte er, was vor sich ging. So kam es, daß er bei der Prüfung der Fakten bald eine Falle witterte. Ein verdeckt operierender Agent des Marine-Geheimdienstes hatte seine Angel auf Washingtons Embassy Row ausgeworfen, indem er mit veralteten Geheimdokumenten über Technologien zur Unterwasserortung herumfuchtelte. Augenscheinlich hoffte man, aus der einen oder anderen Ostblock-Botschaft einen Spion herauslocken zu können. Auch in der Botschaft der DDR hatte man angefragt, ob jemand an geheimen Unterlagen des Pentagon interessiert sei, doch die Antwort war ablehnend gewesen. Erst beim zweiten Mal bissen die Ostdeutschen an. Allerdings wünschten sie, daß ihnen die Dokumente in Mexico City überreicht würden. In Washington gebe es niemanden, der den Wert des Materials beurteilen könne.

Also hatten die Ostdeutschen Zehe in Mexico City damit beauftragt, die Dokumente zu analysieren. Kurz darauf sah sich dieser mit der Anschuldigung konfrontiert, bei mindestens drei Gelegenheiten in den Jahren 1982 und 1983 genauso gehandelt zu haben und geheime Dokumente persönlich nach Ost-Berlin gebracht zu haben. Die Argumentation, die Silverglate für Zehe aufbaute, lief deshalb nicht zu Unrecht darauf hinaus, daß dieser weder um Informationen ersucht noch solche von dem Geheimagenten der Marine erhalten habe. Er sei lediglich zugegen gewesen, nachdem man die fraglichen Dokumente nach Mexiko gebracht hatte, wo er wie verlangt eine fachmännische Einschätzung abgegeben habe. Auch in der Reise nach Boston sei kein Tatbestand zu erkennen. Der Grund für Zehes Verhaftung liege vielmehr allein darin, daß er sich nun einmal im Geltungsbereich der amerikanischen Rechtsprechung befunden habe: Man habe die Gelegenheit nicht ungenutzt vorübergehen lassen wollen, den Physiker mit der ganzen Wucht der Spionagegesetze zu treffen, und zwar für Handlungen, die ganz offensichtlich nicht in den USA, sondern im Ausland begangen worden seien.[28]

Silverglate war der Ansicht, daß die Vereinigten Staaten ihren Zuständigkeitsbereich in einer Art und Weise ausdehnten, die man keinesfalls akzeptieren könne. Wie hätten sich die USA dazu gestellt, wenn ein amerikanischer Physiker, den man ins Pentagon bestellt hätte, um seine Meinung zu ostdeutschen Geheimdokumenten zu hören, wegen Spionage verhaftet würde, sobald er zu einer wissenschaftlichen Konferenz in die DDR gereist wäre? Hätte man dergleichen hingenommen? Wohl kaum, glaubte Silverglate. Zudem handelte es sich bei den Dokumenten, die Zehe laut Anklage gesehen hatte, um »überholte Unterlagen zu überholter Technologie«, wie der Anwalt argumentierte. Vom Marinegeheimdienst selbst ausgesucht, sollten sie als Köder für kommunistische Spione dienen. Sie konnten also schwerlich Geheimnisse enthalten, die von nationaler Bedeutung waren.[29]

Bei der Anklageverlesung am 17. November, wenige Tage vor Vogels Ankunft, vertrat Silverglate Zehe mit großem Einsatz. Vogel hatte Smith um ein Visum ersucht und ihm mitgeteilt, er wolle auch nach Washington kommen. Smith, ein wenig verstimmt darüber, daß Vogel hinter dem Rücken der Regierung Silverglate mit dem Fall betraut hatte, antwortete dem Anwalt, daß sein Visum nur für Boston gelte, es sei denn, er könne versichern, daß seine Reise nach Washington auch wichtigeren Angelegenheiten dienlich sei. Vogel erwiderte sofort, daß dies seine Richtigkeit habe. Der Fall Zehe war eben nur ein kleines Teilchen jenes Puzzles, das eines Tages zur Freilassung Schtscharanskis führen sollte.[30]

Es war Thanksgiving, als Wolfgang und Helga Vogel in Boston eintrafen. Greenwald kam von New York, um sie zum Abendessen ins Parker House zu führen, einem altehrwürdigen Hotel in der Nähe des Boston Common, einer großen Parkanlage. Doch zur Überraschung des Rabbis war Boston wegen des Feiertages verlassen. Er konnte den Vogels nicht einmal ein traditionelles Thanksgiving-Dinner präsentieren, denn Truthahn stand nicht auf der Speisekarte des kleinen Hotelrestaurants – dem einzigen in der Stadt, das überhaupt geöffnet zu haben schien.

Wie Greenwald sprach auch Silverglate genug Jiddisch, um sich mit seinen Gästen schlecht und recht unterhalten zu können. Vogel sagte ihm, daß er als Anwalt und Sonderbeauftragter seiner Regierung hier sei; zudem versicherte er Silverglate, daß es hinsichtlich des Honorars keine Probleme geben werde. Am Freitagmorgen trafen sie sich erneut im Parker House. Silverglate, sich nach amerikanischen Beschattern umsehend, erblickte ein paar Tische weiter einen Unterstaatsanwalt, den er kannte. »Ich bin ganz sicher, daß uns hier jemand folgt, aber man weiß nie genau, wer es ist – der KGB, das FBI oder die CIA.« Vogel gab den Scherz zurück: »Die sehen ja auch alle gleich aus, denken das gleiche und benehmen sich einer wie der andere.« Er sei überzeugt, daß FBI und KGB die Trenchcoats für ihre Agenten vom selben Hersteller bezögen.[31]

Vogel wußte, wovon er sprach. »Wenn Sie im Ausland sind«, hatte Streit zu ihm gesagt, »müssen Sie davon ausgehen, daß uns alles, was Sie sagen, bei Ihrer Rückkehr bereits bekannt ist.« Nicht ohne Grund hatte er seinen Klienten in den ostdeutschen Gefängnissen immer angedeutet, sie sollten ihre Worte mit Sorgfalt wählen. Beide Vogels nahmen an, daß ihr Büro und ihr Haus von der Stasi komplett verwanzt worden waren, und in gewisser Hinsicht, so meinten sie, bedeutete dies sogar einen Schutz: Auf diese Weise seien sie immer auf der Hut.[32]

Nach den Gesprächen mit Silverglate war sich Vogel sicher, daß Zehes Fall in guten Händen lag. Er hinterließ einen Vorschuß auf die Prozeßkosten, die sich schnell angesammelt hatten; dann rief er Smith in Virginia an. Wenn er die Genehmigung erhalte, nach Washington zu reisen, werde er neue Vorschläge unterbreiten können, die, so versprach er, Bewegung in den Fall Schtscharanski bringen würden. Greenwald habe im Capitol Hyatt Hotel in der Nähe der Union Station bereits ein Zimmer für ihn und seine Frau reservieren lassen. Smith ließ sich in der Visa-Angelegenheit erweichen und verabredete für sechs Uhr desselben Abends ein Treffen in der Hotelbar.[33]

Doch obwohl Smith den Treffpunkt selber gewählt hatte, war er nie zuvor dort gewesen. Als er die Bar betrat, brach er in schallendes Gelächter aus. Da wollte er nun mit diesem geheimnisvollen ostdeutschen Agentenhändler um den Austausch von Schnüfflern verhandeln – und das ausgerechnet in einer Bar, die »Spy's Eye« hieß.

Auch Vogel fand das einen komischen Zufall. Mit Hilfe eines Dolmetschers vom Außenministerium kam man zur Sache.

»Also, was haben Sie für uns?« fragte Smith. »Ich meine, wenn Sie uns Zehe und ein paar andere Leute geben«, antwortete Vogel, »dann können wir Ihnen Schtscharanski beschaffen.« Von diesen guten Neuigkeiten ermutigt, zog Smith eine »Wunschliste« der Amerikaner aus der Tasche. Schtscharanskis Name stand an der Spitze. Im übrigen enthielt die Liste nicht nur eine Reihe von Deutschen, die in der DDR für die amerikanischen Geheimdienste oder den BND gearbeitet hatten, sondern auch andere politische Gefangene, die in der Sowjetunion, in Polen oder der Tschechoslowakei festgehalten wurden. Smith räumte ein, daß die Aufstellung ziemlich umfassend sei; doch wenn es Vogel ernst damit sei, den toten Punkt im Fall Schtscharanskis endlich zu überwinden, dann handele es sich um eine nicht unrealistische Basis für weitere Verhandlungen.[34]

Um so bestürzter war Smith über einen Brief, den er eine Woche später von Vogel erhielt. Der Anwalt berichtete, daß die Reaktion auf die amerikanischen Vorschläge negativer als erwartet ausgefallen sei. Die Amerikaner hätten, so habe man ihm mitgeteilt, zu hohe Forderungen.

Smith, dem es darauf ankam, die Sache in Bewegung zu halten, kürzte daraufhin mit einer nur zu diesem Zweck eingerichteten überbehördlichen Arbeitsgruppe die Liste um ein paar Namen und schickte sie zurück an Vogel. Noch immer befand sich Schtscharanskis Name an erster Stelle. Kurz vor Weihnachten wurde er mit einer etwas ermutigenderen Antwort und einer Einladung, die Gespräche in Ost-Berlin fortzusetzen, belohnt. »Jeff, würde Ihre Familie es Ihnen übelnehmen, wenn Sie Weihnachten nicht zu Hause wären?« fragte Staatssekretär George P. Shultz seinen Unterhändler. Der aber überzeugte ihn, daß man die Abreise auch bis zum 26. Dezember aufschieben könne.[35]

Als Smith in Ost-Berlin eintraf, hatte Vogel wieder einmal entmutigende Nachrichten. Sein Gesprächspartner war ausgesprochen gelassen, so schien es Smith, als er ihm ein zweiseitiges, mit doppeltem Zeilenabstand und auf Deutsch verfaßtes Memorandum aushändigte, das die Amerikaner in überraschend barscher Form beschuldigte, unverschämte, ja geradezu beispiellose und unseriöse Forderungen zu stellen. Man versuche, verurteilte Häftlinge gegen Menschen, die noch nicht einmal vor Gericht stünden, auszuhandeln.

Die Notiz, die Smith nach dem Treffen in sein Tagebuch eintrug, vermittelt einen Eindruck von den Verhandlungen: »Ich fügte hinzu, daß er nach seiner Versicherung, wir könnten sie alle haben, sicher-

230

lich verstehe, warum wir nun eine so hohe Verhandlungsposition einnehmen würden. Ob er ein Gegenangebot machen könne? Nein. Was er jetzt brauche, sagte er, sei eine Pause. Ich fragte ihn, worin das Hauptproblem bei unseren Vorschlägen bestehe – sei es ihr Umfang gewesen oder die allgemeine politische Situation? Es sei der Umfang sowie die Ungewißheit bei den Urteilen, antwortete er.« Vogel machte deutlich, daß man von seiner Seite kaum erwarten könne, daß sie einen Gefangenen, der verurteilt war und eine dreizehnjährige Haftstrafe verbüßte, gegen jemanden austauschte, der noch nicht einmal seinen Richter gesehen hatte, aber zu lebenslänglicher Haft verurteilt werden könne. Auf beiden Seiten waren die gefangenen Spione nichts als »Spielmaterial«, menschlicher Einsatz in einer internationalen Pokerpartie.[36]

Smith widersprach Vogels Darstellung nicht. Er war verblüfft. Die einzig plausible Erklärung, die er für die Entwicklung sah, bestand darin, daß Vogel, der den Fall ja bekanntlich unbedingt voranbringen wollte, in Washington zuviel versprochen hatte. Nach seiner Rückkehr schien ihn die Stasi dann am Kragen gepackt und mit jenem groben Memorandum auf den Boden der Tatsachen zurückgeholt zu haben. Dennoch wollte Smith nicht aufgeben. Er drängte Vogel, an beiden Listen herumzutüfteln, um aus ihnen eine etwas handlichere Grundlage für zukünftige Verhandlungen zu machen. Vor allem sollte er herausfinden, wo die Grenzen seines Mandates lagen.

So fuhren die Männer mit ihrer Arbeit an den Listen fort. Smith strich ein paar Namen in seinen Papieren, Vogel ein paar in den ostdeutschen. Doch offensichtlich war Vogel noch nicht in der Lage, eine abschließende Vereinbarung zu treffen. »Bitten Sie mich schriftlich um ein formelles Gegenangebot«, schlug er schließlich vor, um Zeit zu zu gewinnen. Also verfaßte Smith ein offizielles Ersuchen, und Vogel versprach, daß er innerhalb einer Woche mit einer Anwort zurückkommen werde. Zuvor müsse er die Angelegenheit allerdings mit seinem Außenminister, Oskar Fischer, besprechen.

Privat schien Vogel so liebenswürdig wie eh und je. Smith und Barkley, die Vogel einen Truthahn aus dem PX, dem amerikanischen Supermarkt in West-Berlin, mitgebracht hatten, präsentierten diesen als verspätetes »amerikanisches Weihnachtshuhn«. Die Vogels bedankten sich für diese Aufmerksamkeit ihrerseits mit einem geschnitzten Nußknacker aus Thüringen und einem Satz hölzerner Krippenfiguren für den Weihnachtsbaum der Smiths in Washington. Nachdem Smith auf die andere Seite der Mauer zurückgekehrt war, fand er sogar ein Telex von »Wolfgang und Helga« vor, die ihm ein friedvolles Neues Jahr wünschten und ein nächstes Treffen für den kommenden Februar vorschlugen.

Am 30. Dezember flog Smith nach Washington zurück. Noch immer war ihm nicht ganz klar, was eigentlich schiefgegangen war. Auch im Februar 1984, als er, Vogels Vorschlag folgend, erneut nach Ost-Berlin flog, hatte sich daran nichts Wesentliches geändert. Nur in einer Hinsicht bestand jetzt Gewißheit, überlegte Smith niederge-schlagen: Entgegen seinen Hoffnungen würde Vogel nicht so bald in der Lage sein, Schtscharanski herauszugeben.[37]

Die Gründe dafür waren freilich eher in Moskau als in Ost-Berlin zu suchen. Anfang 1984 war Moskau kein guter Ort für schwierige Entscheidungen. Juri W. Andropow, Chef des KGB und seit 1982 Nachfolger Breschnews als Generalsekretär, hatte aus Gründen der Sicherheit seine Zustimmung zur Freilassung Schtscharanskis ver-weigert. Als sich die beiden Juristen nun in Berlin trafen, lag Andro-pow auf dem Totenbett.[38] Konstantin U. Tschernenko, der alte Inti-mus Breschnews, der am 9. Februar die Nachfolge Andropows antrat, blieb nur wenig mehr als ein Jahr an der Regierung. Wann immer sich die Ostdeutschen beim KGB erkundigten, ob Vogel die Verhandlungen um Schtscharanskis Freilassung vorantreiben könne, war die Antwort – so hörte der Anwalt von Volpert und Streit – eisiges Schweigen. Vogel mußte sich sogar vorwerfen, diese Ent-wicklung noch unterstützt zu haben, als er eigenmächtig einen Han-del mit Alfred Zehe in Aussicht gestellt hatte. Diesmal war er zu weit gegangen. Um weitere Komplikationen zu vermeiden, mußte er die Sache erst einmal ruhen lassen.[39]

Smith konnte ihm das kaum vorhalten, obgleich er sich in seiner Vermutung bestätigt sah, daß Vogel zunächst nur seine Angel ausge-legt hatte. Wenn Verstimmungen auftraten, mußten die beiden Unterhändler dies nunmehr unter sich ausmachen, da bisher weder die offizielle Position der Amerikaner noch die der Sowjets oder Ost-deutschen von der Angelegenheit betroffen war, und so wurde Smith bald mit einer anderen Aufgabe im Streitkräfteausschuß betraut, dem Senator Sam Nunn vorsaß. Gleichwohl bat ihn das Außenministerium, seinen Diplomatenpaß zu behalten, damit er die Verhandlungen wieder aufnehmen könne, sobald sich ein Durch-bruch abzeichnete. Die Amerikaner waren entschlossen, sich den »Kanal Vogel« offenzuhalten, und aus diesem Grund gingen die Ver-handlungen um das Schtscharanski-Paket trotz der augenblicklich aussichtslos erscheinenden Situation weiter.

Doch die Verzögerung der Verhandlungen gab den Geheimdien-sten bei ihrem Katz-und-Maus-Spiel größere Handlungsfreiheit als zuvor. Beide Seiten nutzten diese Gelegenheit ausgiebig. Vogel kannte nun die Namen von mehr als zwanzig Agenten, die von der Stasi festgehalten wurden, und der polnische Geheimdienst hatte noch ein weiteres Dutzend hinzugefügt: Ohne Zweifel konnten die

Kommunisten in dieser Hinsicht mit größeren Reserven aufwarten. Doch auch die Vereinigten Staaten machten sich in großer Eile daran, ihre »Aktivposten« zusammenzusuchen.

Da war zum Beispiel Marian W. Zacharski, ein polnischer Geheimagent, der sich als Geschäftsmann ausgegeben hatte und im Juni 1981 in Kalifornien vom FBI verhaftet worden war. Beschuldigt, einem unzufriedenen Angestellten der Firma Hughes Aircraft über vier Jahre hinweg eine Summe von insgesamt 110.000 Dollar gezahlt zu haben, um in den Besitz von hochgeheimen Dokumenten über Rüstungsgüter und Radartechnologie zu gelangen, saß Zacharski seit 1984 in einem Bundesgefängnis in Tennessee und verbüßte eine lebenslange Freiheitsstrafe.

Außerdem gab es da Penju B. Kostadinow, einen in New York lebenden Handelsbeamten bulgarischer Herkunft, der dem FBI bei einer verdeckten Operation im September 1983 direkt vor dem »Top of the Park«-Restaurant am Central Park in die Falle gegangen war. Die Bundesbehörden hatten einen kooperativen Studenten mit eigens ausgewählten geheimen Regierungsdokumenten zur Atomwaffensicherheit ausgerüstet, Kostadinow mit diesem Köder angelockt und schließlich auf frischer Tat geschnappt. Gegen ihn wurde Anklage wegen Spionage und Konspiration mit dem Ziel der Spionage erhoben; allerdings bestanden die Bulgaren darauf, daß er diplomatische Immunität genoß.

Und dann war da auch noch Alice Michelson, eine siebenundsechzigjährige Frau aus der DDR, die im Oktober 1984 am New Yorker John F. Kennedy-Flughafen als KGB-Kurier verhaftet worden war, bevor sie ihr Flugzeug in die Tschechoslowakei besteigen konnte. Die Stasi hatte Vogel gebeten, sich für sie einzusetzen, wie er es auch im Fall von Zehe getan hatte, und mit Greenwalds Hilfe hatte er bald darauf einen Anwalt für sie gefunden: Leonhard Boudin, einen Mann, der in Sachen Bürgerrechte kein geringes Renommee genoß. Zudem fragte Vogel bei Greenwald an, ob er die Frau im Gefängnis besuchen könne, wobei er betonte, daß es sich um eine Jüdin handelte. Auch Frau Michelson war dem FBI im Rahmen einer verdeckten Operation ins Netz gegangen. Ein Feldwebel der US-Army hatte ihr eine Falle gestellt, indem er ihr ein Zigarettenpäckchen und ein Tonband mit geheimen Informationen zuspielte, das sie in die Tschechoslowakei bringen sollte.

Um sich dieser osteuropäischen Spione annehmen zu können, besuchte Vogel die USA mittlerweile regelmäßig. Im November 1984 kam er nach New York, um Silverglate einen Scheck für seine Bemühungen um Zehe zu übergeben und erstmals auch Boudin zu konsultieren.[40] Dann reiste er weiter nach Washington, wo sein wichtigster Kontakt im Außenministerium inzwischen André Serena geworden war, Smiths Nachfolger als stellvertretender Rechtsberater in Strafrechtsfragen und geheimdienstlichen Angelegenheiten.

Als Vogel am 27. November nach Ost-Berlin zurückflog, nahm er die Namen zweier weiterer kommunistischer Klienten mit, die von den Amerikanern der Spionage beschuldigt wurden. Es waren Karel Koecher und seine Frau Hana, deren Fälle leichte Ähnlichkeiten mit dem Robert Thompsons aufzuweisen schienen. Koecher war als politischer Flüchtling aus der Tschechoslowakei in die USA gekommen und hatte – bevor er Mitte der siebziger Jahre von der CIA als Übersetzer engagiert wurde – für Radio Free Europe gearbeitet. Auch die Koechers waren am Tag ihrer Verhaftung, dem 27. November, kurz davor gewesen, am John F. Kennedy-Flughafen ihre Maschine zu besteigen, die sie nach Zürich bringen sollte. Tags zuvor hatten sie ihre gemeinsame Wohnung an der 50 East 89th Street verkauft, einer vornehmen Adresse in der Upper East Side, wo auch der Schauspieler Mel Brooks und der Tennisstar Ivan Lendl lebten. Ironischerweise lag es nur einige Jahre zurück, daß Koecher, der dem Verband der Wohnungseigentümer angehörte, den ziemlich dreisten Versuch unternommen hatte, Lendl als möglichen Kommunisten an dem Einzug in das Gebäude zu hindern. Das FBI verhaftete das Paar und erhob gegen Koecher den Vorwurf, ein vom tschechischen Geheimdienst eingeschleuster »Illegaler« zu sein, der über mehr als zehn Jahre hinweg jedes CIA-Geheimnis, das ihm zu Ohren gekommen sei, direkt an den StB, den Tschechoslowakischen Sicherheitsdienst, weitergegeben habe. Auch seine Frau Hana wurde festgehalten. Zwar richtete sich gegen sie keine Anklage, doch galt sie als unentbehrliche Zeugin.[41]

Vogel hatte die amerikanischen Behörden davon zu überzeugen gewußt, daß Zehe das beste »Tauschobjekt« für sie sein werde, wenn es eines Tages darum ginge, Schtscharanski freizubekommen. Unterdessen engagierte sich Harvey Silverglate förmlich wie ein Besessener für seinen Mandanten. Er bombardierte das Bostoner Gericht mit Gesuchen, das Verfahren einzustellen, da die amerikanische Justiz für den Fall strenggenommen nicht zuständig sei; schließlich hätten sich alle in der Anklage aufgeführten, angeblich kriminellen Handlungen auf fremdem Boden zugetragen. Vogel berichtete er, daß er den Prozeß zu gewinnen hoffe. »Die Ostdeutschen haben nur zugegriffen, das ist alles. Sie haben nicht nach dem Zeug gesucht. Ihr wart es doch, die den Verkaufsstand auf der Embassy Row aufgebaut habt«, sagte Silverglate den Staatsanwälten.[42] Vogel, der über Volpert laufend von den neuesten Entwicklungen berichtete, hatte nun mit einer zusätzlichen Komplikation zu kämpfen. Die Stasi würde kaum jemanden für Zehe austauschen, solange dieser nur die kleinste Chance besaß, aufgrund von Verfahrensfehlern auch ohne ihr Zutun freizukommen.

234

Allerdings ließ sich in Wahrheit kaum davon sprechen, daß hier etwas »ohne Zutun« der Staatssicherheit geschah. Vogel wurde schwindelig angesichts der Honorare, die er an Silverglate zahlen mußte, obschon Volpert bei den Besprechungen nicht einmal mit der Wimper zuckte. Am Ende beliefen sich die Rechnungen auf 360.407 Dollar und 50 Cents. Einen Teil der Summe hatte Ronnie Greenwald beschafft, mal 10.000, mal 50.000 Dollar, weil er hoffte, auf diese Weise Schtscharanskis Fall beschleunigen zu können. Und auch Boudins Honorare für Alice Michelson bewegten sich mittlerweile in vergleichbaren Höhen.[43]

Nach ein paar Monaten bewerkstelligte Silverglate die Entlassung seines Klienten auf Kaution aus der Untersuchungshaft. Er brachte ihn in einem kleinen Apartment im Bostoner Stadtteil Back Bay unter, in der Nähe des Gerichts, vor dem er fast täglich zu erscheinen hatte. Und es dauerte nicht lange, bis der Anwalt bemerkte, daß der Professor nicht nur vom FBI, sondern auch von den Ostdeutschen aufs strengste bewacht wurde.

Das Angebot der Staatsanwaltschaft war unzweideutig: Zehe sollte sich schuldig bekennen. Dann würde man versuchen, ein mildes Urteil für ihn herauszuholen. Doch der Angeklagte blieb skeptisch. Ebensowenig wie Silverglate konnte Zehe sicher sein, daß sein Schuldbekenntnis wirklich zu einem Austausch und zur Rückkehr in die Heimat führen würde. Der Vorgeschmack, den er mittlerweile von amerikanischen Gefängnissen bekommen hatte, bestärkte ihn nachdrücklich in seiner Absicht, möglichst wenig Zeit auf dieser Seite des Atlantiks zu verbringen. Überdies wurde der Handel, so schien es, auf beiden Seiten von Mißtrauen behindert. Mehr und mehr gewann Silverglate den Eindruck, das FBI wisse genau, daß es sich bei Zehe keinesfalls um einen zweiten Fall Abel handelte. Augenscheinlich glaubte man jedoch, daß sein Mandant nicht alles berichtete, was er über die Operationsformen des ostdeutschen Geheimdienstes wußte.[44]

Dann trat - völlig unerwartet - eine Wende ein. An einem kalten Morgen Anfang Januar 1985 warf Zehe den Handel über den Haufen. Der Feilscherei um das Schuldbekenntnis ein Ende setzend, sagte er, daß er sich entschlossen habe, überzulaufen und in den Vereinigten Staaten zu bleiben. Er bat um zwei FBI-Beamte, die ihn in Silverglates Büro an der Broad Street im Zentrum von Boston erwarten sollten, wenn er mit seiner ostdeutschen Eskorte dort eintreffen würde. Alles ging sehr einfach: Da ihnen die Unberechenbarkeit der Bostoner Parkvorschriften bekannt war, blieben Zehes Aufpasser im Auto sitzen; für das FBI war es mithin kein Problem, den Professor durch den Hinterausgang wegzuschaffen. Viele Stunden vergingen. Schließlich überkam Silverglate Mitleid mit jenen Männern, die dort unten vor seinem Büro so geduldig im Auto warteten. Er rief die Botschaft der DDR an, um die Mitteilung zu machen, daß Zehe an diesem Tag nicht zurückkehren werde.

Die Stasi in Ost-Berlin raste vor Wut. Vogel sollte der Sache sofort auf den Grund gehen. Er rief Silverglate in Boston an und fragte, was vor sich gegangen sei. Er erfuhr freilich nur, was er bereits gehört hatte. Zehe habe sich entschieden, in den Vereinigten Staaten zu bleiben, berichtete Silverglate, der sich wohl bewußt war, daß möglicherweise jemand mithörte. Auch Greenwald erhielt einen Anruf: »Wo ist er?« – »Das kann ich Ihnen nicht sagen«, antwortete der Rabbi. »Ist er am Leben?« Greenwald versicherte dem Anwalt, daß Zehe wohlauf sei. »Nun, wenn er wirklich bleiben will, dann ist das seine Sache. Sagen Sie ihm das. Aber er sollte nicht vergessen, daß er hier Frau und Kinder hat.« Das war warnend, zugleich aber ohne Zweifel auch drohend gemeint. Dennoch spürte Greenwald damals nur wenig von diesen Untertönen. Ihm schienen die Worte kaum mehr als eine nüchterne Feststellung von Tatsachen, wie sie der Alltag in einem kommunistischen Staat mit sich brachte.[45]

Es zeigte sich, daß die Stasi Zehe keineswegs bedrohen mußte, um ihn zur Rückkehr zu bewegen. Die US-Regierung weigerte sich, ihn als vertrauenswürdigen Überläufer anzuerkennen und trieb ihn dadurch in die Arme des MfS zurück.[46] Die Verteidigung befand sich nun in einer mißlichen Situation. Es gab zwei Möglichkeiten: Entweder konnte Zehe auf »nicht schuldig« plädieren, vor Gericht treten und öffentlich bezeugen, daß er überlaufen wollte. Dann jedoch würde man ihn in der DDR des Landesverrates beschuldigen, zum Schaden seiner Familie. Oder aber er bekannte sich schuldig, hoffte auf ein mildes Urteil und versuchte im übrigen, mit den Ostdeutschen ins reine zu kommen.

Die FBI-Beamten, in deren Zuständigkeit Zehes Fall lag, zeigten sich unerbittlich. Seine Bereitschaft, in den USA zu bleiben, half ihm nicht weiter. Man wies ihn ab, bedrängte ihn vielmehr, alles zu sagen, was er wußte.

Erneut ergriff Vogel die Initiative. Über Greenwald ließ er Zehe eine beruhigende Mitteilung zukommen, indem er ihm zusicherte, weiterhin an einem Austausch zu arbeiten. Sollte Zehe seine Meinung ändern und zurückkehren, dann könne er, Vogel, dafür garantieren, daß er von seiten der ostdeutschen Behörden keine Nachteile zu befürchten habe. Das war eines der Zugeständnisse, die Vogel in Berlin Volpert abgerungen hatte. Allein unter dieser Bedingung könne er sich weiter dafür einsetzen, Zehe zurückzubekommen. Am Ende hatte die Stasi ihre Einwilligung gegeben.[47]

Am 21. Februar 1985 entschied sich Zehe, den Zusicherungen zu trauen, und warf das Handtuch. Er bekannte sich in allen acht Punkten der Anklage schuldig und wurde zu acht Jahren Gefängnis und einer Geldstrafe in Höhe von 5.000 Dollar verurteilt.[48] Silverglate war enttäuscht. »Er hatte keine Wahl«, erkannte er abschließend. »Unsere Regierung hätte ihn nie akzeptiert.«[49] In einem »Spiel«, das höhere Ziele verfolgte, war und blieb sein Klient nichts als ein Unterpfand der amerikanischen wie der ostdeutschen Regierung. Eine dritte Möglichkeit bestand nicht.

Als der Winter Anfang 1985 seinem Ende entgegen ging, schienen weitere Verhandlungen im Fall Schtscharanski hoffnungslos zu sein. Weder Vogel noch seine westlichen Verhandlungspartner konnten sich dieser Einsicht verschließen. Das Paket, das Schtscharanski einschließen sollte, war bereits geschnürt; aber ohne Schtscharanski würden die Vereinigten Staaten die Koechers nicht freigeben. Vogel war nicht gerade begeistert, als er sich an einem Wintertag auf den Weg in Mielkes großes Büro in der Normannenstraße machen mußte, um sich der Zustimmung des Ministers zu versichern. Aber wenn es um den Austausch von Agenten ging, bestand Mielke stets darauf, die Freilassungen persönlich abzusegnen. So saß er nun vor Vogel: gekleidet in seine Dienstuniform, den Kragen geöffnet, vor sich eine Konsole mit unzähligen Telefonapparaten, die er einsetzte, um seine Heerscharen von Untergebenen herbeizuzitieren und einzuschüchtern. Er schien skeptisch, machte große Augen, wies mit dem Finger auf die Liste. Vier Gefangene aus dem Westen – Zehe, Zacharski, Kostadinow und Michelson – gegen fünfundzwanzig aus dem Osten? War das denn eine ausgewogene Sache? Er habe hart verhandelt, gab Vogel zurück. Er könne dem Genossen Mielke versichern, daß man ein Gleichgewicht erreicht habe. Die meisten der Agenten, die das Land verlassen sollten, seien im Vergleich zu Zehe und Michelson unbedeutende Figuren, und schließlich sei »E.H.« – so pflegte sich auch Mielke auszudrücken, wenn er von Honecker sprach – sehr daran interessiert, die Beziehungen zu den Amerikanern durch diesen Austausch zu verbessern.[50] Da Mielke wußte, daß es sich so verhielt, unterschrieb er. Nicht er selber, sagte er später seinen Untergebenen, habe am Verhandlungstisch gesessen, sondern »der Anwalt«. Und »der Anwalt« verstehe sein Geschäft.[51]

In der Tat lag Honecker daran, den Handel abzuwickeln. Jene Entspannung, die auch er sich für das Verhältnis zu den Westdeutschen wünschte, ja die er dringend benötigte, um die daniederliegende Wirtschaft seines Landes zu stützen, wurde von der Stagnation der amerikanisch-sowjetischen Angelegenheiten behindert. Dennoch war es die Zeit, in der sich Honecker – genau wie Vogel – auf dem Höhepunkt seiner Karriere zu befinden schien. In Osteuropa hielt er sich für den zuverlässigsten und loyalsten Verbündeten der Sowjetunion. Sogar im Westen schien man ihm, wenngleich widerwillig, einigen Respekt entgegenzubringen. So war er – auch darin Vogel ähnlich – zu der Überzeugung gekommen, zwischen Ost und West vermitteln zu können, und das in einer Zeit, in der die Kontrahenten in aller Regel zu dickköpfig oder zu stolz waren, um von sich aus Entgegenkommen zu zeigen. Der DDR, die in der Vergangenheit so oft geschmäht worden war, würde man für diese spektakuläre humanitäre Geste Hochachtung zollen, glaubte Honecker. Dr. Vogel hatte den Weg dorthin bestens bereitet.

Von solchen Überlegungen bewogen, unternahm Honecker einen letzten Versuch, sich über Moskaus Haltung Klarheit zu verschaffen. War man dort wirklich willens, im Falle Schtscharanskis einzulenken, wie »der Anwalt« von Streit erfahren hatte? Honecker erhielt keine Antwort. Daraufhin entschied er, daß man auch ohne die Sowjets mit dem Rest des Paketes weitermachen könne – vorausgesetzt, daß die Amerikaner und die Westdeutschen zustimmten.

Doch Honecker war nicht der einzige Staatsmann, der aus der Angelegenheit politischen Nutzen zu ziehen suchte. Richard R. Burt, als Unterstaatssekretär für europäische Fragen zuständig, stand 1985 kurz vor seiner Ernennung zum US-Botschafter in Bonn. So kam es auch ihm darauf an, bei dem spektakulären Agentenaustausch, auf den alles zulief, eine führende Rolle zu übernehmen. Spezialist für Abrüstungsfragen und zeitweilig diplomatischer Korrespondent für die ›New York Times‹, war Burt ebenso konservativ wie mutig. Seine Talente waren unübersehbar, desgleichen aber auch das beträchtliche Ausmaß seiner Ambitionen. Vogel faszinierte und irritierte ihn zugleich, denn auch Burt hatte – wie die meisten westlichen Verhandlungspartner Vogels – nur eine vage Vorstellung von den Quellen, aus denen jener unscheinbare Anwalt den weitreichenden Einfluß schöpfte, den er überall im Ostblock besaß. Um so mehr verblüffte es Burt, daß Vogel immer wieder in der Lage war, sich durchzusetzen. Und schließlich war er von Vogels anspruchsvoller Garderobe angetan, denn der dunkelhaarige, gutaussehende und durchtrainierte Diplomat teilte Vogels Faible für luxuriöse Bekleidung. Sollte das Agenten-Spektakel also tatsächlich stattfinden, dann wollte Burt dabei ebenso präsent sein wie der Anwalt.

Zunächst aber hatte Vogel weitere Gefängnisbesuche in den Vereinigten Staaten zu absolvieren. Am 14. April flogen er und seine Frau nach New York, um Silverglate und Boudin zu konsultieren. Einen Monat später kamen die beiden noch einmal, um die definitive Zustimmung von Michelson und Kostadinow einzuholen, die sich im Bundesuntersuchungsgefängnis von Manhattan befanden. Ihr nächster Halt war das Bundesgefängnis von Lake Placid, wo sich Zehe befand.

Hier gestaltete sich Vogels Mission ein wenig delikater. Er versicherte Zehe, daß dieser nichts zu befürchten habe, wenn er in die DDR zurückkehre. Streit und anderen habe er klarmachen können, daß man Zehe zu seiner Aussage gezwungen habe. Es werde also keine Repressalien geben, obgleich Zehe sicherlich mit einigen intensiven Befragungen zu rechnen habe, auf die er Anworten finden müsse. »Wenn ich hierbleibe«, hatte Zehe gefragt, »können meine Frau und meine Kinder dann ebenfalls rüberkommen?« Vogel wußte, daß für diesen Fall wenig Hoffnung bestand. So ließ sich Zehe schließlich überzeugen, daß es das Beste sei, zurückzukehren.[52]

Anschließend reisten die Vogels nach Memphis, wo Zacharski inhaftiert war. Das dortige Gefängnis, so schien es Vogel, hielt den Vergleich mit Bautzen, das von seinen Insassen der »gelbe Horror« genannt wurde, in jeder Hinsicht stand. Amerika – und insbesondere sein Justizsystem – verwirrte ihn. In der DDR war die Todesstrafe abgeschafft worden; in den USA dagegen wurde sie noch immer verhängt. Vogel schienen Urteile über zwanzig oder gar fünfundzwanzig Jahre Haft außerordentlich hart zu sein; in den USA waren sie offenbar an der Tagesordnung.

Das Wochenende vor ihrer Verabredung mit Burt verbrachten die Vogels weder in Washington noch in Memphis, sondern in Miami. Sie wollten Miami Beach sehen und am Strand entlanglaufen. Da er einem Streifzug durch die eleganten Geschäfte der Herrenausstatter nicht widerstehen konnte, kaufte Vogel sich ein beigefarbenes Jakkett, das er auch am darauffolgenden Montag trug, als er sich auf den Weg ins Außenministerium begab. Burt mußte davon in Kenntnis gesetzt werden, daß von seiner Seite aus nun alles arrangiert sei. »Was ist denn das?« Burt lächelte, während er Vogels Rockaufschläge befühlte. »Sie haben also endlich herausbekommen, daß man in Amerika noch interessantere Dinge sehen und tun kann, als Gefängnisse zu besuchen.«[53]

Zurück in Berlin, war es an der Zeit, die Choreographie des Austausches zu planen. Einerseits vom Bestreben nach Sicherheit, andererseits von dem nach Prestige bestimmt, mußten die Vorgänge sorgfältig abgewogen werden. Die Verhandlungen hatten deutlich gemacht, daß in politischer Hinsicht viel auf dem Spiel stand. Burts Assistent, der Stellvertretende Unterstaatssekretär Tom Niles, war sogar aus Washington gekommen, um mit Vogel eine Art Plan auszuarbeiten, der sich schließlich zu einem regelrechten diplomatischen Protokoll entwickelte. Alles mußte skizziert, mußte festgelegt werden: die Aufteilung des Schauplatzes, die Schritte, die darauf vollführt werden würden, jener Pas de deux in die Freiheit, und schließlich auch die formelle Verbeugung nach rechts, die jeder

Häftling machte, der sich dafür entschied, doch zu bleiben und nicht auf die andere Seite zurückzukehren. Am 10. Juni war alles perfekt. Vogel und Burt würden gemeinschaftlich die Rolle des Impresarios übernehmen. Der Austausch mußte auf beiden Seiten zeitgleich vonstatten gehen, alle neunundzwanzig Häftlinge die Grenze zur selben Zeit in einem großen *chassé-croisé* überschreiten. Ihren Angehörigen war das Recht eingeräumt worden, am 20. Juli zusammen mit dem Hausrat nachzufolgen. Eine abschließende Bestimmung besagte: »Angesichts der möglichen Komplikationen dieser Prozedur, die durch Unklarheit oder menschliches Versagen entstehen könnten, verpflichten sich beide Seiten zu einer flexiblen Durchführung.«[54]

Der 11. Juni war ein herrlicher Tag – ein sonniger Berliner Sommermorgen und ein wunderbares Datum für die neunundzwanzig Menschen, die sich damals für einen »kurzen Spaziergang« über die Glienicker Brücke bereit machten. Mit dem Einverständnis beider Seiten hatten die Westdeutschen für eine zurückhaltende Berichterstattung gesorgt. Für Korrespondenten und Reporter war der Schauplatz gesperrt worden. Nur ein Kamerateam war zugegen, das Aufnahmen von den Vorgängen anfertigte, die in den Abendnachrichten des westdeutschen Fernsehens übertragen werden sollten. Den Vogels gelang es später, sich eine Kopie der ungeschnittenen Bänder zu beschaffen, und noch nachdem die Mauer gefallen war, sahen sie sich die Aufnahmen gern zu Hause an – mit unleugbarer Sehnsucht nach den erfolgreichen Tagen, die nun der Vergangenheit angehörten.

Die Bilder wurden von der Westberliner Seite aus aufgenommen. Die Brücke, in diesen Stunden für jeden Verkehr gesperrt, vermittelt auf den Aufnahmen noch heute einen faszinierenden Eindruck. Da ist Richard Burt in seinem eleganten Anzug. Was von ihm ausgeht, ist zugleich Anspannung und Entschlossenheit. Früh eingetroffen, geht er nervös hin und her. Jetzt spricht er mit Helfern, mit den amerikanischen Sicherheitsleuten, die an den Revers ihrer Jacketts Mikrophone, im Ohr kleine Empfänger tragen und über die Brücke zu den Grenzsperrren auf der Potsdamer Seite spähen. Dann trifft Vogel ein, geschäftsmäßig in seinem doppelreihigen braunen Anzug, dessen Schnitt nicht weniger vornehm ist als der von Burt. Chauffiert von seiner Frau in einem goldfarbenen Mercedes mit dem ostdeutschen Kennzeichen IS-92-67, kurbelt er das Fenster herunter, um sein O. K. zu geben. Unter den grüngestrichenen Pfeilern der Brücke glitzert das blaue Wasser. Auf dem Wasser sind Segelboote zu sehen. Die beiden Vogels fahren die wenigen hundert Meter in den Osten hinüber, Burt bleibt auf der Westseite, dann kommt der

Mercedes zurück und Vogel steigt aus, um Burt mitzuteilen, daß jetzt auch die Häftlinge bereit sind. Nachdem Vogel wieder in seinen Wagen gestiegen ist, setzt sich Burt in die dunkle Limousine des Außenministeriums. Beide überqueren die Brücke in Richtung Osten. Dort nimmt Vogel Burt beim Arm und zeigt ihm, an welcher Stelle die Häftlinge durch die Grenzsperren kommen werden. Amerikanische Militärfotografen nähern sich dem Schauplatz, begleitet von zwei Jeeps und Soldaten in Fliegerjacken.

Der Austausch selber ist keineswegs dramatisch. Ohne Zuspitzung, fast entspannt scheint er abzulaufen. Busse und kleine Lieferwagen fahren hin und her, als ob man sich zu einem Ausflug treffen wollte. Da kommen die Häftlinge aus den kommunistischen Gefängnissen, sie tragen T-Shirts, recken den Hals und schauen fast ungläubig über die Havel nach West-Berlin hinüber. Ein großer Mercedes-Bus in den Farben schwarz-rot-gold nähert sich von der Westberliner Seite, um sie aufzunehmen. Als sie ihn mit den Taschen, in denen sich ihre wenigen Habseligkeiten befinden, besteigen, sehen sie aus wie eine Gruppe ganz gewöhnlicher Deutscher auf einer Stadtrundfahrt.

Vogel hält sich in der Nähe jenes dunkelblauen Chevrolet-Lieferwagens der amerikanischen Botschaft auf, der Zehe, Michelson, Zacharski und Kostadinow herbeigebracht hat. Der Anwalt strahlt, als die vier aussteigen, heißt sie willkommen. Er umarmt Zehe, der besonders glücklich über seine Heimkehr zu sein scheint und keine Anzeichen von Nervosität zeigt. Alice Michelson drückt den Anwalt fest an sich. Vogel läßt es geschehen. Nur wenige Meter entfernt, in einem Durchlaß zwischen den Grenzsperren, lächelt noch jemand: ein hochgewachsener Mann in offener Jacke, der sich vor den Kameras auf der anderen Seite keineswegs zu fürchten scheint. Es ist Heinz Volpert, der Puppenspieler, der ranghöchste Stasioffizier an diesem Ort. Er begleitet die Häftlinge zu einem ostdeutschen Omnibus, auf dessen Richtungstafel »Sonderfahrt« steht. Im Hintergrund ist Volpert überall zugegen gewesen, hat den Grenzposten Anweisungen erteilt, den Verkehr geleitet und sich schließlich von der Bühne zurückgezogen, um Vogel und Burt im Licht der Scheinwerfer allein zu lassen. Die beiden Männer verabschieden sich voneinander, besteigen ihre Limousinen, fahren zurück in die Stadt.

Später wird Honecker sich in dem Ruhm sonnen, den ihm diese Szenen verschaffen sollen – wenn auch nicht für lange Zeit. Allzu schnell wird seine »humanitäre Geste« das Gefüge der Repression enthüllen, das er mit der Mauer errichten ließ. In Moskau wird Gorbatschow zur selben Zeit mit jener Reihe von Reformen beginnen, die innerhalb weniger Jahre zum Zusammenbruch des Kommunismus und dem Zerfall der Sowjetunion führen sollten.

Als er an diesem Tag auf der Glienicker Brücke stand, ahnte Vogel noch nicht im geringsten, auf welche Weise und in welchem Ausmaß auch seine Arbeit zu dieser Zerstörung beitrug. Für ihn bedeutete der Tag einen Triumph, obgleich er sein Ziel – die Freilassung Schtscharanskis – verfehlt hatte. Am Abend lud er die deutsche und amerikanische Mannschaft, Burt eingeschlossen, zum Abendessen und Feiern ins Palasthotel ein, Ost-Berlins feinste Adresse. »Für Herrn Vogel«, notierte Burt damals in Vogels Gästebuch, »einen begnadeten, außergewöhnlichen und besonders menschenfreundlichen Mann. Sie haben mich gelehrt, daß man in der Außenpolitik das menschliche Element nie aus den Augen verlieren darf.« Und drei Tage später schrieb Tom Niles: »Manche von uns haben eine wichtige Rolle gespielt, aber Sie sind die einzige Person, deren Rolle absolut unverzichtbar war, ohne die das gesamte Projekt nie in die Tat hätte umgesetzt werden können.«[55]

Vogel war gerührt gewesen, als er gesehen hatte, wie Burt abseits der Fernsehkameras Tränen vergoß. Als die Männer in den Bus gestiegen waren, hatte Vogel zu den Gefangenen gesagt, sie hätten ihre Freiheit Präsident Reagan zu verdanken. Er vergaß auch Jeff Smith nicht, mit dem er so viele Jahre über den Austausch verhandelt hatte, und schickte ihm ein kleines Modell des Brandenburger Tores, auf dem zur Erinnerung das Datum des 11. Juni eingraviert war.

Zugleich blieb Vogel entschlossen, den Fall Schtscharanskis weiter voranzutreiben. Er sagte sich, daß er unmöglich bis zu diesem Punkt gelangt sein könne, um sich nun mit seinem Scheitern abzufinden. Die Verhandlungen um Schtscharanskis Freiheit, darauf beharrte er, durften nicht umsonst gewesen sein.

Zehntes Kapitel

Schtscharanski und sein Sprung in die Freiheit

»Wir haben den Knoten durchschlagen.«

Im Sommer 1985 hatte Anatoli Schtscharanski die greise Sowjetführung, die ihn ins Gefängnis gebracht hatte, überlebt. Ein Moment, auf den er lange gewartet hatte: Von den dreizehn Jahren Freiheitsstrafe, zu denen er verurteilt worden war, waren mehr als sieben vergangen.

Genau wie Sacharow, der in Gorki in der Verbannung lebte, war Schtscharanski inzwischen zu einer internationalen *cause célèbre* geworden. Auch deshalb bedeutete seine Freilassung für Vogel einen vorläufigen Zielpunkt seiner Karriere. Diese persönliche Ambition trieb ihn voran; unermüdlich arbeitete er weiter an dem Fall, versuchte, sich einer Lösung zu nähern. Aber wieder und wieder sah er sich gezwungen, den Namen Schtscharanskis von seinen Listen zu streichen, wenn Streit oder Volpert berichteten, daß Moskau noch immer kein grünes Licht gegeben habe – oder um genau zu sein: daß überhaupt keine Reaktion gekommen sei. Zuerst Breschnew, dann Andropow und schließlich Tschernenko, sie alle hatten nicht erkennen wollen, daß das Imperium des Kommunismus unaufhaltsam zerfiel, daß es an der Zeit war, die Konsequenzen aus dieser Entwicklung zu ziehen.

1985 jedoch – die Nächte wurden kürzer, die goldenen Kuppeln und Kreuze glitzerten in der Sonne des russischen Sommers – dämmerte eine neue Ära herauf. Ein jüngerer Sowjetführer war den letzten Weggefährten aus Stalins Generation gefolgt: Michail Gorbatschow begann seinem Land und der ganzen Welt zu beweisen, daß er zu umfassenden und grundlegenden Veränderungen bereit war. Aber Gorbatschow war auch ein umsichtiger Politiker, ein Mann, dem es auf Kompromisse und Einmütigkeit ankam. Im Juni 1985, gerade drei Monate an der Macht, unternahm er im Fall Schtscharanski einen ersten Schritt.

Er berief die gesamte Führung in sein Büro im Kreml und erklärte, daß die sowjetische Wirtschaft nach sieben Jahren unnachgiebiger militärischer und politischer Konfrontation mit dem Westen am Rande einer gefährlichen Krise stehe. Sogar die Hardliner in der KGB-Führung wußten, daß es sich so verhielt. Andropow, ihr großer Mentor, hatte den Zusammenbruch der Wirtschaft vorausgesehen und sein Volk zu härterer Arbeit angetrieben. Aber die Appelle hatten wenig Wirkung gezeigt. Gorbatschow und sein Vertrauter Eduard Schewardnadse, der bald Mitglied des Politbüros und Außenminister werden sollte, hatten erkannt, daß das Land aus der Stagnation und selbstauferlegten Isolation der Vergangenheit nur auf andere Weise herauskommen würde. Schritt für Schritt wollte man in einen Prozeß der Erneuerung und des Dialogs eintreten – nicht gegen den Westen, sondern gemeinsam mit ihm. Und an irgendeiner Stelle mußte man mit dieser Arbeit beginnen.

Zu jener Zeit war Schtscharanski weltweit zu einem Symbol sowjetischer Unterdrückung geworden. Seine Freilassung, das wußten Gorbatschow und seine Berater, würde deshalb ein unmißverständliches Zeichen setzen, daß die neue Führung zum Bruch mit der Vergangenheit entschlossen war. Indessen konnte selbst Gorbatschow den Dissidenten nicht einfach amnestieren und mit einem Flugzeug in den Westen bringen lassen. Der KGB hatte ihn als Spion eingesperrt, und der KGB besaß gewaltige Macht. Er war eine verschworene Bruderschaft, die keine Vorschriften duldete und allein nach ihren eigenen Regeln handelte. Um so weniger konnte Gorbatschow es sich leisten, die Berechtigung eines Urteils in Frage zu stellen, das vom »Schwert und Schild der Partei« gefällt worden war.

Trotzdem entwickelten sich die Dinge in diese Richtung. Natürlich: Lange Zeit war Schtscharanski von Nutzen gewesen, weil sein Beispiel andere sowjetische Juden davon abgehalten hatte, die Behörden herauszufordern. Nun aber hatte er ausgedient. Immer häufiger signalisierten die Amerikaner ihre Bereitschaft, mit Vogel über seine Freilassung zu verhandeln, immer nachdrücklicher gaben sie zu verstehen, daß sie im Gegenzug Gefangene freilassen würden, bei denen niemand in Abrede stellen könnte, daß es sich tatsächlich um Agenten handelte. So legte Moskau, um sein Gesicht zu wahren, den Fall schließlich in die Hände eines ostdeutschen Anwalts, der im Westen ebensoviel Respekt genoß wie bei den loyalen Verbündeten Moskaus in der DDR. Was immer der Westen in der Öffentlichkeit auch behaupten mochte: Indirekt würde er anzuerkennen haben, daß Schtscharanski ein Spion gewesen sei. Und eben dies behauptete ja seit 1977 auch der KGB.

Es war dieses Argument, das den Durchbruch im Politbüro brachte. Als es unter den hochrangigen Entscheidungsträgern zur Abstimmung kam, gab selbst der Leiter des KGB, Viktor Tschebrikow, ein Protegé Andropows, seine Zustimmung. Nachdem er in das Hauptquartier des KGB am Dserschinski-Platz zurückgekehrt war, erteilte er dem Direktor der Ersten Hauptverwaltung den Befehl, ein Telegramm an Generalmajor Gennadi Titow zu schicken, den Hauptverbindungsoffizier zum MfS. Titow, so lautete der Auftrag, solle der ostdeutschen Führung mitteilen, daß man Vogel ein Mandat erteilen könne.

Vogel war bewegt, als Streit ihm die Nachricht übermittelte. Lange hatte er darauf gewartet. »Wir haben den Knoten durchschlagen«, sagte Streit[1]. Vogel, zugleich erleichtert und von neuer Anspannung überkommen, pflichtete ihm begeistert bei.

Vogels westliche Verhandlungspartner wußten nie genau, wo die Quellen und wo die Grenzen seines Einflusses lagen. Über seine Verbindungen zu Volpert hatte Vogel aus bestimmten Gründen geschwiegen, zum Teil weil die Stasi es von ihm verlangte, zum Teil weil es ihm schmeichelte, wenn westliche Kontaktleute glaubten, er sei mächtig genug, den Apparat der Staatssicherheit seinem Willen zu unterwerfen. Seine Verbindung zu Honecker war mittlerweile bekannt. Weitaus weniger bekannt war, daß Vogels Einfluß in Moskau aus den Verbindungen Honeckers zur sowjetischen Führung resultierte – und aus der engen Zusammenarbeit zwischen der Staatssicherheit und dem KGB in Karlshorst.

Im Laufe der achtziger Jahre hatte Honecker, nicht anders als andere Parteiführer vor ihm, in wachsendem Maße den Eindruck gewonnen, daß seine Interessen nicht immer mit denen der sowjetischen Beschützer übereinstimmten. Mitte 1985 scheint er von der Idee, seinen Besuch in Westdeutschland trotz der sowjetischen Einwände endlich zu realisieren, geradezu besessen gewesen zu sein. Aus einer ganzen Reihe von Gründen war es ihm wichtig, passable Beziehungen zu Westdeutschland aufrechtzuerhalten – nicht zuletzt wegen des Geldes, das im Zuge des Ost-West-Handels, aber auch durch die geheimen Geschäfte des politischen Austausches in die leeren Kassen seines Staates floß. Denn auch in Ostdeutschland bahnte sich eine schwere finanzielle und wirtschaftliche Krise an, deren wahres Ausmaß nur Honecker und Günther Mittag zu überblicken vermochten – und sorgfältig geheimhielten.

Nur wenige Tage nach dem spektakulären Austausch vom 11. Juni reiste Vogel nach Bonn, um Ludwig Rehlinger in seinem Ministerium zu besuchen. Er teilte ihm mit, daß »seine Seite« bereit sei, über einen weiteren Agentenaustausch zu verhandeln. Dieses Mal allerdings, so fügte er nicht ohne Pathos hinzu, solle es auch um Anatoli Schtscharanski gehen.[2]

Unverzüglich ließ Bonn Washington wissen, daß sich die Situation zum Besseren gewandelt habe. Sofort begann die von Jeff Smith ursprünglich ins Leben gerufene Arbeitsgruppe eine Liste mit Agenten zusammenzustellen, die CIA, DIA und andere US-Organisationen loswerden wollten. In Bonn rief Rehlinger einen Sonderstab zusammen, in dem das Bundeskanzleramt, das Innen-, Justiz- und

Außenministerium vertreten waren. Zusammen mit Vogel und Olof Grobel, dem politische Berater von Botschafter Burt, arbeitete er von nun an ohne Unterlaß an einem Katalog von Agenten, auf den sich beide Seiten einigen konnten.

Im September erhielt Frank Meehan erneut einen offiziellen Auftrag. Er hatte sich um Vogels Projekt zu kümmern und die Koordination mit Washington zu bewerkstelligen. Burt war nicht gerade begeistert, sich bei der Rangfolge der Verhandlungspartner in der zweiten Reihe wiederzufinden, doch er reagierte loyal. So gingen die Verhandlungen über Erwarten gut voran, ja alles schien sich so mühelos zu arrangieren, daß Rehlinger bereits glaubte, einen Austausch für September oder Anfang Oktober 1985 ins Auge fassen zu können.[3]

Es sollte jedoch länger dauern, eine Verzögerung, die vor allem mit jenen Prozeduren zusammenhing, von denen das Erstellen der Listen begleitet war. Selten nur war der Unterschied zwischen Ost und West so klar zu erkennen wie hier: Im Westen herrschte das Prinzip des Gebens und Nehmens vor, eine Konfrontation verschiedener bürokratischer Interessen, die einander zuvorzukommen suchten und aus denen schließlich die Entscheidungen der Politiker hervorgingen. Die überbehördliche Arbeitsgruppe der Amerikaner verfuhr weitgehend nach dieser Methode: Vertreter von Justiz- und Außenministerium sowie von FBI und CIA trafen sich, um die Vorschläge zu erörtern, die über Meehan und Grobel zu Vogel gelangen sollten, und den Wert jener Listen zu bestimmen, die der Osten vorgelegt hatte. Das Weiße Haus war informiert, verzichtete indessen auf den Vorsitz der Runde, die schließlich vom Rechtsberater des Außenministeriums geführt wurde. Auch die westdeutsche Seite ging, folgt man Rehlingers Beschreibungen, auf ähnliche Weise vor, immer in enger Absprache mit dem Bundeskanzleramt und unter unmittelbarer Beteiligung der westdeutschen Sicherheitsdienste, die ebenfalls an der Verhandlungsrunde teilnahmen.

Auf der anderen Seite der Mauer hatte die Stasi alles fest in der Hand. Sie allein entschied über die Listen, ebenso wie sie manche Häftlinge freigab und andere nicht. Zunächst klärte eine Kommission innerhalb der Zentralen Koordinierungsgruppe (ZKG) die Namen, die auf die Liste kommen sollten. Schwierige Fälle – solche, die die Ostdeutschen nicht gehen lassen wollten, auf denen der Westen jedoch bestand – gingen direkt an Erich Mielke, der die Entscheidung dann selber fällte. Anschließend fuhr Volpert zu Vogels Büro, um die westlichen Aufstellungen entgegenzunehmen. Außerdem hatte Vogel in aller Regel ein Gedächtnisprotokoll mit zusätzlichen Erklärungen und Informationen vorbereitet, die ihm von seinen Verhandlungspartnern bei einzelnen Fällen mitgeteilt worden waren. Vogels eigene Besuche im Stasi-Hauptquartier beschränkten sich daher zumeist auf Unterredungen mit Mielke, die für gewöhnlich am Ende der Verhandlungen standen.[4] »Ich nehme natürlich an, daß Mielke eine ganz entscheidende Rolle gespielt hat«, sagt Vogel heute, »aber er ist nicht in Erscheinung getreten. Und sicherlich wird auch Wolf im Hintergrund mitgeredet und an den Listen gefeilt haben. Ich bekam nur das Ergebnis, die Listen eben, und hatte nicht die Befugnis, zu genehmigen oder zu streichen. Ich konnte Vorschläge machen, durfte aber keine Entscheidungen treffen.«[5]

Im Oktober wurde Vogel für seine Bemühungen mit dem Titel eines Honorarprofessors belohnt, den ihm die ostdeutsche Akademie für Staats- und Rechtswissenschaften in Babelsberg verlieh. In seiner Rede war sich Vogel seiner selbst, der seinem Land zunehmend entgegengebrachten Achtung und schließlich auch der Anerkennung, die beiden zufiel, wenn der Schtscharanski-Austausch im Scheinwerferlicht der Nachrichtenmedien vonstatten gehen würde, so sicher, daß er vorschlug, den Agentenaustausch künftig in den ostdeutschen Medien als »normales Ereignis« zu behandeln. Der Vorschlag wurde mit Interesse aufgenommen und im Westen sogar begrüßt. Es schien, daß man die Dinge dort zunehmend in ähnlicher Weise betrachtete.

Ende Oktober konnte Vogel sicher sein, daß im Fall Schtscharanski kaum noch gravierende Probleme auftreten würden. Eine kleinere Komplikation war allerdings doch entstanden. Die Vereinigten Staaten hatten vorgeschlagen, daß man Andrej Sacharow in die Verhandlungen einbeziehen sollte. Vogel fand heraus, daß die Sowjets dazu durchaus bereit waren, freilich nur unter den gleichen Bedingungen wie für Schtscharanski: indem sie ihn des Landes verwiesen und ihm die Staatsbürgerschaft aberkannten. Aus seinem Exil in Gorki hatte Sacharow unmißverständlich klargemacht, daß er keinesfalls die Absicht habe, einer solchen Lösung zuzustimmen. Eher werde er weiterhin in der Verbannung leben, als sich im Rahmen eines Austausches wie ein Krimineller behandeln zu lassen.

Das endgültige Programm des Austauschs nahm erst nach dem sowjetisch-amerikanischen Gipfeltreffen von Genf im November 1985 Formen an. Gorbatschow hatte Präsident Reagan versichert, daß Schtscharanski freikommen werde, wenn die Verhandlungen erst einmal zu Ende geführt worden seien, aber das Ziehen und Zerren hielt noch über zwei Monate an. Zum Teil war die Verzögerung mit dem Widerstreben und der schließlichen Ablehnung der Westdeutschen zu erklären, einen von Markus Wolfs besten Agenten herauszugeben: Lothar-Erwin Lutze, einen jener »Romeos«, die Wolf sich in den siebziger und frühen achtziger Jahren genialerweise ausgedacht hatte. Auf dem Weg der Verführung und mit Hilfe seiner Frau Renate, einer Sekretärin im Büro des Ministers, hatte sich Lutze Zugang zum Bonner Verteidigungsministerium verschafft, wo er Kenntnis von über eintausend geheimen Dokumenten und NATO-Verteidigungsplänen erlangt und an den ostdeutschen Spionagedienst weitergegeben hatte.[6]

Zum anderen hingen die Verzögerungen allerdings auch damit zusammen, daß es Vogel nicht gelang, die Freilassung eines inhaftierten Spions zu erreichen, an dem man in Moskau überaus interessiert war. Arne Treholt, norwegischer Diplomat und ehemaliger Staatssekretär, war im Januar 1984 auf dem Osloer Flughafen verhaftet worden, als er sich gerade auf dem Weg nach Wien befand, im Gepäck einen Aktenkoffer voller militärischer Geheimnisse für Gennadi Titow. Der Verbindungsoffizier des KGB übte enormen Druck auf Mielke aus, um Treholt freizubekommen, und dieser gab ihn direkt an Vogel weiter. Doch die Norweger wollten nichts von den Vorschlägen wissen. Sie verurteilten Treholt im Juni 1985 zu einer Gefängnisstrafe von zwanzig Jahren.[7]

Die Verhandlungen gingen weiter. Es kam zu zahllosen Telefongesprächen und persönlichen Treffen zwischen Grobel und Rehlinger einerseits und Vogel andererseits, und je öfter Vogel, zwischen Berlin und Bonn hin und her reisend, an die Erfolgsaussichten seiner Mission dachte, desto mehr wuchs seine Anspannung. Ihn reizte die Herausforderung, die sich ihm mit derartigen Geschäften stellte, nicht das Honorar; tatsächlich hat Vogel von den Amerikanern nie einen Pfennig kassiert. Es war das Gefühl von Macht, das Gefühl, mit Staatsangelegenheiten auf höchster Ebene befaßt zu sein und ein einzigartiges Privileg zu genießen: eine Aufgabe, die auf der ganzen Welt kein Pendant besaß, eine Profession sui generis.

Wenn er indessen mit dem Wagen die furchteinflößend verbarrikadierten Tore des Stasi-Hauptquartiers in der Normannenstraße passierte, wurde er mitunter wieder daran erinnert, daß sich die meisten Ostdeutschen bereits davor fürchteten, an diesem Gebäude nur vorbeizulaufen. Die Häuserblocks in der Umgebung waren mit Schein-Fassaden bemalt, mit Fenstern, vor denen Spitzengardinen zu hängen schienen, mit exakt imitierten Jalousien, denn man wollte den Eindruck erwecken, es handele sich um eine normale, ruhige Wohngegend. Und noch immer mußte Vogel, wenn er zu den Verhandlungen in Mielkes Büro hinaufging, all seinen Mut zusammennehmen.

Mit zunehmendem Alter benahm sich Mielke immer despotischer. Er liebte es, seine Offiziere zu terrorisieren, indem er sie in den Versammlungssaal zusammenrief und eine Rede hielt, die nicht kürzer als zwei bis drei Stunden war. Wer immer in den hinteren Reihen vor sich hin döste, mußte damit rechnen, energisch zurechtgewiesen zu werden: »Sie dahinten, das geht auch Sie an!« Manchmal, wenn er sich mit Mielke und Honecker in der SED-Zentrale traf, war Vogel vom Niveau ihrer Gespräche enttäuscht, ja regelrecht erschrocken. Vereinbarungen, Verträge oder Anwaltsprotokolle, um all das scherte Mielke sich wenig. Für ihn, der im Dienst seines Staates einen riesigen Überwachungsapparat geschaffen hatte, war alles nur eine Frage der Macht. Kein Wunder also, daß Vogel von den Zusammenkünften nicht selten kopfschüttelnd und blaß zurück zum Auto kam, wo seine Frau auf ihn wartete. Um so genauer war er sich bewußt, daß es kaum ratsam war, Zweifel an der Behandlung Schtscharanskis zu artikulieren: War er wirklich ein amerikanischer Spion? Nein – Mielke würde seine Schweinsäuglein aufreißen und den Anwalt daran erinnern, daß sein Mandant keineswegs über jeden Verdacht erhaben sei. Alles in allem, so schien sich in solchen Augenblicken zu zeigen, war Vogel wenig mehr als ein kleiner Bote.[8]

Doch sogar dann noch glaubte Vogel, daß er, der Intimus der Großen und Mächtigen, letztlich unentbehrlich sei. Nur ihm allein vertrauten schließlich CIA wie KGB, BND wie Staatssicherheit. Wer sonst, fragte er sich, vermochte eine solche Mission zu erfüllen, an wen könnten die Häftlinge sich wenden?

Sollte es endlich zu einem Austausch kommen, dann sollte Schtscharanski, so forderten die Amerikaner, wenigstens getrennt von den wirklichen Agenten übergeben werden. Vogel hatte alle Hände voll zu tun, um dieses Szenario vorzubereiten, zumal es sich – wie bei dem Austausch zuvor – um ein Paket handeln würde, das Agenten aus vielen Ländern einschloß. Doch von einem bestimmten Zeitpunkt an setzten Honecker und Mielke die Sonderleitungen zwischen Ost-Berlin, Moskau, Prag, Warschau und Sofia ein. Es zeigte sich, daß Honecker der Dankbarkeit aller seiner wichtigsten kommunistischen Verbündeten gewiß sein konnte.

Den bedeutendsten Erfolg hatte Vogel für die Tschechoslowakei verbuchen können. Der Mann, um den es ging, hieß Karel Koecher. Er hatte die CIA infiltriert, beteuerte jedoch seit seiner Verhaftung ein Jahr zuvor steif und fest seine Unschuld. Seine Frau Hana, gegen eine Kaution freigelassen, war mit einer öffentlichen Kampagne zugunsten ihres Mannes einigermaßen erfolgreich gewesen, und auch der StB, der tschechoslowakische Sicherheitsdienst, behauptete unumstößlich, daß die Koechers nie für ihn gearbeitet hätten. Dennoch hielten die Amerikaner an ihrem Vorwurf fest. Koecher, so wußten sie, hatte über Jahre hinweg Verteidigungsgeheimnisse an den StB geschleust, weshalb sie eine Begnadigung des Ehepaars allenfalls im Austausch gegen Schtscharanski in Aussicht nehmen wollten. Und auch dies nur dann, wenn das Ehepaar auf die amerikanische Staatsbürgerschaft verzichtete und einen Landesverweis akzeptierte.

Auch für die Westdeutschen brachte der Austausch einen erheblichen politischen Nutzen. Da er sich auf ihrem Territorium abspielen sollte, würde ihnen einiges von der Anerkennung und der allgemeinen Freude über Schtscharanskis Befreiung zuteil werden. Dafür hatte Vogel die feste Zusage Rehlingers erhalten, Detlef Scharfenroth freizubekommen, einen dreiundvierzigjährigen ostdeutschen Wirtschaftsfachmann, der 1985 in Köln festgenommen worden war. Er hatte die Bonner Spezialisten für Gegenspionage auf sich aufmerksam gemacht, als er die studentische Jobvermittlung der Kölner Universität bat, nach Marktforschern zu suchen; diese sollten sich dann in einem Kölner Hotel an »Dr. Detlev Gensel« wenden. Die »Jobs« entpuppten sich als geheimdienstliche Aufgaben, und Scharfenroth wurde zu vier Jahren Gefängnis verurteilt. Als der Richter bei der Urteilsbegründung bemerkte, Scharfenroth sei für den Osten ein »wertvoller Mitarbeiter« gewesen, lächelte dieser nur höhnisch.

Hinzu kam ein Auftrag, den Vogel für die Polen erfüllte: Er brachte die Westdeutschen dazu, Jerzy Kaczmarek freizulassen. Kaczmarek, ein Geheimdienstoffizier, war in das Bremer Amt für Aussiedler und Spätheimkehrer eingeschleust worden, um herauszufinden, wie die Sicherheitsüberprüfungen auf westdeutscher Seite gehandhabt wurden. Solche Informationen konnten für jeden Geheimdienst des Ostblocks nur gelegen kommen. Erst im März 1985 verhaftet, hatte Kaczmarek bislang freilich noch nicht vor Gericht gestanden.

Und schließlich konnte Vogel über eine Person verfügen, an der den Sowjets außerordentlich gelegen war. Jewgeni Semljakow, neununddreißig Jahre alt und Mitglied der sowjetischen Handelsmission in Köln, war von einem Düsseldorfer Gericht zu drei Jahren Haft wegen Spionage verurteilt worden, nachdem man ihn dabei ertappt hatte, wie er sich elektronische Präzisionsmeßinstrumente, Richtfunkantennen und Hochfrequenztransistoren zur drahtlosen Datenübermittlung verschaffen wollte, samt und sonders Instrumente, die allesamt auf der Embargoliste für Militär- und Geheimdiensttechnologie der NATO standen. Nach der Urteilsverkündung verging nur ein einziger Tag, bis Moskau Vogel wissen ließ, daß er sich um Semljakow bemühen solle.[9]

Im Gegenzug hatte die ostdeutsche Seite der Freilassung von Wolf-Georg Frohn zugestimmt, einem vierzigjährigen wissenschaftlichen Mitarbeiter der Carl-Zeiss-Werke in Jena, der sich seit 1980 in Bautzen befand. Ein Führungsoffizier der CIA in Hannover, der mit

Frohn weitläufig verwandt war, hatte diesem versprochen, ihn nach Westdeutschland zu holen, erwartete dafür allerdings bestimmte Forschungsergebnisse zu optischen Präzisionsinstrumenten, an denen in Jena gearbeitet wurde. Doch die Stasi verhaftete Frohn und ließ ihn zu einer lebenslangen Freiheitsstrafe verurteilen.

Aber auch das war noch keineswegs alles. Besonderes Interesse zeigten die Westdeutschen an Jaroslav Javorsky, einem dreiundvierzigjährigen Tschechen, der mittlerweile fast genauso lange im Gefängnis gesessen hatte wie Schtscharanski. Sein Vater, ein international bekannter Tennisspieler und Mitglied des tschechoslowakischen Davis-Cup-Teams, hatte sich während einer Auslandsreise entschlossen, mit seiner Frau in Westdeutschland zu bleiben. Jaroslav wurde zu Hause zurückgelassen. Erst später erhielt er die Erlaubnis, seine Eltern zu besuchen, entschied sich bei dieser Gelegenheit ebenfalls zum Bleiben und beantragte politisches Asyl in der Bundesrepublik, ohne allerdings daran zu denken, daß er unter diesen Umständen seine Verlobte in der Tschechoslowakei zurücklassen mußte. Im Oktober 1977 beging er den fatalen Fehler, in den Osten zurückzukehren, um sie heimlich außer Landes zu schmuggeln. Ein Jahr darauf, am 13. Oktober 1978, wurde er wegen Spionage, Republikflucht, Beihilfe zur Republikflucht und Verletzung der Devisenbestimmungen zu einer Haftstrafe von dreizehn Jahren verurteilt. Übrigens entwickelte sich der Fall Javorsky im Lauf der Jahre zu einem persönlichen Anliegen von Franz Josef Strauß. Geschützt durch jene Salven von Theaterdonner, die seine Äußerungen allerorten zurückließen, arbeitete Strauß seit langem unauffällig an Abkommen mit den Ostdeutschen und drängte Kohl zur Bereitstellung großer Handelskredite für die DDR. In dieser Hinsicht wollte er auf stabile Beziehungen zurückgreifen können, wenn erst seine Stunde als Bundeskanzler geschlagen hatte. Für Honecker gab es also gute Gründe, auf seine tschechoslowakischen Gesprächspartner einzuwirken und Strauß mit der Freilassung Javorskys einen Gefallen zu erweisen.

Schließlich waren die Ostdeutschen bereit, Dietrich Nistroy freizugeben, einen fünfzigjährigen Handelsvertreter für medizinische Geräte aus Westdeutschland. Er war 1981 während einer Reise nach Ostdeutschland verhaftet worden, nachdem er ein Institut für Strahlentechnologie besucht hatte. Das war buchstäblich ein Besuch zuviel, denn Nistroy ging es nicht darum, etwas zu verkaufen, sondern im Auftrag des BND zu spionieren. So kam es, daß er im darauffolgenden Jahr von einem Militärgericht der DDR zu einer lebenslangen Freiheitsstrafe verurteilt wurde.

Schtscharanski oder nicht Schtscharanski: Im Januar fuhren Ludwig Rehlinger und seine Frau wie jedes Jahr in die Skiferien ins österreichische Gerlos, wohin sie auch Wolfgang Vogel schon mehrfach eingeladen hatten. Im Januar 1986, als Honecker und Mielke die Angelegenheit endgültig in Vogels Hände legten, befanden sich Rehlingers mithin in den österreichischen Alpen und wohnten in ihrem Lieblingshotel, dem Gaspingerhof, einem der komfortablen Familienhotels, dessen Klientel sich in diesem Januar eher aus sparsamen holländischen Touristen zusammensetzte, die mit Bussen anreisten, als aus wohlhabenden Deutschen mit ihren BMWs und Mercedes. Auf der anderen Seite der Straße verfügte das Hotel über eine Dependance, die man durch einen Tunnel vom Hauptgebäude aus erreichen konnte und den Verhandlungspartnern ungestörtes Arbeiten garantierte, während die Skiläufer sich an Pflaumen- und Aprikosenschnäpsen oder Kaffee mit Schlagsahne gütlich taten.

Nachdem Vogel den Staatssekretär gedrängt hatte, die Sache unter Dach und Fach zu bringen, bevor irgendwelche Starrköpfe ihre Meinung ändern würden, bestellte Rehlinger alle Beteiligten aus Bonn in den Wintersportort. Grobel vertrat die Bonner US-Botschaft, Meehan die amerikanische Mission in Ost-Berlin. Man erörterte Details, wobei eine der schwierigsten Fragen darin bestand, wie man mit den westlichen Medien umgehen sollte. Schließlich wurde bereits fieberhaft spekuliert, wann und im Austausch gegen wen Schtscharanski freikommen würde. Vogel überraschte die Runde, als er ankündigte, daß seine Seite bereit sei, alles unter den Augen der Öffentlichkeit stattfinden zu lassen, und zwar erneut auf der Glienicker Brücke. Moskau wollte, daß seine Geste von aller Welt beachtet und entsprechend gewürdigt wurde, und auch Ostdeutschland beanspruchte gebührende Anerkennung. Schtscharanski, so berichtete Vogel, könne als erster freigelassen werden, vor allen anderen, so daß für niemanden der Eindruck entstehen würde, er sei nicht mehr als irgendein Agent.

Das Protokoll des Treffens in Gerlos, das Rehlingers Sekretärin in deutscher Sprache auf der Schreibmaschine schrieb, zählt sicherlich zu den faszinierendsten Dokumenten des Kalten Krieges:

1.) Prof. Dr. Vogel erklärt, er sei vom Vorsitzenden des Staatsrats der DDR bevollmächtigt, die Zusage zu geben, daß
Schtscharanski, Anatoli
Nistroy, Dietrich
Javorsky, Jaroslav
Frohn, Wolf-Georg
von den jeweils zuständigen staatlichen Stellen außer strafrechtliche Verfolgung gesetzt bzw. begnadigt werden. Alle genannten Perso-

nen sowie ihre Familienangehörigen können sich in ein Land ihrer Wahl begeben.

Botschafter Meehan erklärt, daß das Ehepaar
    Koecher, Karel
    Koecher, Hana
außer strafrechtliche Verfolgung gesetzt wird. Voraussetzungen dafür sind ein Schuldanerkenntnis des Ehemannes, der Verzicht des Ehepaares auf die amerikanische Staatsbürgerschaft sowie das Verlassen der USA von beiden. Rechtsanwalt Prof. Dr. Vogel wird die Erfüllung dieser Voraussetzungen unverzüglich in den USA klären.

Staatssekretär Rehlinger erklärt, daß
    Semljakow, Jewgeni
    Kaczmarek, Jerzy
    Scharfenroth, Detlef
außer strafrechtliche Verfolgung gesetzt bzw. begnadigt werden.

2.) Sollte eine der unter »1« genannten Personen – mit Ausnahme des Ehepaares Koecher – den Staat, in dem die Person sich zur Zeit befindet, nicht verlassen wollen, so wird eine ungehinderte und unbeeinflußte Befragung dieser Person durch Bevollmächtigte der jeweils anderen Seite ermöglicht. Hält diese Person bei der Befragung an ihrer Meinung fest, wird die zu erbringende Leistung als erfüllt angesehen. Für einen solchen Fall bleibt das Recht, in ein Land eigener Wahl auszureisen, bestehen.

3.) Die unter »1« und »2« eingegangenen Verpflichtungen bilden eine Einheit. Die Leistungen werden Zug um Zug erbracht.

4.) Die Abwicklung erfolgt am 11. Februar 1986 – 15.00 Uhr – in Berlin – Glienicker Brücke –.

Bei Datum und Zeit handelte es sich im Grunde lediglich um eine Absichtserklärung, nicht anders als bei den Verpflichtungen, die Rehlinger und Meehan im Namen ihrer Regierungen eingegangen waren. Von allen Teilnehmern war allein Vogel von seiner Regierung zur Unterschrift ermächtigt worden, und so leistete er sie mit einem schwungvollen Schnörkel. Anschließend begab man sich in entspannter Laune in das Hotelrestaurant, um ein zünftiges österreichisches Abendessen mit Wildbret und Röstkartoffeln einzunehmen.[10]

Vogel sagte Meehan, daß er keine Schwierigkeiten sehe, die Koechers davon zu überzeugen, ihre Verteidigung aufzugeben und nach

Hause zurückzukehren. Zu diesem Zweck wollte er Berlin am nächsten Sonntag verlassen und zwei Tage später, am Dienstag, wieder zurücksein. Dies allerdings überraschte den amerikanischen Botschafter. Noch im Dezember 1984 hatte Karel Koecher auf »nicht schuldig« plädiert, und das trotz der Behauptung des FBI, er habe von sich aus angeboten, die Verantwortung für seine Aktivitäten im Auftrag des StB in den vergangenen vierzehn Jahren zu übernehmen. Jetzt plötzlich schien alles ganz anders. Sein Geständnis sei falsch gewesen, sagte Koecher, denn er habe die Absicht gehabt, um sich herum die Legende eines Doppelagenten für die Amerikaner zu errichten. Und Hana Koecherova? Zunächst war sie wegen Mißachtung des Gerichtes inhaftiert worden, weil sie sich geweigert hatte, vor der Großen Anklagekammer der Geschworenen über ihren Mann auszusagen. Sie legte jedoch Einspruch ein und gewann, weil man sie rechtlich nicht zwingen konnte, belastendes Material gegen ihren Mann vorzubringen. Trotzdem wurde sie als unentbehrliche Zeugin weiterhin in den USA festgehalten, befand sich allerdings gegen eine Kaution auf freiem Fuß.[11]

Die Vogels trafen planmäßig in New York ein. Wie so oft war das einzige Ziel ihrer Reiseroute das Bundesgefängnis in der Lower West Side von Manhattan, und tatsächlich ergab sich bei den Verhandlungen nicht das geringste Problem. Vogel ging in das Gefängnis, nannte Koecher seinen Namen und zeigte ihm seinen Personalausweis. »In Ordnung«, sagte Koecher. Damit war die Unterredung abgeschlossen. Koecher ließ davon ab, die gegen ihn erhobenen Vorwürfe zu bestreiten, und unterschrieb eine Erklärung, mit der er bestätigte, in die Tschechoslowakei zurückkehren zu wollen. Zudem willigte das Ehepaar ein, die amerikanische Staatsbürgerschaft aufzugeben, bevor man sie auf die andere Seite der Glienicker Brücke gehen ließ.

Vogel kehrte in sein Zimmer im Essex House zurück und rief William M. Woessner an, den Leiter der Deutschland-Abteilung im amerikanischen Außenministerium. Das letzte Hindernis sei aus dem Weg geräumt, sagte er, die Amerikaner sollten nur noch das Datum bestätigen. »Je eher, desto besser«. Nun nämlich gelte es, die Sache in Bewegung zu halten.

Die Amerikaner bestätigten das Datum des 11. Februar, verlegten aber den Zeitpunkt auf den frühen Morgen. Das war indessen nur ein Detail, und so konnten die Vogels Montag nacht eine Maschine nach München besteigen, um dort die letzten Abmachungen mit dem westdeutschen BND zu treffen.

Auf dem Weg vom Flughafen Riem nach München hörte Vogel im Taxi eine Nachrichtenmeldung, der er entnahm, daß das Datum bereits durchgesickert war. Das war ärgerlich. Zwar hatten beide Seiten sich darauf geeinigt, die Öffentlichkeit bei dem Austausch zuzulassen, und natürlich war sich Vogel im klaren darüber, daß die Medien diesmal präsenter sein würden als im Juni 1985, wo die Fernsehaufzeichnungen unter offizieller Kontrolle angefertigt worden waren. Jetzt aber sah es so aus, als würden Massen von Journalisten das Manöver auf der Glienicker Brücke in einen Medienrummel verwandeln.

Der 11. Februar war ein Dienstag. Die Journalisten, die im Verlauf des vorangegangenen Wochenendes nach Berlin geströmt waren, konnte man nur noch zu Hunderten zählen. Die Königstraße, die Berlin in südwestlicher Richtung verläßt und über die Glienicker Brücke nach Potsdam führt, wurde auf einer Strecke von anderthalb Kilometern von Autos, Wohnwagenanhängern und Übertragungswagen gesäumt. Überall sah man Kameras, Antennen, Generatoren und transportable Telefonkabinen. Es war ein wenig so, als befände man sich auf einem gewaltigen Markt unter freiem Himmel, umgeben von einer fröstelnden und ungeduldigen Menge, die auf den Verkauf eines lang ersehnten Artikels wartet und in der Zwischenzeit die wildesten Gerüchte in Umlauf bringt. Es war bitter kalt geworden. Leichter Schnee fiel. Rehlinger, der die Szenerie beobachtete, empfand Mitleid mit der frierenden vierten Macht im Staate, der Presse. Auf Befehl von Generalmajor John H. Mitchell, dem Oberkommandierenden der amerikanischen Streitkräfte in Berlin, war das letzte Stück der Straße von Montag mittag bis Mittwoch, 18 Uhr, für die ungebärdige Menge gesperrt worden. Nun wußten die Versammelten also, wann die Sache spätestens über die Bühne gehen sollte. 56 Stunden waren indes genug Zeit, um gehörig ins Frieren zu kommen. Doch die Diplomaten hatten entschieden: Nichts wurde mehr geändert. Alles ging seinen Weg.[12]

Vogel hatte andere Sorgen. In gewisser Hinsicht war Schtscharanski jetzt sein Klient, und doch waren sie sich niemals begegnet. Er unterrichtete Meehan von seinen Befürchtungen: Wenn Schtscharanski am folgenden Tag eintraf, würde er ihn möglicherweise nur für irgendeinen weiteren Unterdrücker halten. »Ich werde mich für Sie verbürgen«, versicherte Meehan dem Anwalt und überlegte, daß ein Treffen mit Schtscharanski am Tag vor dem Austausch auch ihm Gelegenheit geben würde, sich vom körperlichen und geistigen Zustand des Häftlings zu überzeugen. Vogel schlug vor, Schtscharanski gleich nach seiner Ankunft von der Staatssicherheit in sein Büro bringen zu lassen. Dort könne auch Meehan ihn sehen. Er war überzeugt, daß sie ungestört bleiben würden. Sollten die Journalisten, die an der Brücke warteten, etwa auf die Idee kommen, Schtscharanski in der Reiler Straße zu suchen? Der Gedanke lag einfach zu nahe.[13]

Am Tag vor dem Zusammentreffen der Unterhändler in Gerlos war Anatoli Schtscharanski plötzlich aus seinem Arbeitslager im südlichen Ural herausgeholt und ohne ein Wort der Erklärung in eine Sondermaschine nach Moskau gesetzt worden. Dort angekommen, wurde er von Wachbeamten ins Lefortowo-Gefängnis gebracht. Fast drei Wochen lang sagte ihm niemand, zu welchem Zweck er in Moskau war. Selbst als er am Montag, dem 10. Februar, bei Morgengrauen geweckt wurde, Zivilkleider, einen Anzug, sowie den Befehl zum Ankleiden erhielt, fiel kein einziges Wort. Keine Erklärung, als eine KGB-Eskorte ihn in ein Auto setzte, keine Erklärung, als er bemerkte, daß sie in Richtung des Internationalen Flughafens Scheremetjewo fuhren, keine Erklärung, als man ihn die Gangway hinaufführte und in eine Aeroflot-Maschine setzte. Keine Erklärung, als die Maschine von der Rollbahn abhob. Keine Erklärung, als sie geradewegs nach Westen flog, was Schtscharanski am Stand der Sonne erkennen konnte. Erst nach zwei Flugstunden kam es zu einer rätselhaften Äußerung vom diensthabenden KGB-Offizier: Dem Gefangenen sei die sowjetische Staatsbürgerschaft entzogen worden. Er werde aus der Sowjetunion ausgewiesen. Schtscharanski konnte sich bei dieser feierlichen Gelegenheit nicht des ironische Vorschlags enthalten, der KGB-Offizier solle doch mit ihm kommen. Tatsächlich hoffte er, endlich auf dem Weg nach Jerusalem zu sein, zu seiner Frau Avital.

Als das Flugzeug schließlich auf irgendeiner Landebahn aufsetzte, wußte er noch immer nicht, wohin die Reise ihn geführt hatte. Wenigstens erkannte er, daß die meisten Flugzeuge auf dem Rollfeld die roten und weißem Farben der Interflug trugen, der ostdeutschen Fluggesellschaft, die ihren Sitz am Flughafen Schönefeld außerhalb von Berlin hatte. Noch immer keine Erklärung, als man ihn erneut in ein Auto verfrachtete und in Richtung Stadt fuhr, wo man ihn in einem der kleinen, abgesicherten Häuser des KGB in Karlshorst ablieferte und der Obhut von Stasi-Wachen überließ. Als man Schtscharanski schließlich in einem kennzeichenlosen Wartburg in die Reiler Straße brachte und in Vogels Büro im Erdgeschoß leitete, war es Viertel nach fünf. Es dunkelte.

Im Büro warteten Meehan und Vogel. Beide starrten auf die tikkende Uhr, die gegenüber dem Besuchersofa an der Wand hing. Gerade begann Meehan, sich Sorgen zu machen, ob vielleicht doch noch irgend etwas dazwischengekommen sei, als sich die gepolsterte Tür des Arbeitszimmers öffnete. Der Eintretende war der kleinste Mann, den er je gesehen hatte. »Er trug einen schweren, dunkelblauen Übermantel – viel zu groß für ihn – und einen grauen Anzug, der ebenfalls ein paar Nummern zu weit war. Seine Hosen, die über die Schuhe bis auf den Boden reichten, schlugen Falten. Er nahm

seinen Hut ab, jene übliche russische Wintermütze, deren Ohren-
klappen über dem Kopf zusammengebunden werden, und man sah,
daß er ziemlich kahl war, fast wie Lenin«, erinnert sich Meehan.
»Sofort fiel mir sein scharfer, kühler Blick auf. An diesem Mann war
überhaupt nichts Niedergeschlagenes.«

Schtscharanski besaß natürlich nicht die geringste Ahnung, wer
die beiden Männer waren, denen er da gegenübertrat. Meehan, der
für diese Gelegenheit sein eingerostetes Russisch etwas aufpoliert
hatte, stellte sich als amerikanischer Botschafter in der DDR vor,
worauf Schtscharanski sofort in fließendem Englisch antwortete,
offensichtlich erfreut, diese Sprache nach so langer Zeit wieder einmal sprechen zu können. Meehan hatte den Eindruck, er sei der erste
Mensch aus der westlichen Welt, den der Dissident seit annähernd
einem Jahrzehnt gesehen oder gesprochen hatte. Bewegt erklärte er,
daß Schtscharanski nur noch eine Nacht zu warten habe, bis er ein
freier Mann sei. Die Vereinigten Staaten hätten alles vorbereitet, um
ihn umgehend nach Frankfurt zu fliegen, wo seine Frau Avital auf
ihn warte, um mit ihm nach Israel weiterzureisen.[14]

Schtscharanski ließ sich nicht aus der Fassung bringen. Unverzüglich begann er, den Botschafter und Vogel über die Details der Prozedur auszufragen. Meehan erklärte ihm, daß er Teil eines Austausch-
Paketes sei, daß die Vereinigten Staaten ihn jedoch nicht mit den
anderen Häftlingen, bei denen es sich um Geheimdienstagenten
handele, in einen Topf werfen würden. Es sei vereinbart worden, ihn
von den anderen zu trennen. Er werde deshalb zuerst freigelassen
werden, er allein, vor den Agenten.

»Ich weiß, Präsident Reagan hat geholfen«, sagte Schtscharanski
dem Botschafter, obwohl er nicht wissen konnte, daß Reagan und
Gorbatschow einige Monate zuvor während des Genfer Gipfels tatsächlich über seinen Fall gesprochen hatten. Doch in seinem
Arbeitslager bei Perm hatte er Zugang zur Bibliothek besessen, und
dort war er eines Tages auf ein antisemitisches Buch gestoßen, das
Reagan anprangerte, weil er sich Schtscharanskis und anderer Fälle
jüdischer Dissidenten in der Sowjetunion angenommen habe. Er
hoffe, sagte er Meehan, daß es ihm einmal möglich sein werde, dem
Präsidenten persönlich zu danken. Ob man seine Wertschätzung in
der Zwischenzeit durch die diplomatischen Kanäle übermitteln
könne?

Schtscharanski hatte kein Gepäck – nichts als die Kleider, die er
trug, und ein kleines Gebetbuch. Aber er sorgte sich um einige
Bücher und Briefe seines verstorbenen Vaters, die er hatte zurücklassen müssen. Die Behörden hatten ihm zugesichert, diese Dinge, die
ihm außerordentlich wichtig waren, an seine Mutter nach Moskau zu
schicken, und auch Vogel versprach, die Angelegenheit zu überprü-

fen. Dann sprach man über politische Dinge. Vogel und Meehan hofften, auch über die Freilassung Sacharows verhandeln zu können, und baten Schtscharanski um Zurückhaltung bei öffentlichen Stellungnahmen. Doch der Russe reagierte, so Meehans Eindruck, recht unverbindlich. Seit wann er gewußt habe, daß man ihn freilassen würde, fragte Vogel ihn. »Als ich im Flugzeug eine Krawatte bekam«, antwortete Schtscharanski.[15]

Vogel war bewegt. Schließlich befand sich hier, in seinem Büro, einer der bedeutendsten politischen Häftlinge der Gegenwart kurz vor seiner Freilassung. Nicht ohne eine gewisse Euphorie dachte er daran, welche Anerkennung man ihm für diese Freilassung zollen würde. Er bat seine Frau, einen Photoapparat zu holen, und forderte Meehan auf, neben ihm und Schtscharanski unter einem großen Venedig-Gemälde des Dresdner Malers Choulant auf der Couch Platz zu nehmen. Er legte seinen linken Arm um die Schulter seines Mandanten, die rechte Hand auf sein Knie. Es rührte ihn, daß Schtscharanski seine Hand nahm. In dem Moment, da die Kamera sein Bild festhielt, ließ sich der Ausdruck seiner Augen nur mit einer Art glückseligen Stolzes umschreiben.

Das Protokoll der nächsten Stunden war festgelegt: Die Nacht über würde Schtscharanski in dem KGB-Haus in Karlshorst bleiben, um nach Sonnenaufgang direkt zur Glienicker Brücke gebracht zu werden. Sobald dann alle unter den Handel fallenden Häftlinge vollzählig waren, sollte er als erster in die Obhut von Richard Burt entlassen werden, der ihn ohne Umwege zum Westberliner Flughafen und anschließend nach Frankfurt begleiten würde. Noch am selben Tag sollte die Reise nach Israel weitergehen. Meehan und Vogel, voller Respekt vor Schtscharanskis ruhiger Selbstsicherheit, wünschten ihm alles Gute. Dann verschwand der Dissident mit seinen Bewachern.

Meehan stieß einen Seufzer der Erleichterung aus. Schtscharanski war zwar ziemlich mager und blaß, doch in einem guten körperlichen Zustand. Und offensichtlich war er auch geistig in ausgezeichneter Verfassung, denn er hatte sich der Situation in jeder Hinsicht gewachsen gezeigt, ja noch mehr: Soweit es unter den Umständen möglich war, schien er bester Laune zu sein.

Auch Vogel war froh, daß das Treffen ohne Komplikationen vor sich gegangen war. Er war sicher, daß Schtscharanski seine Rolle am nächsten Morgen mit würdevoller Gelassenheit spielen würde. Er akzeptierte Meehans Versicherungen, daß es sich bei dem Russen nie um einen CIA-Agenten gehandelt habe. Es war nicht an ihm, über die politischen oder taktischen Motive zu urteilen, die die Sowjets dazu veranlaßt hatten, ihn für so lange Zeit in ein Gefangenenlager zu sperren. Schtscharanski war einfach ein weiteres Opfer des Kalten Krieges – eines von denen, die Vogel in Sicherheit bringen konnte.

Dienstag morgen, 6 Uhr. Es war noch dunkel, als die Journalisten und Kamerateams sich vor den Absperrungen der Polizei, rund dreihundert Meter von der Glienicker Brücke entfernt, zusammenzuscharen begannen. Die Straßen waren dünn von Schnee bedeckt, der während der Nacht gefallen war. Die Leute stampften mit den Füßen und rieben sich die Hände, denn die Temperatur war auf fünf Grad unter Null gefallen. Als die Sonne aufging, verlor die Luft etwas von ihrer schneidenden Kälte. Es war neun Uhr.

In einem anderen Teil Berlins, am Flughafen Tempelhof, versammelten sich zur selben Zeit Vogel, Richard Burt, General Mitchell sowie eine Schar von Assistenten und amerikanischen Bundesvollzugsbeamten, um die Ankunft einer C-130 der US-Luftwaffe zu erwarten. Sie sollte jene fünf Agenten bringen, die von westlicher Seite freigegeben wurden, darunter die Koechers, die noch am Tag zuvor im Frankfurter Konsulat ihre amerikanische Staatsbürgerschaft aufgegeben hatten.

Auf dem Vorfeld rollte die Maschine langsam aus, drosselte die lärmenden Triebwerke und ließ die hintere Einstiegsluke herunter. Amerikanische Militärpolizei bezog Aufstellung, riegelte das Gebiet vor den versammelten Honoratioren und der VIP-Lounge des nahegelegenen Terminals ab. Westdeutsche Beamte bewegten sich auf das Flugzeug zu und gingen an Bord. Minuten vergingen. Nichts geschah. Das Problem bestand, wie Rehlinger schnell herausfand, in einer Art Vorschriften-Konfusion. Die amerikanischen Bestimmungen besagten, daß die Koechers sowie die deutschen Häftlinge auf dem kurzen Weg zwischen Flugzeug und VIP-Lounge von einem US-Bundesvollzugsbeamten begleitet werden mußten, und zwar in Handschellen. Die deutschen Vorschriften dagegen, die immerhin für drei der fünf Häftlinge in der Maschine Geltung besaßen, sahen nichts dergleichen vor. Und so standen sich in Tempelhof amerikanische Bundesvollzugsbeamte und westdeutsche Polizei gegenüber, ohne daß eine Seite zum Einlenken bereit war.

Rehlinger bat Burt, er solle das gesamte offizielle Personal aus der Maschine abziehen. Er selber wolle versuchen, Bewegung in die Sache zu bringen. »Nach deutschem Recht müssen Sie keine Handschellen tragen«, erklärte er den Häftlingen, »aber wir befinden uns auf amerikanischem Territorium, und die amerikanischen Bestimmungen schreiben Handschellen vor. In einer Stunde sind Sie sowieso frei. Also, es liegt an Ihnen.« Die Häftlinge zuckten die Achseln. Die US-Marshals ließen die Handschellen zuschnappen.[16]

Vogel war entsetzt über diesen Vorgang. Selbst die Stasi würde ihre Gefangenen nicht in Handschellen zur Brücke bringen. Burt versuchte zu erklären, daß Bestimmungen nun einmal Bestimmungen seien, die Marshals hätten gar keine andere Wahl. Es gab keinen anderen Weg. So hielt Vogel sich an das in Gerlos verabredete Vorgehen, sprach kurz mit jedem Gefangenen und versicherte sich, daß alle bereit waren, in ihre Heimat zurückzukehren. Gegen zehn Uhr stieß auch Meehan zu der Gesellschaft. Und es war noch nicht Viertel vor elf, als sich ein Konvoi, der von einem Mercedes angeführt und von zwei dunkelblauen Kleinbussen der US-Luftwaffe nach hinten gesichert wurde, der Glienicker Brücke näherte.

Bei den Fernsehteams machte sich hektische Betriebsamkeit bemerkbar. Photoapparate klickten, während die Limousinen die rot-weiß gestreiften Barrieren passierten und auf die Brücke fuhren. Vogel und Meehan folgten und überquerten die Grenzlinie zur Potsdamer Seite, an den sowjetischen Wachtposten vorbeifahrend. Erst bei einem Stoppschild, das genau vor den Grenzsperren stand, bremsten sie scharf.

Hinter ihnen führten die Fahrer der amerikanischen Air-Force-Kleinbusse ein Tarnmanöver aus, das sie für den Fall verabredet hatten, daß die Sowjets oder die Ostdeutschen in letzter Minute doch noch versuchen sollten, Schtscharanski als einen Spion erscheinen zu lassen. Mitten auf der Brücke bremsten sie ab, stellten sich quer, blockierten den Kameras die Sicht. Ein Sturm erzürnter Aufschreie aus dem Pressegewühl folgte. Auch die Limousine mit Burt und Rehlinger bremste scharf und wendete, bis sie in Fahrtrichtung West-Berlin stand. Unmittelbar nach seiner Freilassung sollte Schtscharanski ohne irgendwelche Manöver weggebracht werden, noch bevor der eigentliche Agentenaustausch begann.

Dank Heinz Volpert verhielten sich die Ostdeutschen genau so, wie Vogel es versprochen hatte. Der Offizier des MfS, in eine dicke Jacke gehüllt, blieb auch diesmal im Hintergrund. Er wartete mit der Freilassung der Agenten, während Schtscharanski und Vogel in einiger Entfernung bei dem grünen Lieferwagen standen, mit dem der Häftling von Karlshorst zur Brücke gebracht worden war. Mit einer Geste machte Vogel klar, daß Schtscharanski nun zusammen mit Meehan in die Botschafterlimousine einsteigen und bis zu jener weißen Demarkationslinie fahren werde, die die Brücke in zwei Teile trennte. Als die beiden Männer den Buick wieder verließen, sah Meehan, daß sie von den ostdeutschen Grenzwachen sorgfältig vom Schnee befreit worden war. Während er sich mit Schtscharanski in seinem viel zu großen Mantel und seiner schlotterigen Pelzmütze der Grenzmarkierung näherte, war es ihm plötzlich, als habe der Russe irgend etwas von »Hüpfen« gesagt. Tatsächlich: Zur allgemeinen Überraschung nahm der kleine Mann an seiner Seite einen kurzen Anlauf und sprang über die Linie, die ihn von Burt und dem Rest des amerikanischen Teams auf der anderen Seite trennte.

Obwohl sie stets darauf bestanden hatten, daß Schtscharanski kein Spion sei, hatten die Vereinigten Staaten neun Jahre lang ihre Verhandlungen so geführt, als sei er einer gewesen: Was hinter den Kulissen stattgefunden hatte, war ein Handel mit Menschen gewesen, nichts anderes. Schon aus diesem Grund ist kaum ein zweiter Fall des west-östlichen Agentenhandels so sehr dazu angetan, Jimmy Carters ehrbar klingende Versicherungen, die Amerikaner würden sich unter keinen Umständen auf solche Manöver einlassen – selbst dann nicht, wenn es unbestreitbar um eine gute Sache gehe –, Lügen zu strafen. Es scheint, als sei an diesem Tag, auf dieser Brücke Vogel keineswegs der einzige gewesen, der einen Pakt mit dem Teufel geschlossen hatte.

Der eigentliche Austausch der Agenten wurde im Westen als eher nebensächliches Ereignis aufgenommen. Auch im Osten wurde den Koechers und ihren Genossen nur wenig Aufmerksamkeit zuteil. Daran änderte sich nicht einmal etwas, als sie einen ostdeutschen Transporter mit westdeutschen Konsumgütern volluden, die sie sich vom Gefängnis aus gekauft hatten, kleine Schätze, an die sie erst wieder herankommen sollten, als dreieinhalb Jahre später der Kommunismus zusammenbrach. Für die kommunistischen Propagandamedien war Schtscharanski von geringer Bedeutung, wie die ostdeutsche Nachrichtenagentur ADN am Abend mit ihrer Zusammenfassung der Tagesereignisse demonstrierte: »Aufgrund von Vereinbarungen zwischen den USA und der Bundesrepublik Deutschland sowie der UdSSR, der ČSSR, der Volksrepublik Polen und der DDR fand am Dienstag, dem 11.2.1986, ein Austausch von Personen statt, die durch die jeweiligen Länder inhaftiert worden waren. Darunter befanden sich mehrere ›Kundschafter‹.«

Während er im Wagen mit Schtscharanski nach Tempelhof fuhr, stellte Burt eine telefonische Verbindung zu Präsident Reagan her. Aber Schtscharanski erinnerte sich später kaum noch an diese Unterhaltung. In Tempelhof trat eine Panne auf: Da die Sondermaschine der Air-Force, die sie nach Frankfurt bringen sollte, wegen festgefrorener Bremsen ausgefallen war, mußte man auf eine bereitstehende Turboprop-Maschine ausweichen. »Sie haben schnell Karriere gemacht«, sagte Schtscharanski zu Burt, der damals neununddreißig Jahre alt war. »Nun, Sie sind auch noch sehr jung. Und Sie haben bereits eine schnelle Karriere hinter sich«, erwiderte Burt. Allerdings habe er dabei auf die Unterstützung des KGB zählen können, scherzte Schtscharanski, und er hoffe, daß dies bei Burt nicht der Fall sei.[17] Spontan streifte der Botschafter seine Manschettenknöpfe ab, ein Geschenk des Präsidenten, und schenkte sie Schtscharanski. Kurz darauf trennte man sich. Noch am selben Abend traf der russische Dissident in Israel ein.

Die Freiheit des Menschen, die von Männern wie Schtscharanski verkörpert wurde, war immer unvereinbar mit den Gesetzen des Kommunismus. Das galt für die Sowjetunion ebenso wie für die anderen Länder Osteuropas. Als die kommunistischen Führer 1975 in Helsinki die KSZE-Schlußakte unterzeichneten, unterschrieben sie, ohne es ahnen zu können, das Todesurteil des Kommunismus. Niemals hatten sie im Sinn gehabt, die Abkommen zur Reiseerleichterung, die Vereinbarungen zur Familienzusammenführung in die Tat umzusetzen; niemals hatten sie die Freiheit der Presse, das Recht auf freie Meinungsäußerung wirklich garantieren wollen. Doch nicht nur in der Sowjetunion, sondern im gesamten Ostblock fanden sich mutige Menschen, die darauf bestanden, daß der Staat seine zynischen Versprechungen hielt, und die Gefängnis und Arbeitslager auf sich nahmen, um ihre Regierungen zum Einlenken zu bringen.

Für die wenigen Männer und Frauen an Schtscharanskis Seite, die nach der Gründung der »Helsinki-Gruppen« verfolgt und isoliert wurden, stellten die KSZE-Vereinbarungen eine Art Fanal, ein unerhörtes Zeichen dar. Es gelang ihnen, dieses Zeichen mit Courage und Idealismus weiterzugeben, ja noch zu verstärken. Tatsächlich: Der Posaunenruf der Menschenrechte brachte den Kommunismus zu Fall, die Berliner Mauer und schließlich sogar die Sowjetunion. Die Sehnsucht nach Freiheit, die hinter dem Eisernen Vorhang so lange und so erfolgreich unterdrückt worden war, hatte sich zu einer gewaltigen Macht entwickelt, zu einer Kraft, die Vogel in den kommenden drei Jahren zunehmend beunruhigen und ihn schließlich sogar aus dem Geschäft bringen sollte.

Teil IV
Des Teufels Advokat

Elftes Kapitel

Der Anfang vom Ende

»Einverstanden – E.H.«

An dem Tag, an dem Schtscharanski die Glienicker Brücke überquerte, begann das Menetekel gegen das System, das ihn gefangen-
gehalten hatte, auf der Mauer bereits sichtbar zu werden. Doch in
der Sowjetunion wie im übrigen Ostblock erkannten zunächst nur
wenige die Zeichen der Zeit. Auch in der DDR war die Bedeutung
dieser Freilassung niemandem richtig klar, selbst Wolfgang Vogel
nicht: Niemand begriff, daß sie ein Beweis für die Macht des Men-
schenrechtsgedankens war, für eine Macht, die stärker als all die
Bomben, Raketen und Soldaten zu sein schien, die das Reich des
Kommunismus zusammenhielten. Daß es so gekommen war, hing
mit der Unnachgiebigkeit von Schtscharanski, Sacharow und ähnlich denkenden Menschen zusammen, die von ihren Regierungen
die Einlösung jener Ideale forderten, die bisher nur ein Lippenbe-
kenntnis gewesen waren. Und während Vogel glaubte, mit seiner
Arbeit gleichsam ein Sicherheitsventil für den wachsenden Druck
der Unzufriedenheit zu schaffen, trug er tatsächlich dazu bei, die
Fundamente des SED-Regimes zu unterminieren, und dies schon
seit geraumer Zeit. Die ganze Auswirkung seines Wirkens allerdings
sollte er erst später begreifen.

Wann kam der Anfang vom Ende? Vielleicht an einem kalten Wintertag, dem 20. Januar 1984, als sechs ostdeutsche Dissidenten das
Gebäude in der Neustädtischen Kirchstraße in Ost-Berlin betraten,
in dem sich die amerikanische Botschaft befand, und den Bibliothe-
kar baten, ihnen bei einem Brief an Präsident Reagan behilflich zu
sein. »Wir bitten um politisches Asyl«, mit diesen Worten begann
das Schreiben. Alle sechs hatten um eine Ausreisegenehmigung
nachgesucht; nun wollten sie in der Botschaft in einen unbefristeten
Hungerstreik treten, bis man sie gehen ließ. Innerhalb weniger Stunden hatte sich die Neuigkeit in ganz Deutschland verbreitet, Ost wie
West. Der Anführer der kleinen Schar, ein achtundzwanzigjähriger
Kunststudent namens Bernd Macke, dessen Vater bei der Staatssicherheit arbeitete, hatte einen westdeutschen Rundfunk- und Fernsehkorrespondenten angerufen und ihm eine Kopie des Schreibens
übergeben.

Die Besetzung der Botschaft traf die Amerikaner völlig unvorbereitet. Die Botschafterin, Rozanne Ridgway, befand sich zu Konsultationen in den Vereinigten Staaten, und das Botschaftspersonal wußte nicht so recht, wie man die Eindringlinge behandeln sollte. Man versuchte den Männern zu erklären, daß die USA in ihren Auslandsmissionen politischen Flüchtlingen üblicherweise kein Asyl gewährten, eine Aussage, die nicht ganz der Wahrheit entsprach, denn in der Vergangenheit hatte es zwei aufsehenerregende Ausnahmen gegeben: Der ungarische Kardinal József Mindszenty hatte fünfzehn Jahre in der US-Botschaft in Budapest verbracht, und im Kellergeschoß der Moskauer Mission lebte schon seit 1978 eine russische Familie, die der Pfingstbewegung angehörte und für die man trotz mehrerer Versuche keine Ausreisegenehmigung erhalten hatte.

Bislang hatte man alle Asylsuchenden mit dem Hinweis auf diese Situation dazu bewegen können, die Botschaften still und leise wieder zu verlassen. Die sechs Ostdeutschen dagegen – Macke, zwei ehemalige politische Gefangene, der deutsche Sohn eines italienischen Arbeiters, dessen italienische Staatsbürgerschaft von der DDR nicht anerkannt wurde, sowie ein junges Ehepaar, das seit Jahren versuchte, das Land zu verlassen – ließen sich von solchen Ausflüchten nicht beeindrucken. Vor allem wiesen sie mit Entschiedenheit den Vorschlag zurück, sie sollten doch die nur wenige Häuserblocks entfernte »Ständige Vertretung« der Bundesrepublik aufsuchen und dort um Hilfe bitten.

Als die Amerikaner schließlich Hans Otto Bräutigam, den Ständigen Vertreter, um Hilfe baten, entschied dieser, Wolfgang Vogel hinzuzuziehen. Bräutigam erreichte den Anwalt am Abend in einer Skihütte in den österreichischen Alpen, und schon am Samstagmorgen nahm Vogel die erste Maschine zurück nach Berlin.

Die Amerikaner hatten ihre ungebetenen Gäste nicht gerade mit offenen Armen empfangen. Die Dissidenten mußten die ganze Nacht bei eingeschalteter Beleuchtung in der Bibliothek verbringen. Sechs Marineinfanteristen hatten sich bedrohlich um sie aufgebaut, anscheinend jederzeit bereit, sie wieder auf die Straße zu befördern. Als Vogel – begleitet von Bräutigam und Frau Ridgway, die sofort nach Berlin zurückgekehrt war – das Zimmer betrat, war die Luft schal und abgestanden, denn die Besucher hatten sich seit zwei Tagen weder waschen noch rasieren können. »Sie wissen, daß Dr. Vogel die DDR vertritt«, teilte man den Flüchtlingen mit. Sie könnten sich auf den Anwalt verlassen: Sowohl Bonn als auch Washington setzen Vertrauen in ihn. Damit war der erste Schritt getan.

Vogel kannte Erich Honecker mittlerweile gut genug, um zu wissen, daß der Parteiführer den Fall möglichst rasch geklärt sehen wollte. In wenigen Tagen würde der französische Außenminister Claude Cheysson eintreffen, um Unter den Linden ein französisches Kulturinstitut einzuweihen; für das Wochenende wurde der kanadische Premierminister Pierre Trudeau erwartet. Honecker war nicht bereit, sich diese kleinen diplomatischen Triumphe von einer Bande von Erpressern rauben zu lassen.

Der Anwalt brauchte nicht lange, um die Männer zum Verlassen der Botschaft zu bewegen. Jeder in der DDR wußte, wer er war, und so vertrauten auch diese sechs seinen Zusicherungen. Wenn sie die Botschaft augenblicklich verließen und absolutes Stillschweigen bewahrten, so versprach Vogel, dann würde man ihnen gestatten, erneut einen Ausreiseantrag zu stellen, und er selber wollte dafür sorgen, daß die Genehmigungen binnen vier Wochen erteilt würden.

Die Amerikaner hatten mit einer solchen Lösung gerechnet. Schon zwei Jahre zuvor hatte Vogel insgeheim über eine Ausreisegenehmigung für einen Mann namens Bernhard Marquardt verhandelt, ein SED-Mitglied, das damals mit der Bitte um politisches Asyl in die amerikanische Botschaft gekommen war und sich erst nach einem Gespräch mit Vogel bereit erklärt hatte, das Gebäude wieder zu verlassen. Mit Hilfe des Anwalts konnte er schließlich – ungeachtet des Widerstands der Stasi – in den Westen gehen. Aber Bonn wie Washington hatten den Fall nicht publik gemacht, damit nicht noch mehr Leute auf den Gedanken kämen, die Mission zu stürmen, um auf diese Weise ihre Ausreise durchzusetzen.

In diesem Fall rief Vogel am späten Sonntagnachmittag Volpert an und berichtete ihm, er habe die sechs Unruhestifter zum Gehen überreden können. Er gab Volpert eine Reihe von Vorabinformationen, damit dieser die komplizierte Genehmigungsprozedur in Gang setzen konnte, die von jeher Sache der Zentralen Koordinierungsgruppe der Staatssicherheit war und sich für gewöhnlich über Wochen hinzog. Doch Volpert sorgte für eine Überraschung: »Die sollen noch heute abend nach West-Berlin ausreisen«, sagte er. »Raus mit ihnen!« Das war der zweite Schritt.

Vogel wußte nicht, ob er seinen Ohren trauen sollte. Hatte Honecker die Konsequenzen eines solchen Vorgehens wirklich durchdacht? Aus seinem Büro in der Reiler Straße kannte Vogel Tausende von Klienten, die schon vor verhältnismäßig langer Zeit die Ausreise in die Bundesrepublik beantragt hatten und sich doch in aller Regel Monate oder sogar Jahre gedulden mußten, bis ihrem Ersuchen stattgegeben wurde. Zehntausende, vielleicht sogar Hunderttausende warteten darauf, überhaupt einen Ausreiseantrag stellen zu dürfen. Überdies hatte Honecker kürzlich schon einmal Öl in die Flammen gegossen, als er anordnete, daß die Bestimmungen für die Familienzusammenführung liberaler gehandhabt werden sollten:

Das Ergebnis war, daß bald auch Bürger, die keine Familienbande auf der anderen Seite der Mauer besaßen, das Grundrecht auf Ausreise für sich gefordert hatten. Es gab also keinen Zweifel: Die vorsichtige Öffnung des Landes hatte den Westen lediglich attraktiver gemacht. Lange Zeit waren die Ostdeutschen bestraft worden, wenn sie Westfernsehen empfingen; mittlerweile hingegen sah sich nahezu jeder die politischen Sendungen und Talkshows von ARD und ZDF an, jeder kannte die westdeutschen Markenartikel, die Werbespots für Geschirrspülmaschinen, Kühlschränke, Sportwagen und Delikatessen, und in den Abendnachrichten verfolgte man auch in Ost-Berlin, Karl-Marx-Stadt oder Jena das Leben auf den Straßen von München, Hamburg oder Frankfurt – und man wußte, daß dieses Leben das bessere war. All die kleinen Zugeständnisse, eigentlich dazu bestimmt, die Stimmung im Lande zu verbessern, hatten das Gegenteil zur Folge gehabt. Wenn Spione die Grenzen frei passieren durften, warum sollten normale Bürger es nicht auch tun? Wenn das Leben im Sozialismus das bessere war, warum sah dann alles so trübe, so schäbig aus, verglichen mit dem, was man mit eigenen Augen auf dem Bildschirm verfolgen konnte, oder mit dem, was die Verwandten berichteten? Die Wirtschaft im Osten steuerte ins Nichts. Die Menschen waren es müde, leere Versprechungen zu hören.

Um die Erwartungen seines Volkes erfüllen zu können, benötigte Honecker Geld, harte Währung. Der einzige Weg dorthin führte über die Bundesrepublik. Eine Möglichkeit, diese zu einem langfristigen Kredit von einer Milliarde D-Mark zu bewegen – eine Summe, die eigentlich den Menschen im Land zugute kommen sollte –, bestand darin, daß die DDR 1984 29.626 Menschen in den Westen ausreisen ließ, sechsmal soviel wie im Jahr zuvor. Außerdem hatte Honecker die Demontage der Selbstschußanlagen an der Grenze angeordnet, jener teuflischen Einrichtung, die der DDR in den siebziger Jahren so viele Schwierigkeiten gebracht hatte. Doch noch immer waren die Grenztruppen ermächtigt, Fluchtversuche mit der Waffe zu verhindern.

Nun wurden die Kosten dieser Liberalisierung eingefordert, Kosten, die Honecker nicht vorhergesehen hatte. In Ost-Berlin war eine vom Staat nicht sanktionierte Friedensbewegung aus dem Boden geschossen, und das ungeachtet der energischen Anstrengungen der Staatssicherheit, die Sache zu unterdrücken. Auch die Verhaftung der Malerin Bärbel Bohley, einer der Anführerinnen der Gruppe, hatte wenig bewirkt. Im Gegenteil: Zusammen mit Gleichgesinnten hatte Frau Bohley unter dem Schutz der evangelischen Kirche begonnen, die Kerntruppe einer zunehmend kühner und lautstärker auftretenden Demokratiebewegung zu formen. In einem solchen politischen Klima, dessen war sich Vogel bewußt, würde sich die Neuigkeit, daß sechs Menschen ohne verwandtschaftliche Beziehungen im Westen oder sonst einen gewichtigen Grund das Land verlassen durften, nur weil sie in die US-Botschaft gegangen waren, wie ein Lauffeuer verbreiten. Er zog es vor, über die Konsequenzen nicht erst nachzudenken.

Er telefonierte mit dem Zentralkomitee, ersuchte um ein Gespräch mit Honecker. Einen Moment darauf war der Generalsekretär am Apparat. »Das könnte eine Kettenreaktion zur Folge haben«, begann Vogel. Aber Honecker unterbrach ihn: »Ich glaube, Sie haben mich nicht verstanden. Ich möchte, daß die vor Mitternacht in West-Berlin sind.«

Vogel legte auf. Er fragte sich, ob er die Anordnung einfach mißachten solle, entschied sich jedoch schnell dagegen. Honecker reagierte zunehmend autokratischer und unberechenbarer, er traf Entscheidungen, die mehr der Eingebung des Augenblicks als gründlichen Überlegungen zu folgen schienen. Nun hatte Vogel dafür zu sorgen, daß Bonn von den Entwicklungen erfuhr. Er fuhr zur Ständigen Vertretung. »Wir haben eine Lösung«, teilte er Bräutigam mit. Doch der Ständige Vertreter wurde blaß, als er hörte, worum es sich handelte: »Wir können sie gleich rüberbringen. Unsere Grenzbeamten sind bereits informiert.« »Um Gottes Willen!« rief Bräutigam aus. »Haben Sie überlegt, was nun passieren wird? Bald habe ich hier das Haus voll!«[1]

Das war der dritte Schritt. Ein kritischer Punkt war erreicht.

Bräutigams Vorbehalte erwiesen sich als gerechtfertigt. Nicht nur er, sondern auch seine Kollegen in anderen Hauptstädten des Ostblocks hatten schon bald etliche Flüchtlinge aus der DDR in ihren Botschaften. So war es beispielsweise in Prag, in dem direkt unter dem Hradschin gelegenen Palais Lobkowitz, das die Botschaft beherbergte. Am Nachmittag des 24. Februar 1984 schloß sich dort Ingrid Berg, die neununddreißigjährige Nichte des DDR-Ministerpräsidenten Willi Stoph, einer Gruppe von etwa 25 Personen an, zu der auch ihr Mann, ihre zwei Kinder und ihre Schwiegermutter gehörten. Dann verkündete sie, daß sie das Gebäude nicht eher verlassen werde, bis sie, ihre Familie, ihr Meißner Porzellan und eine alte Standuhr die Erlaubnis erhalten hätten, in den Westen zu gehen. Für die westliche und antikommunistische Regenbogenpresse eine Sensation: Sogar privilegierte Familien wollten die DDR verlassen. Stophs Büro gab eine ungewöhnliche Stellungnahme ab, die im ›Neuen Deutschland‹ veröffentlicht wurde: Der Ministerpräsident dementierte, daß er etwas von den Plänen seiner Nichte gewußt habe. Er habe überhaupt keinen Kontakt zu ihr; bei ihrem Mann handele es sich um eine unstete Person, die über Jahre hinweg zwischen Ost- und Westdeutschland hin- und hergereist sei und einmal sogar versucht habe, der Fremdenlegion beizutreten.

Da Rehlinger fürchtete, daß der Fall den deutsch-deutschen Beziehungen schaden könnte, bat er Vogel, nach einer Lösung zu suchen. Nachdem der Anwalt mit den Bergs gesprochen hatte, entschied er sich, Honecker selber zunächst nicht zu behelligen, obgleich er wußte, daß nur der Generalsekretär den Fall würde lösen können. Statt dessen richtete er seine Empfehlungen an Streit. Die Familie sei nicht zum Einlenken bereit, berichtete er, und die Publizität der Angelegenheit werde ohne Zweifel zunehmen, je länger die Gruppe warten müsse. Mithin sei es besser, alles schnell hinter sich zu bringen. Nur auf einem Punkt müsse man beharren, um das Gesicht zu wahren: Man müsse die Bergs dazu bringen, daß sie nach Hause zurückkehrten und einen Ausreiseantrag stellten.

Und so geschah es. Die Familie folgte dem Vorschlag und reiste am 1. März nach Ost-Berlin zurück. Kaum drei Wochen später traf sie mitsamt all ihrem Besitz in einem Aufnahmelager der Bundesrepublik ein.[2]

Unterdessen waren Bräutigams Befürchtungen auch in der »Ständigen Vertretung« Wirklichkeit geworden. Obwohl sich die Flüchtlinge in dem Gebäude förmlich drängten, weigerten sie sich zu gehen, bevor man ihnen nicht die Ausreise zugesichert habe. Das Botschaftspersonal versuchte zunächst, die Menschen in kleinen Räumen im fünften Stock unterzubringen. Als aber die Zahl der Flüchtlinge weiterhin unablässig zunahm, war klar, daß man den Anforderungen keinesfalls gerecht werden konnte.

Bräutigam gab auf. Am 22. Juni wurde das Innere des Gebäudes geschlossen, der Besucherverkehr auf die Eingangshalle beschränkt, und doch waren auch jetzt manche Ankömmlinge nicht davon abzubringen, auf dem kalten Steinfußboden zu kampieren. Die einzige sanitäre Einrichtung, die dort zur Verfügung stand, war ein Kübel. Die Verhältnisse sind vorstellbar.

Mittlerweile griffen die Wachen vor der »Ständigen Vertretung« hart durch. Am 22. Juni schlugen sie einen Mann, der das Gebäude betreten wollte, brutal zusammen. Am 26. Juni übergoß sich ein anderer Mann auf der Straße mit Benzin und versuchte sich anzuzünden. Allein die schnelle Reaktion der Bundesdeutschen bewahrte ihn vor schweren Verletzungen.

Zugleich ging es im fünften Stock zu wie in einer Mietskaserne. Diejenigen, die drinnen waren, verständigten sich mit ihren Verwandten außerhalb des Gebäudes mittels Bettlaken und anderer Wäschestücke, die sie, mit Botschaften beschrieben, aus dem Fenster hängten. Das westdeutsche Fernsehen verfolgte jede Minute dieses Dramas – bis zum 27. Juni, als Bräutigam sich gezwungen sah, die Vertretung ganz zu schließen. »Die Ständige Vertretung«, so lautete seine Erklärung, »ist zu unserem wirklich tiefen Bedauern derzeit nicht in der Lage, Besucher zu empfangen.« Mittlerweile hielten sich 59 »Gäste« in dem Gebäude auf.

Darunter befanden sich auch fünfzehn Kinder, die Wolfgang Vogels Herz immer am schnellsten erweichten. »Es sind ihre Augen«, sagte er. »Ich sehe ihre verängstigten Augen und denke mir, daß ich etwas tun muß, schnell.« So war es ihm schon einmal Mitte der siebziger Jahre ergangen. Der Fall war vergleichbar: Ein Ehepaar aus der DDR war mit seinen Kindern, einem Zwillingspaar, in das Büro des ersten bundesdeutschen Botschafters in Prag gekommen und hatte sich geweigert, die Botschaft zu verlassen, bevor man ihnen nicht eine Ausreisegenehmigung erteilt habe. Damals hatten die Deutschen Vogel gebeten, ihnen zur Hilfe zu kommen, und so hatte er sich mit Helga in den Mercedes gesetzt und war nach Prag gefahren, wo die Zwillinge unter dem Schreibtisch herumgekrabbelt waren, während er mit ihren Eltern gessprochen hatte. Es gelang ihm, dem Ehepaar klarzumachen, daß die westdeutschen Pässe, die sie forderten, ihnen wenig nützen würden, selbst wenn der Botschafter bereit wäre, sie auszustellen. An der Grenze würden sie von den tschechoslowakischen Behörden festgehalten werden, solange sie nicht erklären könnten, wie sie in die ČSSR eingereist waren. So überredete er die beiden, zusammen mit ihm und Helga in die DDR zurückzukehren. Schon wenige Tage darauf brachten die Vogels die Familie dann ohne das geringste Aufsehen in die Bundesrepublik, nachdem die Staatssicherheit die Ausreise genehmigt hatte.[3]

Auch im Sommer 1984 kauften die Beamten der »Ständigen Vertretung« Spielsachen für die Kinder, um sie bei Laune zu halten. Aber diesmal trug sich alles im Scheinwerferlicht der Öffentlichkeit zu, und die Versprechungen Vogels, die Behörden würden die Ausreiseanträge wohlwollend prüfen, reichten allein nicht mehr aus. Jetzt wollten die Flüchtlinge direkt nach West-Berlin gebracht werden, nicht anders als ihre sechs Vorgänger aus der amerikanischen Botschaft. Allmählich begannen die DDR-Behörden zu erkennen, welchen Fehler sie im Januar begangen hatten, so wie es Vogel bereits in seiner ersten Reaktion vorausgesehen hatte. »Ich plädiere sehr für eine einvernehmliche und gute Lösung, vor allem im Hinblick auf die Kinder und die Beziehungen zwischen den beiden deutschen Staaten«, sagte er jetzt. Dann fügte er hinzu: »Eine Erpressung läuft nicht. Einen Ausweg wie früher kann es nicht mehr geben.«

Doch mittlerweile hatte die Angelegenheit nicht nur die westdeutschen Medien, sondern auch die Politiker auf den Plan gerufen. Man erklärte, bei der »Ständigen Vertretung« handele es sich weder um ein Hotel noch um ein Reisebüro. Zugleich bestand man darauf, daß DDR-Bürger das Recht haben müßten, sich frei zu bewegen: Bonn dürfe die Menschen nicht einfach aus der Botschaft hinauswerfen, dürfe sie nicht der Gnade der Staatssicherheit überlassen.

So war aus Vogels Arbeit mehr denn je ein Politikum geworden. Und obgleich Honecker noch immer hoffte, in diesem Sommer seinen oft geplanten Besuch in der BRD endlich ausführen zu können, begannen sich die Beziehungen zwischen den beiden deutschen Staaten unter dem Druck der Ereignisse rapide zu verschlechtern. Was der Generalsekretär immer als eine Art Sicherheitsventil verstanden hatte, führte nun plötzlich zu einem wahren Dammbruch. Die kommunistische Führung reagierte panisch, brachte ihre Verärgerung über die westdeutschen Stellungnahmen zum Ausdruck und drohte, die Familienzusammenführungen ganz und gar einzustellen.

Es war eine Situation, in der Vogel als Unterhändler einen regelrechten Drahtseilakt zu vollführen hatte. Seine Fähigkeit, die Asylsuchenden außer Landes zu bringen, hing davon ab, daß diese sich mit bestimmten Bedingungen einverstanden erklärten, die zugleich für die SED-Führung akzeptabel waren. Vogel mußte eine annehmbare Formel finden – und er mußte sie beiden Seiten schmackhaft machen. Nur er besaß dazu die nötige Glaubwürdigkeit, nur er war in der Lage, das Regime zu vertreten, ohne ein Teil von ihm zu sein. Indem er stets ein entscheidendes Quentchen Distanz aufrechterhielt, fand er einen Weg, die Rolle des Vermittlers bei den Häftlingsfreikäufen ebenso zu übernehmen wie beim Austausch von Spionen.

Am 27. Juni traf Vogel mit Rehlinger und anderen bundesdeutschen Beamten in der »Ständigen Vertretung« zusammen. Die Atmosphäre war angespannt. Vogel wie Rehlinger wußten, daß über Abhörvorrichtungen in den Wänden jedes Wort mitgehört wurde. Rehlinger sagte, die DDR müsse den Eingeschlossenen Straffreiheit und Ausreisegenehmigungen zusichern, sonst würden diese über Monate in dem Gebäude ausharren. Vogel reagierte zurückhaltend. Statt eine Antwort zu geben, wies er darauf hin, daß die Bundesregierung, ganz gleich, wie man nun mit diesen 59 verfahre, Schritte unternehmen müsse, um zu verhindern, daß sich morgen weitere 59 oder 159 Flüchtlinge einfanden.

Am nächsten Morgen trafen sich die Männer erneut, diesmal in der Reiler Straße. Beide Seiten formulierten ihre Vorschläge für eine Stellungnahme, die aus der Sackgasse herausführen sollte. Vogel zog sich, wie Rehlinger bemerkte, mehrfach zu längeren Telefongesprächen in sein privates Arbeitszimmer zurück. Boten kamen und gingen, hasteten hin und her, um weitere Vorschläge zu überbringen.

Endlich wurde eine Übereinstimmung erzielt: Alle Botschaftsbesetzer sollten das Gebäude verlassen und einen Ausreiseantrag stellen können. Über die Anträge würde schnell entschieden werden; zudem sicherte man ihnen Straffreiheit für die Vergehen zu, die mit der Besetzung zusammenhingen. All denen, die darüber hinaus rechtliche Hilfe benötigten, sollte Vogel bei der Regelung von Schulden und Eigentumsfragen zur Seite stehen.

Vom ersten Moment an bestand für Rehlinger kein Zweifel daran, daß die Vereinbarungen auch in die Tat umgesetzt würden. Denn noch während sie die einzelnen Punkte besprachen, hatte er auf Vogels Exemplar der Übereinkunft eine handschriftliche Bemerkung entdeckt, die selbst alle Zusicherungen des Anwalts noch übertraf: »Einverstanden – E.H.«

Ein wichtiges Hindernis mußte allerdings noch überwunden werden: das Mißtrauen der 59 Flüchtlinge selber, unter denen es manchen heiklen Fall gab. Beispielsweise befand sich in der Gruppe ein einundzwanzigjähriger Deserteur der Nationalen Volksarmee, der um sein Leben fürchtete, wenn das Militär ihn zu fassen bekäme. Auch ihm mußte deutlich gemacht werden, daß er die Vertretung ohne Befürchtungen verlassen konnte.[4]

Am 28. Juni, einem heißen, stickigen Tag, gingen Vogel und Rehlinger in den fünften Stock des Botschaftsgebäudes und versuchten den jungen Soldaten und alle anderen davon zu überzeugen, daß sie das Haus gefahrlos verlassen könnten. Die Luft war drückend vom Geruch menschlicher Angst und Beklemmung. Keiner traute dem anderen, und nur die wenigsten waren bereit, den beiden Vermittlern zu trauen. Rehlinger erklärte, er sei als Vertreter des Ministeriums für innerdeutsche Beziehungen gekommen, um ihnen zu helfen. Sie alle würden sicherlich Anwalt Vogel kennen. Mit ihm habe man etwas ausgehandelt, von dem er hoffe, daß es eine akzeptable Lösung des Problems darstelle. Es sei nicht möglich, von der »Ständigen Vertretung« aus direkt in den Westen zu reisen. Jeder müsse zunächst einen Ausreiseantrag bei den zuständigen Behörden stellen; die jedoch hätten eine positive Bearbeitung und Straffreiheit zugesichert. Und das Wichtigste: Bonn werde darauf achten, daß die DDR ihr Versprechen auch halte.

Wieder einmal spielte Vogel eine komplexe und widersprüchliche Rolle. Für die Menschen in diesem Raum repräsentierte er fraglos die Staatssicherheit, für Volpert und Mielke hingegen vertrat er eben diese Menschen. Und für Rehlinger? Vermutlich beides zugleich. So stellte er eine Art Passepartout dar, das zu allen und keinem paßte, was gerade in dieser undurchsichtigen Situation ungemein von Nutzen war. Sobald jedoch nur eine der Parteien – seien es die Flüchtlinge, die Westdeutschen oder die Kommunisten – das Gefühl haben würde, von ihm betrogen zu werden, wäre seine Position ein für allemal ruiniert.

Die Gespräche zogen sich über den ganzen Nachmittag hin. Vogel stand fortlaufend mit Volpert in ständiger Verbindung, um sicherzustellen, daß sich die Stasieinheiten vor der Botschaft und die Außenstellen in den Heimatorten der jeweiligen Besetzer – mit einem Wort: das ganze umfassende, engmaschige Netz von Kontrolle, Überwachung und Zwang – an die Zusagen hielten, die man den Bürgern da drinnen gegeben hatte. Vogels Glaubwürdigkeit stand und fiel mit der Wirksamkeit von Volperts Koordinierungsmaßnahmen. Aber Volpert verstand sein Geschäft, und wenn die Staatssicherheit etwas besaß, dann war es zweifellos die Bereitschaft, Befehle zu befolgen.

Am Abend begannen Vogels Zusicherungen Wirkung zu zeigen. Drei der Flüchtlinge erklärten sich bereit, nach Hause zurückzukehren. Sie wollten den Zurückgebliebenen nach ihrer Ankunft telefonisch berichten, wie die Behörden reagiert hätten, ob alles glatt gegangen sei. Noch am selben Abend reisten sie ab. Am nächsten Tag, kurz vor Mittag, kam der Anruf: Die drei bestätigten, daß sie ihre Wohnungen ungehindert erreicht hätten, ganz wie Vogel es versprochen hatte. Das verfehlte seine Wirkung nicht. Erst eine, dann zwei, drei und schließlich dreiundzwanzig Personen entschieden sich, das Gebäude am 29. Juni zu verlassen, was Vogel dazu bewog, eine Presseverlautbarung herauszugeben, in der er auf den Erfolg hinwies, zugleich aber zu »Ruhe und Beruhigung« aufrief. Am Montag, dem 2. Juli, waren nur noch vier Personen zurückgeblieben, darunter der Deserteur, der mittlerweile die Vertretung nur noch dann verlassen wollte, wenn man auch seiner Verlobten erlaube, mit ihm in den Westen zu gehen. Noch einmal rief Rehlinger bei Vogel an, und der Anwalt arrangierte ein *tête-à-tête* zwischen dem Soldaten und seinem Mädchen im Garten der Reiler Straße. Aber die junge Frau weigerte sich, ihr Heimatland zu verlassen. So entschloß sich der Soldat, allein in den Westen zu gehen.

1984 konnte Vogel noch nicht erkennen, wohin ihn dieLogik dieser Ereignisse einmal führen sollte. Gewöhnliche Bürger, die das Land verlassen wollten, waren dazu viel eher in der Lage. Sie suchten nach Möglichkeiten, die Flucht über die Botschaft zu wiederholen, wobei sich vor allem die Tschechoslowakei anbot, eines der wenigen Länder, die ein Ostdeutscher ohne Visum besuchen durfte: Die Millionen DDR-Bürger, die jeden Sommer in die Berge und zu den Campingplätzen in Böhmen und der Slowakei fuhren und dabei mit ihren Zweitaktern die Straßen einnebelten, benötigten für ihre Reise nur einen Personalausweis. So kam es, daß sich die bundesdeutsche Botschaft in Prag in jenem Sommer plötzlich als begehrtes Ziel erwies. Das Palais Lobkowitz, in einer schmalen, kopfsteingepflasterten Straße der Altstadt gelegen, war leicht zu erreichen, zumal sich die tschechoslowakischen Polizisten vor dem Gebäude nicht besonders darum kümmerten, was drinnen vor sich ging. Wer erst einmal in dem Gebäude war, so glaubten viele, der konnte bleiben, bis seine Regierung den Forderungen nachgab – genauso wie im Falle der Nichte von Willi Stoph.

Am 4. Oktober 1984 war es 140 Personen gelungen, Zuflucht in der Botschaft zu finden. Der Freskensaal des aus dem 18. Jahrhundert stammenden Gebäudes war voll von Matratzen, primitiven Lagerstätten. Die Menschen kampierten auf dem Boden, wodurch alle diplomatischen Routineaktivitäten schließlich derartig behindert wurden, daß Klaus Meyer, der Botschafter, keine andere Wahl hatte, als die Tore zu schließen.

Diese neue Krise führte zur größten Belastung der deutsch-deutschen Beziehungen seit dem Fall Guillaume ein Jahrzehnt zuvor. Honecker hatte nicht mit einer solchen Entwicklung gerechnet. Noch immer hegte er die Hoffnung, ins Saarland reisen zu können; aber angesichts der Auseinandersetzung um die Mittelstreckenraketen und der erstarrten sowjetisch-amerikanischen Beziehungen war sein Verhandlungsspielraum begrenzt. Erneut mußte er seine Reisepläne auf Anordnung Moskaus verschieben.

Der Staatsratsvorsitzende überließ es Vogel, den Streit um die Prager Botschaft beizulegen. Allerdings hatte man ihn diesmal instruiert, die Angelegenheit so zu regeln, daß sich derartige Dramen in Zukunft nicht wiederholten: Von nun an sollten härtere Bedingungen gelten. Wie sollte Vogel vorgehen? Er entschloß sich, die neue Situation über die westdeutschen Massenblätter bekanntzumachen – vor allem den Ostdeutschen. Bewußt entschied er sich dabei ausgerechnet für die ›Bild Zeitung‹, weil er annahm, daß das kommunistenfeindliche Blatt den DDR-Bürgern in der Prager Botschaft – aber auch allen anderen – weitaus am meisten Glaubwürdigkeit vermitteln würde. »Nach wie vor gilt die Herrn Staatssekretär Rehlinger gegebene Zusage«, so lautete seine Stellungnahme vom 19. Oktober 1984, »daß alle Betroffenen straffrei ausgehen, wenn sie an ihren Wohnort zurückkehren. Sie können bezüglich Ausreise bei den örtlich zuständigen Behörden vorsprechen. Darüber hinaus gab und gibt es weder Zusagen noch Verhandlungen. Es sollte dennoch auf dieser Grundlage eine beiden Seiten zumutbare, letztlich gute Lösung gefunden werden (...). Ich warne vor Überforderung.«[5]

Rehlinger reiste viermal nach Prag, um die Flüchtlinge zu überreden, gemäß Vogels Vorschlag nach Hause zurückzukehren. Vogel habe zugesagt, jedem von ihnen weiterhin bei den Ausreiseanträgen behilflich zu sein, sagte Rehlinger. Er selber allerdings könne keine festen Zusagen machen – weder schriftlich noch mündlich –, daß sie die Genehmigung auch erhalten würden.

Die gravierendste Schwierigkeit bestand darin, daß die Ausreisewilligen alle Brücken hinter sich abgebrochen hatten. Aus ihrer Sicht hatten sie nichts zu verlieren, wenn sie sich nicht vom Fleck rührten. Über den Zaun des weitläufigen Botschaftsgeländes hinweg unterhielten sie sich mit den westdeutschen Journalisten und Fernsehteams, gaben Nachrichten weiter, äußerten sich zu ihrer Situation, zu ihrem Leben in der DDR, zu den Gründen, weshalb sie das Land verlassen wollten. In den Abendnachrichten wurde fast täglich über den Fall berichtet, und diese Publizität trug schließlich dazu bei, daß die meisten Flüchtlinge hartnäckig blieben. Das Botschaftspersonal räumte die Büros im ersten Stock, um Platz für Schlafgelegenheiten zu schaffen. Das Auswärtige Amt entsandte sogar einen seiner besten Köche, einen Mann namens Martin, der Kochkurse abhielt, um die Leute zu beschäftigen und von ihrer mißlichen Lage abzulenken: Für die 140 Menschen standen nicht mehr als vier Duschen, zwölf Toiletten und zehn Waschbecken zur Verfügung. Die Situation war prekär.

Die bundesdeutschen Medien berichteten über die Vorgänge in einer Weise, die bei Honecker Zorn und Verlegenheit auslöste und Kanzler Kohl unter starken Druck setzte. Sollten die Besetzer keine Ausreisegenehmigung erhalten, so würde dies in Bonn zu einem Gesichtsverlust führen. Doch jede offizielle Behauptung von seiten der Bundesregierung, daß die Flüchtlinge die Genehmigung sicherlich erhalten würden, wurde von Vogel zurückgewiesen. Straffreiheit war – wie die Deutsche Presse-Agentur »von gut informierter Seite« am 5. November erfahren hatte – »das Äußerste, was die DDR-Behörden in dieser Angelegenheit tun wollen und können«. Das sollten auch diejenigen verstehen, »die sich im Hinblick auf diese Personen [die Flüchtlinge] noch immer irgendwelchen Illusionen« hingaben.[6]

Anfang Dezember begannen ein paar Menschen die Botschaft zu verlassen. Aber das blieben Einzelfälle, weshalb Vogel und Rehlinger übereinkamen, daß nur ein persönlicher Besuch des Anwalts die übrigen davon überzeugen konnte, wie nutzlos ihre Hartnäckigkeit war. Es wurde ein schwerer Gang, insbesondere für Vogel. Die Gemüter der Besetzer waren erregt; manche pfiffen oder buhten ihn aus, als er in der Botschaft eintraf. Auch Rehlinger mußte sich Hohnrufe gefallen lassen. »Herr Dr. Vogel und ich sind nicht zu unserem Vergnügen hierher gekommen«, sagte er ihnen. »Unser Pilsener Urquell können wir sehr gut auch woanders trinken.«

Vogel sprach eine halbe Stunde. Eine virtuose Leistung, dachte Rehlinger, während er einem jener überzeugungskräftigen Gedankengänge folgte, die aus Vogel einen so guten Anwalt machten. Vogel nahm die Ängste und Hoffnungen der Flüchtlinge ernst, mußte ihnen freilich klarmachen, daß es nur einen Weg nach Westdeutschland gab, und der führte durch das Land, dem sie eben den Rücken kehren wollten. Er könne keine Versprechungen machen, sichere ihnen aber zu, daß er sich für die Genehmigung ihrer Ausreiseanträge verwenden werde. Darauf verließ er das Gebäude.

Die Weihnachtsfeiertage rückten näher. Mehr und mehr Leute entschieden sich dafür, den Anwalt beim Wort zu nehmen. Am 20. Dezember – ein Besuch Genschers stand kurz bevor – hielten sich nur noch 70 Flüchtlinge in der Botschaft auf, von denen allerdings 40 in einen Hungerstreik getreten waren – eine letzte verzweifelte Maßnahme, Ost-Berlin zum Nachgeben zu bewegen. »Wir können Ihnen nur die Lage schildern, wie wir sie sehen«, sagte Genscher. Er unterstützte Vogels und Rehlingers Appelle, die Botschaft zu verlassen. »Es ist Ihre Entscheidung, wie sie sich verhalten.«[7]

Anfang Januar folgte Vogel den Anweisungen Honeckers und verstärkte den Druck.[8] »Die Frist läuft ab«, warnte er. Am 6. Januar verließen daraufhin die letzten sechs Flüchtlinge die Botschaft. »Ab 16. Januar hätte meine Vermittler-Vollmacht (...) nicht mehr gegolten«, äußerte Vogel gegenüber dpa. »Künftig werde ich sie auch nicht mehr erhalten. Ich warne daher mit viel Ernst und Nachdruck vor jedwedem Wiederholungsversuch.«[9]

Die Warnung war auf öffentliche Wirksamkeit angelegt, sie sollte die Möglichkeit einer Wiederholung auf ein Minimum reduzieren. In Wahrheit jedoch hatten Honecker und Mielke dem Anwalt auch für die Zukunft die Vollmacht zur Regelung solcher Fälle erteilt, und dies sogar mit einem noch größeren Spielraum, als es in Prag, wo sich alles im Licht der Öffentlichkeit abspielte, möglich gewesen war. Genauer gesagt: Sie hatten Vogel ermächtigt, die Bundesrepublik zu seinem Komplizen zu machen. Künftig nämlich sollten sich die westdeutschen Missionen ungebetene »Gäste« vom Hals schaffen können, indem sie ihnen sagten, wenn sie nach Hause zurückkehrten und einen Ausreiseantrag stellten, würde ihr Ersuchen »wohlwollend« geprüft werden. Anschließend würde die Botschaft die jeweiligen Namen per Telex an Vogels Büro übermitteln, und der übernahm dann, ganz im stillen, den Rest. Honecker war also erneut bereit, Konzessionen zu machen, sofern er dafür ein paar Störenfriede los wurde. Wieder einmal hatte Vogels Arbeit beiden Seiten zum Vorteil gereicht.[10]

Zugleich aber gaben sich beide Seiten einer fatalen Illusion hin: daß die Flut nun gebannt sei. Erst später erkannte Vogel, daß die

Ereignisse des Jahres 1984 eine Kettenreaktion in Gang gesetzt hatten. »Die Sache ist eine Schraube ohne Ende geworden. Und die Politiker haben das gar nicht richtig erkannt. Sie haben geglaubt, wenn die Menschen erst weg seien, dann sei es gleichgültig, ob dies durch Anträge bei den zuständigen Behörden oder auf dem Weg über die Ständige Vertretung geschehen sei. Sie haben geglaubt, hier werde ein Potential abgetragen. Das sind so 40.000, haben die Organe vielleicht gemeldet, nun gut, die müssen ja bald weg sein. Daß es neue 40.000 geben wird, haben sie nicht gesehen.«[11]

Niemandem in der überalterten und zunehmend isolierten Führung der DDR war klar, daß das Ende bereits vorauszusehen war. Wann immer der Anwalt auf die zunehmenden Anzeichen allgemeiner Unzufriedenheit hinzuweisen versuchte, tat Honecker dies als unwesentlich ab. »Kommen Sie doch mit mir auf die Rednertribüne, und dann sagen Sie mir noch einmal, daß das Volk unzufrieden ist«, pflegte Honecker denjenigen zu erklären, die ihm klarmachen wollten, wie sich die Dinge wirklich verhielten. Gleich allen Tyrannen ließ er sich von den Schmeichlern täuschen, die ihn umgaben. Vogel hingegen erhielt Hunderte von Briefen und Ausreiseanträgen, deren Beschreibungen von Belästigung und Verfolgung durch die Staatssicherheit ihn geradezu anekelten. Die seltenen Gelegenheiten, bei denen er mit Mielke zusammenkam – für gewöhnlich in Honeckers Büro, um delikate Fragen wie etwa die Botschaftskrise zu besprechen –, bestätigten diesen Eindruck. »Wir haben ein Abkommen mit der Bundesrepublik«, sagte Vogel einmal bei einem solchen Treffen, das der Familienzusammenführung galt. »Abkommen? Was meinen Sie damit, Abkommen? Wann immer wir wollen, lassen wir die Sache sein.« Vogel verließ entgeistert den Raum.

Seine Lage blieb sonderbar und zwiespältig. Noch immer galt er als einer der einflußreichsten Männer des Systems, und doch war er letztlich nicht mehr als ein ausführendes Organ der Großen und Mächtigen. Sein Einfluß gründete sich auf diese, nicht auf sich selbst. Glück, Können und außerordentlich harte Arbeit hatten ihm manches eingebracht, im Westen die Freundschaft mit Frank Meehan oder Ludwig Rehlinger, im Osten die Verbindung zu Männern wie Josef Streit, dem Generalstaatsanwalt, oder Heinz Volpert, der rechten Hand Mielkes, auf dessen Befehl sich Gefängnistore und Grenzen öffneten und ohne den Vogel wohl ein Anwalt unter vielen geblieben wäre. Durch seine Beziehungen zur anderen Seite, zu Wehner und Schmidt, durch seine Fähigkeit, mit westlichen Regierungen über Spione und Staatsangelegenheiten zu verhandeln und so das Ansehen der DDR zu verbessern, hatte Vogel zudem Honeckers Respekt und die Freiheit gewinnen können, sich in einem weiten Handlungsspielraum zu bewegen. »Sie können alles tun, was erforderlich ist, um Ihr Mandat wahrzunehmen«, hatte Honecker wiederholt gesagt. Sogar in privaten Unterhaltungen sprach Vogel deshalb stets mit Respekt von dem Generalsekretär, obschon zwischen beiden immer eine bestimmte Reserviertheit herrschte. Auch nach zwölf Jahren enger Zusammenarbeit war der Anwalt nie in Honeckers Haus in Wandlitz gewesen. Stets blieben beide Männer bei dem formellen »Sie«, was unter den Genossen eigentlich unüblich war. Gleichwohl beobachtete Mielke Vogels Nähe zum Staatsoberhaupt mit Eifersucht; er riß dann die Augen weit auf und gab Vogel das Gefühl, daß er ihn aufmerksam betrachte. Ja, bisweilen unternahm er sogar Schritte, um Vogels Einfluß zu begrenzen. Einmal, so erzählte der Anwalt Klaus Bölling, damals Leiter der »Ständigen Vertretung«, habe er Honecker vorgeschlagen, die Deviseneinnahmen der DDR zu erhöhen, indem man entlang den Transitstrecken zusätzliche Rasthäuser und Intershops einrichtete. »Gute Idee«, antwortete Honecker. Später jedoch teilte er mit, daß Mielke sein Veto gegen das Projekt eingelegt habe, weil solche Orte ausländischen Spionen als Treffpunkt dienen könnten.

In gewisser Weise ergänzte Vogel den Staatsratsvorsitzenden in einem Punkt, in dem dieser sich ihm ohne Neid unterlegen fühlen konnte. Honecker war alles andere als ein Mann weltgewandter Umgangsformen. Im Gegensatz zu Vogel fühlte er sich im Umgang mit bundesdeutschen Gesprächspartnern auf schwer beschreibbare Weise gehemmt. Darin äußerte sich zum Teil gewiß ein Problem seiner Generation: Die Vorstellung, daß ein Dachdecker und Sohn der Arbeiterklasse mit den großen Kapitalisten aus dem Westen umgehen sollte, irritierte ihn zeit seines Lebens. Denn wie die meisten seiner Genossen und wie die Führer der Sowjetunion vor Gorbatschow war auch der Generalsekretär der SED immer ein Gefangener der starren Klassengegensätze des frühen 20. Jahrhunderts geblieben – Gegensätze, die zur bolschewistischen Revolution, zur nationalsozialistischen Partei, zum Ausbruch des Zweiten Weltkriegs und schließlich zum Niedergang jener Welt geführt hatten, in der der Marxismus einst groß geworden war.

Doch mit der Politik der Isolation, die der Westen während des Kalten Krieges betrieb, drängte er die andere Seite nur noch stärker in eine Art Verteidigungshaltung. Als diese Zeit dann ihrem Ende entgegenging – was im deutsch-deutschen Verhältnis erst Ende der sechziger Jahre der Fall war –, hatte sich die Frage der diplomatischen Anerkennung in Honeckers Politbüro zu einer regelrechten Obsession gesteigert. Nachdem man diese endlich erhalten hatte, beging man den Fehler, darauf übermäßig stolz zu sein. Von nun an bestand das Ziel der DDR-Politik nicht länger darin, die Gesellschaft zu verändern, sondern die Illusion dessen, was man bereits erreicht hatte, zu bewahren.

1985 indes schien das Ende noch in weiter Ferne zu liegen. Noch immer begriff sich Vogel als Teil einer Machtstruktur, die überleben würde, ganz gleich, wer nun Generalsekretär der Partei war. Seine eigene Rolle, so sah er es, bestand darin, die Ecken und Kanten des Regimes ein wenig zu glätten, sein Ansehen aufzupolieren, während er zugleich den Unzufriedenen beistand, die sich nicht in das System fügen wollten. Mit Helga genoß er seine Skiferien in Österreich und in der Schweiz, solange es möglich war. Wenn er sich einmal zur Ruhe setzen würde, dann war es für ihn als Mitglied der Nomenklatura und Geheimnisträger mit den privaten Reisen wohl vorbei. Doch diese Aussicht beunruhigte ihn keineswegs. Auch hier hoffte er, einen goldenen Mittelweg zu finden, einen Kompromiß, den er sozusagen mit den eigenen Ansprüchen schließen würde.

Zwei Jahre zuvor hatte Honecker Vogels Sammlung von Orden um den »Großen Stern der Völkerfreundschaft« bereichert, und zwar für den Beitrag, den Vogel zur Ausweitung und Verbesserung der auswärtigen Beziehungen der DDR geleistet hatte. Schweden machte den Anwalt für seine über Jahre erbrachten humanitären Dienste zum »Offizier des Königlichen Nordsternordens«, und 1984 folgte die österreichische Regierung mit dem »Großen Ehrenzeichen für Verdienste um die Republik Österreich«, da Vogel als Anwalt auch für die Ostberliner Botschaft der Österreicher arbeitete. Man sah ihn, wie er sich selber sah: als Menschenfreund, der unermüdlich in Mitteleuropa umherreiste und ganz gewöhnlichen Menschen unter die Arme griff, sooft sie in Bedrängnis gerieten. Außerdem ersparte er seiner westlichen Diplomatenklientel auf diese Weise manche peinliche Situation, wie sie beispielsweise eingetreten wäre, wenn man die Botschaftsbesetzer einfach wieder hinausgeworfen hätte.

So kam es, daß Vogels sechzigster Geburtstag für das diplomatische Corps Ost- wie West-Berlins ein größeres gesellschaftliches Ereignis darstellte. Den ganzen Tag über brachten Limousinen alles, was Rang und Namen hatte, in die Reiler Straße. Ein uniformierter Sicherheitsbeamter regelte den Verkehr. Bischof Gottfried Forck kam ebenso wie Manfred Stolpe, sodann Hermann Kunst, dessen Bonner Büro das Geschäft mit den politischen Gefangenen stets diskret betrieben hatte. Heinz Volpert erschien. Schalck-Golodkowski, der Chef der KoKo, war da, um seine Reverenz zu erweisen. Außenminister Fischer stellte den ganzen Tag unter seine Schirmherrschaft. Aus der Bundesrepublik war Rehlinger gekommen, um seine Achtung auszudrücken, desgleichen Walter Priesnitz, sein zukünftiger Nachfolger, und die gegenwärtigen und ehemaligen Leiter der »Ständigen Vertretung«, Bräutigam, Bölling und Gaus. Bundespräsident von Weizsäcker schickte ein handschriftliches Schreiben, in dem er Vogel humanitäre Haltung und Hingabe attestierte. Man hatte sogar Lothar Loewe einreisen lassen, der mittlerweile zum Intendanten des Senders Freies Berlin avanciert war.

Gleichwohl war dieser Höhepunkt in Vogels Karriere bereits von Sturmwarnungen gekennzeichnet. Josef Streit, Vogels erster und treuester Beschützer, Gönner und Fürsprecher, war schwer erkrankt und nicht in der Lage zu kommen. Daher überbrachte seine Frau einen Brief, in dem Vogels alter Mentor diesem seine Befriedigung darüber ausdrückte, daß das Vertrauen und die Hoffnungen, die er von Anfang an in seinen Schützling gesetzt hatte, gerechtfertigt gewesen seien. Schon bald darauf sollte Streit von seiner schlechten Gesundheit zum Rücktritt gezwungen werden.[12] Und auch der Staatsratsvorsitzende, der anderweitig verpflichtet war, erschien nicht. Ohnehin hatte er bald andere Sorgen. Vogel, so würde sich dann zeigen, blieb nur so lange unersetzlich, wie sein Kontakt zu Honecker und Honeckers Kontakte zur Kremlführung intakt waren. Doch die Tage solch reibungsloser Verständigung waren bereits gezählt.

Drei Monate später, am 15. Februar 1986, mußte Vogel einen weiteren persönlichen Verlust verschmerzen. Heinz Volpert war plötzlich verstorben. Der zweiundfünfzigjährige Offizier des MfS hatte kurz zuvor noch an einer Parteiversammlung in der Normannenstraße teilgenommen, einer mühsamen Pflichtübung, die sich über das ganze Wochenende hinzog. Nachdem die Delegierten zur Abstimmung aufgerufen worden waren, hatte er sich entschlossen, schon vor der Auszählung der Stimmen nach Hause zu gehen. Er wollte ein paar Stunden in seiner privaten Sauna verbringen, ein Entspannungsritual, das sich der leidenschaftliche Tennisspieler und Jogger im Lauf der Jahre zu eigen gemacht hatte. An diesem Samstag jedoch blieb er ungewöhnlich lange weg, und um zwei Uhr nachmittags machte sich seine Frau auf, um nach ihm zu sehen. Sie fand ihn in der Sauna, zusammengesackt über der Holzbank; aus seinem rechten Mundwinkel lief ein dünnes Rinnsal Blut. Als der Notarzt eintraf, konnte er nur noch den Tod feststellen. Frau Volpert, die ein Verbrechen witterte, rief unverzüglich Vogel an und bat ihn zu kommen.

Seit langem hatte Vogel den Stasi-Obersten und seine Familie als persönliche Freunde betrachtet. Daher brachte ihn das Bild, dessen er nun ansichtig wurde, zutiefst aus der Fassung. Er fragte sich sogar, ob Volpert etwa deshalb ein schlimmes Ende genommen habe, weil er – genau wie Vogel selber – das Innere zu vieler Stasi-Gefängnisse gesehen hatte, zu viele Busladungen mit Häftlingen, die vor Freude jubelten, wenn man sie in Herleshausen freiließ. Hatte Volpert womöglich zu sehr mit den Häftlingen sympathisiert? Doch Volperts Freunde taten derartige Verdachtsmomente ab. Vielleicht hatte er einen oder zwei Drinks zuviel genommen, war eingeschlafen und einem Hitzschlag erlegen. Wer konnte das wissen? Vogel jedenfalls hatte einen wertvollen Mitstreiter verloren, einen Mitstreiter ganz ungewöhnlicher Art, einen Offizier des MfS, der – so wenigstens sah es Vogel – eine Seele zu haben schien.[13]

Volperts Nachfolger war etwas älter als sein Vorgänger und aus ganz anderem Holz geschnitzt: ein pedantischer, schwergewichtiger Sachse mit einer der üblichen ostdeutschen Militärbrillen – Generalleutnant Gerhard Niebling. Er wurde zum Leiter der 180 Mann starken Zentralen Koordinierungsgruppe der Staatssicherheit bestellt, deren Hauptaufgabe aus zwei Punkten bestand: einerseits scharf gegen alle Bestrebungen der Bürger durchzugreifen, das Land zu verlassen, andererseits jedoch den Fluß der politischen Gefangenen und anderer Personen, die der Staat loswerden wollte, zu kontrollieren. Was die Zusammenarbeit mit Vogel betraf, sollte sich Niebling künftig nur noch um die Häftlingsfreikäufe, die Familienzusammenführungen und die Botschaftsfälle kümmern, so lautete die Anweisung des Ministers. Übrigens setzte Niebling eine alte Stasi-Tradition fort, indem er sich in internen Schriftstücken stets auf »Georg« bezog, wenn er von Vogel sprach – Vogels alten Decknamen aus den fünfziger Jahren, als er noch als »Geheimer Informant« geführt worden war. Da Niebling, der zuvor in der Hauptabteilung Ermittlung tätig gewesen war, Volpert gelegentlich vertreten hatte, wußte er, um wen es sich bei »Georg« handelte. So trug er Termine mit dem Anwalt unter »Georg« in seinen Kalender ein. Vogel wiederum, der später sagte, er habe nichts davon gewußt, daß er noch immer unter »Georg« geführt wurde, hielt Niebling für einen typischen Stasi-Karriereoffizier, loyal und treu, aber ein bißchen schwerfällig-bürokratisch. Ganz anders als Volpert gehörte er zu den Männern, die das Wochenende damit verbrachten, Bier zu trinken und dem Sportverein Dynamo, der Fußballmannschaft der Staatssicherheit, zuzusehen.[14]

Vogel selber hatte damals mehr Arbeit denn je. Im Sommer 1985 benötigte die Bundesregierung erneut seine Hilfe und rief ihn nach Bonn, um einen delikaten diplomatischen Zwischenfall mit beträchtlichen Komplikationen zu lösen. Professor Dr. Herbert Meißner, SED-Mitglied und Generalsekretär der Ostberliner Akademie der Wissenschaften, war dabei ertappt worden, als er im Westberliner Kaufhaus Wertheim einen verchromten Duschschlauch im

282

Wert von DM 29,50 entwendete. Die Angelegenheit entwickelte sich schnell zu einem Lügengespinst von Intrigen und Spionage, ja zu einer regelrechten Staatsaffäre. Vom Hausdetektiv auf frischer Tat zur Rede gestellt, gab Meißner an, daß er über hochrangige Verbindungen zur Staatssicherheit verfüge, und als er darauf bestand, mit dem BND Kontakt aufzunehmen, ging man darauf ein. Aber nachdem er drei Nächte in einem luxuriösen Hotel verbracht hatte, dem Alpenhof in der Nähe des BND-Hauptquartiers bei München, verschwand er irgendwann zwischen dem 13. und dem 14. Juli. Am 15. Juli verkündete die »Ständige Vertretung« der DDR in Bad Godesberg, daß Meißner bei ihr Zuflucht gesucht habe. Man beschuldigte die Bonner Behörden, der Professor sei zunächst unter fadenscheinigen Vorwänden festgehalten, dann nach München entführt, schließlich unter Drogen gesetzt und zur Preisgabe von Staatsgeheimnissen gezwungen worden. Damit war der Eklat perfekt.

Die Westdeutschen erließen einen Haftbefehl; die Vertretung wurde von der Polizei umstellt. Nun drohte die DDR, als Vergeltungsmaßnahme jeglichen Reiseverkehr zwischen den beiden Teilen Deutschlands zu unterbinden. Das war zugleich der Punkt, an dem beide Regierungen sich an Vogel wandten. Man wollte sich die Angelegenheit nicht noch weiter aus den Händen gleiten lassen, wollte um jeden Preis das Gesicht wahren und endlich aus dem Schlamassel herauskommen.

Am Abend des 19. Juli, einem Samstag, trafen Wolfgang und Helga Vogel in Rehlingers Büro ein, das sich kaum einen Kilometer von der »Ständigen Vertretung« der DDR entfernt an der Godesberger Allee befand. Nach dreistündigen Verhandlungen hatten sie einen Kompromiß erarbeitet. Die Westdeutschen würden den Haftbefehl aufheben; dann würde der Anwalt Meißner zum Bundeskriminalamt nach Meckenheim bei Bonn begleiten, wo Rehlinger sich mit diesem unterhalten sollte. Er mußte herausfinden, ob Meißner wirklich freiwillig in die DDR zurückkehren wollte. Helga Vogel tippte die Vereinbarung auf einer Maschine in Rehlingers Sekretariat, während die beiden Männer die Formulierungen ihren jeweiligen Vorgesetzten unterbreiteten. In der Normannenstraße war Generalleutnant Niebling außerordentlich beeindruckt. Vogel war einfallsreich, zeigte Initiative und wußte Lösungen zu finden, die beide Seiten akzeptieren konnten. Er befand sich auf dem richtigen Weg, um das zu erreichen, was die Staatssicherheit im Auge hatte: Meißner sicher nach Hause zurückzubekommen.[15]

Am 21. Juli ging alles wie vereinbart vonstatten. Es gab nur eine kleine Überraschung: Rehlinger hatte heimlich einen Psychiater mitgebracht, mit dessen Hilfe er sich Klarheit verschaffen wollte, ob sein Gesprächspartner überhaupt recht bei Verstand sei. Aber alles, was Meißner interessierte, war sein roter Diplomatenpaß, Symbol seines Rangs und seiner Privilegien. Zudem wollte er sicherstellen, daß er nicht strafrechtlich verfolgt würde, wenn er wieder einmal in die Bundesrepublik einreisen sollte. Von dem verchromten Duschschlauch kein Wort. So kehrte er noch am selben Abend in die DDR zurück. Es habe keinen Tauschhandel gegeben, sagte Rehlinger zur gleichen Zeit der Presse, was nicht ganz der Wahrheit entsprach. Die Drohung der DDR, den Reiseverkehr zwischen beiden deutschen Staaten zum Erliegen zu bringen, hatte ihre Wirkung getan. Die Bonner Regierung hatte die Strafverfolgungsbehörden gebeten, die Anklage gegen Meißner im Interesse der Bundesrepublik fallenzulassen.[16]

Obgleich es sich bei Meißner mit einiger Sicherheit nicht um einen Agenten gehandelt hatte, war das Jahr 1985 ein gutes Jahr für Spionageskandale, und Vogel wie Rehlinger hatten eine ganze Reihe solcher Fälle zu bearbeiten. Einer davon betraf Hans Joachim Tiedge, einen hochrangigen Spezialisten für Gegenspionage beim Bundesamt für Verfassungsschutz, der am 19. August in die DDR überlief. In seiner Kölner Wohnung ließ er Berge leerer Flaschen, über den Boden verstreute Dokumente der höchsten Geheimhaltungsstufe und eine schwere Schuldenlast zurück. Zwei Wochen später händigte Vogel Rehlingers Büro eine Mitteilung Tiedges aus. Auf einem schlichten weißen Blatt Papier erklärte dieser, er sei aufgrund seiner »hoffnungslosen privaten Situation« übergelaufen und sehe sich »derzeit nicht in der Lage, mit offiziellen Vertretern der Bundesrepublik oder der Medien zusammenzutreffen«.[17]

Tiedges Übertritt waren zwei weitere vorangegangen: Die persönliche Sekretärin des Wirtschaftsministers und eine Sekretärin aus dem Kanzleramt hatten sich in den Osten abgesetzt. Zwei Wochen später wurde Margarete Höke, eine Sekretärin im Bundespräsidialamt, in Kopenhagen verhaftet, nachdem sie bei der Unterhaltung mit einem deutschsprechenden KGB-Agenten beobachtet worden war, von dem die Westdeutschen glaubten, daß es sich um ihren Liebhaber handelte. Wieder einmal hatte sich Markus Wolfs »Romeo-Methode« hervorragend bewährt. Sie bestand ganz einfach darin, daß er seine Agenten nach Bonn schickte und sie auf alleinstehende Frauen in den Behörden und Ministerien ansetzte.

Aber es gab auch den umgekehrten Fall: Ostdeutsche, die sich Anfechtungen in Herzensangelegenheiten nicht gewachsen zeigten. Über mehrere Jahre hinweg suchte Rehlinger über einen der ergreifendsten dieser Fälle zu verhandeln. Es ging um eine Ärztin namens Christa-Karin Schumann, die sich in Winfried Baumann verliebt hatte, einen ostdeutschen Konteradmiral, der die Spionageoperationen des DDR-Verteidigungsministeriums auf westdeutschem Territorium geleitet hatte, bevor er 1970 wegen Alkoholismus entlassen wurde. Über den Bruder von Frau Schumann, einen Professor der Medizin in Heidelberg, nahm Baumann Kontakt mit dem Bundesnachrichtendienst auf und bat um Hilfe: Er wolle mit Frau Schumann in den Westen flüchten. Der BND erklärte sich dazu bereit, aber die Staatssicherheit fing einen der verschlüsselten Briefe von Frau Schumann ab, dechiffrierte ihn und verhaftete das Paar im Juni 1979.[18]

Rehlinger war nicht mehr in der Lage, Baumanns Namen auf eine der für Vogel bestimmten Listen zu setzen, denn nach seinem Prozeß im Juni 1980 wurde der Admiral hingerichtet. Christa-Karin Schumann hatte mehr Glück, sie erhielt eine fünfzehnjährige Haftstrafe. Daraufhin setzte Vogel Frau Schumann auf seine Liste und verhandelte Jahr um Jahr mit Mielke um die Genehmigung, einen Austausch zu arrangieren – so vehement, daß Mielke sich bei Niebling beschwerte: »Warum hört er nicht auf damit? Die Schumann wird nicht ausgetauscht!«[19] Erst im August 1987, als Frau Schumann die Hälfte ihrer Haftstrafe verbüßt hatte, stimmte der Stasichef nach einem Beschwerdebrief von Vogel an Honecker ihrer Freilassung zu, und das auch nur, weil Bonn endlich Lothar Erwin Lutze freigelassen hatte, jenen »Romeo«, den man im Austausch gegen Schtscharanski noch nicht hatte herausgeben wollen. Der Preis für Frau Schumann war ein Luftfahrtexperte, den der BND erwischt hatte, als er High-Tech-Informationen an die Sowjets weitergab.

Aber auch Honecker konnte aus der Affäre Nutzen ziehen. Es war ihm gelungen, sowohl Bonn als auch Moskau einen Gefallen zu erweisen, und so genehmigte ihm der Kreml endlich den lange geplanten Besuch in der Bundesrepublik. Es war die Zeit, in der sich das Land, das Honecker regierte, langsam aus seiner weltanschaulichen Erstarrung löste. Die lange Eiszeit des Kalten Krieges näherte sich ihrem Ende.

Helga Vogel begann sich zu fragen, wohin dies alles wohl führen mochte. Fünfzehn Jahre jünger als ihr Mann, zierlich und zurückhaltend, war sie mit der Zeit dessen wichtigste Stütze geworden und arbeitete von allen Assistenten Vogels mit Sicherheit am härtesten. Über viele Jahre setzte sie sich Woche für Woche ans Steuer ihres Wagens und begleitete ihren Mann auf den langen und ermüdenden Fahrten nach Bautzen oder Herleshausen. Mit ihr hatte Vogel all die Gefängnisse in den Vereinigten Staaten und die Prager Botschaft besucht, und Tag und Nacht, an Wochenenden wie an Werktagen arbeiteten sie zusammen in der Reiler Straße. Wenn Vogel nach einer Akte aus seinem Archiv suchte, war Helga, ohne darüber auch nur ein Wort zu verlieren, immer bereit, sie für ihn zu suchen, ganz gleich, wie lange das dauern mochte. Sie war so zurückhaltend und still, daß sie kaum in Erscheinung zu treten schien. Sie war Vogels Alter ego, und der Zweck ihres Lebens bestand in erster Linie darin, ihm dabei zu helfen, sein eigenes zu erfüllen. Über Politik sprach sie nur mit ihrem Mann. Nun erkannten beide, daß das System, in dem sie lebten, in eine schwere Krise geraten war.

Denn obgleich die Botschaftsbesetzungen von Berlin und Prag Anfang 1985 aus den Schlagzeilen verschwunden waren, kamen weiterhin Flüchtlinge – nicht mehr so viele wie im Jahr zuvor, was mit dem zwischen Ost und West verabredeten Stillschweigen zusammenhing, aber doch noch immer eine ganze Menge. Es war ein ständiger Zustrom: 1987 weigerten sich 68 Personen, die an den Stasi-Wachen vorbei in die »Ständige Vertretung« gelangt waren, das Gebäude zu verlassen, bevor sie nicht eine Ausreisegenehmigung erhalten hatten. 1979 ließen sich 379 von den insgesamt 6.608 Menschen, die sich hilfesuchend an die Vertretung gewandt hatten, nicht wieder abweisen.[20] Als dieser Druck stärker wurde, verhandelte das Regime mit seinen Dissidenten in wachsendem Maße pragmatischer. Man wollte die Leute loswerden, so schnell es nur ging, und das war manchmal schneller, als es Vogel paßte.

Der dramatischste Augenblick trat am 17. Januar 1988 ein. Die Ostberliner Friedensbewegung hatte eine Demonstration, die eigentlich dem Gedenken Rosa Luxemburgs und Karl Liebknechts gewidmet war, schon wiederholt in einen Marsch aus Anlaß des Jahrestages der Ermordung Rosa Luxemburgs verwandelt. In diesem Jahr nun folgten Tausende junger Menschen dem Zug, Banner schwenkend mit jener berühmten Maxime der kommunistischen Vorkämpferin, daß Freiheit »immer die Freiheit der Andersdenkenden« sei. Die Staatssicherheit hatte den Befehl erhalten, die westdeutschen Fernsehteams von der Aufzeichnung des Ereignisses abzuhalten. So drängte man die Demonstranten in Seitenstraßen ab und verhaftete über 100 Personen, darunter einige der führenden Dissidenten wie Bärbel Bohley, den Liedermacher Stephan Krawczyk und dessen Lebensgefährtin, die Regisseurin Freya Klier.

Vogel, den Kirchenleute um Unterstützung gebeten hatten, traf in Begleitung von Bischof Forck mit Krawczyk und Freya Klier zusammen und versprach, sich um deren Freilassung zu bemühen. Eine Lösungsmöglichkeit, das wußte er, würde darin bestehen, daß die beiden ihre Staatsbürgerschaft aufgaben und in die Bundesrepublik ausreisten; Niebling hatte sogar berichtet, daß Mielke diesen Weg bevorzugte. »Sprich mal mit dem RA [Rechtsanwalt] und bitte ihn, er möge die Klier, Krawczyk und die anderen Inhaftierten überzeugen, daß sie in die Bundesrepublik oder sonstwohin ziehen sollen«, hatte der Chef des MfS seinem Untergebenen befohlen. Doch Vogel reagierte harsch. »Und da hat er gesagt: ›Das lehne ich ab. Ich bin nicht dein Soldat. Ich bin Rechtsanwalt. Und das kann ich mit meiner Anwaltspflicht nicht vereinbaren. Eigentlich müßte ich dich rausschmeißen.‹«[21] Also ging der Stasi-General zurück in die Normannenstraße und berichtete Mielke von Vogels Antwort. Mielke hörte ruhig zu und gab mit einem Achselzucken zurück: »Er ist der Rechtsanwalt. Er muß das wissen.«

Aber die Vernehmungsbeamten der Staatssicherheit übten weiterhin Druck aus, so daß am Ende alle Inhaftierten aufgaben und sich gegen ihren Willen und alle Regeln der Vernunft bereit erklärten, das Land zu verlassen. Später schob Freya Klier die Schuld daran Vogel zu. Entweder wußte sie nichts von seinen Vorbehalten gegen das Verfahren, oder sie weigerte sich, ihnen Glauben zu schenken. Denn Vogel hatte Vorsichtsmaßnahmen ergriffen: Seine Vertrauensleute bei der westdeutschen Presse hatten die Nachricht erhalten, daß er sich prinzipiell dagegen verwahrt habe, den Häftlingen keine Alternative zur Ausreise anzubieten. So nämlich habe es sich um Nötigung gehandelt.

Die Unterdrückung der Luxemburg-Demonstration setzte gewaltige Kräfte frei. Schon zeichneten sich Veränderungen ab, auch wenn dies in der Führungsspitze des Regimes noch niemand begriff. Entscheidend jedoch war, daß es in der DDR nun erstmals eine politische Bewegung gab, die Unterstützung von außen erfuhr: Die Entwicklung in der UdSSR schien ihr recht zu geben. So entwickelte der Gegensatz zwischen den Veränderungen in der Sowjetunion und der Unbeweglichkeit, ja Stagnation des eigenen Landes immer mehr ideologisch-politische Sprengkraft. Alles geriet in Bewegung, nur das Regime blieb sich gleich. Honecker ging sogar so weit, eines der etwas freimütigeren sowjetischen Magazine, das monatlich erscheinende ›Sputnik‹, ab sofort zu verbieten. Für ihn war zuviel »Glasnost« darin.

Unterdessen drängten sich in Vogels Büro so viele Klienten, daß man fast von Fließbandarbeit sprechen konnte. Polen hatte sich dem Ostblock bereits halb entzogen; Ungarn verlieh dieser Entwicklung noch mehr Antrieb. In Ostdeutschland machten sich Anfang 1989 im Volk wie im Politbüro erste Anzeichen von Panik bemerkbar. Ende Juli hatte man insgesamt 47.000 Menschen eine offizielle Ausreisegenehmigung erteilt, aber in der Ständigen Vertretung suchten noch immer 1.552 Personen um politisches Asyl nach.[22] Erst das aus wohlerwogenen Gründen nicht öffentlich bekanntgemachte Versprechen, ihre Ausreiseanträge würden »wohlwollend« geprüft werden, konnte sie zum Verlassen des Gebäudes bewegen. Vogel indes, dessen klappriges, altes Telex sich nun ständig mit neuen Nachrichten aus den Botschaften in Warschau, Budapest und Prag ratternd bemerkbar machte, erkannte, daß die Forderungen ständig größer, entschiedener wurden. Hatten sich die Menschen noch vor wenigen Jahren mit der Versicherung zufriedengegeben, sie könnten innerhalb weniger Wochen ausreisen, so wollten sie dies nun innerhalb weniger Tage.

Erst spät – doch immerhin früher als Honecker, Mielke und die übrigen Mitglieder der Führungsspitze – begann es Wolfgang Vogel zu dämmern, daß das langsame Öffnen der Schranken mit den Jahren etwas vernichtet hatte, was für sein Land keineswegs nur als ein bedauerlicher, aber zu verschmerzender Verlust gelten konnte, sondern die Grundfesten der staatlichen Macht angriff. Die Bereitschaft, im Notfall brutale Gewalt anzuwenden, hatte die Männer der Führung an die Macht gebracht, wo sie sich über so viele Jahre gehalten hatten. Jetzt hingegen machten sich Unsicherheit und Verwirrung bemerkbar. Gorbatschow hatte den zermürbenden Spannungen mit der westlichen Welt ein Ende gesetzt und zugleich mit »Glasnost« die gesamte kommunistische Welt auf den Kopf gestellt. Was sollte aus dem Zusammenhalt der sozialistischen Bruderstaaten werden? Die alten Männer um Honecker reagierten abwehrend. »Nur weil der Nachbar eine neue Tapete an seine Wand klebt, muß man nicht auch gleich alles renovieren«, sagte Kurt Hager, Honekkers alter Verbündeter, Mitglied des Politbüros und Chefideologe der Partei. Das ›Neue Deutschland‹ veröffentlichte weiterhin die altbekannte Propaganda, die verschlissenen Parolen der Weltrevolution. Es unterstützte auch noch immer den Personenkult um Honekker. In einer einzigen Ausgabe druckte man damals einmal 46 Photos des Staatsoberhaupts ab.

Honecker fühlte sich von Moskaus neuer Politik persönlich angegriffen. Alles sollte plötzlich ein Fehler gewesen sein, die Kollektivierung ein historischer Irrtum?[23] Trotzdem lud er Gorbatschow, Ceauşescu und die meisten anderen kommunistischen Führer im Herbst nach Ost-Berlin ein, um den vierzigsten Jahrestag der Deutschen Demokratischen Republik zu feiern. Seine Gäste sollten erkennen, daß er die Zügel unverändert fest in der Hand hielt.

Immer deutlicher sah Vogel, wie der Staat, dem er diente, sich aufzulösen begann. Seit im Jahre 1961 die Mauer errichtet worden war – und kaum jemand war wie Vogel befähigt, dies zu erkennen –, stellte diese unüberwindliche Schranke das Hauptinstrument dar, das 16.5 Millionen DDR-Bürger daran hinderte, die bundesdeutsche Staatsbürgerschaft anzunehmen. Genau wie seine Verhandlungspartner im Westen, die evangelische Kirche und die Regierung in Bonn, hatte Vogel daran gearbeitet, die Mauer erträglicher und für viele

Tausende durchlässig zu machen. 1988 hatte man 2.73 Millionen kurze Reisen in den Westen gestattet, und allein in der ersten Jahreshälfte 1989 erteilte Honecker 50.000 Bürgern die Genehmigung zur Ausreise – mehr denn je zuvor. Aber der Staatsratsvorsitzende machte sich etwas vor, als er glaubte, sein Land auf diese Weise von Unzufriedenen befreien zu können, bevor er im Oktober seine große, selbstherrliche Feier ausrichten würde. Er wußte nicht, daß die wahre Zahl der Ausreisewilligen weitaus höher lag: nicht bei 50.000, sondern bei 500.000, und vermutlich waren fünf weitere Millionen bereit, den anderen zu folgen. Bärbel Bohley schätzte die Zahlen sogar noch höher, nämlich auf ungefähr die Hälfte der gesamten Bevölkerung.

Am 2. Mai offenbarten die Ungarn, die sich inzwischen unverkennbar zum Kapitalismus hin orientierten, wie weit und wie tief sich die Krise in der DDR entwickelt hatte. Ohne vorherige Konsultationen, ganz aus eigener Initiative öffneten sie ihre Grenze zu Österreich, entfernten den Stacheldraht, sehr zur Überraschung unzähliger ostdeutscher Urlauber, die ihre Trabbis, Wohnwagen und Zelte im Stich ließen, um in Richtung Grenze zu strömen – dem entgegen, was später sogar ein enttäuschter Erich Honecker »Freiheit« nennen sollte.[24]

Doch die Ungarn kümmerten sich wenig um das, was Honecker dachte. Ihr eigenes Volk konnte kommen und gehen, wie es ihm gefiel. Warum also nicht auch die Bürger der DDR? Zudem fühlte man sich in Budapest durch die Attacken der ostdeutschen Presse irritiert, die geradezu einen Krieg gegen die ungarische Regierung zu führen schien. Außenminister Gyula Horn beschwerte sich darüber bei Egon Krenz, der als Honeckers Kronprinz galt, mußte sich jedoch belehren lassen, daß sein Land noch immer an die vertraglichen Verpflichtungen gegenüber den Verbündeten des Warschauer Paktes gebunden sei. Bestürzt versuchten die Ungarn der Flut Einhalt zu gebieten. Sie schickten die DDR-Bürger, welche die Grenze eben zu überqueren versuchten, zurück und stempelten ihre Pässe mit einem entsprechenden Sichtvermerk. Doch selbst diese Maßnahme erwies sich als wirkungslos.

Erneut kam es zu einem Sturm auf die Absperrungen, die man vor den Bonner Botschaften erreichtet hatte, nicht nur in Budapest, sondern auch in Prag und Warschau, in den Ländern also, in denen viele DDR-Bürger ihre Ferien verbrachten, sowie in Ost-Berlin vor der »Ständigen Vertretung«. Die meisten der Asylsuchenden waren dabei schon froh, wenn sie die mittlerweile fünf Jahre alten und noch immer nicht offiziellen Zusagen Vogels in Anspruch nehmen konnten, daß ihre Ausreiseanträge nach der Rückkehr wohlwollend behandelt würden. Gewöhnlich dauerte es zwei Tage, bis sie von

Vogel eine solche Versicherung erhielten. Alle westdeutschen Botschaften kannten seine Telex-Nummer und übermittelten ihm täglich Namen, Alter und Heimatadressen von etlichen Personen, die sich vor den Toren der Missionen drängten. Im Sommer 1989 spuckte Vogels Telex daher jeden Tag meterweise Papier aus. Eine Kopie davon ging an einen Stasi-Kurier, so daß die Namen umgehend geklärt werden konnten. »Es könnte ja auch ein Mörder darunter sein«, erklärte Niebling, aber die Freigabe erfolgte in den meisten Fällen routinemäßig. Wenn Helga Vogel am Morgen im Büro eintraf, war sie froh, wenn über Nacht nicht mehr als 100 Namen übermittelt worden waren. Für gewöhnlich waren es sehr viel mehr. Sobald die Freigabe dann erfolgt war, verständigte Vogel die jeweilige Botschaft. Das genügte in aller Regel, um die Besetzer zum Verlassen des Gebäudes und zur Rückkehr in die Heimat zu bewegen.

In den ersten sechs Monaten des Jahres 1989 hatten sich ungefähr 2.000 Männer und Frauen dafür entschieden, sich ihren Weg in die Freiheit auf diese Weise zu erkämpfen. Anfang August waren es ganze Scharen. Immer mehr Menschen erstürmten die westdeutschen Botschaften in Osteuropa, wiesen Vogels übliche informelle Garantie zurück und forderten die sofortige Genehmigung, ausreisen zu dürfen. In Ost-Berlin mußten die Mitarbeiter der »Ständigen Vertretung« abermals ihre Tore schließen, nachdem erneut 131 Menschen gekommen waren. Walter Priesnitz, der Nachfolger Rehlingers im Ministerium für innerdeutsche Beziehungen, begab sich am 7. August nach Berlin, um das Problem mit Vogels Hilfe in den Griff zu bekommen. Doch die Möglichkeiten des Anwalts waren begrenzt. Er erklärte dem Staatssekretär, daß er den Flüchtlingen für den Fall, daß sie die Botschaft freiwillig verließen und nach Hause zurückkehrten, lediglich Straffreiheit zusichern könne. Honecker erholte sich damals von einer Gallenblasenattacke, die ihn bei einem Gipfeltreffen des Warschauer Paktes in Bukarest befallen hatte, und Krenz, der ihn in seiner Abwesenheit vertrat, war nicht ermächtigt, mehr zu versprechen. »Herr Vogel«, beschwor Priesnitz den Anwalt, »wir leben im Jahre 1989, nicht 1984. Wenn das alles ist, wozu Sie in der Lage sind, dann bedeutet das das Ende der DDR.« Vogel unternahm keinen Versuch, ihm zu widersprechen.[25]

Wohin auch immer er sich wandte, die Probleme waren überwältigend. Bonn benötigte seine Hilfe in Bukarest, wo 187 Menschen um Asyl gebeten hatten. »Wir bitten nicht – wir fordern, daß sich seitens der deutschen Öffentlichkeit etwas tut, um uns davor zu schützen, daß wir wieder in die Zone abgeschoben werden«, schrieben 33 von ihnen in einem Brief an den ›Spiegel‹. Nicht ohne Grund verwendeten sie die alte Abkürzung für die »Sowjetische Besatzungszone«, um das zu beschreiben, was Honecker und seine Genossen als

»ersten Arbeiter- und Bauernstaat auf deutschem Boden« bezeichneten.[26] Doch in Prag hielten sich zwanzig, in Warschau zehn Menschen auf, die noch verhältnismäßig jung waren: zwischen zwanzig und dreißig Jahre alt. Ihr ganzes Arbeitsleben lag noch vor ihnen, und so wollten die alten Männer im Politbüro eigentlich nicht auf sie verzichten. Selbst scharfe Kritiker des Staates wie Bärbel Bohley, die in ihren Herzen stets sozialistische Ideale bewahrt hatten, forderten ihre Landsleute auf, zu Hause zu bleiben und beim Aufbau eines demokratischen Sozialismus zu helfen. Im September bildete sich das Neue Forum. Aber auch die ostdeutschen Kirchenleute beschworen das Volk, nicht zu fliehen. Die Stimmung im Lande war – mit den Worten des ›Spiegel‹ – ein »explosives Gemisch aus Frust, Resignation und aggressivem Drang in die Emigration«.[27]

Indessen vermochte Krenz nicht einmal, die Frage, warum so viele Menschen das Land verlassen wollten, auf die Tagesordnung einer Sitzung des Politbüros setzen zu lassen, die für den 15. August geplant war. Honecker, mittlerweile fast 77 Jahre alt, war der festen Überzeugung, daß es sich bei den Botschaftsbesetzungen um ein Problem der Bundesrepublik handele. »Was willst du?« fragte er Krenz. »Vor der Mauer sind viel mehr gegangen.« Er nahm die Unterlagen entgegen, die Krenz vorbereitet hatte, warf sie ohne weiteren Kommentar in seinen Safe und sagte ihm, er solle in Urlaub fahren.[28]

Vogel war ermächtigt, die Flüchtlinge in der »Ständigen Vertretung« und der Prager Botschaft (wo sich jetzt 300 Menschen aufhielten) weiterhin seiner Hilfe bei den Ausreiseanträgen zu versichern. Aber in der beinahe revolutionären Stimmung des Herbstes 1989 verloren solche Versprechungen sehr rasch an Wert. Am 19. August organisierte Otto von Habsburg, Erbe des österreichisch-ungarischen Thrones und leidenschaftlicher Förderer der europäischen Einheit, ein »Paneuropäisches Picknick« an der Grenze zwischen Österreich und Ungarn. Das Ereignis zog Hunderte von Urlaubern aus der DDR an. Die Menschenmenge ergoß sich schließlich über die Grenze, und diesmal ließen die Ungarn sie einfach gehen. Zehntausende, die ihre Ferien in Ungarn verbrachten, entschieden sich dafür, nicht nach Hause zurückzukehren. Nun strömten sie in die Zeltlager, die karitative Organisationen der katholischen Kirche auf dem Gelände einer Kirchengemeinde im Vorort Zugliget errichtet hatten. Kurz darauf richteten die ungarischen Behörden noch ein weiteres Ferienlager am Plattensee südlich von Budapest ein. Gleichzeitig erlaubten sie der Budapester Verbindungsgruppe der Staatssicherheit, in der Hauptstadt ein Zweigbüro zu eröffnen. Bitten der Stasi dagegen, die Ungarn sollten verkünden, daß für DDR-Bürger keine Hoffnung auf Ausreise bestehe, solange die Menschen nicht nach Hause zurückkehrten, stießen zumeist auf taube Ohren. Der ungarische Außenminister, zwischen Budapest, Ost-Berlin und Bonn hin und her pendelnd, versuchte die Deutschen dazu zu bringen, das Problem aus dem Weg zu räumen. Aber beide Seiten rührten sich nicht vom Fleck. Bonn konnte keinesfalls sein Versprechen zurücknehmen, daß jeder Deutsche die Staatsbürgerschaft der Bundesrepublik erhalten werde – und genau dies war ja auch der Grund, warum die Menschen zu den Zelten und Wohnwagen am Plattensee strömten. Wenn die Ungarn die Grenzen öffneten – das wußte Ost-Berlin –, dann würde es nur noch eine Frage der Zeit sein, bis die DDR ausgeblutet war.

Am 10. September trafen die ungarischen Behörden eine Entscheidung. Sie verkündeten, daß von Mitternacht an alle Bürger der Deutschen Demokratischen Republik, die dies wünschten, die Grenze nach Österreich überqueren durften. Ost-Berlin hatte keine bessere Antwort, als Beschränkungen für Reisen nach Ungarn zu verhängen. Aber bis zu dem Augenblick, da sie die Türen zuschlugen, hatten bereits an die 23.000 Menschen die Grenze überquert, um die bundesdeutsche Botschaft in Wien aufzusuchen. Dort erhielten sie Pässe, mit denen sie ihrem neuen Leben in der Bundesrepublik entgegenreisen konnten.

Im Verlauf des Herbstes wurde die DDR förmlich vernichtet. Honecker indes schien noch immer blind für die Vorgänge zu sein; sein Augenmerk richtete sich allein auf den bevorstehenden 7. Oktober, den vierzigsten Jahrestag seines Staates. Man sollte denen, die dem Staat den Rücken gekehrt hatten, keine Träne nachweinen, sagte das ›Neue Deutschland‹ seinen Lesern, und das in einer Formulierung, die der Parteiführer selber gebilligt hatte. Wußte Honecker nicht, daß unter den Flüchtlingen erfahrene Arbeiter, Ingenieure, Ärzte, junge Familien und Studenten waren, von denen die Lebensfähigkeit seines Landes abhing? Mittlerweile standen nur noch Polen und die Tschechoslowakei als Reiseländer zur Verfügung, weshalb Tausende von Dresden und Leipzig aus nach Süden, in Richtung Prag zu strömen begannen. In der dortigen Botschaft drängten sich bald so viele Menschen, daß die Diplomaten wieder einmal die Tore schließen mußten. Aber auch das konnte die zu allem Entschlossenen nicht abhalten, zumal die tschechoslowakischen Wachposten kaum etwas unternahmen, um die Ostdeutschen daran zu hindern, ein Stück weiter zu gehen und den Zaun zu überklettern, der den weitläufigen Garten der Botschaft umgab.

Diesmal wurde das Botschaftspersonal von dem Zustrom vollständig überwältigt. Man räumte die Büros. In hellen Scharen zwängten die Leute sich in die Räume, kamen mit ihren Matratzen,

Decken, Koffern und Kleidungsstücken und waren bereit, alles zurückzulassen, wenn sie nur in den Westen konnten. Waschbecken und Toiletten waren bald verstopft; Abwässer spülten durch die eleganten Flure des Palastes, ließen die Tapeten verfaulen. Aber auch draußen, im Garten des Geländes, war alles mit Menschen überfüllt. Der große Rasen der Botschaft ähnelte mit seinen Behelfszelten, die den Herbstregen abhalten sollten, einem überquellenden Flüchtlingslager. Und es kamen noch immer Menschen.

Mittlerweile war die Zahl der Flüchtlinge auf über 1.000 Personen gewachsen. Die Situation war kritisch. In der letzten Septemberwoche erreichte Vogel schließlich eine Bitte von Priesnitz: Der Anwalt möge mit ihm und zwei weiteren westdeutschen Beamten in die tschechoslowakische Hauptstadt reisen, um mit den Asylsuchenden zu sprechen. Weder für Vogel noch für Priesnitz war das eine einfache Sache. »Die Stimmung war explosiv«, rief sich Priesnitz später ins Gedächtnis. »Die Menschen trauten niemandem, und sie waren verbittert, weil sie glaubten, man unternehme nicht genug, um ihnen zu helfen.« Als die beiden Männer durch die Menge gingen, wurden sie bespuckt, und Priesnitz erinnerte sich, daß ihm das schon einmal passiert war, am selben Ort, im August 1945, als er die Stadt als ehemaliges Mitglied der Hitlerjugend verlassen hatte. Vogel war zutiefst erschüttert, als die Menge sogar seine Frau Helga brutal umherstieß. »Das hat nichts mit Ihnen persönlich zu tun«, suchte der Staatssekretär ihn zu beruhigen. »Es ist der Staat, dem sie ihre Verachtung zeigen wollen.«[29]

Vogel war überwältigt und schockiert vom Pathos der Szenen, die sich auf dem Botschaftsgelände abspielten. Einmal stießen die Flüchtlinge zwei kleine Kinder vor ihn hin und sagten: »Hier, jetzt zeigen Sie mal, was Sie für die tun können!« Der Mutter der Kinder, erklärte Priesnitz, sei es bereits gelungen, über Ungarn in den Westen zu gelangen. Ohne sich zu erkennen zu geben, hatten Verwandte die Kinder nach Prag gebracht und über den Zaun an irgendwelche Leute übergeben. »Diese Kinder sind am Montag in West-Berlin«, versprach Vogel zornig. Er hatte das Wochenende, um sein Versprechen einzulösen.

»Meine besten Wünsche begleiten Sie«, hatte Priesnitz beim Abschied gesagt. Als Vogel nach Ost-Berlin zurückgekehrt war, begab er sich sofort zu Niebling. Er nahm kein Blatt vor den Mund. »Das dauert mindestens zwei Wochen«, antwortete der Stasi-General. »Wenn die Kinder am Montag nicht in West-Berlin sind, lege ich mein Mandat nieder«, entgegnete Vogel. Daraufhin beschleunigte sich selbst die unerbittliche Bürokratie der DDR. Kurz darauf reisten die Kinder wie versprochen nach Berlin, begleitet von westdeutschen Fernsehkameras, die für die Flüchtlinge in Prag den Beweis erbringen sollten.[30]

Den anderen Flüchtlingen hatte Vogel gesagt, er könne ihnen nicht versprechen, daß es in ihrem Fall ebenso schnell gehen werde. Immerhin habe er bereits eine Ausreisegenehmigung für all diejenigen erhalten, die einen Monat zuvor die Botschaft schon einmal verlassen hatten. Auch alle anderen würden höchstens noch sechs Monate warten müssen, bis sie ausreisen dürften, sogar die jungen Männer, denen die Einberufung zum Militär bevorstand. Priesnitz und Franz Bertele, mittlerweile Leiter der »Ständigen Vetretung« in Ost-Berlin, verbürgten sich für Vogel und sagten, daß sie nicht einen einzigen Fall kennengelernt hätten, bei dem der Anwalt nicht Wort gehalten habe. Dennoch setzten die meisten der Flüchtlinge angesichts des so prestigeträchtigen 7. Oktober darauf, daß Honecker sich zu ihrer Freilassung gleichsam durch die Umstände gezwungen sehen werde – ganz so, wie es 1984 schon einmal geschehen war.[31]

Inzwischen befand sich die Warschauer Botschaft der Bundesrepublik in einem ähnlichen Belagerungszustand. Daher bat Vogel den jungen, aufstrebenden Parteimann und Anwalt Gregor Gysi, der ihn bereits auf seiner Fahrt nach Prag begleitet hatte, ihm auch nach Polen zu folgen, um dort die Krise zu entschärfen. Aber die beiden Anwälte hatten ebensowenig Glück wie in Prag. Sie richteten wenig aus, trotz guter Worte, trotz persönlicher Zusicherungen. Die Staatssicherheit habe Spitzel unter die Flüchtlinge geschleust, mußten sich Vogel und Gysi sagen lassen. Ob Vogel garantieren könne, daß die Asylsuchenden nicht denunziert und verhaftet würden, wenn sie auf seinen Rat nach Hause zurückkehrten?

Es bedurfte größerer Kräfte, um die Widerstände zu brechen. Bei der Generalversammlung der Vereinten Nationen in New York versuchte Hans-Dietrich Genscher auf die Tschechoslowaken, die Polen und seinen sowjetischen Amtskollegen Eduard Schewardnadse einzuwirken; letzteren bat er sogar öffentlich um »Hilfe und Unterstützung«. Schließlich gelang es ihm, Honecker zu Zugeständnissen zu bewegen. Auf ausdrücklichen Befehl des Staatsratsvorsitzenden wurde allen 5.000 Personen, die sich in der Prager Botschaft aufhielten, unverzüglich die Ausreise gestattet. Honecker bestand auf einer einzigen Bedingung: Die Reiseroute sollte nicht über die tschechoslowakisch-westdeutsche Grenze, sondern durch die DDR verlaufen. So sollte zuletzt noch einmal die Vorstellung aufrechterhalten werden, daß es sich bei den Vorgängen um eine souveräne Entscheidung der Deutschen Demokratischen Republik gehandelt habe.

Am 30. September flog Genscher selber nach Prag, um der Menge die Neuigkeit zu verkünden. Die Menschen verfielen in einen Freudentaumel, fast außer sich vor Glück. Genscher, der ihnen vom Balkon der Botschaft aus zusah, nannte diesen Moment später »den bewegendsten Augenblick meiner politischen Karriere«.

In eigens versiegelten Sonderzügen traten die Flüchtlinge am nächsten Tag eine zehnstündige Reise an, die sie ins bayerische Hof führen sollte. Schon jetzt zeigte sich, daß Honecker einer Selbsttäuschung erlegen war, wenn er geglaubt hatte, daß damit alles beendet sein würde. Mielkes Spitzel in Prag berichteten ihrem Minister, daß erneut Tausende von DDR-Bürgern in die Botschaft geströmt waren. Am 3. Oktober wies Honecker deshalb die Behörden an, Reisen in die Tschechoslowakei ohne Visum zu unterbinden, was de facto bedeutete, daß er sein Land von der Außenwelt abschnitt. Am 4. Oktober genehmigte er einen weiteren Zug, der die verbliebenen Botschaftsbesetzer aus Prag herausbringen sollte. Diesmal waren die Bahngleise und Bahnhöfe in der DDR von Menschen gesäumt. Wenn die Züge durchfuhren, versuchten sie, auf die Waggons aufzuspringen. In Dresden mußte der Hauptbahnhof von der Polizei geräumt werden, was heftige Zusammenstöße zur Folge hatte, die sich über Stunden auf den Straßen der Stadt fortsetzten. Tausende wurden festgenommen.

Am 6. Oktober traf Gorbatschow in der DDR ein. Er betrat ein Land, das sich im Aufruhr befand. »Wer zu spät kommt, den bestraft das Leben«, sagte er auf einer Versammlung des Politbüros an diesem Nachmittag, Worte, die Krenz und andere in der schwankenden SED-Führung – viel zu spät – als ein Signal verstanden, sich gegen Honecker zu wenden. Gorbatschow, so glaubte Krenz, erwartete ein Zeichen des Staatsratsvorsitzenden, daß dieser die Bedrohlichkeit der Situation begreife. Aber nichts kam. Statt dessen tat Honecker so, »als ob es sich bei seinem Land um die Insel der Seligen handele«.[32]

Gleich nachdem Gorbatschow wieder abgereist war, unterbanden Mielkes Sicherheitskräfte einen weiteren großen Massenprotest auf dem Alexanderplatz, drängten die zumeist jugendlichen Demonstranten in die Straßenzüge am Prenzlauer Berg ab, das alte Berliner Arbeiterviertel, wo man noch immer – 45 Jahre nach dem Kriegsende – an jeder Straßenecke die Bombenschäden sah. Polizei und Staatssicherheit griffen mit Tränengas und Knüppeln ein und verhafteten Hunderte junger Menschen, die nicht einmal das Ende des Sozialismus forderten, sondern einfach dieselben Freiheiten, die Gorbatschow seinem Volk schon längst eingeräumt hatte.

Tatsächlich war Mielke bereits dabei, seine Leute auf energisches Durchgreifen, auf harte Maßnahmen vorzubereiten: Er mobilisierte die Einsatztruppen der Staatssicherheit und die Betriebskampfgruppen. Doch Krenz und andere Mitglieder der Parteiführung waren jetzt auf der Hut; sie wollten die Dinge endlich selber in die Hand nehmen. Dies betraf zunächst die mittlerweile regelmäßig stattfindenden Montagsdemonstrationen in Leipzig, von denen die nächsten für den 9. und 16. Oktober geplant waren. Honecker und Mielke beharrten darauf, daß der ganze Ärger das Resultat einer Beeinflussung von außen sei, nicht nur durch den Klassenfeind, sondern auch durch die verräterischen Ungarn, die man bislang auf seiner Seite geglaubt hatte. Krenz, eine klägliche Gestalt, hatte auf Befehl Honeckers bis zu seinem siebenundvierzigsten Lebensjahr die FDJ geleitet, so daß die Leute sich bereits über ihn mokierten. Er habe die Jugend zu seinem Beruf gemacht, hieß es. Erst jetzt begann er sich vorzutasten, holte Erkundigungen bei den Mitgliedern des Politbüros ein. Ob er Honecker ersetzen könnte? Krenz fand schnell heraus, daß sogar unter der älteren Generation jeder seine Gründe hatte, einer Veränderung zuzustimmen. Honecker mußte gehen.

Am 13. Oktober unterzeichnete Honecker auf Krenz' Ersuchen eine Zusage, in Leipzig keine Gewalt anzuwenden.

Vogel erhielt damals Hunderte von Briefen, die in Bautzen, Karl-Marx-Stadt oder anderen Gefängnissen abgestempelt waren. Die Schreiber berichteten, sie seien verhaftet worden, weil sie versucht hatten, zu ihren Vätern, Ehemännern oder Frauen zu gelangen, die über die Botschaften in Prag und Warschau und mit Vogels Hilfe bereits in Freiheit waren. Nun saßen sie im Gefängnis, zurückgebliebene Familienangehörige. Bei dem Versuch, durch die Oder zu waten, die am Ende des trockenen Sommers nur knietief war, oder durch die Wälder entlang der Grenze zwischen der DDR und der Tschechoslowakei zu flüchten, waren sie festgenommen worden. Nahezu jeder Auswanderungsfall, den Vogel bearbeitete, schien eine Familie zu trennen oder sonst eine Tragödie zu verursachen. Unterdessen ließen die Westdeutschen den Anwalt wissen, daß sie nicht weiter bereit seien, das alte Spiel zu spielen und diese Leute als politische Häftlinge zu betrachten, für die sie einen Preis zu entrichten hatten.

Vogel wußte nicht mehr, was er tun sollte. Genau wie das Regime, dem er diente, war er angesichts der neuen Entwicklungen überfordert. Alle Orientierungspunkte, die seit 1953 seinen Kurs bestimmt hatten, waren weggeschwemmt worden. Die alte Führung, die Vogel zu dem gemacht hatte, was er war, trieb steuerlos in dieser starken Strömung dahin. Sogar moralisch hatte sich Vogel bislang immer im Tatsachenwirrwarr seiner Fälle zurechtfinden können. Nun dagegen lag ihm ein Fall vor, bei dem nur noch Wut in ihm aufstieg: das Schicksal einer vierköpfigen Familie, die über die Warschauer Botschaft in den Westen hatte flüchten wollen. Dem Vater gelang es, die Oder zu überqueren, und sobald er auf der anderen Seite war, wurde er in ein Aufnahmelager in Hessen gebracht. Seine Frau jedoch konnte den Grenzpatrouillen nicht entwischen, wurde verhaftet und kam ins Gefängnis. Die eigentliche Ungeheuerlichkeit bestand in den Augen Vogels aber in dem, was mit ihren beiden kleinen Kindern geschehen war: Sie waren kurzerhand in ein Waisenhaus gesteckt worden.

Damals konnte der Anwalt nicht einmal mehr Honecker erreichen, um mit ihm die Probleme persönlich zu erörtern. Aus dem Staatsratsvorsitzenden war bereits ein Fall für die Geschichtsschreibung geworden, aus Erich Mielke ein Fall für die Psychiatrie. Von Krenz und dessen politischer Vorgehensweise wußte Vogel kaum etwas. Ihm war freilich klar, daß die wenigen, höchst fragilen Zwänge von Rechtmäßigkeit, die der auf seine eigene Sicherheit bedachte Koloß DDR sich auferlegt hatte, fortgeschwemmt worden waren. Die schwachen Fundamente der Rechtsprechung bröckelten ab, Panik lag in der Luft, Massenausschreitungen und Blutvergießen drohten. In einer solchen Atmosphäre blieb nur eine Möglichkeit: sich für ein vernünftiges und zivilisiertes Verhalten einzusetzen.

Möglicherweise reagierte Vogel nun auch in kühler Berechnung. Wenn die Mauer fiel, das wußte oder vermutete er, dann würde auch der Staat zusammenbrechen. Unweigerlich würde die Wiedervereinigung folgen. Seine Verbindungen zu den Machthabern würden in einer solchen Situation kaum noch von Bedeutung sein, ganz im Gegensatz zu seinem Ansehen als verläßlicher Vermittler zwischen beiden Teilen Deutschlands. Nun war jeder auf sich allein gestellt, und wenn das Regime zusammenbrach, dann gab es für Vogel nur einen Weg, seinen Ruf zu retten: Zum ersten Mal in seinem Leben rang er sich dazu durch, die Rechtsverletzungen des Sytems, dem er seine gesamte berufliche Karriere gewidmet hatte, öffentlich anzuprangern. Jetzt, da das Land in die Anarchie abzugleiten drohte, handelte er in der Hoffnung, Schlimmerem vorbeugen zu können.

Es war das Geschwisterpaar im Waisenhaus, das ihn auf diesen Scheideweg geführt hatte. Da stand er nun, an diesem Freitag dem 13., demselben Tag, an dem Honecker sein schicksalsschweres Versprechen gab, gegen die Demonstranten in Leipzig keine Gewalt anzuwenden. Er zeigte seiner Frau Helga eine Stellungnahme, die er aufgesetzt hatte, um sie an dpa zu schicken. »Gib dieses Telex durch«, bat er sie. Helga Vogel wurde blaß, als sie den Text las. »Wolfgang, das kannst du nicht tun«, flüsterte sie, »das ist unser Ende.« »Nein, ich glaube, daß sie mich noch brauchen«, gab er zurück. Er ließ sich nicht beirren. Und wie immer tat Helga, was ihr Mann wollte.

Für die westdeutschen Medien war die Stellungnahme eine Sensation.»Ich sehe in den zahlreichen Strafverfahren wegen ungenehmigten Verlassens der DDR via Ungarn, ČSSR oder Polen eine Verletzung des Prinzips der Gleichbehandlung der Bürger vor dem Gesetz«, teilte Vogel mit. »Es ist unvertretbar, einerseits Sonderwege nach der BRD zuzulassen und andererseits für analoges Verhalten Haftbefehle zu verkünden. Auch die Strafverfolgung gegen Demonstranten, die keine Gewalttätigkeiten begangen haben, sind juristisch bedenklich. In beider Hinsicht sehe ich mich als Rechtsanwalt in der Pflicht, Korrekturen und rechtsstaatliche Praktiken anzumahnen. Die Freilassung der Betroffenen duldet keinen Aufschub«, forderte er. »Alles soll ruhig verlaufen. Wir Rechtsanwälte sind in unserer Verantwortung für humanitäre Hilfe und Lösungen ausgleichend gefordert. Das gilt auch im Reise- und Ausreiseverfahren. Bürokratische Hindernisse dürfen wir nicht mehr hinnehmen.«[33] Daß Vogel zugleich jegliche »Anmahnungen von außen« zurückwies und mitteilte, die DDR müsse die ihr »ausreichend zur Verfügung stehenden Rechtsmittel und Rechtsbehelfe« einsetzen, um ihren Bürgern eine gerechte Behandlung zukommen zu lassen, trug in den Augen Mielkes nicht dazu bei, diesen unerwarteten Angriff auf das Regime zu mildern.

Um neun Uhr abends klingelte, genau wie Helga Vogel es befürchtet hatte, das Telefon. »Der Generalsekretär ist zutiefst enttäuscht«, ließ der fast zweiundachtzigjährige Minister für Staatssicherheit Vogel wissen und befahl: »Bleiben Sie in Ihrem Büro und bereiten Sie sich darauf vor, unsere Fragen zu beantworten.«[34]

Trotzdem fuhren die Vogels nach Teupitz, angsterfüllt. Der Gedanke, verhaftet zu werden, versetzte sie derart in Schrecken, daß sie ihn nicht zu Ende zu denken vermochten. Doch Vogel sollte weder Mielke noch Honecker Rede und Antwort stehen müssen. Allzu schnell hatten sich die beiden Männer selber vor ihrer eigenen Partei und später auch vor ihrem Volk zu verantworten.

Am Montagmorgen, dem 18. Oktober, gab Willi Stoph vor dem im Hauptquartier des Zentralkomitees vollzählig versammelten Politbüro einen außerordentlichen Punkt auf der Tagesordnung bekannt: »Rücktritt Erich Honeckers und Wahl von Egon Krenz zum Generalsekretär«. Während der nächsten zwei Stunden leitete Honecker selber die Diskussion. Er rief jedes Mitglied des Politbüros einzeln auf und hörte sich dessen »mit Bedauern« vorgetragene Aufforderungen an, er solle aus gesundheitlichen Gründen zurücktreten. Honecker war schockiert, als Günter Mittag, im Politbüro verantwortlich für Wirtschaftsfragen und sein engster Verbündeter, sagte, eine Wende sei lange überfällig. Als Honecker zur Abstimmung aufrief, erhoben alle Anwesenden die Hand. Schließlich schloß sich Honecker selber dem Votum an. In der kafkaesken Gesetzmäßigkeit derartiger Blutrituale der Kommunisten mußten sogar solche Entscheidungen einstimmig gefällt werden.

Am selben Nachmittag akzeptierte das Zentralkomitee Honekkers Rücktritt. Als er am Abend nach Hause zurückkehrte, erzählte er seiner Frau Margot, wie enttäuscht er gewesen sei, daß kein einziger Vertrauen genug zu ihm besessen habe, ihn rechtzeitig vor dieser Entwicklung zu warnen. »Weißt du«, sagte er zu ihr, »ich bin regelrecht erleichtert. Ich könnte es nicht mehr.«[35]

Solange die Voraussetzungen Bestand hätten, die zu ihrer Errichtung führten, hatte Honecker erst kürzlich gesagt, werde die Mauer stehenbleiben – vielleicht noch einmal 100 Jahre. Er verrechnete sich genau um ein Jahrhundert. Am 27. Oktober hob Krenz die Reisebeschränkungen in die Tschechoslowakei auf und verkündete eine Amnestie, unter die alle Bürger fielen, die geflüchtet waren oder einen Fluchtversuch unternommen hatten. Er löste damit das ein, was Vogel in seiner Stellungnahme angemahnt hatte.

Zwischen dem 27. Oktober und dem 9. November flohen über 300.000 Menschen durch diese Hintertür. Am 9. November fällten Krenz und sein Politbüro die Entscheidung, die Grenzen für den Reiseverkehr zu öffnen. Sie wurde kurz vor 19 Uhr von Günter Schabowski, dem für die Medienpolitik zuständigen Mitglied des Politbüros, auf einer Pressekonferenz verkündet. Als Antwort auf eine Frage gab er beinahe beiläufig an, von nun an seien alle Grenzübergänge für den Ein- und Ausreiseverkehr geöffnet. Innerhalb weniger Stunden eilten Tausende von Ostberlinern, die ihren Ohren kaum trauen wollten, zu den Grenzübergängen. Die Grenzbeamten waren nicht mehr in Lage, auch nur die Pässe zu kontrollieren. Die Mauer, Symbol der achtundzwanzigjährigen Arbeit Erich Honeckers, wurde an einem einzigen Abend niedergerissen.

Ostdeutsche wie Westdeutsche waren stolz auf die erste friedliche Revolution in der Geschichte Deutschlands, auf die »Wende«, wie sie bald genannt werden sollte. Aber es handelte sich um weit mehr als nur um einen Umschwung. In Leipzig wie in Berlin, in Dresden wie in Rostock gingen die Bürger auf die Straßen und demonstrierten friedlich für ihre Freiheit, eine Freiheit, die ihnen wie eine reife Frucht in die Hände gefallen war.

Schon einige Monate zuvor, während einer privaten Reise nach Moskau, hatten Markus Wolf dunkle Vorahnungen befallen, was eine solche Entwicklung für den Staat bedeuten könnte. Im Verlauf einer Unterhaltung mit Valentin Falin im Gebäude des Zentralkomitees der KPdSU war Wolf von dem Russen gefragt worden, ob die Parteiführer jemals daran gedacht hätten, Stalins Gedanken von einem neutralen konföderativen Deutschland in Erwägung zu ziehen. Fast zwanzig Jahre lang hatte Honeckers Abgrenzungspolitik auf klarer Trennung basiert. Immer hatte man versucht, eine eigene ostdeutsche Identität zu schaffen, die auf den klar umrissenen ideo-logischen Gegensätzen zwischen den beiden Hälften Deutschlands beruhte. Nun hingegen gab es keine eindeutigen Unterscheidungs-merkmale mehr; die Trennung erwies sich als ganz und gar künstlich – genau wie es die Bundesrepublik schon immer gesagt hatte. Krenz versprach zwar einen neuen, demokratischeren Sozialismus, der die Fehler und Mißstände der Vergangenheit korrigieren sollte. Aber er war nicht fähig, die Fundamente eines solchen Staates von Grund auf zu durchdenken, geschweige denn sie zu legen. Er war ein Funk-tionär. Seine Einsicht kam Jahre zu spät.

Auf den Straßen Ost-Berlins hatte der Zusammenbruch des Kom-munismus einen Ausbruch von Zorn, Unmut und Rache zur Folge. Der Zorn herrschte vor, aber es gab auch noch etwas anderes: ein stärker werdendes Gefühl für das, was bereits ein Vers der DDR-Nationalhymne von 1949 ausgedrückt hatte, ein Vers freilich, den Honecker hatte streichen lassen. Über viele Jahre hinweg war er nicht gesungen worden, nun aber skandierte die Menge ihn auf dem Alexanderplatz: »Deutschland einig Vaterland«. »Wir sind das Volk«, hatten die Menschenmassen in Leipzig schon vor jenem Oktober gerufen. In diesen Tagen aber wurde ein neuer Ruf laut: »Wir sind *ein* Volk«.

»Ich sehe das Ende kommen«, hatte der neue kommunistische Ministerpräsident Hans Modrow vor seiner Wahl am 13. November einem Freund gesagt.[36] In den kommenden drei Wochen leitete er die Sitzungen, in denen ein ums andere Mal enthüllt wurde, wie die kommunistischen Machthaber ihr Volk getäuscht hatten. Betrug, Korruption, Privilegien, Massenterror – all dies war durch den riesi-gen Apparat des MfS möglich geworden, mit seinen 180.000 Ange-stellten und den vielen weiteren Hunderttausenden von Denunzian-ten, Spionen und Lockspitzeln. Jetzt, da die Mauer durchlässig war, ließen jeden Monat Zehntausende all dies hinter sich und gingen mit ihren Familien in den Westen. Ende November war offenbar gewor-den, daß Krenz' Versuche fehlschlugen, den Zorn des Volkes zu besänftigen, indem er Reformen und einen schrittweisen Wandel versprach. Nicht einmal die Entscheidung vom 1. Dezember 1989, auf den verfassungsmäßig garantierten Führungsanspruch der SED zu verzichten, konnte die immer höher schlagenden Wogen der Unzufriedenheit besänftigen.

Krenz, Modrow, die Partei, die sie repräsentierten, und der Staat, der 16.5 Millionen Menschen den Kommunismus verordnet hatte, sie alle waren in politischer Hinsicht dem Untergang geweiht. Eine wahre Orgie gegenseitiger Beschuldigungen setzte ein, und ange-sichts der Tatsache, daß die meisten DDR-Bürger dem Übel eines totalitären Regimes keinen Widerstand entgegensetzt, ja nicht einmal Zeugnis davon abgelegt hatten, sondern als Mitläufer gelten mußten, entwickelten sich die Anklagen um so bitterer. Zu seiner tiefen Enttäuschung machten viele Menschen Wolfgang Vogel nun für die Unbill verantwortlich, die sie hatten erleiden müssen. Tausende hatten ihm über die Jahre hinweg für seine Bemühungen gedankt, Not und Entbehrungen etwas erträglicher zu gestalten. Die neugewonnene Freiheit schien sie der Dankbarkeit entbunden zu haben, und nun, in dieser Freiheit, begannen sie auch mit Vogel abzurechnen.

Zwölftes Kapitel

Der Kampf um den guten Ruf

»Der Herrgott und ich, wir müssen das klären.«

Die Luft nach dem Sturm klärte sich lange nicht. Das Machtvakuum, das durch den Zusammenbruch der SED-Herrschaft entstanden war, wurde zu einem großen Teil nicht mit den Reformkräften der Basis oder den Bürgerrechtsaktivisten ausgefüllt, sondern von den erfahrenen westdeutschen Politikern, die in den nachfolgenden Monaten eroberungshungrig ins Land stürzten, voller Geringschätzung für die Kommunisten, die man mit allen Mitteln umschmeichelt hatte, als sie noch an der Macht gewesen waren.

In mancher Hinsicht wurde die Geschichte auf den Kopf gestellt. All die »guten Taten«, die Vogel im Verlauf der Jahre hatte bewerkstelligen können, wurden nun auf die Waagschale gelegt, gewogen im Vergleich mit jenen »Sünden«, die man in seiner Zusammenarbeit mit dem verabscheuungswürdigen Regime erkannte. Der Anwalt war auf enge Verbindungen zum Regime angewiesen gewesen, um seine Mandate erfüllen zu können, und die Macht, die aus diesen Verbindungen resultierte, hatte ihn reich gemacht. Jetzt hingegen behaupteten einige seiner Mandanten, er habe sie betrogen. Und dafür solle er zahlen.

Erst im Herbst 1989 begriff Vogel, was auf ihn zukam. Die ersten unguten Ahnungen überkamen ihn während der Verhandlungen in der Warschauer Botschaft der Bundesrepublik, als er sich mit einem polnischen Regierungsbeamten über die Entwicklung von Solidarność unterhielt, die mittlerweile weit über das hinausgegangen war, was man sich in der DDR auch nur hätte vorstellen können. Wie stand es dort mit den Rachegefühlen, wollte Vogel wissen, wie war die polnische Gesellschaft mit dem Bedürfnis nach Rache zurechtgekommen? Was geschah, wenn ein Mann zum Ministerpräsidenten gewählt wurde, der im Gefängnis gesessen hatte und seine Richter, Kerkermeister und Peiniger beim Namen kannte? Würde er darauf bestehen abzurechnen? Polen sei ein katholisches Land, lautete die Antwort. Die Katholiken glaubten an Vergebung. Die preußischen Protestanten, dämmerte es Vogel, würden sich kaum in Vergebung üben.[1]

302

Ende 1989 war Vogels Reputation noch nicht in Gefahr. Die westdeutsche Regierung hatte ihn für das Bundesverdienstkreuz und damit für die höchste zivile Auszeichnung ihres Landes vorgeschlagen.[2] Westliche Diplomaten in Ost-Berlin spekulierten sogar darüber, ob Vogel zum Justizminister der ersten demokratisch gewählten Regierung der DDR bestellt werden könnte. Aber selbst diese Vorstellung vermochte Vogel nicht zu beruhigen. Denn die freudige Erregung, die mit der Öffnung der Mauer aufgekommen war, hatte nicht lange angedauert. Schon wurde sie von einer düstereren Stimmung abgelöst, einer Stimmung, die, wie er befürchtete, nichts Gutes für ihn und all diejenigen verhieß, die über lange Jahre hinweg privilegierte Positionen innegehabt hatten.

Auf den Straßen hatten die Menschen ihren Sieg über den Staat errungen, und auf der Straße wurden jetzt auch die ersten Rufe nach Vergeltung laut. Die Entdeckung, daß sich die Machthaber in Wandlitz mit jenem westlichen Luxus umgeben hatten, den sie ihrem Volk im Namen einer vorgeblich höheren Ideologie versagt hatten, fachte die Emotionen an. Den Honeckers, den Krenz' und jeder der 21 weiteren Familien standen unentgeltlich jeweils zwei Haushaltshilfen zur Verfügung, dazu kamen – alles zu geringen Preisen – westliche Videos, Champagner, Cognac und so schlichte Vergnügen wie Erdbeeren außerhalb der Saison: Dinge, die für den normalen Bürger der DDR völlig außer Reichweite lagen. Hinter den grünverputzten Mauern des Privilegiertenghettos befanden sich sogar Jagdgebiete und Privatflugzeuge. Im Namen eines Kommunismus, unter dem alle Menschen gleich sein sollten, lebten die SED-Regierungsspitzen wie Feudalherren, während sie ihren Untertanen, die in einer Agonie des Selbstmitleids versanken, von Genügsamkeit und harter Arbeit predigten.

Vogel war nicht Mitglied des Politbüros gewesen. Doch hinter den Gartenmauern von Teupitz lebte er ebensogut wie die Wandlitzer Elite. Über viele Jahre hinweg hatten er und Helga die Handwerker des kleinen Dorfes beschäftigt, indem sie eine Reihe von Anbauten errichten ließen: die Garage, die Veranda hinter der Küche, die Vitrinen im Wohnzimmer und den Steg, der in den See hinausführte. In Teupitz war Vogel eine angesehene Persönlichkeit. Anders als die Männer im Politbüro hatte er nicht über die einfachen Bürger geherrscht; oft hatte er den Nachbarn von sich aus Hilfe bei deren Kämpfen mit der Bürokratie angeboten oder bei Versuchen, Verwandten die Ausreise in den Westen zu ermöglichen. Doch für die meisten anderen Menschen im Land hatte die Dankbarkeit gegenüber Vogel nur so lange Bestand gehabt wie die Mauer, die ihnen ihr Leid aufgezwungen hatte. Nachdem sie sich nun von jenem verdrehten Sozialismus befreit hatten, in den die Staatssicherheit sie gepreßt hatte, waren sie fest entschlossen, Sündenböcke für all die verlorenen, verdorbenen, angsterfüllten Jahre in der DDR zu finden.

Was die Menschen in den ersten Tagen der Revolution am wenigsten vergeben wollten, war die Tatsache, daß man sie mit Gewalt von den Wohltaten der Konsumgesellschaft ferngehalten hatte. Wer versuchte, die Mauer zu überwinden, begab sich in die Gefahr, erschossen zu werden. In jedem Fall aber wurde er von der Staatssicherheit schikaniert, nur weil er diese Dinge für begehrenswert hielt. Jetzt hingegen bewiesen Akten, daß das MfS selber umfangreiche Geschäfte mit westlichen Konsumgütern betrieben hatte, und zwar zum Wohl der Führungselite. Immer deutlicher kam die Verstrickung der Staatssicherheit in jenes Geschäft illegaler Transaktionen ans Licht, das von dem feisten und so erfolgreichen Alexander Schalck-Golodkowski und seiner mysteriösen KoKo geschaffen worden war. Die KoKo wurde als ausgeklügelter Bestandteil des Sicherheitsapparats entlarvt, Schalck als geheimer Stasi-Oberst demaskiert, Herr über ein Geschäftsimperium, das Waffenverkäufe an Terroristen und die Regierungen im Nahen Osten, die diese deckten, einschloß. Er hatte einen geheimnisvollen Schatz von über zwanzig Tonnen Gold angehäuft, der als Hauptstütze der schwachen ostdeutschen Währung diente. Beeinflußt von dem Druck, der von den Menschen auf der Straße ausgeübt wurde, leitete die Staatsanwaltschaft Untersuchungen ein. Gegen Schalck wurde Anklage erhoben.

Vogels Verbindungen zu Schalck waren kaum zu leugnen. Die Zahlungen, die die Bonner Regierung im Zusammenhang mit dem Häftlingsfreikauf geleistet hatte, waren allesamt an die KoKo gegangen. Die beiden Männer kannten sich gut. Ende November 1989 schlug Schalck vor, Vogel solle Krenz über die Hintergründe der Häftlingsfreikäufe informieren. Am 30. November folgte der Anwalt dieser Anregung mit einem Memorandum, das er, wie er anmerkte, »auf Anregung des Genossen Schalck« verfaßt habe. Der Austausch von Gefangenen, für den die Bundesregierung über die Jahre hinweg gezahlt habe, so schrieb er, sei

»1964 von beiden Kirchen in der BRD und auch in der DDR vorgeschlagen, organisiert und zwischen beiden Regierungen durch Vermittlung von Rechtsanwälten vereinbart worden. Er [der Freikauf] hat bis Anfang November 1989 funktioniert und betraf
- Häftlinge (Wiedergutmachung von Schaden)
- Ausreise (Ausbildungskosten)
- Botschaftsfälle (Ausbildungskosten)«

Bei den Anmerkungen in Klammern handelte es sich um die von Vogel zusammengefaßten Argumente, die man der Bundesrepublik für die Forderung nach Geld gegeben hatte, wenn man die Gefangenen gehen ließ.

»Die Kirchen waren bis zuletzt aktiv beteiligt«, schrieb Vogel. Sowohl die Vertreter der römisch-katholischen Kirche in Ost-Berlin als auch leitende Persönlichkeiten der evangelischen Kirche wie Manfred Stolpe hätten eine Rolle als »stille Vermittler« gespielt. Er erläuterte kurz, wie man sich die Verbindungen der Kirchen in den vergangenen 25 Jahren zunutze gemacht habe, um Zahlungen der Bonner Regierung an die KoKo weiterzuschleusen, und berichtete dann, daß das Programm am 20. Dezember 1989 mit einer letzten Zahlung von 75 Millionen D-Mark unter der Bedingung abgeschlossen worden sei, daß es in Zukunft nicht mehr zu Verfahren aus »politischen Gründen« kommen werde.

Nichts in Ton und Inhalt dieses Briefes hätte in Kirchenkreisen oder bei den Kontrollgremien der Bunderegierung zu Erstaunen geführt. Aber was aus der Perspektive des Kalten Krieges noch als moralisch vertretbar gelten konnte, sollte sich bald als zynische Taschenspielerei entpuppen und Vogels Karriere in ein neues und sehr viel ungnädigeres Licht rücken.[3]

Drei Tage nach diesem Schreiben, am 2. Dezember 1989, sah sich Egon Krenz vor dem riesigen Gebäude des Zentralkomitees am Werderschen Markt einer gewaltigen Menge von Demonstranten gegenüber, die schreiend und pfeifend seinen Rücktritt als Parteichef forderten. Schon am folgenden Tag sollte die Menge erreichen, was sie wollte. Partei wie Regierung fuhren fort, sich aus den Verstrikkungen zu lösen. Vogels Anwaltskollege Gregor Gysi erhielt den Auftrag, als neuer Vorsitzender der SED die Glaubwürdigkeit seiner Partei wiederherzustellen, die hinfort unter neuem Namen als »Partei des Demokratischen Sozialismus« auftrat. Hans Modrow, der als Bezirkssekretär von Dresden relativ saubere Hände behalten zu haben schien, übernahm die Regierungsverantwortung. Aber die Ereignisse überschlugen sich viel zu schnell, als daß die reformbereiten Funktionäre sie noch hätten kontrollieren können.

Tatsächlich herrschte im Dezember 1989 das Chaos, und zwar auf den unterschiedlichsten Ebenen. An der Oberfläche erschien der Tumult als freudiger Triumph der demokratischen Kräfte, und so wurde er auch in den Medien gefeiert. Aber unter dieser Oberfläche gab es ein unleugbares Autoritätsvakuum. Die alten Institutionen – die Partei, das MfS, der »sozialistische« Lebensstil – waren zusammengebrochen. Wer oder was sie ersetzen würde, war nicht abzusehen. Die alten Führer, die am tiefsten in die Sache verwickelt gewesen waren, versuchten verzweifelt, auf irgendeinem Weg ihre Haut zu retten. Erich Mielkes Ministerium wurde bald weitgehend aufgelöst, der Minister selber hinter Schloß und Riegel getan, die so lange und sorgsam bewahrten Akten über seine Beteiligung an der Ermordung zweier Polizisten im Jahre 1931 sichergestellt. Außerdem grub man die Unterlagen über Erich Honeckers Verhaftung durch die Gestapo und seine Zeugenaussage von 1936 aus, bei der er mehrere Genossen aus der kommunistischen Untergrundbewegung ans Messer geliefert hatte. Vermutlich hatte Mielke diese Dokumente aufbewahrt, um sie als Druckmittel bei Machtkämpfen einzusetzen. Inzwischen bedienten sich viele Stasi-Handlanger ähnlicher Dokumente, um sich selbst zu retten. Sie hatten die Unterlagen kopiert oder einfach an sich genommen, um sie Journalisten gegen Geld anzubieten. Das war die neue Lage: Jeder war auf sich selbst gestellt.

Am 2. Dezember geriet auch Schalck in Schwierigkeiten. Es war am späten Nachmittag, als in Vogels Haus in Teupitz das Telefon läutete. Der Chef der KoKo bat Vogel, seine Verteidigung zu übernehmen. Einen Tag zuvor, so berichtete Schalck mit zitternder Stimme, habe die neu eingesetzte DDR-Staatsanwaltschaft seine Überwachung rund um die Uhr angeordnet. Der Staatsanwalt habe ihm erklärt, daß er unter dem Druck einer Anfrage des neu zusammengesetzten Parlaments handeln müsse, wobei sich die Ermittlung vor allem auf die Anschuldigung konzentriere, die KoKo habe in Wandlitz auf Kosten der Steuerzahler und im Auftrag der Parteiführer den Bau von Häusern für die Söhne und Töchter der Machthaber in die Wege geleitet. Zudem stand Schalck in dem Verdacht, Gold im Wert von mehreren Millionen Dollar auf Schweizer Banken beiseite geschafft zu haben. Von allen Seiten kamen die Verfolger auf ihn zu. Er brauchte Vogels Hilfe.

»Du mußt mich vertreten, oder ich weiß nicht, was ich tun werde.« Vogel versuchte Schalck zu beruhigen. Ihm war klar, daß der Chef der KoKo die Flucht ergreifen werde; gleichwohl verabredeten er und Helga sich schnell mit Schalck in dessen Büro in der Wallstraße. Als sie dort eintrafen, fanden sie ihren alten Bekannten in einem beklagenswerten Zustand vor. »Wenn du meinen Fall nicht übernimmst, erschieße ich mich«, sagte er. Vogel versprach, alles zu tun, was in seiner Macht stand, während Schalck dem Anwalt zusicherte, daß sein Fahrer ihm am nächsten Tag fünf Aktenkoffer mit Material bringen werde, das Vogel zu seiner Verteidigung verwenden sollte. Als das Ehepaar in der Nacht nach Teupitz zurückfuhr, wußten beide, daß Schalck bereits auf den Grenzübergang Invalidenstraße zusteuerte. »Warte nur«, sagte Vogel im Auto zu seiner Frau, »wenn er verhaftet wird, wird er behaupten, ich hätte ihn verraten.«

Als sie zu Hause ankamen, läutete schon das Telefon. »Ich bin in Tegel«, teilte Schalck mit, ohne seinen Namen zu nennen. Vogel hatte das Gefühl, daß er bereits viel weiter weg sei.

Nachdem der Fahrer am Sonntagmorgen mit den fünf Aktenkoffern eingetroffen war, rief Vogel von sich aus Günter Wendland an, den Generalstaatsanwalt, um ihm von den Vorkommnissen zu berichten. Es war klar, daß die Ermittlungsbehörden die Unterlagen als Beweismaterial einfordern würden. Vogel bat um das Recht, belastendes Material zurückzuhalten. Aber Wendland schien gar nicht besonders in Eile zu sein. Am kommenden Dienstag, dem 5. Dezember, werde er um zehn Uhr vormittags einen Mitarbeiter vorbeischicken, sagte er.

Als die Vogels zum vereinbarten Termin in der Reiler Straße eintrafen, wartete bereits eine Gruppe von Staatsanwälten und Polizeibeamten auf sie. In diesem Augenblick befielen das Ehepaar erste Vorahnungen von jener Katastrophe, die ihren Schatten schon in Kürze auf Vogels gesamte berufliche Laufbahn, auf sein persönliches Ansehen werfen würde. »Herr Dr. Vogel, ich nehme Sie hiermit vorläufig fest. Sie folgen mir ins Polizeipräsidium«, teilte jemand ihm mit. »Außerdem werden wir eine Durchsuchung Ihrer Büroräume vornehmen.«

Vogel war sprachlos vor Erstaunen. Als er sein Büro betrat, berichtete ihm der Bürovorsteher, daß gerade ein Anruf gekommen sei; die Haushälterin in Teupitz sei am Telefon. »Da warten sechzehn Leute draußen und sagen, sie wollten das Haus durchsuchen«, sagte die Frau zu Helga Vogel, als sie ans Telefon kam. »Ohne Durchsuchungsbefehl lassen Sie die nicht rein«, beschwor diese ihre Angestellte. Doch die Untersuchungsbeamten drohten, die Tür einzutreten.[4]

»Was soll das alles?« fragte Vogel die Beamten. »Haben Sie nicht mit dem Generalstaatsanwalt gesprochen?«

»Der ist zurückgetreten.«

»Hat er Ihnen mitgeteilt, daß ich ihn angerufen habe?«

»In seinem Safe haben wir eine Notiz gefunden.«

Aber das änderte nichts. Die Durchsuchung ging weiter.

Vogels Büroakten enthielten Tausende und Abertausende von Dossiers, darunter Unterlagen über äußerst heikle Verhandlungen mit einem Dutzend Regierungen aus Ost und West: Spionageaustausch, Häftlingsfreikäufe, offizielle und private Angelegenheiten, von denen Vogel glaubte, daß ihre Offenlegung in niemandes Interesse liegen könne. Die vertraulichsten Dokumente hatte Vogel in einem geschlossenen Archiv aufbewahrt, so etwa die Aufstellung jener Beträge von fast einer halben Million Dollar, die die DDR zur Verteidigung ihrer Spione in den Vereinigten Staaten aufgebracht hatte. Hier befanden sich auch die Akten über die Bonner Zahlungen für politische Häftlinge und die wenigen Fälle, bei denen es die Stasi bundesdeutschen Familien erlaubt hatte, Verwandte auf eigene Rechnung freizukaufen. Im Keller gab es Zehntausende weiterer Dossiers mit persönlichen Details aus dem Privatleben von fast einer Viertelmillion Menschen, denen Vogel den Weg durch den Eisernen Vorhang gebahnt hatte, Details, die er als Anwalt vertraulich behandeln mußte, solange seine Klienten dies wünschten. Als die Mauer noch stand, war diese Vertraulichkeit stets respektiert worden. Nun hingegen, da das MfS sich nach und nach in seinen Löchern verkroch, wurde er, Wolfgang Vogel, von dem neuen Regime mit derselben Arroganz behandelt, mit der die Staatssicherheit über lange Jahrzehnte viele seiner Klienten abgefertigt hatte.

Vogel wurde in einen Streifenwagen verfrachtet, in das Ostberliner Polizeipräsidium in der Keibelstraße gefahren, ganz in der Nähe des Alexanderplatzes, und in einen abgeschirmten und verriegelten Raum gebracht. Er hatte darauf bestanden, die Koffer von Schalck mitzunehmen. Zu Hause beobachtete seine Haushälterin derweil ungläubig, wie die Polizisten die Türen des schweren geschnitzten Potsdamer Schrankes aus dem 18. Jahrhundert öffneten und hineinspähten, als ob sie dort das Versteck Alexander Schalck-Golodkowskis selber vermuteten. Sie fanden die fünf Koffer und nahmen sie mit sich. Nicht anders geschah es mit den vertraulichen Akten aus dem Bücherschrank in der Reiler Straße.[5] Tatsächlich: Nun war jeder auf sich selbst gestellt.

In Vogels Gefängniszelle wollten die Vernehmungsbeamten vor allem wissen, wo Schalck sei. Vogel wies sie scharf zurecht, daß er diese Information, selbst wenn er über sie verfügen würde, angesichts seiner Schweigepflicht als Anwalt nicht preisgeben könne. Doch da war noch etwas anderes. Vogel selber, so sagte man ihm, stehe im Verdacht, ein Verbrechen begangen zu haben, das mit dem, was möglicherweise in Schalcks Koffern zu finden sei, überhaupt nichts zu tun habe. Man verdächtige ihn der »verbrecherischen Erpressung« ehemaliger Klienten, denen er nur unter der Bedingung, Grundbesitz und Eigentum zurückzulassen, die Ausreisegenehmigung verschafft habe.

Diesmal hielt Vogels Schreck, ein jäher Schmerz gewissermaßen, nur kurz an. Die ostdeutschen Behörden würden zu schwach und zu unorganisiert sein, um diesen Vorwurf durchzubringen. In ihrem Eifer, der öffentlichen Erregung gerecht zu werden, waren sie zu weit gegangen, weshalb sich der neuernannte Justizminister, Hans-Joachim Heusinger, noch im Gefängnis bei Vogel entschuldigte und seine sofortige Freilassung forderte. Selbstverständlich habe Vogel seine Schweigepflicht als Anwalt geltend machen können, erklärte der Minister später der Presse. Es sei unzulässig gewesen, ihn in einer Gefängniszelle zur Preisgabe vertraulicher Informationen über einen Klienten zu zwingen.[6] Die Nachricht machte in beiden Teilen Deutschlands Schlagzeilen. Im Westen reagierten Presse und Politiker größtenteils mit überheblicher Mißbilligung. Die »demokratischen« Kräfte, so hieß es, seien Amok gelaufen, hätten erneut bestätigt, wie wenig sie von den Regeln demokratisch-politischer Umgangsformen verstünden, seien förmlich in die Vergangenheit zurückgefallen.[7]

Das geschwächte Regime benötigte den Anwalt noch immer. Nach einer Reihe reumütiger Artikel, die in der weiterhin kontrollierten Presse erschienen, zwang Vogel die Regierung, Farbe zu bekennen, indem er eine offizielle Verlautbarung herausgab. Unter anderem drohte er, sich von seiner Tätigkeit als Anwalt zurückzuziehen: »Ich sehe mich einer Kampagne ausgesetzt, die bis zum Vorwurf der Erpressung reicht«, teilte er mit. »Ich habe niemals daran gedacht und denke auch nicht daran, die DDR zu verlassen. Nach 35 Jahren als Anwalt zwischen beiden deutschen Staaten danke ich allen, die mir vertraut haben. Ich will nicht mehr.«[8] Drei Tage später folgte ein persönlicher Appell von Hans Modrow, der Vogel zum Bleiben aufforderte: Er möge daran mitarbeiten, daß bis zum Jahresende alle politischen Gefangenen aus den Gefängnissen entlassen werden könnten. Vogel lenkte ein. Für den Augenblick war es ihm gelungen, die Gefahr zu bannen. Die Staatsanwaltschaft hatte keine Glaubwürdigkeit beweisen können.

Aber das System, das seine Arbeit unterstützt hatte, zerfiel zusehends – und mit ihm Vogels Ansehen. Manfred Seidel, Schalcks Stellvertreter, wurde einen Tag nach seinem Chef verhaftet. Honekker stand in Wandlitz unter Hausarrest, nachdem man ihn ohne große Umstände aus der SED ausgeschlossen hatte, deren Generalsekretär er noch zwei Monate zuvor gewesen war. In derselben Nacht, in der Vogel wieder freigelassen worden war, stürmten Tausende aufgebrachter Menschen das Dresdener Hauptquartier der Staatssicherheit, um die Vernichtung der Akten zu verhindern, mit denen die Verbrechen der Geheimpolizei dokumentiert werden konnten. Doch Vogel konnte darin nichts Nobles oder Begeisterndes erkennen. Das war keine Demokratie, das war die Herrschaft der Straße, und die Straße wurde vom wütenden Verdacht getrieben, Schalck und Konsorten könnten sich ihrer Strafe entziehen, weil sie die Flucht ergriffen, bevor die Akten geöffnet wurden.[9] Dazu kam die unheilvolle Faszination, die das Volk angesichts dessen ergriffen hatte, was da in den Akten zum Vorschein kam. Bald würde es soweit sein – Vogel wußte es –, daß jeder befürchten mußte, denunziert zu werden. Er selber würde dabei eines der am weitesten exponierten Ziele abgeben.

Modrow tat sein Bestes, um die DDR vor dem Kollaps, vor der Umarmung der Bonner Regierung zu bewahren. Am 19. Dezember traf er in Dresden mit Kohl zusammen, und was die politischen Häftlinge betraf, wollte er bei diesem Treffen nicht in die Defensive getrieben werden. Selbst nach der zweiten Amnestie vom 6. Dezember gab es noch immer 130 solcher Gefangener in verschiedenen Gefängnissen der DDR, außerdem 45 als besonders schwerwiegend eingestufte Fälle, die sich in dem berüchtigten Gefängnis Bautzen II befanden.

Angesichts eines Regimes, das sich vor ihren Augen auflöste, war es diesen Häftlingen unbegreiflich, was sie noch hinter Gittern verloren haben sollten. Ihre Bewacher, die darauf beharrten, sie hätten echte Verbrechen, nicht nur politische Vergehen begangen, begannen sich zu fürchten. In der Tschechoslowakei deutete alles darauf hin, daß ein ehemaliger Dissident Staatspräsident wurde. Konnte dergleichen nicht auch hier geschehen? Die Gefängniswärter der Stasi, die auf dem riesigen Totempfahl kommunistischer Privilegien ganz unten rangierten, fühlten mit wachsender Deutlichkeit, daß sie von ihren Vorgesetzten betrogen und im Stich gelassen worden waren. Mancher Bewacher war dabei nicht weniger zornig als die Bewachten selber, so daß sich die Situation in den Gefängnissen schließlich jeglicher Kontrolle zu entziehen drohte. In dieser Lage riefen die Behörden Wolfgang Vogel zu Hilfe. Der wiederum bat Walter Priesnitz vom Bundesministerium für innerdeutsche Beziehungen, ihn bei seinem Besuch in Bautzen zu begleiten. Er wollte die Häftlinge dazu bewegen, Ruhe zu bewahren. Mitte Dezember fuhren sie hin.

Was sie dort antreffen würden, war nicht weniger als eine völlig absurde Situation, und beide Männer wußten das. Die Staatssicherheit hatte die Menschen hinter Gitter gebracht; die Bonner Regierung war bereit, ihre Freiheit zu erkaufen. Priesnitz, als Vertreter Bonns gekommen, sollte die Häftlinge bitten, ihre Bewacher noch für kurze Zeit zu ertragen, während die Regierungen bereits an einem Vertragswerk arbeiteten, das ihnen die Freiheit schenken würde. Manche der Häftlinge waren bereits seit fünfzehn Jahren im Gefängnis, verbüßten lebenslange Freiheitsstrafen, weil sie angeblich als Agenten für die Bundesrepublik gearbeitet hatten. Vogel und Priesnitz mußten sich bittere Anschuldigungen gefallen lassen, weil sie nicht schon früher zur Befreiung der Gefangenen gekommen seien. Die Stimmung war feindselig und mißtrauisch, allerdings mehr gegen Vogel, wie Priesnitz zu bemerken glaubte. Unter den veränderten Bedingungen wurde der Anwalt einfach als ein Repräsentant des Regimes betrachtet, das für einen Ort wie Bautzen die Verantwortung trug, und nach dem Ende des Kalten Krieges, der es Vogel ermöglicht hatte, über so viele Jahre hinweg eine Doppelrolle zu spielen, schien die Maske von Gnade und Barmherzigkeit plötzlich heruntergerissen zu sein. Vogel hatte beide Rollen mit ganzem Herzen übernommen. Nun konnte er nicht verstehen, was sich geändert haben sollte.[10]

Priesnitz und Vogel handelten die Entlassung der letzten politischen Häftlinge aus. Darunter befand sich auch ein Mann, für dessen Freilassung sich Bonn viele Jahre lang verwandt hatte: Bodo Strehlow, ein Matrose, der im August 1979 versucht hatte, ein Patrouillenboot in den Westen zu entführen, und zu lebenslanger Haft verurteilt worden war. Weder Rehlinger noch Priesnitz war es gelungen, seinen Namen auf die Liste zu bekommen. Inzwischen jedoch gab es endlich keinen Grund mehr, seine Entlassung zu verweigern, und so einigten sich Kohl und Modrow am 19. Dezember in Dresden schnell darauf, daß die verbliebenen politischen Häftlinge unverzüglich freikamen. Ende des Jahres sollten Strehlow und die anderen 130 Gefangenen frei sein.[11]

Die Menge in Dresden befand sich wie in einem Rausch, einer Raserei. »Helmut! Helmut!« ertönten Rufe auf allen Plätzen der Stadt. Kohl fühlte, daß ein historischer Umschwung im Gange war. »Mein Ziel ist die Einheit unserer Nation. Ich weiß, daß wir dieses Ziel erreichen können. Gott segne unser deutsches Vaterland«, sagte er den Menschen. Er wurde wie ein siegreicher Held begrüßt. Deutschland drängte mit ganzer Kraft seiner Vereinigung zu.

Indessen schürte die Kenntnis von der bevorstehenden Wiedervereinigung auch die rachsüchtige Stimmung der Menschen. Am 5. Dezember wurden gegen Honecker, Mielke, Stoph und drei weitere Mitglieder des Politbüros Verfahren wegen mutmaßlicher Staatsverbrechen eröffnet. Als Erich Mielke zwei Tage darauf verhaftet wurde, war Vogel nicht sonderlich betroffen. Im Falle Erich Honeckers waren seine Gefühle differenzierter. Honecker, der Vogel gebeten hatte, ihn mit zu verteidigen, mußte sich im Januar einer Nierenoperation unterziehen, und niemand wußte, wo er und seine Frau in der Zwischenzeit bleiben sollten. Die Siedlung Wandlitz war abgeriegelt worden. Die PDS zeigte sich nicht in der Lage, in einem der Häuser, die sich noch in Staatsbesitz befanden, eine Unterkunft für ihren ehemaligen Vorsitzenden zu finden. Bei einem Treffen mit Markus Wolf am 20. Dezember berichtete Vogel, daß er seine Verbindungen zur evangelischen Kirche nutzen wolle, um zu klären, ob das Ehepaar Honecker dort unterkommen könne.[12]

Vogel hielt das, was jetzt mit dem früheren Staatsratsvorsitzenden geschah, für ein unwürdiges Spektakel. Vor wenigen Wochen noch war Honecker der mächtigste Mann im Land gewesen, und ein Großteil des Volkes, über das er geherrscht hatte, wäre glücklich gewesen, auch nur einen Bruchteil seiner Aufmerksamkeit, seines Wohlwollens zu erhaschen. Angesichts der Dehnbarkeiten und Schwächen, die die Gesetzgebung der DDR von jeher geprägt hatten, hielt Vogel es für absurd, daß Staatsanwälte nun gegen diesen Mann eine Anklage wegen Hochverrats zu konstruieren suchten. Den Gesetzen der Deutschen Demokratischen Republik zufolge hätte Hochverrat ja nur eines bedeuten können: den »Versuch, den sozialistischen Staat oder seine Gesellschaftsordnung mit Gewalt zu zerstören«.

Natürlich war es möglich, den Zerfall des sozialistischen Staates auf Honeckers Versagen zurückzuführen, aber gerade diesem fast paradoxen Tatbestand trug das Gesetz keine Rechnung. In Vogels Augen war es zudem absolut lächerlich, Honecker zu unterstellen, er habe die DDR mit Absicht zugrunde gerichtet; man versuchte lediglich, rückwirkend das Recht so zu verdrehen, daß Vergeltung möglich wurde. »Was hier vor sich geht, ist Chaos«, sagte er Ende Januar. »Der Zorn auf den Straßen gibt keinen guten Richter ab.«[13]

Honecker wurde am 29. Januar aus dem Krankenhaus entlassen und umgehend in das Gefängnis Rummelsburg gebracht, wo er sich weiteren Befragungen durch die Staatsanwaltschaft stellen mußte. Man schien darauf versessen, den Fall voranzubringen. Vogel versuchte seinen Klienten zu beruhigen: Er habe Einspruch erhoben. Aber die Staatsanwaltschaft hatte per Gerichtsverfügung erwirkt, daß man den Angeklagten noch bis zum Nachmittag des nächsten Tages festhalten konnte.

Nachdem diese Frist abgelaufen war, brachte Vogel die beiden Honeckers an den einzigen Zufluchtsort, den man ihnen angeboten hatte. Es war ein Asyl, das nicht einer gewissen Ironie entbehrte: Es handelte sich um das Pfarrhaus von Lobetal in der Nähe von Berlin. Pastor Uwe Holmer, dessen Kindern man aufgrund ihrer Religion eine akademische Ausbildung verweigert hatte, verfügte im zweiten Stock seines Hauses über ein ungenutztes Zimmer und war aus christlicher Nächstenliebe bereit, es seinen ehemaligen Peinigern anzubieten.

Honecker freilich war nicht gerade in reumütiger Verfassung. Anfang 1990 äußerte er gegenüber zwei Journalisten, »daß der Sozialismus den Bach hinuntergelaufen ist und wir in einem kapitalistischen Deutschland gelandet sind«.[14] Das Ehepaar ertrug die Situation in Lobetal ein paar Wochen lang, unablässig belagert von sensationslüsternen Photographen. Schließlich floh es in das sowjetische

Militärhospital Beelitz im Südwesten Berlins – eine abgeschlossene Umgebung, in welcher der nierenkranke Honecker gepflegt und die Presse ferngehalten werden konnte.

Das unwürdige Schauspiel, das sich hier vor seinen Augen abspielte, ließ Vogel erschaudern. Wenn sogar der mächtigste Mann des Landes derart erniedrigt werden konnte, was würde dann erst mit einem seiner engsten Vertrauten geschehen? Vogel, der es sein ganzes Leben lang vorgezogen hatte, im Schatten zu bleiben, hatte sich nie die Ausdauer und Kraft zulegen müssen, um solche Demütigungen zu ertragen. Überdies, so glaubte er, hatte er sie auch nicht verdient.

Währenddessen folgte eine Enthüllung der anderen. Der Staat hatte Informanten benutzt, um Freunde gegen Freunde, Brüder gegen Brüder, Ehemänner gegen ihre Frauen aufzuhetzen. Nicht nur Vogel, sondern auch Kirchenführer wie Stolpe, die im stillen mit den Kommunisten zusammengearbeitet hatten, galten nun als verdächtig. Die Stasi spürte die ganze Wucht des Zorns. Die Menschenmassen, die sich früher davor gefürchtet hatten, dem von Sicherheitseinrichtungen und Antennen strotzenden Gebäudekomplex an der Normannenstraße auch nur nahe zu kommen, versammelten sich jetzt vor seinen Toren, um ihrem Protest Ausdruck zu geben. Die Bewacher im Innern hängten Transparente mit rechtfertigenden Botschaften aus dem Fenster, die darauf hinweisen sollten, daß man sich als reingewaschen betrachte: »Wir arbeiten nur für unser aller Sicherheit«, stand auf ihnen zu lesen. Aber solche Gesten vermochten den Volkszorn kaum zu besänftigen. Am 15. Januar stürmte die Menge durch die Tore, besetzte die 3.000 Räume des Komplexes, warf die Fensterscheiben ein, verwüstete das Inventar, verstreute die Akten in alle Himmelsrichtungen und forderte, daß sich Modrow und die Vertreter der Opposition an einem Runden Tisch treffen sollten, um die Veränderungen zu beschleunigen.

Was geschah derweil mit Honecker? Vogel wußte, daß der Staatsratsvorsitzende mit Mielke keineswegs immer einer Meinung gewesen war. Was Mielkes Lakaien nicht zugestehen wollten, das gewährte Honecker oftmals, wie seine Amnestien und plötzlichen Freilassungen bewiesen. Nun galt es, die Öffentlichkeit an diese Akte der Barmherzigkeit zu erinnern. Vogel wies Honecker an, eine Verlautbarung aufzusetzen, die er dann stillschweigend unter westlichen Journalisten kursieren ließ. Doch letztlich war dieses Dokument nicht mehr als ein Ausdruck ratlos-verzweifelter Selbstrechtfertigung. »Es ist bekannt und kann belegt werden«, war in dem vierseitigen und mit »E. Honecker« unterzeichneten Schriftstück zu lesen, »daß ich in meiner Tätigkeit an der Spitze von Partei und Staat humanitären Fragen große Aufmerksamkeit widmete. Dies war auch für die Herstellung gutnachbarlicher Beziehungen zu den westlichen Ländern von Bedeutung. (...) Bei vielen Begegnungen mit Staatsmännern anderer Staaten wurden mir oder meiner Begleitung Listen mit der Bitte um Prüfung humanitärer Angelegenheiten übergeben, die von mir alle positiv beschieden wurden. Bei der Klärung dieser Fragen mußte mein Beauftragter Prof. Dr. Wolfgang Vogel oft Widerstände unserer zuständigen Stellen überwinden. (...) Prof. Vogel hatte mein vollstes Vertrauen und wurde von mir stets gebeten, seine Möglichkeiten, sein Mandat voll auszuschöpfen und sich an mich zu wenden, wenn er auf Widerstände im Apparat stoßen sollte. Prof. Vogel hat sich bei der Ausübung seines Mandats im Interesse menschlicher Erleichterungen unvergessene Verdienste erworben.«

Honecker reklamierte für sich, 1984 für die Demontage der Selbstschußanlagen SM-70 gesorgt zu haben, der unmenschlichsten unter den Sicherungsmaßnahmen entlang der deutsch-deutschen Grenze. Was er dagegen nicht erwähnte, war die Tatsache, daß die Waffen erst 1971, kurz nachdem er die Parteiführung übernommen hatte, installiert worden waren. Außerdem verschwieg er, daß zumindest ein Teil der Selbstschußanlagen und Millionen von Minen erst entfernt worden waren, nachdem Strauß seinen Milliardenkredit arrangiert hatte. »Die geschlossenen Grenzen zwischen der DDR und der BRD waren nicht mehr zeitgemäß und brachten menschliche Erschwernisse«, schrieb Honecker nun. Er habe die Entscheidung gefällt und Widerstand im Apparat überwinden müssen, um sie durchzusetzen. 1987 habe er sogar die Aufhebung des Schießbefehls an der Grenze verfügt.[15]

1987, als Honecker als Gast des Bundeskanzlers die Bundesrepublik besucht hatte, war man im Westen noch bereit gewesen, dergleichen zu akzeptieren. Bonn hatte sogar ein Gesetz verabschiedet, um Honeckers Verhaftung vorzubeugen, da er sich auf bundesdeutschem Boden sonst für den Tod jener Menschen hätte verantworten müssen, die seit 1961 bei Fluchtversuchen erschossen worden waren. Fast 100 davon waren an der Berliner Mauer getötet worden, und doch unternahmen jedes Jahr weiterhin Hunderte von Menschen dort Fluchtversuche. Kurz vor seinem Staatsbesuch diskutierte man über die Möglichkeit, daß er wegen des von ihm verfügten und seit 1982 im Gesetzbuch der DDR aufgenommenen Schießbefehls vor Gericht gestellt werden könnte. Was er 1987 getan habe, sei nichts als eine Instruktion für die Grenztruppen gewesen, von der Schußwaffe nur in »extremen Fällen« Gebrauch zu machen.[16]

Im Januar 1990 stieß Honeckers Verlautbarung auf taube Ohren. Die beiden deutschen Staaten strebten ihrer Wiedervereinigung entgegen, und damit änderte sich zugleich der Blick auf die Geschichte beider Länder. Warum, so begann man sich auf beiden Seiten der Mauer zu fragen, hatte man all die Jahre geglaubt, man müsse sich mit dem Kommunismus abfinden, wenn sich jetzt zeigte, daß man sich so schnell von ihm befreien konnte? Warum hatte es Spione und Gegenspione geben müssen, warum Agentenhändler, wenn sich das effizienteste Spionage- und Sicherheitssystem, das im ganzen Ostblock existiert hatte, plötzlich als unfähig erwies, den Zusammenbruch des Landes zu verhindern?

Indessen war keineswegs klar, was die ehemaligen Bürger der DDR eigentlich unter jener Demokratie verstanden, die sie von jetzt an verwirklichen wollten. Sie wußten nicht viel mehr, als daß sie wie die Bundesdeutschen leben wollten, daß sie soviel Geld, soviel Wohlstand haben wollten wie diese. Aber von den Mechanismen der freien Marktwirtschaft oder von der Wechselwirkung von Meinung und Gegenmeinung, aus der Demokratie erst entsteht, hatten sie im Grunde kaum eine Vorstellung. Wie sollten sie auch? »Demokratie« war für sie bisher stets ein fauler Zauber gewesen – wie in jedem stalinistischen System. Beim Parlament handelte es sich lediglich um eine sinnentleerte Versammlung, bei der die Delegierten ihre Hand erhoben, um einmütige Zustimmung zu demonstrieren, ganz gleich, welches Gesetz ihnen vom Politbüro zur Abstimmung übergeben worden war. Zwar hatte man den Christdemokraten und den Liberaldemokraten gestattet, in einem Zusammenschluß, der sich »Nationale Front« nannte, weiter zu existieren, aber auch das war nur Bestandteil jener großen Farce gewesen, die über Jahrzehnte aufgeführt worden war. Nun räumten die Parteien reumütig Fehler ein, übernahmen die Verantwortung für die Vergangenheit und gaben vor, ihre Unabhängigkeit wiedergewonnen, die Demokratie entdeckt zu haben.

Die ersten freien Wahlen in Ostdeutschland wurden vom Mai auf den März vorgezogen. Doch die Wählerschaft sah sich ihrer moralischen Stützen beraubt. Alles, was man wußte, war, daß man seine heuchlerische Legislative loswerden wollte, die Staatssicherheit und die ganze DDR – und das war es im wesentlichen auch, wofür man dann schließlich am 18. März bei den ersten und letzten freien Volkskammerwahlen stimmte. Die CDU gewann die Mehrheit der Sitze im neuen Parlament. Sie machte Lothar de Maizière zum Ministerpräsidenten und erteilte ihm das Mandat, über eine Wiedervereinigung zu verhandeln. Von diesem Augenblick an konnte ihr nichts und niemand mehr im Wege stehen.

Die einzelnen Etappen der deutschen Wiedervereinigung sind bekannt. Zu den wichtigsten gehörte die »Währungsunion«, die am

1. Juli 1990 in Kraft trat. Es war nicht einmal so, daß Kanzler Kohl sich mit dem Strom bewegte, vielmehr versuchte er, auf dem Kamm einer gewaltigen Flutwelle die Balance zu halten. So sah er sich für Guthaben bis zu 4.000 Ost-Mark zu einem Wechselkurs von 1:1 gezwungen, während für höhere Beträge ein Kurs von 2:1 galt. Die Bürger waren begeistert. Für die Industrie jedoch, die wesentlich weniger effizient arbeitete als westliche Unternehmen, bedeutete der Umtauschkurs eine Katastrophe: Von einem Tag auf den anderen galten für sie dieselben Bedingungen wie für Betriebe in der Bundesrepublik. Aus diesem Grunde näherte sich ein Großteil der alten DDR-Unternehmen am 1. Juli 1990 schlichtweg dem Bankrott.

Ein zweiter entscheidender Schritt – vermutlich sogar der entscheidende – war die Zustimmung der Sowjetunion. Sie erfolgte schon bald, genauer: noch im Juli 1990, und zwar unter Bedingungen, die es dem vereinten Deutschland erlaubten, Mitglied der NATO zu bleiben, Bedingungen, die sich Kohl im Grunde mit Milliardenbeträgen erkaufte. Danach mußte man nur noch einen Vertrag aushandeln, mit dem man am 3. Oktober die ostdeutschen Länder in die Bundesrepublik aufnehmen konnte.

Eines der zentralen Probleme war dabei die Frage des Eigentumsrechts. In den vergangenen 25 Jahren hatte Wolfgang Vogel fast einer Viertelmillion Menschen dabei geholfen, die DDR zu verlassen. Fast alle von ihnen hatten ihre Besitztümer zurücklassen müssen: Häuser, Grundstücke, Wertgegenstände. Damals brachten die Menschen dieses Opfer bereitwillig; das einzige, was sie wollten, war die Ausreise in den Westen. Und da es einen freien Markt nicht gab, ging nahezu das gesamte Eigentum der Ausreisenden in den Besitz des Staates über. Jetzt hingegen hatte sich die Lage geändert. Plötzlich dämmerte es Zehntausenden ehemaliger DDR-Bürger, daß das Eigentum, das sie hatten verkaufen oder aufgeben müssen, eines Tages wieder wertvoll werden konnte. Das Haus am Prenzlauer Berg, das seit 40 Jahren allmählich zerfiel, oder die mit Teerpappe gedeckte Hütte am Müggelsee waren möglicherweise ein kleines Vermögen wert. Die Gesetzgeber in Ost und West beschlossen, daß der einfache Bürger, dessen Eigentum beschlagnahmt worden war, das Recht auf Rückgabe oder zumindest Entschädigung haben sollte. Die Auseinandersetzungen zwischen Bonn und Berlin um diesen Punkt setzten sich bis in den Juni hinein fort. Schon zwei Wochen später sollte die Währungs- und Wirtschaftsunion in Kraft treten.

Ein kritischer Punkt des schließlich ausgehandelten Abkommens bestand darin, daß all diejenigen, die ihres Eigentums durch Konfiskation oder »unlautere Machenschaften« beraubt worden waren, dieses zurückfordern konnten. Zu den »unlauteren Machenschaften« zählte indes auch die erzwungene Übertragung von Eigentum im Tausch gegen eine Ausreisegenehmigung. Dennoch hatte Vogel ein reines Gewissen. Es war nicht seine Idee gewesen, die Leute zum Verkauf ihres Eigentums zu zwingen, bevor sie das Land verlassen durften. Es waren eben bindende Anweisungen, Regelungen des Staates gewesen. Und doch gab es von jetzt an gleichsam eine Zeitbombe, die für jeden Anwalt tickte, der mit der Durchführung dieser Eigentumsbestimmungen befaßt gewesen war. In diesem Land konnte niemand seinem Nachbarn trauen: Wie auch, angesichts der 109.000 geheimen Informanten, die sich auf die 16.5 Millionen DDR-Bürger verteilten?[17] Allmählich begann man, auch Vogel als Mitarbeiter des MfS zu betrachten.

Der 3. Oktober, der Tag der Einheit, war ein leuchtend-sonniger, fast sommerlicher Tag. Der Abend war mild. Es gab ein imposantes Feuerwerk vor dem Reichstag, wo Hitler 1933 die letzte gesamtdeutsche Demokratie beendet hatte. Die Festlichkeiten zogen Hunderttausende an, die bis weit nach Mitternacht über die »Linden« und durch das Brandenburger Tor strömten. Wolfgang Vogel gehörte nicht zu den Feiernden. Er verbrachte den Tag zu Hause, zurückgezogen, beunruhigt, in Gedanken versunken.[18]

Als Vogel Ende Oktober 65 Jahre alt wurde, hatte sich seine Gemütsverfassung nicht gebessert. Unter dem alten Regime wäre dieser Tag feierlich begangen worden; Persönlichkeiten aus aller Welt hätten ihm seine Anerkennung ausgesprochen. Damals waren die Konturen schärfer, die Unterscheidungsmerkmale simpler gewesen. Es war noch verhältnismäßig einfach gewesen, das Gute vom Bösen zu unterscheiden. Nun war alles kompliziert, vielschichtig, und Anerkennung zollten ihm nur noch seine Familie und ein paar enge Freunde. Vogels Gesundheit begann unter der Anspannung zu leiden. Magenschmerzen und Sodbrennen quälten ihn so sehr, daß seine Ärzte eine ernste Erkrankung vermuteten. Seinen Geburtstag, den 30. Oktober, verbrachte er in einer Spandauer Klinik. Die Diagnose attestierte Vogel schließlich jedoch einen guten gesundheitlichen Zustand. Die Belastungen waren anderer Natur. Sie führten dazu, daß der Anwalt von der Verteidigung Honeckers zurücktrat und Mitte 1991 sogar seine Praxis aufgab.

Es war die allgemein ausgebrochene Feindseligkeit, die an der wichtigsten Grundlage für Vogels Selbstachtung nagte, seinem guten Ruf. Er wollte als jemand gelten, der in einem Unrechtssystem versucht hatte, Gutes zu tun. Die Bürger der früheren DDR dagegen wollten ihre Peiniger endlich vor Gericht sehen. Ungeduldig, gereizt, von Vergeltungslust beherrscht, mochten sie keine langwierigen Debatten darüber führen, wer eigentlich schuldig war und wer nicht. Die KoKo, die Jagdreviere, die Villen von Wandlitz, der

Schießbefehl an der Mauer, die Festnahmen am Alexanderplatz in der Nacht von Gorbatschows Abreise, die Drohungen, die Leipziger Demonstrationen mit Gewalt zu verhindern – all das waren Staatsverbrechen, und die Menschen auf der Straße waren entschlossen, Honecker, Mittag, Mielke und all die anderen dafür zur Rechenschaft zu ziehen.

Die Regierung des vereinten Deutschland schien nicht weniger Entschlossenheit zu besitzen, erwies sich jedoch als von enttäuschender Ineffektivität. Schalck hatte sein Versteck verlassen; aber den Untersuchungsbehörden gelang es nicht, seinen Fall zur Anklage zu bringen, und das trotz eines in Bonn eigens eingerichteten parlamentarischen Untersuchungsausschusses, der Zeugenaussagen zur KoKo zusammentrug. Der in Beelitz verborgene Honekker genoß so lange Immunität, wie die im Einigungsvertrag festgeschriebene Souveränität sowjetischer Territorien ihre Gültigkeit behielt. Kurz bevor diese auslief, konnte er nach Moskau fliehen, wo er mit seiner Frau in einer Klinik des KGB Unterschlupf fand. Erich Mielke saß in Berlin zwar hinter Gittern, doch das einzige Verbrechen, das die Staatsanwaltschaft ihm zur Last legen konnte, war seine Beteiligung an den 60 Jahre zurückliegenden Morden an zwei Berliner Polizisten. Die Verantwortung für die Verbrechen, die auf Befehl der Machthaber an der Mauer begangen worden waren, bürdete man in der Zwischenzeit zwei siebenundzwanzigjährigen Grenzsoldaten auf. Man beschuldigte sie, die tödlichen Schüsse auf das letzte Maueropfer abgegeben zu haben, einen zwanzigjährigen Kellner, der Anfang 1989 versucht hatte, sich durch den Teltowkanal schwimmend in Sicherheit zu bringen.[19]

Zu der verständlichen Enttäuschung, die die ehemaligen DDR-Bürger angesichts dieser Entwicklungen empfanden, gesellte sich der Zorn, daß sie von ihren westdeutschen Nachbarn offenbar als Staatsbürger zweiter Klasse behandelt wurden. Die immensen Unterschiede zwischen Ost und West waren merkwürdigerweise als normal betrachtet worden, solange der Osten noch kommunistisch gewesen war. Jetzt, da alle Deutschen Bürger desselben Staates waren, schienen sie künstlich und ungerecht. Mancher machte seinem Ärger Luft, indem er sich gegen die wachsende Menge von »Ausländern« in seiner Umgebung wandte, gegen vietnamesische Arbeiter, die von der SED für die Schmutzarbeit in ihren Fabriken ins Land geholt worden waren, gegen die rapide zunehmende Zahl von Asylbewerbern, die vor allem aus Osteuropa nach Deutschland strömten. Andere suchten die Sündenböcke unter den früheren Machthabern. Jeder, der in den alten Tagen eine exponierte oder prominente Rolle gespielt hatte, war zum Freiwild geworden. Lothar de Maizière zum Beispiel, eben noch in das erste gesamtdeutsche

Parlament gewählt, sah sich schon im März 1991 zum Rücktritt von seinem Posten in der Regierung Kohl gezwungen. Mit einem regelrechten Trommelfeuer von Anschuldigungen wurde in der Presse behauptet, er sei »Informeller Mitarbeiter« der Staatssicherheit gewesen und habe Details von politischen Fällen weitergegeben, die er als Verteidiger vertrat. In einem Klima zunehmender Hysterie zählte sein Dementi wenig, ungeachtet einer nicht völlig sicheren Aktenlage. So mancher ostdeutsche Politiker, auch aus Kohls Partei, bekam damals zu spüren, daß die Hinterlassenschaft des MfS nun eingesetzt wurde, um ihn von den Hebeln der Bonner Macht fernzuhalten.

Auch Vogels Vorahnungen bewahrheiteten sich: Er war zu einem bevorzugten Ziel des allgemeinen Unwillens geworden. Um seine Sicherheit fürchtend, ließ er den goldfarbenen Mercedes in der Garage stehen und fuhr nun meist mit einem kleinen, unauffälligeren Renault. Er habe sich zur Ruhe gesetzt, sagte er. Alles, was er wolle, sei Frieden und das Recht, den Rest seines Lebens mit Helga, seinen Kindern und Enkelkindern in Westdeutschland zu verbringen. In den Alpen, im bayerischen Schliersee, hatte er sich eine Ferienwohnung gekauft, wo er seinen Ruhestand genießen und im Winter zum Skilaufen gehen wollte. Noch immer hoffte er das Beste. Doch das sollte sich schon bald als naiver Wunsch erweisen.

Die Schundblätter, die mittlerweile auch im östlichen Teil Deutschlands aus dem Boden schossen, hatten die Vogels entdeckt. Von den Zeitungen der alten DDR überdauerten nur wenige die Wiedervereinigung. Die meisten Blätter, die es noch gab, waren von westdeutschen Verlegern gekauft worden, die es darauf anlegten, den Hunger ihrer Leser nach Geschichten über die Korruption und Mißwirtschaft der ehemaligen Machthaber zu stillen. Alles in diesen Berichten wurde streng in Schwarz und Weiß unterteilt; für Zwischentöne, für Vielschichtigkeit und Ausgewogenheit war kein Platz. Die Sensationspresse sagte ihren Lesern das, was sie hören wollten: wie man sie zu Opfern gemacht und wer ihnen diese fürchterlichen Dinge angetan hatte. Mitte 1991 war es schließlich so weit gekommen, daß sogar einige von Vogels früheren Klienten den Anwalt als ihren Peiniger ansahen. Im Juni konnte das ostdeutsche Publikum diese Entwicklung in einem Artikel des ›extra magazin‹ verfolgen: »Enthüllung: Der Menschenhändler«. So war der Artikel überschrieben.[20]

In diesem ersten einer ganzen Serie ähnlicher ›extra‹-Artikel (das Blatt wurde Ende 1991 eingestellt), aber auch in Berichten anderer Zeitungen zeigten sich Vogels jahrelange Aktivitäten in einem neuen, wenig freundlichen Licht. Hier wurde der Freikauf politischer Gefangener wie ein zynischer Handel mit Menschenfleisch dargestellt. In dieser Vergröberung schienen die Geschäfte allein aus konspirativen Verbindungen zwischen dem Anwalt und seinem »Geschäftspartner« zu bestehen, dem Bösewicht Schalck-Golodkowski. Worum war es gegangen? Augenscheinlich nur darum, wie man die Klienten am besten schröpfen konnte. Die an Krenz gerichtete Aktennotiz über die Freikäufe schien der Beweis für das Komplott zu sein, zumal Vogel sie auf Schalcks Vorschlag hin geschrieben hatte.

Außerdem hatte das Magazin ehemalige Klienten Vogels gefunden, die berichteten, wie schlecht sie von diesem angeblich behandelt worden waren. Der Anwalt habe sie dazu gebracht, politische Straftaten zu begehen, um auf diese Weise das Land verlassen zu können, habe sie gezwungen, ihr Eigentum für »lächerliche« Beträge zu verkaufen, oder als Preis für ihre Ausreise die Zahlung großer Summen an den Staat verlangt. Als sie 1984 Vogel um Hilfe gebeten habe, weil sie nach West-Berlin ausreisen wollte, so behauptete eine Klientin namens Helga Rothe, habe dieser sie genötigt, ihr Haus an eine seiner Sekretärinnen zu verkaufen, und zwar für wertlose 50.000 Ostmark. »Zu Ihrer Großmutter wollen Sie?« sollte Vogel gesagt haben. »Da werden wir meiner Sekretärin mal etwas unter die Arme greifen. Ich nehme ja kein Honorar. Also ziehen Sie vom Taxpreis des Grundstücks 15.000 Mark ab. Um das Notarielle kümmere ich mich dann.« Tatsächlich habe Vogel sie dann problemlos nach West-Berlin gebracht, gab Frau Rothe zu, die vollständige Kaufsumme hingegen habe sie nie erhalten. Nach der Wiedervereinigung klagte sie vor Gericht, um ihr Eigentum wiederzubekommen, und am Ende sprach man ihr weitere 64.000 D-Mark zu. Doch das Gefühl, betrogen worden zu sein, blieb.[21]

Vogel wies alle Anschuldigungen zurück. Er engagierte eine energische Anwältin und Spezialistin für Presserecht aus West-Berlin, Dr. Friederike Schulenburg, um das ›extra magazin‹ vor Gericht zu bringen. Frau Dr. Schulenburg stellte sich mit fürsorglicher Leidenschaft vor ihren Schützling, der 1970 einst die Verteidigung ihres früheren Ehemannes übernommen hatte, als dieser wegen Fluchthilfe vor ein ostdeutsches Gericht gestellt worden war. Schon 1980, als die deutsche Sektion der Internationalen Gesellschaft für Menschenrechte in Frankfurt Vogel beschuldigt hatte, ein Agent des MfS zu sein, hatte Frau Schulenburg vor einem Westberliner Gericht eine Verleumdungsklage angestrengt. Mit flammenden Worten erklärte sie den Richtern: »Ich würde mich dagegen verwahren, mit einem Offizier des Staatssicherheitsdienstes in der gleichen Anwaltskammer zu sein!« Diesen Prozeß hatten Frau Dr. Schulenburg und ihr Klient gewinnen können.[22]

Doch zwölf Jahre später schien sich Vogel in den Augen seiner

Kläger mehr als nur der Komplizenschaft mit den erpresserischen Methoden des kommunistischen Staates schuldig gemacht zu haben. Er selber sollte ein Erpresser gewesen sein. Natürlich verbargen sich eigene Interessen hinter derartigen Anschuldigungen. Grundstücke, die 1985, als es noch keinen freien Immobilienmarkt gab, nur unfaßlich niedrige Preise in Ostmark erzielt hatten, brachten nun harte D-Mark. Ehemalige Eigentümer, die nachweisen konnten, daß Vogel sie durch zweifelhafte Geschäfte – »unlautere Machenschaften« eben – zum Verkauf ihres Eigentums gezwungen hatte, verfügten jetzt über Rechtsmittel, um ihre Häuser zurückzufordern.

Nach der Wiedervereinigung war die Berliner Staatsanwaltschaft neu besetzt worden. Doch bei vielen der neuen Beamten handelte es sich um junge Juristen aus dem Westen, die kaum eine Vorstellung vom Leben unter dem Kommunismus hatten und den Klagen, die gegen Vogel erhoben wurden, in aller Regel bereitwillig Glauben schenkten. Ende 1991 häuften sich in der Reiler Straße daher Anfragen der Berliner Staatsanwaltschaft. Man forderte Akten aus Vogels Büroarchiv an.

Professor Vogel fühlte sich von allen Seiten angegriffen. Das erfüllte ihn mit Bitterkeit. Seine Bonner Freunde, die sich über Jahre für ihn eingesetzt und seinen Ruf geschützt hatten, waren merkwürdig still geworden. Die alten Machthaber, auf denen sein Einfluß beruht hatte, saßen im Gefängnis; Honecker hatte inzwischen in der chilenischen Botschaft in Moskau Zuflucht gesucht. Ausgerechnet Wolfgang Vogel, der an Ort und Stelle geblieben war, der nie versucht hatte, sich seiner Verantwortung zu entziehen, und seine Tätigkeiten niemals leugnete, galt plötzlich als »fluchtgefährdet«.

Doch erst am 11. Januar 1992 geriet Vogel richtig in Bedrängnis. Am Telefon meldete sich ein Journalist vom Berliner Büro der ›Welt am Sonntag‹. Man benötige dringend Vogels Kommentar zu einer Geschichte, die am nächsten Tag erscheinen sollte. Der Artikel befaßte sich mit mehreren ehemaligen Klienten Vogels, die ihn beschuldigten, sie zum Verkauf von Häusern, Grundstücken, Autos und Antiquitäten weit unter Wert gezwungen zu haben. Er sollte genau beschreiben, auf welche Weise die Menschen zu jenem Verkauf genötigt worden waren, der angeblich an Vogel selber, an zwei hochrangige Stasi-Offiziere und einen Offizier der Volksarmee gegangen war. Die Berliner Staatsanwaltschaft ermittele in mindestens achtzehn solchen Fälle gegen den Anwalt, sagte der Journalist. Die ›Welt am Sonntag‹ benötige Vogels Stellungnahme noch am selben Nachmittag. Vogel protestierte: Er brauche Zeit, um seine Unterlagen zu prüfen. Doch der Reporter war unter Termindruck.

Vogel protestierte nochmals: Es sei ja verständlich, daß Menschen, die wieder in den Besitz ihres Eigentums kommen wollten, die Dinge in einem anderen Licht sehen würden, und zweifellos sei damals viel Unrecht begangen worden. »Aber diese Dinge haben sich nicht die Anwälte ausgedacht, sondern die DDR-Führung«, sagte Vogel und räumte ein: »Das war ein Piesacken noch und noch.« Damals hätten all diejenigen, die nun Klagen anstimmten, die DDR um jeden Preis verlassen wollen. Das Gesetz habe bestimmt, daß sie ihr Eigentum zurücklassen mußten; er, Vogel, habe ihnen zwar dabei geholfen, sich jedoch niemals auf ihre Kosten bereichert. Jede andere Darstellung sei ein Lüge.[23]

Das Erscheinen dieses Artikels am Sonntag, dem 12. Januar 1992, bedeutete Vogels endgültigen Sturz. Um 21 Uhr desselben Tages stürzte ein Trupp Polizeibeamter mit einem Durchsuchungsbefehl in die Büros in der Reiler Straße, um das gesamte Kellerarchiv und weitere 100.000 Akten mit der Begründung zu beschlagnahmen, daß Vogel jetzt, da die Untersuchungen gegen ihn bekanntgeworden seien, Beweismaterial unterschlagen könnte. Vogel leistete keinen Widerstand. Bis in die frühen Morgenstunden durchwühlten die Beamten die Akten im Keller und in Vogels Privatarchiv. Schließlich wurde ein ganzer Lastwagen mit Unterlagen vollgeladen und der Archivraum im Keller versiegelt. Vogel gab eine Stellungnahme für die Presse ab, in der er versicherte, er werde mit Hilfe von Dokumenten und Zeugenaussagen seine Unschuld in allen der gegen ihn erhobenen Punkte beweisen.

Mit Wirkung vom 1. Januar 1992 war hinsichtlich der Stasi-Dokumente ein neues Gesetz in Kraft getreten. Die über das ganze Land verteilten Akten sollten unter dem Dach einer neugeschaffenen Bundesbehörde unter der Leitung des Pfarrers Joachim Gauck gesammelt und systematisch archiviert werden. Das Gesetz verbot jegliche private Weitergabe, jeglichen Verkauf von Unterlagen des MfS außerhalb jenes Rahmens, den die Behörde vorgab. Die Opfer sollten Einsicht in ihre Akten erhalten können, und dasselbe galt für die Justizbehörden, die in Sachen Verbrechen des Kommunismus ermittelten. Übrigens war das Gesetz trotz energischer Einwände von seiten des ›Spiegel‹ und anderer Enthüllungsblätter verabschiedet worden; sollte es doch die Rechte unzähliger unschuldiger Menschen schützen und der skrupellosen Erpressung durch ehemalige Stasioffiziere und andere vorbeugen, die sich anderenfalls einen unkontrollierten Zugang zu diesen Dokumenten hätten verschaffen können.

Die Gauck-Behörde trug alles zusammen, was jene hektische Reißwolf- und Verbrennungsaktion überstanden hatte, die im Winter 1989/1990 in einem Gebäude hinter der ehemaligen sowjetischen Botschaft stattgefunden und den Todeskampf der Stasi gekennzeichnet hatte. Joachim Gauck selber war von der Idee, allen Stasi-Opfern Einsicht in die Papiere zu gewähren, keineswegs überzeugt. Er appellierte an die Menschen, sie möchten es sich zweimal überlegen, ob sie wirklich wissen wollten, wer sie in all den Jahren verraten und ausspioniert habe. In den »Horror-Akten«, wie der ›Spiegel‹ sie nannte, verbargen sich Wahrheiten wie Lügen, Offenbarungen wie Verzerrungen. Aber die Deutschen lieben es, schlafende Hunde zu wecken.

Die Berichte, die Anfang Januar nach und nach erschienen, waren tatsächlich furchterregend. Schon in den ersten Tagen nach Inkrafttreten des Gesetzes entdeckte Vera Wollenberger, die 1988 wegen ihrer Aktivitäten in der Friedensbewegung ein halbes Jahr im Gefängnis gesessen hatte und dann des Landes verwiesen worden war, um wen es sich bei jenem »Informellen Mitarbeiter« handelte, der sie unter dem Decknamen »Donald« fast zehn Jahre lang bespitzelt hatte: um ihren Mann. »Ich war nicht nur der Informant der Stasi in der Friedensbewegung«, versuchte er dem ältesten Sohn von Vera Wollenberger zu erklären, »ich war auch der Informant der Friedensbewegung in der Stasi.«[24]

Die Akten beendeten manche Karriere, auch unter Vogels Anwaltskollegen. Wolfgang Schnur, der am Aufbau der ostdeutschen CDU beteiligt und vor dem Zusammenbruch der DDR in der Demokratiebewegung engagiert gewesen war, hatte seit 1964 unter dem Decknamen »Torsten« als »IM« für das MfS gearbeitet. Ibrahim Böhme, Vorsitzender der wiedererweckten Ost-SPD, wurde desgleichen als »IM« enttarnt; er hatte die Staatssicherheit in den siebziger Jahren unter dem Decknamen »Paul Bonkarz« mit denunziatorischem Material über abweichlerische Schriftsteller versorgt. Gregor Gysi, den man aufgrund seines integren Rufes auserwählt hatte, die PDS aufzubauen, war in den Verdacht geraten, als »IM Notar« Bericht über die Dissidenten erstattet zu haben, die er als Anwalt vertreten hatte. Doch Gysi bestritt energisch, je »Informeller Mitarbeiter« gewesen zu sein, arbeitete sich durch die gesamte Akte »Notar« hindurch und bestand darauf, daß die darin enthaltenen Informationen entweder von einem Mitarbeiter seines Büros stammten oder aber von der Staatssicherheit abgehört worden seien. Er selber habe das Vertrauen seiner Klienten niemals mißbraucht.

Um Überraschungsangriffen zuvorzukommen, unternahm Manfred Stolpe, ein Freund Vogels und mittlerweile Ministerpräsident von Brandenburg, Ende Januar einen ungewöhnlichen Schritt. Er gab zu, mit der Stasi private Gespräche über schwierige Fälle geführt zu haben – meist ohne das Wissen seines Bischofs. Dabei sei es auch um die Aktivitäten von Dissidenten und die Friedensbewegung innerhalb der evangelischen Kirche gegangen. Ähnlich wie bei Wolfgang Vogel war es ja Stolpes kooperative Einstellung gewesen, durch die er bei den für Ausreiseangelegenheiten zuständigen Behörden zu Einfluß gekommen war: Auch Stolpe war es gelungen, Ausreisegenehmigungen für seine Schützlinge zu erhalten. Genau wie Vogel hatte auch er vom Innenministerium Listen mit den Namen von potentiellen Käufern erhalten, die an deren Grundstücken oder sonstigen Besitztümern interessiert waren. Unter Zuhilfenahme inoffizieller Kirchenkanäle hatte er zudem geheime Finanztransaktionen über die Mauer hinweg arrangiert, Transaktionen, von denen nie jemand geglaubt hatte, sie würden dem grellen Licht legaler Überprüfung standhalten. Daher klagte man ihn nun an, er habe das Vertrauen derjenigen mißbraucht, denen er zu helfen vorgab. Seine politische Glaubwürdigkeit war in Frage gestellt, obgleich er die Anschuldigungen zurückwies.

Eine Enthüllung folgte der anderen. Längst war die Öffentlichkeit bereit, das Schlimmste zu glauben. Ein Prozeß von Demoralisierung und allgemeinem Mißtrauen setzte ein, der die Gesellschaft in ihren Grundfesten erschütterte. Die Bundesdeutschen, die die Vergangenheit ihrer Eltern und Großeltern im Nationalsozialismus vergessen zu haben schienen, glaubten jetzt, ihrer rechtschaffenen Entrüstung freien Lauf lassen zu können. Vermutlich waren es ähnliche Gefühle, die jene Staatsanwälte motivierten, die an Vogels Fall arbeiteten. Sie waren darauf vorbereitet, das Schlimmste anzunehmen, was man über das korrupte und korrumpierende System gelernt hatte. Eben dieses System hatte ja auch die Basis von Vogels Autorität geschaffen.

Vogel hatte seine Beziehungen zur Staatssicherheit nie verschwiegen. Keiner seiner Gesprächspartner bei den Verhandlungen über Spione oder politische Gefangene in Washington, Bonn, Jerusalem oder Pretoria hatte bezweifelt, daß er der Organisation, die diese Häftlinge gefangenhielt, Bericht erstatten mußte. Jemand, der als Honeckers Vertrauter galt, mußte auch Mielke gekannt haben. Jürgen Stange zum Beispiel, der über so viele Jahre hinweg als Vogels Westberliner Gegenstück fungierte, war sich gewiß, daß es sich bei Vogels Freund Heinz Volpert um einen MfS-Offizier handelte, und dem BND war dies zweifelsohne ebenfalls bekannt.[25]

Bis Anfang 1992 wußte freilich außer Volpert und Vogel niemand, daß der Anwalt Anfang der fünfziger Jahre als »Geheimer Informant« geführt worden war. Und außerhalb der Staatssicherheit kannte niemand die genaue Form der Zusammenarbeit, die sich an diese Zeit angeschlossen hatte. Sechs Jahre zuvor war Volpert gestorben, und damit einer der wenigen Mitwisser. Es war Volpert gewesen, der 1957 die über Vogel angelegte Akte »Georg« geschlossen hatte, und wenn Volpert und Niebling damit fortfuhren, sich in internen Unterlagen weiterhin auf »Georg« zu beziehen, dann mußte das keineswegs heißen, daß Vogel noch als Informant geführt wurde. Es handelte sich vielmehr um ein durchaus übliches Verfahren, was Vogel indessen nicht klar war. Ihm war nicht einmal bewußt, daß seine Akte 1957 geschlossen worden war, und er hatte keine Ahnung, was darin über seine Zusammenarbeit mit Volpert stand, oder ob alle Spuren verwischt worden waren.

Dennoch war nicht einfach auszuschließen, daß Vogel sich nicht große Teile seiner Akte beschafft und vernichtet hatte. Das zumindest behauptete einer der Kronzeugen der Staatsanwaltschaft, Frank Michalak, ein vierundvierzigjähriger ehemaliger Militärstaatsanwalt, der in den Diensten des MfS gestanden hatte. Vogel kannte Michalak nur aus der Ferne, wußte jedoch, daß er für die politische Überwachung innerhalb von Mielkes Wachregiment »Feliks Dserschinskij« zuständig gewesen war. War Michalak ein glaubwürdiger Zeuge? Den Staatsanwälten berichtete er, daß er zu jener Einsatzgruppe gehört habe, die im Dezember 1989 Mielkes Büro von belastenden Spuren gereinigt hatte. Zu den Unterlagen, die dabei beiseite geschafft werden sollten, hatte auch ein Plastiksack mit Dokumenten über Schalck-Golodkowski gehört, den Michalak mitgenommen hatte, um die Papiere später zu prüfen. Einen Monat darauf, so gab er in seiner Zeugenaussage an, habe man ihm befohlen, die Dokumente durchzusehen. Sie hätten nicht nur Informationen über Schalck-Golodkowski enthalten, sondern auch über »Georg«, darunter Schriftstücke, aus denen hervorgegangen sei, daß »Georg« seit 1953 für das MfS gearbeitet und über die Jahre hinweg mindestens 2.5 Millionen Ost-Mark und 1.5 Millionen D-Mark für seine Dienste erhalten habe. Außerdem habe die Akte ein Dokument enthalten, das »Georg« identifizierte – und zwar als Wolfgang Vogel.[26]

War es denkbar, daß die Staatssicherheit derart amateurhaft vorging? Sollte es möglich sein, daß ein verdeckt arbeitender Agent so einfach identifiziert werden konnte? Wie auch immer: Die Staatsanwaltschaft hielt die Aussage für glaubwürdig. Und sie glaubte auch Günter Seidel, dem letzten Generalstaatsanwalt der DDR, als dieser angab, Vogel sei, kurz nachdem Michalak die Akten eingesehen habe, zu ihm gekommen, habe um die Aushändigung aller ihn betreffenden Unterlagen gebeten und diese auch erhalten. Tatsächlich waren all die Dokumente, die Michalak gesehen haben wollte und die Vogels wie auch immer geartete Verbindungen zum MfS nach 1957 beweisen sollten, spurlos verschwunden. Für die Staatsanwälte ließ das nur einen Schluß zu: Vogel selber hatte das Beweismaterial beiseite geschafft. Also mußte es belastend gewesen sein.[27] Nur ein kleiner Teil der Akte »Georg« war zur Gauck-Behörde gelangt – jene Seiten, die 1953 angelegt und 1957 auf Anweisung Volperts abgeschlossen worden waren.[28] Sofort nahm die Staatsanwaltschaft die Dokumente unter Verschluß.

Im Januar 1992 konnte Vogel nicht abschätzen, wieviel die Ermittlungsbehörden wußten. Doch am 16. Januar erhielt er einen Anruf vom Berliner Büro des ›Spiegel‹: Ob er jemals Beziehungen zur Stasi unter dem Decknamen »Rubin« unterhalten habe? Er höre den Namen zum ersten Mal, betonte Vogel. Eine Stunde später rief ›Bild‹ an und stellte dieselbe Frage. Vogel blieb bei seiner Antwort.

Er war völlig verwirrt. Vielleicht konnte Niebling Licht in das Dunkel bringen, überlegte er, obwohl sich zwischen den beiden Männern nie die persönliche Nähe ergeben wollte, die Vogel an Heinz Volpert so geschätzt hatte. Niebling war sozusagen ein klassisches Stasi-Naturell; für ihn zählten nur Geschäft und Ideologie. Jetzt allerdings saßen sie alle im selben Boot: Seit Ende März 1990 war Niebling ohne Arbeit, und es gab nur wenige Stellenangebote für ehemalige Stasi-Generäle um die Sechzig. Vogel war auf Nieblings Hilfe angewiesen, und dieser war bereit, sie zu gewähren.[29]

Ja, es habe eine Akte »Rubin« über Vogel gegeben. Niebling machte eine kurze Pause, bevor er Vogels Frage beantwortete. Er selber habe sie im April 1986 kurz nach Volperts Tod anlegen lassen, als er bemerkte, daß Arbeitsakten über Vogel fehlten oder nie vorhanden gewesen waren. Mielke habe befürchtet, daß Vogel das Opfer einer Erpressung durch den »Klassenfeind« oder durch Terroristen hätte werden können, und aus diesem Grund eine komplette Hintergrundüberprüfung von Vogel und allen seinen Arbeitskontakten angeordnet. All dies sei zu Vogels eigener Sicherheit geschehen, sagte Niebling. Aber warum »Rubin«, wollte der Anwalt wissen. Man habe den Namen willkürlich gewählt. Ob Vogel vielleicht »Blech« bevorzugt hätte?[30]

Am nächsten Tag wandte sich Vogel an die Presse. Einem Journalisten der »Tagesthemen« erklärte er: »Ich habe gestern erfahren – erstmalig –, daß ich ein Mann mit dem Namen ›Rubin‹ gewesen sein soll. Ich sage Ihnen: Ich war es nicht.«

»Sie hatten keine offiziellen Kontakte zur Stasi, Sie haben keine Verpflichtungserklärung unterschrieben, Sie waren nicht Offizier im besonderen Einsatz für die Staatssicherheit?«

»So ist es.«

»Haben Sie von der Stasi jemals Geld bekommen?«

»Nein.«

»Und Sie hatten über die beschriebenen Kontakte hinaus als Anwalt weiter keine Kontakte?«

»Nein. Ich habe Kontakte gehabt in meinem Mandat, um den Leuten (...) zu helfen. Dazu brauchte ich diese Verbindungen. (...) Der einzige Fehler, den ich je gemacht habe – ja, den ich wirklich gemacht habe –, war, daß ich nicht in der Lage war, den Mandanten vorher zu sagen: ›Arrangiert euch noch ein bißchen. In aller Kürze kommt die Wende.‹«[31]

In dieser Woche gab Vogel auch einem der neuen, auf das ostdeutsche Publikum zugeschnittenen Magazine ein Interview: »Ich habe nicht einen meiner Klienten an die Stasi verraten. Sie werden von mir keine Hinweise [in den entsprechenden Stasi-Akten] finden.«[32] Bei der Gauck-Behörde stellte er jetzt einen Antrag auf Einsichtnahme in seine Akten. Sein Name wurde mit Hunderttausenden anderer auf eine lange Warteliste gesetzt.

Als man ihm die Akte »Rubin« schließlich zugänglich machte, ergab sich wenig mehr als das, was Niebling bereits mitgeteilt hatte. Die Staatssicherheit hatte wie gewohnt gründliche Arbeit geleistet und selbst die unerheblichsten persönlichen Informationen gesammelt, einschließlich des Tratsches, den sie bei Vogels dreizehn Angestellten, deren Freunden, Verwandten oder Bekannten einholen konnte. Wer irgendwann einmal auch nur ein schlechtes Wort über die DDR hatte fallenlassen, der war hier aktenkundig geworden. Man wußte, wer mit wem ins Bett gegangen war, wer – wissentlich oder nicht – schon einmal Kontakte zum MfS gehabt hatte. Die Unterlagen berichteten über die politische Einstellung von Vogels Gärtner, Herbert Hanuschek, der als verläßlich eingestuft wurde, und über den Hausmeister des Büros, Hanuscheks Sohn, den man für sehr viel verdächtiger hielt. Über Vogel selber, über seine langjährigen Kontakte mit dem westdeutschen und dem amerikanischen Geheimdienst oder über seine Frau Helga hingegen stand kaum etwas in den Papieren.[33]

Doch die Akte »Rubin« war von allen Anfechtungen, denen Vogel sich stellen mußte, noch die geringste. Als er und seine Frau sich am 12. März auf eine Reise nach Oberbayern machten, hatten beide das dumpfe Gefühl, daß das Schlimmste noch bevorstand. Auf der Autobahn bei Nürnberg schaltete Vogel das Radio ein, um die Nachrichten zu hören, deren Hauptmeldung sich mit der Zeugenaussage von Mielkes Büroleiter, Generalmajor Hans Carlsohn, vor dem KoKo-Untersuchungsausschuß des Deutschen Bundestags beschäftigte. Carlsohn bestätigte, daß Volpert Schalcks Führungsoffizier gewesen sei, als die Bundestagsabgeordnete Ingrid Köppe, eine ehemalige Dissidentin des DDR-Regimes, eine unerwartete Frage stellte: »War Heinz Volpert auch der Führungsoffizier von Wolfgang Vogel?« »Führungsoffizier ist nicht der richtige Begriff«, antwortete

Carlsohn. »Volpert hatte zuständigkeitshalber mit Vogel Kontakt.«[34] Dann jedoch beschrieb er die engen Verbindungen zwischen Vogel und Mielke, der dem Anwalt einmal eine goldene Uhr zum Geschenk gemacht habe.

Als Vogel die Meldung hörte, war ihm klar, daß ihm diese Äußerung großen Ärger einbringen konnte. Von seinem Autotelefon aus rief er den Herausgeber der ›Bild Zeitung‹ an und dementierte, daß er derartige Beziehungen zur Staatssicherheit unterhalten habe. Was würde jetzt kommen, fragte er sich, nachdem er aufgelegt hatte. »Laß uns zurück nach Berlin fahren«, sagte er zu Helga.

Der 13. Mai war ein Freitag, der seinem Ruf voll und ganz gerecht wurde. Als die Vogels nach Teupitz zurückgekehrt waren, läutete das Telefon ununterbrochen. Friederike Schulenburg, Vogels Anwältin, berichtete, daß die Staatsanwaltschaft weitere Zeugen vernommen habe. Dann rief ein Reporter vom ›Spiegel‹ an und konfrontierte Vogel mit einer weiteren Neuigkeit: Das Magazin sei im Besitz einer Stasi-Liste mit den verschlüsselten Identifikationsnummern aller »Offiziere im besonderen Einsatz«. Jede Nummer setzte sich aus dem Geburtsdatum der jeweiligen Person und der Nummer ihres ostdeutschen Personalausweises zusammen, und der ›Spiegel‹ sei auf einen »OiBE« gestoßen, dessen Code mit Vogels Geburtsdatum beginne. Ob er seine Personalausweisnummer durchgeben könne? Vogel hatte keine Einwände und las die Ziffern vor: 301025430190. Doch diese Nummernfolge stand nicht auf der Liste.[35]

Am Nachmittag bemerkte Vogel einen Wagen, der vor der Auffahrt seines Hauses parkte. Darin saßen zwei Männer in Zivil; der Fahrer sprach über ein Funktelefon mit irgend jemandem. Vogel geriet in Wut. Die gesamte Nachbarschaft konnte sehen, was da vor sich ging, und in seinen Augen war das eine vorsätzliche Demütigung seiner Person. Er zog ein Jackett über, durchquerte den Garten und ging zu dem Mann mit dem Funktelefon. »Hören Sie, wenn diese Überwachung mir gilt, dann können Sie sich's einfacher machen«, sagte Vogel, der den Mann für einen Polizeibeamten hielt. »Kommen Sie doch mit ins Haus.«

Was nun folgte, schien eine Wiederholung jenes kurzen Alptraums zu sein, der sich zwei Jahre zuvor zugetragen hatte. Der Polizeibeamte informierte Vogel in schroffem Ton, daß er verhaftet sei. »Ich möchte klarstellen, daß ich nicht versucht habe, mich einer Verhaftung zu widersetzen – ich bin zu Ihnen gekommen«, protestierte Vogel. Hätte er fliehen wollen, wäre er längst durch die Hintertür verschwunden.[36] Schließlich folgten ihm die Männer ins Haus. Sie erlaubten ihm noch, seine Anwältin anzurufen. Danach wurde das Telefon abgestellt.

Frau Schulenburg traf abends um Viertel vor acht in Teupitz ein.

Sie fand Vogels Haus von 50 Polizeibeamten besetzt, die von einem Staatsanwalt beaufsichtigt wurden, dessen Vorgesetzter zur selben Zeit mit noch einmal so vielen Polizisten und Assistenten Vogels Büro in der Reiler Straße durchsuchte. Etwa um neun Uhr nahmen die Beamten Vogel mit sich und brachten ihn nach Moabit, in dasselbe Gefängnis, aus dem der Anwalt etliche ostdeutsche Spione herausgeholt hatte. Wie viele seiner glücklosen Klienten vor ihm konnte Vogel nicht einmal eine Zahnbürste einpacken, nur einen Rosenkranz, den Frau Schulenburg an einer Wand des Büros entdeckt und ihm schnell zugesteckt hatte, bevor die Polizisten ihn wegbrachten.

Der Diensteifer und die Hast der Staatsanwaltschaft resultierten womöglich aus einem Gefühl tiefer Ohnmacht. Ihr Auftrag bestand darin, die ehemaligen Machthaber der DDR für ihre Untaten vor Gericht zu bringen, aber bislang waren sie dabei nicht gerade erfolgreich gewesen. Honecker befand sich noch immer in der chilenischen Botschaft in Moskau, obgleich man gegen ihn und fünf weitere Mitglieder des Nationalen Verteidigungsrats eine Anklage wegen Totschlags in 49 Fällen vorbereitet hatte – Menschen, die im Laufe der Jahre bei Fluchtversuchen erschossen worden waren. Der Fall Erich Mielke, den die Staatsanwälte bislang als einzigen zu einem Verfahren hatten bringen können, hatte mit den Verbrechen des MfS schlechthin nichts zu tun, und zehn Tage vor Vogels Verhaftung war auch noch Mielkes Anwalt geflohen, den man verdächtigte, 17 Millionen D-Mark aus unrechtmäßigen Gewinnen der KoKo mitgenommen zu haben. Sollte Vogel als eine Art Sündenbock herhalten? Die Sicherheitsmaßnahmen waren rigoros. Helga Vogel wurde nicht gestattet, ihren Mann im Gefängnis zu besuchen. Auch der evangelische Bischof von Berlin-Brandenburg, Martin Kruse, der sich auf dem Weg zu einer Kirchenkonferenz in Budapest befand, wurde nicht vorgelassen. Offenbar befürchteten die Staatsanwälte, scherzte Frau Dr. Schulenburg sarkastisch, daß der Bischof Vogel dabei helfen würde, die verschwundenen Gelder in ungarische Forint umzutauschen.[37]

Vogels Verwirrung wurde durch die Besonderheiten des deutschen Justiszsystems noch gesteigert. Untersuchungen in komplizierten Fällen konnten sich über Monate, ja sogar Jahre erstrecken. Angeklagte, die unter »dringendem Tatverdacht« standen, konnten inhaftiert werden, noch bevor offiziell Anklage erhoben worden war. Die Begründung des gegen Vogel ausgestellten Haftbefehls ließ sich im übrigen jederzeit abändern; mithin konnten die Staatsanwälte – selbst wenn es Vogels Anwältin gelang, eine Anklage abzuweisen – sie einfach durch eine andere ersetzen. Die Unsicherheit lastete schwer auf Vogel und warf ihn in eine tiefe Depression. All das war weitaus quälender für ihn als die Situation zwei Jahre zuvor, als sein Gesundheitszustand ihn in Angst und Schrecken versetzt hatte. Vogel fühlte sich wie ein Patient, dem man keine Prognose stellte.[38]

Die Vorwürfe, die die Staatsanwaltschaft schließlich erhob, lauteten auf Erpressung. Vogel hatte den Eindruck, als ob man die Tatsachen seines Lebens und seiner beruflichen Karriere im Prisma der Wiedervereinigung gebrochen und damit komplett verzerrt habe. Und wirklich: Der Haftbefehl zeichnete ein Bild, das ihn dem Schurken in einem schlechten Spionageroman ähneln ließ. Man hatte seine Spuren bis in das Jahr 1953, bis zu Reinartz' Verschwinden aus dem Justizministerium sowie seiner Flucht in den Westen, zurückverfolgt. Jetzt, vierzig Jahre später, sah die Staatsanwaltschaft in Vogel keineswegs ein Opfer von Stasi-Verdächtigungen, sondern den Verräter seines Mentors, der sich dergestalt zu einem Geheimagenten des MfS hatte machen wollen.

Die Verdächtigungen, in unterkühlt-juristischem Kauderwelsch gehalten, besaßen nicht die geringsten Differenzierungen. Ein Knäuel von mehrfachem Verrat, eine typisch zweidimensionale Stasi-Geschichte: »Der Beschuldigte war seit dem 10. 11. 1953 Mitarbeiter des Ministeriums für Staatssicherheit, das maßgeblich daran beteiligt war, daß er seine Zulassung als Anwalt in Berlin (West) erreichte.« In den Augen der Strafverfolgungsbehörden schienen der Macht Vogels von diesem Augenblick an keine Grenzen mehr gesetzt gewesen zu sein. Irgendwann in den sechziger Jahren habe Vogel in Zusammenarbeit mit dem MfS das ostdeutsche Recht revidiert. Menschen, die das Land verlassen wollten, konnte man nun angeblich dazu zwingen, ihre Wertgegenstände und Immobilien aufzugeben. Sie seien von Offizieren der Staatssicherheit oder Angehörigen der politisch Privilegierten übernommen oder von der KoKo einkassiert worden.

In gewisser Weise schienen die Vorwürfe die Geschichte der Deutschen Demokratischen Republik zu ignorieren. Von Anbeginn an war ja Privateigentum willkürlich enteignet und verstaatlicht worden. Der Staat hatte es niemals für nötig befunden, sich hinter dem Feigenblatt jener Verschwörung zu verbergen, die im Haftbefehl beschrieben wurde. Doch angesichts der Stimmung des Jahres 1992 nützten Vogel solche Einwände wenig. »Um der tatsächlich stattfindenden Enteignung der Ausreisewilligen nach außen einen legalen Anstrich zu geben, nahm der Beschuldigte ein anwaltliches Mandat der Geschädigten an«, fuhr die Anklageschrift fort. Vogel habe seinen Klienten erklärt, daß sie eine Ausreisegenehmigung erhalten würden, nachdem sie ihr Eigentum an von ihm vorgeschlagene Käufer veräußert und ihm die ausgemachten Beträge auf ein Konto überwiesen oder bar ausgehändigt hätten. Vogels juristische Bemühungen hätten sich also einfach auf ein Betrugsspiel beschränkt, das er mit der Stasi ausgeheckt habe.

Insgesamt wurden 32 Fälle angeführt, von denen die meisten aus den achtziger Jahren stammten; einer reichte bis 1975 zurück. 1981 hatte eine Familie 250.000 D-Mark in bar gezahlt, um das Land verlassen zu können. Nun wurde die Sache als erpresserisches Komplott dargestellt, das den Leuten von Vogel untergeschoben worden war, nicht etwa – was der Wahrheit entsprochen hätte – als Folge einer Anfrage des Familienanwalts, ob hinsichtlich der Ausreise mit Geld etwas zu machen sei. Andere Fälle betrafen Personen, die nach der Öffnung der Mauer erfolglos versucht hatten, ihr Eigentum zurückzugewinnen, das sie als Gegenleistung für ihre Ausreise hatten verkaufen müssen. Darunter befand sich auch die Familie Zapff, deren kleines Grundstück auf der Insel Rügen von Helga Vogel gekauft worden war, weil sie glaubte, der Familie damit einen Gefallen zu tun. Das Haus war an einen Stasi-Offizier gegangen, den Vogel nicht zu kennen vorgab, obgleich es sich bei diesem Käufer um Nieblings Stellvertreter handelte.

Die Staatsanwaltschaft legte dem Anwalt bei seinen Betrügereien ein systematisches Vorgehen zur Last. In allen Fällen, so lautete die Begründung des Haftbefehls, sei Vogel unter Vortäuschung falscher Tatsachen aufgetreten. Er habe behauptet, seine Klienten zu vertreten, tatsächlich aber die Interessen des Staates wahrgenommen. Von der Staatssicherheit habe Vogel alle sechs Monate Geld erhalten, zunächst 15.000 Ost-Mark und 5.000 D-Mark, später Beträge von bis zu 150.000 Ost-Mark und 80.000 D-Mark. Insgesamt habe Vogel über die Jahre hinweg 2.5 Millionen Ost-Mark und 1.5 Millionen D-Mark erhalten, eine Summe, die auch der Zeuge Michalak gegenüber der Staatsanwaltschaft genannt hatte. Anschließend gingen die Ermittlungsbehörden auf die Jahreshonorare ein, die Vogel von der Bundesregierung gezahlt worden waren, eine Summe, die der Haftbefehl fälschlicherweise mit 320.000 D-Mark anführte – die Beträge beliefen sich zuletzt auf 360.000 D-Mark –, sowie auf die Einzelhonorare, die Vogel vielen seiner Klienten in Rechnung gestellt hatte. Auch hierin sahen die Behörden Erpressung im großen Stil. Vogel müsse deshalb verhaftet werden, bevor er ins Ausland fliehen könne, wohin er vermutlich all das Geld transferiert habe. Die Staatsanwaltschaft stellte fest, daß der Anwalt einen Betrag von 600.000 D-Mark bei der Deutschen Bank in Berlin fest angelegt hatte, vermutete indes, daß sich in der Schweiz noch viel höhere Beträge befänden. Alle diese Vorwürfe könnten bewiesen werden, gaben die Ermittlungsbehörden an: Man verfüge über Schriftstücke aus Vogels Büroakten, über Zeugenaussagen und über Beweismaterial aus der Stasi-

Akte »Georg«. Der Anwalt habe ein paar der Unterlagen bereits aus dem Weg geräumt und würde gewiß weiteres Beweismaterial unterschlagen, wenn man ihn nicht festnähme. So konnte man einen Richter überzeugen, daß Eile geboten sei. Vogel wanderte hinter Gitter.

Vogels Verhaftung war eine schockierende Nachricht. Doch schon auf den ersten Blick erwies sich, daß die Hauptbegründung für den Haftbefehl völlig absurd war. Vogel hatte überhaupt nicht die Absicht besessen zu fliehen; als er im Radio den Bericht über Carlsohns Zeugenaussage gehört hatte, war er nach Berlin zurückgekehrt, um zu den Vorwürfen Stellung zu nehmen. Sein guter Ruf bedeutete ihm sehr viel, und er war der einzige, der diese Fragen zu beantworten, der die Fakten ins richtige Verhältnis zu bringen vermochte. Zusammen mit Frau Schulenburg, die in ihrem Büro fieberhaft arbeitete, zumal ihr die Informationen aus den konfiszierten Akten nicht zur Verfügung standen, tat Vogel sein Bestes, um in seiner Gefängniszelle aus dem Gedächtnis eine Verteidigung aufzubauen. Da war zunächst die Sache mit dem Stasi-Geld. Tatsächlich hatte er hohe Geldbeträge erhalten, doch keineswegs direkt vom MfS, sondern von der Staatsbank der DDR. Außerdem war das Geld nicht für ihn selber bestimmt gewesen, sondern zur Deckung der Anwaltskosten für jene aufgeflogenen DDR-Spione, über deren Freilassung er verhandelt hatte. Woher – um ein Beispiel herauszugreifen – waren die 10.000 Dollar gekommen, die James Donovan im Juli und September 1959 für die Verteidigung von Rudolf Abel erhalten hatte? Von Vogel, dem sie aufgrund seiner Verbindungen zu Heinz Volpert zur Verfügung gestellt worden waren. Dasselbe galt für die 360.407 Dollar, die Harvey Silverglate 1984 und 1985 für die Verteidigung von Alfred Zehe in Rechnung gestellt hatte, sowie für die 150.000 Dollar, die man Leonard Boudin in New York für die Verteidigung von Alice Michelson gezahlt hatte. Allein diese Honorarbeträge konnten, legte man den durchschnittlichen Wechselkurs Mitte der achtziger Jahre zugrunde, jene 1.5 Millionen D-Mark aufwiegen, auf die Michalak in der verschwundenen Akte gestoßen sein wollte. Silverglate, den Frau Schulenburg von den Anschuldigungen informierte, war sofort bereit, den Eingang der Beträge zu bestätigen, und gab seiner Hoffnung Ausdruck, daß Vogel unverzüglich freigelassen werde. Zudem bot er sich an, als Zeuge der Verteidigung aufzutreten, nicht anders als Rabbi Ronnie Greenwald, der während der Schtscharanski-Verhandlungen einen Teil des Geldes bar nach New York gebracht hatte.

Ein Großteil der Restsumme war für Auslagen verwendet worden, die Vogel während seiner ungezählten Fahrten nach Karl-Marx-

Stadt, Bautzen und Herleshausen entstanden waren, daneben für Flüge nach Bonn, Hamburg, London, Washington, New York und Miami, die ihm zum Teil in Ost-Mark, zum Teil in westlichen Währungen erstattet worden waren, da das Regime – wie Vogel zugab – ihm besondere steuerliche und Valutabedingungen eingeräumt hatte.

Darüber hinaus beschuldigte der Haftbefehl Vogel, ein wirklicher »Mitarbeiter« der Staatssicherheit gewesen zu sein, nicht lediglich ein »Inoffizieller Mitarbeiter«. In den vergangenen zwanzig Jahren hatte Vogel eine formelle Zugehörigkeit zur Geheimpolizei stets zurückgewiesen. Wenn er wirklich seit 1953 Stasi-Offizier gewesen sein sollte, dann war er wohl der erste, den man nicht auch in die SED gezwungen hätte, in die der Anwalt ja erst 1981 eingetreten war. Und obwohl Vogel Heinz Volpert nie als seinen »Führungsoffizier« betrachtet hatte, bestritt er keineswegs, daß er viele Jahre lang eng mit dem MfS zusammengearbeitet hatte. Wie hätte er sonst auch die Freilassung verurteilter Spione erreichen können? Wie hätte es ihm sonst gelingen können, Zehntausenden politischer Häftlinge den Weg aus den Stasi-Gefängnissen in die Freiheit zu ermöglichen?

Drittens war da die Behauptung, Vogel habe an der Revision der DDR-Gesetzgebung mitgearbeitet, damit man die Emigranten ihres Eigentums berauben konnte. Dieser Vorwurf war so unlogisch wie unglaubwürdig. Das Regime hatte die Mauer ja nicht gebaut, um das Volk zum Weggehen zu ermuntern. Das erklärte Ziel der Strafgesetze bestand keineswegs darin, die Bürger zur Aufgabe ihres Eigentums zu nötigen; vielmehr wollte man die Leute zum Bleiben zwingen. Überhaupt mußte man nicht auf schwerfällige Strategien unter Beteiligung von Wolfgang Vogel zurückgreifen, um Privateigentum zu beschlagnahmen. Seit 1945, seit dem Einmarsch der Roten Armee, war Enteignung ein normales, ja sogar routinemäßiges Verfahren, das man in großem Umfang zur Anwendung brachte. Und was zählte unter dem Kommunismus schon zu »beachtlichen Vermögenswerten«? Einen freien Grundstücksmarkt gab es nicht. Der Staat bestimmte, was eine Immobilie wert war, und das war nicht besonders viel. Vogels Klienten waren auf ihn zugekommen, sie selber hatten ihn gebeten, beim Verkauf ihrer Häuser und Wertgegenstände zu helfen.

Die Freunde des Anwalts, die sich aufgrund ihrer früheren hohen Positionen nur noch Demütigungen ausgesetzt sahen, begriffen seine Verhaftung als eine weitere Erniedrigung, als ein weiteres Zeichen für die Bestrebungen der neuen Herrscher, alles und jeden zu diskreditieren, der mit dem alten Regime in Verbindung zu bringen war. Für sie war es offensichtlich, daß die Berliner Staatsanwälte aus einer Welt kamen, in der man überhaupt nicht begriff, wie die Dinge in der DDR funktioniert hatten. Nun sollten – so schien es – selbst die wenigen guten Taten, die im Kommunismus zu bewerkstelligen gewesen waren, nicht ungestraft bleiben.

Doch Vogel wurde nicht von allen Seiten in Bedrängnis gebracht. Im Büro von Dr. Schulenburg häuften sich bald Hunderte von Briefen ehemaliger Klienten. Sie wollten zur Verteidigung des Anwalts beitragen und protestierten gegen die allzu grobe Vereinfachung des Falles. Viele erwähnten, daß Vogel, wenn er wirklich ein Offizier der Staatssicherheit gewesen sein sollte, eine sehr merkwürdige Einstellung zu seiner eigenen Organisation gepflegt habe. Nicht nur Frederic Pryor hatte ja die Warnung Vogels erstaunt, man solle auf seine Worte achten, da Wände und Decken verwanzt seien. Andere bescheinigten Vogel, daß sie allein durch seine Hilfe dem MfS nicht in die Falle gegangen seien oder daß er ihnen sogar bei der Flucht geholfen habe. Drei ehemalige Missionschefs der Bonner »Ständigen Vertretung« schrieben, daß Vogel ihrer Überzeugung nach nur deshalb so eng mit der Staatssicherheit zusammengearbeitet habe, weil er die schwierigen humanitären Fälle allein auf diese Weise zu lösen vermocht habe. Es sei Vogel gewesen, der diesbezüglich oftmals beträchtlichen Widerstand überwunden habe. Und Lothar Loewe bemerkte nach Einsicht in seine Stasi-Akte, daß er, der damals fast täglich mit Vogel Kontakt gehabt habe, an keiner Stelle auf Informationen gestoßen sei, die von einem Stasi-Mitarbeiter mit dem Decknamen »Georg« oder »Rubin« weitergegeben worden waren.[39]

Am 30. April beschloß das Amtsgericht Tiergarten, daß den Erklärungen Vogels, sich dem Verfahren nicht zu entziehen, Glauben zu schenken sei, ordnete Haftverschonung an und setzte Vogel gegen eine »symbolische« Kaution von 100.000 D-Mark auf freien Fuß. Daß es die Freunde Vogels in der katholischen Kirche waren, die das Geld dafür zur Verfügung stellten, besaß ebenfalls Symbolwert. »An ihren Früchten sollt ihr sie erkennen«, mit diesem Satz hatte der Berliner Kardinal Georg Sterzinsky die Übernahme der Kaution begründet. Vogel und die Kirche hätten schließlich mehr als ein Vierteljahrhundert lang für die humanitäre Sache Seite an Seite gestanden; das wolle man auch jetzt tun.[40] Vogel wurde auferlegt, sich einmal in der Woche beim Bürgermeister von Teupitz zu melden. Endlich war es ihm möglich, sich in Freiheit auf seine Verteidigung vorzubereiten.

Nachdem er ein zweites Mal Bekanntschaft mit einer Gefängniszelle hatte machen müssen, war Vogel zutiefst erschüttert. Ständig hielt er ein Bündel mit Zahnbürste, Rasierapparat und Unterwäsche bereit.

»Ich bin darauf vorbereitet«, sagte er im Mai. »Ich tue niemandem den Gefallen, mich der Verantwortung zu entziehen. Das mache ich nicht. Ich weiß nur, daß ich der einzige bin, der alles klären und aufklären kann. Der Herrgott und ich, wir müssen das klären.«[41]

Eine teilweise Ehrenrettung Vogels erfolgte am 14. Juli 1992, als das Landgericht Berlin einen großen Teil der im Haftbefehl erhobenen Anklagen zurückwies und den Haftbefehl selber aufhob. Weder die Aussagen der Zeugen der Staatsanwaltschaft noch das, was diese von der Akte »Georg« gesehen haben wollten, seien Beweis für ein Vergehen, das schwer genug sei, um Vogel in Untersuchungshaft zu nehmen. Das mit den Unterlagen zur Verfügung stehende Material sei in Anbetracht der Stasi-Methoden und der ihr zugrundeliegenden Moral guten Gewissens nicht als beweiskräftig anzuerkennen; es müsse erst anderweitig erhärtet werden. Es sei sogar denkbar, daß die gesamte Akte eine Fälschung darstelle. Über die Glaubwürdigkeit der Zeugen wie über deren Behauptungen hinsichtlich Vogels Verbindungen zur Staatssicherheit könne erst nach genauer Überprüfung entschieden werden: Genau wie andere Funktionäre der früheren DDR, auf deren Aussage sich der Haftbefehl stütze, hätten die Zeugen so intensive Beziehungen zur DDR-Führung unterhalten, daß ihre Aussagen mit Mißtrauen betrachtet werden müßten.

In jedem Fall, so merkte das Gericht an, hätten Vogels Kontakte zur Parteiführung und zur Staatssicherheit »in der Natur der Sache« gelegen. Es verstehe sich von selbst, daß es Vogel als »ständigem Rechtsberater« für Ausreiseangelegenheiten kaum möglich gewesen sei, den Interessen der Partei zuwiderzuhandeln. Und was die Anklage wegen vorsätzlicher Aneignung von Privateigentum zugunsten von Funktionären oder Stasi-Angehörigen betreffe, so könnten erst weitere Untersuchungen die Antwort darauf geben, ob Vogel sich der Erpressung oder Nötigung schuldig gemacht habe oder nicht. Derzeit jedenfalls bestehe kein zwingender Haftgrund. »Dem jetzt 66jährigen, bislang nicht bestraften Beschuldigten droht der Verlust seines - unzweifelhaft vorhandenen - weiten Ansehens, da eine Flucht in der Öffentlichkeit als Schuldeingeständnis gewertet würde«, bemerkte das Gericht. Dies sei im Vergleich zu einer Kautionszahlung die weitaus beste Garantie dafür, daß er bleiben und sich verteidigen werde.[42]

Genau zwei Wochen später wurde der Mann, der Vogel zu dem gemacht hatte, was er war, von Moskau nach Berlin geflogen, um sich den gegen ihn erhobenen Anklagen zu stellen. Erich Honecker war schließlich doch aus der chilenischen Botschaft vertrieben worden. Bei Sonnenuntergang brachte man ihn in das Gefängnis Moabit, wo er, begleitet von Pfiffen und höhnischen Rufen, durch jenes

Tor schritt, das er bei seiner ersten Inhaftierung im Jahre 1935 bereits einmal durchquert hatte.

Ein paar Wochen lang hatte es den Anschein, als ob sie zur selben Zeit vor Gericht stehen würden: Honecker, der die Mauer gebaut hatte, und Vogel, der unbeabsichtigterweise dazu beigetragen hatte, sie zu unterminieren. Honeckers Leben und seine politische Karriere erschienen in einem verhältnismäßig eindeutigen Licht, doch gerade sein Verfahren wurde durch seine Krankheit schnell beendet. Vogels Leben dagegen war voller Vielschichtigkeit, voller Doppeldeutigkeiten, die sich schwerlich je ganz würden auflösen lassen. Doch als Honecker nach Chile flog, um dort seinen Lebensabend zu verbringen, lief das gegen ihn angestrengte Ermittlungsverfahren noch immer. Sein Ansehen, seine Freiheit und vor allem der Platz, den er einmal in der Geschichte einnehmen sollte, hingen davon ab, welches Urteil die Richter und seine Mitbürger in beiden Teilen Deutschlands über ihn fällen würden, davon, auf welcher Seite Vogel in ihren Augen stand – auf der Seite der Staatssicherheit, auf der Seite seiner Klienten oder ganz einfach auf der seiner eigenen Interessen.[43]

Epilog

»Ob ich mir diesen Vorwurf machen muß,
soll die Geschichte beantworten.«

Das Land, von dessen vielen Gesichtern Erich Honecker und Wolfgang Vogel zwei der wichtigsten repräsentierten, hat in der Geschichte Europas nur einen flüchtigen Eindruck hinterlassen. Die Wirtschaft der DDR, die angeblich zu den zehn stärksten der Welt gezählt hatte, brach in dem Jahr, das der Wiedervereinigung folgte, fast vollständig zusammen. Dasselbe galt für die Staatssicherheit. Und kaum mehr als ein Jahr nach dem Verschwinden der DDR zerfiel auch die Sowjetunion, jene so gefürchtete und von den USA als ebenbürtig anerkannte Supermacht.

Vierzig Jahre lang hatte Wolfgang Vogel von diesem Mythos gezehrt, hatte seinen Ruf nicht zuletzt auf ihn gegründet. Solange der Kalte Krieg andauerte, sah kaum jemand im Westen einen Grund, Vogels Integrität anzuzweifeln. Solange die Mauer stand, fragte weder im Osten noch im Westen jemand, ob Vogels Tun in moralischer Hinsicht untadelig sei. Nicht anders als der Anwalt akzeptierten auch die bundesdeutschen Behörden stillschweigend die Spielregeln der Kommunisten. Wenn die DDR von ihren Bürgern verlangte, sie sollten ihr Eigentum zurücklassen, sofern sie eine Ausreisegenehmigung erhalten wollten, dann konnte es kaum einen Anlaß geben, hinter Vogels Hilfsangeboten etwas Unlauteres zu vermuten. Die Frage stellte sich gar nicht erst. Für die meisten Klienten zählte allein, daß Vogel sie aus der DDR hinauszubringen vermochte.

»Paß dich an, wenn du was willst«, so hatte eine Überlebensregel im östlichen Teil Deutschlands gelautet. Westliche Regierungen, die sich mit dem Fortbestand des Kommunismus bis ins 21. Jahrhundert hinein abgefunden hatten, befolgten bei ihren Verhandlungen meist eine ähnliche Devise. Wenn es darum ging, ostdeutschen Bürgern zu helfen, war die Bonner Regierung bereit, alle möglichen Vereinbarungen mit den Machthabern in Ost-Berlin zu treffen, Vereinbarungen, die man im eigenen Land tunlichst verborgen hielt. Obschon sich die beiden Länder über die Jahre hinweg mit einiger Energie ausspioniert hatten, war man in anderen Fällen kurioserweise darauf bedacht gewesen, die Geheimnisse des Gegners zu bewahren. Nach dem Fall der Mauer kam unweigerlich Licht in diese Angelegenheiten. Die Menschen indessen, die man vierzig Jahre lang im dunkeln gelassen hatte, waren sich keineswegs sicher, ob ihnen das, was sie nun sahen, gefiel. Nach einem Leben in entmutigender Unüberschaubarkeit begannen sie, einfache Erklärungen für die Ursachen ihrer Entbehrungen zu fordern. Die Fragen, die sie stellten, waren streng. Doch die Antworten, die sie erwarteten und mit denen sie sich abzufinden bereit waren, waren zumeist weitaus zu bequem, zu vereinfacht.

Auch für diejenigen Deutschen, die glaubten, den Kalten Krieg gewonnen zu haben, war Vogel ein geeigneter Sündenbock. Allerdings nicht ohne Schwierigkeiten: Die moralische Vieldeutigkeit seiner Karriere paßte schlecht in eine Vorstellungswelt, die alles auf einen Kampf zwischen Gut und Böse, auf die Staatssicherheit und den gewöhnlichen Bürger reduzieren wollte und die in manchen Nuancen auch die Einstellung der Staatsanwaltschaft geprägt zu haben schien, als diese 1992 und 1993 gegen Vogel ermittelte. Unterdessen hatten die Archivare die erhaltenen Stasi-Akten über den Anwalt durchforstet. Sie waren auf Tausende von Dokumenten gestoßen: auf Vogels alte Akte »Georg«, auf die Akte »Rubin«, in der alles stand, was man über Vogels Angestellte und deren Kontakte herausgefunden hatte, und auf Aberhunderte von Schriftstücken, die Volpert, Niebling und deren Untergebene im Lauf der Jahre produziert hatten. In bedrückender Detailtreue bewiesen diese Papiere, wie die Stasi all ihre Mittel eingesetzt hatte – Erpressung, Nötigung, Einschüchterung, Bestechung und Unterwanderung –, um die DDR vor der Verführung durch den Westen zu bewahren. Wenn es noch Zweifel hätte geben können, war jetzt eindeutig klar, daß kein einziger DDR-Bürger das Land jemals ohne die Einwilligung des MfS verlassen hatte. Zugleich wurden im Frühjahr 1993 die Zeugenaussagen zu mehr als 200 Fällen aufgenommen, bei denen Vogel seine Klienten um ihr Eigentum betrogen haben sollte, außerdem etliche Aussagen von ehemaligen Stasi-Offizieren. Die Ermittler durchforsteten die Unterlagen, als ob die darin enthaltenen Schriftstücke eine Antwort darauf geben könnten, wer Vogel wirklich gewesen sei. Am 15. Juli 1993 wurde von der Staatsanwaltschaft beim Landgericht Berlin Anklage gegen Vogel erhoben. Der Vorwurf lautete: Erpressung ausreisewilliger DDR-Bürger in insgesamt 53 Fällen. In elf Fällen soll der Anwalt im Zusammenwirken mit Niebling oder Volpert die Erteilung der Ausreisegenehmigung mit der Bezahlung hoher Geldbeträge verknüpft haben. Die Summen, so die Staatsanwaltschaft, hätten zwischen 50.000 und 250.000 D-Mark betragen; sie seien in einer schwarzen Kasse geführt und unter anderem zur Finanzierung von »Straftaten« des MfS genutzt worden. In 42 »Immobilienfällen« ging der Verdacht dahin, der Anwalt und seine Stasi-Mittäter hätten die Ausreise von der Bereitschaft der Mandanten abhängig gemacht, ihr Grundeigentum an Dritte zu veräußern.

Vogel sagte in einer Presseerklärung, er wolle sich »mit allen Mitteln, die mir der Rechtsstaat gewährt, verteidigen. Es geht um 53 von circa 300.000 Ausreisefällen, an denen ich im Verein mit Beauftragten der Bundesrepublik hilfreich mitwirken konnte (...). Gegen erhebliche Widerstände habe ich auch für diese jetzt als Geschädigte bezeichneten 53 Personen die von ihnen gewünschte Ausreise auf schnellstmöglichem Wege erreicht.« Er fuhr fort: »Ich habe in den 35 Jahren meiner anwaltlichen Gratwanderung zwischen beiden deutschen Staaten stets mit der Befürchtung leben müssen, ich könnte in der DDR mein eigener Fall werden (...). Wie der Verlauf jetzt auch sein möge: Ich lasse mir meine anwaltliche Lebensleistung, gemeinsam mit Partnern aus der Bundesrepublik, an der Hilfe für 300.000 Menschen mitgewirkt zu haben, nicht nehmen (...). Es liegt auf der Hand, daß ich diese Hilfe im Rahmen meiner anwaltlichen Tätigkeit nur im Kontakt mit der Partei und Staatsführung einschließlich des MfS und dessen leitenden Mitarbeitern bewältigen konnte. Das war auch in den westlichen Staaten bekannt.«

Die Staatsanwaltschaft erwiderte, die Ermittlungen hätten sich »nur auf die Fälle erstreckt, in denen Dr. Vogel im Zusammenwirken mit dem Ministerium für Staatssicherheit und nicht als anwaltlicher Wahrer der Interessen der Ausreisewilligen gehandelt hat. Unter Ausnutzung seiner Machtposition«, so die Ankläger weiter, »hat er in geeigneten Ausreisefällen entgegen der Rechtslage der DDR und in auch nach damaligem Recht strafbarer Weise die Genehmigung zur Ausreise von der Übereignung von Grundstücken (teilweise sogar unentgeltlich) beziehungsweise von der Zahlung hoher Geldbeträge in D-Mark abhängig gemacht. Die Grundstücke gelangten an Angehörige des MfS, Privilegierte des Systems, Kanzleimitarbeiter und andere den Angeschuldigten nahestehende Personen.«

Das war die Situation Mitte Juli. Vogel hatte die Anklage erwartet. Seine Anwälte waren in den Urlaub gefahren. Obwohl auch er und seine Frau eigentlich ein paar Tage in ihrer Ferienwohnung in Bayern verbringen wollten, entschlossen sie sich, zu Hause am Schwerinsee zu bleiben. Am Vormittag des 18. Juli 1993, einem Sonntag, wurde Vogel dort erneut festgenommen, diesmal zusammen mit seiner Frau.

Am nächsten Tag wurde Haftbefehl erlassen, und zwar wegen angeblicher Steuerhinterziehung - zu DDR-Zeiten - und angeblichen Meineids. Die Untersuchungshaft für Frau Vogel wurde mit »Beihilfe zur Steuerhinterziehung« begründet. Wie schon 1992 wies die Staatsanwaltschaft auf die Gefahr einer Flucht hin, obgleich

Vogel drei Jahre lang nicht den geringsten Anlaß zu diesem Argwohn gegeben hatte. Immerhin waren die neuen Beschuldigungen so gravierend, daß die Staatsanwaltschaft glaubte, Vogel könne sich nun versucht fühlen, sein Verhalten zu ändern und doch noch zu fliehen.

Was den Vorwurf der Steuerhinterziehung angeht, so hatte der Anwalt bereits wochenlang in Kontakt mit der Staatsanwaltschaft gestanden. Er habe, so behauptete er, für sein Einkommen aus der Bundesrepublik keine Steuerpflicht in der DDR gehabt. Jetzt suchte er nach Beweisstücken. »Nach Ansicht der Bundesrepublik hätte ich damals mehr Steuern an die DDR zahlen sollen«, sagte er, den Kopf schüttelnd, ein paar Tage vor seiner zweiten Festnahme.[1] Im Fall Vogel ging es aber um die gewaltige Summe von fast 9,5 Millionen D-Mark, und kein Land der Welt liefert normalerweise einen Steuerflüchtigen aus.

Weiter wurde er beschuldigt, im Februar 1993 einen Meineid geschworen zu haben, als in einem Zivilverfahren vor dem Kammergericht einer jener umstrittenen Grundstücksfälle verhandelt wurde. Er habe behauptet – so hielt man ihm nun entgegen –, am 31. Mai 1989 eigenhändig als Notar einen Kaufvertrag beurkundet zu haben, während er dazu tatsächlich gar nicht in der Lage gewesen sei: An jenem Tag habe er sich auf dem Rückflug von Tel Aviv befunden.[2]

Es ging damals um den Fall Neitzke. Seit dem September 1987 hatte Peter Neitzke versucht, zusammen mit seiner Frau Karin die DDR zu verlassen. Als es schließlich klappte – Vogel war den beiden beim Verkauf ihres Hauses an die Tochter des DDR-Rechtsanwaltes Wolff, Frau Antina Krille, und ihren Ehemann Uwe behilflich gewesen –, war der Herbst des Jahres 1989 erreicht. Kurz darauf kam es zum Fall der Mauer: Das Ehepaar hätte nur ein paar Monate länger Geduld haben müssen. Die Neitzkes, die die Sache im nachhinein anders sahen, beschwerten sich bei Vogel. Vergeblich versuchte dieser, sich das Ärgernis durch die Rückgabe seines Honorars von 10.000 Mark vom Hals zu schaffen.

Die Neitzkes erstatteten Anzeige. Für sie war die Frage des Meineids von entscheidender Bedeutung; denn wenn die notarielle Beglaubigung der Unterschrift ein Schwindel war, dann würde der Kaufvertrag keine Gültigkeit besitzen. Vogels eidesstattliche Erklärung, die eben dies bestritt, war vom Kammergericht angenommen worden. Jetzt dagegen hielt die Staatsanwaltschaft augenscheinlich den Beweis in Händen, der den Neitzkes gefehlt hatte. Sie beschuldigte Vogel des Meineides. Auf Meineid steht eine Strafe von bis zu fünfzehn Jahren Gefängnis. Die Wahrheit muß der Prozeß, mit dem vor 1994 nicht gerechnet wird, erweisen.

Wenn man von den privaten Delikten, die Vogel zum Vorwurf gemacht wurden, absieht, dann lassen sich seine Probleme auf eine gemeinsame Ursache zurückführen. Er hatte zuviel gewollt, hatte es zu vielen Menschen zur selben Zeit recht machen wollen und in der Überzeugung gehandelt, daß er sich in einem Staat, in dem das Recht von den Machthabern nach deren Belieben ausgelegt werden konnte, eigentlich nichts habe zuschulden kommen lassen. Aber die Gründe dafür, daß Vogel schließlich in Ungnade fiel, waren – sonderbar genug – viel eher bei seinen ethischen, moralischen und rechtlichen Abkürzungswegen zu suchen als bei den Verbindungen zur Stasi, die alldem zugrunde gelegen hatten. Seine Befugnisse bezog er stets von anderen, seit jenem Augenblick, da Heinz Volpert und die Verbindungsoffiziere des KGB ihm die Verteidigung von »Frau Abel« übertragen hatten. Vogel hatte dieses Mandat weitgehend ausgeschöpft, doch nur in dem Maße, wie es die Verbindungen der DDR zu den Sowjets erlaubt hatten. Sobald diese Verbindungen nicht mehr bestanden, war er machtlos geworden. Es schmeichelte seinem Selbstverständnis nicht gerade, daß man ihn als eine Art Drahtzieher hinstellte, als einen kleinen Mann, der hinter der Bühne Verbindungen knüpfte und dabei ein bißchen Wind machte. Aber in gewisser Hinsicht war es so.

Ohne die Sowjets galt nicht nur Vogel, sondern auch Honecker und die gesamte SED nicht viel. In all den Jahren hatte der Anwalt über 150 Agenten die Glienicker Brücke oder die Grenze bei Herleshausen überqueren sehen, Spione aus fünfzehn verschiedenen Ländern. Es war kein Zufall gewesen, daß das MfS in den meisten Ländern, aus denen er diese Spione auslösen konnte, Verbindungsbüros unterhalten hatte, zum Beispiel in Bulgarien, der Tschechoslowakei, in Polen, Ungarn, Angola, Kuba und Moçambique. Und dazu kam natürlich noch das Büro des KGB in Karlshorst.[3]

Vogel war nie in der Lage gewesen, Spione oder politische Gefangene aus Ländern zu befreien, die außerhalb der sowjetischen Einflußsphäre lagen, was ganz einfach damit zusammenhing, daß Honecker – wie Ulbricht vor ihm – über Moskau hinaus keine Verbindungen unterhielt. In China etwa konnte er seinen Einfluß nie geltend machen: Zu der Zeit, da er auf der internationalen Bühne auftauchte, hatte das chinesisch-sowjetische Zerwürfnis solche Kontakte bereits unmöglich gemacht. Das mußte er auch im Fall von Anthony Grey erkennen, einem Korrespondenten der Nachrichtenagentur Reuter, den er aus seiner Berliner Zeit kannte und der Mitte 1967 in Peking verhaftet wurde. »Ich hoffe nicht, daß ich Ihre Dienste einmal in Anspruch nehmen muß«, hatte Grey noch mit Vogel gescherzt, bevor er nach China abreiste. Als seine Inhaftierung sich hinzog – er saß insgesamt 806 Tage im Gefängnis –, unternahm Vogel von sich aus einen Interventionsversuch. Er ging zum chinesischen Botschafter in Ost-Berlin und fragte, ob er nach Peking fliegen dürfe, um Grey zu helfen. »Hinreise – kein Problem«, antwortete der Botschafter. »Zurück – fraglich.« Vogel tat das einzig Richtige, er blieb zu Hause.[4]

Auch in Rumänien hatte Vogel keinen Einfluß, was damit zusammenhing, daß Nicolae Ceauşescu und die Securitate sich keinen Deut um das kümmerten, was Moskau oder der KGB wünschten. Ost-Berlin war in ihren Augen lediglich ein Stellvertreter Moskaus. Ceauşescu gestattete der Staatssicherheit nicht einmal, ein Verbindungsbüro in Bukarest zu unterhalten.

Selbst Moskau bediente sich der Dienste Vogels nur dann, wenn es nicht direkt verhandeln wollte. Meistens hingegen zog der Kreml es vor, die Dinge nicht aus der Hand zu geben. 1962 hatte man Vogel die Verantwortung bei der Lösung des Falles Abel abgenommen und ihm mit Frederic Pryor nicht mehr als eine kleine Nebenvorstellung gegönnt; fünfzehn Jahre später wurde ihm bedeutet, er möge sich aus dem Fall Schadrin heraushalten. Als der Kreml sich 1976 entschied, den Dissidenten Wladimir Bukowski gegen Luis Corvalan, den Parteichef der chilenischen Kommunisten, auszutauschen, war man ganz ohne ihn ausgekommen.

Auch manche westliche Regierung, etwa Großbritannien, ließ Vogel nur widerwillig Einblick in ihr Spiel um Spionage und Agenten nehmen. Und was schließlich die Amerikaner betraf: Solange Verschleierung noch ein Aktivposten in diesem Spiel war, paßten ihnen die Dienste des Anwalts gut ins Konzept. Nachdem der ostdeutsche Kommunismus jedoch zusammengebrochen war und sich von Ost-Berlin aus kein Einfluß mehr auf Moskau nehmen ließ, waren Vogels Tage als Agentenhändler gezählt.[5]

Nur selten hatte man bis zu diesem Augenblick die Frage nach Vogels Beziehungen zu den kommunistischen Geheimdiensten gestellt, vielleicht deshalb, weil sie im Grunde so offensichtlich waren: Im engeren wie im weiteren Sinne des Begriffs war Vogel ein Beauftragter des KGB und der Staatssicherheit gewesen – bei jedem Austausch von Spionen, den er vermittelt hatte, bei jedem der 33.755 politischen Gefangenen, die er an die Bundesrepublik »verkauft« hatte.[6] Den gelegentlichen Behauptungen, daß er ein Mitarbeiter des MfS sei, hatte Vogel stets mit entschiedenem Dementi und überzeugend begegnen können. Solange alle Unterlagen in der Normannenstraße sicher verschlossen gewesen waren, hatte ihm niemand das Gegenteil beweisen können.

Er hatte immer betont, daß er zwischen 1959, als er mit dem Abel-Powers-Fall befaßt war, und 1989 nur zweimal in Moskau gewesen sei. Niemals habe er eine direkte Verbindung zum sowjetischen Geheimdienst unterhalten; alle seine Kontakte seien stets über die Staatssicherheit zustande gekommen. Mit der Sowjetunion löste sich Ende 1991 auch der KGB auf. Kurz zuvor besuchte ich das bedrohliche Hauptquartier dieses Geheimdienstes in der Moskauer Lubjanka noch einmal und fragte einen seiner Sprecher, Oberst Oleg Tzarew, ob man einen formellen Antrag auf Einsichtnahme in jene Akten entgegennehmen würde, die Material über Dr. Wolfgang Vogel enthalten könnten. Eine solche Recherche sei mit Kosten verbunden, warnte Tzarew und forderte eine Vorauszahlung von 100 Dollar, die die Kosten für die Überprüfung der Unterlagen und für die Kopien decken sollten.

Drei Monate später traf ich erneut mit ihm zusammen, und zwar in dem Büro, von dem aus Juri Andropow den KGB geleitet hatte. Tzarew gab mir die Hundert-Dollar-Note zurück und winkte mit einem Brief, der mit einem Vertraulichkeitsvermerk und der Unterschrift eines Generals versehen war: Die Akten enhielten keinerlei Informationen über Dr. Vogel. Alle Übergaben von KGB-Agenten, bei denen Vogel eine Rolle gespielt habe, seien über das Ostberliner Verbindungsbüro in Karlshorst gelaufen. Das entsprach exakt Vogels Darstellung.

Ein Zimmer weiter hatte Vogel selber einmal gesessen, 1966, als er Martina Kischke abgeholt hatte. Um so fragwürdiger erschien es mir, daß die Sowjets über »keinerlei Informationen« zu Vogel verfügen sollten. Vielleicht enthalten die KGB-Akten in Karlshorst oder die Archive der Internationalen Abteilung des Zentralkomitees der KPdSU mehr. Gleichwohl scheint es wenig wahrscheinlich, daß sie den Beweis erbringen, bei Vogel habe es sich um einen sowjetischen Geheimagenten gehandelt.

»Er besaß außerordentliche Fähigkeiten und war sehr korrekt, als Anwalt wie als Mensch. Seine Aufgaben führte er gewissenhaft und peinlich genau aus und galt bei allen, mit denen er verhandelte, als verläßlicher, vertrauenswürdiger Partner«, sagte Walentin Falin, das letzte für die sowjetische Außenpolitik verantwortliche Mitglied des Zentralkomitees im Sommer 1991 in seinem Moskauer Büro. »Ich würde sagen: Jeder sollte Vogel für seine Dienste dankbar sein, denn er hat das Leid vieler Menschen lindern können und manchen wahrscheinlich das Leben gerettet. Solange es derartige Operationen gibt, wird man auch solche Mittelsmänner brauchen, da bin ich mir sicher, und wenn sie so anständig, professionell und hingebungsvoll sind wie er, wird man die Rolle des Vermittlers mit gutem Gewissen übernehmen können.«[7]

Doch der Hauptgrund, warum Moskau Vogels Arbeit in Anspruch genommen hatte – und das galt ja, von der Abel-Powers-Affäre abgesehen, nur noch für den Fall Schtscharanski –, lag darin, daß er überall auf der Welt als ein Anwalt bekannt war, der den Austausch von Spionen arrangierte. Genau darauf beharrten die Sowjets ja: daß es sich bei Schtscharanski um einen Agenten handelte. Also ließ man Vogel die Verhandlungen führen, um den Westen dadurch indirekt zur Anerkenntnis der Tatsache zu zwingen, daß er tatsächlich einer war.

Mit anderen Worten: Als verdeckt arbeitender Agent wäre Vogel weder für die Sowjets noch für die DDR von Nutzen gewesen. Im Gegenteil: Er sollte ganz offiziell als ihr Agent fungieren. Aus eben diesem Grund war er auch für die Amerikaner und die Bundesdeutschen unersetzlich. Keine westliche Macht hätte Vogel als Verhandlungspartner anerkannt, im Falle Schtscharanski nicht und auch in keinem anderen der unzähligen politischen Häftlinge und Spione, wenn er nicht im wahrsten Sinne des Wortes als Agent, als Bevollmächtigter der kommunistischen Geheimdienste hätte auftreten können.

Als man jedoch nach der Wiedervereinigung die Vergangenheit einer erneuten Überprüfung unterzog, ließen sich nur wenige Deutsche von Vogels Behauptung überzeugen, daß seine Verbindungen zur Staatssicherheit nicht mehr als lose gewesen seien. Der Fund der Akte »Georg« strafte ihn allem Anschein nach Lügen. Denn obschon Volpert die Akte am 14. März 1957 geschlossen hatte, schien Vogels formale Beziehung zur Staatssicherheit damit keineswegs beendet worden zu sein. Wenn er wirklich weiterhin ein »Informeller Mitarbeiter« war – oder wie Schalck ein »Offizier im besonderen Einsatz«, die am strengsten gehütete Kategorie aller geheimen Mitarbeiter –, dann wäre er nicht der erste gewesen, der Zuflucht zu einer Lüge genommen hätte, um sich der Vorwürfe zu erwehren. Im Haftbefehl vom März 1992 beschuldigte die Staatsanwaltschaft den Anwalt denn auch, er habe sich angesichts der Versicherungen, seine Stasi-Akten seien komplett vernichtet worden, zum Leugnen ermutigen lassen. Doch Vogel, der eine Viertelmillion Ausreisefälle durch den Apparat des MfS gebracht hatte, hätte allzu naiv sein müssen, wenn er geglaubt hätte, daß er alle Spuren seiner Zusammenarbeit mit der Geheimpolizei verwischen könnte, indem er seine Akte vernichtete. Wenn »Georg« das Vertrauen seiner Klienten wirklich mißbraucht hatte, dann mußte es Hunderte, vielleicht Tausende von Querverweisen auf ihn in den Unterlagen über jene Stasi-Opfer geben, die er als Rechtsbeistand vertreten hatte. Und vom Januar 1992 an stand es jedem offen, bei den Behörden einen Antrag auf Einsichtnahme zu stellen.

Vogels Rolle machte es erforderlich, daß er mit den Geheimdiensten und Regierungsbehörden auf beiden Seiten der Mauer Kontakte unterhielt. Schon bald hatten diese Verbindungen ein Ausmaß erreicht, das sich kaum mit den Regeln vertrug, die normalerweise für die geheimen Mitarbeiter der Staatssicherheit galten. »Es war kein Geheimnis im Ministerium und es war auch auch kein Geheimnis in meiner Dienststelle, daß Vogel ein offizieller Kontaktpartner war«, sagte Generalleutnant Niebling. »Das kann man in Dokumenten nachlesen – wenn es um Aufgaben wie die Organisation der Ausreisen ging und und und –, so daß das ein ganz offizielles Geschäft war. Wenn er den Status eines ›Informellen Mitarbeiters‹ gehabt hätte, dann hätte ich einem Mann aus dem Innenministerium zum Beispiel nie sagen dürfen: ›Das ist mein Kontaktpartner‹…« Schließlich fügte er sogar hinzu: »Wenn er ›Informeller Mitarbeiter‹ gewesen wäre, dann hätte ich die Schriftstücke doch vernichtet… Dann hätte ich gesagt: ›Weg mit dem Zeug.‹«[8]

Niebling wäre kaum der erste Offizier des MfS gewesen, der die Unwahrheit gesagt hätte, um die Vertraulichkeit einer verdeckten Verbindung zu schützen – immer vorausgesetzt, daß zu Vogel wirklich eine solche Verbindung bestand. Im Sommer 1993, nach weiteren Recherchen, stellte die Gauck-Behörde ein Gutachten für die Staatsanwaltschaft zusammen, in dem Vogels Zusammenarbeit mit Volpert nach 1957 zusammenfassend charakterisiert wurde: »Georg« wurde – aller Wahrscheinlichkeit nach – weiterhin *wie* ein Informeller Mitarbeiter genutzt, und zwar unter dem alten Decknamen. Seine Unabhängigkeit als Rechtsanwalt war von der Stasi gebilligt und eingeplant. Als solcher sollte er in ihrem Sinne arbeiten.

»Der GM hat im IV. Quartal 1957 seine Zulassung für West-Berlin erwirkt und ist seit dieser Zeit in der Lage, Personen aus dem demokratischen Sektor, West-Berlin und Westdeutschland zu vertreten«, heißt es in einem Stasi-Bericht vom Anfang des Jahres 1958. »Dies ist für uns auf allen Linien ein besonderes Plus, da er uns einmal über Stimmungen informieren kann und zum anderen in unserem Auftrag Kontakte mit uns interessierenden Personen aufnehmen kann. Durch ihn haben wir die Möglichkeit, mit entsprechenden Personen Kontakt aufzunehmen, welche für uns in der Arbeit von besonderer Bedeutung sein können. In der nächsten Zeit wird er weiter darauf ausgerichtet, daß er für uns in gewissem Sinne als ›Tipper‹ arbeitet und wir durch ihn laufend Informationen über Personen bekommen können, welche sich für eine Zusammenarbeit mit dem MfS eignen.« Vogel ahnte solche Einschätzungen, bekam aber nie etwas Definitives in die Hand. Er bestritt auch das Urteil der Gauck-Behörde nicht, daß die Akte »Georg« eine kontinuierliche inoffizielle Zusammenarbeit bis zum Jahre 1964 nachweist und daß er bis

Volperts Tod 1986 in dessen Kerblochkartei als enger Kontakt erfaßt war –, zumal diese Einschätzung festhielt, daß Vogel nicht der einzige »IM Georg« war, den Volpert geführt hatte. Außerdem gab er zu, daß er von 1978 bis 1988 jährlich 20.000 bis 50.000 D-Mark und 50.000 bis 100.000 Ost-Mark von Volpert als Pauschale für seine Auslagen erhielt. »Was ich nicht wußte«, so sagt er heute, »war, daß diese Geldsummen als ›Prämien‹ in der Stasi-Finanzbuchhaltung registriert wurden.«

Was Vogels eigene Arbeit betrifft, so hat es den Anschein, als habe er eine Art doppelter Buchführung getrieben. Er trennte strikt, was er für Volpert und was er für seine Klienten tat, selbst wenn beides im eklatantem Widerspruch stand. Das zeigt eine Geschichte aus dem Jahre 1964, aus jener Zeit also, als der Gefangenenaustausch seinen Anfang nahm. Die Akten belegen, daß Vogel damals eine Mitteilung an Volpert weiterreichte, er habe in seinem Büro einen sonderbaren Besuch aus Westdeutschland bekommen. Ein Mann namens Ludwig Roas habe sich mit dem Angebot an ihn gewandt, ihn nach West-Berlin zu schmuggeln. Vogel war daran nicht interessiert, dafür aber um so argwöhnischer, wie er Volpert berichtete. Er bat Stange um eine Überprüfung seines Besuchers. Sollte Roas für den BND arbeiten? Die Antwort war negativ.

Der Stasi-Bericht über die Begegnung spiegelt die Kompliziertheit der Lage wider. In den Augen der DDR war Roas in eine kriminelle Unternehmung verwickelt. Nahm man ihn aber fest, so war nicht mehr auszuschließen, daß Vogels geheime Verbindung zum MfS ans Licht käme. »Bei der Einleitung von Maßnahmen ist äußerste Vorsicht geboten, da bei dem Gespräch des Roas mit dem GM zum Ausdruck kam, daß auf unserem Territorium nur der GM über die wirklichen Machenschaften des Roas informiert ist.«

Roas wurde 1956 verhaftet. Ob dies mit Vogels »Tip« in Zusammenhang stand, geht aus den Akten nicht hervor. Nach einem kurzen Prozeß im November desselben Jahres wurde er zu einer Gefängnisstrafe von vier Jahren und drei Monaten verurteilt, wegen »Verleitung zum Verlassen der DDR«. Als Verteidiger wählte er sich ... Wolfgang Vogel, der ihn 1966 auf die Gefangenenfreikaufliste der Bundesrepublik zu bringen vermochte. »Er hätte mich nicht als Verteidiger genommen, wenn er geglaubt hätte, daß ich ihn verraten hätte«, sagt Vogel heute. »Es kann sein, daß die Staatssicherheit erst durch meine Gespräche mit Volpert Kenntnis von seinen Aktivitäten gewonnen hat. Das aber war nicht meine Absicht.«

Gleichwohl ist es natürlich nicht zulässig, die Akten des MfS als eine Quelle unverfälschter Wahrheiten zu nehmen. Das begriff auch das Berliner Landgericht, als es im Juli 1992 den ersten Haftbefehl gegen Vogel aufhob. »Die in dieser Akte gesammelten Erkenntnisse sind sämtlich in einer Zeit gesammelt worden, als in der damaligen DDR eine Rechtsordnung herrschte, die nicht als rechtsstaatlich im Sinne des Grundgesetzes bezeichnet werden kann«, urteilte das Gericht. »Es kann nicht festgestellt werden, inwieweit MfS-Mitarbeiter an Recht und Gesetz gebunden waren und wie die Erkenntnisse gesammelt wurden und zu den Akten gelangten. Es wäre ein widersprüchliches Verhalten, das Ministerium für Staatssicherheit einerseits (...) – zu Recht – als quasikriminelle Verwaltungsstruktur anzusehen und andererseits die von ihm gesammelten Erkenntnisse zu übernehmen und zur Grundlage einer für den Beschuldigten nachteiligen Haftentscheidung zu machen (...).«[9] Die Staatsanwälte hingegen, die in der Dunkelheit der Archive herumtappten und nach Beweisen für Vogels geheimgehaltene Mitarbeit suchten, begriffen erst allmählich, was Heinz Volpert und Josef Streit immer klar gesehen hatten: Als ein Agent, der für alle als solcher erkennbar war und sich auf beiden Seiten der Mauer frei bewegen konnte, war Vogel hundertmal mehr wert denn als ein ganz gewöhnlicher Geheimagent.

Im Unterschied zu anderen DDR-Anwälten hatte Vogel nur wenige politische Dissidenten verteidigt. Er war der Mann, nach dem die Leute verlangten, die das Land verlassen wollten. Aber niemand durfte gehen, bevor das MfS nicht sein Einverständnis gegeben hatte, und das wußte jeder der Betroffenen. Auch andere Klienten, ausländische Geheimdienste etwa, bevorzugten den Anwalt gerade aufgrund seiner offenkundigen Beziehungen zur Staatssicherheit: Schließlich hatte er immer wieder bewiesen, daß er diese Verbindungen einsetzen konnte, um einen Fall zu lösen. Aber all das wußte man schon, bevor die Stasi-Akten geöffnet wurden.

So wird Vogel für diejenigen, die ihm mißtrauen, immer des Teufels Advokat bleiben. In seinem Wunsch, sich selbst zu rechtfertigen, betont er, daß er den Segen beider Kirchen gehabt habe, der evangelischen wie der katholischen. Aber auch die Kirche hat sich kompromittieren lassen, ist infiltriert und ausgenutzt worden. Die Häftlingsfreikäufe wurden über ihre Finanzkanäle abgewickelt, und damit haben Vogel wie die Kirche zweifellos dazu beigetragen, dem von Schalck-Golodkowski geschaffenen Netz der Korruption ein paar Maschen hinzuzufügen. Vogel hätte wissen müssen, daß ihm so manche unter den Tausenden von Dissidenten oder getrennten Familien, denen er geholfen hatte, von Kirchenführern zugewiesen worden waren, die selber mit der Staatssicherheit zusammenarbeiteten. Aber er ignorierte es.

Unter Honecker war die Kirche für die Stasi eine Art Puffer, eine Kraft, die dazu benutzt werden konnte, den Strom der Opposition in gewinnbringende Bahnen zu lenken, solange man sie nur unnachgiebig kontrollierte. Die kooperativsten Männer der Geistlichkeit wurden unter Decknamen in Listen geführt; ob dies mit oder ohne deren Wissen geschah, ist freilich nicht unzweifelhaft. Nach Öffnung der Archive kam heraus, daß Manfred Stolpe, der als Anwalt der evangelischen Kirche bei den Häftlingsfreikäufen eng mit Vogel zusammengearbeitet hatte, unter dem Decknamen »Sekretär« als »Informeller Mitarbeiter« geführt worden war. Er hatte der Staatssicherheit von den internen Aktivitäten der Kirche berichtet, und das über etwa zwanzig Jahre hinweg. Nachdem einige seiner Vorgesetzten die Vorwürfe bestätigten, zeigte sich dann, daß er dabei keineswegs allein gestanden hatte. Die Mehrheit der Kirchenoberen war ähnliche Verpflichtungen eingegangen.[10]

Für Stolpe, für die Männer der Kirche, für Vogel und für jeden DDR-Bürger, der unter den unvergleichlichen Belastungen und Anspannungen des Kommunismus hatte leben müssen, bestand die moralische Kernfrage nicht darin, ob sie sich der Repression angepaßt hatten. Die Frage war schwieriger: War es denkbar, daß ein Mitarbeiter des MfS sich moralisch verhalten konnte? Schon einmal, nach der Niederwerfung des Nationalsozialismus, hatte man sich in Deutschland diese Frage gestellt.

»Anwalt Vogel – war er Held oder Schurke?« hatte eines der neuen Skandalblätter gefragt. »Ich war in die Klassenjustiz verstrickt. Und zwar bewußt«, antwortete Vogel. »Dafür muß ich heute geradestehen.« Wenn er sich etwas vorzuwerfen habe, dann sei es die Tatsache, daß er sich trotz seiner guten Absichten überhaupt in den Menschenhandel habe verwickeln lassen. »Denn anders, als ich es getan habe, war es gar nicht zu machen. Ob ich mir diesen Vorwurf machen muß, soll die Geschichte beantworten.«[11]

Bei vielen der Artikel, die 1991 und 1992 in der westdeutschen Presse über Vogels Schwierigkeiten erschienen, war ein selbstgefälliger Unterton unüberhörbar. Er wollte allerdings schlecht zu dem passen, was dieselben Zeitungen noch einige Jahre zuvor berichtet hatten. Damals hatte Vogel mit den Mächtigen an einem Tisch gesessen – nicht nur in Ost-Berlin, sondern auch in Bonn, München und Hamburg. Er hatte Botschaften von Helmut Schmidt an Honecker überbracht – nicht nur von Honecker an Schmidt –, und er hatte von der Bonner Regierung hohe Honorare dafür erhalten, daß er der Staatssicherheit politische Häftlinge entriß. Nun war er ein Niemand, dessen Ruf systematisch zerstört wurde. Offenbar besaßen diejenigen, die dies betrieben, nicht die geringste Einsicht in seine Vergangenheit, oder sie ignorierten sie vorsätzlich, befangen in dem Wunsch, jeden zu diskreditieren, der mit dem DDR-Regime in Verbindung zu bringen war. So jedenfalls erschien es Vogel.

Hinter dieser Haltung, die durchaus revisionistisch zu nennen ist, scheint ein gewisser Eigennutz zu stecken. Wenn es sich bei Vogel wirklich um einen geheimen Stasi-Agenten gehandelt hat, wenn die Abkommen über die Häftlingsfreikäufe mit Bonn nur ein Trick des MfS gewesen sind, um der Bundesregierung Milliardenbeträge aus der Tasche zu ziehen und hilflose Ostdeutsche ihres Eigentums zu berauben, dann können die verantwortlichen Politiker und Beamten, die an der Sache beteiligt gewesen sind, in der Tat nur mit den Schultern zucken, sich als betrogen ansehen und damit für entlastet halten. Aber der Kalte Krieg besaß seine eigene, besondere Moral, und diejenigen, die im Einklang mit ihr gehandelt haben, können nun nicht einfach alles beiseite wischen. Vogel hat seine westlichen Verhandlungspartner nie betrogen. Alle Vereinbarungen mit ihm sind stets aufmerksam geprüft worden. Nichts, was in den Stasi-Akten über Schalck-Golodkowski stand, kann darüber hinwegtäuschen, daß sowohl die Kirche als auch die Bonner Regierung Geld als eine Möglichkeit betrachtet hat, den »bösen« Kommunismus, solange er nun einmal existierte, ein wenig annehmbarer zu machen.

Vermutlich von solchen oder ähnlichen Überlegungen bewogen, hielten denn auch viele seiner früheren Verhandlungspartner Vogel die Treue. »Die ›besonderen Bemühungen‹ haben dazu beigetragen, vielfältiges Leid und arge Bedrängnis in Deutschland zu mildern«, schrieb Ludwig Rehlinger. »Sie haben tief auf die gesellschaftspolitischen Verhältnisse in der DDR eingewirkt, und man kann sicher ohne Überschätzung hinzufügen, daß Sie den Boden für den Wandel im Jahre 1989 mit bereitet haben.«[12] Der frühere »Ständige Vertreter« der Bundesrepublik in Ost-Berlin, Hans Otto Bräutigam, mittlerweile Justizminister von Brandenburg, stand Vogel schon während seiner Haft im März 1992 bei. »Er hat mich nicht in einem einzigen Fall enttäuscht«, erklärte er, »und ich hatte außerordentlich schwierige Fälle mit ihm zu erörtern und auch zu verhandeln. Man denke nur an diejenigen, die in der Ständigen Vertretung Zuflucht gesucht haben. Er hatte außerordentliche Schwierigkeiten. Er hatte viele Feinde. Das muß man wissen. Ich werde ihm dieses Vertrauen auch heute nicht entziehen.«[13]

Als man den Handel mit Menschen, den Vogel und Bischof Kunst sowie dessen Nachfolger über Jahrzehnte betrieben hatten, über Nacht vom Guten ins Böse verkehrte, verkannte man schlichtweg die geschichtlichen Gegebenheiten. Auch dieses Geschäft war schließlich nichts anderes als eine jener grauen Schöpfungen, die aus den Schatten des Kalten Krieges erwuchsen: ein notwendiges Übel, wie man rückblickend feststellen muß. »Im Kriege und in geschichtlichen Umbrüchen werden unterschiedliche Kräfte wach, gute und schlechte, beide oft in potenzierter Weise. Im Erleben gibt es für uns auf unserem Wege beides«, schrieb der Bischof an Vogel vor dessen Inhaftierung.[14]

Was das Leben dem Anwalt, der bald sein siebentes Jahrzehnt vollendet, noch bringen wird, steht dahin. Was immer er auch getan haben mochte, es war nicht mehr zu ändern.[15]

Es ist nie leicht, die Verantwortung für die eigene Vergangenheit zu übernehmen, sofern diese sich plötzlich als zweifelhaft erweist. Das scheint insbesondere für die Deutschen zu gelten – auf beiden Seiten des Eisernen Vorhangs. In den Augen ihrer Nachbarn werden diese Deutschen immer die Last des Nationalsozialismus mit sich herumtragen, obgleich nur wenige wirklich verstehen, warum das so ist. So sahen sich die Bürger der früheren DDR nach der Wiedervereinigung der doppelten Last ausgesetzt, zur selben Zeit zwei schreckliche Vermächtnisse bewältigen zu müssen, den Nationalsozialismus und den Kommunismus. »Ich betrachte die gegenwärtig von Teilen der westdeutschen Medien geführte Kampagne gegen Leute wie de Maizière, Stolpe oder Vogel und andere mit großer Skepsis und Besorgnis«, schrieb Helmut Schmidt im Frühjahr 1992. »Da ich selbst, 1933 bei Hitlers Machtergreifung vierzehn Jahre alt, unter einer Diktatur aufgewachsen bin, weiß ich besser als die meisten jener Leute, die ihr Leben lang in Freiheit gelebt haben, daß man auch unter einer totalen Diktatur mitmenschliche, humanitäre oder dem Frieden dienende Aufgaben erfüllen (sofern berufliche Stellung und Zufall dafür eine Gelegenheit schaffen) (...) und seine persönliche Integrität bewahren kann. (...) Vogel und Stolpe (...) haben versucht, aus einer in der Tat bösen Gesamtlage für die ihnen anvertrauten Menschen das Bestmögliche herauszuholen. Dabei mögen durchaus Fehler vorgekommen sein oder Handlungen, die sich später als unzweckmäßig erwiesen. Aber das ist schließlich auch jedem offiziell als Politiker auftretenden Menschen nicht anders gegangen.«[16]

Und Joachim Gauck sagte: »Es hat Menschen gegeben, die Zivilcourage gezeigt und sich damit mancher Vorteile beraubt haben. Die DDR war ein Ellbogenstaat, eine Ellbogengesellschaft. Man mußte kämpfen, und das tat man durch Anpassung, durch Rechtgläubigkeit und durch Gehorsam. Anders als der Pole neigt der Deutsche ja nicht zum Protest; er neigt zunächst einmal dazu, mit der Ordnungsmacht zu gehen. (...) Das heißt aber, daß es in Deutschland immer Leute gibt, die auf der anderen Seite stehen, die ihre kleinen Geschäfte mit der Staatsmacht machen, sei es mit der Partei, sei es mit der Staatssicherheit, und sich auf diese Weise Vorteile verschaffen, die andere sich aus Zivilcourage versagen. So entsteht ein Oben und Unten. Daher haben wir es jetzt damit zu tun, daß solch ein alter Oben-Unten-Konflikt besprochen und bearbeitet wird. All diejenigen, die damals unten waren, haben jetzt Fragen zu stellen und gelegentlich auch Anklagen zu erheben. Diejenigen hingegen, die oben waren oder sich mit denen da oben verbündet haben, haben Antwort zu geben. Und wenn sie klug und ihrer Situation menschlich gewachsen sind, empfinden sie – unter anderem – auch Scham, Schuld oder Reue. Wenn das geschieht, wird es gut weitergehen. (...) Es gab IMs, die keine Freude daran hatten, andere Leute zu ruinieren, und – die Akten zeigen das durchaus – (...) die Stasi angelogen haben. Manche haben so viel gelogen, daß man vermerkt hat: ›Kein Vertrauen; der Mann ist unehrlich.‹ Das heißt also: Wer seinen Mitmenschen gegenüber ehrlich war, der war für die Stasi unehrlich.«

Darauf angesprochen, daß dies auch bei Vogel einmal der Fall gewesen sei, fuhr Gauck fort: »Das kann sein. Es ist unglaublich wichtig, daß wir den Menschen, die sich mit Staatssicherheit und Partei eingelassen haben, ein Stück ihrer Würde lassen, indem wir sie nicht einfach als Spitzel, als Verräter bezeichnen. (...) Bei Vogel muß man ganz nüchtern feststellen, daß ein Mann mit solchen Vollmachten nicht durchkommen konnte, ohne sich zu verstricken. Wer einen so engen Draht zu Honecker besaß, (...) wer so viel Geld verdienen konnte, der mußte immer auch ein Begünstigter des Regimes sein. Jetzt ist zu überprüfen, (...) ob es über dieses natürliche Verstricktsein hinaus Formen der Bereicherung, Formen der Täuschung von Mandanten und so weiter gegeben hat.«[17] Genau das ist der Fall, der seit der Erhebung der Anklage am 15. Juli 1993 zur Verhandlung steht.

Die Wiedervereinigung hat die deutsche Frage nicht gelöst; sie wirft nur ein neues Licht auf das deutsche Problem. Noch immer gibt es eine trennende Mauer in Deutschland, die Mauer »in den Köpfen«. Mit einiger Sicherheit wird diese Mauer Wolfgang Vogel überdauern.

Anhang

Danksagung

Vor fünfzehn Jahren, als ich Korrespondent der ›New York Times‹ in Moskau war, erhielt ich einen Brief von Robert Gottlieb von der William Morris Agency. Er fragte mich, ob ich nicht Lust hätte, einen Spionageroman zu schreiben. Ich habe es versucht, aber ohne Erfolg; die Sache verlief sich. Um es daher kurz zu machen: Dieses Buch ist zwar alles andere als ein Spionageroman, aber es ist doch die Antwort auf Roberts Frage. Ihm, meinem Agenten, danke ich dafür, daß er sie mir damals stellte.

Peter Osnos, der Herausgeber der Times Books bei Random House, hatte die Idee, daß ich keinen Roman, sondern ein journalistisches Werk schreiben solle. Als echter Freund durchlitt er mit mir die einzelnen Entstehungsphasen des Manuskripts und half mir – zusammen mit seinem Assistenten Ken Gellman –, es zu einem Ganzen zu verknüpfen. Sollten dennoch Fehler auftauchen, so sind sie allein mir zuzuschreiben.

Dieses Buch wäre niemals möglich geworden, wenn Wolfgang und Helga Vogel mir nicht bereitwillig Einblick in ihr Leben gewährt und über fast zwei Jahre hinweg meine zahlreichen Fragen beantwortet hätten – trotz der entschieden größeren Probleme, die sie bedrängten. Ebenso danke ich ihren Rechtsanwälten, Dr. Friederike Schulenburg und Wolfgang Schomburg, Staatssekretär a.D., für die vertrauensvolle Zusammenarbeit.

Gleichwohl ist dies keine autorisierte Biographie. Dr. Vogel, in seinem mehrere hundert Akten umfassenden Archiv geduldig Fakten und Daten nachschlagend, tat sein Bestes, um sich weit zurückliegende Ereignisse wieder in Erinnerung zu rufen. Er gestattete mir jedoch keinen unkontrollierten Zugriff auf seine Unterlagen, ganz abgesehen davon, daß ein Teil des Bestandes von der Staatsanwaltschaft beschlagnahmt worden war, die belastendes Material gegen Vogel suchte. Außerdem fühlt sich Vogel verpflichtet, die Privatsphäre seiner Klienten zu schützen.

Um trotz all dieser Hindernisse an die Wahrheit zu gelangen, habe ich nach Möglichkeit versucht, Vogels Berichte zu überprüfen, indem ich sie mit denen anderer Personen verglich, die sie bezeugen konnten. Dennoch beansprucht dieses Buch keinesfalls, eine *voll-*

ständige Darstellung eines der geheimsten Kapitel des Kalten Krieges zu sein; vielmehr will es als ein erster geschichtlicher Abriß von Nutzen sein. Wie viele andere Personen, die darin vorkommen, wird auch Wolfgang Vogel sicherlich nicht immer mit dem Bild einverstanden sein, das ich von ihm und seiner Arbeit zeichnete, und doch hoffe ich, daß er in ihm den kritischen, aber fairen Bericht erkennt, den ich ihm zugesichert habe.

All denjenigen, die mir so ausführlich aus ihrer Erinnerung erzählt haben, möchte ich meinen Dank aussprechen. Dazu gehört vor allem John Mapother, der mein Interesse an Vogels Geschichte überhaupt erst weckte. Besonderen Dank schulde ich Francis J. Meehan, Jeffrey H. Smith, Harvey A. Silverglate, Frederic L. Pryor und Ronnie Greenwald, die mich bei den Recherchen tatkräftig unterstützten und Teile der Manuskriptentwürfe gegenlasen. Ludwig Rehlinger, Klaus Bölling, Richard A. Barkley und Carl Gustaf Svingel, die mir viel Zeit gewidmet haben, waren mir durch ihre Beobachtungen von großer Hilfe. Von all den anderen, die mir bereitwillig von sich erzählten und diese Geschichte dadurch bereichert haben, möchte ich vornehmlich Volker Heinz, Heinz Felfe, Martina Kischke und Richard D. Copaken nennen.

Darüber hinaus will ich, für ihre unschätzbare Unterstützung, meinen Kollegen von der ›New York Times‹ danken: Marion Underhill, R. A. Beard und Suzanne Cassidy von der Londoner Redaktion; Victor Homola von der Redaktion in Berlin; Kerstin Witt und Adele Riepe von der Bonner Redaktion und Nikolai Khalip von unserem Moskauer Büro. In Jerusalem stand mir die Journalistin Leslie Susser bei meinen dortigen Recherchen zur Seite.

Dank schulde ich auch noch jenen Redakteuren der ›New York Times‹, die mich zu Beginn der siebziger Jahre beauftragten, als Korrespondent nach Deutschland zu gehen. Durch sie, die mich in den folgenden Jahrzehnten immer wieder dorthin schickten, fand ich meine Lebensaufgabe. Mein Dank geht daneben an Arthur O. Sulzberger, den Vorsitzenden der ›New York Times‹, und Carol Sulzberger, die mir den angenehmen Rahmen boten, in dem ich fast das gesamte Buch schrieb. Außerdem danke ich Alexander Fest vom Siedler Verlag für Rat und Unterstützung.

Mein größter Dank jedoch gilt meiner Frau und fleißigsten Mitarbeiterin, Heidi Whitney, die all die stundenlangen Interviews in deutscher und englischer Sprache zu Papier brachte und weite Teile des Manuskripts noch einmal in den Computer eingab, nachdem sie von ihm verschlungen worden waren. Sie unterstützte mich die ganze Zeit, und ich hoffe, das Ergebnis beweist ihr, daß sich die Mühe gelohnt hat.

Craig R. Whitney
London – New York City – Bonn

356

Anmerkungen

Einleitung

1 Dies wurde zum ersten Mal von Peter Schneider dargestellt, s. *The German Comedy; Scenes of Life After the Wall*, New York 1992
2 Wolfgang Vogel im Interview mit dem Autor in Teupitz am 22. Juni 1991, und Helmut Schmidt, Brief an den Autor vom 11. Mai 1992
3 Helmut Schmidt, *Die Deutschen und ihre Nachbarn: Menschen und Mächte II*, Berlin 1990, S.32
4 Armin Volze, *Kirchliche Transferleistungen in die DDR*, in: ›Deutschland Archiv‹, 1/91, S.64, sowie Vogel und Peter-Michael Diestel, ehemaliger Innenminister der Deutschen Demokratischen Republik in Interviews mit dem Autor am 22. Juni 1991
5 Vogel im Interview mit dem Autor in Berlin am 7. Mai 1992

Erstes Kapitel

1 Wolfgang Vogel im Interview mit dem Autor am 22. Juni 1991. Die Geschichte wurde auch am 14. Juni 1992 in einem Telefongespräch des Autors mit Heinz-Joachim Lomosik bestätigt, einem Freund aus Vogels Kindheit in Glatz.
2 Vogel im Interview mit dem Autor in Teupitz am 22. Juni 1991
3 Ebd. und Wolfgang Vogel, »Mein Lebenslauf«, handschriftlicher Lebenslauf vom April 1949, abgelegt in seiner Personalakte im DDR-Justizministerium
4 Vogel, »Lebenslauf«, a.a.O.
5 Die Verwechslung wurde 1985 entdeckt. Damals und auch später kursierten in der deutschen Presse zahlreiche Spekulationen darüber, ob die Staatssicherheit Vogel mit der Identität des toten Soldaten versehen hatte, um seine Aktivitäten besser hinter einer Geschichte zu verbergen, wie es auch der KGB häufig bei seinen Geheimagenten getan hatte. Siehe auch Peter-Ferdinand Koch, *Das Schalck-Imperium*, München 1992. Diese These wird von Autoren wie Ludwig Rehlinger verworfen, der Vogel bei dem Nachweis zur Seite stand, daß es sich um eine Verwechslung handelte. Vogel hatte die Erkennungsmarke, die er für »seine« Plakette hielt, behalten; auf diese Weise gelang es den Behörden in der Bundesrepublik, das Geheimnis aufzuklären. Lomosik sowie weitere Klassenkameraden Vogels aus Glatz haben dem Autor unabhängig voneinander versichert, daß es sich bei Vogel um ihren ehe-

357

maligen Schulfreund handle. Auch erneute Ermittlungen der Staatsanwaltschaft 1992 haben die Verwechslung der Erkennungsmarke bestätigt. Es scheint mithin bewiesen, daß Wolfgang Vogel Wolfgang Vogel ist.

6   Vogel, »Lebenslauf«, a.a.O.
7   Carl Gustaf Svingel im Interview mit dem Autor am 27. Juni 1991 in Berlin; und Vogel im Interview mit dem Autor in Teupitz am 22. Juni 1991 und am 12. Dezember 1991
8   Bericht des Ausbildungsleiters am Landgericht Waldheim, 16. Dezember 1949, in Vogels Akte aus dem DDR-Justizministerium, jetzt im Justizarchiv der Stadt Berlin
9   Unterlagen aus Vogels Büroakten
10 *Der Aufstand vom 17. Juni 1953*, Publikation des Bundesministeriums für innerdeutsche Beziehungen, Bonn 1988, S. 29-39
11 *Unrecht als System, Dokumente über planmäßige Rechtsverletzungen in der Sowjetzone Deutschlands*, zusammengestellt vom Untersuchungsausschuß Freiheitlicher Juristen, Bonn (Bundesministerium für gesamtdeutsche Fragen) 1955, S.259
12 Reymar von Wedel, Notizen aus der Reinartz-Akte, aufbewahrt in der Rechtsschutzstelle der Bundesregierung in West-Berlin
13 *Unrecht als System*, a.a.O., S. 78
14 Vogel im Interview mit dem Autor in Teupitz am 22. Juni 1991, am 7. Mai und am 11. August 1992
15 Vogel im Interview mit dem Autor in Teupitz am 22. Juni 1991 und am 11. August 1992; Zeugenaussage vor dem KoKo-Untersuchungsausschuß des Deutschen Bundestages in Bonn, 8. Oktober 1992
16 Vogel im Interview mit dem Autor in Teupitz am 11. August 1992 und in Berlin am 14. Oktober 1992. Laut Wyden belegen die Polizeiberichte, daß zwischen 1945 und August 1961 von den Kommunisten 229 Entführungen erfolgreich durchgeführt und 348 versucht wurden. (Wyden, *Wall, The Inside Story of Divided Berlin*, a.a.O., S. 94, Fußnote.)
17 »Verpflichtungsbericht« vom 11. November 1953, in Vogels Stasiakte, Nr. 2088/57, Zentralarchiv Berlin, Bundesamt für die Unterlagen des Staatssicherheitsdienstes der ehemaligen Deutschen Demokratischen Republik (»Gauck-Behörde«)
18 »Personalbogen« vom 19. September 1952; »Vorschlag zur Anwerbung« vom 31. August 1953; und andere Unterlagen aus Vogels Stasiakte, a.a.O.
19 Handschriftlicher »Schlußbericht« aus Vogels Stasiakte, vom 14. März 1957, der besagt, daß er »am 19.10.1953 zur Sicherung des Objektes als GI auf Linie ›Justiz‹ angeworben« worden sei
20 »Verpflichtungsbericht«, a.a.O.
21 »Zeugnis« vom 29. Januar 1954, Kaderabteilung des DDR-Justizministeriums, in Vogels Akte im DDR-Justizministerium, a.a.O. Siehe auch beeidigte Aussage von Vogels Anwältin Dr. Friederike Schulenburg vor dem Landgericht Berlin, am 21. Mai 1992
22 Vogel im Interview mit dem Autor in Teupitz am 22. Juni 1991
23 Schulenburg, 21. Mai 1992, a.a.O.
24 Vogel im Interview mit dem Autor in Teupitz am 22. Juni 1991
25 Originalunterlagen aus Vogels persönlichem Archiv

26 Vogel im Interview mit dem Autor in Berlin am 14. Oktober 1992
27 »Einschätzung«, Berlin, 12. Januar 1955, unterzeichnet von Johde. Vogels Stasiakte. Gelegentlich erhielt Vogel Benzingutscheine, Motoröl, Blumen und kleine Summen an Bargeld.
28 »Einschätzung«, Berlin, 12. Januar 1955, unterzeichnet von Johde. Vogels Stasiakte
29 Zum Beispiel berichtete Johde am 1. Juni 1954, daß »Eva« bei einer geheimen Kontaktnummer angerufen und um ein Gespräch gebeten habe. Vogel erzählte dem Stasibeamten in seinem Anwaltsbüro, daß einer seiner früheren Klienten, der wegen Verstoßes gegen Wirtschaftsvorschriften angeklagt gewesen war, ihm angeboten habe, einen Film zu beschaffen, der für den DDR-Geheimdienst von Interesse sei, da er westliche Agenten zeige, die außerhalb von West-Berlin tätig seien. Vogels Klient hatte ihn am Tag zuvor aufgesucht und ihm mitgeteilt, daß er für die Staatssicherheit arbeiten wolle. Laut Akte wurde Vogel befohlen, die Einladung des Mannes zu einem Abendessen in West-Berlin abzulehnen.
30 »Treffbericht« vom 15. Februar 1955, zwei Wochen nach Reinartz' Verhaftung. Vogels Stasiakte
31 Carl Gustaf Svingel, beeidigte Aussage vom 15. April 1992 vor dem Berliner Landgericht
32 Reinartz' Stasiakte. MfS AU 386/55
33 Die Staatsanwaltschaft, die Anfang 1992 Nachforschungen über Vogels Aktivitäten anstellte, verdächtigte ihn offenbar, daß er der Stasi dabei geholfen hatte, Reinartz zu finden und zu entführen. Diese Anschuldigung wurde von Vogel heftig abgestritten.
34 Reinartz' Stasiakte, a.a.O., und Vogel, Svingel und von Wedel, Interviews des Autors in Teupitz und Berlin im Juni und Dezember 1991. Später wurde das Urteil in eine fünfzehnjährige Haftstrafe umgewandelt.
35 Von »Georg« unterzeichneter Bericht vom 17. März 1955. Vogels Stasiakte
36 Zum Beispiel behauptete »Georg« dies am 7. April 1955 von dem DDR-Kollegen Gerhard Weyer. Vogels Stasiakte
37 Bericht von »Georg«, vom 11. Juni 1955. Vogels Stasiakte
38 »Evas« Bericht an die Stasi vom 9. März 1955. Vogels Stasiakte
39 »Evas« Bericht vom 16. April 1955. Vogels Stasiakte
40 Ebd.
41 »Georgs« Bericht vom 12. Juni 1955. Vogels Stasiakte. Bei einer öffentlichen Anhörung eines Untersuchungsausschusses des Deutschen Bundestages am 8. Oktober 1992 in Bonn sagte Vogel ebenfalls, daß ein Anwalt der Bundesregierung namens Behling versucht habe, ihn als BND-Agenten anzuwerben.
42 Vogels Brief an das Präsidium der Westberliner Rechtsanwaltskammer, aus seinem persönlichen Archiv. In einem Bericht vom 17. Oktober 1955 wird vermerkt, daß die Bewerbung »gemäß unserer Weisung« eingereicht worden sei. Vogels Stasiakte
43 Bericht, »Betr. Commichau«, vom 15. Januar 1956. Vogels Stasiakte
44 Brief des Kammergerichtspräsidenten an Vogel vom 13. November 1957. Vogels Justizakte

45 Schulenburg-Aussage vom 21. Mai 1992
46 Vogel im Interview mit dem Autor in Berlin am 7. Mai 1992
47 Vogel und Jürgen Stange im Interview mit dem Autor am 12. Juni 1992 in Berlin
48 »Schlußbericht« vom 14. März 1957. Vogels Stasiakte
49 Vogel beharrt darauf, daß er niemals einen Vertrag als GI oder GM unterschrieben und nach 1957 keine inoffiziellen Beziehungen zur Stasi mehr unterhalten habe. Einiges, was in diesem Buch zur Sprache kommt, unterstützt diese Sichtweise, anderes nicht. Das Verhältnis zum MfS war häufig zwiespältig. Ende 1959 war Vogel zum Beispiel einer der beiden Verteidiger von Dr. Gottfried Matthes, der angeklagt war, 1945 26 psychisch Kranke in einem oberschlesischen Krankenhaus ermordet zu haben, anstatt sie in die Hände der einmarschierenden Russen fallen zu lassen. Die Verhandlung fand in Berlin statt. Aus den Akten, die das DDR-Justizministerium über Vogel anlegte, nachdem er Rechtsanwalt geworden war, geht nicht klar hervor, wie oder warum er den Fall übernommen hat. Der Prozeß wurde jedoch entgegen den Erwartungen der SED-Regierung von den Zeitungen zu einem sensationellen Ereignis hochgepuscht. Einer Eintragung vom 1. Dezember in Vogels Akte im Justizministerium zufolge brachte Hilde Benjamin heftige Einwände gegen seine Beteiligung vor. In der Akte ist dazu vermerkt: »Der Minister, Genosse Benjamin, konsultierte Oberst Richter vom MfS. Es muß eine Entscheidung getroffen werden, ob das MfS daran interessiert ist, daß Rechtsanwalt Vogel weiterhin in diesem Prozeß als Verteidiger auftritt. Falls ein solches Interesse von seiten des MfS nicht besteht, sollte Rechtsanwalt Vogel die Verteidigung niederlegen.« Außerdem ist in der Akte folgendes festgehalten: Falls entschieden werde, daß Vogel den Fall niederlegt, müsse er öffentlich Stellung beziehen und sagen, daß er Matthes' Verteidigung nicht mehr mit seinem Gewissen vereinbaren könne und »sich gezwungen sehe, sich offen zu unserer Politik zu bekennen«. Vogel zog sich am 6. Dezember von dem Fall zurück, gab dafür aber keine politische Begründung an. Statt dessen wärmte er die alte Geschichte mit den Magenbeschwerden wieder auf und meldete sich in einem Ostberliner Krankenhaus an. Siehe »Unbekannter bedroht das Gericht«, ›Berliner Zeitung‹ vom 8. Dezember 1959.

Zweites Kapitel

1 James B. Donovan, *Strangers on a Bridge: The Case of Colonel Abel*, New York 1964, S. 253. Donovan liefert einen vernünftigen und vollständigen, wenn auch einseitigen Bericht über den Fall für den Zeitraum, in dem er daran beteiligt war. Zu weiteren Details über Abels und Hayhanens Leben und Aktivitäten siehe Louise Bernikow, *Abel*, New York (Trident Press, Simon & Schuster) 1970. Informationen über Abels Situation während und nach dem Prozeß liefert Harry Rositkze, *The K.G.B., The Eyes of Russia*, Garden City 1981, S. 54-58 u.a.
2 Oleg Kalugin und andere sowjetische Offiziere des Geheimdienstes bestätigten während eines Interviews mit dem Autor im Juni und Sep-

tember 1991 in Moskau diese Vorgehensweise und zahlreiche Einzelheiten zu Vogels Handlungsrahmen. Der langjährige Leiter der »Hauptverwaltung Aufklärung« der Stasi, Markus Wolf, glaubt, daß Schischkin eigens zu diesem Zweck geschickt wurde.

3 Vogel im Interview mit dem Autor in Teupitz am 22. Juni 1991

4 Vogel in Interviews mit dem Autor in Teupitz zwischen Juni 1991 und Juni 1992

5 Vogel im Interview mit dem Autor in Teupitz am 22. Juni 1991. Aus Stasi-Unterlagen im Leipziger Hauptquartier der Geheimpolizei, die 1989 nach dem Zusammenbruch der DDR freigegeben wurden, geht hervor, daß sich in der Eisenacher Straße ebenfalls eine konspirative Wohnung der Stasi befand.

6 Ebd.

7 Die Übersetzung lautet: »Frau Helen Abel aus der Deutschen Demokratischen Republik hat mich damit beauftragt, sie als Anwalt zu vertreten. Ich soll in erster Linie den Briefwechsel zwischen Frau Abel und Ihnen koordinieren. Bitte korrespondieren Sie in Zukunft ausschließlich mit mir.« Für das Original siehe Briefe an Donovan, a.a.O., S. 314 und folgende.

8 Donovan, a.a.O., S. 323. Die Tatsache, daß das Geld von der Staatssicherheit kam, gab Vogels Bevollmächtigte, Dr. Friederike Schulenburg, am 25. März 1992 beim Amtsgericht Tiergarten in Berlin zu Protokoll. Volperts Rolle wurde später von Vogel in einem Interview mit dem Autor bestätigt.

9 Einzelheiten zu Powers' Flug und Verhaftung finden sich in: Francis Gary Powers u. Curt Gentry, *Operation Overflight*, New York 1970, S. 100-102. Die diplomatischen Umstände des U-2-Absturzes werden auch ausführlich beschrieben bei: Michael R. Beschloss, *Mayday; Eisenhower, Khrushchev, and the U-2 Affair*, New York 1986; siehe insbesondere S. 265-266

10 Vogel im Interview mit dem Autor in Teupitz im Februar 1992

11 Strobe Talbott, *Khrushchev Remembers: The Last Testament*, Boston 1974, S. 490

12 Vogel im Interview mit dem Autor im Juni 1992. Schischkin war von 1966 bis 1970 in London Leiter des Spionageabwehrdienstes und bis Anfang der achtziger Jahre Leiter der Spionageabwehr an der KGB-Hochschule in Moskau. Dies ergab sich in einem Gespräch des Autors mit zwei ehemaligen KGB-Offizieren, dem Überläufer Oleg Gordiewsky (1990 in London) und Oleg D. Kalugin (im Juni 1992 in Moskau), früher Chef der Spionageabwehr. Siehe auch Christopher Andrew und Oleg Gordiewsky, *KGB: Die Geschichte seiner Auslandsoperationen von Lenin bis Gorbatschow*, München 1990, S. 677 und 791.

13 Soweit Vogel sich nach seiner Verhaftung im März 1992 noch an finanzielle Einzelheiten erinnern konnte, wurden Donovan 10.000 Dollar als Anwaltskosten überwiesen und weitere 3.000 Dollar offensichtlich für die Ablösung der Geldstrafe. Unklar ist jedoch, ob auch die zusätzlichen 5.000 Dollar, um die Donovan gebeten hatte, nach New York überwiesen worden sind.

14 Die Übersetzumg des Briefes lautet: »Ich erinnerte mich des Briefes, der letztes Jahr vom Vater des Piloten Powers an meinen Mann

geschrieben wurde. Ich habe ihn nicht gelesen, aber wenn ich mich nicht irre, schlug er meinem Mann eine gewisse gegenseitige Aktion vor, seinem Sohn und meinem Mann zu helfen, freigelassen zu werden. Rudolf schrieb mir dann, daß Powers Fall nichts mit ihm zu tun habe, und ich dachte nicht weiter darüber nach, ob für uns oder die Powers' dabei irgendein Gewinn herausspringen könnte. (...) Da ich nicht weiß, was ich tun soll, bitte ich Sie um Rat (...), was getan werden kann, um den Fall zu beschleunigen.« Für den Originalbrief siehe Donovan, a.a.O., S. 363.

15 Ebd., S. 365
16 Ebd., S. 367
17 Vogel im Interview mit dem Autor in Teupitz am 22. Juni 1991
18 Donovan, a.a.O., S. 374
19 Ebd., S. 381
20 Ebd., S. 393
21 Ebd., S. 395
22 Ebd.
23 Vogel im Interview mit dem Autor in Teupitz am 22. Juni 1991
24 Donovan, a.a.O., S. 401-403
25 Ebd., S. 403
26 Ebd., S. 411-417
27 Vogel im Interview mit dem Autor in Teupitz am 22. Juni 1991; Millard H. Pryor in einem Telefongespräch mit dem Autor am 15. August 1991; Frederic L. Pryor in Briefen an den Autor vom 26. August 1991 und 15. März 1992; Brief von Pryor an Vogel ohne Datum (eingegangen am 9. Mai 1992); alle Schriftstücke aus Vogels Privatarchiv
28 Generalleutnant Gerhard Niebling im Interview mit dem Autor in Berlin am 7. Mai 1992
29 Frederic L. Pryor, Brief an den Autor vom 26. August 1991
30 Pryors Brief an den Autor vom 26. August 1991 und Telefongespräch mit dem Autor am 17. Mai 1992
31 Donovan, a.a.O., S. 418
32 Oleg Gordiewsky im Interview mit dem Autor in London am 13. Oktober 1990
33 Donovan, a.a.O. S. 419
34 Meehan im Interview mit dem Autor in Helensburgh, Schottland, am 13. September 1990
35 Donovan, a.a.O., S. 419
36 Powers wurde von dem Verdacht auf Landesverrat und Pflichtverletzung freigesprochen und erhielt eine Gehaltsnachzahlung. Allerdings wollte die CIA ihn nicht wieder beschäftigen. Vermutlich kam er am 1. August 1977 als Hubschrauberpilot für den amerikanischen Sender KNBC-TV aus Los Angeles bei einem Absturz ums Leben. Die Polizei stellte fest, daß dem Bell Jet Ranger der Treibstoff ausgegangen war, nachdem Powers ein Fernsehteam zur Berichterstattung über ein Buschfeuer in die Berge geflogen hatte.
    Abel wurde in Moskau gebührend empfangen und mit dem Leninorden und zahlreichen anderen Medaillen ausgezeichnet. Zwei Wochen nach seiner Freilassung veröffentlichte die ›Iswestija‹ einen Brief von Yelena (»Hellen«) und Lydia Abel, indem sie ihre Dankbarkeit gegenüber der

»menschlichen Großmut« Chruschtschows und der sowjetischen Regierung zum Ausdruck brachten, die Abels Entlassung aus der Gefangenschaft bewirkt hatten. Gleichzeitig machten sie einen »Abenteurer und Provokateur« dafür verantwortlich, Abel »denunziert« zu haben.

Abel hatte ebenfalls Schwierigkeiten, sich wieder in den Spionagedienst einzugliedern, der ihn nur noch für fähig hielt, vor jungen Agenten an der KGB-Hochschule Vorlesungen zu halten. Er starb 1971.

Makinen wurde schließlich am 11. Oktober 1963, ein Jahr nach der Kubakrise, freigelassen.

Donovan wurde später als Mitglied der Demokraten Vorsitzender des Bildungsausschusses und des Pratt Institute in New York City. Er versuchte 1962, Senator Jacob K. Javits abzulösen, was ihm jedoch nicht gelang, und führte in Havanna, nach der Kubakrise, für Präsident Kennedy noch mehrere Verhandlungen zur Befreiung von Geiseln. Im Alter von dreiundfünfzig Jahren starb er 1970 an einem Herzinfarkt.

Pryor war vor seiner Freilassung von dem Vernehmungsbeamten gewarnt worden, auf keinen Fall seine Doktorarbeit zu veröffentlichen, die er jedoch 1963 stolz von M.I.T. Press herausgeben ließ. Später unterrichtete er an den Universitäten Michigan und Yale und ließ sich schließlich am Swarthmore College als Professor für Wirtschaft nieder. Erst im April 1990 kehrte er nach Ostdeutschland zurück, wo Vogel ihm erzählte, daß ihn eine zehnjährige Haftstrafe erwartet hätte, wenn der Fall vor das Gericht gekommen wäre. Sein neuestes Werk ist: *The Red and The Green: The Rise and Fall of Collectivized Agriculture in Marxist Regimes*, Princeton 1992.

37 Brief von Pryor an Vogel ohne Datum (eingegangen am 9. Mai 1962). Vogels Büroakten

38 Im Sommer 1963 flog Vogel nach London, um die Freilassung der beiden russischen Spione Peter und Helen Kroger zu erreichen, deren Photos das FBI in Oberst Abels Besitz gefunden und beschlagnahmt hatte. In Amerika waren die beiden unter ihren richtigen Namen, Morris und Leontina Cohen, identifiziert und mit Julius und Ethel Rosenberg in Verbindung gebracht worden, die 1953 wegen schwerwiegender Spionage zum Tode verurteilt worden waren. Die Briten hatten Peter und Helen Kroger wegen Zugehörigkeit zu Gordon A. Lonsdales sogenanntem Portland-Spionagering verurteilt, der sich in das Forschungszentrum für Unterwasserwaffen der britischen Admiralität im englischen Portland eingeschleust hatte. Beide wurden zu einer zwanzigjährigen Haftstrafe verurteilt. Die Sowjets waren ebenfalls daran interessiert, daß Vogel den Austausch von Lonsdale (der in Wirklichkeit Konon Trofimowitsch Molody hieß) gegen Greville Wynne arrangierte, einen britischen Agenten, der in Moskau als V-Mann des legendären Obersten Oleg Penkowsky tätig gewesen war.

Trotz Vogels mangelnder Englischkenntnisse machten die Sowjets seine Reise gezielt publik, um in der britischen Presse, die immer für gute Spionagestories zu haben war, ein Maximum an Publicity zu schaffen. Bei seinem Besuch im Londoner Hauptsitz von Amnesty International beklagte sich Vogel darüber, daß Lonsdale in Großbritannien fünfundzwanzig Jahre absitzen müsse, obwohl Wynne in Moskau nur zu acht Jahren verurteilt worden sei. Vogel engagierte Derek H. Sinclair, Partner einer angesehenen Londoner Anwaltskanzlei; er sollte versuchen, Wynne bei dem Prozeß in Moskau zu vertreten und bei den britischen Behörden die Freilassung von Peter und Helen Kroger auszuhandeln.

Wie Vogel mir im Februar 1992 erzählte, konnte er bei den Briten jedoch nichts erreichen. Die britische Regierung war zwar an einem Austausch von Lonsdale gegen Wynne interessiert, wollte aber nicht mit Vogel verhandeln. Seiner Meinung nach führten die Briten selber mit der Sowjetunion in London und Moskau Verhandlungen, und tatsächlich wurden Wynne und Lonsdale am 22. April 1964 in Berlin gegeneinander ausgetauscht.

Im Juli und im September 1965 flog Vogel erneut nach London, um mit Sinclair Krogers Auslieferung auszuhandeln. Auch in diesem Fall erfanden die Sowjets eine fiktive Verwandte, um sie nach geraumer Zeit in dem Fall auftauchen zu lassen. »Maria Petka« aus Lublin verkündete, daß sie eine Cousine der Krogers sei, und beauftragte den polnischen Anwalt Jerzy Pogonowski, Vogel zu schreiben.

Vogel behauptet, an Sinclair insgesamt 30.000 DM an Honoraren gezahlt zu haben. Dessen Partner gaben jedoch nach seinem Tod vor, nichts über solche Geschäfte zu wissen. Vogel spielte außerdem mit dem Gedanken, Helen und Peter Kroger gegen Gerald Brooke auszutauschen, einen britischen Dozenten, der am 25. April dabei ertappt worden war, wie er antisowjetische Unterlagen für eine Emigrantengruppe in Rußland in das Land schmuggelte.

Am 9. September vertrat Vogel einen siebenundzwanzigjährigen Briten, der zwei Wochen zuvor in Berlin festgenommen worden war, weil er DDR-Bürgern geholfen hatte, über die Mauer zu fliehen. Vogel flog nach London, aber wiederum gelang es ihm nicht, die britische Regierung zu Verhandlungen über die Krogers zu bewegen.

Im Januar 1966 erhielt er von den Vereinigten Staaten einen neuen Auftrag: eine Liste mit elf in Indochina abgeschossenen amerikanischen Navy- und Air-Force-Piloten, die Meehan an Jürgen Stange mit der Bitte weitergeleitet hatte, Vogel zu fragen, ob die Sowjets eventuell gewillt seien, auf ihre nordvietnamesischen Verbündeten Druck auszuüben, um die Männer im Rahmen eines Agententausches freizulassen. Folgende Namen standen auf der Liste: Lieutenant (j.g.) Everett Alvarez Jr., abgeschossen am 5. August 1964; Lieutenant Philipp N. Butler, 20. April 1965; Commander Jeremiah A. Denton Jr., 18. Juli 1965; Lieutenant Commander Robert H. Shumaker, 11. Februar 1965; Lieutenant (j.g.) William M. Tschudy, 18. Juli 1965, alle von der Navy; Captain Robert N. Daughtrey, 2. August 1965; Major Lawrence N. Guarino, 14. Juni 1965; Captain Carlyle S. Harris, 4. April 1965; Captain Richard P. Keirn, 24. Juli 1965; First Lieutenant Hayden J. Lockhart Jr., 2. März 1965; und First Lieutenant Robert D. Peel, 31. Mai 1965, alle von der Air Force (Vogels Büroakten).

Später freigegebenen Dokumenten des Außenministeriums zufolge berichtete Vogel Anfang 1967 – nach einem Gespräch mit einem KGB-Mitarbeiter in Moskau –, amerikanische Häftlinge könnten sich noch in ostdeutschen Militärkrankenhäusern in medizinischer Behandlung

befinden. Bei amerikanischen Beamten in Berlin sondierte Vogel die Möglichkeit, auf dieser Basis einen Austausch gegen die Krogers zu arrangieren. Die Gespräche zogen sich über mehrere Monate hin. Dann teilten die Vereinigten Staaten Vogel mit, daß die Krogers nicht zur Disposition stünden, und Vogel mußte eingestehen, daß er über andere Amerikaner als Verhandlungseinsatz nicht verfügte. Streit und Volpert sagten ihm später, daß zu keinem Zeitpunkt Kriegsgefangene in Ostdeutschland behandelt worden seien. Alle Gefangenen, deren Namen sich auf jener Liste befanden, die Vogel von den Amerikanern 1973 nach dem Abzug aus Vietnam erhalten hatte, seien in der Gewalt der Vietnamesen. (Meehan, Telefongespräch mit dem Autor am 15. Januar 1993; Vogel im Interview mit dem Autor in Teupitz am 18. Januar 1993; Vogel, Telefongespräch mit dem Autor am 13. April 1993. Telegrafische Mitteilungen des Außenministeriums »Captured Fliers in the GDR« vom 26. Januar, 2. Februar, 9. Februar, 16. Februar, 14. März und 2. Juni 1967.)
Am 24. Juli 1969 vermochten die Briten schließlich – auch diesmal ohne Vogels Unterstützung – Brookes Freilassung zu erreichen. Drei Monate später flogen Helen und Peter Kroger in Richtung Warschau, wo im Gegenzug zwei britische Staatsbürger freigelassen wurden, die wegen Drogenschmuggels in die Sowjetunion verhaftet worden waren. Die Krogers lebten später als Ehrengäste des KGB außerhalb Moskaus. »Helen Kroger« starb am 30. Dezember 1992.

39 Dr. Crosta, Brief an Dr. Friederike Schulenburg vom April 1992, und Gespräch mit dem Autor am 6. Juni 1992. Crosta erinnert sich in dem Brief, daß Vogel ihm mitteilte, er habe die Information vom »Chef des sowjetisches Geheimdienstes in Berlin«. Übrigens schickte Vogel seinen vierzehnjährigen Sohn Manfred zum Besuch zu Crostas nach Merseburg, damit diese am nächsten Samstag einen plausiblen Grund für die Fahrt nach Berlin hätten: Sie sollten den Jungen zu Hause abliefern.

40 Vogel im Interview mit dem Autor am 12. Juni 1992 in Berlin. Siehe auch Wyden, *Wall, The Inside Story of Divided Berlin*, a.a.O., S. 151-152

Drittes Kapitel

1 Das »Ostbüro« wurde lange Zeit von Stephan Thomas geleitet.
2 Gemäß den für Berlin geltenden Besatzungsstatuten besaßen Westberliner nicht die Staatsbürgerschaft der Bundesrepublik und somit auch keinen bundesdeutschen Paß.
3 John Mapother im Interview mit dem Autor in Washington D.C. am 5. August 1991
4 Arnold Heidemann im Interview mit dem Autor am 16. Dezember 1991 in Berlin
5 Vogel, Gespräch mit dem Autor, und Nelle in einem Telefongespräch mit dem Autor am 18. Juli 1992. Nelle wurde 1980 Mitglied des Bundestages.
6 Siehe Ludwig Geissel, *Unterhändler der Menschlichkeit, Erinnerungen* Stuttgart 1991, S. 253-263

7 Ebd., S. 277 und S. 471
8 Von Wedel, *Im Auftrag des Bischofs*, Festschrift zu Kurt Scharfs 85. Geburtstag. Privatdruck
9 Vogel in Interviews mit dem Autor am 21. Juni 1991 in Teupitz und am 7. Mai 1992 in Berlin; von Wedel im Interview mit dem Autor im Dezember 1991 in Berlin; Heinz D. Thiel im Interview mit dem Autor am 6. Mai 1992 in Berlin; Bischof Hermann Kunst im Interview mit dem Autor am 20. Oktober 1992 in Bonn. Von Wedel sagte, daß ihm die Idee mit dem Geld ganz natürlich vorgekommen sei. Nie habe er sie als einen zynischen Vorschlag empfunden, den sich die Stasi ausgedacht und der Kirche durch Vogel aufgezwungen habe – eine These, die auch in einem der vielen schaudererregenden Berichte nach der Vereinigung wiederholt aufgestellt wurde (z.B. bei Peter-Ferdinand Koch, *Das Schalck-Imperium: Deutschland wird gekauft*, München 1992, S. S. 122-123).
   Der Direktor der Caritas in Berlin, Heinz D. Thiel, der ebenfalls am Handel mit Gefangenen beteiligt war, teilte von Wedels Ansicht, daß der Gedanke, Gefangene freizukaufen, vom Westen gekommen sei: Die Kirchenvertreter aus der Bundesrepublik seien keinesfalls von der SED hereingelegt oder moralisch erpreßt worden. Und Bischof Kunst gab an:»Wer weiß, wer den Vorschlag zuerst machte. Er hat sich vermutlich ganz natürlich im Laufe des Gesprächs ergeben, weil beide Männer darüber Bescheid wußten, daß die Kirche bereits vorher in Einzelfällen Geld gezahlt hatte.«
10 Vogel im Interview mit dem Autor am 22. Juni und 12. Dezember 1991 in Teupitz
11 Kunst im Interview mit dem Autor am 20. Oktober 1992 in Bonn
12 Von Wedel, Festschrift, a.a.O., S. 18
13 Geissel, a.a.O., S. 329
14 Von Wedel, Festschrift, a.a.O., S. 18-19. In einem Interview mit dem Autor am 20. Oktober 1992 sagte Bischof Kunst, er könne sich nicht an den genauen Betrag erinnern, hielte es aber für möglich, daß die Regierung in Bonn die Auslösungssumme beschafft habe.
15 Wyden, *Wall*, a.a.O., S. 317-318
16 Rehlinger, a.a.O., S. 15
17 Wyden, *Wall*, a.a.O., S. 319-321, berichtet über das Treffen und beruft sich dabei anscheinend auf Interviews mit Dora Fritzen. Unabhängig davon wurde dies auch von Carmen Greifenhagen, Frau Fritzens langjähriger Assistentin, in einem Brief an Vogels Anwältin Friederike Schulenburg vom 10. April 1992 bestätigt.
18 Greifenhagen, Brief an Dr. Schulenburg vom 10. April 1992
19 Rehlinger, a.a.O., S. 23
20 Ebd., S. 25-27
21 Vogel im Interview mit dem Autor am 7. Mai 1992 in Berlin
22 Vogel im Interview mit dem Autor im November 1975 in Ost-Berlin
23 Rehlinger, a.a.O., S.33
24 Ebd., S. 28-31
25 Ebd., S. 30-32
26 Rehlinger, a.a.O., S. 35. Siehe auch Michel Meyer, *Des hommes contre des marks*, Paris 1977, und Martin Höllen, *Der innerdeutsche Freikauf*, in: ›Der Monat‹, Band 2, Berlin 1980, S. 64-65

27 Rehlinger, a.a.O., S. 35
28 Vogel im Interview mit dem Autor am 7. Mai 1992 in Berlin
29 Rehlinger, a.a.O., S. 38
30 Rehlinger, a.a.O., S. 56, und Vogels Zeugenaussage vor dem KoKo-Untersuchungsausschuß des Deutschen Bundestages am 8. Oktober 1992 in Bonn
31 Geissel, a.a.O., S. 331-332
32 Ebd., S. 332
33 Ebd., S. 333-334
34 Rehlinger, a.a.O., S. 62-63
35 Ausreichendes Material zugunsten dieser These findet sich in: *Erste Beschlußempfehlung und erster Teilbericht des I. Untersuchungsausschuses nach Artikel 44 des Grundgesetzes*, Bericht des KoKo-Untersuchungsausschusses des Deutschen Bundestags.
36 Rehlinger, a.a.O., S. 47
37 Rehlinger im Interview mit dem Autor am 22. Juli 1991 in Bonn
38 Niebling, Volperts Nachfolger, im Interview mit dem Autor am 7. Mai 1992 in Berlin
39 Rehlinger, a.a.O., S. 58
40 Ebd., S. 59
41 Ebd., S. 61
42 Ebd., S. 60
43 *Zu viele Worte*, in: ›Berliner Morgenpost‹ vom 27. August 1964
44 Siehe Wyden, *Wall*, a.a.O., S. 299-300
45 Geissel, a.a.O., S. 333-334; und Vogels Büroakten; siehe auch die entsprechende Aufstellung im Anhang.
46 Daran erinnerte sich Stange in einem Interview mit dem Autor im November 1975.
47 Geissel, a.a.O., S. 358
48 Die Originalunterlagen befinden sich in dem obengenannten Bericht des KoKo-Untersuchungsausschusses des Bundestags auf den Seiten 48-50. Siehe auch Peter Przybylski, *Tatort Politbüro, Band 2: Honecker, Mittag und Schalck-Golodkowski*, Berlin 1992, S. 381
49 Dies wurde vom KoKo-Untersuchungsausschuß des Deutschen Bundestages festgestellt. Siehe Przybylski, a.a.O., S. 241.
50 Siehe Band I von Peter Przybylski, *Tatort Politbüro, Die Akte Honecker*, Berlin 1991, S. 126-130.
51 Verzeichnis am Ende dieses Buches
52 Przybylski, Band 2, a.a.O., S. 247
53 Vogel im Interview mit dem Autor am 21. Juni 1991 in Teupitz; Rehlinger im Interview mit dem Autor am 22. Juli 1991 in Bonn. Nach Einsichtnahme des Autors in die entsprechenden Informationsgesuche der Bundesregierung an die CIA stellte sich heraus, daß diese über Reinartz überhaupt nichts in ihren Akten vermerkt hatte.
54 Svingel zitiert Vogel in einem Interview mit dem Autor am 27. Juni 1991 in Berlin
55 Ebd.
56 Svingels Aussage gegenüber Dr. Friederike Schulenburg am 15. April 1992 in Berlin
57 Svingels Aussage. Der Beamte war Eberhard Zachmann.
58 Svingel im Interview mit dem Autor am 27. Juni 1991 in Berlin

Viertes Kapitel

1 Vogel als Zeuge vor dem KoKo-Untersuchungsausschuß des Deutschen Bundestages am 8. Oktober 1992

2 Auszug aus der Anklageschrift. »Prozeß gegen den Westberliner Studenten Gottfried Steglich vor dem Obersten Gericht der Deutschen Demokratischen Republik«, (1 Zst (I) 2/62). Vogels Büroakten

3 Der abfällige Ausdruck »Menschenhandel« wurde häufig für die Gefangenenfreikäufe benutzt.

4 Aus dem Plädoyer der Verteidigung. Vogels Büroakten

5 Vogel im Interview mit dem Autor am 7. Mai 1991

6 Zu Fuchs' Aktionen siehe Wyden, *Wall*, a.a.O., S. 294-296

7 Volker G. Heinz im Interview mit dem Autor am 12. März 1991 in London

8 Ebd.

9 Ebd. Später ging man dazu über, den Austausch von Agenten und politischen Gefangenen getrennt zu behandeln.

10 Ebd.

11 Vogel, Zeugenaussage, a.a.O.

12 Vogels Plädoyer vor dem Ersten Strafsenat des Obersten Gerichts der DDR (1 Zst (I) 1/66). Vogels Büroakten. Der andere Fall betraf einen Prozeß, der im Juni 1966 in Magdeburg gegen den Arzt Dr. Kurt Heissmeyer geführt wurde, der angeklagt war, im Konzentrationslager Neuengamme Experimente an Häftlingen durchgeführt zu haben. Die Staatsanwaltschaft forderte lebenslänglich, Vogel sprach sich erfolglos für ein milderes Urteil aus.

13 *Tulsan Claims Plot Made Him »Fall Guy«*, in: ›Tulsa World‹ vom 29. August 1965; und Ricey S. New im Interview mit dem Autor am 5. August 1991 in Washington, D.C.

14 New im Interview mit dem Autor am 5. August 1991 in Washington, D.C.

15 John Jr. Van Altena, *A Guest of the State*, Chicago 1967, S. 234 und folgende.

16 New im Interview mit dem Autor am 5. August 1991 in Washington, D.C.

17 Anklageschrift. »Prozeß gegen den amerikanischen Staatsbürger Peter Feinauer vor dem I. Strafsenat des Stadtgerichts von Groß-Berlin« (101a BS 52/67). Vogels Büroakten

18 Ebd., Vogels Plädoyer

19 Ebd.

20 Ebd.

21 Vogel zufolge wurde er später in einem von der Bundesrepublik arrangierten Austausch freigelassen.

22 New im Interview mit dem Autor am 5. August 1991 in Washington, D.C.

Fünftes Kapitel

1 Vogel im Interview mit dem Autor am 7. Mai 1992 in Berlin und am 18. Januar 1993 in Teupitz; und Zeugenaussage vor dem KoKo-Untersuchungsausschuß des Bundestages in Bonn am 8. Oktober 1992

2 Michel Meyer, *Des hommes contre des marks*, Paris 1977, S. 159-161

3 Zitiert nach Rehlinger, a.a.O., S. 66

4 Ebd.

5 Ebd., S. 64

6 Ebd.

7 Ebd., S. 74, und Rehlinger im Interview mit dem Autor am 22. Juli 1991 in Bonn

8 Rehlinger im Interview mit dem Autor am 22. Juli 1991; die genauen Zahlen sind im Anhang aufgeführt.

9 Heinz Felfe im Interview mit dem Autor am 28. Juni 1991 in Berlin

10 Im Iran-Contra-Skandal Ende der achtziger Jahre war Petty einer der entscheidenen Drahtzieher.

11 Mary Ellen Reese, *General Reinhard Gehlen: The CIA Connection*, Fairfax, Va. 1990, S. 155-159

12 Ebd., S. 161-162

13 Siehe auch Felfes Memoiren: *Im Dienst des Gegners*, Berlin (Verlag der Nation) 1988.

14 *Sowjets verhaften FR-Redakteurin*, ›Frankfurter Rundschau‹, 27. September 1966; *Sowjets erheben Spionage-Vorwurf*, ›Frankfurter Allgemeine Zeitung‹, 8. September 1966

15 Martina Kischke im Interview mit dem Autor am 16. Januar 1992 in Frankfurt

16 *Freiheit für Martina Kischke*, in: ›Frankfurter Rundschau‹ vom 8. September 1966

17 Vogel im Interview mit dem Autor am 12. Dezember 1991 in Teupitz

18 Ebd.

19 Kischke, a.a.O.

20 Ebd.

21 Siehe auch *Frenzel in die ČSSR entlassen*, ›Frankfurter Rundschau‹, 28. Dezember 1966, und *Frenzel war dem Ostblock vier Gefangene wert*, ›Frankfurter Allgemeine Zeitung‹, 28. Dezember 1966. Martina Kischke nahm ihre Tätigkeit als Redakteurin für die Frauenseite bei der ›Frankfurter Rundschau‹ wieder auf, für die sie noch viele Jahre arbeitete. Sie unternahm nie wieder eine Reise in die Sowjetunion und hörte auch von Boris Petrenko nichts mehr, der – wie sie annahm – vermutlich vom KGB auf sie angesetzt worden war.

22 Rehlinger, a.a.O., S. 78-79, und Vogel im Interview mit dem Autor am 22. Juni 1991 in Teupitz. Mielke, der häufig die Agentenlisten durchsah, beklagte sich, wenn die SED mehr Menschen freigelassen hatte als sie zurückbekam, daß Vogel nicht hart genug verhandele. Nach Aussagen von Generalleutnant Gerhard Niebling, der nach Volperts Tod Vogels Führungsoffizier bei der Stasi wurde, beruhigte sich Mielke sich dann aber meistens wieder. Niebling im Interview mit dem Autor am 7. Mai 1992 in Berlin

23 Vogel im Interview mit dem Autor am 22. Juni 1991 in Teupitz
24 Felfe im Interview mit dem Autor am 28. Juni 1991 in Berlin
25 Ebd.
26 Ebd., und Felfe, a.a.O., S. 398-407
27 Die Russen empfingen Felfe bei seiner Rückkehr wie einen Helden. Sie
   schickten ihn einige Monate in das KGB-Sanatorium auf der Krim,
   damit er sich entspannen und erholen konnte. Als aber im folgenden
   März der sowjetische Hauptverbindungsoffizier anläßlich des zweiund-
   fünfzigsten Geburtstags von Felfe einen Trinkspruch auf ihn aus-
   brachte und ihm viel Glück als Pensionär wünschte, war dieser schok-
   kiert. »Das haben Sie verdient«, sagten ihm seine Kameraden. Aber
   Felfe platzte vor Wut und protestierte: »Ich bin doch gerade erst fünfzig
   geworden. Ich muß noch arbeiten«. Wenn die DDR ihn nicht lasse,
   werde er eben in den Westen zurückkehren. Schließlich landete er in
   der kriminalwissenschaftlichen Abteilung der Ostberliner Humboldt-
   Universität, in einem Büro, das man nur durch den Eingang erreichen
   konnte, durch den normalerweise auch die Leichen hereintransportiert
   wurden.
28 »Vermerk« vom 29. April 1967 aus Vogels Akte im DDR-Justizministerium
29 Vogel im Interview mit dem Autor am 21. und 22. Juni und 12. Dezember 1991 in Teupitz und am 7. Mai und 12. Juni 1992 in Berlin
30 Ebd.
31 Ebd.
32 Das Schriftstück wird wiedergegeben bei Schmidthammer, a.a.O.,
   S.133.

Sechstes Kapitel

1 Nach dem Titel eines Buches von Peter Bender, der Brandt und Bahr
   beeinflußte
2 Parteiunterlagen, veröffentlicht von Peter Przybylski, *Tatort Politbüro*,
   a.a.O., Bd. 1, S. 280-288
3 Ebd., S 50-55
4 Reinhold Andert und Wolfgang Herzberg, *Der Sturz: Erich Honecker im
   Kreuzverhör*, Berlin und Weimar 1991, S. 272
5 Przybylski, a.a.O., S. 114-115
6 Ebd., S. 287
7 Vogel, Zeugenaussage vor dem KoKo-Untersuchungsausschuß des
   Deutschen Bundestages am 8. Oktober 1992 in Bonn
8 Vogel im Interview mit dem Autor in Teupitz am 22. Juni 1991. Anfang
   1992 erhielt ›Die Welt‹ die Mitschrift eines angeblichen Gesprächs zwischen Wehner und Vogel, das am 11. Juni 1968 in Wehners Wohnung in
   Bad Godesberg stattgefunden haben soll. In dem Bericht wird Wehners
   Gesprächspartner eindeutig als »Georg« bezeichnet. Dahinter stand
   eindeutig die Beweisabsicht, daß die Stasi Vogel noch immer als IM
   führte. Die Zeitung selbst dementierte dies jedoch. Sie verwies darauf,
   daß es sich bei »Georg« ebensogut um eine andere Person handeln
   konnte. Vogel, der dem Autor die Mitschrift zur Verfügung stellte,

bezweifelt, daß er 1968 einen solchen Status innegehabt hat, räumt aber die Möglichkeit ein, daß die Stasi sich weiterhin mit seinem alten Decknamen auf ihn bezog.

9 Andert/Herzberg, a.a.O., S. 344-350
10 Vogel, Aussage vor dem Amtsgericht Tiergarten vom 25. März 1992
11 Vogel im Interview mit dem Autor am 22. Juni 1991 in Teupitz; Svingel im Interview mit dem Autor am 27. Juni 1991 in Berlin
12 ›Neues Deutschland‹ vom 1. Juni 1973, Seite 1
13 Vogel im Interview mit dem Autor am 22. Juni 1991 in Teupitz, und Zeugenaussage vor dem KoKo-Untersuchungsausschuß am 8. Oktober 1992
14 Markus Wolf im Gespräch mit dem Autor am 12. August 1992 in Berlin

Siebentes Kapitel

1 Willy Brandt, *Erinnerungen.*, Frankfurt 1989, S. 329
2 Ebd., S. 335
3 ›Frankfurter Allgemeine Zeitung‹ vom 15. Juni 1990
4 David Binder, *The Other German: Willy Brandt's Life & Times*, Washington D.C. 1975, S. 313
5 Brandt, a.a.O., S. 332-333
6 Markus Wolf, *In eigenem Auftrag; Bekenntnisse und Einsichten*, München 1991, S. 266-267
7 Ebd., S. 266-268
8 Ebd., und Irene Runge und Uwe Stelbrink, *Markus Wolf:* ›Ich bin kein Spion‹, Berlin 1990, S. 51
9 Brandt, a.a.O., S. 318
10 Ebd., S. 338-339
11 Brandt, a.a.O., S. 324. Trotz der Gerüchte um Brandts Privatleben löste der Brief in Bonn Erstaunen aus. Lediglich der ›Spiegel‹ hatte an jenem Montag in einem Artikel, in dem die Geschichte eingehend behandelt wurde, darauf hingewiesen, daß Brandt so deprimiert sei, daß er sogar seinen Rücktritt in Erwägung ziehe.
12 Brandt, a.a.O., S. 324-325
13 Ebd., S. 219, und Bestätigung durch Vogel
14 Valentin M. Falin im Interview mit dem Autor am 11. Juni 1991 in Moskau
15 Ebd.
16 Honeckers wahre Gefühle lassen sich nur erraten bzw. aus der Tatsache ableiten, daß er das Ehepaar Guillaume 1981 nach dessen Freilassung persönlich mit dem höchsten Militärorden der DDR auszeichnete, wenn auch unter Ausschluß der Öffentlichkeit. Markus Wolf im Gespräch mit dem Autor im Februar 1992
17 Wolf, a.a.O., S. 269
18 Klaus Bölling, *Die fernen Nachbarn: Erfahrungen in der DDR*, Hamburg 1983, S. 227
19 Vgl. Helmut Schmidt, *Die Deutschen und ihre Nachbarn: Menschen und Mächte, II.*, Berlin 1990, S. 32-33; und Brief an den Autor vom 11. Mai 1992

20 Schmidt, a.a.O., S. 36, und *Lieber im verborgenen*, ›Der Spiegel‹, Nr. 36, 1975
21 Schmidt, a.a.O., S. 32-33
22 Vogel im Interview mit dem Autor am 12. Dezember 1991 in Teupitz
23 Nähere Angaben zu dem Fall finden sich bei Henry Hurt, *Shadrin: The spy who never came back*, New York 1981; ›Literaturnaya Gazeta‹ vom 17. August 1977; Ronald Kessler, *Escape from the CIA*, New York 1991, S. 134-138; *Wife of Soviet Defector Says the C.I.A. May Have Caused His Death*, in: ›The New York Times‹ vom 25. Mai 1978; und Richard D. Copaken im Interview mit dem Autor am 28. August 1991 in Washington, D.C.
24 Meehan im Interview mit dem Autor am 13. September 1990 in Helensburgh, Schottland
25 Copaken im Interview mit dem Autor am 28. August 1991 in Washington, D.C.; und Vogel im Interview mit dem Autor am 12. Dezember 1991 in Teupitz
26 Die Übersetzung lautet: »Der Fall ist untersucht worden. Man hat mich informiert, daß der Aufenthaltsort dieses Mannes unbekannt ist.«
27 Copaken im Interview mit dem Autor am 28. August 1991 in Washington, D.C. Das Dokument befindet sich in Copakens Archiv.
28 Copaken im Interview mit dem Autor; und Brief an den Autor vom 6. November 1992
29 Vogel im Interview mit dem Autor am 14. Dezember 1991 in Teupitz
30 William Hyland in einem Brief an den Autor vom 4. Februar 1992
31 Copaken im Interview mit dem Autor
32 Copaken in einem Brief an den Autor vom 10. November 1992
33 Copaken blieb gegenüber Kissingers Beweggründen weiterhin mißtrauisch, weil dieser trotz der Gefahren für Schadrin nicht nur einmal, sondern zweimal willentlich gegen Vogels oberstes Gebot verstoßen hatte. Auf jeden Fall gab er nicht auf. Am 15. April 1977 reiste er zu einem weiteren Treffen mit Vogel nach Berlin. »Der Fall Schadrin existiert für die Sowjets nicht«, warnte ihn der Anwalt. Als Copaken fragte, ob die Sowjets ihm sogar verboten hätten, über den Fall auch nur zu sprechen, reagierte Vogel unwillig. »Ich bin doch kein Soldat. Die können mir keine Befehle erteilen.« Copaken bestand darauf, Vogel im April 1978 noch einmal zu treffen, als dieser wegen eines anderen Falles in Washington war, und Vogel erklärte sich bereit, Copaken und Ewa Schadrin im Büro des Kongreßabgeordneten Benjamin Gilman zu treffen, allerdings nur unter der Bedingung, daß alle Betroffenen, falls jemals etwas über das Treffen durchsickerte, abstreiten würden, daß es stattgefunden habe. Aber auch diesmal konnte er nichts Neues berichten.
In einem Artikel der sowjetischen Wochenzeitung ›Literaturnaya Gazeta‹ vom 17. August 1977 behauptet Genrikh Borovik, daß Schadrin sich in Washington an »Igor« herangemacht habe, nicht umgekehrt. Dem Bericht zufolge hatte Schadrin seinen Verrat bereut und suchte nach einer Möglichkeit, nach Hause zurückkehren zu können. Bei dem ersten der beiden fraglichen Treffen in Wien sei er seinen amerikanischen Aufpassern entkommen, habe seinen Überdruß zum Ausdruck gebracht und um Erlaubnis gefleht, nach Moskau zurückkehren zu dür-

fen. Zu dem zweiten Treffen am 20. Dezember sei er jedoch nie erschienen. Borovik gab zu verstehen, daß die CIA vom Wunsch des Überläufers, in seine Heimat zurückkehren zu wollen, vielleicht Wind bekommen und ihn »beseitigt« habe, um weitere Peinlichkeiten zu vermeiden. Der damalige Leiter der CIA, Stansfield Turner, stritt diesen belastenden Vorwurf rigoros ab.
Vitali S. Jurtschenko, ein anderer sowjetischer Überläufer, der später ebenfalls seine Meinung änderte und Ende 1985 nach Hause zurückkehrte, erzählte der CIA, die Sowjets hätten Schadrin in Wien mit Chloroform überwältigt und entführt. Man habe sich jedoch in der Dosis vergriffen, und Schadrin sei gestorben, noch bevor der Wagen die tschechische Grenze erreicht habe. Vielleicht enthüllen die KGB-Akten in Moskau eines Tages die Wahrheit. 1991 versuchte der Autor erfolglos, Zugang zu ihnen zu erhalten. (Jurtschenkos Bericht erschien auch in amerikanischen Zeitungen, z. B. in der ›Washington Post‹ vom 30. Oktober 1985, und wird bei Kessler, a.a.O., S. 141 erwähnt.)

34 Frucht im Interview mit dem Autor in Berlin am 25. Juni 1991. Siehe auch die ›Spiegel‹-Serie über den »Spionagefall Frucht« von Gwynne Roberts und Clive Freeman, in: ›Der Spiegel‹, Nr. 24-28, 1978

35 Frucht im Interview mit dem Autor am 25. Juni 1991 in Berlin

36 *Giftwolken – dort wäre die Hölle los*, in: ›Der Spiegel‹, Nr. 26, 1978; Vogel im Interview mit dem Autor am 21. und 22. Juni 1991 in Teupitz

37 Honeckers Tochter Sonja hatte einen im Exil lebenden chilenischen Studenten geheiratet und war persönlich an Montes' Freilassung beteiligt. Vogel versuchte ebenfalls, einen Austausch für einen in Kuba inhaftierten Gefangenen zu arrangieren, hatte aber aufgrund seines geringen Einflusses bei Pinochet keinen Erfolg, bis Wehner ihm anbot, Schmidts Experten für solche geheimen Missionen zu fragen, Hans-Jürgen Wischnewski. Dieser sollte in aller Stille auf Vogels Bitte und im Auftrag der SPD nach Chile reisen. Der leutselige, joviale Sozialdemokrat und Vogel wurden gute Freunde, und Frucht und zehn weitere DDR-Gefangene wurden gegen Montes freigelassen. Erst nachdem die Deutschen dieses Geschäft durchgeführt hatten, zeigten die Amerikaner schließlich Interesse an ihrem alten Agenten, nahmen ihn an der Grenze bei Herleshausen von Vogel in Empfang und ließen ihn dann allein nach West-Berlin zurückfliegen. Frucht erzählte dem Autor, daß man ihm für seine Haftzeit eine Entschädigung in Höhe von mehreren Hunderttausend DM gezahlt hatte, die er für den Bau eines von Bäumen beschatteten, abgelegenen Hauses in einer ruhigen Gegend West-Berlins verwendete.

38 Schmidt, a.a.O., S. 58-63

39 Edgar D. Hirt im Interview mit dem Autor am 14. Dezember 1991 in Zürich

40 Die Liste wurde zwar nie veröffentlicht, befindet sich aber in Vogels Büroarchiv.

41 Hirt im Interview mit dem Autor, a.a.O.

42 Vogel im Interview mit dem Autor am 21. Juni 1991 in Teupitz

43 Bölling, a.a.O., S. 160

44 Aus Unterlagen, die 1993 ans Tageslicht kamen, geht hervor, daß Honecker bereits Ende 1980 auf eine Intervention des Warschauer Pak-

tes in Polen gedrängt hatte. Siehe *Noch war Polen nicht verloren*, in: ›Der Tagesspiegel‹, Berlin, 9. Janaur 1993

45 Schmidt, a.a.O., S. 74, und Bölling, a.a.O., S. 160-162

Achtes Kapitel

1 Wyden, *Wall, The Inside Story of Divided Berlin*, a.a.O., S.464-465
2 *Meine Eltern sind nicht meine Eltern*, in: ›Der Spiegel‹, Nr.49, 1976
3 Der in Deutschland geborene amerikanische Journalist Peter Wyden schrieb im September 1988 an Vogel und fragte ihn, ob er nicht etwas tun könne, um den Grübels dabei zu helfen, nach so vielen Jahren ihre Kinder wiederzufinden. Wyden hatte bis zum April 1990, nachdem die Mauer bereits gefallen war, keine positive Antwort erhalten. Dann aber verschaffte ihm Vogel die Adresse des Adoptivvaters der Kinder, Ulrich Klewin in Frankfurt an der Oder, und Bärbel und Otto Grübel hatten ihre Kinder wieder. Inzwischen waren junge Leute aus ihnen geworden, die keinerlei Erinnerungen mehr an ihre Eltern hatten. Peter Wyden, *Children of the Cold War*, in: ›The Independent Magazine‹, London, 6. Oktober 1990
4 Vogel im Interview mit dem Autor in Teupitz am 16. Februar 1992
5 Bericht des KoKo-Untersuchungsausschusses des Deutschen Bundestags, a.a.O., Dokument Nr. 100, S.709-719
6 *Nur wenige Übersiedler kamen in den Genuß kirchlichen Entgegenkommens*, ›Frankfurter Allgemeine Zeitung‹, 28. Februar 1992
7 Przybylski, *Tatort Politbüro*, Band 2, S.313-314. Siehe auch: Zwischenbericht des Koko-Untersuchungsausschusses des Deutschen Bundestages: Dritte Beschlußempfehlung und dritter Teilbericht, S.14-17
8 *Alte Puppen für den Westen*, in: ›Der Spiegel‹, Nr. 50, 1978. In einem Brief an Vogel vom 13. Mai 1976 schrieb Kath weiterhin, daß er nun, auf den Rat des Anwalts hin, den Anspruch auf sein Vermögen aufgegeben habe und ihm danke, daß er die Ausreise in den Westen sowie die Niederschlagung seines Falles ermöglicht habe.
9 Interview mit von Wedel in Berlin am 16. Dezember 1991
10 Unter den Akten in Vogels Büro befindet sich eine Dokumentation des Falles. Dazu gehört ein Brief von Kath an Vogel mit dem Datum vom 13. Mai 1976, in dem jener die Honorarforderung des Anwalts beanstandet, zugleich aber betont, die Gerüchte, daß er, Kath, sich über die Qualität von Vogels Rechtsberatung beschwert habe, seien falsch. »Ausdrücklich betone ich hiermit nochmals«, so schrieb er, »daß Sie durchaus meine Interessen und die meiner Ehefrau akzeptabel vertreten haben.« Kath bot Vogel eine zehnprozentige Provision vom Wert seines beschlagnahmten Eigentums an, wenn es Vogel gelingen sollte, es zurückzuerhalten. Das jedoch führte zu nichts, denn die KoKo hatte Kaths Besitztümer bereits an westliche Interessenten verkauft. Immerhin – und durchaus ungewöhnlicherweise – hatte Seidel Kath mit einem Darlehen von 20.000 D-Mark versehen, mit dessen Hilfe er sich in Westdeutschland niederlassen konnte. Später war er sogar in der Lage, nach Ost-Berlin zurückzukehren und dort Geschäfte abzuwikkeln.

Horst Schuster hingegen flüchtete im Frühjahr 1983. Mitgliedern des KoKo-Untersuchungsauschusses des Bundestags zufolge, die den Geheimdienst nicht dazu bewegen konnten, die Geheimakten mit Schusters Aussagen freizugeben, diente er dem BND als Gewährsmann (Presseverlautbarung, herausgegeben vom Bündnis 90/Die Grünen, 4. November 1992; siehe auch: Przybylski, *Tatort Politbüro*, 2, S.313-316).

11 Siehe Przybylski, *Tatort Politbüro*, Band 2, S.292-293, und ›Die Zeit‹, 28. August 1992, S.11-14

12 Vogel als Zeuge vor dem KoKo-Untersuchungsausschuß des Bundestags am 8. Oktober 1992

13 *Ich hätte mit dem Teufel paktiert*, in: ›Der Spiegel‹, Nr.15, 1990

14 Edgar Hirt im Interview mit dem Autors in Zürich am 14. Dezember 1991

15 Brief von Dr.Hoene an das Landgericht Berlin vom 26. Januar 1992; Haftbefehl gegen Vogel vom März 1992

16 Diese Schätzung gab Vogel im Interview mit dem ›Spiegel‹ an. *Ich hätte mit dem Teufel paktiert*, a.a.O.

17 Vogel als Zeuge vor dem KoKo-Untersuchungsausschuß des Bundestags am 8. Oktober 1992 und in einem für Dr.Friederike Schulenburg ausgearbeiteten Memorandum vom 9. Januar 1993. In diesem Memorandum sowie im Interview mit dem Autor in Teupitz am 18. Januar 1993 gab Vogel an, nie mehr als ein Vermittler solcher Bargeld-Arrangements gewesen zu sein. Die Initiative sei meistens von Personen aus dem Westen gekommen. Nach 1986 habe er sich grundsätzlich geweigert, mit dergleichen Privatgeschäften irgend etwas zu tun zu haben. Mit Nachdruck bestritt Vogel, daß von diesen Barbeträgen auch etwas in seine Tasche geflossen sei; er habe das Geld immer an Volpert weitergeleitet, wobei er annahm, daß dieser es an Schalck-Golodkowski weitergab. Nach Volperts plötzlichem Tod im Jahre 1986 hätten ihm dann zwei der Sekretärinnen des Stasi-Hauptmanns – Ursula Drasdo und Ursula Beyer – berichtet, daß sich in seinem Bürosafe in der Normannenstraße erhebliche Geldsummen gefunden hätten, als dieser in Gegenwart von Mielkes Stabschef, Generalmajor Hans Carlsohn, geöffnet wurde. »Bei der Öffnung des Panzerschrankes in seinem Dienstzimmer durch Hans Carlson [sic]«, gab Ursula Drasdo am 1. August 1990 in einer von ihr unterschriebenen Aussage gegenüber Vogel an, »befanden sich darin größere Umschläge mit den Absendern der Rechtsanwälte Stange, von Wedel und Vogel. Darin befanden sich in großen Scheinen Geldbeträge in Höhe von insgesamt über 2 Millionen, die aufgelistet und von mir auf Weisung von Hans Carlson bei der Finanzabteilung (Henning) eingezahlt worden sind.« Aussage von Ursula Drasdo, 1. August 1990, aus Vogels Büroarchiv.

18 Vogel im Interview mit dem Autor in Teupitz am 12. Dezember 1992. Der Film mit Jean Gabin lief in Deutschland unter dem Titel *Im Kittchen ist kein Zimmer frei.*

19 Brief von Gerhard Strunk an Dr.Friederike Schulenburg vom 8. Juni 1992. Strunk schrieb: »Zusammenfassend kann ich behaupten, daß Herr Dr. Vogel, obwohl er ein ›DDR-Anwalt‹ war, gegen die von der Stasi zusammengereimte Spionage und Sabotage mit allen ihm zur Verfügung stehenden Mitteln und ohne Rücksicht auf mögliche persönliche Nachteile gekämpft hat.«

20 Zitiert nach Rheinischer Merkur/Christ und Welt, 26. Oktober 1979
21 Wolfgang Seifert und Norbert Treutwein: *Die Schalck-Papiere: DDR-Mafia zwischen Ost und West. Die Beweise*, Wien 1991, S.331-333
22 Rehlinger, a.a.O., S.114
23 Karl Winkler: *Auf dem Käse krabbelten die Maden*, in: ›Der Spiegel‹, Nr.12, 1983
24 Vogel im Interview mit dem Autor in Teupitz am 22. Juni 1991
25 Dokumentation der »Internationalen Anhörung über die Menschenrechtssituation in der DDR«, Bonn-Bad Godesberg, 6.-7. Dezember 1984. Frankfurt 1985, S.100-105
26 Offener Brief von Dr. Rothenbächer vom 14. Januar 1992
27 Ebd.
28 Schulenburg, Aussage vor dem Berliner Landgericht am 29. April 1992; und: *Der Fall Vogel*, in: ›Super-Illu‹, 30. Januar 1992, S.6. Das Anwesen hatte eine interessante Geschichte. Im Jahre 1954 war es, nachdem sein Eigentümer in den Westen geflohen war, vom Staat konfisziert und Helene Weigel, der langjährigen Gefährtin Bertolt Brechts, überlassen worden. Diese wiederum hatte es einer Freundin übereignet, der Mutter von Vera Zapff. So also war Vera Zapff zu dem Grundstück gekommen, und 1980 informierte sie Brechts Tochter, daß sie es verkaufen wolle. Barbara Schall-Brecht unterbreitete umgehend ein Angebot, das allerdings zurückgewiesen wurde. Vera Zapff wollte es dem »netten Herrn Dr. Vogel« geben, weil dieser der Familie so sehr geholfen habe.
29 Vogel, schriftliche, diesen Kauf betreffende Aussage vom 9. September 1991. Siehe auch Vogels Stasi-Akte. Nach der Wiedervereinigung verlor Vogel das Grundstück. Dem gesamtdeutschen Eigentumsrecht zufolge, auf das man sich vor der Wiedervereinigung verständigt hatte, war die Konfiszierung von 1954 durch den Staat illegal, und ein Gericht entschied, daß es an die Erbin des ursprünglichen Eigentümers zurückfallen sollte, eine Frau namens Ursula Wesch aus Essen. »Herr Professor Vogel zeigte sich recht verständnsivoll«, berichtete sie später der ›Bild Zeitung‹.
30 Interview des Autors mit Edgar Hirt in Zürich am 14. Dezember 1991
31 Ebd.
32 Ebd. und Interview des Autors mit Heinz Thiel in Berlin am 6. Mai 1992
33 Ebd.
34 Hirt im Interview mit dem Autor in Zürich am 14. Dezember 1991
35 Via Caritas, in: ›Der Spiegel‹, Nr.12, 1984
36 Hirt im Interview mit dem Autor in Zürich am 14. Dezember 1991. Vogel hatte bei dieser Angelegenheit die sowjetische Seite vertreten. Es ging um einen hochrangigen Agenten mit dem Decknamen »Swenson«, dessen wirklicher Name Koslow war. Er war zwei Jahre zuvor aufgeflogen, und Südafrika hatte ihn den Vereinigten Staaten und allen wichtigen westeuropäischen Ländern als Austauschobjekt angeboten. Oberstleutnant Koslow, der die Unterstützung des KGB für die Widerstands- und Befreiungsorganisationen im gesamten südlichen Afrika koordiniert hatte – von Angola über Namibia und Moçambique bis nach Südafrika selber -, hatte sich unklugerweise entschlossen, für eine Inspektionsreise mit dem Flugzeug nach Südafrika einzureisen. Er gab sich dabei als westdeutscher Tourist aus. Die Südafrikaner, die keine

Gelegenheit ungenutzt ließen, um die internationale Isolation zu durchbrechen, die man aufgrund der Apartheid gegen das Land verhängt hatte, wußten, daß sie in Bonn einen Verbündeten besaßen, insbesondere im BND, dem viel daran lag, über die nachrichtendienstlichen Aktivitäten der DDR in Südafrika auf dem laufenden zu sein. So trug der BND denn auch dazu bei, Koslows wahre Identität zu enthüllen. Südafrika bot Koslow daraufhin den Briten, Amerikanern und der Bundesrepublik an und entschied sich schließlich, Bonn den Zuschlag zu erteilen. Mit einer eigens gecharterten Lufthansa-Maschine wurde Koslow nach Frankfurt gebracht und von dort aus mit einem Hubschrauber nach Herleshausen geflogen, wo der Austausch stattfinden sollte. Im Gegenzug sollte ein südafrikanischer Soldat freigelassen werden, der in Angola in Gefangenschaft geraten war, vor allem aber acht enttarnte BND-Agenten, die damals in ostdeutschen Gefängnissen saßen - ein Paket, das Vogel zusammen mit Hirt ausgearbeitet hatte. Aber der Vertreter der Sowjets, der Koslow in Empfang nehmen sollte, tauchte nicht auf. Die Südafrikaner bekamen langsam kalte Füße, worauf Hirt sie mit allen Mitteln zu überzeugen versuchte, daß der Austausch weitergehen müsse. Trotzdem lenkten sie erst ein, so berichtete Hirt, als er ihnen eine Summe von DM 468.000,-- anbot. Auch dieses Geld stammte Hirts Angaben zufolge aus seinen kirchlichen Quellen. Vogel behauptete im Interview mit dem Autor in Teupitz am 16. Februar 1992, nichts von einer solchen Zahlung gewußt zu haben. Siehe dazu: *Punkt und Komma*, in: ›Der Spiegel‹, Nr.8, 1983, *Via Caritas*, in: ›Der Spiegel‹, Nr.12, 1984, und *Wa is Boris?*, in: ›Der Spiegel‹, Nr.47, 1992.

37 Rehlinger, a.a.O., S.91-94; bestätigt von Thiel im Interview mit dem Autor in Berlin am 6. Mai 1992

38 Vollständiger Text bei Rehlinger, a.a.O., S.99. Tatsächlich wurde dieses Argument sowohl von Vogel als auch seinen kirchlichen Verhandlungspartnern oft angeführt. Ende 1982 hatte die Kirche 250.000 D-Mark direkt an die Staatssicherheit gezahlt, eine Entschädigungssumme für einen Schaden, der Ostdeutschland sechs Jahre zuvor angeblich durch eine illegale Finanztransaktion entstanden war. Damals hatte die Kirche Ost-Mark benötigt, und da sie nicht willens gewesen war, nach dem exorbitanten offiziellen Wechselkurs von 1 : 1 zu tauschen, hatte sie die Summe über Vertrauensleute zu einem Kurs von 3,5 : 1 beschafft und so dreieinhalbmal soviel Geld für ihre karitativen Aktivitäten im Osten zur Verfügung gehabt. Karl-Heinz Barthel, ein kirchlicher Mitarbeiter in Ostdeutschland, hatte eine wichtige Rolle bei dieser Aktion gespielt und war von der Stasi angeklagt und zu einer achtjährigen Haftstrafe verurteilt worden. Die Kirche forderte Vogel auf, etwas für Barthel zu tun, und nachdem die Wiedergutmachungssumme gezahlt worden war, konnte Vogel seine Freilassung erreichen. Zudem hatte er den Verkauf von Barthels Haus an Jürgen Wetzenstein-Ollenschläger in die Wege geleitet, den Vorsitzenden Richter des Lichtenberger Stadtbezirksgerichts und überzeugten Anhänger des Regimes, der für seine harten Urteile gegen Dissidenten bekannt war. Siehe *Weiß der Teufel*, in: ›Der Spiegel‹, Nr.22, 1992; und Haftbefehl gegen Vogel, ausgestellt vom Amtsgericht Berlin-Tiergarten am 30. März 1992.

39 Sowohl Thiel als auch Vogel bestehen darauf, daß davon Vogel nie unterrichtet worden war.

40 Vogel im Interview mit dem Autor in Teupitz am 16. Februar 1992

41 *Da ist mir fast die Mokkatasse aus der Hand gefallen*, in: ›General-Anzeiger‹, Bonn, 22. Juli 1986. Siehe auch Schmidthammer, a.a.O., S.23

42 Stange im Interview mit dem Autor in Berlin am 11. Juni 1992

43 Hirt im Interview mit dem Autor in Zürich am 14. Dezember 1991

44 Ebd.

45 Nach Berufungsverhandlungen und Fürsprachen von Vogel und den meisten der führenden Kirchenleute in Deutschland verbrachte Hirt zwei Drittel seiner Strafe = zwei Jahre und vier Monate hinter Gittern. Im April 1991 wurde er begnadigt. Danach hielt er sich in Zürich auf, mit dem Versuch beschäftigt, ein Consulting-Unternehmen auf die Beine zu stellen.
Wolfgang Vogels mögliche Verstrickung in den Fall wurde übrigens auch von der Staatssicherheit untersucht. »Man hat mir gesagt, daß Sie aus der Sache heraus sind«, wurde er wenige Monate nach der Gerichtsverhandlung von Honecker informiert. Vogel im Interview mit dem Autor in Teupitz am 16. Februar 1992.

Neuntes Kapitel

1 Nach seiner Befreiung im Jahre 1986 ging Schtscharanski nach Israel, wo er seinen Namen in Nathan Sharansky umänderte. In der Regel findet man in diesem Buch aber die Transkription seines eigentlichen russischen Namens.

2 Vogel im Interview mit dem Autor in Teupitz am 12. Dezember 1991

3 Vogel im Interview mit dem Autor in Teupitz am 22. Juni 1991

4 Vogels Büroarchiv

5 *L.I. Spy Tells of Serving Soviet*, in: ›The New York Times‹, 9. März 1965. Thompsons Heizölfirma nannte sich »Best Fuel Oil Service«, und Jahre später behauptete Thompson, daß Gregor Alexander Best schon immer sein richtiger Name gewesen sei. Er sei in Deutschland zur Welt gekommen und vor dem Zweiten Weltkrieg von seinem russischen Vater mit in die Sowjetunion genommen worden. Dort habe er zunächst als Panzerkommandant in der Roten Armee gedient, bevor er sich gegenüber der Stasi verpflichtete, unter falschem Namen (genau wie Oberst Abel) über Kanada in die USA eingeschleust zu werden. Dazu siehe Nigel West: *The Perfect Spy*, in: ›The Mail on Sunday‹, 28. Juli 1991. Wer immer Thompson auch in Wahrheit gewesen sein mag, nach seiner Freilassung bat er Vogel, jeden Monat einen Scheck über zweihundert Dollar an eine Adresse in Howell, Michigan, zu schicken, was Vogel bis zum Januar 1990 auch tat.

6 Vogel im Interview mit dem Autor in Teupitz am 16. Dezember 1991

7 Meehan im Interview mit dem Autor in Helensburgh, Schottland, am 13. September 1990

8 Greenwald im Interview mit dem Autor in New York am 27. August 1991

9 Greenwald, Büroakten, New York

10 Ebd.
11 Tagebucheintrag von Frank Meehan unter dem Datum 11. April 1978
12 Greenwald, Büroakten
13 Meehan im Interview mit dem Autor in Helensburgh, Schottland, am 13. September 1990
14 Greenwald im Interview mit dem Autor in New York am 27. August 1991 und Gilman im Interview mit dem Autor in Moskau am 9. September 1991
15 Copaken im Interview mit dem Autor in Washington, D.C., am 28. August 1991
16 Smith im Interview mit dem Autor in Chatham, Massachussets, am 9. August 1991
17 Dreizehn Jahre später traf der englische Abgeordnete Rupert Allason, der unter dem Pseudonym Nigel West schreibt, Thompson in einem Café im Zentrum von Ost-Berlin. Der englische Geheimdienst hatte Allason berichtet, daß man den schon einmal überführten Spion verdächtigte, noch bis zum Zusammenbruch des kommunistischen Regimes unter falscher Flagge für die Ostdeutschen Spione »angeworben« zu haben, indem er sich als Geheimdienstoffizier der CIA ausgab. Mindestens ein westlicher Diplomat fiel auf den Trick herein, schrieb Allason später. Thompson behauptete, Chef der für den amerikanischen Geheimdienst zuständigen Stasi-Abteilung von Markus Wolfs Hauptverwaltung Aufklärung gewesen zu sein. »Er war niemals Chef irgendeiner Abteilung«, spottete Wolf im Dezember 1991 in einer Unterhaltung mit dem Autor, sah sich aber weder zu diesem noch zu einem späteren Zeitpunkt in der Lage, sich daran erinnern, in welcher Funktion Thompson tätig war und für wen.
18 Interviews mit Meehan und Smith.
19 Greenwald im Interview mit dem Autor in New York am 27. August 1991
20 Agence France Press, 5. Juni 1978
21 Als das FBI am 20. Mai 1987 in einer verdeckten Operation drei sowjetische Spione in Woodbridge, N.Y., festnahm, glaubte Vogel zunächst, ein Gegengewicht für seinen Handel um Schtscharanski gefunden haben. Wladimir P. Zinjakin, Attaché an der sowjetischen Botschaft bei den Vereinten Nationen, genoß diplomatische Immunität und wurde sofort abgeschoben, aber Waldik A. Enger und Rudolf P. Tschernjajew, die Zivilangestellte des UN-Sekretariates waren, wurden der Spionage beschuldigt. Sie hatten einem Informanten aus der US-Marine über 20.000 Dollar gezahlt, um in den Besitz von »Geheiminformationen« zu gelangen, die der amerikanische Spionageabwehrdienst als Falle ausgelegt hatte. Die Kaution wurde für jeden auf zwei Millionen Dollar festgesetzt. (Zu den Hintergründen dieses Falles siehe Harry Rositzke: *The K.G.B - The Eyes of Russia*, Garden City, N.Y. 1981.)
Auch gegen Schtscharanski war noch nicht verhandelt worden, und so glaubte Vogel sein Ziel im Austausch gegen die zwei Sowjets erreichen zu können. Er wußte, daß er schnell reagieren und einer anderen Entwicklung zuvorkommen mußte. Deshalb rief er Greenwald in New York an und teilte ihm mit, daß er versuchen werde, die beiden Sowjets gegen Schtscharanski austauschen zu lassen. Greenwald sollte Gilman

dazu bringen, seinen Einfluß geltend zu machen und die Carter-Regierung zu einer Zustimmung zu bewegen. (Greenwald in einem Interview mit dem Autor in New York am 27. August 1991.)
Vogel handelte ganz auf sich gestellt. Trotzdem war er der Lösung näher, als er glaubte. Unabhängig von Vogel hatte nämlich auch der sowjetische Botschafter, Anatoli F. Dobrynin, einen ähnlich Vorstoß unternommen und sich dabei direkt an den Sicherheitsberater Präsident Carters, Zbiegniew K. Brzezinski, gewandt. Doch die amerikanische Regierung vertrat mittlerweile eine härtere Haltung. Tschernjajew und Enger waren auf frischer Tat ertappt worden, auch wenn es sich dabei um eine Falle gehandelt hatte; zudem war wenige Wochen zuvor Arkadi N. Schewtschenko übergelaufen, der Untergeneralsekretär des UN-Hauptausschusses für Politik und Sicherheit, so daß die amerikanischen Geheimdienstleute nun förmlich der Hafer stach. Sie drangen darauf, mit den Untersuchungen fortzufahren. Das fand Gilman heraus, als er einige Wochen später dem Staatssekretär Cyrus R. Vance zusetzte.
Gilman konnte angesichts der Versicherungen Vogels, er sei in der Lage, ein Geschäft auszuhandeln, nicht verstehen, warum sich die Carter-Regierung nicht interessiert zeigte. »Ich weiß, daß ich Schtscharanski für Tschernjajew und Enger bekommen kann«, beharrte Gilman in Vance's kleinem Privatbüro im obersten Stockwerk des Außenministeriums. Vance erwiderte die Vereinigten Staaten schätzten Gilmans Loyalität und seine Bestrebungen um Schtscharanskis Freilassung, für die auch die Regierung sich einsetze. Aber dies sei nicht der richtige Weg. Der Abgeordnete blieb hartnäckig: »Warum?« Vance lehnte sich nach vorne, nahm seine Brille ab und sagte: »Weil der Präsident es so möchte.« (Jeffrey Smith im Interview mit dem Autor in Chatham, Massachusetts, am 9. August 1991.)
Bei ihrer Gerichtsverhandlung im Oktober wurden Tschernjajew und Enger zu jeweils fünfzig Jahren Gefängnis verurteilt, im April 1979 aber gegen Alexandr Ginsburg und andere inhaftierte sowjetische Dissidenten ausgetauscht.

22 Greenwald im Interview mit dem Autor in New York am 27. August 1991
23 Das Urteil gegen Schtscharanski wurde von einem weiteren, am selben Tag ausgesprochenen Urteil nur noch betont. Die geschlossene Verhandlung gegen Anatoli N. Filatow, die vor dem Militärkollegium des Obersten Gerichtshofes geführt wurde, hatte ebenfalls am 10. Juli begonnen, war zunächst jedoch weitgehend unbemerkt geblieben. Auch Filatow war als Agent eines »ausländischen Geheimdienstes«, der ihn 1974 in Algerien, wo Filatow als Diplomat tätig war, angeworben hatte, des Landesverrates angeklagt worden. Den vagen Berichten, die TASS veröffentlichte, war kaum etwas über den Fall zu entnehmen. Aber am 14. Juli, dem Tag, an dem auch Schtscharanski schuldig gesprochen wurde, berichtete TASS, Filatow sei zum Tode durch ein Erschießungskommando verurteilt worden.
Der Bericht verriet nicht, für welchen Nachrichtendienst er gearbeitet haben sollte. Doch am Abend des 1. September rief eine Russin, die ihren Namen nicht nennen wollte, im Moskauer Büro der ›New York

Times‹ an und sagte, sie habe wichtige Informationen, die sie allerdings nicht am Telefon weitergeben wolle. »Schicken Sie einen Mitarbeiter zu mir«, flehte sie. Um Punkt neun Uhr werde sie ganz in der Nähe warten, im Park der Roten Armee, so sagte sie noch schnell, bevor sie auflegte.

Um zum Park der Roten Armee zu gelangen, mußte man von dem Haus, in dem sich das Büro der ›New York Times‹ befand, nur die Sadowaja Samotechnaja Straße heruntergehen. Das Gebäude, von seinen Besuchern »Sad Sam« genannt, war Treffpunkt vieler westlicher und japanischer Nachrichtenkorrespondenten oder britischer Militärattachés. Aus diesem Grunde wurde es rund um die Uhr von einer Spezialeinheit des KGB observiert. Oft standen Wagen ohne Kennzeichen mit Agenten in Zivil auf der Straße, und am Fenster eines gegenüberliegenden Hauses konnte man stets mindestens einen mit Fernglas ausgerüsteten KGB-Beamten sehen. In den Telefonen und Wänden gab es mehr Wanzen als Küchenschaben in den Abfalleimern.

In New York wurde gestreikt, und so war die ›Times‹ fast den ganzen Sommer über geschlossen. Ihr Nachrichtendienst indessen arbeitete, und der Reporter, der den Anruf entgegengenommen hatte – es war der Autor dieses Buches –, wollte hören, was die Frau zu sagen hatte. Für alle Fälle, so entschied er, war es ratsam, den Kollegen von ›Reuter‹ mitzunehmen, dessen Büro sich nur ein Stockwerk höher befand. Vielleicht hatte der KGB ein abgekartetes Spiel vor, genauso wie er ein Jahr zuvor die Sache mit Robert Toth gedeichselt hatte, um Schtscharanski zu bekommen.

Es war bereits dunkel, als Chris Catlin und ich uns dem Park von der Unterführung her näherten, die sich in der Nähe von »Sad Sam« befindet. Dort wartete tatsächlich eine junge Frau auf uns. Mit einem sowjetischen Paß wies sie sich als Tamara Filatowa aus, als Frau von Anatoli Nikolajewitsch Filatow. In schnellem Russisch übermittelte sie uns folgende Nachricht: »Mein Mann hat als Agent für die Amerikaner gearbeitet. Er hat seine Aufgaben zuverlässig erfüllt. Jetzt zählt er darauf, daß Präsident Carter ihn rettet.« Nach der Gerichtsverhandlung hatte sie ihn noch zweimal gesehen. Sie berichtete, daß er zweimal den Versuch unternommen habe, sich direkt an den Präsidenten zu wenden, aber die Briefe seien offensichtlich nie angekommen. »Wenn die amerikanische Öffentlichkeit informiert wird«, sagte sie, »dann besteht eine Chance, ihn zu retten. Die Leute da oben werden dann sicherlich zu einer Lösung kommen.« Sie flehte uns an, diese Botschaft in den Westen zu bringen, und verschwand zwischen den Eschen und Pappeln, die im stürmischen Wind des russischen Herbstes bereits ihre gelben Blätter verloren.

Natürlich war es nicht zufällig zu diesem kurzen Treffen gekommen, darin stimmten Chris und ich überein. Engers und Tschernjajews Schicksal lag noch immer in den Händen der Amerikaner, und Filatows Anwalt, Leonid M. Popow, vertrat auch Jay Crawford, einen amerikanischen Geschäftsmann, der unter fadenscheinigen Vorwänden in Moskau verhaftet worden war.

Es bedurfte nicht vieler Kenntnisse in diesen Dingen, um sich vorzustellen, daß der KGB Catlin und mich benutzen wollte, um einen Vorschlag zu lancieren. Selbst wenn die Amerikaner noch nicht bereit waren, einen Handel bezüglich Schtscharanski abzuschließen, so war es vielleicht doch denkbar, daß Filatow und Crawford im Austausch gegen die in New York inhaftierten Sowjets freigelassen werden würden. Aber die Zeit war knapp. Jeden Augenblick könne Filatow hingerichtet werden – so warnte seine Frau.

Sogleich berichteten wir von dem Treffen. Meine Darstellung ging noch am 1. September über die Nachrichtenagentur der ›New York Times‹ heraus. Trotzdem versank der Fall Filatow schnell wieder in jene geheimnisvollen Tiefen, aus denen auch Filatows Frau im Park der Roten Armee aufgetaucht war. Soweit wir erkennen konnten, rief die Sache weder in Washington noch in Moskau irgendeine Wirkung hervor, im Fall Enger und Tschernjajew ebensowenig wie im Fall Schtscharanski.

Es war nur festzustellen, daß Schtscharanski noch immer nicht zur Disposition stand. Insofern schien Vogel aus dem Spiel zu sein schien. Moskau hatte ihm jedenfalls kein Mandat für Schtscharanski erteilt, man verhandelte direkt mit Washington über Tschernjajew und Enger, die im Oktober in Newark für schuldig befunden und zu je fünfzig Jahren Gefängnis verurteilt worden waren. Kaum ein Jahr darauf, nach Gesprächen zwischen Brzezinski und Botschafter Dobrynin, wurden die beiden sowjetischen Agenten gegen fünf inhaftierte russische Dissidenten ausgetauscht. An fast allen diesen Personen hatten die Amerikaner ein Interesse geäußert, von dem die Russen wiederum durch eine handschriftliche Liste erfuhren, die Meehan im Verlauf der Sondierungsgespräche Vogel übergab. Bei der eigentlichen Freilassung der fünf Dissidenten – Alexander Ginsburg, Mark Dymschitz, Eduard S. Kusnezow, Walentin Moroz und Georgi P. Vins – nahm man die Dienste Vogels allerdings nicht in Anspruch. Mit einer sowjetischen Sondermaschine wurden die Männer nach New York geflogen, und mit derselben Machine wurden Tschernjajew und Enger nach Moskau zurückgebracht.

Smith zufolge hatte ihn die Carter-Regierung gebeten, Filatows Namen an Vogel weiterzugeben. Nach ein paar Wochen kam dieser mit leicht verwirrtem Lächeln zurück: »Aus Moskau höre ich, daß bereits ein Abkommen besteht«, sagte er und berichtete: »Dobrynin und Brzezinski haben es als Bestandteil des Handels um Enger und Tschernjajew ausgearbeitet«.

Was die Vereinigten Staaten für Filatow unternommen haben, ist nie öffentlich bekannt geworden. Hinweise wurden erst während einer politischen Kontroverse in Washington laut, als es um einen sowjetischen CIA-Agenten ging, dessen Deckname »Trigon« lautete. Es hatte sich der Verdacht ergeben, daß dieser Agent durch die Unachtsamkeit David L. Aarons, eines Assistenten Brzezinskis, oder anderer Beamter der Carter-Regierung gefährdet worden war. Möglicherweise hatte der grobe Fehler »Trigon« das Leben gekostet. Die Untersuchungen des Senats-Sonderausschusses für die Geheimdienste basierten auf der Annahme, daß es sich bei »Trigon« um Filatow handelte. Keiner meiner Kollegen in New York hatte das Moskauer Büro darum gebeten, die Geschichte zu recherchieren, aber da ich noch immer dort akkreditiert war, bat ich Boris Sacharow, einen unserer Dolmetscher, Filatows Anwalt anzurufen und nachzufragen, wann dieser hingerichtet worden war. »Das Urteil ist nie vollstreckt worden«, berichtete Sacharow, »es wurde in eine Haftstrafe von fünfzehn Jahren umgewandelt.« Einige Jahre später fand Smith heraus, daß Brzezinski versucht hatte, Filatow in das Paket für Enger und Tschernjajew mit einzuschließen. Dabei mußte er immerhin eine Einigung über die Umwandlung des Urteils erzielt haben.

24 Vogel im Interview mit dem Autor in Teupitz am 22.Juni 1991. Bestätigt von Lothar Loewe im Interview mit dem Autor in Berlin am selben Tag. Loewe übergab die Liste Thomas M. T. Niles, dem damals ranghöchsten Beamten für deutsche Angelegenheiten im Außenministerium, Freunden im Weißen Haus, John Mapother, einem pensionierten CIA-Beamten in Washington. Die Folge davon war ein intensiverer Informationsaustausch zwischen den Behörden bei der Behandlung derartiger Fälle.

25 Markus Wolf im Interview mit dem Autor in Berlin am 13.Juni 1992

26 Smith im Interview mit dem Autor in Chatham, Massachusetts, am 9.August 1991

27 Greenwald im Interview mit dem Autor in New York am 27.August 1991

28 Silverglate im Interview mit dem Autor in Boston, Massachusetts, am 21.August 1991 und in einem Brief an den Autor vom 27.Februar 1992

29 Ebd.

30 Smith im Interview mit dem Autor in Chatham, Massachusetts, am 9.August 1991

31 Silverglate im Interview mit dem Autor in Boston, Massachusetts, am 21.August 1991

32 Vogel im Interview mit dem Autor in Teupitz am 12.Dezember 1991

33 Smith im Interview mit dem Autor in Chatham, Massachusetts, am 9.August 1991

34 Ebd.

35 Ebd.

36 Ebd.

37 Ebd.

38 Wolf im Interview mit dem Autor am 16.Februar 1992

39 Vogel im Interview mit dem Autor in Teupitz am 12.Dezember 1991

40 Ebd. und Aussage von Dr. Friederike Schulenburg vor dem Amtsgericht Tiergarten am 25.März 1992

41 *Ex-CIA Employee Held as Czech Spy*, in: ›The New York Times‹ vom 28.November 1984; und: *Friend Says Spy Suspect »Hated Communists«*, in: ›The New York Times‹ vom 29.November 1984

42 Silverglate im Interview mit dem Autor in Boston, Massachusetts, am 21.August 1991

43 Brief an Dr. Friederike Schulenburg von Greenwald vom 18.März 1992 und Brief an Dr. Friederike Schulenburg von Silverglate vom 19.März 1992; Vogel im Interview mit dem Autor in Berlin am 7.Mai 1992

44 Telefongespräch mit Jeanne Baker, Anwaltspartnerin von Silverglate, in Miami am 23.September 1991. Der US-Staatsanwalt war William F. Weld; er wurde später Gouverneur von Massachusetts.

45 Greenwald im Interview mit dem Autor in New York am 27. August 1991
46 Silverglate im Interview mit dem Autor in Boston, Massachusetts, am 21. August 1991
47 Vogel im Interview mit dem Autor in Teupitz am 16. Februar 1992; und Wolf im Interview mit dem Autor in Berlin am 16. Februar 1992
48 *East German Enters Guilty Plea To Buying Secret U.S. Documents*, in: ›The New York Times‹ vom 22. Februar 1985
49 Silverglate im Interview mit dem Autor in Boston, Massachusetts, am 21. August 1991
50 Vogel im Interview mit dem Autor in Teupitz am 16. Februar 1992
51 Generalleutnant Gerhard Niebling im Interview mit dem Autor in Berlin am 7. Mai 1992
52 Vogel im Interview mit dem Autor in Teupitz am 12. Dezember 1991
53 Ebd.
54 Aus Vogels Büroakten
55 Ebd.

Zehntes Kapitel

1 Walentin M. Falin und Oleg D. Kalugin im Interview mit dem Autor in Moskau am 10. Juni 1991; Vogel im Interview mit dem Autor in Teupitz am 12. Dezember 1991
2 Rehlinger im Interview mit dem Autor in Bonn am 22. Juli 1991
3 Rehlinger, a.a.O., S. 199
4 Generalleutnant Gerhard Niebling im Interview mit dem Autor in Berlin am 7. Mai 1992
5 Vogel im Interview mit dem Autor in Teupitz am 23. Juni 1991
6 Lutze wurde erst ein Jahr nach Schtscharanski freigelassen. Auch dieser Austausch wurde von Vogel arrangiert.
7 Botschafter Richard C. Barkley im Interview mit dem Autor in Berlin am 4. Oktober 1990; Niebling im Interview mit dem Autor in Berlin am 7. Mai 1992; siehe auch: Per Egil Hegge: *The Spy Oslo Sent To School*, in: ›International Herald Tribune‹ vom 27. Juni 1985. Treholt wurde aufgrund seines schlechten gesundheitlichen Zustands am 3. Juli 1992 begnadigt und entlassen.
8 Vogel im Interview mit dem Autor in Berlin am 7. Mai 1992
9 Für Details zu den ausgetauschten Agenten siehe Rehlinger, a.a.O., S. 204-205; *Shcharansky Wins Freedom In Berlin In Prisoner Trade*, in: ›The New York Times‹ vom 12. Februar 1986.; sowie Schmidthammer, a.a.O., S. 164-165
10 Rehlinger, a.a.O., S. 203-207; Schmidthammer, a.a.O., S. 166; Meehan im Gespräch mit dem Autor am 11. Januar 1992. Das Protokoll befindet sich bei Vogels Büroakten.
11 *U.S. Weighs Moves In Czech Spy Case*, in: ›The New York Times‹ vom 2. Dezember 1984; *Wife Is Held in Contempt of Court for Refusing to Testify in Spy Inquiry*, in: ›The New York Times‹ vom 5. Dezember 1984; *Intrigue and Countercharges Mark Case of Purported Spy*, in: ›The New York Times‹ vom 13. Januar 1985

12 Vogel im Interview mit dem Autor in Teupitz am 23. Juni 1991; Meehan im Gespräch mit dem Autor am 11. Januar 1992
13 Ebd.
14 Meehans unveröffentlichte Lebenserinnerungen, die auf seinen persönlichen Aufzeichnungen beruhen
15 Ebd. und Vogel im Interview mit dem Autor in Teupitz am 23. Juni 1991
16 Rehlinger, a.a.O., S.213
17 Natan Sharansky: *Fear no Evil*, New York 1988, S.414

Elftes Kapitel

1 Vogel im Interview mit dem Autor in Teupitz am 12. Dezember 1991
2 Ebd.; siehe auch: *Erich, mach das Licht aus*, in: ›Der Spiegel‹, Nr. 10/1984
3 Vogel im Interview mit dem Autor in Teupitz am 12. Dezember 1991
4 Rehlinger, a.a.O., S.132-153
5 Rehlinger, a.a.O., S.164-165
6 Rehlinger, a.a.O., S.183
7 Rehlinger, a.a.O., S.190
8 Honecker instruierte auch Schalck-Golodkowski, er solle seinen offiziellen Kontaktleuten im Kanzleramt mitteilen, daß die Westdeutschen ab sofort die Namen ausreisewilliger Bürger, die sich in den Auslandsbotschaften meldeten, weitergeben und den Menschen sagen sollten, daß sie eine Ausreisegenehmigung erhielten, wenn sie diese zu Hause und auf offiziellem Wege beantragten. Siehe Werner Filmer und Heribert Schwan, *Wolfgang Schäuble, Politik als Lebensaufgabe*, München 1992, S.139.
9 Rehlinger, a.a.O., S.192
10 Die Ereignisse in der Prager Botschaft werden ausführlich bei Rehlinger (a.a.O., S.154-193) beschrieben.
11 Vogel im Interview mit dem Autor in Teupitz am 12. Dezember 1991
12 Streit wurde Ende 1986 durch Günter Wendland ersetzt und starb am 3. Juli 1987 im Alter von 76 Jahren.
13 Vogel und Niebling in Interviews mit dem Autor in Berlin am 7. Mai 1992; Markus Wolf im Interview mit dem Autor in Klosterfelde am 13. Juni 1992
14 Vogel im Interview mit dem Autor in Teupitz am 18. Januar 1993; Niebling im Interview mit dem Autor in Berlin am 7. Mai 1992
15 Niebling im Interview mit dem Autor in Berlin am 7. Mai 1992
16 Zum Fall Meißner siehe Rehlinger, a.a.O., S.220-237
17 *Bonn Spy Case: »Hopeless Personal Situation«*, in: ›The New York Times‹ vom 3. September 1985
18 Zu den Details des Falles Baumann siehe *Der Tod des Roten Admirals*, in: ›Stern‹, 8. Oktober 1992, S.88-97
19 Niebling im Interview mit dem Autor in Berlin am 7. Mai 1992
20 *Bitte, bitte machen*, in: ›Der Spiegel‹, Nr.34, 1989
21 Niebling im Interview mit dem Autor in Berlin am 7. Mai 1992
22 *Bitte, bitte machen*, a.a.O.
23 Andert/Herzberg, a.a.O., S.65-66

24 Ebd., S.66
25 Priesnitz im Interview mit dem Autor in Bonn im Juli 1990
26 *»Das droht die DDR zu vernichten«*, in: ›Der Spiegel‹, Nr.33, 1989
27 Ebd.
28 Egon Krenz, *Wenn Mauern fallen*, Wien 1990, S.28
29 Priesnitz im Interview mit dem Autor in Bonn im Juli 1990
30 Vogel im Interview mit dem Autor in Teupitz am 12. Dezember 1991
31 *Wer konnte das ahnen?*, in: ›Der Spiegel‹, Nr.40, 1989
32 Krenz, a.a.O., S.88
33 Pressemitteilung vom 16. Oktober 1990. Vogels Büroakten
34 Vogel im Interview mit dem Autor in Berlin am 12. Dezember 1991
35 Andert/Herzberg, a.a.O., S.33
36 *A Contrite Government; Contrite Deputies Say Party Failed the East Germans*, in: ›The New York Times‹ vom 14. November 1989

Zwölftes Kapitel

1 Vogel im Interview mit dem Autor in Teupitz am 22. Juni 1991
2 *Bundesverdienstkreuz für DDR-Anwalt Vogel?*, in: ›Bild‹ vom 5. Dezember 1989
3 Vogels Büroakten. Ein Teil des Briefes wurde in dem Artikel *Enthüllung, Der Menschenhändler* abgedruckt (›extra magazin‹, Nr.24, 1991).
4 Vogel im Interview mit dem Autor in Teupitz am 22. Juni 1991
5 Aussage Vogels (über seine Anwältin, Dr. Friederike Schulenburg) gegenüber dem Amtsgericht Tiergarten vom 25. März 1992
6 Siehe ›Neue Zeit‹ vom 7. Dezember 1989
7 Zitiert nach: *Der Vermittler wirft das Handtuch*, in: ›Süddeutsche Zeitung‹ vom 7. Dezember 1989
8 Zitiert nach: ›Augsburger Allgemeine‹ vom 7. Dezember 1989
9 Die Aktenkoffer, die Schalcks Fahrer nach Teupitz gebracht hatte, wurden nach der Durchsuchung zum Sitz der ostdeutschen Generalstaatsanwaltschaft in der Hermann-Matern-Straße gebracht. Dort wurden sie geplündert – von wem, ist nicht bekannt. Das gesamte belastende Material wurde aus den Akten entfernt: Informationen über das Parteivermögen, das Einkommen ihrer Funktionäre, die Eigentumsverhältnisse der parteieigenen Firmen, die von der KoKo kontrolliert wurden, und Unterlagen über das geheime Bankkonto, das auf Honeckers Namen lief. Nach der Wiedervereinigung wurde offenkundig, daß die Staatsanwaltschaft mit dem, was in den Koffern verblieben war, so gut wie nichts gegen Schalck in den Händen hielt. Schalck hatte sich zunächst gestellt, trat aber schon bald nach seiner Untersuchungshaft wieder mit einem Antiquitätengeschäft in Erscheinung, das er am Tegernsee betrieb. Siehe: *Gezielt entfernt und »gesäubert«*, in: ›Frankfurter Allgemeine Zeitung‹ vom 16. Oktober 1991.
10 Priesnitz im Interview mit dem Autor im Juli 1990 in Bonn
11 Rehlinger, a.a.O., S. 246-247
12 Wolf, a.a.O., S. 319
13 *Honecker Finds Strange Bedfellows*, in: ›The New York Times‹ vom 2. Februar 1990

14 Andert/Herzberg, a.a.O., S. 52

15 Eine Kopie dieses Dokuments befindet sich im Besitz des Autors.

16 Siehe auch Przybylski, Band 1, a.a.O., S. 187-188

17 Gill/Schröter, *Das Ministerium für Staatssicherheit*, a.a.O., S.95-96

18 Vogel im Interview mit dem Autor in Teupitz am 12. Dezember 1991

19 Die Soldaten wurden im Januar 1992 verurteilt. Im März 1993 hob der Bundesgerichtshof diese Urteile jedoch wieder auf.

20 *Enthüllung: Der Menschenhändler. Das Milliardengeschäft des Prof. Dr. Wolfgang Vogel*, in: ›extra magazin‹, Nr. 24 vom 6. Juni 1991

21 Ebd.

22 Vogel im Interview mit dem Autor in Teupitz am 16. Februar 1992; Schmidthammer, a.a.O., S. 187

23 Siehe »*Dann bleiben Sie eben in der DDR*«, in: ›Welt am Sonntag‹ vom 12. Januar 1992

24 »*Sie hat nichts merken können*«, in: ›Der Spiegel‹, Nr. 3, 1992

25 Stange im Interview mit dem Autor in Berlin am 16. Juni 1992 und in Bonn am 8. Oktober 1992

26 *Unterlagen, die den Weltfrieden gefährden*, in: ›Der Spiegel‹, Nr. 13, 1992

27 Begründung des Haftbefehls gegen Vogel vom 30. März 1992, Amtsgericht Tiergarten, Aktenzeichen 2 Js 353/91

28 Vgl. Erstes Kapitel

29 Niebling im Interview mit dem Autor in Berlin am 7. Mai 1992

30 Ebd.

31 Vogel im Interview mit dem ARD-Korrespondenten Werner Sonne. Sendemanuskript für die »Tagesthemen« und den »Bericht aus Bonn« vom 17. Januar 1992

32 *Held oder Schurke? Der Fall Vogel*, in: ›Super Illu‹ vom 1.Januar 1992

33 Von Niebling unterzeichnete Schriftstücke in Vogels Stasi-Akte

34 *Makler im Zwielicht*, in: ›Die Zeit‹ vom 20. März 1992

35 Vogel im Interview mit dem Autor in Berlin am 7. Mai 1992

36 Ebd.

37 *Sore in Forint*, in: ›Der Spiegel‹, Nr.15, 1992

38 Vogel im Interview mit dem Autor in Berlin am 7. Mai 1992

39 Der Brief von Lothar Loewe wurde zusammen mit anderen Schreiben aus Vogels Büroakten von Frau Schulenburg dem Gericht vorgelegt, um den Antrag auf Aufhebung des Haftbefehls gegen Vogel zu begründen.

40 Vogel im Interview mit dem Autor in Berlin am 6. Mai 1992. Thiel im Interview mit dem Autor in Berlin am 7. Mai 1990. Nach seiner Freilassung erstattet Vogel die Summe aus seinem eigenen Vermögen zurück.

41 Vogel im Interview mit dem Autor in Berlin am 7. Mai 1992

42 Beschluß des Landgerichts Berlin vom 14. Juli 1992. Geschäftsnummer 511 Qs 35 und 36/92

43 Das Gerichtsverfahren gegen Honecker, Mielke, den ehemaligen Ministerpräsidenten Willi Stoph und drei weitere hohe DDR-Funktionäre wegen Totschlags von dreizehn Menschen, die an der Grenze ums Leben gekommen waren, begann am 12. Dezember 1992. Die Angeklagten galten als Verantwortliche für den Schießbefehl an der Grenze. Doch wegen Prozeßunfähigkeit mußte ein Verfahren nach dem anderen abgetrennt werden. Im Fall Erich Honecker ordnete das Verfas-

sungsgericht Berlin wegen der Leberkrebserkrankung und der geringen Lebenserwartung des Angeklagten die Einstellung des Verfahrens an. Honecker wurde am darauffolgenden Tag entlassen.

Epilog

1 Interview mit dem Autor, Teupitz, 8. Juli 1993
2 Vgl. Anmerkung 5
3 Für eine vollständige Liste der Stasi-Verbindungsbüros im Ausland siehe Gill/Schröter, a.a.O., S.78-79
4 Vogel im Interview mit dem Autor in Teupitz am 22. Juni 1991
5 Vogels Möglichkeiten, solche Angelegenheiten in den Griff zu bekommen, waren schon vor dem Zusammenbruch der Mauer geringer geworden. Shabtai Kalmanowitsch, der seit seiner Verhaftung Ende 1987 in einem israelischen Gefängnis saß, weil er für die Sowjets spioniert hatte, war einer der ersten, die das herausfinden mußten. Gleich nach seiner Verhaftung wandte er sich an Vogel, indem er seine Frau beauftragte, eine Nachricht an Ronnie Greenwald in New York zu schicken:»Sprechen Sie mit Vogel und bringen Sie mich hier raus«, schrieb er, bevor die Israelis ihn 1989 zu einer neunjährigen Haftstrafe verurteilten. Kalmanowitschs dringende Bitte stieß sowohl bei Vogel als auch bei Honecker auf Interesse, denn es stellte sich heraus, daß es da noch jemanden gab, den die Sowjets sehr gerne aus Israel herausgeholt hätten, einen ihrer besten und vertrauenswürdigsten Agenten: Professor Avraham Marcus Klingberg, einen russischen Juden, der 1948 nach Israel gekommen war. 1983 war die Verbindung des KGB zu Klingberg dann plötzlich abgebrochen. Unter mysteriösen Umständen war Klingberg von der Bildfläche verschwunden, wahrscheinlich während seiner Tätigkeit in einem streng geheimen israelischen Forschungslabor für Bakteriologie und Epidemiologie. Später stellte sich heraus, daß die Israelis auch ihn als sowjetischen Geheimagenten verurteilt hatten. Siehe *Holds Scientist for Spying*, in: ›The Guardian‹ vom 26. Februar 1988.
Honecker hatte die Hoffnung, daß Vogel einen Austausch von Agenten und Gefangenen zustande bringen könnte, der der DDR ein besseres diplomatisches Ansehen in Israel verschaffen würde, und schickte den Anwalt Ende Mai 1989 auf den Weg. Wolfgang und Helga Vogel flogen nach Tel Aviv, wo Vogel Kalmanowitsch und Klingberg in ihren Gefängnissen aufsuchte. Die israelischen Behörden wiesen ihm einen Verhandlungspartner zu, einen Anwalt namens Amon Zichroni, der ähnlich dunkle Verbindungen zu seiner Regierung in Jerusalem unterhielt wie Vogel zum Ostberliner Regime. (Vogel und Niebling in Interviews mit dem Autor. Die Bestätigung von Vogels Mission geht auch aus Geheimakten hervor, in deren Besitz die ›Frankfurter Rundschau‹ gekommen war und aus denen sie am 7. Juli 1992 Details veröffentlichte.) Man skizzierte die Umrisse eines Handels. Die Israelis verlangten den Luftwaffenhauptmann Ron Arad, einen Beobachter, der im Oktober 1986 im Libanon nahe der Grenze zu Syrien abgeschossen und gefangengenommen worden war. Arad, zum Zeitpunkt seiner Gefan-

gennahme achtundzwanzig Jahre alt, wurde von den libanesischen Amal-Milizen festgehalten und später, vermutlich gegen eine Zahlung von 300.000 Dollar in bar, an die Hizbollah weitergegeben, an die vom Iran kontrollierte extremistische Moslem-Organisation, die damals auch Terry Waite, Terry Anderson und andere westliche Geiseln im Bekaa-Tal festhielt. Alle Beteiligten waren ein paar Wochen lang der Hoffnung, daß Vogel mit Hilfe der Verbindungen des KGB zu Syrien und der Stasi zum Südjemen etwas zustande bringen könnte. Es war sogar ein umfassender Ost-West-Austausch im Gespräch, bei dem alle Geiseln inklusive Waite und Anderson befreit werden sollten. Vogel schnürte ein Paket, das Hauptmann Arad, sieben weitere israelische Kriegsgefangene, Kalmanowitsch und Klingberg umfassen sollte. Er hoffte zudem, Arne Treholt mit einschließen zu können, einen norwegischen Diplomaten, der NATO-Geheimnisse an Moskau weitergegeben hatte, sowie zwei in Großbritannien inhaftierte DDR-Agenten. Und noch immer hegte Vogel die Hoffnung, auch Nelson Mandela aus seiner Gefängniszelle in Südafrika befreien zu können.

Am 30. Mai hatten Vogel und Zichroni eine schriftliche Vereinbarung ausgehandelt, bei der es um den Austausch von Hauptmann Arad gegen Klingberg ging. Vogel wollte sich gerade auf die Reise in den Libanon machen, um mit der Hisbollah selber zu sprechen, als der Handel platzte – worüber Vogel aus heutiger Sicht nur dankbar sein kann -, weil die Hisbollah Waffen verlangte, Schnellboote, mit denen sie vom Mittelmeer aus Guerillaoperationen gegen Israel ausführen konnte. An Marcus Klingberg hatten sie kein Interesse, aber den Ostdeutschen wiederum lag überhaupt nichts daran, in die Fußstapfen von Oliver North und seinen Waffen-gegen-Geiseln-Geschäften zu treten (Vogel im Interview mit dem Autor). Zichroni, der im September 1989 nach Wien flog, um sich mit Vogel zu treffen, teilte dem Anwalt mit, daß die Israelis angesichts dieser dürftigen Ergebnisse enttäuscht seien. (Siehe ›Frankfurter Rundschau‹, a.a.O.). Waite, Anderson und die anderen westlichen Geiseln kamen 1992 endlich frei, aber nicht aufgrund von Vogels Bemühungen; Hauptmann Arad befand sich noch immer in Gefangenschaft, als das vorliegende Buch in Druck ging; Shabtai Kalmanowitsch wurde am 10. März 1993 entlassen.

6 Wie selbstverständlich diese Rolle Vogels in den Augen der Amerikaner erschien – und wie wenig sie offenbar verstanden hatten, wie die Dinge hinter den Kulissen wirklich funktionierten -, bewies ein Brief des stellvertretenden amerikanischen Außenministers Lawrence S. Eagleburger an Vogel vom 12. Januar 1990. Über drei Monate nach dem Sturz Honeckers und mehr als zwei Monate nach dem Fall der Mauer fragten die Amerikaner bei Vogel an, ob er den Austausch eines der wichtigsten Agenten arrangieren könne, den die USA jemals in Moskau besessen hatten. Als Gegenleistung boten sie zwei in den Staaten inhaftierte KGB-Agenten an.

Es ging um Dimitri Poljakow, einen legendären Agenten, den der amerikanische Geheimdienst unter dem Decknamen »Top Hat« führte. 1960 war er als junger Beamter in das New Yorker Büro des FBI eingetreten, um dann über ein Vierteljahrhundert lang für die Amerikaner zu arbeiten. Beim sowjetischen Luftverteidigungskommando, seiner letzten bekannten Position Mitte der achtziger Jahre, bekleidete er den Rang eines Generalleutnants.

Zwölf Tage vor dem Schreiben Eagleburgers an Vogel hatte die ›Prawda‹ einen ungewöhnlichen Artikel veröffentlicht, in dem man verkündete, daß ein ehemaliger sowjetischer Diplomat, der als »Donald F.« identifiziert wurde, zum Tode verurteilt worden sei, weil er seit 1961 für die USA spioniert habe. Man erkannte schnell, daß es sich bei »Donald F.« um Poljakow handelte, doch die ›Prawda‹ ließ offen, ob das Todesurteil bereits vollstreckt worden war. Deshalb also hatte Eagleburger an Vogel geschrieben, aber der war schon nicht mehr in der Lage, etwas für ihn zu tun.

Aber selbst wenn Vogel einen derartigen Versuch unternommen hätte – mittlerweile war es zu spät, denn die Sowjets gaben schließlich bekannt, daß Poljakow am 15. März 1988 hingerichtet worden war. Experten vermuteten, daß man ihm auf die Spur gekommen war, weil es in der Umgebung James Jesus Angletons undichte Stellen gegeben hatte – undichte Stellen, die der CIA-Mann nicht verstopfte, weil er seit langem vermutete, daß »Top Hat« ein KGB-Überläufer sei. Siehe hierzu: Tom Mangold, *Cold Warrior. James Jesus Angleton: The CIA's Master Spy Hunter*, New York 1991, S.233-236. Der Brief von Eagleburger befindet sich bei Vogels Büroakten.

7 Falin im Interview mit dem Autor in Moskau am 11. Juni 1991

8 Niebling im Interview mit dem Autor in Berlin am 7. Mai 1992. Vogel räumt ein, daß er Dokumente aus Akten erhalten habe, die die ostdeutsche Staatsanwaltschaft 1991 aus Mielkes Büro entfernte. Das vom Büro des Generalstaatsanwalts der DDR angefertigte und auf den 20. Juni 1990 datierte Protokoll listet 6 abgelaufene Pässe, 5 Photographien, 3 Blankoformulare, 5 Ausweispapiere, 6 diskreditierende Zeitungsartikel, 10 persönliche Briefe und 4 Zeichnungen aus Vogels Privatbesitz auf. Auch die Berichte, die Vogel über seine Gespräche mit Herbert Wehner angefertigt hatte, befanden sich unter Mielkes Papieren. Nach der Wiedervereinigung wurden alle Dokumente von der deutschen Staatsanwaltschaft noch einmal durchgesehen. Vogel hat nur einen Teil der Dinge zurückerhalten, wie er dem Autor in einem Interview am 13. November 1992 mitteilte.

9 Beschluß des Landgerichts Berlin vom 14. Juli 1992

10 *Verbindungen abends über den Privatanschluß*, in: ›Frankfurter Allgemeine Zeitung‹ vom 13. April 1992, S.3

11 *Der Fall Vogel. Held oder Schurke?*, in: ›Super Illu‹ vom 30. Januar 1992, S.64

12 Rehlinger, a.a.O., S. 247-248

13 *Bräutigam bezeugt Vogel Vertrauen und Respekt*, in: ›Frankfurter Allgemeine Zeitung‹ vom 30. März 1992

14 Brief von Hermann Kunst an Wolfgang Vogel. Vogels Büroakten

15 Vogel im Interview mit dem Autor in Berlin am 14. Oktober 1992

16 Brief von Helmut Schmidt an den Autor vom 11. Mai 1992

17 Joachim Gauck im Interview mit dem Autor in Berlin am 26. März 1993

Verzeichnis
wichtiger Namen

Abel, Rudolf Iwanowitsch (1903-1971) – Sowjetischer Spion, der unter dem Namen William H. Fischer als Sohn russischer Emigranten in England geboren und nach dem Zweiten Weltkrieg in die USA eingeschleust wurde. 1957 wurde er in New York vor Gericht gestellt und zu dreißig Jahren Gefängnis verurteilt. Unter Vogels Beteiligung konnte er am 10. Februar 1962 auf der Glienicker Brücke gegen Francis Gary Powers ausgetauscht werden, einen von den Russen gefangenen U-2-Piloten. Danach lehrte Abel an der KGB-Hochschule in Moskau.

Barkley, Richard C. (geb.1932) – Amerikanischer Berufsdiplomat. 1982-1985 politischer Berater an der US-Vertretung in Bonn; 1985-1988 stellvertretender Missionschef in Pretoria; 1988-1990 amerikanischer Botschafter in Ost-Berlin.

Benjamin, Hilde (1902-1989) – Juristin, die nach dem Krieg das Justizsystem in Ostdeutschland aufbaute. Nach den antisowjetischen Aufständen von 1953 wurde sie Justizministerin. Sie säuberte ihr Ministerium und beendete in diesem Zusammenhang auch Wolfgang Vogels Laufbahn im Justizministerium. 1967 ging sie in den Ruhestand. Hilde Benjamin war die Witwe von Georg Benjamin, dem Bruder von Walter Benjamin, einem Arzt und Kommunisten, der 1942 im Konzentrationslager Mauthausen umkam. Sie war für ihre harten Urteile berüchtigt.

Bölling, Klaus (geb. 1928) – Journalist und SPD-Politiker. 1974-1981 Regierungssprecher Helmut Schmidts; 1981-1982 »Ständiger Vertreter« der Bundesrepublik in Ost-Berlin.

Brandt, Willy (1913-1992) – Deutscher Widerstandskämpfer gegen den Nationalsozialismus. 1957-1966 Regierender Bürgermeister von West-Berlin; 1966-1969 Außenminister; 1969-1974 Bundeskanzler. Brandt initiierte die neue Ostpolitik der Bundesrepublik, in deren Verlauf sich die Beziehungen zur Sowjetunion und anderen kommunistischen Staaten, darunter auch zur DDR, normalisierten. 1971 erhielt er den Friedensnobelpreis.

Bräutigam, Hans Otto (geb. 1931) – »Ständiger Vertreter« in Ost-Berlin von 1982 bis 1988. Seit 1991 Justizminister des Landes Brandenburg in der Regierung Manfred Stolpe.

Burt, Richard (geb. 1947) – Botschafter der Vereinigten Staaten von Amerika in Bonn von 1985 bis 1989.

Copaken, Richard D. (geb. 1941) – Jurist aus Washington, der Ewa Schadrin, die Ehefrau eines sowjetischen Überläufers vertrat, der 1975 als Mitarbeiter der CIA in Wien auf mysteriöse Weise verschwand.

Donovan, James B. (1916-1970) – Amerikanischer Jurist, der 1957 von der New Yorker Anwaltskammer mit der Verteidigung Rudolf Abels betraut wurde. Donovan war während des Zweiten Weltkriegs Chefberater des amerikanischen Office of Strategic Services. Bei den Nürnberger Prozessen trat er als einer der amerikanischen Ankläger auf.

Falin, Walentin Michailowitsch (geb. 1926) – Funktionär der KPdSU; Deutschlandexperte; 1971-1978 Botschafter in der Bundesrepublik Deutschland; 1986-1991 Chefberater Gorbatschows im Zentralkomitee der KPdSU für Deutschlandfragen.

Felfe, Heinz (geb. 1918) – Sowjetischer Agent. Nach seiner Tätigkeit für die Gestapo während des Krieges studierte er Jura in Bonn und wurde vom sowjetischen Geheimdienst in die Organisation Gehlen eingeschleust, dem von den Amerikanern ins Leben gerufenen Vorläufer des BND. Nach seiner Verhaftung 1961 wurde er 1969 in einem von Vogel arrangierten Austausch freigelassen. Später lehrte er an der Ostberliner Humboldt-Universität.

Fischer, Oskar (geb. 1923) – Kommunistischer Parteifunktionär; 1975-1989 Außenminister der DDR.

Flatto-Sharon, Samuel (geb. 1930) – Israelischer Politiker und Geschäftsmann, der 1971 aus Frankreich emigrierte. 1977-1981 Abgeordneter in der Knesset. Flatto-Sharon wurde des Wahlbetrugs und der massiven Unterschlagung von Geldern einer französischen Bank beschuldigt. Sein Assistent Shabtai Kalmanowitsch, der über mehrere Jahre hinweg zusammen mit Vogel an der Freilassung Anatoli Schtscharanskis arbeitete, wurde später als kommunistischer Spion verhaftet.

Franke, Egon (geb. 1913) – Sozialdemokratischer Politiker; 1969-1982 Minister für innerdeutsche Beziehungen. Franke trug maßgeblich dazu bei, die Gelder für die von Vogel ausgehandelten Häftlingsfreikäufe zur Verfügung zu stellen. 1986 wurde er wegen fahrlässiger Handhabung von Steuergeldern angeklagt, dann aber freigesprochen.

Gaus, Günter (geb. 1929) – Journalist; Sozialdemokrat, Berater von Bundeskanzler Willy Brandt; 1974-1981 erster »Ständiger Vertreter« der Bundesrepublik in Ost-Berlin.

Genscher, Hans-Dietrich (geb. 1928) – Seit 1957 in verschiedenen Führungspositionen der F.D.P., 1974 bis 1985 deren Bundesvorsitzender; 1969-1974 Innenminister; Bundesaußenminister und Stellvertreter des Bundeskanzlers seit 1974. Schied am 18. Mai 1992 als dienstältester Außenminister der Welt aus diesem Amt.

Greenwald, Ronnie (geb. 1934) – New Yorker Rabbi und Geschäftsmann, der sich in der Politik der Republikaner engagierte und sich aktiv für den New Yorker Abgeordneten der Republikaner, Benjamin Gilman, einsetzte. Während der langwierigen Verhandlungen um die Freilassung Anatoli Schtscharanskis unterhielt er regelmäßige Beziehungen zu Vogel.

Guillaume, Günter (geb. 1927) – DDR-Spion, der 1956 zusammen mit seiner Frau Christel als Flüchtling in die Bundesrepublik eingeschleust wurde. Mitarbeiter der Frankfurter SPD und später Verbindungsmann zwischen Kanzler Willy Brandt und der Parteibasis. Seine Enttarnung und Verhaftung im Frühjahr 1974 führte zum Rücktritt Brandts. Vogel arrangierte 1981 seine Freilassung im Austausch gegen acht westdeutsche Spione.

Gysi, Gregor (geb. 1948) – Ostdeutscher Anwalt, der unter dem Regime Dissidenten verteidigte. Gysi wurde 1990 zum Nachfolger von Egon Krenz als Führer der SED gewählt, die danach in PDS umbenannt wurde. Bundestagsmandat seit 1991. Im Januar 1993 trat er von seinem Amt als Parteivorsitzender zurück.

Hirt, Edgar (geb. 1937) – Sozialdemokrat; Beamter im Ministerium für innerdeutsche Beziehungen. Hirt wickelte von 1969 bis 1982 die Häftlingsfreikäufe auf der Bonner Seite ab und verhandelte dabei mit Vogel. 1986 wurde er wegen fahrlässiger Handhabung von Steuergeldern verurteilt.

Honecker, Erich (geb. 1912) – Generalsekretär der SED von 1971 bis 1989. Auf seine Veranlassung wurde die Mauer gebaut. Durch Honecker bezog Vogel einen Großteil seiner Autorität und seines Einflusses. Im März 1991 floh Honecker nach Moskau, wo er in der chilenischen Botschaft Schutz suchte. Im Juli 1992 kehrte er nach Berlin zurück, um sich vor Gericht wegen vielfachem Totschlag zu verantworten. Es ging bei diesem Verfahren um die Menschen, die während seiner Regierungszeit bei Fluchtversuchen ums Leben gekommen waren. Im Januar 1993 wurde er wegen krankheitsbedingter Haftunfähigkeit entlassen.

Kalmanowitsch, Shabtai (geb. 1947) – Israeli russischer Herkunft, Assistent des Politikers Samuel Flatto-Sharon, der ihn bei den Verhandlungen mit Vogel um die Freilassung Anatoli Schtscharanskis und ähnlichen Fällen einsetzte. Am 23. Dezember 1987 wurde er unter dem Verdacht, für den KGB zu arbeiten, verhaftet, jedoch nie öffentlich angeklagt. 1989 wurde er nach einer geschlossenen Verhandlung zu einer neunjährigen Freiheitsstrafe verurteilt; am 10. März 1993 wurde er freigelassen.

Kaul, Friedrich Karl (1916-1981) – Eine der bekanntesten und schillerndsten Figuren unter den ostdeutschen Strafverteidigern der sechziger Jahre. Sohn eines jüdischen Vaters; Exil in Südamerika; Internierung in den USA während des Zweiten Weltkriegs; Mitglied der SED und Staatsbürger der DDR von 1949 bis zu seinem Tod. Auch Verfasser von Kriminalromanen.

Kischke, Martina (geb. 1935) – Journalistin der ›Frankfurter Rundschau‹. Im August 1966 wurde sie in Alma-Ata von den Sowjets wegen Spionage verhaftet, kurz vor Weihnachten von Vogel aus dem Moskauer Lubjanka-Gefängnis befreit und gegen den Bundestagsabgeordneten Alfred Frenzel ausgetauscht, der 1961 wegen Spionage für die Tschechoslowakei verurteilt worden war.

Krenz, Egon (geb. 1937) – Honeckers »Kronprinz«; leitete die FDJ bis zu seinem siebenundvierzigsten Lebensjahr; seit 1983 ZK-Sekretär für Sicherheits- und Kaderfragen; Nachfolger Erich Honeckers als Staats- und Parteichef im Oktober 1989. Ließ die Öffnung der Berliner Mauer zu. Rücktritt im Dezember 1989.

Kunst, Hermann (geb. 1907) – Evangelischer Bischof, der seine Kirche von 1949 bis 1977 in Bonn vertrat. Er sorgte dafür, daß die Finanzkanäle der Kirche für die Zahlungen an die DDR im Rahmen der Häftlingsfreikäufe genutzt werden konnten.

Meehan, Francis J. (geb. 1924) – Amerikanischer Diplomat; Studium an der Universität von Glasgow; im Auswärtigen Dienst von 1951 bis zu seiner Pensionierung 1988. Nach Moskau war Meehan von 1961 bis 1966 in Ost-Berlin tätig, wo er Vogel kennenlernte. Wichtige diplomatische Posten in Bonn, Wien und Washington; Botschafter in Prag und von 1985 bis 1988 in Ost-Berlin.

Mende, Erich (geb. 1916) – 1963-1966 Bundesminister für gesamtdeutsche Fragen. Während seiner Amtszeit wurden die Grundlagen für den Freikauf von politischen Häftlingen geschaffen.

Mielke, Erich (geb. 1907) – Schon in früher Jugend Mitglied der KPD, floh er 1933 nach Moskau, nachdem er in Berlin des zwei Jahre zuvor verübten Mordes an zwei Polizisten angeklagt worden war. Nach dem Krieg kehrte er zurück und baute für die DDR die Staatssicherheit auf. Als Minister für Staatssicherheit in den Jahren 1957 bis 1989 machte er sein Ministerium zu einer der größten Polizeiorganisationen der Welt.

Modrow, Hans (geb. 1928) – SED-Bezirkssekretär von Dresden; letzter Ministerpräsident der DDR vor den demokratischen Wahlen im März 1990. Bundestagsmandat seit 1991.

New, Ricey S., Jr. (geb. 1916) – Jurist bei der US-Einwanderungsbehörde, arbeitete Mitte der sechziger Jahre mit Vogel zusammen an Fällen von in Ost-Berlin verhafteten Amerikanern.

Niebling, Gerhard (geb. 1932) – Generalleutnant bei der Staatssicherheit, der als Nachfolger von Heinz Volpert von 1986 bis 1989 Vogels Häftlingsfreikäufe und Ausreisefälle sowie den Austausch von Agenten koordinierte.

Powers, Francis Gary (1929-1977) – Amerikanischer Pilot des CIA-Aufklärungsflugzeugs U-2; am 1. Mai 1960 von den Sowjets über Swerdlowsk abgeschossen; mit Vogels Hilfe im Februar 1962 gegen den sowjetischen Agenten Oberst Rudolf Iwanowitsch Abel ausgetauscht.

Priesnitz, Walter (geb. 1932) – 1988-1989 Ludwig Rehlingers Nachfolger als Staatssekretär im Ministerium für innerdeutsche Beziehungen. In dieser Zeit war er Vogels Hauptverhandlungspartner in Bonn.

Pryor, Frederic L. (geb. 1933) – Amerikanischer Student, der 1961 wegen angeblicher Wirtschaftsspionage verhaftet und von Vogel vertreten wurde. Im Rahmen des Abel-Powers-Austausches kam er 1962 frei. Professor für Wirtschaftswissenschaften am Swarthmore College.

Rehlinger, Ludwig (geb. 1927) – Christdemokratischer Politiker. Zwischen 1964 und 1989 zählte Rehlinger zu den maßgeblichen Personen hinter den geheimen Geschäften um den Freikauf von politischen Gefangenen. 1957-1969 Staatssekretär im Ministerium für gesamtdeutsche Fragen; Oktober 1982 bis Mai 1988 Staatsminister im Ministerium für innerdeutsche Beziehungen.

Reinartz, Rudolf (1913-1972) – Vogels direkter Vorgesetzter im Justizministerium der DDR bis zu seinem Übertritt in den Westen vier Monate nach den Aufständen vom 17. Juni 1953. Im Februar 1955 wurde er in der DDR festgenommen, der Spionage für schuldig befunden und zu einer lebenslangen Freiheitsstrafe verurteilt. 1965 in den Westen freigelassen, starb er 1972 in West-Berlin.

Schadrin, Nicholas (Nikolai F. Artamonow) (geb. 1928) – Sowjetischer Marinekapitän, der 1959 in den Westen überlief, amerikanischer Staatsbürger wurde und als Doppelagent in Washington tätig war, bevor er im Dezember 1975 in Wien spurlos verschwand. Vogels Versuche, sich in den Fall einzuschalten, wurden von Moskau unterbunden.

Schalck-Golodkowski, Alexander (geb. 1932) – Verdeckt arbeitender Offizier des MfS, der als Beamter offiziell für das Außenhandelsministerium tätig war. Als Staatssekretär lenkte er die umfangreichen, von der SED kontrollierten Geschäfte mit westlichen Währungen. Nach 1966 baute er die »Kommerzielle Koordinierung« (KoKo) auf. Schalck verwaltete die von der Bonner Regierung im Rahmen der von Vogel ausgehandelten Häftlingsfreikäufe geleisteten Zahlungen.

Scharf, Kurt (1902-1990) – Evangelischer Bischof in der DDR bis zu seiner Ausweisung im Jahre 1961. Scharf ist es zu verdanken, daß die Verbindungen zwischen den Kirchen in beiden Teilen Deutschlands erhalten blieben.

Schmidt, Helmut (geb. 1918) – 1961-1965 hamburgischer Innensenator; 1967-1969 Fraktionsvorsitzender der SPD im Deutschen Bundestag; 1969-1972 Verteidigungsminister; 1972 Wirtschafts- und

Finanzminister; 1972-1974 Finanzminister; 1974-1982 Willy Brandts Nachfolger als Bundeskanzler.

Seidel, Manfred (geb. 1928) – Major des MfS und Stellvertreter Schalck-Golodkowskis bei der KoKo.

Schtscharanski, Anatoli (Natan Sharansky) (geb. 1947) – Sowjetischer Computerspezialist, der nach seiner aktiven Beteiligung in der Menschenrechtsbewegung und einem Antrag auf Ausreise nach Israel der Spionage für die Vereinigten Staaten angeklagt wurde. Im Februar 1986 wurde er im Rahmen eines von Vogel arrangierten Agentenaustausches freigelassen.

Silverglate, Harvey (geb. 1942) – Bostoner Anwalt, der Alfred Zehe vor Gericht vertrat, jenen ostdeutschen Physiker, der 1983 in den USA wegen Spionage verurteilt wurde.

Smith, Jeffrey H. (geb. 1944) – Offizier der US-Army, später Jurist im Außenministerium, wo er von 1978 bis 1984 für die technischen Details der von den USA mit Vogel ausgehandelten Agentengeschäfte verantwortlich war. Später ließ er sich mit einer Anwaltspraxis in Washington nieder.

Stange, Jürgen (geb. 1928) – Westberliner Anwalt und Verhandlungspartner Vogels für die Bundesrepublik. Zusammen mit Vogel arbeitete er an den Gefangenen- und Agentenfreikäufen.

Stolpe, Manfred (geb. 1936) – Als Jurist seit 1959 in führender Position in der Evangelischen Kirche der DDR tätig. Er vertrat die Kirche bei den Verhandlungen mit Vogel und dem MfS um die Freilassung von politischen Gefangenen. Seit 1990 Ministerpräsident von Brandenburg.

Stoph, Willi (geb. 1914) – Mitglied des Politbüros der SED von 1953 bis 1989; 1950-1953 Sektretär des ZK der SED, von 1952 bis 1955 Innen- und von 1956 bis 1960 Verteidigungsminister der DDR; 1962-1964 Erster stellv. Ministerpräsident; 1964-1973 Ministerpräsident (1970 Treffen mit Bundeskanzler Willy Brandt in Erfurt und Kassel); 1973-1976 Vorsitzender des Staatsrats; 1976-1989 erneut Ministerpräsident. Im November 1989 trat er von diesem Amt zurück und wurde aller Ämter enthoben.

Strauß, Franz Josef (1915-1988) – 1953-1955 Bundesminister für besondere Aufgaben; 1955-1956 Bundesminister für Atomfragen;

1956-1962 Verteidigungsminister. 1978-1988 Bayerischer Ministerpräsident und zugleich seit 1961 Vorsitzender der CSU. Als langjähriger und zutiefst überzeugter Antikommunist erstaunte er die Öffentlichkeit, als er der DDR 1983 einen Milliarden-Kredit verschaffte. Nach seinem Tod veröffentlichte Dokumente haben die umfangreichen und außerordentlich freundschaftlich geführten Geheimverhandlungen mit Alexander Schalck-Golodkowski ans Licht gebracht.

Streit, Josef (1911-1987) – In der Tschechoslowakei geboren, verbrachte Streit die Jahre 1938 bis 1945 in einem Konzentrationslager. Nach dem Krieg hatte er maßgeblichen Anteil am Aufbau des DDR-Rechtssystems. Als Leiter der Justizabteilung des Politbüros und Generalstaatsanwalt der DDR (1962-1986) unterstützte er Vogels Karriere.

Svingel, Carl Gustav (geb. 1917) – Ehemaliger schwedischer Opernsänger, der sich 1985 in Berlin niederließ und im Auftrag der lutherischen Kirche Schwedens das »Haus Victoria« betrieb, ein Altenheim für Flüchtlinge aus der DDR. Svingel war ein Freund von Herbert Wehner und Vogel, die sein Haus oft als geheimen Treffpunkt benutzten.

Thompson, Robert Glenn (geb. 1935) – Amerikaner, der vermutlich in Deutschland geboren wurde. Thompson diente zunächst bei der US-Luftwaffe. 1965 wurde er wegen Spionage für die Sowjetunion angeklagt, zu 30 Jahren Gefängnis verurteilt und 1978 in einem von Vogel arrangierten Agentenaustausch freigelassen.

Ulbricht, Walter (1893-1973) – Geboren in Leipzig, seit 1912 Mitglied der SPD, seit 1918 beim Spartakus-Bund, seit 1919 Mitglied der KPD. 1927 Aufnahme in das ZK, 1929 ins Politbüro. Von 1933 bis 1935 Exil in Prag, Brüssel und Paris, dann in der Sowjetunion, wo Ulbricht Organisator des Nationalkomitees »Freies Deutschland« wurde. 1945 nach Deutschland zurückgekehrt, war er maßgeblich an der Gründung der SED beteiligt und wurde mit sowjetischer Rückendeckung bald deren führender Politiker. Seit 1949 stellvertretender Ministerpräsident der DDR, seit 1950 Generalsekretär des ZK. 1960 Vorsitzender des Staatsrats, womit er auch formell an die Spitze des Landes trat. 1971 als Erster Sekretär des ZK der SED und Vorsitzender des Verteidigungsrates von Erich Honecker abgelöst.

Volpert, Heinz (1932-1986) – Offizier des MfS und bis zu seinem Tod Vogels Hauptverbindungsmann. Mit Erich Mielke, dem Minister für

Staatssicherheit, als direktem Vorgesetzten, koordinierte er den Austausch von Spionen und die Freikäufe von Häftlingen. Volpert war auch Führungsoffizier von Schalck-Golodkowski.

von Wedel, Reymar (geb. 1926) – Jurist, der für die Evangelische Kirche in West-Berlin arbeitete. Von Wedel war daran beteiligt, mit Vogel eine Basis für die Freilassung von politischen Gefangenen auszuhandeln, für die die Bundesregierung über die Kirche Geld zahlte.

Wehner, Herbert (1906-1990) – Geboren in Dresden. 1927 Mitglied der KPD. Nach 1933 im Exil (u.a. in Moskau), war er als Funktionär der Kommunistischen Partei tätig. 1935 Kandidat des Politbüros. Während des Krieges wurde er in Schweden interniert. In der Haft Abkehr vom Kommunismus. Seit 1946 in der SPD, 1958-1973 deren stellvertretender Vorsitzender, wurde er zu einer der Schlüsselfiguren bei der Ausarbeitung und Formulierung des »Godesberger Programms«. 1966-1969 Bundesminister für gesamtdeutsche Fragen, 1969-1983 Fraktionsvorsitzender der SPD im Deutschen Bundestag.

Wolf, Markus (geb. 1923) – 1953-1987 innerhalb des MfS Leiter des Spionagedienstes. Als Sohn des Kommunisten und jüdischen Dramatikers Friedrich Wolf wuchs er in Moskau auf, von wo er 1945 nach Deutschland zurückkehrte. Kurz vor der Wiedervereinigung floh er aus Berlin, stellte sich jedoch später der gegen ihn erhobenen Anklage wegen Spionage.

Zehe, Alfred (geb. 1939) – Ostdeutscher Physiker, der 1984 wegen Spionage in den USA verhaftet und angeklagt wurde. Durch Vogels Bemühungen konnte er im Juni 1985 ausgetauscht werden und in die DDR zurückkehren.

Zahlungen der Bundesregierung
über die Kanäle
der Evangelischen Kirche

Jahr	freigekaufte politische Häftlinge	Familien-zusammen-führungen	gezahlte Beträge
1964	884	-	37.918.901,16
1965	1.555	762	67.667.898,52
1966	407	393	24.805.316,38
1967	554	438	31.482.433,19
1968	693	405	28.435.444,15
1969	880	408	44.873.875,05
1970	888	595	50.589.774,55
1971	1.375	911	84.223.481,52
1972	731	1.219	69.457.704,26
	2.087 (Amnestie)		
1973	631	1.124	54.028.288,39
1974	1.053	2.450	88.147.719,74
1975	1.158	5.635	104.012.504,93
1976	1.439	4.734	130.003.535,00
1977	1.475	2.886	143.997.942,27
1978	1.452	3.979	168.363.141,86
1979	890	4.205	106.986.866,24
1980	1.036	3.931	130.015.131,77
1981	1.584	7.571	178.987.210,84
1982	1.491	6.304	176.999.590,94
1983	1.105	5.487	102.811.953,50
1984	2.236	29.626	387.997.305,12
1985	2.669	17.315	301.995.568,10
1986	1.450	15.767	195.009.307,73
1987	1.209	8.225	162.997.921,59
1988	1.048	21.202	232.096.191,43
1898	1.775	69.447	267.895.657,76
1990	-	-	65.000.089,13
Gesamt:	33.755	215.019	3.436.900.755,12

(Quelle: Vogels Büroakten; Ludwig Geissler, a.a.O., S.475.)

Bibliographie

Andert, Reinhold/Herzberg, Wolfgang: *Der Sturz: Erich Honecker im Kreuzverhör*, Berlin (Aufbau Verlag) 1991. Dieser Band versammelt die einzigen Interviews, die nach dem Zusammenbruch der DDR mit dem Ehepaar Honecker geführt worden sind.

Andrew, Christopher/Gordiewski, Oleg: *KGB – Die Geschichte seiner Auslandsoperationen von Lenin bis Gorbatschow*, München (C. Bertelsmann) 1990.

Battle, Hellen: *Every Wall Shall Fall*, Old Tappan, N.Y. (Spire Books/F.H.Revell Company) 1972. Persönlicher Bericht der Autorin über ihre Festnahme, Inhaftierung und Freilassung. Helen Battle war eine der ersten amerikanischen Klientinnen Vogels.

Bernikow, Louise: *Abel*, New York (Trident Press/Simon & Schuster) 1970.

Beschloss, Michael R.: *The Crisis Years: Kennedy and Khrushchev, 1960-1963*, New York (Burlingame/Harper Collins) 1991.

Beschloss, Michael R.: *Mayday: Eisenhower, Khrushchev and the U-2 Affair*, New York (Harper and Row) 1986. Die umfassendste und lesenswerteste der zur Zeit erhältlichen historischen Darstellungen dieser Ereignisse.

Binder, David. *The Other German: Willy Brandt's Life & Times, Washington, D.C. (The New Republic Book Company) 1975.*

Bölling, Klaus: Die fernen Nachbarn. Erfahrungen in der DDR, Hamburg (Stern/Gruner Jahr) 1983. Ebenso wie diejenigen Günter Gaus' (siehe dort), vermitteln auch die aufmerksamen Erinnerungen des ehemaligen Journalisten und Ständigen Vertreters der Bundesrepublik in Ost-Berlin eine Innenansicht der DDR vor dem Fall der Mauer.

Brandt, Willy: *Erinnerungen*, Frankfurt (Propyläen) 1989.

Donovan, James B.: *Strangers on a Bridge: The Case of Colonel Abel*, New York (Atheneum) 1964. Klar umrissene Beobachtungen von amerikanischer Warte aus über die Verhandlungen, die zum Abel-Powers-Austausch führten.

Felfe, Heinz: *Im Dienst des Gegners*, Berlin (Verlag der Nation) 1988. Kämpferische Erinnerungen des ehemaligen DDR-Spions.

Filmer, Werner/Schwan, Heribert: *Wolfgang Schäuble: Politik als Lebensaufgabe*, München (C. Bertelsmann) 1992.

Gaus, Günter: *Wo Deutschland liegt: eine Ortsbestimmung*, Hamburg (Hoffmann und Campe) 1983. Überlegungen zu Gesellschaft und Politik der DDR vom ersten Ständigen Vertreter der Bundesrepublik in Ost-Berlin.

Geissel, Ludwig: *Unterhändler der Menschlichkeit, Erinnerungen*, Stuttgart (Quell Verlag) 1991. Erinnerungen an die Geheimgeschäfte mit den Kommunisten vom langjährigen Hauptverhandlungsführer der Evangelischen Kirche in Westdeutschland.

Gill, David/Schröter, Ulrich: *Das Ministerium für Staatssicherheit: Anatomie des Mielke-Imperiums*, Berlin (Rowohlt) 1991. Die ostdeutschen Autoren vermitteln einen einführenden Einblick in die Arbeitsweise der Stasi und haben mit dazu beigetragen, daß die Stasi-Archive gesichert und der Öffentlichkeit zugänglich gemacht werden konnten.

Gwertzman, Bernard/Kaufman, Michael T. (Hrsg.): *The Collapse of Communism*, New York (Times Books) 1990.

Hurt, Henry: *Shadrin: The Spy Who Never Came Back*, New York (McCraw-Hill Book Company/Reader's Digest Press) 1981.

Kessler, Ronald: *Escape from the CIA*, New York (Pocket Books) 1991. Die Publikation konzentriert sich vor allem auf den mehrfachen Überläufer Vitali S. Jurtschenko.

Koch, Peter-Ferdinand: *Das Schalck-Imperium: Deutschland wird gekauft*, München (Piper) 1992. Polemisches Pamphlet, das Alexander Schalck-Golodkowski und Wolfgang Vogel als Produkte der Stasi aburteilt.

Krenz, Egon: *Wenn Mauern fallen*, Wien (Neff) 1990. Der rechtfertigende Bericht des kurzzeitigen Honecker-Nachfolgers über seine Versuche und sein Scheitern, den Kommunismus in Ostdeutschland zu retten.

Lang, Jochen von: *Erich Mielke: Eine deutsche Karriere*, Berlin (Rowohlt) 1991.

Mangold, Tom: *Cold Warrior*, New York (Simon & Schuster) 1991. Eine provokative Auseinandersetzung mit den obsessiven Vorstellungen James Jesus Angletons, die CIA sei von kommunistischen Agenten unterwandert.

McElvoy, Anne: *The Saddled Crow: East Germany's Life and Legacy*, London (Faber and Faber) 1992. Der hervorragende und lesenswerte Rückblick einer britischen Journalistin, die in Ostdeutschland gelebt und studiert hat.

Mende, Erich: *Von Wende zu Wende, Zeuge der Zeit 1962-1982*, Bergisch Gladbach (Bastei-Lübbe) 1988.

Meyer, Michel: *Des hommes contre des marks*, Paris (Ed. Stock) 1977. Eine frühe und einfallsreiche, wenngleich streckenweise auch etwas phantasievolle Darstellung von Vogel und den Häftlingsfreikäufen.

Powers, Francis Gary (zusammen mit Curt Gentry): *Operation Overflight*, New York (Holt, Rinehard and Winston) 1970.

Przybylski, Peter: *Tatort Politbüro, Band 1: Die Akte Honecker*, Berlin (Rowohlt) 1991. Honecker betreffende Dokumente aus Stasi-Akten, die über die Jahre hinweg – zum Teil von Erich Mielke – angelegt wurden. Die intelligente, erzählerische Darstellung stammt von einem ehemaligen Sprecher des Generalstaatsanwaltes.

Przybylski, Peter: *Tatort Politbüro, Band 2: Honecker, Mittag und Schalck-Golodkowski*, Berlin (Rowohlt) 1992. Fortsetzung des ersten Bandes mit wichtigen Archivinformationen über Schalck, den »Genius des Bösen«, der über viele Jahre hinweg die finanziellen Geschäfte der SED abwickelte.

Reese, Mary Ellen: *General Reinhard Gehlen: The CIA Connection*, Faifax, Va. (George Mason University Press) 1990. Siehe unter Rositzke.

Rehlinger, Ludwig A.: *Freikauf: Die Geschäfte der DDR mit politisch Verfolgten, 1963-1989*, Berlin/Frankfurt (Ullstein) 1991. Der wohl umfassendste Bericht aus westdeutscher Perspektive über die Verhandlungen mit Vogel in den vergangenen drei Jahrzehnten.

Rositzke, Harry: *The K.G.B.: The Eyes of Russia*, Garden City (Doubleday) 1981. Eine polemische, wenngleich informative Darstellung des Kalten Krieges und gegnerischen Geheimdienstes aus der Perspektive der CIA.

Runge, Irene/Stelbrink, Uwe: *Markus Wolf: »Ich bin kein Spion«*, Berlin (Dietz) 1990. In einem ausführlichen Interview befragen zwei ostdeutsche Sozialisten den Meister der Spione zu seiner Arbeit und seinem Leben.

Schell, Manfred/Kalinka, Werner: *Stasi und kein Ende. Die Personen und Fakten*, Bonn (Die Welt) und Frankfurt/Berlin (Ullstein) 1991. Der Band veröffentlicht eine Vielzahl von Stasi-Dokumenten, die nach dem Fall der Mauer 1989 zugänglich wurden.

Schmidt, Helmut: *Menschen und Mächte*, Berlin (Siedler) 1987.

Schmidt, Helmut: *Die Deutschen und ihre Nachbarn: Menschen und Mächte II*, Berlin (Siedler) 1990.

Schmidthammer, Jens: *Rechtsanwalt Wolfgang Vogel. Mittler zwischen Ost und West*, Hamburg (Hoffmann und Campe) 1987. Eine kenntnisreiche, wenngleich weitgehend unkritische Biographie Wolfgang Vogels. Das Buch entstand vor dem Zusammenbruch des Kommunismus und mußte so zwangsläufig ohne die Dokumente auskommen, die mittlerweile den Blickwinkel erweitern.

Seiffert, Wolfgang/Treutwein, Norbert: *Die Schalck-Papiere: DDR-Mafia zwischen Ost und West. Die Beweise*, Wien (Zsolnay) 1991. Eine unter vielen polemischen Darstellungen der Aktivitäten Schalck-Golodkowskis.

Sharansky, Nathan: *Fear No Evil*, New York (Random House) 1988.

Talbott, Strobe: *Khrushchev Remebers: The Last Testament*, Boston (Little, Brown & Co) 1974.

Van Altena, John Jr.: *A Guest of the State*, Chicago (Henry Regnery Company) 1967. Persönliche Erinnerungen eines der ersten Klienten Vogels unter den amerikanischen Häftlingen in der DDR.

Wolf, Markus: *In eigenem Auftrag. Bekenntnisse und Einsichten*, München (Schneekluth) 1991. Wolfs Darstellung seiner Versuche, den »Sozialismus« in Ostdeutschland durch die Forderung nach Reformen zu retten.

Wright, Peter: *Spycatcher: The Candid Autobiography of a Senior Intelligence Officer*, New York (Viking Penguin) 1987.

Wyden, Peter: *Wall: The Inside Story of Divided Berlin*, New York (Simon & Schuster) 1989. Ein gründlicher und umfassender Abriß der Geschichte der Mauer, der zudem viele Informationen über Vogels Aktivitäten bis kurz vor dem Fall der Mauer, dem Zeitpunkt der Veröffentlichung des Buches, liefert.

Wyden, Peter *Children of the Cold War*, in: ›The Independent Magazine‹, London, vom 6. Oktober 1990. In diesem Artikel verfolgt der Autor das Schicksal der Grübel-Kinder weiter, mit dem er sich bereits in seinem vorangegangenen Buch beschäftigt hatte.

Zeitungen und Zeitschriften:

Die wöchentlich erscheinenden Nachrichtenmagazine bzw. Zeitungen ›Der Spiegel‹, ›Stern‹ und ›Die Zeit‹ sowie die Tageszeitungen ›Frankfurter Allgemeine Zeitung‹, ›Berliner Morgenpost‹, ›Tagesspiegel‹, ›Frankfurter Rundschau‹, ›The New York Times‹, ›The Washington Post‹ und ›Newsday‹ haben im Verlauf seiner Karriere eine Vielzahl von Artikeln über Wolfgang Vogel veröffentlicht. Bibliographische Angaben finden sich in den Anmerkungen zu den jeweiligen Kapiteln. Leser, die sich intensiver mit den Ansichten und Einstellungen Vogels in den unterschiedlichen Perioden seiner Karriere auseinandersetzen möchten, seien die folgenden Artikel empfohlen:

Der Fall Vogel, in: ›Super Illu‹ vom 30. Januar 1992. Interview mit Wolfgang Vogel.

Freeman, Simon: *Profile: A human bridge who spans the world of spies*, in: ›The Sunday Times‹ (London) vom 6. Februar 1986. *Ich hätte mit dem Teufel paktiert*, in: ›Der Spiegel‹, Nr. 15, 1990. Ulrich Schwarz und Georg Bönisch im Interview mit Wolfgang Vogel.

Laudor, Richard: *Gilman's Rabbi*, in: ›Gannett Westchester Rockland Newspapers, Suburbia Today‹ vom 26. Juni 1983.

Levitt, Leonard: *Swap*, in: ›Newsday‹, Part II, vom 1. Juni 1978; und: *The Man in the Middle*, in: ›Newsday‹, Part II, vom 12. Februar 1986.

Pragal, Peter: *Ein ehrlicher Makler*, in: ›Stern‹ vom 5. März 1987.

Whitney, Craig R.: *The Fixer*, in: ›The New York Times Magazine‹ vom 20. März 1977.

Witter, Ben: *Ich gehe stille Wege*, in: ›Die Zeit‹ vom 20. Juni 1986.

Vom Autor geführte Interviews:

Backlund, Sven – Bonn
Barkley, Richard C. – Berlin
Bölling, Klaus – Berlin
Copaken, Richard D. – Washington, D.C.
Falin, Walentin M. – Moskau
Felfe, Heinz – Berlin
Frucht, Adolf-Henning – Berlin
Gauck, Joachim – Berlin
Gordiewski, Oleg – London
Greenwald, Ronnie – New York
Heidemann, Arnold – Berlin
Heinz, Volker G. – London
Hirt, Edgar – Zürich
Kalugin, Oleg D. – Moskau
Koblitz, Donald – Washington, D.C.
Kunst, Dr. Hermann – Bonn
Loewe, Lothar – Berlin
Lush, Christopher – London
Mapother, John – Washington, D.C.
Meehan, Francis J. – Helensburgh, Schottland
New, Ricey S. Jr. – Washington, D.C.
New, Justin – Washington, D.C.
Niebling, Gerhard – Berlin
Priesnitz, Walter – Bonn
Pryor, Frederic – Swarthmore, Pa. (Telefoninterview)
Rehlinger, Ludwig A. – Bonn

Silverglate, Harvey A. – Boston, Mass.
Smith, Jeffrey H. – Washington, D.C.
Svingel, Carl-Gustav – Berlin
Thiel, Heinz Dietrich – Berlin
Vogel, Wolfgang – Berlin und Teupitz
Vogel, Helga – Berlin und Teupitz
von Wedel, Reymar – Berlin
Wolf, Markus – Berlin und Klosterfelde.
Zarew, Oleg I. – Moskau

Sonstige Dokumentationen, Veröffentlichungen und Unterlagen

Eine Vielzahl der Schriftstücke, aus denen in diesem Buch exzerpiert oder zitiert wurde, stammt aus Vogels umfangreichen Büroakten. Ein Teil seines Archivs wurde im Januar 1992 von der Berliner Staatsanwaltschaft beschlagnahmt. Der Autor hatte nur äußerst begrenzten Zugang zu diesen Akten.

Der Bundesbeauftragte für die Unterlagen des Staatssicherheitsdienstes der ehemaligen Deutschen Demokratischen Republik, *Akte 2088/57, Zentralarchiv*: Vogels Stasiakte für den Zeitraum 1952 bis 1957. Der Autor konnte die meisten Schriftstücke aus dieser Akte einsehen, jedoch nicht alle. Das gleiche gilt für die Akte mit der Bezeichnung »Rubin«, die ebenfalls von der Stasi angelegt wurde und nun bei der Gauck-Behörde archiviert ist.

Erste Beschlußempfehlung und erster Teilbericht des 1. Untersuchungsausschusses nach Artikel 44 des Grundgesetzes, KoKo-Untersuchungsausschuß des Deutschen Bundestages, Bonn, 14. Oktober 1992, Drucksache Nr. 12/3462.
– Zweiter Teilbericht des 1. Untersuchungsausschusses mit einer Darstellung der zum Bereich Kommerzielle Koordinierung gehörenden Unternehmen – Dritte Beschlußempfehlung und dritter Teilbericht.

Fricke, Karl Wilhelm: *Politik und Justiz in der DDR: Zur Geschichte der politischen Verfolgung 1945-1968, Bericht und Dokumentation*, Köln (Verlag Wissenschaft und Politik, Berend v.Nottbeck) 1979.

Fricke, Karl Wilhelm/Spittmann, Ilse (Hrsg.): *17. Juni 1953. Arbeiteraufstand in der DDR*, Köln (Edition Deutschland Archiv) 1982.

Internationale Gesellschaft für Menschenrechte (Hrsg.): *Dokumentation: Internationale Anhörung über die Menschenrechtssituation in der DDR, 6.-7. Dezember 1984*, Frankfurt/Main 1985.

Personalakten über den Rechtsanwalt Dr. h.c. Vogel, Wolfgang, Der Senator für Justiz, Berlin. (Akten des ostdeutschen Justizministeriums, nun im Besitz des Berliner Senats.)

Unrecht als System, Dokumente über planmäßige Rechtsverletzungen in der Sowjetzone Deutschlands, zusammengestellt vom Untersuchungsausschuß Freiheitlicher Juristen, Bonn (Bundesministerium für gesamtdeutsche Fragen) 1955.

Namenregister

Über den Autor

CRAIG R. WHITNEY ist für die ›New York Times‹ als diplomatischer Korrespondent für Europa tätig. Er wurde 1943 in Massachusetts geboren und besuchte dort die Westborough Public Schools, die Phillips Academy und die Universität Harvard. Als Assistent von James Reston arbeitete er von 1965 bis 1966 im Washingtoner Büro der ›New York Times‹. Von 1966 bis 1969 diente er in Washington und Saigon als Offizier für Öffentlichkeitsarbeit bei der US-Marine. Für die ›New York Times‹ hat er in New York als Reporter und Redakteur gearbeitet, in Saigon, Bonn, Washington und London als Chefkorrespondent. Craig R. Whitney lebt mit seiner Frau Heidi in Bonn; sie haben zwei Kinder, Alexandra und Stefan.

Jacqueline Hénard
Geschichte vor Gericht
Die Ratlosigkeit der Justiz
96 Seiten, Leinen

Die Justiz ist eine unzureichende und oft genug hilflose
Instanz, wenn es darum geht, mit der Vergangenheit ins
reine zu kommen. Wie ratlos war man 1918, als die
Revolution die Kulissen des Kaiserreichs abräumte. Der
Kaiser ging, die Generale blieben – sagte Theodor Plieviers
berühmtes Buch über die erste Revolution der Deutschen.
Hat sich Deutschland seinem zweiten Zusammenbruch
besser gewachsen gezeigt? Im Rückblick bleiben große
Zweifel, ob die rechtliche Aufarbeitung der Hinterlassenschaft des Dritten Reiches dem Außerordentlichen
gewachsen war. Keiner der Juristen des Unrechtsregimes
wurde nach 1945 zur Verantwortung gezogen, und nicht
zufällig ist erst zwei Generationen später das Ungeheu-
erliche der Verbrechen, die in den Holocaust mündeten, in
das allgemeine Bewußtsein getreten.
Auch nach dem dritten deutschen Zusammenbruch
zeigt sich die Justiz überfordert. Wie mit der Erbschaft
Ulbrichts und Honeckers umgehen? Ihre Last ist leicht zu
erkennen, mit den Mitteln des Rechtsstaats aber kaum zu
beseitigen. Gegen die größten Verbrecher hat dieser wenig
in der Hand.

CORSO bei Siedler

Wolf Lepenies
Folgen einer unerhörten Begebenheit
Die Deutschen nach der Vereinigung
96 Seiten, Leinen

Intellektuelle in Ost und West haben noch über die
möglichen Folgen der vorschnellen Vereinigung lamentiert,
als längst nüchterne Analysen des vollzogenen Einigungs-
prozesses und seiner Folgen bitter notwendig wurden. Die
Geschichte raste, und die Intellektuellen traten auf der
Stelle; als die Nacht des Mauerdurchbruchs zum Tage
wurde, war die Avantgarde der deutschen Intellektuellen
zur Nachhut geworden. Und wieder verbanden sich
Ressentiment und Überheblichkeit zum Merkmal
gesamtdeutscher Gegenwart...

Wolf Lepenies

»Geistig explosiv!«
Berliner Zeitung

»Von vergleichbarer deskriptiver und argumentativer
Kraft wie, vor fünfzehn Jahren, Sebastian Haffners
›Anmerkungen zu Hitler‹!«
RIAS Berlin

CORSO bei Siedler

Die Deutsche Bibliothek – CIP-Einheitsaufnahme

Whitney, Craig R.:
Advocatus Diaboli: Wolfgang Vogel –
Anwalt zwischen Ost und West / Craig R. Whitney
[Aus dem Engl. von Matthias Vogel und Ina Breuing]. –
Berlin: Siedler, 1993
Einheitssacht.: Advocatus Diaboli ‹dt.›
ISBN 3-88680-510-7

Titel der englischen Originalausgabe:
»Spy Trader«,
erschienen bei Times Books, New York
Copyright (c) 1993 by Random House, Inc.

Aus dem Englischen
von Matthias Vogel und Ina Breuing

© der deutschen Ausgabe 1993
by Wolf Jobst Siedler Verlag GmbH, Berlin.

Der Siedler Verlag ist ein Unternehmen
der Verlagsgruppe Bertelsmann.

Alle Rechte vorbehalten,
auch das der fotomechanischen Wiedergabe.
Schutzumschlag: Werner Rebhuhn, Cuxhaven
Satz: Bongé + Partner, Berlin
Druck und Buchbinder: Mohndruck, Gütersloh
Printed in Germany 1993
ISBN 3-88680-510-7
Erste Auflage